荆楚文庫

〔光緒〕麻城縣志（上）

〔清〕鄭慶華　修
〔清〕潘頤福　纂

荆楚文庫編纂出版委員會
武漢大學出版社

荊楚文庫

〔光緒〕麻城縣志

GUANGXU MACHENG XIANZHI

圖書在版編目(CIP)數據

〔光緒〕麻城縣志.全二册/〔清〕鄭慶華修;〔清〕潘頤福纂.
—武漢:武漢大學出版社,2023.6
ISBN 978-7-307-23560-1

Ⅰ.光…

Ⅱ.①鄭… ②潘…

Ⅲ.麻城—地方志—清代

Ⅳ.K296.34

中國國家版本館 CIP 數據核字(2023)第 034635 號

責任編輯:朱凌雲

整體設計:范漢成　曾顯惠　思　蒙

責任校對:汪欣怡

出版發行:武漢大學出版社(中國・武漢)

地址:武昌珞珈山

電話:(027)87215822　　郵政編碼:430072

録排:武漢恒清圖文菲林輸出工作室

印刷:湖北新華印務有限公司

開本:787mm×1092mm　1/16

印張:53.5　插頁:12

版次:2023 年 6 月第 1 版　2023 年 6 月第 1 次印刷

定價:212.00 元(全二册)

ISBN 978-7-307-23560-1

9 787307 235601

《荆楚文庫·方志編》編纂組

組　長：劉偉成　陽海清（執行）

副組長：劉傑民（執行）　王　濤　謝春枝　郝　敏　嚴繼東　范志毅（執行）

參編人員（以姓氏筆畫爲序）：

王　濤　李云超　宋澤宇　范志毅　郝　敏　柳　巍　馬盛南　陳建勛

夏漢群　梅　琳　陽海清　彭余焕　彭筱澂　楊　萍　楊愛華　雷　静

劉水清　劉偉成　劉傑民　謝春枝　戴　波　嚴繼東

編　審：周　榮

顧　問：沈乃文　李國慶　吴　格

出版説明

湖北乃九省通衢，北學南學交會融通之地，文明昌盛，歷代文獻豐厚。守望傳統，編纂荆楚文獻，湖北淵源有自。清同治年間設立官書局，以整理鄉邦文獻爲旨趣。光緒年間張之洞督鄂後，以崇文書局推進典籍集成，湖北鄉賢身體力行之，編纂《湖北文徵》，集元明清三代湖北先哲遺作，收兩千七百餘作者文八千餘篇，洋洋六百萬言。盧氏兄弟輯録湖北先賢之作而成《湖北先正遺書》。至當代，武漢多所大學、圖書館在鄉邦典籍整理方面亦多所用力。爲傳承和弘揚優秀傳統文化，湖北省委、省政府決定編纂大型歷史文獻叢書《荆楚文庫》。

《荆楚文庫》以『搶救、保護、整理、出版』湖北文獻爲宗旨，分三編集藏。

甲、文獻編。收録歷代鄂籍人士著述，長期寓居湖北人士著述，省外人士探究湖北著述。包括傳世文獻、出土文獻和民間文獻。

乙、方志編。收録歷代省志、府縣志等。

丙、研究編。收録今人研究評述荆楚人物、史地、風物的學術著作和工具書及圖册。

文獻編、方志編録籍以一九四九年爲下限。

研究編簡體横排，文獻編繁體横排，方志編影印或點校出版。

《荆楚文庫》編纂出版委員會

二〇一五年十一月

前言

《〔光緒〕麻城縣志》五十六卷首一卷，清鄭慶華修，清潘頤福纂，清光緒二年（一八七六）刻本。

鄭慶華，字硯香，清廣西桂林人，舉人，官麻城知縣。潘頤福，字芝堂，湖北羅田人，同治進士，官翰林院編修。

明朝邑志毁於戰火，清康熙九年（一六七〇）邑令屈振奇依舊志殘編重修志書，乾隆六十年（一七九五）邑令黄書紳、姜廷銘延請章學誠續修之。而後麻邑屢歷兵燹，文獻多有殘缺。至同治七年（一八六八），邑令楊宗時倡議續修，因故終止。同治八年（一八六九）鄭慶華到任，適逢省府欲修通志，檄下所屬州縣，慶華遂與衆鄉紳謀志事，旋因公調任，同治十三年（一八七四）方復任，始集衆力重修志書，又延請潘頤福潤色删削。光緒元年（一八七五），慶華因公遠鄂，繼任者潘康保代之主持。光緒二年（一八七六），慶華再復任，志書刊刻之事終竣工。

志分十綱：大事、方輿、建置、職官、選舉、人物、藝文、掌故、兵事、叢談，凡五十六卷首一卷。首卷分前、後，前含序、修輯職官、輿圖、山川地輿字號，後含目録、凡例、志畧考、縣志源流。其體例較乾隆志有所更易，因《湖北通志》與《黄州府志》皆以志題綱，是志更改前志『考』『紀』『傳』『表』等爲『志』，並將『文徵』更名爲『藝文』。綱下子目略作調整，如將前志『列傳』下子目歸入『人物』，『考』下『山川』『古蹟』等歸入『方輿』，『賦役』『祀典』等歸入『建置』。此外新增『兵事』一門。

是志所録，乾隆志所載者皆仍之，康熙志所載而乾隆志遺漏者酌補之，各類下增以採輯舉報之内容，入志者皆經核奪，以免訛誤。『人物志』對所載之人品行要求甚爲審慎。『藝文』則一改前志寬鬆，有關人心世道風化者方載入。其人尚存者采就存案而暫不入志，以待後世修補。

是志特色有二。其一，强調採訪人員盡忠職守，對於採訪不實及挾私不報者予以追究，且爲職員分配字號，對應内容，方便查詢所載條目爲何人所採。其二，是志職員名單頗爲詳盡，且對舊志職員專門以《縣志源流》

一篇進行記録，此例既講求規範，也頗顯對參修人員之尊重，在同類志書中少有。

據《中國地方志聯合目録》，國圖、上海、大連、南大、武漢、重慶等館有藏該志，本次據清光緒二年（一八七六）刻本影印，該底本原缺卷四第三十五葉。（彭筱溦）

目録

卷首前……一
序……一
修輯職官……五
舊序……九
輿圖……一五
地輿全圖……一六
寨堡圖……一八
分三鄉區堡圖……二〇
城池圖……二二
考棚圖……二四
回車書院……二六
縣署圖……二八
文廟儒學圖……三〇
武廟書院文明樓圖……三二
黄州府同知衙署圖……三四
白雲臺圖……三六
雁臺圖……四〇
釣魚臺圖……四四
龜峯旭日圖……四八
鳳嶺朝雲圖……五二
桃林春色圖……五六
柏子秋陰圖……六〇
龍池夜月圖……六四
瀑布飛泉圖……六八
麻姑仙洞圖……七二
萬松古亭圖……七六
山川地輿字號……八一
卷首後……八三
目録……八三
凡例……八七
志畧考……八九
縣志源流……九二

卷之一 古大事志……九三
卷之二 皇朝大事志……一〇二
卷之三 方輿志……一一一
沿革……一一一
疆域……一一三
坊鄉……一一三
市鎮……一一七
卷之四 方輿志……一一八
關隘……一一八
寨堡……一二〇
形勢……一二五
橋梁……一二五
河渡……一二八
寺觀……一二八
卷之五 方輿志……一三七
風俗……一三七
物産……一三九
卷之六 方輿志……一四〇
山川……一四〇
卷之七 方輿志……一五〇
古蹟……一五〇
卷之八 方輿志……一五六
金石……一五六
卷之九 建置志……一六一
城池……一六一
署廨……一六二
卷之十 建置志……一六五
祀典……一六五
卷之十一 建置志……一六七
壇廟……一六七
學校……一七〇

卷之十二　建置志……一七三
營汛……一七三
驛舖……一七三
坊表……一七四
卷之十三　建置志……一七六
户口……一七六
田賦……一八二
起運……一八四
均徭……一八八
雜支……一八八
驛站……一八九
雜税……一九一
鹽法……一九二
卷之十四　職官志……一九二
官制……一九二
卷之十五　選舉志……二〇八
唐至元……二〇八
明……二〇八
卷之十六　選舉志……二三八
國朝……二三八
貤封附……二四二
例封附……二四五
鄉飲附……二四六
卷之十七　人物志……二四六
治績……二四六
師儒……二五三
卷之十八　人物志……二五四
自唐至明仕績……二五四
卷之十九　人物志……二六五
明仕績……二六五

卷之二十　人物志…………二七五
國朝仕績…………二七五
卷之二十一　人物志…………二八三
儒林…………二八三
卷之二十二　人物志…………二八四
文苑…………二八四
瑞徵…………二八九
卷之二十三　人物志…………二八九
忠烈…………二八九
卷之二十四　人物志…………二九〇
孝行…………二九〇
卷之二十五　人物志…………二九六
義行…………二九六
卷之二十六　人物志…………三〇四
隱逸…………三〇四
卷之二十七　人物志…………三〇七
藝術…………三〇七
卷之二十八　人物志…………三〇九
仙釋…………三〇九
卷之二十九　人物志…………三一三
流寓…………三一三
卷之三十　人物志…………三一五
列女…………三一五
卷之三十一　人物志…………三五九
列女…………三五九
卷之三十二　人物志…………三六七
列女…………三六七
卷之三十三　人物志…………三七四
列女…………三七四
卷之三十四　人物志…………三八四
列女…………三八四

卷之三十五　人物志……四〇五
列女……四〇五
卷之三十六　人物志……四三〇
列女……四三〇
卷之三十七　人物志……四三六
列女……四三六
卷之三十八　人物志……四四〇
列女……四四〇
卷之三十九　人物志……四四六
列女……四四六
卷之四十　人物志……四五八
列女……四五八
卷之四十一　人物志……四七七
列女……四七七
卷之四十二上　藝文志……四八六
經目……四八六
史目……四八七
子目……四八八
集目……四八九
卷之四十二下　藝文志……四九一
奏疏……四九一
説……五〇四
論……五一四
策……五一九
議……五二一
卷之四十三上　藝文志……五二四
序……五二四
卷之四十三下　藝文志……五五八
序……五五八
卷之四十四　藝文志……五七二
文……五七二
疏……五七八

書……五八〇
卷之四十五上　藝文志……五九〇
記……五九〇
卷之四十五下　藝文志……六二二
記……六二二
卷之四十六　藝文志……六三九
傳……六三九
卷之四十七　藝文志……六五六
箴……六五六
辯……六五七
跋……六六〇
啟……六六一
引……六六二
贊……六六七
墓誌銘……六六九
攷……六八三
示……六八六
卷之四十八　藝文志……六八七
詩……六八七
五言古……六八七
七言古……六九三
七言絶……七〇三
七言律……七〇七
五言絶……七二六
五言律……七二七
五言排律……七三八
集唐……七四一
詩餘……七四三
賦……七四六
卷之四十九　掌故志……七五七
吏書……七五七

卷之五十上　掌故志……七五九
戶書一……七五九
卷之五十中　掌故志……七六八
戶書二……七六八
卷之五十下　掌故志……七七八
戶書三……七七八
卷之五十一　掌故志……七八七
禮書……七八七
卷之五十二　掌故志……七九六
兵書……七九六
卷之五十三　掌故志……七九八
刑書……七九八
卷之五十四　掌故志……八〇四
工書……八〇四
卷之五十五上　兵事志……八〇六
駐守……八〇六
團防……八〇六
卷之五十五下　兵事志……八一七
陣亡……八一七
殉難……八三一
卷之五十六　叢談志……八三三

重修麻城縣志序

昌黎云莫為之前雖美而不彰莫為之後雖盛而不傳則知天下事創始難續而成之亦復不易已已歲余始篆麻時大府議修通志檄各屬以志呈公餘之暇進邑人士詢故實僉云麻邑

志乘燬於前明　國朝康熙壬子創脩乾隆乙卯重修兵燹以來存者甚尠蓋文殘獻闕將近百年成功固若斯之難也先是同治戊辰署篆楊君宗時下車倡議續修局設幾年緣故中止余忝因公徵調去來

靡定如是者有年甲戌春復蒞茲土適黄君尊祿朱君騏司麻城鐸議及興修慨然有志遂合邑人士勗以同心簡陳篇嚴去取定規約專責成以分修總理任邑紳士蔡子駿杓熊子天均熊子思善王子大堃

以經理出入任熊子天曉李子鏡蓉以參閱校對任余子雅祥郭子時湘馮子翼表子魁陶子之樂袁子樹松黄子輝玉袁子樹楚鄒子士鉅羅子炳程子然曾魯子學錦至採訪籌費城鄉百有餘人計日鳩工

互為考覈其乙卯志所載者悉仍之其壬子志載而乙卯志遺者酌補之其採輯新增者删繁撮要以類

相從其有格於例者延羅邑庶常潘君芝堂别其是否修飾而潤色之其删閲未及者復與黄朱二公相

參閲亦竊附己意粗成卷帙乙亥夏余以闈差還鄂潘君康保代篆隨時商推禆益良多至冬初余復任

剞劂之工已過半矣愈相勉勵再閲寒暑厥工告蕆吾因之有感焉夫事不患其難患在不知其難與徒

畏其難不知其難者自矜意氣不復降心相從揆諸物理人情或多未協徒畏其難者矩步繩趨斤斤自

守間以疑義相質輒緘默而不言事之所以終於難也今以百年未就之緒幸獲諸君相與有成將前之

美由此而彰後之盛因此而傳雖異乎創始之難而所為續而成之者亦豈易易哉余既喜斯志之成且

為緬述本末以諗其成功之自至於古今沿革山川險要閭閻殷庶習俗誠樸人物靈秀與先澤所留貽

數百年豐功偉烈忠
孝節義德行文章輝
煌簡冊者備詳於志
茲不復贅
光緒二年歲次丙子

仲夏月
欽加同知銜特授麻城縣
知縣臨桂鄭慶華撰

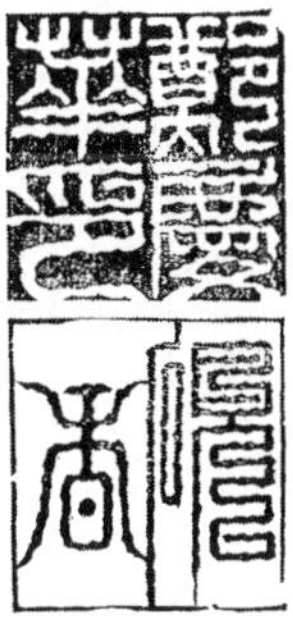

麻城縣志修輯職官

裁定
翰林院庶吉士甲戌進士 潘頤福

纂訂
知麻城縣事舉人 鄭慶華

分校
麻城縣儒學教諭 黃尊祿
麻城縣儒學訓導 朱騏
麻城縣縣丞 涂香

督刻
麻城縣縣丞 尹承綸
麻城縣城守 伍鳳翥
麻城縣虎頭司巡檢 馮汝彥
麻城縣鷺鷥司巡檢 文鼎
麻城縣典史 金臺
麻城縣典史 呂文煥

分修
教諭 蔡駿杓

戊午科舉人　熊天均
生員　熊思善
總理局務
中書科中書誥授奉直大夫　王大堃
經理局費
從九　熊天曉
生員　李鏡蓉
參閱
教諭　余雅祥

廩生　袁樹松
丁卯科舉人　馮翼
歲貢　袁魁
歲貢　陶之樂
訓導陞用縣　郭時湘
訓導　顧椿齡
校對
廩生　黃輝玉
生員　袁樹楚

生員　鄒士鉅
增貢　魯學錦
生員　程然曾
監生　羅炳
採訪節烈條後所載字號於此查核便知釆係何人
封員王大堃天　廩生袁樹松地　舉人馮翼元
生員馮心穀元　生員董朝望黃又糸　生員王庭藻黃
同知朱運東宇　文童李兆筆宙　監生傅爲豫洪
廩生喻兆龍荒　歲貢袁魁日　監生馬良駿月

監生丁送與月　副榜魯坪甲盈　貢生蔡元福昃
歲貢楊正楷辰　貢生戴光笏宿　附貢胡瀛列
優生宋鳴瑞寒又出　歲貢陶之樂暑　訓導郭時湘往
生員伍鳳樓往又果　生員金振海往　監生婁思正往
教諭余雅祥秋　增貢魯學錦收　童生蔡賢象冬
生員袁樹植藏　待詔傅爲琦閏　生員鄭和三餘
生員吳龍舉成　訓導羅香歲　游擊屈文法律
歲貢蕭芬呂　歲貢胡秀三調　生員胡桂庭陽
生員程然曾金　監生羅炳生　廩生黃煇玉麗

生員庫祗蔭玉　生員鮑鳳池崑　生員周鳳岐崗
生員王調羹雲　州同毛光國雲　生員梅錦堂騰
生員童先桃致晉　廩生詹飛楮致　同知羅春和甫
訓導項　映結珍　生員熊漸逵爲　生員王德玉霜
生員吳亮寅歛　生員鄧玉成號　廩生王介沂巨
附貢吳彰彩巨　生員吳鴻舉闕　廩生王宗獄珠
都司唐德潤稱　生員蕭鳳章夜　生員周繼昌光
生員王宇熙李　生員鮑　英莱　中書張錫田重
生員喻士亭菫　生員張譜薰量　監生彭開運海

監生李紹桂海　監生田先登海　監生鮑四知海
廩生尹國琦鹹　州同尹國楩鹹　縣丞李八椿河
監生李占魁淡　廩生張錦鵬淡　監生鮑汲霖鱗
舉人吳玉光潛　生員鄒炳照羽　生員程　午羽
貢生袁作賓翔　理問黃光炳龍　監生梅和羹師
生員梅汝美師　生員劉三傑火　軍功張世華帝
軍功張正順帝　翰林吳兆泰鳥　歲貢周滙川八
中書吳祖鴻皇　生員成功炳始　生員張溥悌始
州同曾紀三制　監生張宜懋文　生員郝淩雲字

童生郝昌逵乃　監生唐承裔服　州同丁朝鎔衣
生員林文炳裳　童生林獻庭裳　監生蔡士明推
監生江子徵位　生員鄭如谷讓　歲貢曾述經國
生員歐陽震有　監生江才萬芥　生員金貢三

城鄉督費

都司李克明　主簿戴廷讀　縣丞李八椿
都司鄭家駒　武舉田春魁　都司熊占元
州同丁朝鎔　州同曾紀三　軍功胡際唐
生員童先桃　廩生詹飛楮　千總方鴻輝

監生彭開運　監生張際會　監生商海堂
同知羅春和　待詔傅爲琦　監生曹三義
武舉程鳳池　生員朱憲南　監生夏翘齡
都司唐德潤　游擊屈文法　監生林瑞廷
監生王朝文　武生吳鳳鳴　千總李楚雄
州同余光輔　職員洪耀東　訓導郭時湘
監生馬良駿　生員方　萼　監生方明道
監生王翰庭　監生丁瑞蘭　監生梅和羹
理問黃光炳　監生董戒三　監生晏河清

監生彭均輿　監生朱福來　監生王世楚
生員婁懋修　監生李玉書　監生黃席玉
生員伍鳳樓　監生陶耀典　監生丁葆真
生員徐紹鑾　監生董秉蘭　監生劉國輔
監生丁達乾　監生胡禎祥　監生周茂珠
監生張公義　職員潘祥榮　職員金士俊
生員金貢三　監生李行儲　生員陶熙載
生員楊楚材　廩生陳國儀　監生陳光雄
監生陳鍾漢　童生盛承林　童生林學太

監生顏永茂　監生陶鳳翥　監生方金印
監生江登祥　監生吳正朗　監生江協盛
監生汪寶田　監生余懋修　監生夏義和
監生張元都　監生嚴華庭　監生江作桂
監生何澤淮　監生王光第　監生何光祖
監生高永和　監生張之灼　監生洪步鰲
監生李白華　監生淩萬煊　監生伍楚魁
監生黃光斗　監生曾謹信

新修麻城縣志序　　姜廷銘

麻城爲楚北名區山水秀麗人文蔚起古稱光黄間多異人卽其地也　先曾祖少宰公曾宰茲邑余童時得閱麻城舊志乃前縣屈公振奇所修披圖覽勝凡山川人物風俗治績之美常往來心目間又讀　先太高祖都督公忠節詩麻邑諸君子所贈也慷慨激昂與史傳相發明具見都人士好義之誠不禁心嚮往之己酉秋余筮仕羅田與麻接壤私冀公便一覩　先人舊治爲幸今歲乙卯春奉檄委署麻篆周歷仙洞龜峯龍池鳳嶺諸奇如經舊遊風

景猶是欲繩祖武而愧未能也嘗見世家大族其子孫類能繼承先業炳烺事蹟卓有可傳乃自屈公後越百二十餘年中一方之典章經制

聖澤之遐周曲被土田戶口之增益以及官師俊造名賢貞淑之姓氏逮今不詳後將奚述先是粤東黄君佩之治麻五載率紳士修書院落成會逢　制府畢大司馬纂修湖北通志又奉

國史館飭取各省府州縣新志以備採輯黄君乃倡議捐修衆謀僉同踴躍輸助開館具幣延浙紹章君學誠爲總修分其任者邑紳士鄒子藻胡子翹霜程子宗洛鮑子梁勷事則成子价熊子鍾鄒子占魁其體一準史法爲卷紀二攷八表二畧一列傳四忠孝節義等傳十三而詩文另爲文徵附焉期年脫稿蔚然可觀旣授梓黄君以疾去任接署諸公時未久無暇計此余幸天假之緣獲履　先人舊治樂觀厥成節廉俸與經理者亟蕆乃事抑余猶有望焉攷周官小史掌邦國之志以觀其土地風俗物產貢賦之盛衰也今載筆諸君鞠醺究明兢兢研剷成此不苟生長茲土者撫舊觀新以追先達而敦古處風氣人心蒸蒸日

上後之宰是邑者嗣而續之亦足以昭垂不朽矣詎不盛哉

重修麻城縣志序

黄書紳

自漢儒撰風俗地理諸書而郡邑始各有志邑志之修蓋卽民風士習以驗政教之漸被方今
文治昌隆仁風翔洽將以備輶軒之采則文獻不可以無徵麻城之隸於楚北也壤介光黄境聯英六其地山水清遠士風厚善其民寡求而不爭其士靜而文樸而不陋尊德樂道獨異於他邦東坡先生嘗稱之余膺
簡命來宰茲區見其農力稼穡士習詩書俗尚古風宛遊唐虞之世人皆彬雅儼然鄒魯之遺而瑰意畸行之士亦往

往出乎其中蓋由
列聖相承漸民以仁摩民以義致天下之太平已久矣麻特不遺一隅者耳宰於斯者可不亟爲鼓勵以副
聖天子作人之至意哉顧涖任之初所急先務者有二一則書院之久廢也一則縣志之未續也爰與邑中紳士議修書院幸衆擎易舉閱數月而功成次及修志衆亦欣然樂從顧此志之不修者已百有二十餘年矣風土猶是人物日增考獻徵文半多淪失欽奉
上諭纂修一統志徵取各州縣志如麻志之疎略何足以上塵
御覽爰延浙紹章君爲總修邑中諸君子爲分修據所見聞加以採輯務舉道一風同之盛民安物阜之隆以及忠孝節義仕宦科名一一筆之越五載始脱藁付諸梓人未克告竣而余以抱病在告悵何如之惟望署篆姜君同寅踵成其事則余之寸心未慰其卽寄於姜君以待慰者厚有幸矣是爲序

重修縣志舊序　　洋縣 屈振奇

國有史邑有志巨細不同其致一也於以考故實示勸誡義至重亦至著矣山川之險易民物之豐約賦役之增減風俗之醇漓一覽炯然斯考故實者徵焉筆其好修而非好修者可知也筆其貴顯而不貴顯者可知也筆其以德傳以位傳而德而不位位而不德者又可知也故示勸誡者亦備是也昔之論史者至尊其權於天雖一邑志乎對之亦增凜然懼然者矣麻邑舊志兵燹罔存邑鄒君師可訪得燼餘數紙補綴增益之前令餘杭王君屬王茂才汝霖者刪訂草創未就振奇待罪此邦慨文獻之久湮儆大典之未舉周爰咨度勿慊于衷會邑周君遠害搜遺編數則增入周君巨公重定次第余亦少加削潤既成帙授諸梓予觀麻城之地囿楚而疆豫其士大夫敦節義子衿勤絃誦壤則中上中下間稻麥外無他產蠶桑給賦之十一擲富商大賈民朴質務農桑間二三黠者好訐訟情亦隨見吏斯土者矢清愼勤以自勗勉出至誠相與終始自可免於隕越嘗上稽往今自元宋以前闕畧無考間存姓氏逮有明盛時王陳文戈劉連張宋德政口碑至今表表

國朝如王君又韓孫君伯生存心惠愛於民尙謳思不倦夫今之優劣睎乎民懷任之賢能徵於去後前之楷後之鑒至於士食舊德農服先疇沒世而名不稱子孫而恥祖考展覩往牒古道照人倘亦有寤寐不釋者可反而思其故矣振奇願與諸君子永念之

縣志舊序　宋祖法 汝南

曾子固論史曰明足以周萬事之理道足以適天下之用智足以知難知之意文足以發難顯之情若是乎史學之難也余謂一邑之志與史學無殊而志有倍難於史者志之視史言乎記載不及史之該備言乎體裁不及史之深微言乎文藻不及史之華贍爲云乎倍難史則承明金馬著作之庭鐘皷漏長絲綸晝靜蘭畹之芳芬娛目木天之華輿絕塵輯志之署非有承明金馬之榮也不過訟庭記室喧沸倥傯而已史則聞見洽聞爛然總至珠鱗濯錦玉

潋韜霞龍纁之潤色連篇鳳藻之光輝溢目輯志之人非有聞見洽聞之助也不過令長師儒參互考訂而已史則經營纂組需以歲年遷固宏遠陳范清華終身之記述爲多兩世之淵源益廣輯志之時非有經營纂組之專且人也不過惜陰程晷之敷序裁成而已況一代綱羅甚富歷世文獻不孤巖邑咨謀鮮據爲合者或有其意而無其具有其具而無其時所以國史日月有記註而邑志則百年數十年曠鉠而不輯者多矣無怪乎志之倍難於史也余讀漢書地理志禹貢荊州之域江漢朝宗于海沱潛既道

雲夢作乂厥土塗泥有曰西陵及後周始曰亭州未聞有麻城之名自石趙將麻胡秋築城始名麻城昔爲僻壤今號名區文獻軼羣甲于天下余髮未燥即聞其衣冠風政田園物產管絃沸稷魚蝦腥市聲光雄埒震耀鄰封乃光黃間之絕無而僅見者若夫四民之首人文秀出家絃戶誦科第則麟經之鄉會名魁無出其右宦績則巖廊之官保上卿代不乏人私心向往匪朝伊夕康熙戊申仲春肅値山水明秀阡陌妍麗因與屈令君有鷄黍之約策蹇尋芳入其境而問賦登耗異矣問田腴瘠異矣問戶口生熄

異矣問賢科人物異矣問宦績官師異矣問流風習俗異矣問亭舍置郵異矣而其素稱爲名區者相傳如故也總因叠罹寇焰四方焦土萬井寒煙非復昔日之麻地矣于是而重修邑乘非循卓良吏豈克勝任幸漢上屈君擅騷賦之宗饒經濟之畧以賢書名魁登制科高榜守歲一介才裕十奇自戊申别後拮据三載手口卒瘏薄賦省刑養民造士璅堂課藝則一邑四履之彥咸歸陶冶棘闈掄才則七澤三湘之英盡收網羅善政多端難以枚舉公餘之暇搜其遺編而纂承之凡經紳衿茂異之耳目逸人韻士

之口吻無不虛懷下問如綺口筍腹之王茂才汝霖草創于前如邑紳兩周君潤色修飾于後屈君分品彙集大成寧質毋文寧經毋諧寧簡毋蔓寧嚴毋濫寧黜其臆測而歸諸蕩蕩平平之路則庶乎一方之龜鑑百代之典型乎屈君政成報最瓜期已及

丙召在即不日膺清華之選行將天祿石渠重輝國史舉天下之山川風俗人物事類臚列于前一覽變通共勷至治將治天下猶治麻勿謂此麻志耳而淺覤之也時剞劂告竣問序于余屈君乃余奏闈首拔異才素有文字之知樂

覩厥成揮毫而爲之序

縣志舊序

周維桓

麻城漢晉以前未有也春秋時黃國在今汝寧廣定城縣非今黃州也秦漢後曰西陵曰西陽者皆爲今黃州非今麻城也築城自麻胡秋始麻城名自隋開皇始稽諸往牒龜峯爲舉水所出則柏舉載筆於麟經虎頭爲險要所爭則五關扼雄於宋史麻雖下邑其可以僻壤少之哉然典章政教風土之經緯也文人碩士山川之英華也上下數千年間挾經緯之宏猷則峴碑未勒擷英華之芳譽則荆箭之材麻固若是寥寥歟志方輿之詳者莫如明之一統

志以予所聞漢之毛玠寓宅花橋迄今馬鬣之封士人憑弔毛氏之裔猶能覼縷其先世事而志俱載毛玠於陳留柳亦遷居以後固或失於表章歟今觀一統志所採錄者在唐唯都督閻公在宋唯眉山集中詠萬松誌桃黃傳方山子數事吾讀眉山文而知東坡表章吾麻之功爲不可泯矣夫以一坡翁將操觚於二百里外之臨皋雪堂間而麻之寥寥數千年無傳人者輒覺璀璨增色向使黃無坡翁則並此數事不傳向使麻更有坡翁又安見其所傳之僅此數事而已耶然則瞻言百里纂修邑乘是誠後此表

章者之責也烏可以不汲汲乎哉　屈侯之來涖吾麻也
甫三稔課士則尊酒論文勤政則戴星視事催科則廷無
敲朴剔弊則吏杜侵漁善政班班日不暇給廼復濡毫漢
水搦管篔簹縣志一書旁搜肆討裒益舊稿綴輯新編類
則區爲八部帙則盈乎十卷於是近代以來政績雲蒸人
文霞蔚他日有使輶軒而采國風者則我　侯表章之功
當不復令蘇髯笑人矣

麻城縣志　卷之首　序　二十六

麻城縣輿圖

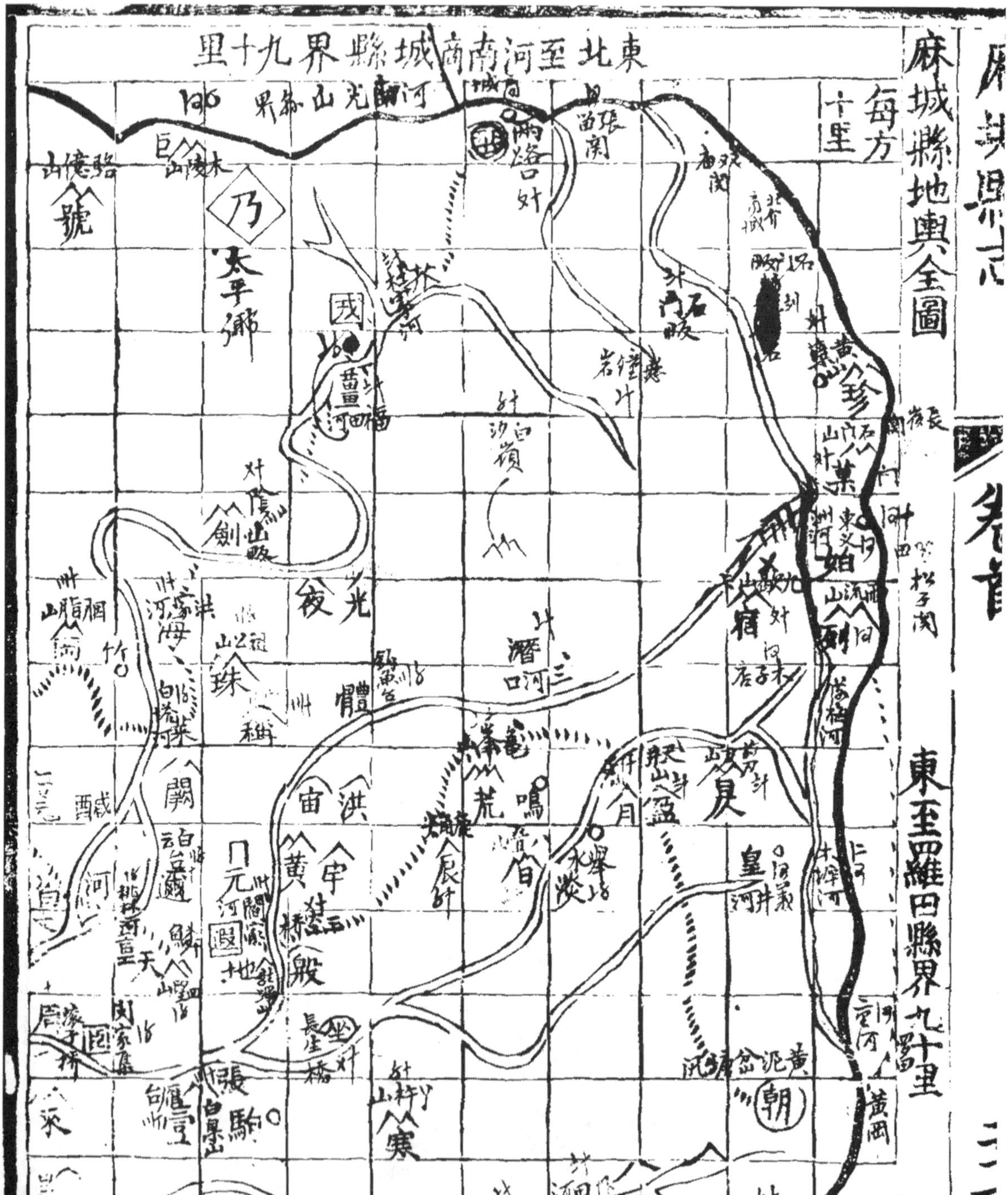
麻城縣地輿全圖
每方十里
東北至河南商城縣界九十里
東至羅田縣界九十里
卷首
麻城縣志
二
乃
太平鄉
亭川鄉
朝
衣

麻城縣志

山川鄉橋塘汛市頭三台鋪驛公宗各字號詳後

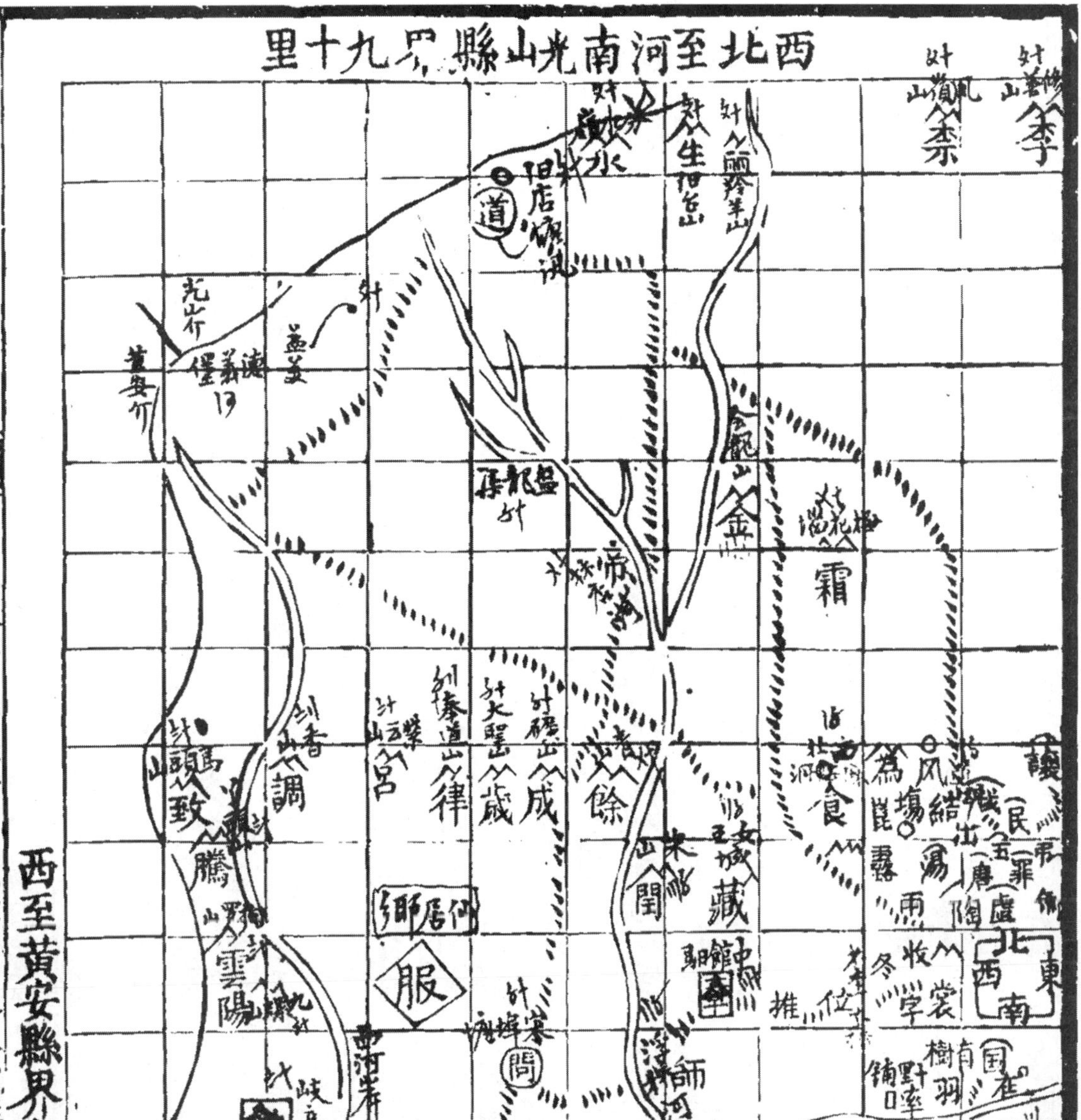

東北至河南商城縣界九十里

寨堡圖

東至羅田縣界九十里

麻城縣志

三鄉寨堡圖

二十九

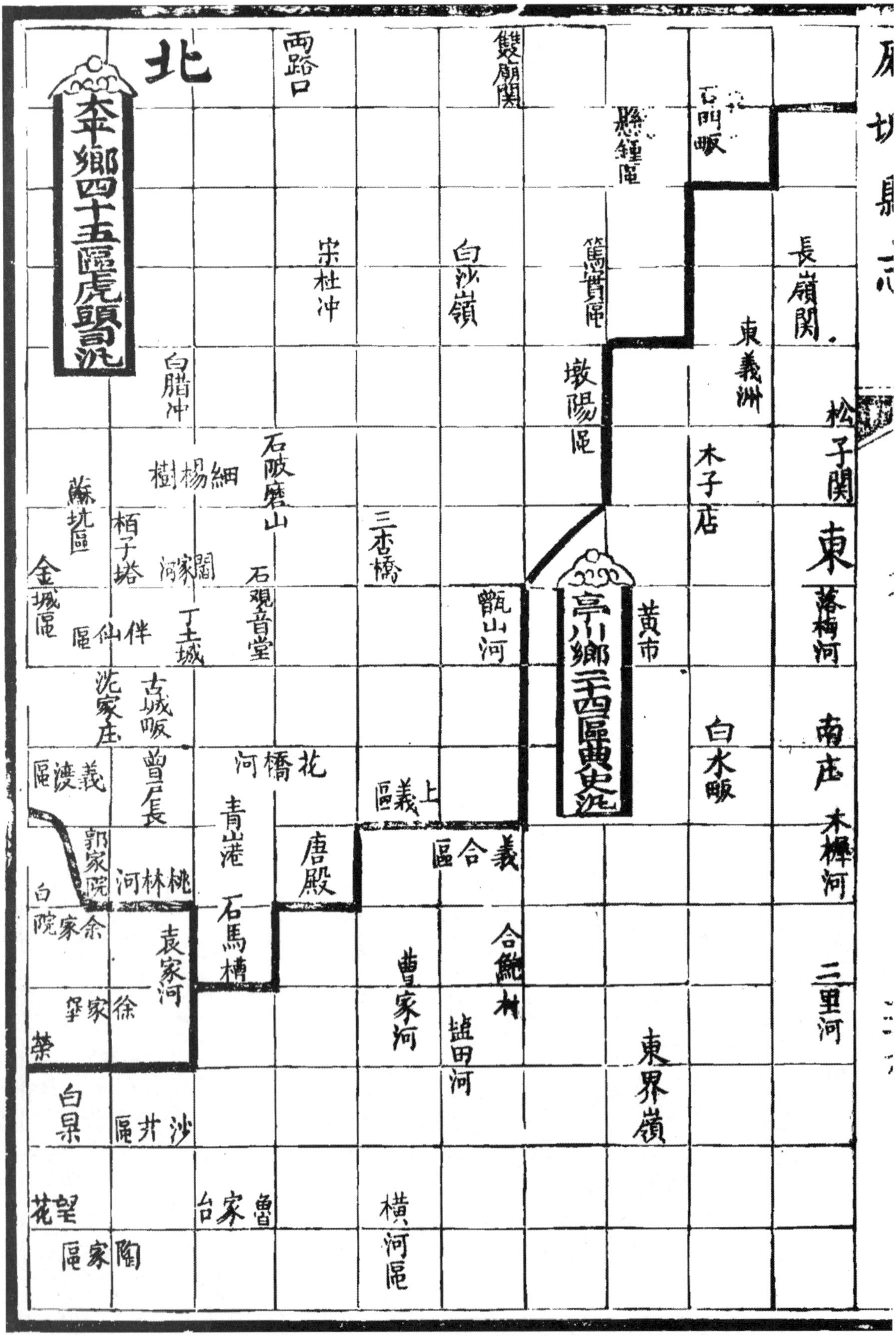
北
東
西路口
雙廟關
懸鍾嶇
石門畈
宋杜冲
白沙嶺
長嶺關
東義洲
墩陽嶇
白腊冲
松子關
木子店
細楊樹
石陂磨山
蘇坑區
栢子塔
三杏橋
黄市
金城區
伴仙區
甑山河
落梅河
沈家庄
古城畈
花橋河
上義區
白水畈
南庄
義渡區
青山港
唐殿
義合區
木樨河
郭家院
桃林河
余家
石馬槽
袁家河
曹家河
二里河
鹽田河
東界嶺
沙井區
魯家台
横河區
陶家區

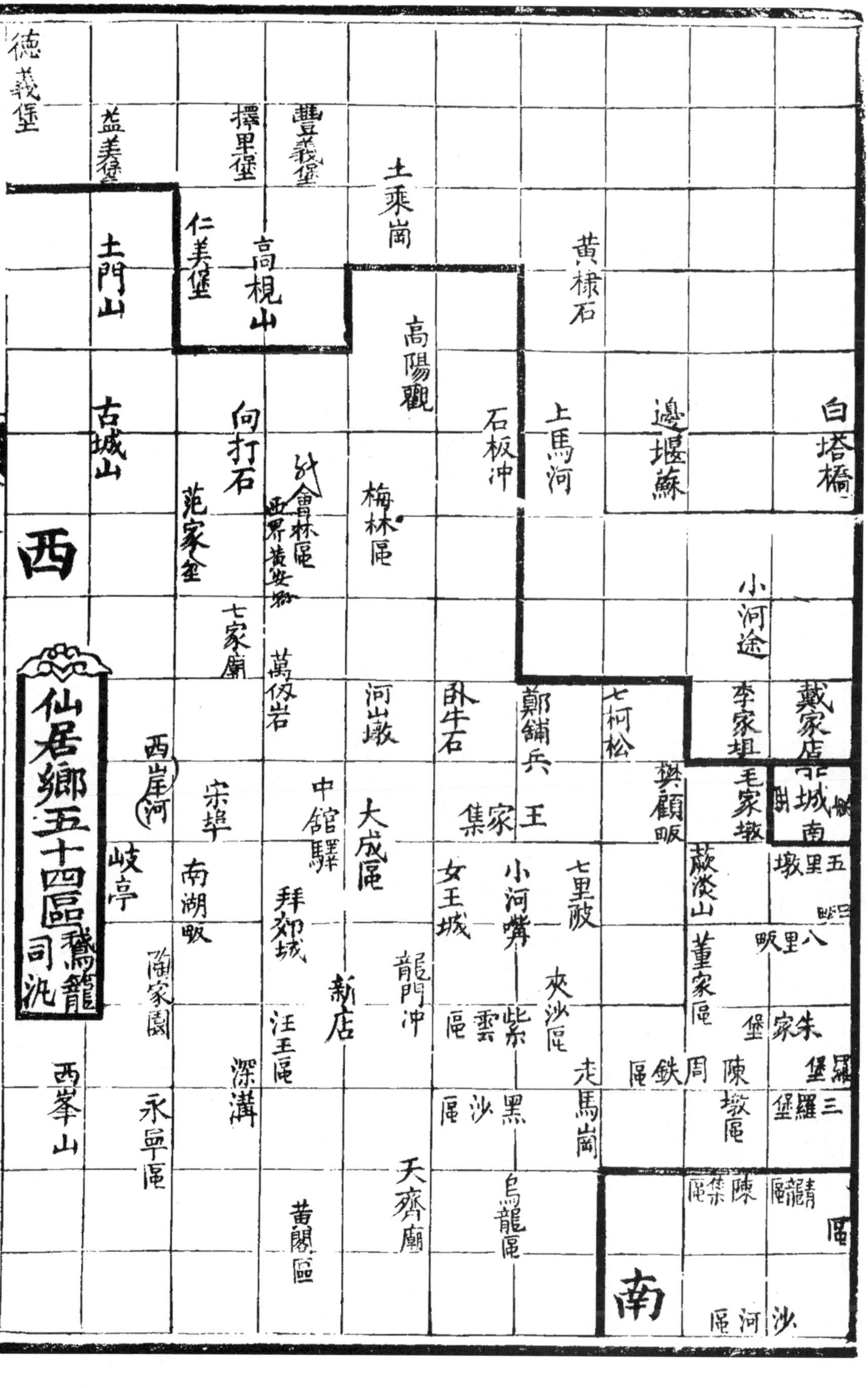

崇義縣志　分三鄉區堡圖　三十

麻城縣城池圖

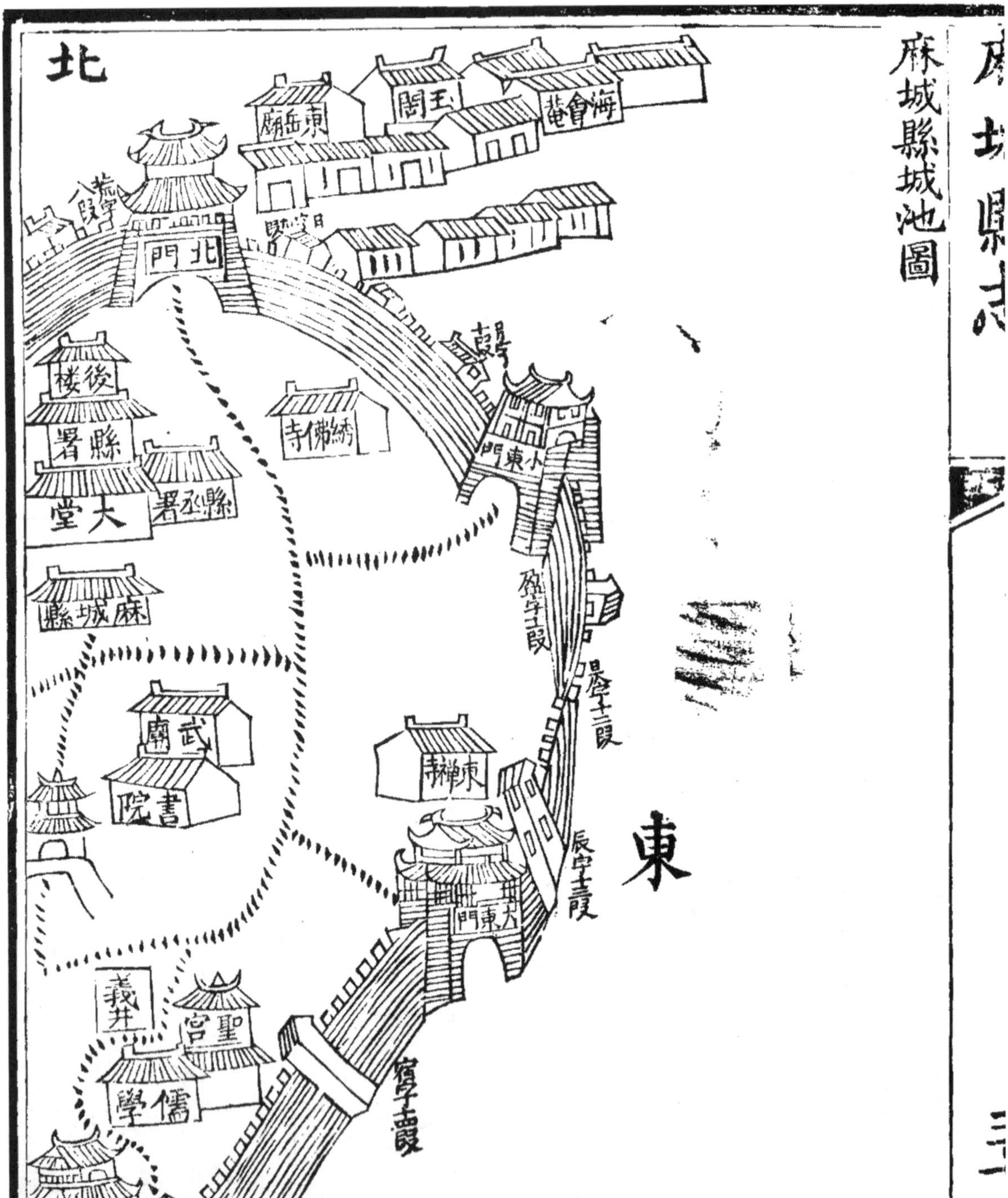
北
東
東嶽廟
海會菴
北門
後樓
縣署
大堂
縣丞署
繡佛寺
小東門
麻城縣
盈字十一段
昃字十二段
武廟
書院
東禪寺
大東門
辰字十三段
義井
聖宮
儒學
宿字十四段
朝聖門

來鳳縣志

縣城圖

三一

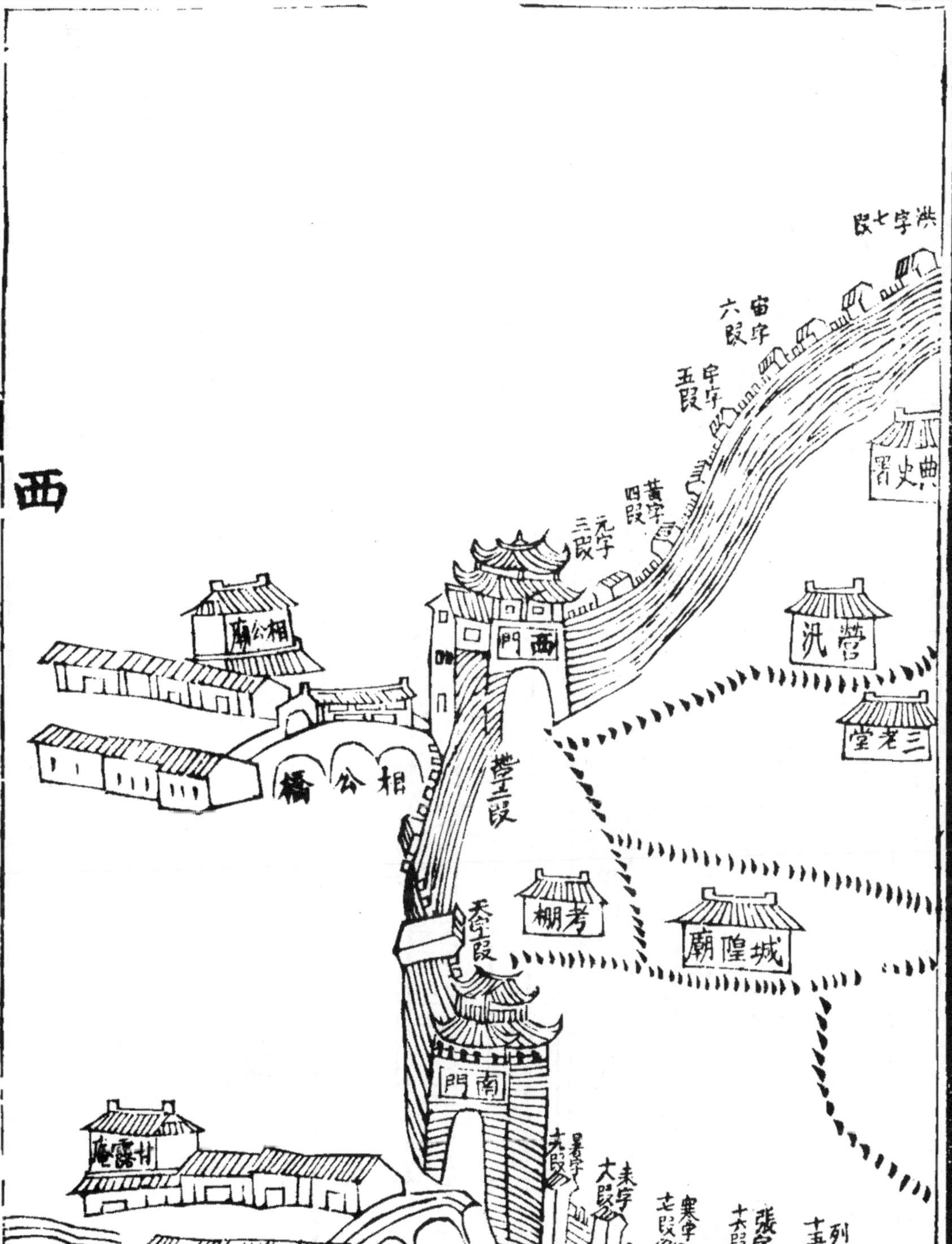
西
南
洪字七段
宙字六段
宇字五段
黃字四段
元字三段
典史署
營汛
三老堂
西門
相公廟
相公橋
地字二段
天字一段
考棚
城隍廟
南門
甘露庵
甘露橋
暑字十九段
來字十八段
寒字十七段
張字十六段
列字十五段
翠峯寺
禪堂
火神廟
海潮庵

考棚圖

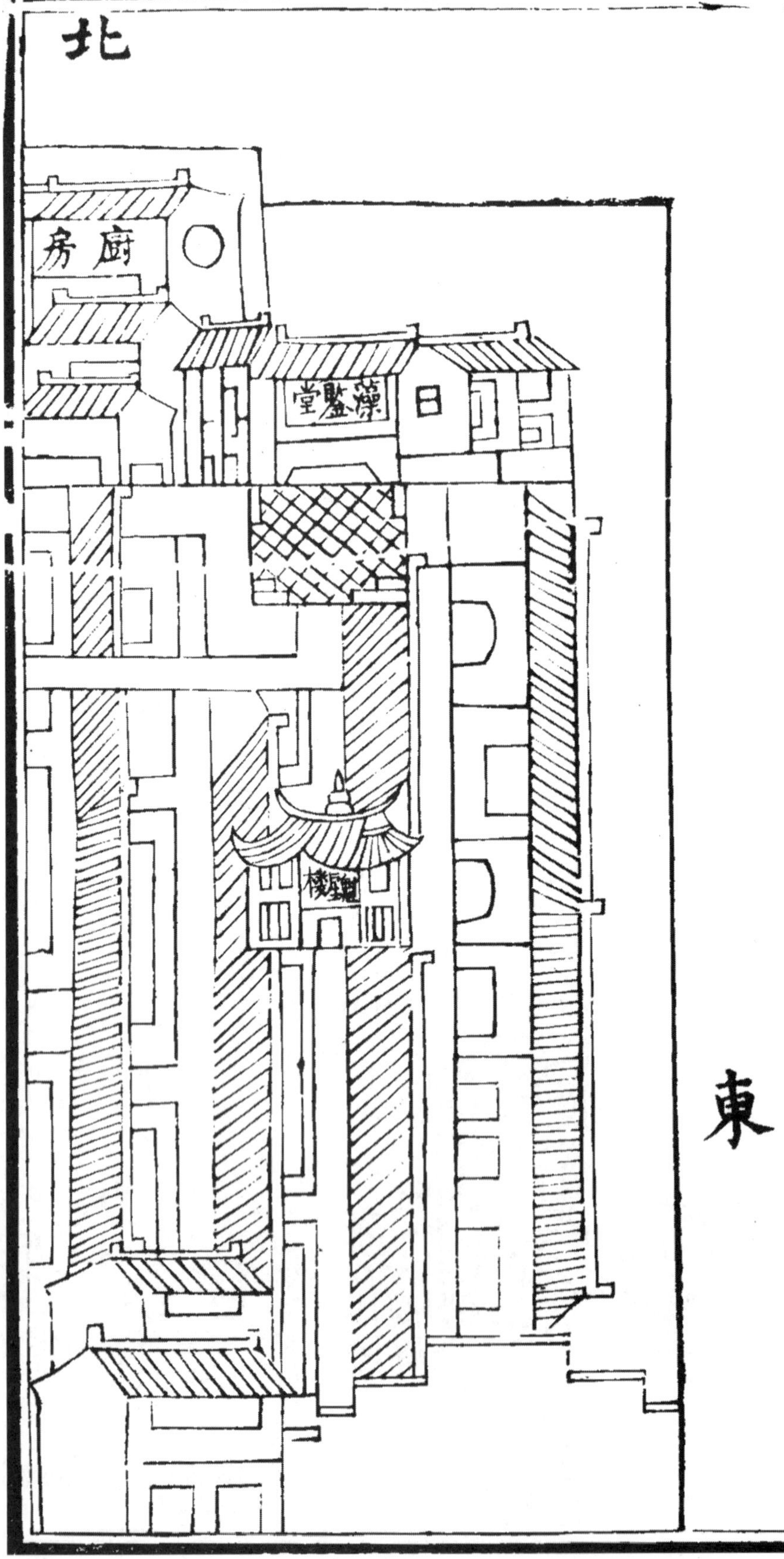

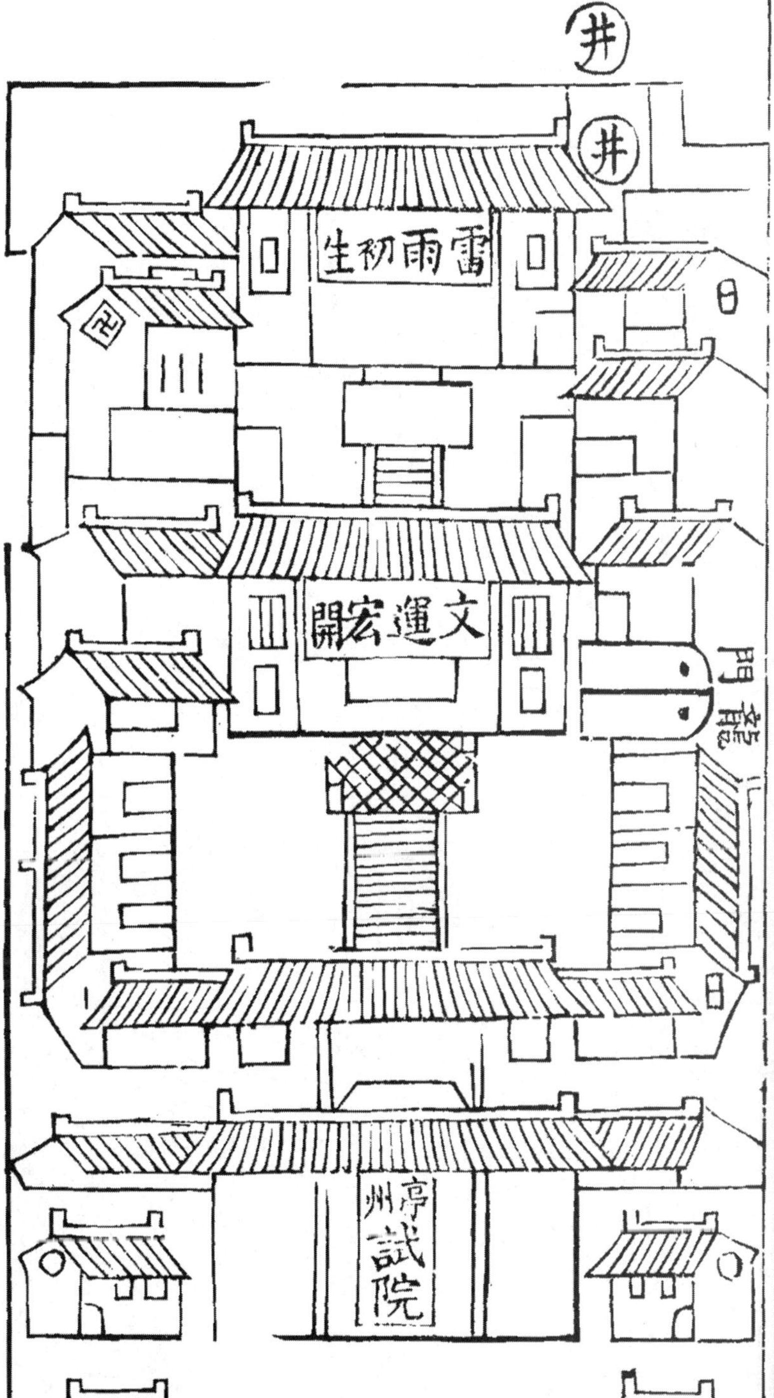
井
井
雷雨初生
卍
文運宏開
龍門
亭州試院
儲才
選士

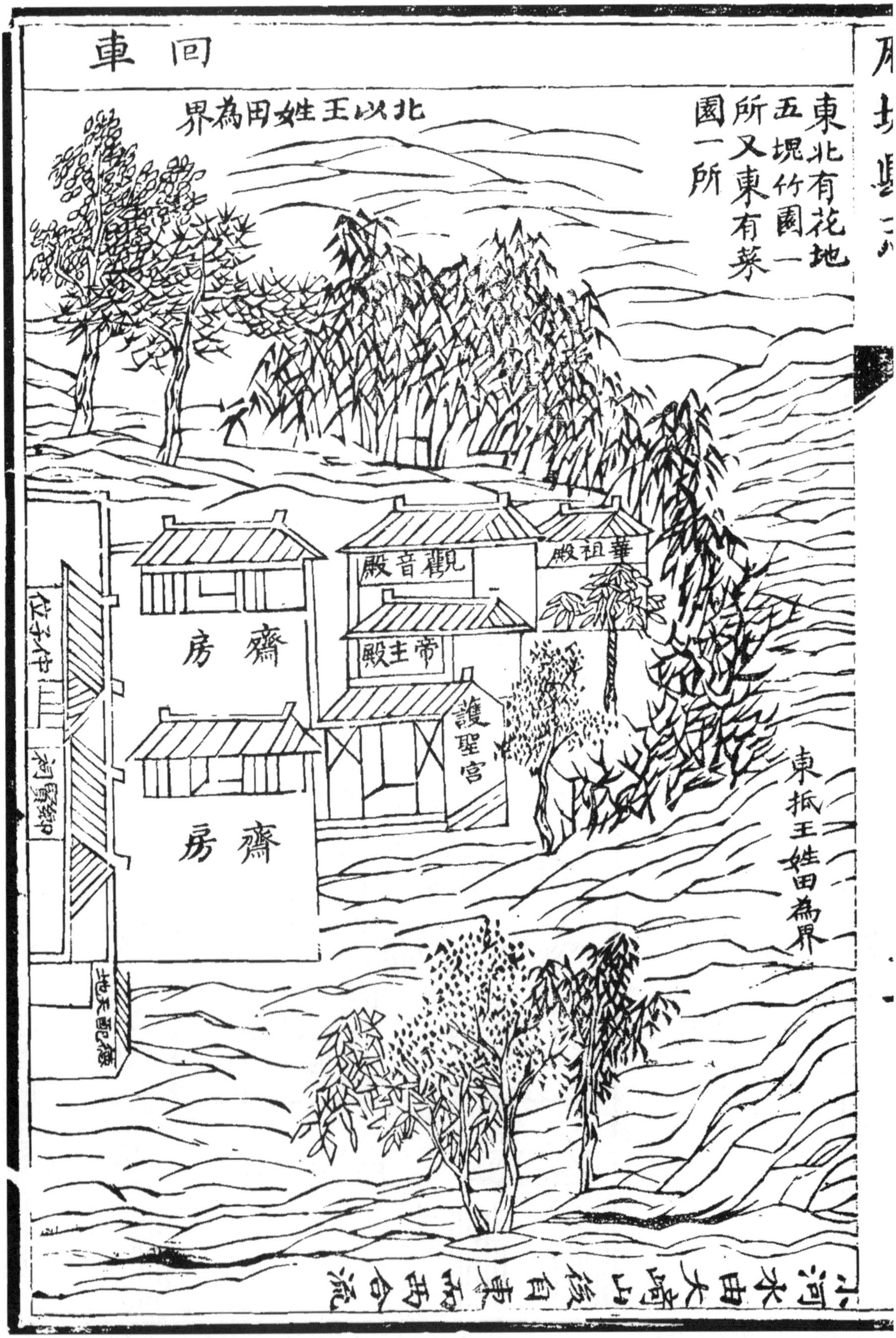
回車
北以王姓田為界
東北有花地五塊竹園一所又東有菜園一所
觀音殿
華祖殿
帝主殿
護聖宮
齋房
齋房
東抵王姓田為界

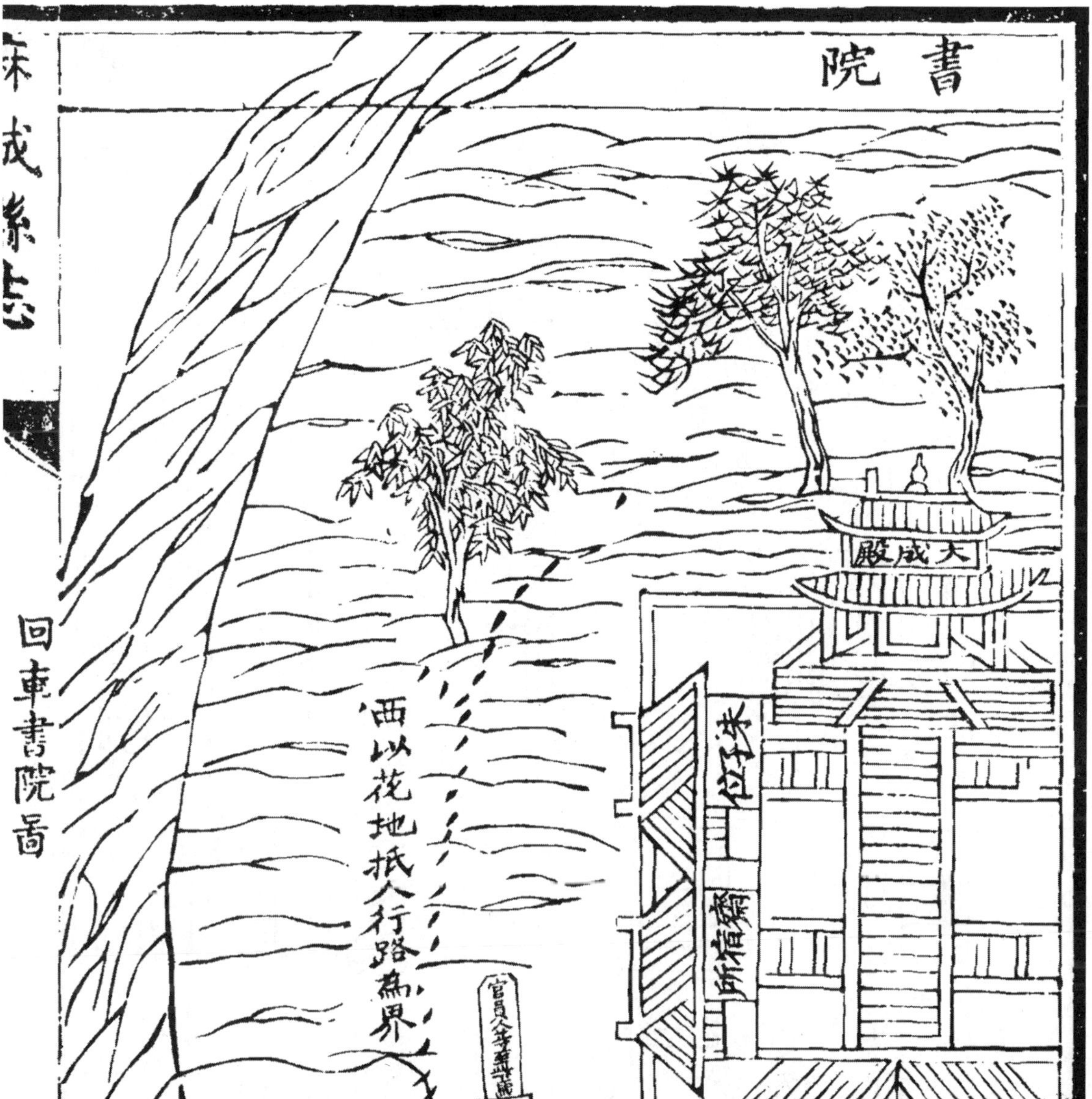
回車書院圖
書院
大成殿
朱子位
齋宿所
儀門
西以花地抵人行路為界
官員人等
南以書院田抵河為界
此橋向係王姓領修

縣署圖

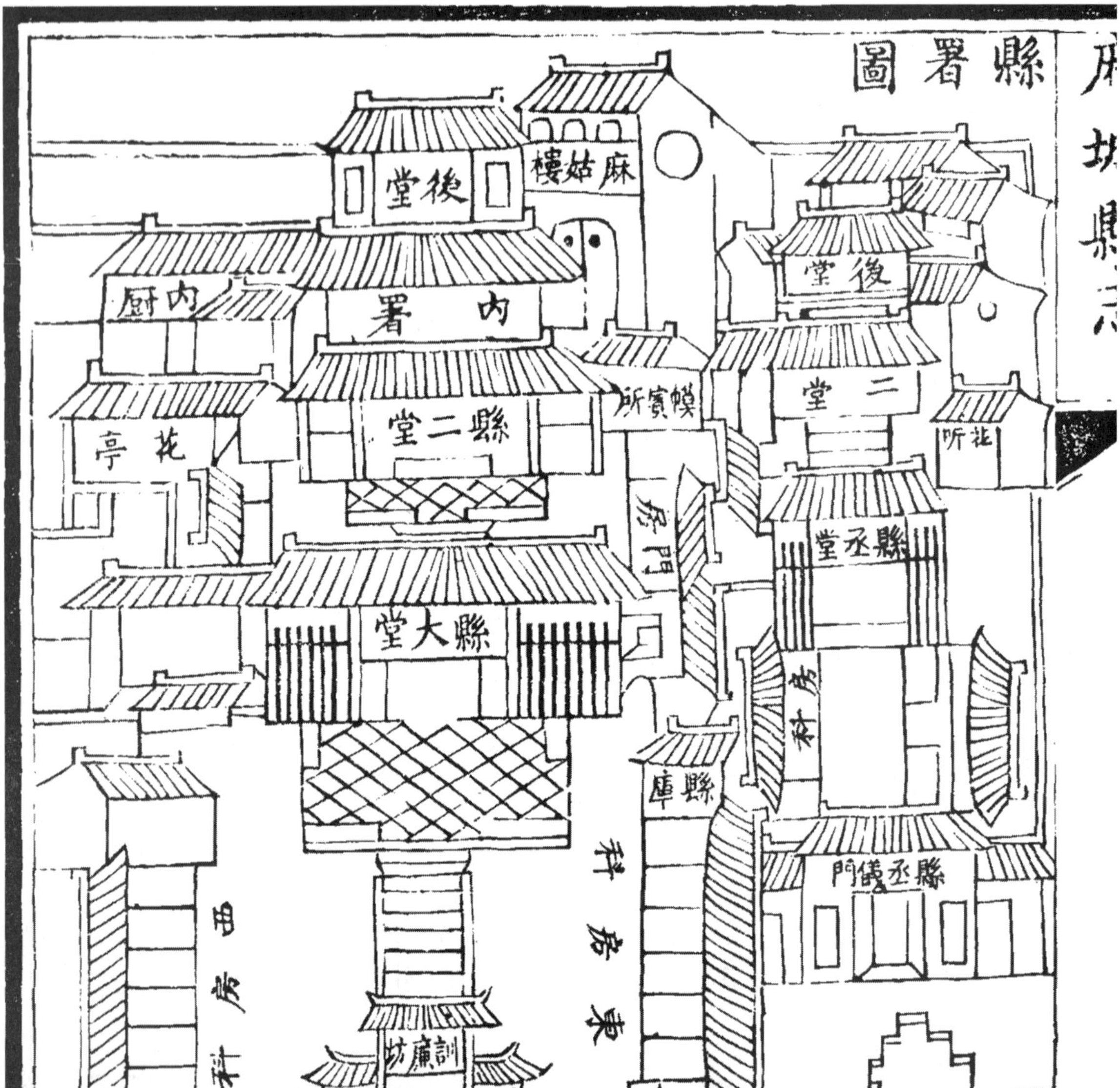

縣署圖

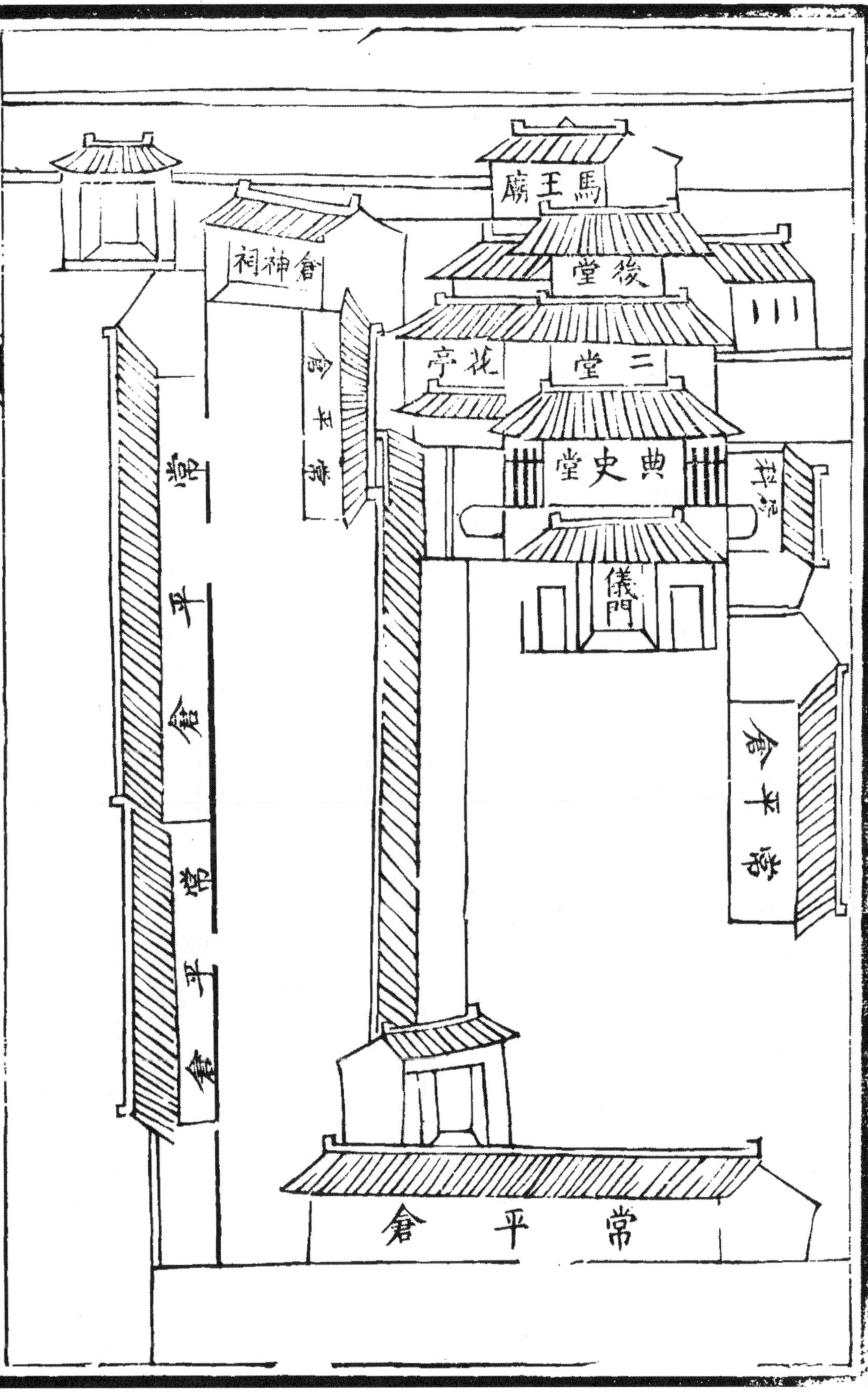

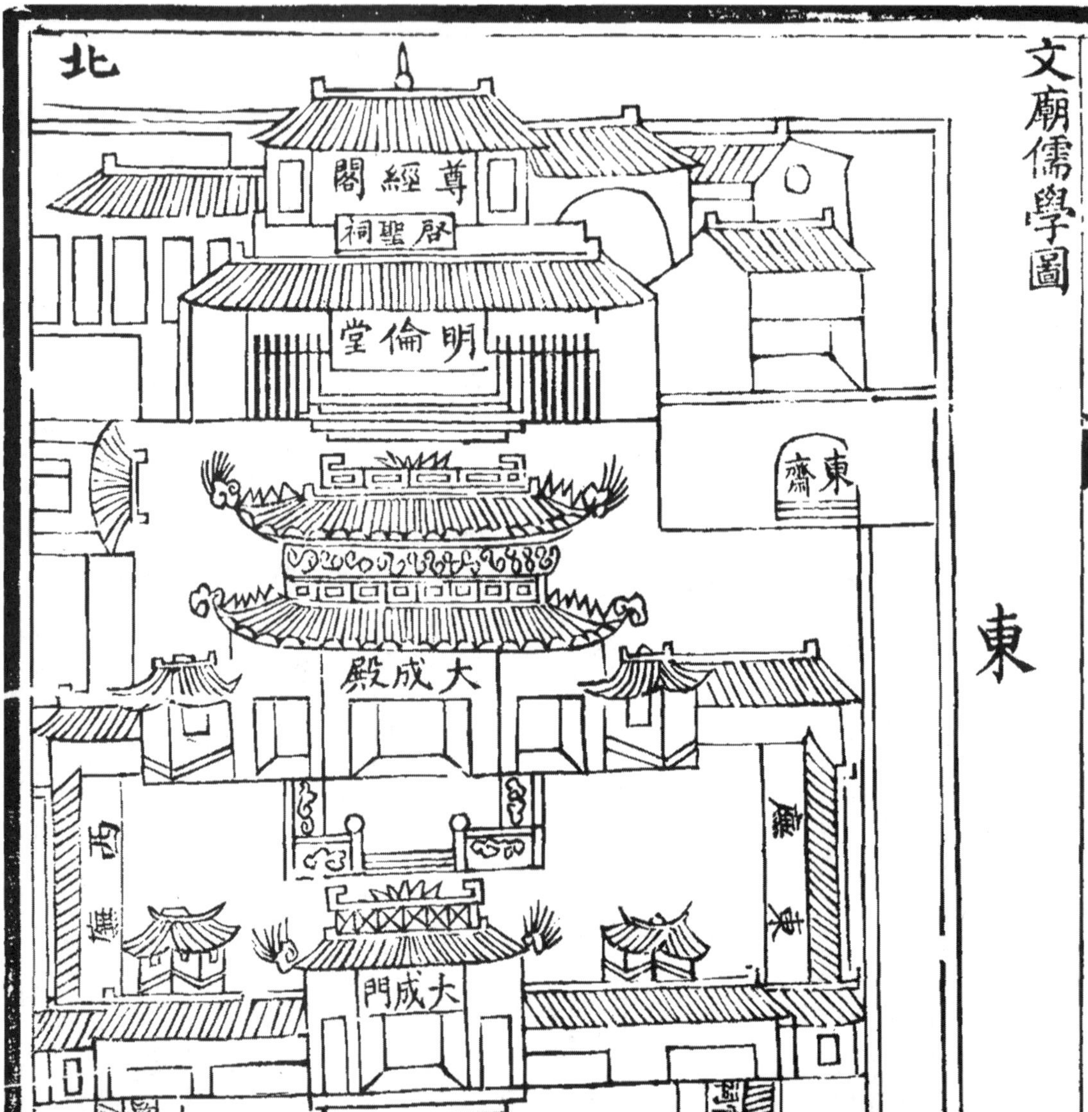

文廟儒學圖

麻城縣志

文廟儒學圖

三五

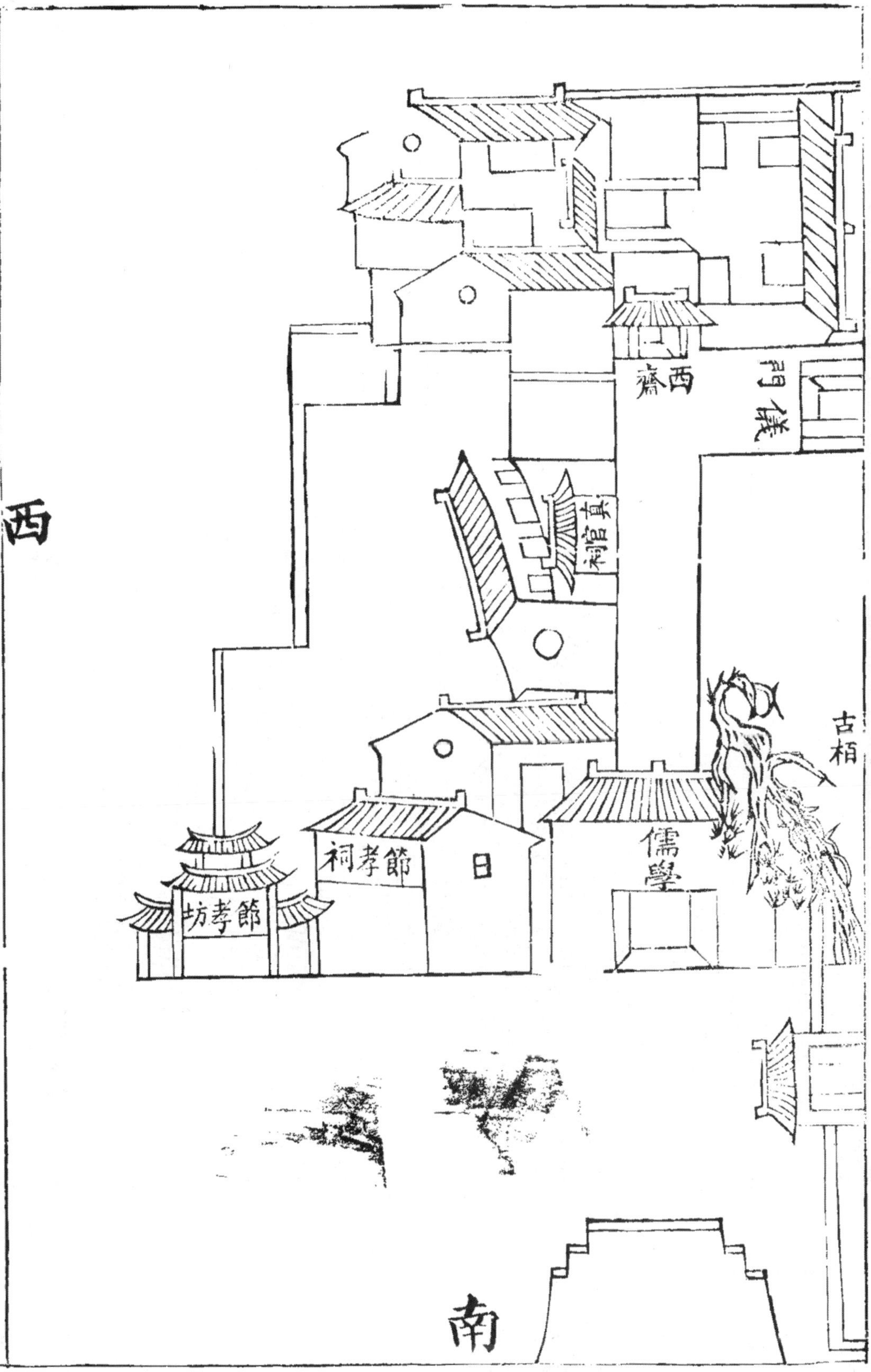

武廟書院文明樓圖

三二

武廟書院文明樓圖

黃州府同知衙署圖

駐防岐亭東

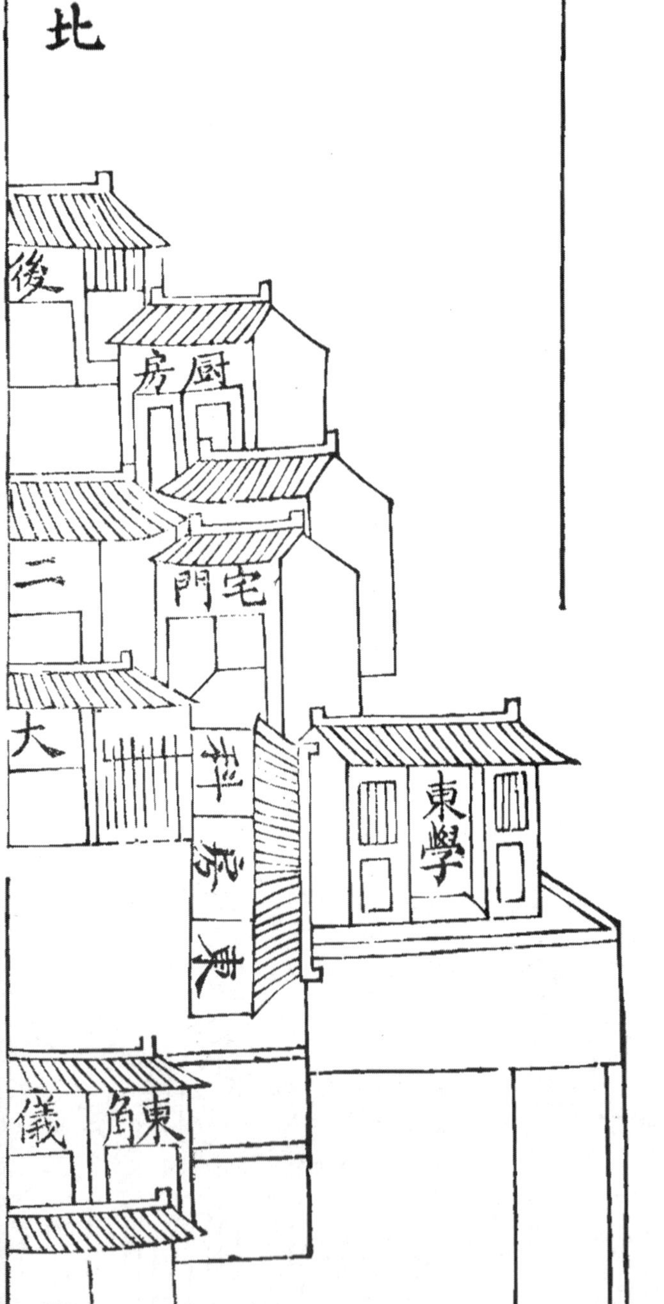

岐亭衙署圖

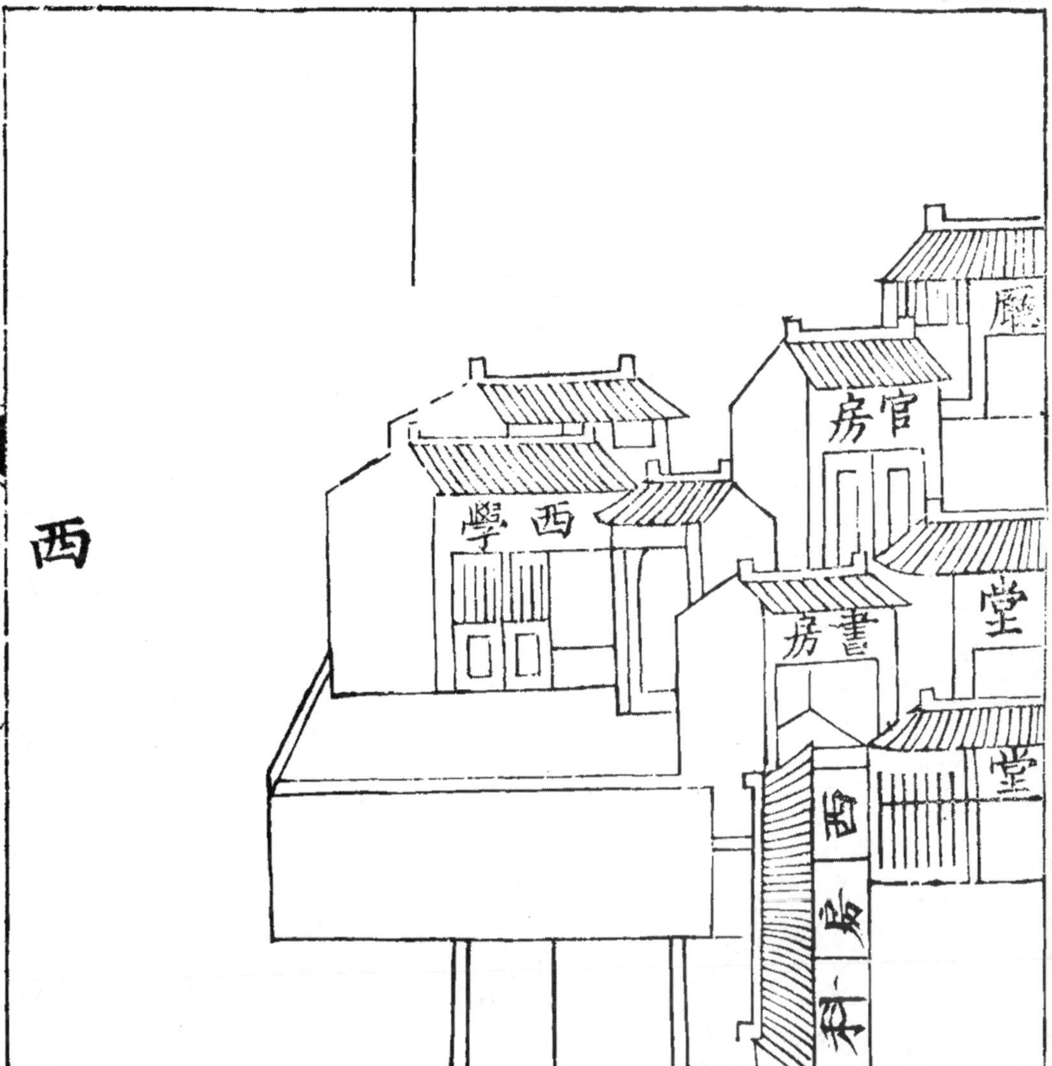

三七

白雲臺
東
山
南

北
西
白雲臺圖

白雲臺城北儷居山有石隆隆高起上平如蓋雲氣旋繞變幻鬱結若層臺高觀重樓疊閣俄而龍逸駿飛鸞翔鳳翥恍有仙靈畢集於斯或曰

三八

此僊姑遊賞之所好事者因鳩工庀材列數楹於其上歲久傾圮仍還舊觀然則此天造地設之區不必丹楹而刻桷也

雁臺
東

雁臺圖

四十

雁臺在白臯山上石形高聳
洞中空上有釋道一書無生
處間道一於此說法大衆雁
行拱聽雲間飛雁亦下集成
列至今石有雁跡其上為獨

四二

峰禪室傍刻龍田董子書左
刻清風石右刻明月石旁有
小洞相傳為無念道一與梅
長公憩息之所今勝迹存
而說法無有如道一者

北
釣魚臺
東
麻城縣志
四一

成縣志

釣魚台圖

四二

釣臺在龍湖中前瞰龜峰後枕玉山有大石如龜蹲水心橫三丈許縱倍之周柳塘因結茅於其上瞰則傍柳陰垂釣其自記則猶有環竹蓬沙

潭漁岬潭攓雲洞栢塢小赤辟松坵耦耕谷諸勝今頹垣廢瓦無一存者而其庵猶是後有繼其志者脩而葺之亦柳塘之樂与同心者也

麻城縣志
龜峯旭日
東
南

北
龜峯旭日圖
西

龜峰旭日

人惟處之高斯見之遠自
龜峰以至海隅日出不知
其幾千萬里也然遊人於
夜半後躋巉崖東望蒼茫

煙霧中忽見火輪平地迸出俄而金光萬道熣燦射人蓋旭日之方升也泰山日觀峰不獨稱其奇矣

麻城縣志

四五

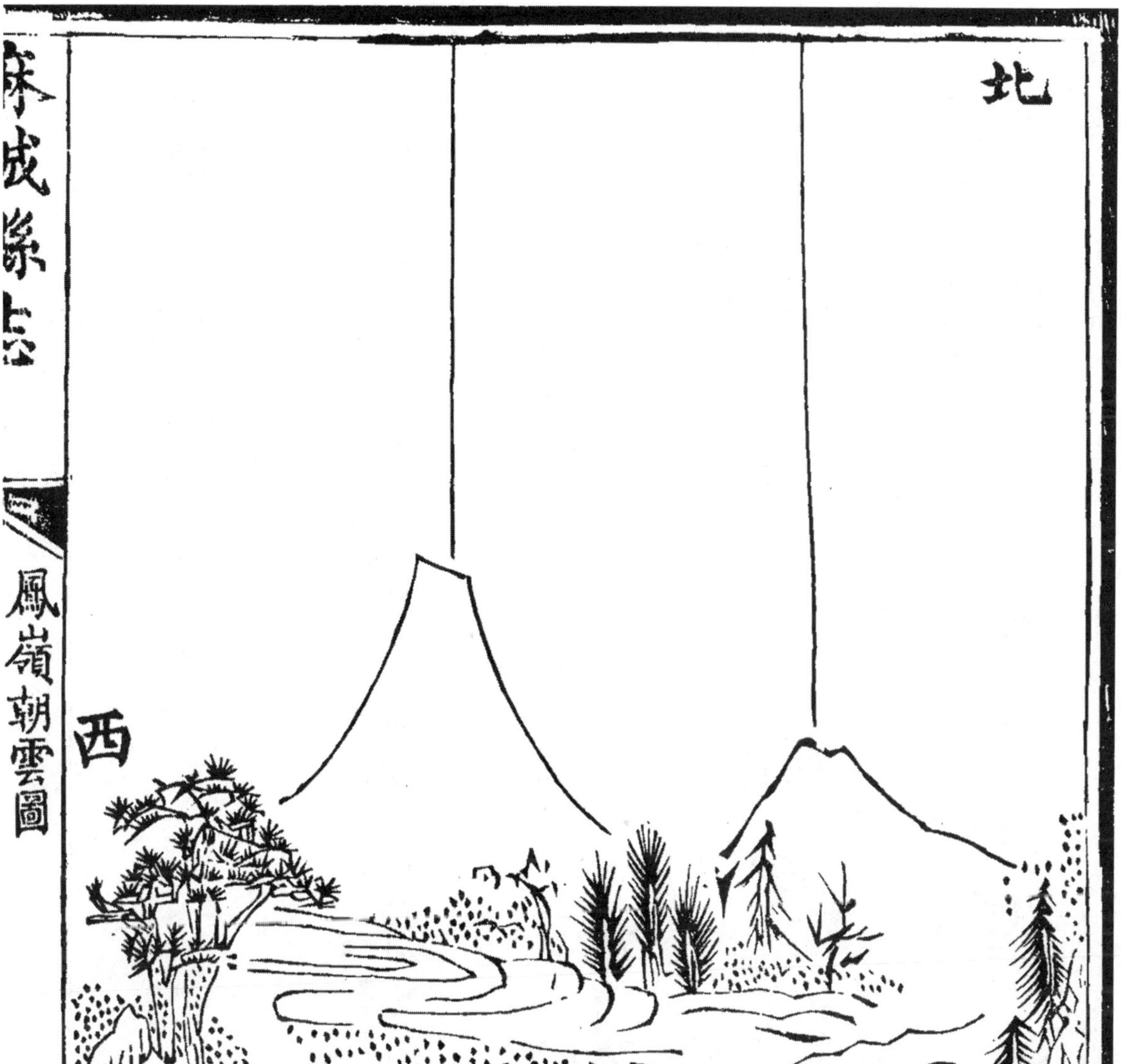
鳳嶺朝雲圖
北
西

鳳嶺朝雲

邑西北十五里許近麻姑洞側有鳳嶺焉相傳有鳳集此豈仙姑之跨以來歟何卿雲之有爛也迨今朝

暾初射雲集嶺頭五色祥光陸離璀璨而飛行之中忽若有鸞翔鳳翥矯翼於茲者則且疑鳳鳥之將至也

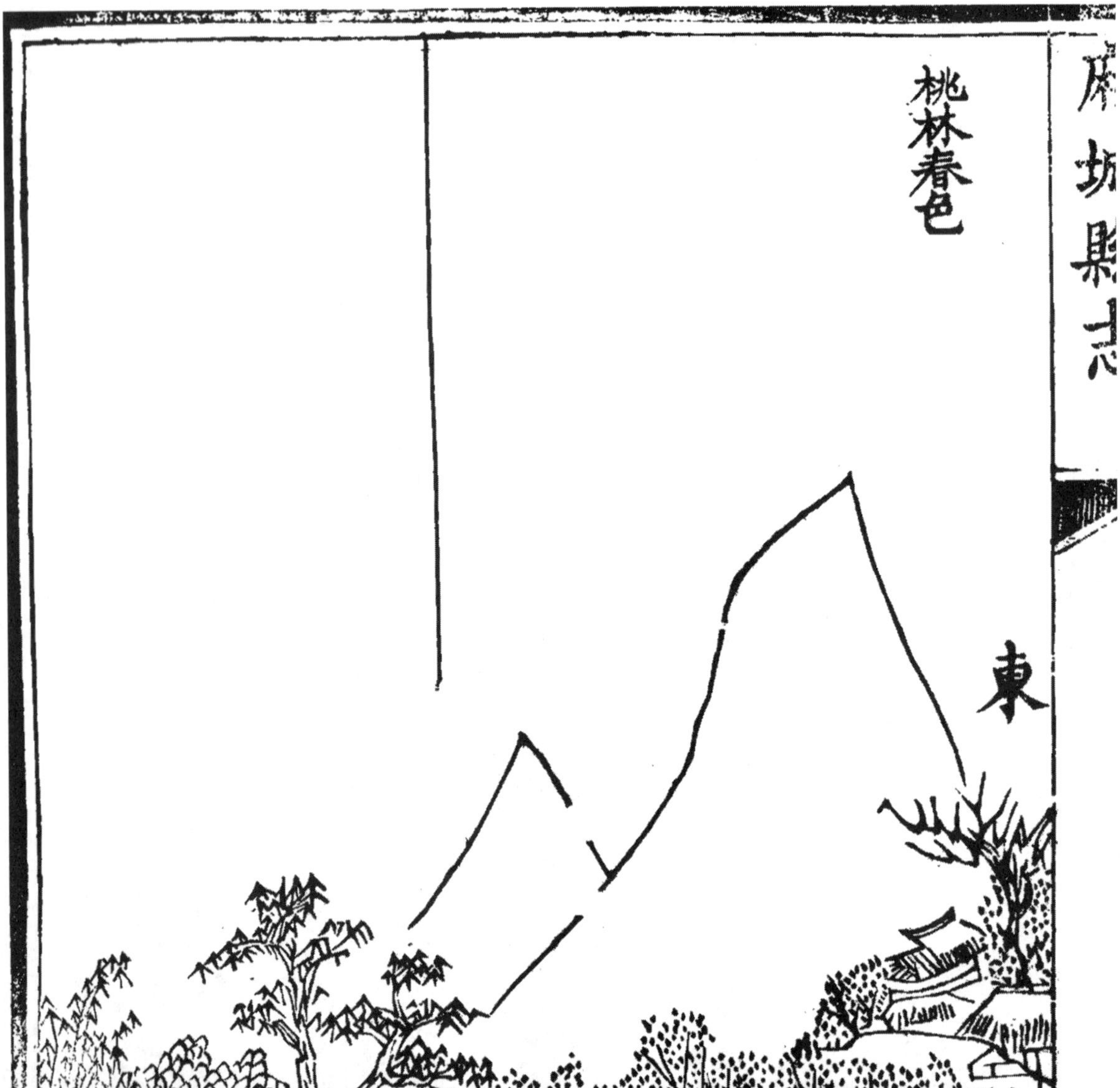
桃林春色
東
南

北
桃林春色圖
西

桃林春錦

桃花林自武陵之勝芳華鮮美兩岸掩暎卓絶千古矣而麻城之盛則更以十里傳時當春光明媚次第

開發見華灼葉蓁望之爛如文錦良辰美景遊人恒絡繹不絕古稱花縣其是之謂歟

柏子秋陰
北
東
四九

柏子秋陰圖

五十

柏子秋陰

柏子塔名也創自唐朝高九丈九尺爲一邑之望相傳於立秋時刻塔無影可見蓋天時之陰然遂以秋

陰著都人士爭往觀之嘗聞中州有無影塔日中則無影云像地之中也茲當立秋而無影不亦異乎

龍池夜月
北
東

龍池夜月圖
五二
西
南

龍池夜月

池以龍名海内衆矣此獨綴之以夜月者豈以驪龍之珠光如滿月故有俗説之相沿歟夫亦以龍池清

澈月色溶溶當更沈夜靜
霧釋煙消望水底氷輪倍
形皎潔人在琉璃界中樂
而忘返則夜遊之妙誠無
有過於此矣

麻城縣志
瀑沛飛泉
東
南

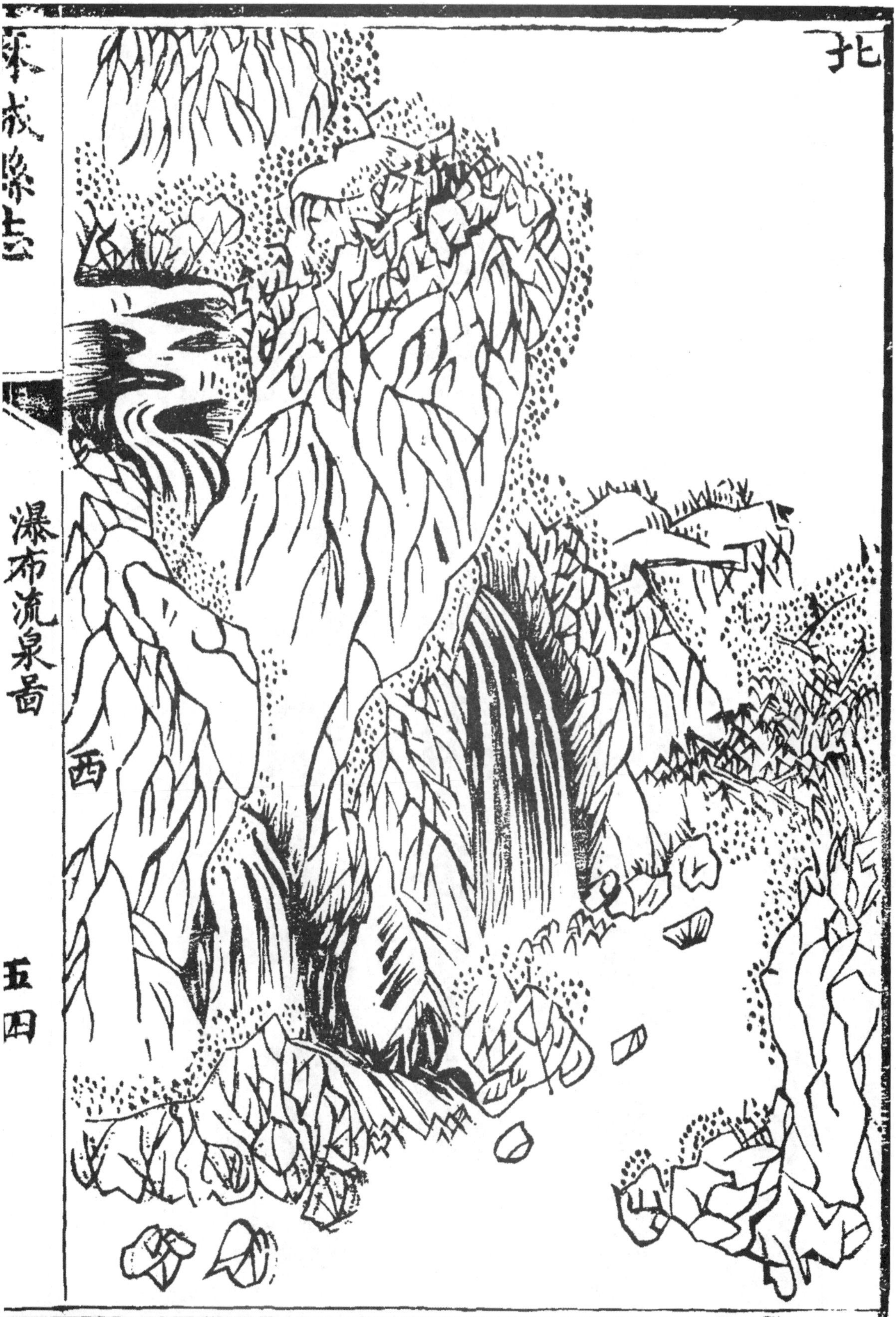
瀑布流泉圖
北
西
五四

瀑布流泉

泉之流有如噴玉者有如濺珠者有如晶簾者惟白臯險峯之下則爲瀑布焉夫以空山寂歷遠聽泉流

已足令人心曠況一片晶
光從空而降穿雲破霧練
影全舒炫人目有不沁人
心者乎看山景者自當以
此為最

麻姑仙洞
北
東

麻姑仙洞圖

麻姑仙洞

洞以仙靈仙以姑異故姑既仙去而麻之人感姑德者則尸祝於洞焉每當春色宜人士女咸集則見鳳

嶺交雲獅峰吐霧蒼松翠竹秀簇懸崖而洞口琪花一株可望而不可即其花片又往々隨清泉流出則仙靈之有以隱護之也

麻城縣志
萬松古亭
北
東

萬松亭圖
西
南

萬松古亭

城西七里岡舊傳宋邑令張公植松萬株以庇行者因作亭於中今松皆化石亭跡已無存矣然故老傳

聞言之則津〻不倦知亭
雖朽而公之德固不朽矣
爰繪斯圖使人從筆墨淋
漓快覩亂龍拳曲穆然而
思種松之人爾

麻城縣志

編列山川鄉都橋梁塘汛市鎮三臺驛舖八景字號

各山字號

天　四望山　東十五里　地　駐驛山　東二十五里
元　饑　山　東三十里　黃　遊蕩山　東三十五里
宇　雞籠山　東四十里　宙　小勅嶺　東四十里
洪　大勅嶺　東五十里　荒　龜峯山　東六十里
日　八疊山　東六十里　月　什子山　東七十里
盈　天井山　東八十里　昃　翦刀山　東八十里
辰　鹿角尖　東五十里　宿　九歇山　東九十里

列　雨淋山　東一百里　張　白臯山　東南三十里
寒　了杵山　東南五十里　來　五龍山　西南三十里
暑　鳴　山　南三十五里　往　望花山　南四十里
秋　雲陽山　南四十五里　收　七里岡　西三里
冬　靜明山　西十里　藏　大安山　西二十五里
閏　朱　山　西三十五里　餘　青　山　西四十里
成　礦　山　西五十里　歲　大聖山　西五十里
律　奉道山　西五十二里　呂　紫雲山　西七十里
調　香　山　西七十二里　陽　九螺山　西八十里

雲　拘羅山　西八十里　騰　了頭山　西八十里
致　馬頭山　西八十里　雨　黃土山　西北五里
露　五腦山　西北八里　結　道冠山　西北十五里
爲　仙居山　西北十二里　霜、梅花腦　西北四十里
金　會龍山　西北三十五里　生　陽臺山　西北九十里
麗　羚羊山　西北九十里　水　分水嶺　西北九十里
玉　覇王山　北十里　出　鳳嶺山　北十二里
崑　麻姑山　北十二里　岡　胭脂山　北三十里
劍　陰　山　北四十里　號　駱億山　北八十里

巨　木陵山　北一百里　闕　九龍山　東北二十里
珠　祖公山　東北三十五里　稱　蛇　山　東北三十里
夜　大腦山　東北三十五里　光　雲霧山　東北四十里
菓　石門山　東北九十里　珍　黃蘗山　東北九十里
李　修善山　西北九十里　柰、鳳嶺山　西北九十里

各川字號

菜　栢塔河　東北十五里　重　桃林河　東十五里
芥、杜家河　北八十里　薑、福田河　北七十里
海　洪家河　北二十里　鹹　小河途　北十里

河　新河　東一里　淡、舉水　東北六十五里
鱗　閭河　東二十里　瀶　三河口　東六十里
羽　高岸河　南十里　翔、麻溪河　南二十五里
龍　白杲河　南三十里　師　浮橋河　西南二十五里
火　松溪河　西八十里　、帝　林店河　西北四十里
鳥　兩河口　西南三十里　官、横　河　南六十里
人　木樨河　東九十里　皇、義井河　東一百里
始、東義洲河　東北百里　制　龍　池　北門外
文　黑龍池　東三里　字　化龍池　西十里

鄉都字號　从◇
乃　太平鄉都　東西北　服　仙居鄉都　西南
衣　亭川鄉都　東南

橋梁字號　从︿
裳　太平橋　西門　推　李木橋　西北十里
位　砦家橋　西十里　讓　祖公橋　北二十里
國　甘露橋　南門外　有　塔兒橋　西二里
虞　復原橋　北門外　陶　百花橋　北
唐　三里橋　北三里　弔　五里橋　北五里
民　七里橋　北七里　伐　潭谷橋　北十里
罪　豆腐橋　北二里　周　滚子橋　南十里
發　劉曾橋　南三里　殷　三空橋　東四十里
湯　古風橋　西七里　坐　長生橋　東四十里

塘汛字號　从○
朝　黄泥岔　東九十里　問　宋埠塘　西五十里
道　舊店　西北九十里　垂　兩路口　東北九十里

市鎮字號　从口
拱　岐亭鎮　西七十里　平　宋埠鎮　西五十五里

章　中館驛　西三十里　愛　迎河集　南三十里
育　炎興集　南三十里　黎　普興集　南二十五里
首　孫陳集　南二十五里　臣　閔家集　南十五里
伏、白杲鎮　南三十里　戎、福田河　北七十里
羌　邊店　北七里　遐　閻家河　東二十里

三臺字號　从△
邇　白雲臺　東十五里　壹　雁　臺　東三十里
體　釣魚臺　東三十五里

驛舖字號

卒 十里鋪 南十里 賓 白塘鋪 南二十里
歸 白杲鋪 南三十里 王 望花鋪 南四十里

八景字號 公

鳴 龜峯旭日 東六十里 鳳 鳳嶺朝雲 西北十五里
在 桃林春錦 南里許 竹 栢子林陰 東二十里
白 龍池夜月 黑龍池 駒 白臯飛泉 東南三十里
傘 麻姑仙洞 西北十五里 場 萬松古亭 西三里

麻城縣志卷之首後

卷首前

序 編輯官紳 舊序 圖 山川地輿字號

卷首後

目録 凡例 志畧考 縣志源流

卷一

古大事志 春秋至明 攻守 災祥

卷二

國朝大事志 蠲免 賑卹 征討 祥異

卷三

方輿志 沿革 疆域 坊鄉 市鎮

卷四

方輿志 關隘 寨堡 形勢 河渡 寺觀

卷五

方輿志 風俗 物產

卷六

方輿志 山崖嶺岡洞石河池澤洲塘堰陂湖港井磯畈

卷七

方輿志城濠 堂庄 臺亭 園墓

卷八

方輿志碑碣 鐘磬

卷九

建置志城池附 署廨 廢署 倉廒 養濟院 義塚

卷十

建置志祀典儀注

卷十一

建置志壇廟學校 祠祀附書院附

卷十二

建置志營汛 驛舖 坊表

卷十三

建置志戶口 田賦 均徭 雜稅 鹽法 驛站

卷十四

職官志國初上自唐國朝至光緒 後趙至明

卷十五上

選舉志唐至明知縣 翰林 進士 舉人 尚書侍郎至

卷十五下

選舉志明武進士 武舉人 武勳 薦舉 恩拔歲副

卷十六

選舉志國朝進士 舉人 武進士 明武舉人 恩拔 國朝歲副 薦舉 例選 國朝貤封 例封 鄉飲附 明貤封

卷十七

人物志國朝 治績 師儒 自宋至

卷十八

人物志唐至明 仕績

卷十九

人物志國朝上自明 仕績

卷二十

人物志國朝仕績

卷二十一

人物志儒林

卷二十二

人物志文苑

卷二十三

人物志忠烈

卷二十四

卷二十五 人物志孝行
卷二十六 人物志義行
卷二十七 人物志隱逸
卷二十八 人物志藝術
卷二十九 人物志仙釋
卷三十上 人物志流寓
卷三十下 人物志元明貞孝節烈 國朝已旌未旌節孝
卷三十一 人物志國朝未旌節孝
卷三十二 人物志國朝烈貞割股

卷三十三 人物志本城附城節孝
卷三十四 人物志東鄉節孝
卷三十五 人物志南鄉節孝
卷三十六 人物志西鄉節孝
卷三十七 人物志北鄉節孝
卷三十八 人物志本城附城烈貞割股
卷三十九 人物志東鄉烈貞割股
卷四十 人物志南鄉烈貞割股
卷四十一 人物志西鄉烈貞割股

人物志 北鄉烈貞割股 懿行男割股附
卷四十二
藝文志 經史子集目 疏說論策議
卷四十三
藝文志 序
卷四十三下
藝文志 序
卷四十四
藝文志 文 書 疏文

卷四十五
藝文志 記
卷四五下
藝文志 記
卷四十六
藝文志 傳
卷四十七
藝文志 箴辯跋啓引贊銘考示
卷四十八
藝文志 五古 七古 七絶 七律
卷四十八下
藝文志 五律 五徘 集唐 詩餘 賦
卷四十九
掌故志 吏科
卷五十
掌故志 戸科
卷五十一
掌故志 禮科

卷五十二
掌故志 兵科
卷五十三
掌故志 刑科
卷五十四
掌故志 工科
卷五十五
兵事志 駐守 團防 陣亡 殉難
卷五十六

叢談志

凡例

一此次興修志書年代太遠加以兵燹之後文殘獻缺徵攷無從其中遺漏或所不免茲惟就耳目所及以及城鄉所舉報者載入不敢妄加臆斷

一康熙間所修志內尚有未入乙卯志書者茲爲核校補入

一輿圖建置沿革山川古蹟水利風土田賦各條前志所載甚詳仍按舊志刊載其城鄉戶口廟宇按各區甲舉報核載

一城池關津砦堡其叠次增修與近年添設建築者照城鄉舉報及已彚案者核奪增入

一名宦秩官選舉各按例增入其有應入名宦祠者同衆核議稟詳彚案入祠

一鄉賢已奉部文入祠者照例載入其有人品端方學行特異未奉部文入祠者采入人物條內其有才德兼優不願出仕優游林下者采入隱逸條內如貌託孤高輕世肆志者不載

一災祥兵寇照城鄉所報實事次第采入

一忠孝大節關係最重必忠捍社稷孝事父母及爲君親
殉難等事核實采入
一節孝貞節必三十歲以内夫故守節十年以外身故實
蹟爲鄉里共欽方可采入至其人現存不遽入載但采
就存案俟後修補入以符蓋棺論定之議
一貞烈婦女舊志所載分類編入現經所采凡賊匪逼近
或被戕或投水或自經必有守身不辱實蹟方可載入
貞女或過門事翁姑撫嗣延祀或在家養父母矢志靡
他以終天年者照各事實采入

一義行凡捐賓興卷費救荒助餉設義學置義塚修橋路
紓患難一切有裨世道者一同采入若豪俠之似義者
不得妄采費未及千百者不能悉載
一仙釋除舊志所載外有果能明心見性實行可徵者方
可采入其流寓吾邑有真正才人學士亦可酌采以光
邑乘
一文藝必有關人心世道風化者方可采入其人現存者
此次不載惟采就存案以俟後修補入至吟風弄月之
詞寫性陶情之作無庸采載間有遠方賢人君子來遊
吾邑就吾邑事蹟發爲鴻裁鉅製於邑有光者亦同采
入
一列傳須照舊志曾經出仕才德卓異功績昭著品望爲
闔邑所欽仰方可載入至現存者不在此例
一封典除實封外以職銜而爲其祖父捐封者必徵驗實
封乃可錄入
一采訪人員同具禀呈縣如采訪不實被人發覺及挾嫌
妬忌故匿不報後藉口遺漏故生事端者核實一併詳
究

一采訪條例專尚簡潔除實係特異必不可畧外酌以四
字八字括其大要以歸畫一
一舊志倣龍門例爲紀二爲考八爲表三爲畧一爲傳十
三叢談一然湖北通志及黃州府志皆以志字提綱今
將大事紀改爲大事志輿圖山川古蹟建置賦役祀典
金石藝文諸考職官選舉各表並改爲志其政畧列傳
列女並改爲人物志以醒眉目且兵興以來効力殉難
者多故復增兵事志一門而以叢談志終焉
一舊志分前後兩册以便分修前二十九卷後文徵十六卷

掌故六卷今合爲一計五十六卷首末秩然便覽也

志畧考

熊吉

按麻城古黃國地也黃爲楚東與國齊桓公謀攘楚貫之盟黃首先歸義陘之師黃與江按兵以爲掎角之勢後楚伐黃而滅之春秋時凡見滅者非臣虜則遁逃黃獨不屈故稱滅傳曰滅者亡國之善辭上下之同力也夫始能違權以歸義終能守正以成仁黃之君臣不可謂無人是故君子憫之後楚宣王滅邾徙其君於此又名邾城胡文定公曰楚自秭歸徙都并穀鄧及漢東下收江黃遂兼吳越傳六百年而後止雖其人謀亦地勢使然也夫齊得之則

足以制楚楚得之則足以兼吳越黃之地不誠要哉秦滅楚以郢爲南郡遂屬南郡漢爲西陵及邾縣隸江夏郡衡山王吳芮常都之三國時爲魏重鎮吳克邾城赤烏四年八月陸遜以三萬人城守之晉屬弋陽郡又析置西陽國東晉以邾城爲豫州治所陶侃鎮武昌議者以北岸有邾城宜分兵守之侃曰我所以設險禦敵正以長江耳邾城隔在江北內無所倚外接羣夷必引寇虜且吳時城此乃三萬人守之今縱有兵守何益於江南劉宋爲西陽郡蕭齊置齊安郡唐初改黃州加置總管府天寶初改置永安

郡乾元初復爲黃州並治邾城宋遷州治於江濱邾城廢設險論曰地有常險則守亦有常勢孫氏時上流守南郡下流築東興皖口中以三萬勁卒戍邾城真氏曰舒蘄黃三州之北有大山綿亘八百里俗呼西山邾城在山之東南晉時密邇羣夷所以不可置戍辥氏曰淮西山澤相半無水隔者獨邾城與白沙戍耳玉海志云白沙關西至大活關六十里在黃州西北二百四十里大活關在州北二百里穆陵（唐志作木陵）關在麻城西北八十八里（在木陵山上）陰山關北至光州陰城縣二百里通典曰邾城在黃岡縣西北

一百二十里今據邾城黃岡麻城之交俗呼舊州城元末羅田徐壽輝據之又呼新州城自春秋以來實爲重鎭至宋遷州治於江濱遂爲邱莽余常過其處見荒城野市依稀尚存城枕大河近郊多良田西北諸山綿延擁衛東南一峯峭拔端麗如屏亦奇境也今其所治東南屬黃岡西北屬麻城真氏所謂綿亘八百里俗呼西山者白沙大活木陵陰山諸關在焉金元多由此窺鄂州豫章唐李道古阨五關之險者此也宋李亶奏復五關之險者此也元忽必烈乘五關之險者此也邾城西北四十里爲岐亭廢縣

嘉靖辛卯通判羅瑞登城掘出龍集縣碑始得其名而建革則不可考當省入麻城矣今縣治則後趙石虎使麻秋所築者梁置信陽縣及定州北西陽縣陳置定州後周改亭州又有建寧陰平定城三郡隋開皇初州郡並廢十八年改麻城縣屬永安郡而以陰山爲鎭唐復亭州又析置陽城縣而以大木山爲鎭元和初又省入黃岡縣後復置宋端平間徙治什子山僑治避狄難也元復舊治而我朝因之耳今據縣北九十里有分水嶺水北流者由淮入海南流者由江入海由此而北則平川千里是爲中原由此

而南則山川糾紛是爲楚越乃南北一大界也兩水交送一龍南翔爲飛龍山形勢峻躍雌雄並立又南翔爲鳳嶺山中峯嶐聳旁四峯以次附列儼若筆架是爲元武下此則衍爲平疇而治枕其端龍池繞於後大河經於左正巽亦有五峯森列爲龍潭山朱雀翔舞堪輿家所謂火星出在南方是也龜峯文筆東峙璧立萬仞白臯天馬南馳蟠際數里桃林河又襟帶於前與縣河合襟而南游蕩山八疊山爲第二重案龜山玉屏爲第三重案山川之秀甲於全楚壯哉邑也百八十年文章政事之臣道德節義之士

聞於海内超越前古固我聖祖神宗淬礪涵養之澤而磅
礴鍾毓之氣亦不可誣焉麻城遂爲昭代名邑矣然竊考
諸往牒千載寂寥無一聞士豈風會昌結今古爲有間與
昔黄子在春秋時舉動俊偉如此是必有識權仗節之臣
周章其間第僻在夷徼史志弗立姓名湮没爲可惜也繼
兹風氣漸開宜有聞者然崇山大川重關複壁天限南北
三國六朝晚唐季宋是爲形勢必争之區如滿寵之所度
陸遜之所築石虎庾亮之所必争毛寶樊峻之所効死吳
少陽之所竊奪李道古之所阨隘阿海張柔之所覬覦李

亶夏貴之所防截胡氏真氏薛氏之所經畫分合蕩析殆
無寧日元氣方復疥瘍迭乘救死不贍雖有名世之英山
澤之癯誰則書之是以後世無聞焉昔東坡寓黄時有陳
慥者居岐亭與之往來唱和又爲之立傳嗚呼龍邱子之
得聞於世者以其有東坡耳不然雖謂之無是人可也然
東坡不常有也孰謂十室之邑爲無人哉此記事之書容
可緩乎吉弱冠時與道峯毛子講學沙溪竊有志焉奔走
場屋又二十年未暇操筆凡有所得則隨記私册丁酉秋
下第歸懼其久則佚也乃輯而録之以爲後來君子備先
驅云

縣志源流

麻邑縣志燬於前明其畧本於毛公鳳韶志草則原於熊公吉其時劉公子弼邱公龍雲皆與校者也　國朝康熙壬子屈公振奇創修校訂者周公維秬又參以鄒公師可王公汝霖周公遠害薈萃成書此舊志也至乾隆乙卯重修卷帙既繁修輯之人愈衆其時裁定者章君學誠參訂者黃公書紳姜公廷銘分校者張公立誠李公本榮吳公端督刻者易公光殿朱公杏堂陳公霈霖顧公琦楊公天顏分修者鄒公蓀程公宗洛胡公翹霜鮑公梁總理者成公价熊公鍾鄒公占魁參閱者程公琮李公華梅公英熾王公勲李公愈達校對者楊公盛齊成公憲蔡公焞熊公樓也備誌其名以垂不朽至若採輯則江曾黙葉栻程璘楊琯鮑鵬李元慜江培福袁履謙郭喬楚吳以寧李元淑程其潞甘之檢鮑槐熊紹漢蔡朝邁詹鍾普張曲江黃天定梅士楙鮑樟石占鰲曾光第方大元鮑承烈胡有光白廷錯胡奕鴻董喬英陶祖淵成家騆鄒光瑛張學泮王伯槐洪福吳泰來梁錫冕江邦憲王光甲丁楚珣鮑南薰鄭文堦梅植周英鄭若瀛甘椿王道域范懷璽王文翥鄒茂

照熊錦鄒啟濂鄧光燮鮑凝然梅家棫鮑和周晥藺鄒之煒李文璧嚴祖光張爾舉成家駒熊國珍鄒文煥嚴大模羅其孝胡粹忠樂萬年朱九華胡炯鄒慕嶧楊易魁鮑其倫董步元方廷榮楊大濟劉天驥陶裕甲范慕儒李光寬曹之俊喻炯鄒元灼金萬年胡宗敬曹元鏷張開蘊彭履泰曾步瀛洪斐觀熊之翰張英風熊珍鄧廷熺熊紹灃劉維治金珽李廷元施永年余國棟熊炳萬邦和周士虞甘德全饒璜歐陽紀萬文玉熊續基熊步璜鮑其儉毛錫璜夏鑑鄒元爕貢鋥陳希聲毛鵬翥夏銘毛秀杰朱耀祖毛珠梅士郁王廷彩喻逢泰史朝聖陳東明施光前陳夏鼎鮑汝朝程文漢梅在岡劉執璧李紹榮熊士全劉曾裔李樸張宏紀王文植屈九達汪象賢郭維楚朱明玉鄭丕顯梅天榮涂志敏周良棟丁劾周胡應庭陳學敏鮑熊讓李曉峰林廷彥鄒耀彩張周元余德昇余德銓張宏典方學純汪德泮蕭元梓何光華王遐春黃棟方世泰董春余耀廷吳世德葉永和王世華蔡廷鐸鄭步雲鄭步衢李克繩李元增程壽茂程壽珍曾鳴烈張之柱喻登榮吳大林江大金王思元余德全王之榛張思栻鄒應天楊開敏曾維

韓祇耀程鳳彩薛思烈陶逐萬吳同庚胡耀先吳文漢吳
世士王廷玉王維翰余元勳王學江吳世連陳天秀鮑輝
然鮑泰然陳青選周舒漢盧敏道盧元志胡書表李宗洛
阮效先王一槃郝世霖劉常卓周鏡寰諶學剛周勝權周
碧泰方其達王佐鼎江汝楫江萬年梅華陳學堯袁周元
朱承述周仍泰傅正雄吳家珣王鳴宰王道南劉國柄戴
成大蕭大美丁鳴泗辛明正陳廷明榮東洋藍必榮蘇天
爵周世珩蔡均錫吳邦俊熊楚書喻文爍毛銳朱緒祖沈
中熾熊環川鮑耀楚毛龍光盧玉堂郭淮蔡邦達劉文清

陶明元李維聖江朝海謝晁陳繼鑾林光湛余思忠施仁
萬戴浩耀周素常

麻城縣志卷之一下

知縣事臨桂鄭慶華纂修

古大事志

春秋後事見魏太和晉宋以降歷世孔多惟古可鑒往迹斯羅

春秋桓公八年楚子合諸侯于沈鹿黃隨不會使薳章讓黃莊公十九年伐黃敗黃師于踖陵僖公十二年楚滅黃

元和志春秋吳楚戰于柏舉即麻城之龜峯山

三國

魏明帝太和二年戊申滿寵增西陽戍兵

吳揚言欲獵江北孫權擬自出豫州刺史滿寵度其必襲西陽預爲之備權聞之乃還魏志滿寵傳

按麻城在三國時魏名西陽屬弋陽郡後屬吳

吳赤烏四年陸遜以三萬人守西陽

遜以西陽爲重鎮國之藩蔽故置重兵以守之吳志陸遜傳

晉永嘉元年西陽蠻寇江夏太守楊珉與諸將議方畧騎督朱伺獨不言珉問將軍何以獨不言伺曰諸人以舌

擊賊伺唯以力耳
僞趙石勒使其將麻胡秋築城
麻城之名始此 晉書載記
宋文帝元嘉二十五年戊子置長鳳縣
以豫部蠻民故立此屬西陽郡 宋書州郡志
二十九年壬辰西陽蠻反遣沈慶之討之 南史沈慶之傳
三十年癸巳復遣武陵王駿統諸軍討西陽蠻平之 同上
是歲蠲西陽郡租布 宋書世祖本紀
孝武帝大明八年甲辰省建寧左郡爲縣

初分西陽置建寧左郡至是省爲縣屬西陽郡 宋書州郡志
順帝昇明二年戊子沈攸之反遣其將公孫方平據西陽陳
劉懷珍督軍討之
陳以劉懷珍持節督豫司二州郢州之西陽軍事遣建
寧太守張謨游擊將軍裴仲穆帥蠻漢軍萬人出西陽
破方平軍數千人收其器甲 陳書劉懷珍傳
齊和帝中興二年壬午梁遣軍主吳子暘率衆取三關魏東
豫州刺史田益宗遣將破之
益宗遣光城太守梅興之步騎四千進至陰山關南八
十餘里據長鳳城逆擊子暘斬獲千餘級梁建寧太守
黃天錫築城赤亭復遣其將黃公賞屯於漴城與長鳳
相持益宗使安蠻太守梅景秀爲之犄角擊破天錫獲
其二城 魏書田益宗傳
梁武帝天監二年癸未魏長鳳戍主奇道顯取梁陰山白藁
二戍 綱目
六月大水
漂損居民貲業遣使周履量蠲課調 梁書本紀
三年甲申魏統軍諸靈鳳敗梁軍于三關

豫州刺史馬仙琕永陽戍主陳可等率衆一萬于三關
南六十里因山起石名爲竹墩遣輔國將軍齊陰太守
蒯沛以精卒二千戍之後於關南四十里麻陽舊柵起
城仙琕輕騎東西爲之節度關南之民多懷觀望魏郢
州刺史司馬悅令西關統軍諸靈鳳掩擊敗之盡燔其
城樓儲蓄擒蒯沛及其軍主劉靈秀 魏書司馬悅傳
普通八年丁未刺史夏侯夔等攻穆陵等三關克之
夏侯夔自西陽武昌二郡太守遷司馬州刺史帥壯武
將軍裴元禮直閤將軍任思祖出義陽道攻平靖穆陵

陰山三關克之（梁書夏侯夔傳）

陳宣帝大建五年（癸巳）敗齊師于陰山關

西陵太守周炅隨吳明徹北討所向克捷齊遣尚書左丞陸騫以衆二萬出自巴蘄與炅相遇炅留羸弱輜重設疑兵以當之身率精銳由間道邀其後大敗騫軍虜獲器械馬驢不可勝數進攻巴州克之於是江北諸城並詐渠帥以城降進炅散騎常侍追炅入朝初蕭誉定州刺史田龍升以城降陳以爲鎮遠將軍定州刺史封赤亭王及炅入朝龍升以江北六州七鎮叛入於齊齊

遣歷陽王高景安帥師應之於是令炅爲江北道大都督總統衆軍以討龍升龍升使弋陽太守田龍琰帥衆二萬陣於亭川高景安營於本陵陰山爲其聲援龍升引軍别營山谷炅乃分兵各當其軍身率驍勇先擊龍升龍升大敗龍琰望塵而奔並追斬之高景安遁走盡復江北之地（陳書周炅傳）

隋高祖開皇八年（戊申）十月甲子隋大舉伐陳敗其兵于岐亭（隋高祖本紀）

時命楊素率水軍東下以伐陳陳南康内史呂仲肅屯兵岐亭正據江峽於北岸綴鐵鎖橫截上流以遏戰船素與大將劉仁恩登陸先攻其栅仲肅軍夜潰素乃徐去其鎖引水軍以上焉（隋書楊素列傳）

五代

周世宗顯德五年（戊申）敗吳人于麻城

時世宗將張勳從征淮南攻黃州擊敗吳人于麻城（宋史張勳列傳）

周史寧爲東義州刺史與東魏胡黎荷戰破之隋伐陳屯兵於岐亭

宋太祖開寶七年（甲戌）九月麻城縣産芝

生于縣廨柱上刺史王明取以獻（宋史五行志）

真宗咸平三年（庚子）八月黃州合郡鷄長夜鳴經冬不止

孝宗乾道間分處江湖流民于黃州

江湖旱荒流民北渡江薛季宣行淮西爲表廢田相原隰立貳拾貳莊於黃州故治東且以戶授屋以丁授田頒牛及田器穀種各有差廩其家至秋乃止凡爲戶陸百捌拾有五分處合肥黃州間並沿邊歸來者振業之（宋史薛季宣傳）

淳熙七年庚子大水舊志

寧宗嘉定十二年己卯金兵侵麻城五關知黃州孟珙率兵禦之宋史寧宗本紀

十四年辛巳二月己巳金人犯五關破之進拔麻城縣

金興定五年金將僕散安貞出息州奪洪門山柵穢劄黃某團兵五千保黃土關堅壁不出安貞遣輕兵分爲左右軍潛登別以兵三千直逼關門翼日左右軍會於山巔俯瞰關內守關者望之駭愕不能立中軍急攻奪黃土關遂入梅林關拔麻城縣金史僕散安貞傳

理宗淳祐六年丙午元兵攻宋虎頭寨克之

元定宗元年冬萬戶史權引兵攻此關寨

開慶元年己未八月元兵由麻城渡江宋師禦之敗績

元世祖忽必烈以兵渡淮取大勝遣張柔由虎頭關分道並進官軍皆遁世祖己未八月入大勝關張柔由虎頭關與宋兵遇於沙窩柔子宏彥擊破之遂由麻城渡江進圍鄂州會元憲宗崩乃班師還元世祖本紀及張柔傳

元世祖至元元年甲子十二月黃州地震元史五行志

按元史蠲恤五行無專屬麻城之條今姑以係于黃州者錄之畧爲近切

二年乙丑七月黃州蝗

三年丙寅七月黃州大水

七年戊辰五月大水採訪新增

十一年甲戌大旱人相食

十二年乙亥大旱疫

十三年丙子大旱同上

成宗大德二年戊戌夏大旱舊志

秋大水同上

三年己亥十月黃州旱元史五行志

七年癸卯正月大水

十年丙午七月民大饑

詔以米七萬七千八百石賑糶于黃州等郡縣元史成宗本紀

十一年丁未大疫

仁宗皇慶元年壬子八月天雨毛

七年戊午六月黃州旱元史五行志

文宗天歷二年己巳黃州路旱免租賦元史文宗本紀

三年庚午正月黃州饑元史五行志

順帝至正七年丁亥五月黃州大水

十一年辛卯九月麻城人鄒普勝聚衆爲亂陷黃州諸路普勝用袁州僧彭瑩玉以妖術惑衆因相聚爲亂奇羅田人徐壽輝狀貌推爲之主即僞位建國改元以普勝爲太師分兵四出連陷黃州等各郡縣明史陳友諒傳

十二年壬辰黃州大旱荒人相食元史五行志

十三年癸巳黃州大旱

是年黃州復大疫

十四年甲午大旱

明太祖洪武四年辛亥十月大霧雨雪黑色草木竹柏皆枯

八年乙卯秋七月丁丑免黃州府被災田租本紀

按明代蠲賑甚多然本紀皆統言湖廣所包極遠並非麻城一縣所可得私不便編列其指出黃州者只此一條故采錄之

十年丁巳正月夜雨水黑如墨汁

宣宗宣德元年丙午大旱自正月不雨至六月

二年丁未大雨水

三年戊申六月隕霜殺稼

英宗正統十四年己巳大旱

憲宗成化四年戊子大旱采訪新增

八年壬辰盜刼縣庫同上一云丁酉盜刼縣庫破獄囚

九年癸巳大水舊志縣前河西徙圯東禪寺破泮池

十一年乙未縣頻火災

十二年丙申縣多火災

民遭連歲火患皆荷擔而立

孝宗宏治元年戊申大旱疫

八年乙卯固始董宦盤據山谷僭稱王寇麻城

武宗正德三年戊辰六月六日大水射圃民房衝圯無算

四年己巳三月麻城土賊據仙姑洞大肆焚掠

是年麥旅生

七年壬申三月二十八日流賊火縣署公館及民屋殆盡以上皆新增

五月霸州賊劉六等由麻城東道至團風鎮
賊劉六劉七等自河南取道麻城至團風奪舟入江殺都御史馬炳然登陸至漢陽焚漢口爲官軍所敗劉六中流矢赴水死劉七等仍入舟至黄州順流抵鎮江至通州颶風大作棄舟走保狼山爲陸都御史完所殲劉七亦赴水死賊盡平

八年癸酉訛言鬼兵至
民間皆撒灰擊銅器以自衛

十一年丙子十二月有熊飛過縣

逐至北郊獲之

世宗嘉靖二年癸未虎食人
虎至縣西北郊食人甚夥

八月無雲而雨
三閏月乃止

三年甲申麻城土賊胡廷鳳爲患提學副使許宗魯諭降之
廷鳳岐亭人逃居西山每秋徂春來到縣刼掠屢寇岐亭大爲民患提學副使許宗魯臨縣遇諸岐亭撫諭之乃退遂城岐亭立捕盜通判署並鐵壁關巡檢司

是年大疫

五年丙戌縣西街宋氏生子二首四臂四足

十年辛卯蝗自商城來
其飛蔽日食稻粟立盡

十三年甲午菜花不實
悉成人物禽蟲龍鳳之狀

十四年乙未正月大雷

十五年丙申十二月大雷電

十七年戊戌五月十八日大水

平地深丈餘

二十年辛丑八月蝗自光山來
聲飛轟然如雷所過田禾無遺

二十一年壬寅大風拔木發屋
民居室廬多被壓壞

九月初四日霜降午後大雷電

二十三年甲辰積雨十旬
自正月至於四月麥苗盡壞

夏復大旱

晚禾無收

十月恒燠

桃李皆花竹笋出麥秀實

十二月十六日始霜十七日大雨雹

二十五年丙午四月二十日東北有黑氣如牆西南大雪雹

雹形如鷄卵如馬首麥盡壞

二十六年丁未十二月十八日大雷電

二十七年戊申夏白兔兩見

初見縣東敦陽灣再見香草園皆獲之以獻于官

三月城西七里岡鄭氏豕生三子一牛首頂有肉角一猿

首一猪首同上

二十九年庚戌五月初三日大霾雨土黃霧四塞七日乃止同上

十一月二十五日大霜及霧

凡水流簷溜者悉成串珠名曰霜掛又主兵革著樹叢

如蝟刺行人鬚眉俱白

三十年辛亥五月十八大熱

河魚盡斃馬蹄踏土火出

三十一年壬子四月螽

黑質而長食麥花盡

六月二十六日大水

九月中旬有鶴集于五腦山

數約萬計飛集紫微祠其旋如蓋其立若排竟日而

散次年復來不爽其期

三十二年癸丑五月初三日大水

河見水怪民溺死者以千計鄰界道觀河一市盡棄無

遺

三十三年甲寅大旱蝗

自正月至于九月諸種不收蝗自東山入無食自去舊志

是冬大疫同上

自春徂夏

三十五年丙辰十二月初三日大雪

深者丈許路斷行人

神宗萬歷十七年己丑大旱疫

麥禾兩盡人民受災傷者無算

三十六年戊申大水

水侵雉堞城中危急忽龍池岸裂斷水洩城乃獲全有
人見神人立雲中以棒斷岸疑以爲土主神助云
四十四年丙辰八月飛蝗蔽日
四十六年戊午七月十五日有火星降于白田坂
自北而南著草木皆然　彗星見東方尾長亘天
熹宗天啟元年辛酉冬大雨雪
凡三閱月
四年甲子秋大霜
晚禾無收
莊烈帝崇禎元年戊辰大水
二年己巳大旱復大饑
庚午辛未間麻城謠言有旨贖僕衆口哄傳縣內人亂
一夜間時欲爲變者忽于教場內蠶樹紅旗書萬人一
心下懸倭刀并叛主榜文時知縣蔣煜出示略云僕之
叛主猶子之逆父臣之背君必殺毋赦至若聖旨何人
敢出諸懷中藏之袖裏僞造詐傳罪尤加等如不速悛
將倡亂之人立刻處死悔禍安分則概宥不論示懸各
門衆遂貼然

七年甲戌流賊渡江寇江北地方
賊往來如織然未嘗攻城止肆野掠人民殺擄無算房
屋盡毀各鄉依山結砦保聚官兵坐視不援凡賊魁謂
之掌盤子餘以綽號行曰紫薇星老回回闖塌天射塌
天老曹操過天星一隻虎隔簾燕掃地王闖王闖將一
斗粟混世王八大王
八年乙亥春二月流賊始寇麻城
是時知縣劉星耀督衆守城賊不敢逼行近城劄石堰
覇陂等處燒城外北關次早過城下而去由東南入山
掠傷甚慘夏援勦將官鄧杞至麻城紀律嚴明後爲其
下所殺時論惜之
三月湖廣賊陷麻城
圻黃大盜抓天王擁衆八百餘人村民擒之通志
是冬流賊復至陰山守將馬雷二將軍戰死
先是春閒賊過麻城上官使馬雷二將鎮守冬賊又至
二將不諳地利督守兵百餘深入賊衆圍之全師俱覆
九年丙子夏蝗飛蔽天日薄于林藪盡成蝗樹
九月大雪十月流賊寇麻城石都司死之

賊札營七里岡知縣劉星耀發城中義勇同守兵隨石都司出戰賊騎衝突勢如風雨兵衆盡潰殺傷甚衆石都司陣亡于西關外

十年丁丑春正月總兵秦翼明逐賊於麻城黃岡間敗之老回回所部整齊八大王九營潰而爲四一支走羅田一支走團風鎮一支走蘄水一支走岐亭通志

十三年庚辰二月王心宇家猪產五子皆異狀一白象一黑象俱長肉鼻一目在面中狀甚獰惡一獅首一猴首形極怪異觀者如堵未幾合縣僕人叛主千

百爲羣乃古今罕有故先兆此獸妖也

三月大疫死者相望于道慘不可言至九月方止

是年大旱蝗

十四年辛巳巡撫宋一鶴等提兵至麻城勦賊破走之會副總兵王允成劉良佐督師丁啟睿都督左良玉同駐麻城賊至東義洲左良玉潛師夜襲之大破賊衆俘馘甚多

是年復大旱蝗

時寇疫洊臻米價騰湧民病饑人相食

十六年癸未四月張獻忠入據麻城

先是春間闖賊至麻城旋卽西里民明承祖及僕葉洪樓先等結聚里仁直道二會活埋殺所讐倡亂各鄉皆鳩衆圍城討亂會衆使湯志至潛山縣地方迎入賊張獻忠於四月初六日入城會衆奉以爲主遂改易爲長順洲旋渡江攻陷省城安立僞官獨朱山砦不降時周文江被陷暗通鳳陽總督馬士英內應反正爰受武銜甲申乙酉間文江復於黃蘗山共擁張舊樞旋敗邑復有五腦山之公會時知縣陸晉錫拱聽而已僑居朱山

縣內大亂以上皆舊志

教諭定遠蕭頌聖以不屈死見明史忠義傳

麻城縣志卷之二

知縣事臨桂鄭慶華纂修

皇朝大事志

皇定神都威弧南指麻介光黃同歸如水邑舊政新事興功起二百餘年大書特紀

世祖章皇帝順治二年乙酉

詔免大兵經過地方正糧一年歸順地方免三分之一

五年戊子縣民周承謨等嘯聚謀叛知縣徐鼎討平之

故明江西金聲桓據省城風聞江北承謨等因從北

麻城縣志　卷之二　皇朝大事　三五

鄉倡亂由東南山綿亘及英霍揭竿山谷間知縣徐鼎請兵討平之

八年辛卯縣故明紳梅氏家僕方繼華等聚衆爲變伏誅

麻城僞言有

旨贖僕如前明時梅錮家僕方繼華等斂金囑蠹借廢官包占丁糧呈控撫院批行復串黨條列主僕九欵知縣徐鼎爲蠹所誤榜揭三日凡邑中臧獲挾退殆盡遂成大變縣人周損密揭羅總督行牌體察諸生王元凱鄒惺梅錮田奕埏等赴省愬變會審讞明麻城丁糧花由糧從田攤丁隨糧派向無包免將方繼華等七人按律正法餘黨復亂絶家長王士杰一家五命衆逼城下時巡按入境檄巡道提兵靖亂疏入徐鼎去官因頌

國朝律例奴僕有

勅賜陣獲家生價買四項四境主僕遂定

九年壬辰旱斗米銀五錢

十年癸巳

豁免九年租稅三萬七千有零十分之二

麻城縣志　卷之二　皇朝大事　三六

壬辰癸巳間縣民李有實等相繼爲亂知縣王潞勦平之

東山李有實等復倡亂迫知縣王潞涖任招安解赴内阮洪標下效用復入荆西山圖功自贖被殺膺

卹典復有李集桂熊東泉等之亂皆知縣王潞勦平之

十一年甲午

詔豁免六七兩年民欠租稅

十四年丁酉旱

詔發積穀以賑之

時黃州知府于成龍並勸民輸賑全活甚衆
十七年庚子
詔蠲免十二年至十五年民欠租稅
十八年辛丑旱
聖祖仁皇帝康熙元年壬寅
詔蠲免順治十五年以前未徵租稅
三年甲辰
詔蠲免二年水災十分之三
四年乙巳

詔蠲免順治十八年以前各項舊欠租稅
六年丁未蝗害稼
七年戊申五月大水
衝圮城墻二十餘丈
十年辛亥大旱
詔免本年租稅十分之三
十三年甲寅鮑世榮等作亂同知于成龍率兵捕斬之
麻城人鮑世榮周鐵爪萬野于僧頓徹等作亂據龜
峯山黃岡何士榮陳于藻等應之據東山時討叛賊

吳三桂大兵在荊岳間同知于成龍同把總羅登雲
率鄉兵禦之協鎮王宗臣時鎮蘄水遣千總李長武
把總吳國禮領兵赴援至黃土岡遇賊官兵據險劄
營時賊雖衆而烏合無紀律官兵至倉皇出應千餘
人持火槍一呼齊發後復無繼成龍在山上望見麾
官軍同鄉兵擊之國禮中火槍死何士榮就縛陳于
藻降得賊僞印及劄付各名册按名追捕無遺者東
山賊平府志
是年旱災

詔著照分數蠲免
十八年己未旱災奏
詔著照分數蠲免
二十五年丙寅旱災
詔蠲免租稅之半
二十八年己巳
詔蠲免餘項租稅
二十九年庚午旱災
詔蠲免租稅之半

四十四年乙酉

詔蠲免四十五年民欠

凡地丁銀米舊欠未完者並停輸納

四十五年丙戌

詔蠲免四十三年以前未完銀米

四十八年己丑

陶有光妻張氏一產三男

五十年辛卯

詔蠲免五十一年並以前舊欠

凡本年地畝人丁銀並歷年舊欠俱著免徵

六十一年壬寅八月大水

衝城垣百餘丈壞民居無數

世宗憲皇帝雍正元年癸卯積雨無麥苗

二年甲辰四月縣鷄翅遍生人指

四年丙午

詔發帑銀採買穀石

凡省倉及府州縣應貯之處加謹收貯

八年庚戌

詔蠲免湖北九年分租稅四十萬兩

高宗純皇帝乾隆十年乙丑

詔蠲免湖北十三年分應徵租稅

除漕糧項外其地丁銀米一概免徵

十五年庚午六月連旬大雨山墜濱石

近山居民多被沖壓

二十四年己卯六月二十七日大水

高阜盡淹

三十五年庚寅七月縣東北飛蝗入境

官民力捕之患遂息

十二月二十日卯時地震

四十年乙未二月十四日雨豆

四十三年戊戌大旱

詔蠲賑緩徵

是年太平仙居二鄉五十三區被災七分田地塘六

千二百六十二頃七十畝五分二厘

詔發帑三萬一千八百七十四兩七錢七分五厘蘄州撥

協倉穀五千石撥動縣倉穀一萬一千四百一十五

石八斗五升賑濟極次饑民貧生二萬五千七百二十五戶男婦大口八萬八千九百五十六口小口二萬八千八百五十四口蠲免民賦地丁錢糧及南糧正耗米石折徵等銀四千一百三兩七錢九分四厘隨同正項蠲免耗羨銀四百五十一兩四錢一分七厘應徵蠲剩銀兩緩作二年帶徵

五十年乙巳旱災

詔賑卹蠲緩

是年太平仙居亭川三鄉一百二十區被災八分九

分田地塘八千五百二十七頃五十三畝九分

詔發帑一十一萬九百七十九兩八錢二分五厘撥動縣倉穀六千石賑濟極次饑民貧生三萬九千六百四十三戶男婦大口一十五萬八千六百七十一口小口七萬二千八百一十一口蠲免民賦地丁租稅及南糧正耗米石折徵等銀一萬五千六百六十三兩二錢一分六厘隨同正耗蠲免耗羨銀一千七百二十二兩九錢五分四厘應徵蠲剩銀兩緩作三年帶徵

五十一年丙午大旱

八月飛蝗彌空半月乃止

五十二年丁未四月初二日飛蝗遍野

集地厚一寸許旋即自斃

五十四年己酉秋豺虎四出食人

附郭鬼神壇牛棚山數食人鄉村夜無行者歷冬乃止

六十年乙卯大旱

民多飢死

嘉慶二年川省教匪至黃安麻邑戒嚴

匪首崔二寡婦至安邑意圖竄麻時無雨河水陡漲匪遂轉竄咸稱匪隔河遙見有人長數丈持梃乘馬往來

七年壬戌大旱

時沿城街巷無故火起人心驚惶各家置貯水器具

八年癸亥旱饑

本城紳士派米賑濟飢民

十二年丁卯九月十二日地震

十八年癸酉大旱
斗米千錢
十九年甲戌荐饑
城北門內范姓產一子兩頭四手一腹
二十年乙亥大水
田地衝壓無算
二十四年己卯旱
道光四年甲申旱
六年丙戌

三杏區甘學楷妻一產三男
七年丁亥
七月月亮巖龍起直上雲霄時未暝衆目共睹
十一年辛卯大水
衝壓無算
十二年壬辰大水
水災後鄉民乏食競爲搶奪邑侯李紹元峻法平之
十四年甲午
正月十五墩陽區磨石岡巨石裂成數塊其聲如雷

十五年乙未旱蝗
因春麥大熟民無飢色
二十年庚子三月二十六日雨雹
二十一年辛丑大水冬大雪深數尺
二十二年壬寅大水春三月雨雹
大者如卵墩陽一帶麥菜盡傷
二十三年癸卯春大疫其年大有
二十四年甲辰大風雨雹
七家廟一帶無麥

二十五年乙巳蝗地震
七月夜地震聲如雷自南而北
二十六年丙午水沴蚩尤旗見入夜更顯
春季收捡蝗子秋季蝗仍熾紳耆率衆捕之
墩陽區有蛙六足有鴨四掌有豕惟頂上一目西山
白兎見
二十八年戊申大水
省垣更甚改於九月舉行鄉試
三十年庚戌雨血

六月遊蕩山下雨血盈頃腥不可聞

咸豐元年辛亥春大雪

正月雪深數尺二月初六袁家崖山忽橫裂聲震如雷寬二尺許長二百餘丈深不見底投以石有聲後漸塞同治二年五月復裂如前今雖閉塞其形跡尚存

二年十一月髮賊洪秀全等陷漢陽省城

本邑戒嚴知縣姚國振諭城鄉團練

三年正月粵逆擁衆馳江南分股趨直隸

六月二十四日直隸潰賊千人竄至宋埠知縣姚國振諭虎頭司梁桂涵同邑紳督勇禦之

四年二月髮賊竄麻邑

二月初僞賊李三王等至宋埠前縣令姚國振同司獄李克慎督勇堵剿賊佯退追之遇伏姚李同遇害翌日李賊入城旋退二十七日石彭諸賊由邑南入城縣令韓寶昌糾勇數千擊賊於龍困橋韓令被戕鄉勇死者無數

七月各鄉起團擊賊

賊自三月駐城後其黨輪流搜括財物謂之打先鋒久之愈肆先是萬仞拜郊南湖范家坳陶家園禾子店石陂河花礄金城桃林古城等區起勇擊賊至七月聞四鄉勇起賊悉奔出境十月鄧賊復竄沙河衆勇堵禦邱本寬鎗斃馬賊十餘名遂退

冬

詔免本年租稅

五年乙卯二月團勇擊髮賊於淋山河

南鄉當賊衝會合東鄉勇禦賊於淋山河失利千總

程萬華等陣亡

十一月初四日申刻各處池塘水湧有高數尺者有踰隄者黄栗石區邱姓家犬乳羊土乘區蔡家窪周姓牛產一物狀似麟周身生甲甲孔有毛其色如錫其聲如鐘鳴數聲死又有鼠長尺餘伏豬背不去頃之亦死

六年丙辰四月團勇擊髮賊於三店

西南鄉勇與官軍會剿殺賊無算

大旱

六月至九月不雨東北更甚斗米千錢人食樹皮草
根有鬻子女易食者
是年冬
詔緩征受旱各區本年租稅三分之二
七年丁巳秋彗星北見蝗
是年春穀米騰貴河南飢民至邑就食者數萬飛蝗
蔽自北至稻盡傷邑南人家有猪生子一首二尾八
足又猪生象耶日死
八年戊午蝗秋彗星西見歲大熟

北鄉蝗更甚三月初九日黃霧四塞三日始散髮賊
入松子關
三月十一日四眼賊擁衆陷邑城五月官軍擊走之
三月初縣令汪敦仁閏營往北鄉督勇賊由松子關
月形塘直抵閻家河約數萬人監生夏文高率勇禦
之被害官軍李曙堂禦於件仙區衆寡不敵城遂陷
賊復四出各區鄉勇陣亡無數是時官軍駐烏石山
何便擊賊協鎮張文煥至以本部兵身先士卒繞城
轉戰焚賊木栅遇伏鎗陣亡副將鮑超駐望花以馬

隊數十人至黃土岡相地安營遇賊千餘攢刺之副
將受傷胡千總馳救鮑始脫胡被害步軍觀察李公
續宜馬軍都統舒公復營於烏石諸山李中丞續賓
自安邑至掘長濠絕賊路賊懼甚五月初四夜雨雹
雷電以風賊北竄
九年己未春有餘蝗五月初夜半暴雨次晨雨霽蝗盡死
番瓜成人形栢子結成猴首
春設總局及四鄉各局建東北各路碉卡
胡宮保林翼札修松子長嶺九歇山雙廟關大小界

各處碉卡另有圖催辦闔邑團練起禮右營
十年庚申龍異秋雨雹仲冬桃花開
有樵夫於白臬採樵晝忽雲起懼雨避洞中見紅蛇
尺許從洞外過徑下小溪飲水身暴長十餘丈逾時
由溪上隱身如前向石隙樵驚痞越二載龍昇雷大
震痞者始能言七月雹大如卵傷稻魚鳥多斃
秋邑城增修炮台
九月道員梁作楫帶數營守城補城掘濠修空心炮
台數座城賴以固撤禮右營

十一年辛酉大雨雹
殺飛鳥損禾稼
二月髮賊犯麻邑旋退
二月初二日四眼賊龔瞎子等擁數萬賊東犯松子關成軍門大吉與東鄉團勇禦之賊勢甚盛遍山谷如蝟軍門伏炮擊斃龔瞎子等賊卽退十二日賊迂道由落兒嶺入掠西南鄉三月初四日賊撲城粱觀察作楫據城守禦副將劉中和出城奮擊陣亡賊攻北門粱令燃炮擊退賊燒五腦山廟旋竄出境八月

賊於上巴河圍官軍不克乘夜撲邑東南之黃麻坳入卡數里卡勇以衆寡不敵棄擲鎗礮越山而奔忽北風暴起揚沙走石賊從風聲中聞鎗礮甲馬聲疑爲官軍驚潰回竄出卡自相踐踏人皆謂　福主顯靈云成軍門旋發兵兜勦殺賊無算
同治元年壬戌日月合璧
相傳黃河清白杲山中院産石芝數莖
二年癸亥豕産獅象
白杲鮑億順行豕産獅象各一其形宛然逾時俱斃

春二月捻匪繞邑城
二月十八日捻匪張總愚牛老洪等由小界入鄉勇禦於九里衝不敵匪至黃土岡副將楊朝林戰敗於鷹山畈退入城叅將王允昌乘城擊斃大旗賊賊卽繞城南竄踞白杲旬日趨出東界三月十八日復由黃麻坳回竄往光山
三年甲子春雨土夏大疫秋旱
二月十五日雨土汚衣五月髮捻大股駐麻七十餘日遂大疫秋米貴至每石値錢十二千鬻妻子者無

算冬又大疫
夏五月髮捻冦麻城官軍擊走之
夏初粤逆僞扶王陳得才僞端王藍成春僞啟王粱成富僞天將馬融和僞主將倪矮子捻匪張總愚牛老洪陳大喜等由雍豫大趨湖北約數十萬衆號稱百萬經隨州棗陽綿亘數百里五月至麻繞郊邑大肆荼毒焚燬村落無數尸塡溢衢野難民露宿龜峯諸山數十日以及逃散四方者均慘不堪言叅將向百福與城内團勇首士同守邑城歸城避難者日衆

益以色單二軍城益固軍門成大吉副將楊朝林臬
司英翰總兵張曜等分途勦禦賊大股駐白杲閔集
一帶慮北路大軍奄至上自龍潭衝下連汝陰河築
土壘起木栅二十餘里諸軍議刻期會擊終未敢攖
賊鋒七月二十一日軍門陳國瑞自商城馳至傳飱
畢身先士卒奮勇拔栅賊駭將遁諸軍乘之賊遂大
潰九月下竄之賊犯松子關陳國瑞等擊之退餘賊
復由士陂衝西竄經白杲往河南
四年乙丑春大雪秋旱

正月十三日至十五連日震雷大雪色赤如戈矛狀
冬十二月宋埠兵亂賊由北界趨新洲
賊駐新洲一帶至五年二月始退至十一月捻匪竄
宋埠馬隊都統舒公禦之卽退
五年丙寅
夏墩陽區花石巖蛟起衝壓田地甚多
六年丁卯二月捻賊繞邑南東趨三月回竄
宋埠白杲等處累堡相望賊至則堅壁清野無所掠
自是北去不復入境

夏六月初大雨龜峯數處起蛟
七年戊辰
白沙區樵獲一兎耳四目一足八尾二
九年庚午秋邑北大疫十月杏實十一月杜鵑鳴
十年辛未邑西南大疫
七月初十午刻朱家官塘後小井龍起直入雲中由
此年至十三年牛大疫
十一年壬申
邑西門後街杜姓產子首二木子店蕭大清妻產子

數日兩乳上各生一乳畧小仍有乳亦無所苦
十二年癸酉夏大雨水
六月十四日夜九里沖暴雷雨蛟起衝壓田地屋宇
人物無算南門外教場畈周朱二姓灣雷殛工人張
啟甫先令幼童周義順歷數甫惡跡以警衆然後殛
死並將甫舊街屋轟碎
十三年甲戌
十月城東婦人產驢其家數世屠驢爲業一月婦產
一驢毛色斑然頭尾皆驢手足尚類人由同治三年

東山一帶野猪害稼至此數十成羣大者數百斤民咸患之

光緒元年乙亥

落梅河區自同治癸酉至此狼食人百餘他處白日食人尤甚九月初四日午刻西方天鼓鳴其聲轟轟然聞於遐邇

麻城縣志卷之三

知縣事臨桂鄭慶華纂修

方輿志　沿革　疆域　坊鄉　市鎮

洋洋建寧光黃之會巘絕五關山礪水帶民生其間土樂以泰惟兹撫柔賚雨時沛

沿革

麻城春秋時爲弦黃二國地後屬楚秦屬南郡漢爲西陵縣地宋置建寧左郡大明八年省爲縣屬西陽郡舊志後魏孝昌二年置安陽按隋地理志汝郡眞陽縣注云有後魏安陽縣後廢考眞陽今河南汝寧府正陽縣也與今麻城無涉元嘉二十五年以豫部蠻民置赤亭長風二縣俱屬西陽

大明八年赤亭併入陽城南齊復置建寧左郡治建寧縣梁置信安縣又有北西陽縣據隋地理志縣或誤作郡陳廢北西陽置定州後周改亭州又有建平陰平定城三郡據隋地理舊志云後周分亭州置東義州誤隋開皇初諸郡俱廢建寧省入信安十八年改信安曰麻城按北齊書文宣紀天保十年詔於麻城置衡州在此大河北衛或誤作衡遂以爲北齊置衡州於麻城考麻城建縣始於隋梁陳間有信安無麻城也又陳定州刺史田龍升以城北齊齊因置衡州尋爲陳將周炅所復北齊亦未嘗入有今黃州境也屬黃州大業初屬永安郡郎黃州改唐武德之年析置陽城復置亭州領麻城陽城二縣八年州

廢仍有陽城入麻城屬黃州永安改天寶初屬齊安郡黃州改乾元初屬黃州齊安改元和三年省入黃岡縣大中三年復置宋因之屬黃州齊安郡端平二年移自什子山元至元中復舊治屬黃州路其信安故城在今縣東十五里石勒將麻秋所築也什子山在縣東八十里建寧赤亭故城竝在縣西南長風故城在縣西北今治城元末邑人姜銘等築明屬黃州府

國朝因之

疆域

五季齊陳以木陵山爲界築大活城

後周顯德中與南唐畫江爲疆麻城爲周南界

南宋紹興間與金畫淮爲疆麻城爲宋北界

明初麻城輪廣二百三十里分析黃安縣後東西界廣一百六十里南北袤一百五十里東接英盧南達荆楚西鄰申邵北抵弦蔡　東至羅田縣界九十里至縣一百八十里　南至黃岡縣界五十里至縣一百八十里　西北至黃安縣界五十里至縣一百二十里　西至黃陂縣界九十里至縣一百八十里　北至河南光山縣界九十里至縣二百四十里　東北至河南商城縣界九十里至縣一百九十里　北至京師一自光山由西驛路計程二千七百四十里一自光州由東路計程二千四百七十五里水路五千一百七十里　南至黃州府一百八十里　西南至湖廣省二百四十里　東南至江南陸一千五百三十里水路一千八百三十里

坊鄉

城內街有中街東街西街南街北街後街儒學街

里房街在縣東濠成化中知縣胡琮立仙居鄉六十八間

亭川鄉二十四間隔古濠東水衝基屋俱廢太平鄉九十六間在濠西基屋俱存今爲僑居者所占正德間後壁編爲儀從處今亦隱廢矣其地雖爲民居相傳猶存倉基邊之名

西濠街成化間知縣胡琮因盜刼庫獄以治西空弱將糧戶程天用官田傍古濠東西建屋招民居住每間認糧一升後隱於民知縣李寶查出令民每間門面每年賃租銀一錢五分以充公用未久奸沒惟卷籍尙存工房

城內巷有東巷西巷萬家巷冷家巷田家巷申家巷曹家

巷龔家巷貢家巷橙子巷

城外街有南關街西關街北關街

初分四鄉曰太平曰仙居曰亭川曰孝感統一百三十里里各有圖成化八年以戶口消耗併爲九十四里復併孝感一鄉入仙居爲三鄉嘉靖四十二年建置黃安縣復析太平仙居二鄉二十里入黃安止七十四里

太平鄉在縣東北轄二十五里分四十五區虎頭司巡檢領之

仙居鄉在縣西南轄二十五里分五十四區鵝籠司巡檢領之

亭川鄉在縣東南轄二十四里分二十四區巡捕典史領之

太平鄉共四十五區虎頭司岧洪以下列正北東北西北各區方向

區名	周圍	距縣	東界	南界	西界	北界	牌	甲	保
北									
路口區	二十里	北九十里	張留關	宋杜區	光山界	商城界	十六	一	一
張留關	四十五里	北百里	商城界	白蠟冲	宋杜區	商城界	十	一	一
宋杜區	六十里	北七十里	張留區	高梘山	益美堡	路口區	十一	一	一
白蠟冲	二十里	北六十里	石門畈	邉堰蘓	宋杜區	張留關	十九	一	一
白塔橋	三十里	北十五里	柏子塔	李家壩	上馬河	邉堰蘓	十二	一	一
戴家店	十里	北四里	宋家河	城北門	李家壩	白塔橋	十一	一	一
李家壩	十五里	北三里	白塔橋	五里墩	毛家墩	上馬河	十六	一	一
東北									
石門畈	二十五里	東北十七里	懸鐘岩	董家灣	長竹園	商城界	十二	一	一
懸鐘岩	八十二里	東北六十里	篤實區	白沙嶺	石門畈	九歇山	十二	一	一
篤實區	六十里	東七十里	東義洲	墩陽灣	白沙嶺	懸鐘岩	十九	二	二
墩陽區	六十里	東七十里	東義洲	三杏橋	白沙嶺	篤實區	十四	二	二
白沙嶺	四十里	東五十里	墩陽灣	三杏橋	觀音堂	篤實區	二十	一	一
三杏橋	五十里	東四十里	墩陽灣	龜山河	土城崗	白沙嶺	十九	一	一
龜山河	五十里	東五十里	木子店	唐殿	上義區	墩陽區	二十八	二	一
唐殿區	五十里	東四十里	曹家河	義合區	曹家河	花橋河	二十八	一	一
上義區	六十里	東五十里	龜山河	義合區	唐殿區	花橋河	二十三	一	一
觀音堂	十里	東三十里	石門畈	上義區	柏子塔	白沙嶺	二十七	二	一
石陂山	二十里	東三十里	古城畈	花橋河	閻家河	三杏橋	二十五	二	一
古城畈	十一里	東十五里	閻家河	靑山港	伴仙亭	柏子塔	二十八	二	一
細楊樹	四十里	東三十里	邉堰蘓	蘓坑	柏子塔	楊梛河	五十	二	一
柏子塔	四十里	東二十五里	觀音堂	閻家河	小河途	細楊樹	二十五	一	一
伴仙亭	十二里	東十五里	篤實區	白沙嶺	閻家河	柏子區	十	二	一

蘇坑區	二十里	東二十里	柏子塔	小河途	白塔橋	細楊樹	三九	一	一
花橋河	三十里	東三十里	石陂區	唐殿區	上義區	桃林河	十九	一	一
青山港	十里	東三十里	桃林河	唐殿區	石馬槽	古城畈	三十	三	一
閻家河	二十里	東三十里	丁土城	桃林河	伴仙亭	細楊樹	十八	二	二
丁土城	十五里	東三十里	白沙嶺	古城畈	閻家河	柏子區	二七	一	一
石馬槽	三十里	東十五里	袁家河	白田畈	沈家庄	桃林河	二三	一	一
小河途	十五里	東十五里	伴仙亭	大東門	白塔河	蘇坑區	十一	一	一
曾戶長	二十五里	東十五里	閻家河	柏子塔	小河途	丁土城	八	一	一
沈家庄	十里	東十里	小河途	金城堡	細楊樹	柏子塔	七	一	一
金城堡	十五里	東十里	郭家院	古城畈	龍山河	丁土城	五四	四	一
郭家院	八里	東十里	石馬槽	金城堡	桃林河	伴仙亭	二四	一	一
義渡	三十里	東三十里	沈家庄	金城堡	白田畈	古城畈	二四	二	一
桃林渡	十里	東十五里	花橋河	石馬槽	青山港	古城畈	二五	六	一
德義堡	四十里	西北八里	擇里堡	豐義區	黃安縣	光山縣	三七	二	二
益美堡	十五里	西北六十里	高梘山	仁美堡	擇美堡	光山縣	五六	一	一
擇里堡	三十里	西北六十里	豐義堡	土乘崗	黃栗石	德義堡	三六	二	二
仁美堡	三十里	西北六十里	益美堡	高梘山	擇里堡	北界河	七八	二	一
豐義區	四十里	西北七十里	北界河	黃栗石	土城區	白蠟沖	二十	一	一

麻城縣志　卷之三　方輿志坊鄉　六

高梘山	二十里	西北七十里	張留區	邊堰蘇	石板沖	仁美堡	九	一	一
黃栗石	四十五里	西北六十里	白蠟沖	邊堰蘇	土門山	豐義區	五二	一	一
邊堰蘇	二十里	西北三十五里	白蠟沖	白塔區	上馬石	高梘山	三九	一	一
土乘崗	三十五里	西北七十里	邊堰蘇	黃栗石	王家樓	仁美堡	四五	二	一
上馬河	六十里	西北三十五里	白塔河	李家壩	鄭舖兵	邊堰蘇	九十	二	二

以上太平鄉共四十五區虎頭司嵩汎

仙居鄉

區名	周圍	距縣	東界	南界	西界	北界	牌	甲	保
毛家墩	二十里	西五里	李家壩	本城	樊顧畈	鄭舖兵	十一	一	一
樊顧畈	十五里	西八里	董家堡	七里陂	七科松	毛家區	三七	一	一
七里陂	十六里	西二十里	董家堡	夾沙洲	小河嘴	樊顧畈	四六	一	一
小河嘴	二十里	西二十里	七科松	七科松	王家集	女王城	三十	一	一
七科松	十五里	西十五里	樊顧畈	小河嘴	臥牛石	鄭舖兵	三五	一	一
女王城	七里	西十五里	七科松	中館驛	小河嘴	龍門沖	十二	一	一
紫雲寺	十二里	西十五里	夾沙洲	高峯山	黑沙洲	汪王廟	二十	一	一
大成區	十五里	西三十里	女王城	黑沙洲	中館驛	龍門沖	十五	一	一
中館驛	七里	西三十里	女王城	黑沙洲	大城區	龍門沖	五十	一	一
王家集	十里	西三十里	七里陂	紫雲寺	小河嘴	小河嘴	十六	一	一

麻城縣志　卷之三　方輿志坊鄉　七

龍門沖	三十四里	西三十里	大成區	中館驛	萬仞岩	女王城	二十八	二	一
夾沙洲	十五里	西三十里	紫雲寺	高峯山	黑沙洲	王家集	二十九	一	一
臥牛石	十五里	西三十里	七科松	龍門沖	范家㒸	高陽觀	十七	一	一
鄭舖兵	九十五里	西三十里	上馬石	李家塡	石板沖	邊堰蘇	七十一	二	一
河三墩	五十五里	西四十里	鄭舖兵	臥牛石	高陽觀	梅林區	五十五	一	一
高峯山	三十里	西四十里	走馬崗	烏龍潭	南湖畈	夾沙洲	三十	一	一
萬仞岩	五十八里	西四十五里	龍門沖	拜郊城	七家廟	臥牛石	四十五	一	一
七家廟	五十八里	西五十里	萬仞區	深溝區	黃安縣	范家㒸	三十六	一	一
拜郊城	五十里	西五十里	黑沙洲	宋埠	七家廟	萬仞岩	六十四	一	一
梅林區	三十里	西五十里	河三墩	高陽觀	會林區	土門區	四十	二	二
會林區	三十里	西五十里	梅林區	向打石	黃安縣	土門山	二十八	一	一
高陽觀	二十五里	西五十里	鄭舖兵	臥牛石	向打石	梅林區	四十七	二	一
向打石	七十里	西五十五里	高陽觀	臥牛石	古城山	會林區	二十五	一	一
宋埠區	十里	西五十五里	南湖畈	汪王區	西河岸	拜郊城	五十	四	一
南湖畈	十五里	西六十里	高峯山	天齊區	宋埠	黑沙洲	三十	一	一
黃岡區	十里	西六十里	天齊廟	西峯山	黃岡縣	陶家園	十二	一	一
西河岸	五里	西六十里	深溝區	南湖畈	汪王廟	宋埠	九	二	一
深溝區	十五里	西六十里	汪王廟	汪王區	岐亭	宋埠	三十六	一	一

麻城縣志 卷之三 方輿志坊鄉 八

汪王廟	十里	西六十里	南湖畈	深溝區	岐亭	西河岸	十五	一	一
岐亭區	九里	西七十里	汪王廟	永寧區	黃安縣	深溝區	四十九	二	一
永寧區	十五里	西七十里	天齊區	黃岡界	西峯山	陶家園	十一	一	一
范家㒸	三十三里	西七十里	臥牛石	萬仞岩	七家廟	古城山	三十九	一	一
古城山	二十里	西七十里	向打石	范家坳	黃安界	會林區	三十六	一	一
陶家園	十三里	西七十里	天齊區	永寧區	岐亭河	汪王區	十五	一	一
五里墩	十里	南五里	白田畈	八里畈	蕨淡山	本城	九	一	一
白田畈	十五里	南十里	石馬槽	余家院	義渡區	古城畈	十六	一	一
蕨淡山	十里	南十里	五里墩	余家院	董家堡	樊顧畈	二十	一	一
八里畈	十里	南十五里	袁家河	朱家堡	董家堡	余家院	二十	一	一
余家院	十二里	南十五里	白田畈	袁家河	八里畈	董家堡	十二	一	一
徐家堡	十五里	南三十五里	曹家河	榮羅區	朱家堡	袁家河	十四	一	一
陳墩灣	二十五里	南二十里	八里畈	黑沙洲	夾沙洲	董家堡	十二	一	一
袁家河	二十五里	南二十里	白田畈	徐家堡	八里畈	余家院	二十	一	一
董家堡	三十里	南二十里	袁家河	陳墩區	八里畈	蕨淡山	七十四	三	一
朱家堡	十二里	南三十五里	徐家堡	榮羅堡	三羅堡	八里畈	十三	一	一
榮羅堡	十里	南三十里	徐家堡	白杲區	三羅堡	朱家堡	十五	一	一
黑沙洲	二十里	南三十五里	中館驛	高峯山	夾沙洲	紫雲寺	十九	一	一

麻城縣志 卷之三 方輿志坊鄉 九

新店區	十里	南四十里	大城區	拜郊墩	龍門沖	萬例岩	十九	一	一
周鐵崗	三十里	南四十里	陳集區	走馬崗	走馬崗	陳墩灣	二十七	一	一
走馬崗	十里	南五十里	陳集區	黃岡界	高峯山	陳墩灣	四十五	一	一
烏龍潭	十五里	南五十里	走馬崗	玉皇閣	天齊廟	高峯山	三十一	一	一
天齊廟	二十里	南六十里	烏龍潭	黃閣區	陶家園	宋埠	二十五	一	一
西峯山	三十里	南八十里	深溝	岐亭	黃安界	黃安界	三十四	一	一
石板沖	二十里	西北四十里	鄭舖兵	河山墩	梅林區	黃棣石	三十四	一	一
土門山	四十里	西北六十里	黃棣石	盤龍集	黃安縣	張家店	六十六	一	一

以上仙居鄉共五十四區鵝籠司崗汎

亭川鄉

區名	周圍	距縣	東界	南界	西界	北界	牌	甲	保
本城廂	十里	城內	古城區	五里墩	毛家墩	戴家店	一百二十	五	三
曹家河	四十里	東四十五里	義合區	鹽田河	曾家台	沙井區	五十	一	一
義合區	十里	東五十里	白水畈	曹家河	唐殿	上義區	三十九	一	一
合鮑村	十五里	東六十里	二里河	東界嶺	義合區	白水畈	三十二	二	一
鹽田河	三十五里	東七十里	合鮑村	東界嶺	橫河	曹家河	三十六	一	一
東界嶺	三十五里	東八十里	黃岡廟	黃岡周窯	鹽田河	白水畈	三十四	一	一
黃市區	二十里	東九十里	木樨河	白水畈	木子店	東義洲	五十二	一	一
白水畈	四十里	東一百里	二里河	合鮑村	義合區	黃市區	五十二	二	一
木子店	三十里	東百里	落梅河	饒山河	黃市	東義洲	七十	一	一
二里河	三十里	東百里	羅田縣	黃岡界	合鮑村	白水畈	四十二	二	一
東義洲	五十五里	東一百十里	羅田界	木子店	墩陽區	河南商城	九十	一	一
落梅河	四十里	東一百二十里	羅田界	南庄	木子店	東義洲	六十	一	一
南庄區	二十里	東一百二十里	羅田界	木樨河	木子店	落梅河	四十五	二	一
木樨河	四十里	東一百二十里	羅田界	二里河	黃市	南庄	九十二	一	一
沙井區	九里	南三十里	曹家區	曾家區	青龍區	白杲區	九	一	一
白杲區	七里	南三十里	沙井區	望花區	三羅堡	榮羅堡	三十五	一	一
三羅堡	十五里	南三十五里	白杲區	程集區	陳墩區	榮羅堡	三十七	一	一
曾家台	三十里	南四十里	鹽田河	橫河區	望花山	沙井區	四十三	一	一
望花山	二十里	南四十里	曾家台	陶家舖	青龍區	沙井區	五十八	一	一
程集區	十二里	南四十里	青龍區	黃土鄉	周鐵崗	三羅堡	十七	一	一
青龍區	九里	南四十里	望花山	黃土鄉	程集區	三羅堡	七	一	一
陶家舖	五里	南四十五里	橫河	沙河	黃岡界	望花山	十	一	一
沙河區	九里	南五十里	橫河	黃岡界	黃岡界	陶家舖	二十	一	一
橫河區	三十里	南七十里	黃岡界	黃岡界	望花山	曾家台	七十	一	一

以上亭川鄉共二十四區與安崗汎

市鎮

閻家河集在縣東二十里爲東山聚貿地
三水灣集在縣東二十五里
萬壽集在東五十里
三河口集在東六十里
木子店集在東一百里
槐樹店在東七十里
東義洲在東南百十里
麩子河集在東南五十里

鹽田河集在東南六十里
黃岡廟集在東南九十里
閔家集在南十五里
孫陳集在南二十五里
普興集在南二十五里
鮑家集在南三十五里
沙集在南二十八里
迎河集在南三十里
王家集在南三十里

六合集在南四十里
白杲鎮在南三十里
望花山鎮在南四十里
中館驛鎮在西南三十里
騎龍集在西南四十五里
宋埠鎮在西南五十五里瀕河水陸之衝南北貨物輻輳
前所未有
岐亭鎮在西南七十里
和尚潭在西四十里

艾陽寺集在西五十里
蟠龍集在西五十里
順河集在西六十里
張店集在西北七十里
范店集在西北九十里
楊家墩集在北八里
胭脂嶺集在北十二里
洪家河集在北二十里
伍家河集在北二十五里

陰山畈集在北四十里
王福店集在北四十里
乘馬崗集在北六十里
福田河集在北六十五里
杜家河集在北八十里
兩路口集在北九十里南北於此分界

麻城縣志卷之四

方輿志　關隘　寨堡　形勢　橋梁　寺觀

關隘

縣北境接壤河南山谷盤阻窮民逋匿剽掠爲奸宋時據地設險則五關其要害也李曌奏乞復之其關俱在麻城所以縉紳於麻城下注防奸二字蓋以五關爲南北分界山勢重密易以藏奸守土者當預防之非謂麻城多奸也覩荆楚要覽可證陰山關在縣北五十里不甚高峻而橫斜盤繞據高臨下北望二十里皆在目中後魏任城高澄

督淮南遣其長風戍主奇道顯攻梁陰山戍破斬其戍主龍驤將軍都鑾侯梅雨祖舊志

虎頭關在縣北七十里商城縣界今立巡檢司元定宗元年冬權萬戸耀兵淮南攻此關寨進圍黃州後張柔從世祖攻鄂亦乘此關舊志

修善關縣北八十里在五關之傍一名修善衝關統志

黃土關一統志在縣北九十里接河南光州光山縣界金興定五年僕散安貞本名阿海出息州軍於七里鎮擊敗宋兵宋黃統制團兵五千退保此關金史僕散安貞傳

白沙關在縣北九十里西接黃安縣界北接河南光州光山縣界魏書世宗紀景明四年鎮南將軍元英大破梁將吳子陽於白沙水經注倒水南流逕白沙戍西元和志白沙關西至大活關六十里在黃州西二百四十里北至光州界二十五里寰宇記白沙關在黃岡縣北一百二十里玉海白沙關西至大活關六十里在黃州西北二百四十里大活關在州北二百里穆陵關唐志作木陵在麻城西北八十八里木陵山上陰山關北至光州陰城縣二百里大城關在縣北九十里羅山縣界元世祖己未二月入此

關今屬黃安地 舊志

木陵關一作穆陵關在縣北一百里南北朝齊陳分界處齊置北齊廢梁書普通八年敕夏侯夔攻平津木陵陰山三關克之 舊志

宋李熏奏乞復五關之險疏畧云虎頭關形勢最險兩山千仞一澗衝激黃土關形勢聳峭白沙關與黃土相去密邇木陵關山路峭壁委折而上大城關山勢不甚高峻而橫斜盤繞修善關亦在其傍使諸關之兵據險效死賊豈能遽入乎

長嶺關在縣東北一百里商城縣界明嘉靖中盜起九龍灣兵備僉事沈龍議建守備府于此後廢咸豐九年奉撫憲諭建立鎮安卡卡門一座碉二座大小炮臺三座以備粵逆捻匪

鐵壁關在縣西四十里土名鵝籠山嘉靖中西山盜起分巡檢事林遂建議設鵝籠山巡檢司其址猶存 舊志

松子關一名生子關相傳五代時有女將領兵至此生子故名其下五里曰脫甲嶺又五里曰洗兒嶺又十餘里曰圍兵埠皆因生子得名在邑極東地勢險峻與羅毘連北

界商城通英霍咸豐八年髮逆由此入九年奉 胡撫憲檄麻羅合建信義卡卡門二道碉一座大小炮臺五座卡東西各置營房十數間十一年成帥大吉炮斃賊首龔瞎子於此

九歇山保安卡咸豐九年奉 撫憲諭建卡門一座

雙廟關北界商城咸豐九年奉 撫憲諭建立固安卡卡門一座碉一座炮臺一座

兩路口大界嶺聯商城界咸豐九年奉 撫憲諭建立楚安卡卡門一座炮臺一座

兩路口小界嶺界聯光山咸豐九年奉　撫憲諭建立寨
安卡卡門一座
黑石寨光山縣界又有連康寨下有鮑家莊西有大石牌
俗傳關索西征經此舊志
臺山寨在縣西一百里元世祖伐宋初破大勝關繼破臺
山寨擒守者胡知縣卽今天臺山屬黃安縣地舊志
瞰門關在黨實區距城百二十里北界商城山路險隘前
設有關今石門猶存
必勝門卡在黃麻坳六里地咸豐五年尹楚昌蔡占福蔡

道源鄉成翰戴玉美夏秀河等買岡邑地建立邑侯劉仲
孚題其門曰東南鎖鑰
北鄉碉卡胡撫憲於咸豐九年札飭勸捐修建四鄉各二
北鄉惟蔡主政榮光郭大令時湘與焉以湘附近督修寨
地與工事竣後湘晉謁中丞以雙廟關亦與湘近尙未構
工專責成於湘小界嶺碉卡至年終亦告竣
白杲保安堡卽古白杲戍週圍一千六十丈門五同治丙
寅同知羅克寬監生董慶爵等奉檄建立王大堃等繼建
空心炮臺七座羅春和等復修理培垣及門樓屹然爲邑

南保障
高山寨在路口街西相傳明末所建同治四年區衆重修
竟成堡卽路口街同治六年縣丞郭鍾靈同區衆建修
帝主堡在宋杜區杜家河街西
福臨堡卽福田河街南北通衢迭遭蹂躪同治五年耆民
婁善謨職員李玉書等倡首修建是年賊大至竭力防堵
一方賴以保全
蔡家寨在張留區爲護兒山門戶
天平寨明末建遺址猶存

永清寨在虎頭關對河
瓦礫巖砦係光山與宋杜區分界處
公義堡邑北四十里週圍三百餘丈高一丈二尺石垣有
埣門三同治六年修
仁義堡週圍四百餘丈高一丈五尺三門石垣同治五年
修
寶珠寨在上馬區石垣有垛週圍三百餘丈高一丈五尺
明季顏靜川建同治四年文童嚴奉天擴址重修
獅子寨邑西北五十里巉巖如獅明季周世盛號雲峯萬

歷舉人官廣東惠州府知府致仕回隱此山崇禎八年賊由北竄麻土人於山頂建寨推公爲主時年七十餘與鷹山關駐防官軍雷應乾馬如龍馮虎昂葉思茂等互相救援公居寨施濟宏保衛寇賊不敢逼衆賴以全至今礮碾大炮居屋與公像尙存遠近居民歲時祭祀同治五年監生伍鳳章淩萬暄擴址重修石垣週圍四百五十丈八年神醫張元和歿於此山屢著靈驗士人建廟祀之

祖公山寨邑北三十里石垣四門週圍八百餘丈高一丈五尺同治四年因舊址重修

圭福寨原名鄢家寨邑北四十里明季鄢勝楚建四面陡峭中如釜形同治四年監生嚴培瀛州同余芝亭等復修週圍七百餘丈芝亭捐貲四千七百串有奇

安定堡邑北四十五里黃土岡石垜五門週圍三百餘丈高一丈八尺同治五年修

太平堡原名贏豬腦在白臘區石垣週圍九十餘丈高一丈二尺

龍山堡原名古山寨四門週圍百餘丈在白臘區

永豐堡在上馬石

永安堡卽龍山寺週圍四百七十丈高一丈二尺同治五年修

天齊堡在騎騾舖

江澍灣一姓堡石垜四門週圍百三十丈高一丈二尺

邊堰區戴家寨在槐樹邊後江家砦在九塘沖村後

七家廟地方舊有防堡明生員袁東糾衆建立已圯同治四年歲貢袁魁例貢龔樹德同范家坳監生李行儲等借趙姓地稟准建修均和堡墻垣千丈容數十萬人

沙河區爲邑南門戶無險可守同治丁卯傅興灣新建

堡以備不虞

周湘寨在仙居鄉永寧村

白樓宸堡東聯青山堡同治四年修

清平堡在德義堡砦基山離城九十里原名九龍山四面險峻週八百餘丈有田塘數十畝同治甲子該區洮孫朱王等族與安邑長水會同建

保安堡昔名楊泗寨建於仁美堡南陽嶺離城九十里嶺乃南北分水處與黃土穆陵二關密邇係楚北要害右有觀音岩明崇禎十年蕭姓建同治二年丁葆貞重修更今

名內有仙姑廟每値花生日士民朝謁焉
蓮花山堡在高梘區離城八十里形若芙蕖周圍峻險絕頂平曠有田塘十數畝茂林修竹掩映其間同治二年邑庠馬弼臣同衆建立
石樓堡在豐義區鬍鬚巖離城七十里上有虎洞羅漢洞皇經殿昔有道人鍊藥其間丹竈尚存同治四年王大吉率元利營同邑人築堡於此
人和堡在奉道山同治壬戌武生朱世昌職員傅雲階等建甲子粵逆圍堡斷汲道遂失守昌階等死之

萬安堡在邑南三十五里之鳴山舊有基址同治丙寅知縣銜袁樹柄奉檄重建
同心堡在細楊區之曲背尖舊有寨址同治四年重建
致安堡在走馬岡周四百丈連垜高一丈五尺同治丙寅建
青山堡內有廟名玉閣縣西萬仞區黃姓業山明季黃明吉黃三友創造久廢同治二年生員黃光炳弟光榮光焰姪應麟約同人重建爲守衛計其勢險峻爲縣西一方保障連年賊竄邑境此堡無恙保全士民甚多

保安堡在義合區豹兒腦同治六年待詔銜程志遠監生戴光葝程騰芳率衆重建
永安堡在唐毀區遊蕩山頂釋無念示寂處相傳唐王昔遊於此故名同治間重修
金堂堡在義合區八疊山左同治五年貢生程鳳翔同衆修建
萬巖堡在萬仞區明初黃益武建爲青山堡犄角同治五年理問黃光煥與弟兄倡首重建
大勝堡在深溝區與岐亭爲犄角勢山形如箕外峻內坦

向有寨久廢同治甲子程立富糾衆重修既竣因無守具富憂憤自經後賊犯境人咸附之堅守兩月餘賊大舉環攻岐亭官紳率勇出援賊遂退嗣後屢守獲全乃塑立富木主於大勝寺祀之
人和寨在上義區鹿角尖山狀人形臍穴常有湧泉禱雨屢應舊有寨址同治間重修
雁門寨在義合區北舊有寨基同治六年待詔銜程志遠監生陳鴻逵陳光遠劉愈高等重修
均安堡邑西六十里地名宋埠設鷙籠巡檢一 外委一兵

燹後闤闠蕭然安邑胡超羣邑人何克復唐德潤江夏吳達江邑人劉煥章項其潤張兆楷袁文雅安徽汪承鏞安邑張萬鎰彭同心劉楨久江夏徐景星邑人葉維青章登榜施永怡等各司其任遵諭修建週圍一千三百四十方高一丈八尺培城高一丈門六堡中凝瑞樓高五丈二尺堡外空心礮臺六實心礮臺十二北有古塹南係長河東西開濬新濠功竣後賊屢竄至憚不敢攻保全四民數十萬

永安堡在雲霧山內廟數重係明經畧梅信天舊業御史曾泗源以三曹廟易之崇禎時就山築堡以禦流寇今故址猶存同治二年曾族重修

花石寨在墩陽區平斗山距城七十里同治四年汪金城程洪太安等糾衆建週圍百丈高一丈五尺

墩陽區康阜寨在黃貓尖烏米寨在鳳尖山安樂寨在香山北清和寨在尖腦山均同治四年建

又拔塵寨在拔塵山文筆寨在鬥牛岩同治三年建

雋賓區上分大勝寨下分朝陽寨同治三年建是年又建康王寨

白沙區上分太和寨利和寨保和寨靈山寨均同治四年建又百勝寨在萬古樓山頂同治三年建

龜山區中和寨天保寨燕子寨神武寨清平寨蘇石寨均同治四年建

三杏區石城寨同治三年建大腦寨同治四年修

懸鍾區保安寨明季朱正明建名鷲山同治三年補葺易今名三湘寨同治四年建

東義洲有承平寨西峯寨雙尖寨鳳鳴寨

橫河區靜山仁壽堡係舊寨同治元年鄒成翰戴能彩尹國宏等鳩衆重修鄧家山堡同治二年重修大同堡向有寨爲東南要害同治三年重修腦鍾山堡鯉魚山堡四方山堡均同治四年修白米山堡一名北面山明季建相傳流寇圍堡糧將盡圍愈急堡內以白米飼豬紿賊圍始解故名同治三年重修

石觀區玉霧寨向有址古寺三重同治三年至寨避亂者衆賊計破之死百餘人四年丁大鏞同鄉民重建蛇山寨亦於是年建立

保安堡在大成區週圍七百二十餘丈門五礮臺八金正

宗林逵揚林瑞庭約大成區中館辟王家集禹王城小河
嘴各區同建
燕子寨在石陂區有唐時遺址地極險峻羅家寨董家寨
鯉魚寨互相環抱爲犄角勢
毅安寨在高峯區于鐵岡同治五年公正監生毛正鏵貢
生周滙川例貢周海珊同衆建週圍二百四十五丈雉堞
三百九十四高一丈五尺
蒲楊村堡明嘉靖間庠生喻炎光督建基尚存
興隆寨在鼓樓山葉全祿劉鳳鳴羅邑附生朱瑟庭等同

建
田家山志城寨武舉田春魁田紹輝等同建
五峯寨縣丞銜李久椿督建
名勝寨復設敎諭詹兆朱李學高詹逑祖詹東昇仝衆建
雲龍寨係羅田地界羅邑屆彤雲邑舉人余雅祥同建
陡林八和寨夏多均同衆建
撞嶺安定寨熊輝山江天成同衆建
屏風寨金時祥等同衆建
中權寨蕭萃斗等建

天井寨郡庠童先桃夏世德余秉圭汪金朋汪炳煥蕭士
淋等同建
又蔡家巖寨胡家山寨朝陽觀寨黃古巖寨雲霧觀寨覆
鍾寨林家寨富足寨保安寨靜平寨鮑家寨共十一處
黃市守望寨汪化鵬汪登林汪逑秋汪學宗汪鳳池等修
礦山堡在范家㘬區同治二年重修又北二堡四年重修
一堡
塔寺山堡在向打石區同治四年重修
萬福堡在陶家區同治丁卯年照舊址重修

鳳凰堡在雙廟關西吳瑞啟婁大壽等倡首同衆修建
平心堡在宋杜區下分
閻河堡即閻河鎮

形勢

龜峯鳳嶺森列後先碧㵎大河映帶左右介在萬山之中襟一衣帶之水（梅國正漕運議）

縣北接光汝山谷盤阻陳周炅破五關而江北之地復元張柔董文炳出五關而鄂州震昔人謂欲守江南先守江北不其然乎（府志）

麻邑介光黄之間（見方山子傳）

麻城山谷靈怪奇峯仙源崒嵂委匝虎頭白沙之雄關木陵大城之險鎖北控天中東引吳會（曹應昌儒學記）

麻邑在楚之東北延袤數百里高山峻嶺蜿蜒磅礴環列而聳峙者不可勝紀其土厚而肥其俗醇而朴其人質直而好義（劉希向儒學記）

橋梁

桃林橋在縣東十五里至元初鄉民蔣德俊建（舊志）

聚賢橋在縣東十五里相傳爲元學士虞集故里（舊志）

紅石橋在縣東十五里（統志）

花橋在縣東十五里至元初建（舊志）

望魯橋在縣東六十里龜峯之麓（統志）

南門橋一名古亭橋明宣德間知縣孫仕忠建成化間知縣胡琮重甃（舊志）

塔兒橋在南門外二里許有小浮屠級鏤佛相上有宋咸

平二年識（以下舊志）

廣仁橋在縣西二里許紳毛鳳韶建

相公橋一名太平橋在縣西門外明宣德癸丑年知縣孫仕忠重建

橙林橋在縣西二里

樊家橋在縣西南十五里山西汾州府介休縣當商張城峻及徽州客商余元賜重建

李沐橋在縣西二十里官田畈本縣孝廉李沐建州同王導域重修

獅子橋在縣西四十里以上舊志
東坡橋在縣西七十里岐亭鎮宋蘇軾與陳慥會此處統志
觀察橋在岐亭文昌宮門外司馬潘元會題有碑贊
萬壽橋在縣西五十里袁家山下縣人袁埠同族衆捐貲募修
普樂橋在縣西北八里五腦山麓乾隆五十三年貢生熊鍾重修
永豐橋在北門外州同鄒本監生成价重修
福元橋在北關廂

三里橋
五里橋
七里橋俱在縣北
望仙橋在縣北八里舊傳爲麻姑昇仙處
檀谷橋在縣北十里
祖功橋在縣北五十里
觀音橋在縣北九十里縣人吳宗建
馬公橋在縣西南四十五里爲赴省通衢馬縣令過此橋適成故名

仁壽橋鄒艮士孫慕嶧重修
礤子橋在白田畈橋頭寺側嘉靖辛丑縣人熊吉建後劉大賢補修
行壽橋康熙甲子年建乾隆九年熊嘉會熊桂菴等重建
張三港橋邑東四十里雍正七年陽顯昌子應箕應星仝重建
萬壽橋在上河區段國祥捐修
陳家義橋俗謂義作石在中館驛南二里州同職陳光裕現於此設有義衆義燈

棗木橋在義合區龍泉寺側係棗木一株長丈餘闊尺許自明迄今不朽故名
三星橋二一在八疊山下岸高水險行人苦之同治九年監生李永江捐千餘金創修石橋人皆稱爲義舉一在墩陽區下分監生鄒介福捐修
萬壽橋二一在墩陽區下分監生鄒介福捐修一在三杏區監生歐陽應箕同姪氾建
捲棚橋在巃山區監生熊德麟建
聚陽橋在三杏區胡姓建

楊梅村橋昔名黃梅皂口兩面皆市河寬四十餘丈通大江詹曾安子映斗捐建費二百餘金

甘露橋在邑南門外兵燹後補修

平康橋前名向婦橋年久傾圮道光間生員婁漢章募修易今名

花石橋在白杲南門外道光年間重修

永錫橋在邑南兩河口係南北通衢道光丙申黃麻士民同建並置有橋屋涼亭田產

圓嶺巖石橋三架在橫河區州同夏承志捐建

謝店界河石橋一座係理問袁繩武貢生袁作賓監生袁浚共建費千餘金

轉蓬橋在艾陽寺係理問袁映甲袁映藻貢生袁映科袁繪廷鹽知事袁映第等同建

上石橋在細楊區上分係張姓同衆捐建勒有碑

高橋在拜郊區北門外半里許係光黃通衢舉人胡翹霜監生胡粹中胡宗川捐費叁千餘金建修

三道河橋北上通衢道光間州同郭光甲建

永康橋在杜家河道光間州同郭光中建

舖二河狗體灣二處橋南北通衢監生郭永昌建

玉龍橋在路口街頭之北皖豫往來要道道光初州同郭光中建後被水冲咸豐間縣丞郭鍾靈重修

許家涼亭東石礄係鍾端儀募修又修聖門外木橋二道公買田八斗地五斗爲船橋費貢生鄒纙謨助石礄費二百四十串修木橋一步捐棉地四斗爲拆搭資至今賴之

福田河橋道光年間區衆建修

河渡

閻家河義渡獅子菴僧捐田一石二斗付石陂區經理有碑記

木樨河義渡係余楚材捐修余產僅中人捐錢至百千

聖門渡船一隻本門士民捐資置渡濟人共勸義舉至今往來稱利涉云

料棚雙河口義渡道光四年建置田二石四斗二升後船被賊毀同治七年重建船隻併屋二間

虎頭司義渡公置船田坳水田八斗羅公望私捐田五斗

白塔河義渡道光間本區與張留區人捐田修義船二隻行人賴之勒有碑

傑士河義渡嘉慶二十年深溝區周維朝創造道光十八年劉文魁羅鳳翥復倡捐重修

新河義渡同治四年岐司馬唐訓邦暨釐局委紳李元清紳董李楚雄成功炳吳亮采創建

白杲河水漲時有渡水淺時有橋梁民未病涉云

月渡在白杲西六里地向有船橋貢生羅步高經理捐田一斗七升為鄉人倡遂迭有捐助

寺觀

城內

關帝廟　城隍廟（二廟並城外東岳府相公廟鄉區五顯山傅元師廟化主廟沙街廟俱詳壇廟）

東禪寺在東城明正統間建後李萬五重建（以下舊志附新增）

九蓮菴在南城

福城菴在九蓮菴之南

萬壽宮去福城菴數武

三元都會府在城隍廟之北御史毛鳳韶年七十建廟求嗣果應至今邑人求子者多驗

萬壽寺在南街周思久大書梵王宮及澄心方丈今頹

玉皇殿　準提閣　二廟相連在萬壽寺左

法華菴在西城陽基塘北岸

馬王祠在縣治右（今廢）

繡佛寺在北街梅司馬女澹然捨宅以繡為功課故名

古佛菴在北街西巷

華藏菴在古佛菴後巷

文昌閣在北城乾隆己巳紳士（丁胡周楊徐李張王梅宋董朱劉林趙等）二十四人積建今因廢敗經公議復續呈付歸闔邑捐湊重修

城外

恒河寺近東城上與白衣菴相望康熙間大水兩圮今俱爲洲半偈菴在東河岸

東竺菴東河岸里許竹木森森欝然蒼秀

針芥室與東竺菴相望

折葦菴針芥室間壁相傳昔山水暴漲有一古木結成達摩像宛然天成毫無斧鑿之跡寺僧取供奉之至今猶存

詹家堂在針芥室左數武知府詹淑建東側有祠宇一所

念力菴在朝聖門河岸

禪堂朝聖門南原在今義塚處後移建於此名新禪堂因施其處爲義塚

火王廟供奉火神規模壯麗現黃梅五祖法眷投此住持

海潮菴與禪堂火王二廟咫尺道光年間爲水衝圮今移置火王廟於城內儒學右首

翠峯寺南門外東里許

甘露菴在南關

三曹廟在塔兒橋

荷葉菴在西畈

牛山寺在牛棚山東北隅

紫竹菴在小西門外

經堂在北關之西

玉閣在龍池南岸

海會菴玉閣間壁

南堂廟在龍池北岸右爲烈女廟今頹

地藏菴在福元橋東

清和寺即沙佛菴桃園北里許凌壁寺北二里餘後因水壞移置東門內與東禪寺近

三鄉

雲舫菴縣東二十里以下舊志附新增

大覺菴在土城區其匾額我愛其靜知縣趙蒼璧題又此處金地知縣姜纁題又大地慈航知縣傳天培題

定惠寺東八十里天井山麓

西峯寺在定惠寺之東

什子河寺在什子山北有四面佛像

大竹園康熙甲子知縣祁嘉謨題其匾額爲寶林門前有石井泉水高一丈二尺四季水滿長流

九龍寺在東北九龍山有栢子塔相傳唐德宗四年盧應禪師建塔九級頂覆以鐵鑊鑊側一栢蟠根而生每立秋日午塔無影

青龍寺隣栢子塔唐盧應禪師建

棲眞寺亦盧應禪師建多古栢

芝佛寺在龍湖北岸建寺掘地得三芝類佛像因名今失其一統志

鐘山寺東北五十里相傳至元間掘地得一鐘因立寺後寺廢鐘由鳳陂達河至大江遡流而上抵江夏鐵佛寺寺

僧感夢得之

地藏菴東北五十五里陳家沖明縣丞周崇恭建龍潭水曲虎石峯環咫尺崇恭居宅在焉

珠照寺進士周之夫生員周世錫建寺基幽厰山水繞拂遊人多登覽焉

最上菴明天啟三年儒士喻儀建

法眼寺卽黃蘗山僧無念道場

陳家廟亦名寶藏寺縣東南六里明進士戶部員外陳楚產住宅改建墓卽塟於後貽有田地山塲至今後裔守爲香火奉祀之資廟中殿供劉關張神像

慧雲菴在東南七里岡明天啟間巡撫梅之煥建內奉東岳神並諸佛像及崇禎二年流寇肆毒之煥建護生堡保護鄉人全活甚衆鄉人德之塑像其中享祀不絕

東溪寺距城十七里僧震音建山清水秀竹木松栢叢集古刹也

雞籠寺一名湛寂寺明萬歷時無念祖師建有御賜藏經并陳妃隨賜袈裟一件巡撫梅之煥題爲湛寂法門其寺左鹿角右遊蕩天然福地也縣東三十五里

能仁寺距城六十里龜峯之北相傳唐太宗建

雲臺寺在東山山本巍然特聳築臺又上沖霄漢俯視諸峯羅列皆出其下又名豹腦岩當年福主殛蟒處

栢水寺東南一百里唐高峯禪師建

鳳棲菴在土披沖山清水秀宛如鳳形前邑令夏封泰因易爲鳳棲焉僧碧霞普參海雲等俱確守清規至惠泉爲掌教訓示有法目今宏義振興佛法其廟宇亦大有可觀

千佛寺在縣南十里舖知縣吳顧行改爲一佛寺寺濱大河康熙間大水汎溢有鐘自水面浮至寺門寺僧取之因

改爲鐘到寺鐘存今仍以一佛寺稱之
汲水寺明萬歷四十七年知縣莊應德建住持僧海棠清修山門外有古松一株大數十圍鬱然蒼秀
靈覺堂在董家堡董天策闔族建
玉皇殿在白臯山之陰山高而頂特平明天啓間巡撫梅之煥建
三教堂在白臯山之陽上中下凡三院明僧道一肉身藏塔中有塔院藏經樓僧精舍皆傍巖倚木爲邑佳景士人多讀書其地

興福寺在白杲鎮西二里許唐貞觀乙巳眞濟禪師建寺僧以田爲業至今爲糧里之一明初盡爲軍民所佔有行腳僧法全憤甚削竹爲鎗伺軍人耕者殺十餘人自詣縣獄令義之欲釋焉全曰豈有殺十數人而不死者乎歸用薙刀自刎寺傍至今號頸叚山周柳塘李卓吾皆有傳盛稱之永樂甲辰重修廟貌佛像甲於一邑有荆木梁銅盆佛像沈水香皆唐時傳留者寺僧浴佛始取用之至
國朝戊子始失去嘉慶間領首胡宗弟等募修佛殿及傍殿同治壬戌領首王大楚蔡駿壁等募修天王殿及關聖殿廟仍其舊而僧舍多爲賊燬前有塘大數十頃蕩漾若湖爲邑景之勝
玉皇閣在白杲乾隆庚子年董秉恭合後裔重修
福主廟在白杲董士宏士毅建
忠義寺西南四十三里進士胡躍龍建寺側環河竹木森列景致幽邃中祀武聖像故以忠義名
水口寺在拜郊城區明永樂間知縣楊福四建
鐵佛寺與水口寺相望明萬歷間同知楊王庭建中供大佛及諸神俱銅鐵像茂林修竹四望蔚然遊覽者鮮不至

其地也
寶光寺在中館驛南瀕河
沙明寺在西南四十里推官周損捐貲建茂林陰翳彌望平沙損與劉侗讀書處
關帝廟在岐亭南城成化三年成族重建感應靈顯進士彭信古遵古酹願各獻對聯後孟司馬酹願獻額裝金異常至今爲朔望行香首及之廟
文昌宮在岐亭南城外宮前重建石橋曰觀察橋宮內聯波水瀉文瀾任蘇海韓潮奔注都歸此地螺山排筆架萃

江花毛頴發揮盡在吾徒楊玉柱題岡邑知府陶國幹記書

添壽寺係天啟壬戌進士陶承謨爲福建提學時將馬頭山田庄山場大段建廟爲其父順祈壽顏曰添壽寺後設木主於其中子孫世祀焉又朝聖寺西陵寺亦在附近

香山寺西南七十里御史趙訪建西側祠堂卽其子孫歷代祭祀之所廟貌巍峩樹林掩映亦勝景也

大安寺西二十五里大安山中

東際寺西三十里黃泥坳僧慧聰建

聽松菴西三十五里西陽鎮明宣德楊萬戶裔四支仝建

大雄洞明進士周思敬建廟側右有虎穴虎時出入其中因名大雄洞且山嶺崇峩竹樹蒼翠後周堦進士曹應昌於其地攻舉子業甚賞之多作碑文於廟中今尚存

奉道觀西五十里

紫荆寺在礦山

西陵寺明天順四年建崇禎三年重修距縣六十里近黃安界門首古栢三株挺然獨秀

烟霞寺卽道觀磯匾萬古烟霞康熙　皇七子多羅淳郡王書住持僧達清徒衆道興等置後廟宇神像燦然一新

淨月寺原名隱谷菴在仙姑洞下僧慈容建廣聞重修

元妙觀北十五里明景泰間建

湧泉菴北四十里明刑部侍郎陳以聞建

鏡智菴北五十里僧波恬創康熙乙酉年重修以上舊志

選佛廠在白杲鎮開山和尚旻巖清少業儒長而入釋中丞梅之煥賞之隨徧參吳越宗主得法於靈隱具足大師後歸鄉適關東卞居士宿皈依在鄂渚馳百金爲結茅地時地多鬼魅旻巖力爲拔濟人遂敉寧皈依者甚衆遂創

建佛殿僧寮規模宏遠其徒且標且孚亦能了悟元奥光大禪門歷百有餘年其法嗣益蕃衍焉經粵逆捻匪之亂殘毀殆盡僅存佛殿

文昌宮在路口區道光間郭尚道倡修募金外道自捐以萬計又捐稞貳拾捌石作供奉費門首皖豫通衢往來輻湊最爲要道

衆興寺路口區廟在街北里許其廟最古向因衆姓置田石餘作香燈費故名

柏子庵在總河口

紅廟在七里陂有寨前避明寇合區公建今廢其古井及北門尚存

東嶽廟去紅廟寨里許隆慶間建內有古鐘

湖山寺在七里官湖北岸上山色與湖光相映頗有異景

騎牛坪廟在龜尾東余氏所建明一無祖師飛昇處

闕角皇經堂在木樨河洗宅右相傳道士刺血寫皇經甫成飛去道士手捉之闕一角故名至今禱雨請經無不應驗土人立廟祀之

中峯寺在二里河獅子巖有松風閣遺址閣後天然石級數十丈鐫有上天梯三字釋楚珩飛昇處

龜形福主廟在木子店楊梅村咸豐元年重修適有落梅河一人送黃荆一株來廟詢其故云前三日有一姓張人付錢八百囑將此木送至此廟作梁衆知爲福主顯靈云

擱川山廟界聯木子店南庄二區係鍾姓香火付有田地山場與廟僧

叢竹菴在下擱川山乃童姓香火付田地山場竹木甚廣給僧供奉管業不准廢賣

高廟在官畈河明萬歷時建相傳神靈赫濯有人過科帽爲過科戴之說

寶磬寺在角兒尖明童應旨建廟成時羅邑獨尊山飛來一磬聲清遠應故以此名寺

南菴界連南庄木子店唐時所建釋大智由定慧寺遷此傳道

靈峯庵在馬牙山明童天書建順治丁酉文煥弟兄重建

一乘寺係東義洲區廟先名大聖寺改今名

反背廟在東義洲相傳廟門之外污穢叠積一夜忽將向掉轉故以此名後擄有聯云問菩薩如何反背恨世人不

背回頭

大士閣白水畈區廟因土人掘得石像觀音因建廟咸豐八年賊燬光緒二年春州同李紹桂同闔區重建

祖師廟在落梅河屏風巖每歲上巳楚皖豫三省之人多崇祀之

碧雲庵在馬牙山右庵後石刻云曉望三山青翠松濤清磬堪聞飛紅一天旭日堆白幾窩殘雲下數小字年久朦糊

古柏庵在墩陽區前代程姓建以庵後古柏得名此柏中分二枝排立大數十圍高數十丈枝繁葉密翠蓋參天爲

一方之望

泊石庵在墩陽區漸山之麓明季進士陳儒樸建庵後多洞巨石嶙峋奇怪萬狀樸隱居於此

萬古樓在懸鐘區祀百勝大王傳聞漢代張公失其名當兵亂爲地方捍衛甚靈顯廟後石馬蹄跡宛然

二聖寺在甑山區供有夷齊及韓真人像

玉皇殿在石陂區明進士黄彦瓚建中有玉皇像 國朝初黄瑞廷捐河口戸庄田七斗爲香火貲並祀東嶽帝

龍湖寺與芝佛寺隔河相望河中有石臺即釣魚臺李卓

吾於臺上建樓名寒碧樓臺側有洞即李氏藏書所一時名宿熊深有周栁塘輩常舊小舟於此會晤

獅子菴在土城區距縣東二十五里明崇禎時建山勢雄特廟僧奉公好義同治七年邑侯楊宗時獎以佛門好善額

圓通菴明嘉靖時建 國朝鄭熊二姓重捐修

無梁殿在墩陽區拔塵山之巔

香山寺 樂意菴鄒程二姓建 真指菴 亂峯庵

彌陀菴 琵琶菴 集雲菴 土主廟程袁張三姓建

以上墩陽區

廣靈寺 護國寺 靈山寺 茶 菴

水口寺 楊家廟 鶴巢菴 龍王廟

雙 廟 靈應菴 以上白沙區

西峯寺 輪雲寺 石引菴 石舟菴

李家廟 永福寺 雲谷菴

以上甑山區

朝陽寺 廻龍寺 大 廟 圓照菴

梳流菴 經 堂 聽松菴 接寢菴

以上三杏區

般若菴 騎龍寺以上懸鐘區 東照菴雋實區胡姓廟

天竺寺在唐殿區明了空開旗處

堡華菴唐殿區公廟

沙堤寺建自有明爲八里畈區公廟康熙嘉慶咸豐間屢經補修同治三年復經兵燹存者十之二三

觀音巖廟離龍潭衝五里許飛壁數仞石室供有觀音像祈禱皆應乾隆間金城區丁德庶擴址建廟年久將圮甲戌士人蔡賢象增新

玉皇殿嘉靖間方伯蔡應陽建題有大光明殿額梅信天
嘗寓於此
太平觀在麻溪河南大路旁係朱姓香火
五顯宮在白杲北街堡內係羅姓香火
財神宮在白杲堡內係北街公廟
心朗寺在沙井區建自有明後經兵燹同治十一年闔區
重修右有華祖殿二重
法雲菴在魯家區冷水井係劉姓香火
陳家廟在榮羅區大路旁係陳姓香火

東嶽廟二均在魯家區一爲涂戴魯三姓香火一在鬧石
河下
太平寺在沙河區明末建堡名太平寨置有公田二石七
斗一升
朝天寺在沙河區傅姓闔族建咸豐初州同傅成裕捐貲
重建勒有碑向有田二石五斗零
龍泉寺在象棋山周鄒尹三姓同建向有田三石六斗因
事捐半作回車書院膏火一半仍歸寺供佛
巖山寺在陶家區㚇子河巖山口石壁鐫有塔影高尺餘
旁鐫成化七年三月八日邇來河道壅塞石壁平沙故及
見焉
觀音巖廟在横河區山勢奇異歲時祈禱者衆與老觀音
巖形勢畧同一在魯家區毛李衛每歲二月朝謁者衆一
在沙井區鳴山寨內常昭靈應
唐建廟建自有唐在南秦村爲曹家區公廟兵燹後闔區
於同治間重建　康山寺在曹家區
龍泉寺在義合區金堂堡外明嘉靖四年建
東照菴在義合區迴穆店西明天啟元年建

福緣菴在義合區仰天坪明嘉靖二年建
福主廟胡姓香火　水口寺鄭姓香火　西陵寺蘇姓香火　禪　堂吳姓香火
洒脫菴李姓香火　以上均望花區
雲霧山廟在寨內係魯姓香火　貢家寺魯姓香火　雷音寺茂林堂廟
以上均魯家區
報國菴在邑西萬仞區乃逼守彭壽鼎建近臨舉水遠接
羣山中有接引佛一尊面現明珠直如慧眼溯所由來其
父信古東征勢迫投海援一木得脫攜歸熟視上有明珠
酷肖佛像夜輒放光儼如鑄成至今猶存

汪王廟明洪武間建中有一花五葉額天啟元年進士周振題

準提閣康熙間進士萬邦維建

七家廟係合區內六戶公所　章家廟係合區外八戶公所

龍坑廟　存仁寺　無垢寺　長齡寺

朝陽觀　永定寺　大勝寺　覺成廟以上深溝區

龍山寺在邑北上馬區明萬歷初重建　國朝乾隆間復建同治三年被賊焚横屋倘存同治五年築堡

玉皇閣在邑北柏樹嘴側明洪武時建道光咸豐間閣毀

其址尚存鐘磬猶明器也

明國寺在邑北祖公山南唐德宗時修柏子塔皇叔虛應禪師曾過此門額明國寺三字大書唐王御筆親題

寶林寺在白臘區横直四重山如龜形徑甚幽奥茂林修竹左右溪澗泉聲不絕有風春水碓之妙神甚靈驗至今朝謁無虛日

積微菴在高梘區天鼓山山下有金牛潭釣台石金雞石昔邑令趙耆壁題有不二法門額

雙龍寺明天啟知縣趙洪範等建崇禎丁卯梅之煥重建今額尚存在高梘區岐鳳圖

馮家大廟在宋杜區椏楓樹街南大路邊

萬緣亭在福田河街北每施茶以濟行人有田兩石四斗

朝陽寺　海院在張家店

甬曇廟在磨石　松筠亦名無事菴

戴家廟在磨石　玉皇閣　把口廟在護兒山

惠雲菴在鳳凰岩山下　鹿塵菴　以上張留區

合成寺　净瓶山　下馬廟　犇風菴

黃柏沖　鄧家堂　佛元寺在虎頭關

關口廟在虎頭關　以上宋杜區

三昧菴亦名蔣家堂在福臨堡西里許

十全寺在福臨堡西宋家畈

王家廟在福臨堡西南甘家壪

古佛菴在福臨堡西陶家沖

地藏菴在福臨堡西大堰河

清泉菴在宋杜區西

騎龍菴即東去正界廟前接壤商邑地界

福主廟即西去正界廟前接壤光山地界

火王廟駐西界下右首進冲里許

朱家大廟駐西界南來二三里許正大路之西

龍泉寺在路街西大山後之南

三官堂在路口街西大山後之北　以上路口區

麻城縣志卷之五

輿圖志　風俗　物產

風俗

家誦詩書士尚名檢工詞翰善嘘獎後進達則爭相朋殖民習勤苦通技藝輕遠遊南窮炎嶠北盡霜廬往往以筋骨起家 通志

麻城士風厚善樂於爲儒出重名節處尚廉恥 府志

風俗淳質好儉約 隋志

山水清遠土風厚善其民寡求而不爭其士靜而文樸而

不陋尊德樂道獨異於他邦 蘇軾跋韓魏公詩

旺俗富庶秀民樂於爲儒而不輕釋其業彬彬嘉學有鄒魯之遺風 宋關神光觀記

山靈川媚常生大賢爲家國瑞應 許天瑞靈堂記

光黃間多異人 蘇軾方山子傳

風俗稱有禮義子弟知有孝友 趙伋陳慥墓誌

風和氣平獄訟稀少 秦觀謝表

農力稼穡冠婚喪祭多用家禮此其近湣古者然尚氣喜鬭健訟惑風水溺佛老祟淫祀此其所宜變者冠禮皆於

大昏親迎之日先行加冠禮涼嫒尊式士庶各如其分舊志
婚禮取門戶相對者結姻重媒妁通婚啟問名納采親迎悉遵古禮俗尤喜幼時結親彼此過書柬具聘儀下禮後有外貿遠出者女終自守待不字至於聘貲粧奩貧富各從其便

喪禮親設訃於戚友沐浴殮畢殯於中堂家人裂布裹頭成服孝子麻衣草履率其下皆孝服涕泣祭奠杖踊飦粥苫凷如禮戚友赴吊多以七期致奠延僧道誦仙佛經云做善事超度庶民家亦鼓樂治具醵錢坐夜擇地營塟用形家言其導送如治喪

祭禮春秋各祭掃其墓有宗祠者則祭於宗祠四時節序及生忌日祭於寢其家祠祭序長幼族長主之具牲醴几筵楮幣祭畢燕飲分胙而還世家有祭田以供蒔祀

社斂錢市牲醴以祀土神祀畢少長飲焉

儺人朱衣花冠雉尾執旗鳴鑼俗名急腳子比戶致祝大抵祛沴祈福之語

歲時　元旦五鼓起向北叩首曰祝聖啟門以酒酹地而拜曰出方還室子弟以次拜賀自是親友慶賀讌飲或以粔粧相饋三日以牲醴祀門戶神飲酒後各理舊業立春先一日觀迎春以土牛身首色卜水旱以芒神帽鞋占寒燠比戶焚香酹酒曰接春

十三日試燈元夕張燈是日粉米爲團曰元宵張燈火正月十五日贅麥踏青農人以火炬照田兒童擊鼓鑼巡圍圃逐諸蟲害稼者兒童磨磚石二寸許上圓下銳就地鞭之名曰得螺諺語楊栁活打得螺

二月十五日曰花朝民家多以是日嫁娶

三月三日醮眞武寒食架鞦韆清明掃墓贅栁踏青兒童爲風鳶之戲田家浸種東作方勤鄉人作茸餅俗名軟麯

四月八日是爲沐佛之期僧造烏米相遺問

端午角黍交贈採藥插艾蒲雄黃泛酒繫綵辟惡是月作紙舫祈神爲龍舟會備旗旛鼓樂扮人物故事競尚華靡動破中人之産

六月六日曬書籍衣物造醬醋鹽豉俗以爲半年福

七月七日乞巧中元祀先又浮屠爲盂蘭會

八月中秋作餅相送具菱藕瓜菓爲賞月之讌

九月重陽登高掃墓民家釀酒

十月朔舉行鄉飲禮民祭墓田家飯牛以陰晴占穀價

十一月有家廟者合族祀祖先

十二月初八日啜臘粥雜秔豆棗栗亦有以是日嫁娶者兒童以鷄毛植錢孔中縛以綵線踢之名曰毽子二十四日曰小年掃舍宇夜祀竈神數日內金鼓爆竹喧聲不絕具酒饌祀祖先曰年羹飯

除日張春聯於門闔戶後然燭焚香拜祖先及尊長曰辭年更闌後或出聽人言語以卜來歲休咎曰聽讖田家以夜半候釜中輒得五穀米粒以其楬飽占來歲豐歉曰試

鍋合家促坐飲酒曰團年或有圍爐終夕不寐者曰守歲

東北之民朴而足中土之民秀而達南土之民巧而遊西土之民狡而貧

諺云東鄉田莊西鄉文章南鄉經商北鄉酒醬童謠云水打蔡家園麻城中狀元

耕種鮮佃民大戶多用價買僕以事耕種長子孫則曰世僕

歲儉民多攜家入山谷掘蕨根濾粉煑食之以上舊志

物產

縣三鄉並置太平連仙居東北厥壤高墳亭川接仙居西南厥壤曠衍平原諸境土沃肥仁峀硐等田地磽產薄穀之通產者有秈穀收七月中遲收八月晚糯俱九月收有黍有粟有麥大小二種有秋蕎巨勝有黑黃紅蘘等豆樹茲嘉種其芟也欲孤其弱也欲扶物土宜而布之得其食斯疆云爾穀食外佐餐者蔬附郭內外暨各鎮鄉區多灌園業羣負販者仰給焉其蔬爲芥爲菘卽白菜爲芸臺卽油菜爲菠稜爲君達土名冬莧爲萊菔卽蘿蔔爲葱韭蒜椒薑瓜類甚夥三五爲族寒匏懸籬爲南瓜土名番瓜紫瓜俗名茄子之屬水蔬爲茭菰茭米周禮六穀之一野

蔬爲薺菜土名地菜地不宜果梨棗等味劣不中食俗向樸無奇花異木諸草卉不利民用者概置不收瀕湖渚多楊多櫸栁山多松栢多桐子可榨油多構卽穀木皮可作紙用多烏桕子榨油作燈燭用遶屋多桑柘以供蠶桃李供食品棠梨供鏤板茶供瀹椿供屋椽竹不甚巨供作竹器藥多車前香附之屬至若鳥獸蟲豸胎卵濕化螻蟈莫罄其有關日用者不可省也毛之類若牛馬羊犬豕及若兎獾狐狸獵者取焉羽之類若鷄鶩鴨外若梟鴈雉雀弋人奠焉蟲則蠶絲蜂蜜民均賴之邑無長江大湖所畜不過常鱗凡介耳問諸水濱舉

網可得亦食貨資也其魚魴謂之編鱮謂之鰱陽鱎謂之白魚鯇謂之草魚鮒謂之鯽鯊謂之聚刀鱅謂之胖頭鰈謂之鰔鰟謂之黃顙白小謂之銀魚鱖謂之鯤其介蝦鼈龜蚌跳梁蹄涔凡此皆通產也至境內專產諸物則遠翹苧布通考數徵土絹山楂府志足證明統志紀龜峯之白艾本草綱目記拘螺之蜈蚣他如鹿毛筆之名又有一統志在焉其木棉盛夾洲木炭聚閻家河市東山出楮皮紙皆可資生例得備書於册

麻城縣志卷之六

山川志 山崖嶺岡洞石河池潭洲塘堰陂湖港井

郁郁龜峯湝湝舉水峯嵂灤洄既高且泚靈氣之鍾唯清淑只眷言茲郊君子所止

四望山在縣東十五里山至險峻可以四望元末鄉人曾斌聚衆結砦保障全活甚衆山澗有石洞名風洞每大風起先响土人憑爲占驗後山洪石墜洞口遂塞統志

駐蹕山在縣東二十五里相傳唐王駐蹕於此舊志

餓山在縣東三十里統志

遊蕩山在縣東三十五里相傳唐王遊此故名下有唐殿今址無存舊志

鷄籠山在縣東四十里僧無念建刹舊志

小勅嶺山在縣東四十里舊志

大勅嶺山一名赤嶺山在縣東四十五里統志

龜峯山在邑東六十里春秋吳楚戰於柏舉卽此下卽舉水形似龜自麓陟嶺二十里許怪石參天虬松偃蹇上有化主廟卽宋邑侯張毅有唐人詩按五代史南唐李景帝昇州謚元宗麻屬昇郎此云唐明皇者非有石刻宋邑侯

張公仁甫入山祈雨西江進士吳弼山僧圓喜同賦詩爲熙寧三年七月合掌石刻邑大夫張仁甫與圓喜靈寂兩上人話別並西江進士蔣著題壁爲熙寧五年十月上有虎跑井白龍黑龍井禱雨輒應有觀音巖如屋中有石像東有棊盤石噴雪巖泉飛流如雪有人跡石唐真應禪師立化處山下有馬跡焉相傳唐太宗駐蹕於此

八叠山在縣東六十五里在龜峯之南路盤折乃得踰上有亭有寺憩行人焉統志

什子山在縣東七十里攢巒插漢宋端平間徙縣治於此

統志有記

天井山在縣東八十里舊志

剪刀山在縣東八十里山峯峭削望似剪形舊志

鹿角尖山兩尖對峙有寺焉時旱人多祈雨於其間舊志

九歇山在縣東九十里高巖峭壁石逕微通往來者屢息乃逾統志

雨流山在縣東一百里舊志

白臯山一名白額山奇峯怪石形狀各異西側砂磧上有巨石三面平如額石刻董元宰墨跡中題獨峯禪石四字左爲清風崖右爲明月洞又下一石砰刻白崖二字徑丈許下有巨石週數里泉從石罅出即瀑布也山南下石砰爲雁臺又其下爲上院中院下院中院之藏經樓側爲道一和尚墖上數十武石立空洞爲道一入定處山肖人形上院爲頭中院爲腹下院在兩膀下遥望儼然溪水爲石橫截成三險較三峽水尤陡峻大雨後水石相激聲聞數十里統志

丫杵山在縣東南五十里有佛寺僧無念習靜處舊志

五龍山在縣南三十里有唐貞觀年間修建古剎通志

鳴山在縣南三十五里有古寺在其麓石壁嵯峨有洞居山腰昔道者於此辟穀化後無能入者舊志

望花山在縣南四十里爲往來通衢舊志

雲陽山在縣南四十五里在鳴山側山勢西迤半皆平岡曰青邱山烏石山高峯山豹子山統名邑南山統志

大崎山在縣南五十里爲黃岡縣界自八疊山鳳凰崖東界嶺至此山勢皆崱屴其麓爲小崎山爲象旗山通志

静明山在縣西四十里舊志

大安山在縣西二十五里中有古刹山椒名梅侯俗呼梅

花腦古剎北有石級名百丈階自七里岡至此踰白沙關爲宋時達汴之通道統志

朱山在縣西三十五里崇禎季周宅結砦保聚多所全活舊志

青山在縣西四十里上有石閣又西爲大聖山舊志

礦山在縣西五十里中有古剎及龍王洞統志

奉道山在縣西五十二里清風嶺之南中有蓮花石仙人石風穴龍泉下有滴水崖統志

紫雲山在縣西七十里今界黃安下至岐亭

香山在縣西七十五里有古寺人多拜禱

九螺山在縣西南八十里岐亭鎮昔張憨子隱居於此自號九螺山逸人以上統志

馬頭山在岐亭西南似馬回頭故名大河遶望爲合邑水口羅星此地不可開鑿宜建塔一座以爲一邑文峯

拘羅山在縣西產金脚蜈蚣爲李時珍本草首稱又有丫頭山盡邑西境焉舊志

黃土山在縣西北五里統志

五腦山在縣西北八里即張紫徽飛昇處四峯環拱中峯獨峙神祠據焉通志

道觀山在縣西北十五里烟霞夕照秋霽後尤爲勝景舊志

會龍山在縣西北四十五里上有古寺舊志

陽臺山在縣西北九十里舊志

羚羊山在縣西北九十里西南有分水嶺倒水分流之處南流爲艾陽寺河北流入河南光山縣界此山離城百里以產羚羊得名漢關索嘗養病鮑家莊於此山建花石砦故址猶存下有靈佛寺蝴蝶洞洞口極狹人行數十步上透天光可容百人又有乾洞風洞水洞狐洞穀倉鉄門坎

洗脚盆仙人掌諸勝時產仙韭仙葱靈芝蜜臘金等物收童樵子間有見而取之者

霸王山在縣北十里俗傳西楚霸王項籍駐兵於此下有陂名霸陂傳爲飲馬處統志

鳳嶺山在縣北十里相傳有鳳集此統志

仙居山在縣北十二里近有鳳凰岩下有仙洞石室雲泉諸勝昔麻姑棲以修真以下統志

飛龍山在縣北三十里俗傳寺棟一晝龍飛去故名舊志云夏月不暑無蚊山有井旱可溉田南爲薄刀峯仙姑洞

道觀山層巒絕巘

陰山一名鷹山隔河與雞山對峙在縣北四十里懸崖千尺登覽數十里皆在目前石級層累河水激衝上立陰山關有洞口底深莫測

駱億山在縣北八十里山以人名下有駱家坂一名落衣山俗傳仙人落衣於此峯巒層疊發自界河羚羊山分水嶺

木陵山在縣北一百里上有木陵關樹木茂密岡巒鬱然爲一邑之望以上統志

九龍山一名柏子山在縣東北二十里即柏子塔基以下舊志

祖功山在縣東北二十五里

蛇山在縣東北三十里

大腦山在縣東北三十五里體勢崢嶸卓然秀杰

雲霧山在縣東北四十里高掌天表常有雲氣往來

石門山在縣東北九十里以下舊志

黃蘗山在縣東北九十五里上產茶筍萬歷間僧無念開荒建剎在商城縣

風門山在路口堰東北離城百里巍然獨尊楚豫諸山之祖其分支層巒疊障北至商邑金剛臺南至縣東龜峯山

花石崖在縣東三水灣崖竅玲瓏每杜鵑開紅翠交加有若錦屏云

燕子崖在縣東四十里唐殿側俗傳有燕子樓今廢

觀音崖在縣東六十里龜峯山上崖空如屋中有石像

噴雪崖在縣東六十里龜峯山上泉出高嶺飛流如雪

懸鐘崖在縣東北六十里孤峯萬仞河水激流術家所謂地雄星遠望如鐘懸天半

萬仞崖在縣西四十里亦名萬人崖四面高峻中深曠俗傳可容萬人故名元末邑人依崖立寨避難於此石碑上

刻有理問金理問銀證盟等字士人往往巡遊題詩今爲佛寺統志

君子崖在石鼓山之陰山頂有巖有石碗石臼現存通志

十丈崖在縣四十里舊志

鳳凰崖在縣西北十五里道觀山間有仙姑石室相傳仙姑修眞處靈泉清冽通志

月亮崖在七里畈區臨河陡絕十餘丈如半月形崖下石洞深不可測道光間有龍自洞出白晝上升毫無擾害相傳閱百餘年即有龍出焉

石城砦一名石子崖在縣東四十五里三面壁立一逕斜通明季人多保聚焉通志

道觀磯在五腦山左谷中觀廢近有僧菴舊志

春風嶺在縣東九十里一名東界嶺輿地紀勝縣有春風嶺多梅花蘇軾自新息渡淮道經此嶺統志

烟支嶺在縣北十三里舊志

七里岡在縣西三里宋縣令張毅植松處

梅花腦在縣西北四十里亦名猴山

東風洞在縣東六十里龜峯望龜亭石疊峻峭深邃不可

測投石其中東風即起

仙女洞在縣東南三十里白額山上

麻姑洞麻姑修眞處有小洞即石爲龕立姑像於上龕後石泉清洌不盈不涸內有小人魚數十頭四足長尾黑質紅腹遊人激水則出或攜歸越宿仍返池內

花石洞在縣西北九十里羚羊山洞逕暗通雙山門約十餘里元末鄉人于此避兵

水仙洞在細楊區上分洞外有澗水流如瀑內乾燥可容七八筵避難者多入此

臥龍石在縣東三十里盤曲蜿蜒

馬跡石在縣東六十里龜峯下相傳唐太宗駐蹕於此馬跡尚存

合掌石在龜峯山側與試心石相對如兩掌拱能仁禪師以爲問訊之狀

試心石在龜峯與合掌石對盤踞龜頂望之甚危險心正者過之如常陰險者輒悸焉

人跡石在龜峯山舊傳唐貞應禪師立化處雲根深處足

跡印于苔蘚間至今尚存

棋盤石在龜峯頂觀音崖東形方面平盤石如局可以列子旁覆以大夫松翳以羅漢草世傳唐太宗曾弈棋於此

馬踏石在縣北三十里圓如蹄印以上舊志

垂山水水經注垂山水北出垂山之陽與弋陽渾水同出一山水之東有南口戍又南逕方山戍西西流注於舉水一統志在縣東今名柏塔河舊志柏塔河亦名界河出光山縣界逕黃土關外南流又逕縣東北三十里又南逕縣東至縣南合桃林河爲縣前河有二源一源商山之西界嶺兩路口山南流爲杜家河福田河（府志謂二河水注之未晰）逕虎頭關又南逕石香爐底陰山一水四折名四道河（府志謂四道河水注之未晰）南底洪家河會於白塔河一源光山之東界逕黃土關南流爲乘馬崗河上馬河南東爲白塔河會洪家河逕

蘇坑底小河頭小河溪之水注之又南北沙河之水注之合流縣東新河初分復合逕城東底高岸河（統志）

舉水水經注舉水出龜頭山西北流逕蒙龍戍南又西流左合垂山之水又西南逕顏城南又西南逕齊安郡西倒水注之又東南歷赤亭下謂之赤亭水南流注於江謂之舉洲一統志源出縣東北黃蘗山西南流入黃岡縣界三十里入江在縣名岐亭河其入江處爲三江口寰宇記岐亭河在縣西北八十里舊志舉水源出縣東北西南逕虎頭關陰山坂南逕縣東十五里爲閻家河以岸多桃花亦名桃林河折而西會柏塔河縣東河卽閻家河有三源一源商城之石門山逕石門坂至陳朋坂一源黃蘗山獅子峯左逕高山響水潭與石門之水合爲三河口西流黃土嘴逕釣魚台爲閻家河一源獅子峯右欒家山細分水嶺逕鳳凰山三水灣西底永興洲與閻河水合南至古城下東坡河桃林河之水注之西折至高岸河與縣前北河合稍西匯麻溪白蘗二河又西南會浮橋河又西南過宋埠至岐亭鎭合松溪河（原出黃安縣界）名岐亭河又西南逕黃安縣界南入黃岡境注於江（統志）

倒水水經注倒水出黃武山南逕白沙戍西又東逕梁達城戍西東南合舉水一統志在縣西今名浮橋河源出羚羊山分水嶺右流爲張店河林店河長潭南沿艾陽寺名艾陽寺河東折逕西陽鎭會東山支流底沙灣下爲浮橋河又南至金家河夾沙洲河爲兩河口與縣河合（統志）

新溪河在儒學前舊有泮池成化癸酉因水衝激成溪築長堤植柳合流縣前河（舊志）

新河在縣東一里一統志明正統末縣令王世祿以縣前河匯諸水恆有暴漲之患議於河之東岸鑿河以殺水勢

孝廉萬祥捐貲募工至嘉靖初縣令杜朝紳始成之名曰新河至縣南仍入縣前河統志

高岸河在縣南十里鋪合桃林河下岐亭入江

閻家河在縣東十五里俗傳唐洪州都督閻伯璵所居舊臨河上故名舊志

桃林河在縣東十五里岸多桃花故名源出雁門山自遊蕩山右逕上河底四望山與閻河水會自爲一派舊志敘舉水爲閻家河下名桃林河似以二爲一

横河距縣東六十里源出大崎山之黃泥拗下爲磨子河

逕鄭山西流爲沙河入黃岡界底方一渡西南入於江通志

木穉二里河在縣東九十里源出商城界嶺南逕羅田界又南至黃岡縣入巴水統志

義井河在縣東一百里源出河南商城縣界東南流入巴水統志

義州河在縣東一百里源出商城長嶺岡分水嶺東南流逕白水坂入巴水又南入於江統志

高岸河在縣南十里卽縣河之下流有洲焉以砥之閻家河東注焉舊志

麻溪河在縣南二十五里源出龜峯右逕唐畈沿盧家河朱家河底方家口西過林家寨入汝陰河統志

白杲河在縣南三十里源出龜峯山左折爲曹家河鹽田河逕鳴山之麓白杲西歷楊家嘴北爲汝陰河合縣河統志

沙河堤在朝聖門外明隆慶時建以護城歲久坍塌知縣吳顧行重修舊志

黑龍池在縣東南三里有小溝入於河卽縣八景中龍池夜月處舊志

化龍池在縣西十里樊家橋俗傳巨鯉化龍以下舊志

龍池在縣北門外

黑龍潭在縣東十二里又北宋杜區有黑龍潭云與光山之紫龍潭相通相距二十里

響水潭在縣東五十里河中亂石叢立每春夏水激聲聞四五里又栲栳潭

響龍潭在縣南十五里白杲山飛泉瀑布百十丈時響如伐鼓聲天郎雨旱則土人競聽之

龍孔潭在縣西十五里岩有石穴水半浸焉潭深莫測

烏龍潭在縣西三十五里有小泉雖旱不涸

螺殼潭在縣西六十里宋埠右側
瀉油潭在縣西六十里
永興洲在縣東十五里緊附閻家河之東大水漲溢遷徙靡常每秋冬亦一鬨之市也
夾沙洲在縣南十里東北河會處地卑而水不能浸民多保聚焉近比屋植桃一勝景也洲闊里許長三四里水打
蔡家園麻城出狀元俗傳在此統志
夾洲在縣西三十里縣前河與浮橋河會處闊三四里長十餘里其土沃其民勤耕耘種植桑麻木棉稱饒足焉舊志

中洲在縣西南七十里岐亭之南二水中分林木茂密爲一邑砥柱統志
張家洲四面濱河乃合邑水口處又爲一邑印星東有飛沙嶝遠障西則平地擁紅石一座咸以爲中洲鎖鑰云
大塘在縣東南二里舊志
白田畈官塘在縣東南十五里以下舊志
沙河塘在縣東南十五里
龍潭冲塘在縣東二十五里
馬家山官塘在縣東南二十五里
潘家塘在縣西南五十里
松林塘在縣西北三里
宋家塘在縣西北四里
栗林塘在縣西北四里
雷石塘在縣西北七里
七里岡官塘在縣西北十二里
石牛沖堰在縣東三十里
白石堰在縣東三十五里
千工堰有三一在縣南十五里一在縣北八里一在縣北

五十里
蕭家堰在縣南六十里
土堰有二一在縣西五里一在縣北十里
夾堰在縣西七里
黑龍潭堰在縣西十五里
響水堰在縣西八十里
紅石堰在縣北十里
王家堰在縣北四十里
落鱗陂在縣東十五里正紅石橋一統志世傳此陂龍昇

鱗落故名

閻公陂在縣東十五里

落葉陂在縣東二十里以上舊志

鳳陂在縣東三十里輿地名勝相傳有鳳浴此故名東南五里有山名鳳凰臺統志

太子陂在縣南四十里相傳唐太子植蓮於此日夕汎舟在望花山東里許至今堤岸猶存

一路陂在縣西十五里

七里陂在縣西二十里

宸泥陂在縣西三十里

霸陂在縣北四里

牛陂湖在縣東十里

丁家湖在縣南一里

三角湖在縣南二里

七里湖在縣南三里

北菱湖在縣北五里

南湖在縣南十里

官湖在縣西十五里七里陂

草坡湖在七里陂

謝家湖鄧家湖在新店畈

西南湖在宋家埠河之南

梅興港在縣東十五里

楊家港在縣東十五里

楊林港在縣西四十里

白雀港在縣東南五里正白田畈產蓮芡

義井在縣街大旱不涸久雨不溢冬溫夏凉若義存焉

官井在縣左街其味清洌

清泉井在儒學前取淘盡沙泥方見清泉之義

仁愛井在城隍廟右知縣王世祿開鑿民懷之因名

縣井在縣丹墀知縣杜朝紳鑿

青陽井在西門陽基塘右

胡家井在北門

甘露井在南關外其味清甜

相公井在西關相公廟

廟門井在北關東嶽廟左以上舊志

冷水井在魯家匬四時有水湧出遇旱能灌救田畝

泉水井在邑北三十五里楊柳河上路側行人爭飲水味芳冽夏則清涼冬則甘溫

按麻城之山皆自北而來故敘山自北始北西由羅山縣南黃安縣北陽臺山至本縣西界轉路口山是爲縣之北界縣前河源發焉東石門山閻河之水出焉又東爲九歇山爲黃蘗山南而龜峯特峙高二十餘里廣袤七十餘里上凌霄漢爲縣西諸山之祖其東則東義洲有水焉所云舉源也南經八疊山至東界嶺北起大崎山入黃岡境至聚寶山計程一百三十里大江橫攔府

治建焉（參一統志府志）又南爲象棋山爲雨流山雲霧山中爲望花山五龍山張師腦右覓兒山左龜山中青邱山東獨山高峯山豹子山萬松諸山屬焉龜峯中自東而西爲遊蕩山轉北則四望山而南爲白菓山鳴山黃家山終縣之南境其北西山正北修善山鳳嶺山與陰山祖功山隔溪相對轉西木陵山木陵關在焉分爲駱億山飛龍山仙居山至霸王山有小溪以界之自西而南爲會龍山啄木山薄刀峯道觀山麻姑洞五腦山其名勝也正西黑石寨層巒疊起羚羊山分水嶺是爲浮橋河水之源西之南萬人崖左范家岔管山青山朱山梅花腦大聖山皆支分也右界黃安五雲山斷爲古城山丫頭山九螺山西峯山馬頭山絡繹不絕直極黃岡之西鄉云

麻城縣志卷之七

古蹟考　城　濠　堂　庄　臺　亭　園　墓

先民有作蹟與歲湮愛斯傳之久而益新桃黃蘇步孰擬其倫嗚乎人往乃惟其人

呂陽城在縣東五里今廢舊志

麻城故城在麻城縣東晉築城梁置信安縣隋改曰麻城元末移於今治而此城廢北齊書文宣帝紀天保十年詔於麻城置衡州隋書地理志永安郡麻城梁置信安又有北西陽郡陳廢北西陽置定州後周改曰亭州開皇初廢

十八年縣改名焉唐書地理志黃州麻城武德三年置亭州八年州廢以麻城來屬元和三年省入黃岡大中三年復置元史地理志黃州路麻城兵亂徙什子山歸附還舊治名勝志麻城故城石勒使其將麻秋所築縣志麻秋所築城在今縣東十五里今城元末邑人姜銘等創統志

東義州城在縣東九十里周以史寧為通直散騎常侍東義州刺史築城以居今廢舊志

闔公城在縣東闔家河畔相傳為闔伯璵故里統志

女王城在縣西三十里瀕浮橋河今址存舊志

北江州故城在縣西梁置後齊廢魏書地形志北江州梁置魏因之治鹿城關隋書地理志木蘭開皇初別置鹿城縣尋廢按北江州當是後齊并入湘州因改湘州為北江州後齊之北江州非即梁之北江州也統志

赤亭故城在縣西劉宋置縣尋省宋書州郡志文帝元嘉二十五年以豫部蠻民立赤亭縣屬西陽孝武大明八年赤亭併陽城魏書田益宗傳梁建寧太守黃天賜築城赤亭按北周及唐於麻城置亭州當以此得名統志

建寧故城在縣西南劉宋置郡尋改為縣齊復為郡隋廢

宋書州郡志孝武大明八年省建寧左郡為縣屬西陽南齊書州郡志司州建寧左郡隋書地理志永安郡麻城有建平陰平定城三郡開皇初並廢統志

長風故城在縣西北劉宋置縣後省宋書州郡志文帝元嘉二十五年以豫部蠻民立長風縣屬西陽不詳何時省魏書田益宗傳梁遣軍主吳子陽寇三關益宗遣光城太守梅興之據長風城統志

竹墩城在縣西北通鑑梁天監三年上遣馬仙琕築竹敦麻陽二城於三關南注麻陽即今黃州麻城縣統志

北西陽城在縣西北梁置縣陳廢唐武德三年復置陽城縣八年省入麻舊志

漂城梁建寧大守黃天賜遣其將黃公賞屯此以拒魏將田益宗舊志

南定州故城在縣東北梁置隋廢魏書地形志南定州梁置魏因之治蒙籠城水經注舉水西北梁逕蒙籠戍南梁定州治統志

岐亭古廢縣九域志在麻城縣西七十里陳南康內史呂仲肅屯兵於此宋龍邱居士陳季常與蘇東坡遊觀處嘉靖丁亥通判羅瑞登築城掘出龍集縣碑未知何代立縣於此今爲兵備府天啟辛酉通判韓煥駐劄岐亭建置衙廨增修城郭人物輳聚遂爲一縣巨鎮舊志

什子山廢縣宋端平間徙治於此尚有斷碑數面存蓋避兵難僑治也明崇禎末年縣紳衿復立砦居之恃險不守爲光山舉人劉鼎關襲破之西陵文物盡矣舊志

劉金吾濠上明人以官錦衣爲金吾也濠在西畈去邑二里許茂林修竹夾岸盛植芙蓉至秋如霞如錦累石爲島島有亭亭外有洞以太湖石甃之深入水底引水爲沼沼

有樓舫徑花嵌石差參繡錯週迴曲折接應不閒中有一堂董元宰題曰魚樂堂名賢多所遊詠花開四時簫管晝夜歌童舞女盡態極妍泝流而上與濠相望二里許則爲牛山別墅石亭佛閣時聞竹籟松風把酒登臨山川在望可謂窮一時之盛美矣金吾殁後濠止有沼山止有佛閣知縣蔣羽公集句聯其閣云魚樂不知人換世牛山何必淚沾衣可慨也夫舊志

三老堂一名耆英堂在縣治前街右成化中知縣朱嵩御史吳公爲縣致仕觀察使周鑑方伯李正芳僉憲董應彰建蹤縣令文舜階繼修　國朝康熙己酉知縣屈振奇重修舊志

衡門第在小西門外李孟白別業其子李春潮讀書其中與衡門第相接者爲百花橋乃孟白之弟李來卿所講卷石小草點染皆有佳致邑鮑子知刻有百花橋近藝士人皆膾炙之舊志

囊山庄在龜峯東什子山後上有張仙堂流水鳴屋下池上竹甚美梅惠連結廬今爲僧舍舊志

環陽樓在北關外梅少司馬所創俯龍池臨大河沿河盡

竹以桃楊掩映其中樓外有深池繫舫游泳花鳥親人又有山茶一株高二丈許紅英綠葉翠色覆被中庭云舊志

桂香樓在南門外舊志

雁臺在縣東白蘖山之南其石平坦高峻僧周道一開建道場其下早晚率羣弟子功課唸佛于其上則羣雁號鳴繞聽刻有雁臺集數卷行世舊志

釣魚臺在縣東二十五里鳳陂河兩水夾流巨石突起是爲臺址臺下有潭深不可測周石潭建寒碧樓于其上側有芝佛寺臺亭今廢舊志

鳳凰臺在縣東三十里三水灣北孤峯獨秀河流襟帶郎鳳陂之東南五里山相傳昔有人於八月十五夜經嶺側時松濤息響山阿寂寥忽若有吹洞簫聲尋之不見還數十步仍復好音迭送或曰此鳳鳴也故名舊志

白雲臺在縣西北十五里仙居山地形平坦如臺常有白雲罩鎖世傳麻姑遊觀之所舊志

萬松亭在縣西七里宋縣令張毅植松萬株於縣西岡立亭其上爲觀民風之所蘇東坡每過之因記以詩明天順間縣人董應軫重建統志

飛仙亭在仙居山麻姑於此飛昇舊志

桃黃菴在岐亭鎮蘇軾記有王翊者得雄黃於桃核內吞之甚甘自是斷葷肉翊有菴名桃黃自號桃黃山人通志

泊石菴在縣東六十里漸山麓怪石開小洞幽邃陳儒楪結菴洞口因號漸山舊志

桃花塢在七里橋瀕河數百畝皆植桃花今廢通志

杏花村在岐亭有杏林杏泉陳慥隱居處旁爲蘇步橋統志

牛山別業在城西二里金吾劉延伯所築今廢舊志

尺五天在城內西隅爲翰林梅公岑小築舊志

沈家庄在縣東十里爲都御史梅之煥宅前臨桃林河崇禎季以禦寇築爲堡舊志

湖庄七里陂翰林劉洪源建樓臺湖上今廢舊志

菱湖庄在縣北五里爲兵部侍郎梅國楨衡湘別墅舊志

湯家埠在朝聖門外三里許梅氏所剏前俯大河後繞長溪松徑竹塢袤延數十頃植奇花異卉于其中而亭臺樓閣之勝隨景布置遊者竟日忘倦舊志

香草園在縣東五十里俗傳嘉靖間兩見白鹿通志

立浪園在石牛沖堰北松谷中曹應昌構通志

百可園在城南關內鄧東里剏自作有湖亭十景詩以寫其勝舊志

緣仁館花園在西關外周椒塘所剏日與諸名宿講學於中園內鳥語花陰欄檻相接明窻淨几幽雅宜人四座置異石四壁多名公圖畫其案頭清供多尊彝琴劍古物觀所布列咸井井楚楚令人目肅舊志

瓜園故老相傳讖云水打蔡瓜園麻城出狀元自順治庚子年起桃林河水逆上與縣河水合入乾沙河即瓜園也沖出一石刻有蔡佳二字邑孝廉周世垣居其地親見焉舊志

相公橋外園花卉列植周椒塘葺今廢舊志

朱山谷口園學博周行可置今廢

墨池在新店朝列大夫周小野別業舊志

龜峯馬跡世傳唐太宗破蕭銑駐蹕于此有馬蹄雙跡舊志

按唐書蕭銑稱帝於江陵武德四年高祖使趙元王孝恭與李靖討之僞將周法明降詔以爲黃州總管則太宗未嘗至此舊志悞也

岐亭古松岐亭城北五里許杏花村陳季常祠之後山古松一株高不逾數丈幹闊數圍其大枝四若按方而出榦聳忽偃枝墜乃升修廣均一盤踞石上陰蔭數畝可近而不可犯焉每逢霜雪甚尤爲挺峙昔五腦山神祠內大松蒼翠參天旋曲似蓋名曰紫微侯松後遭雷火遂壞今歷數百年杏花空名是松獨在其亦歲寒後彫之僅見者與俗傳爲陳公手種陳公異人也故所植亦異舊志

墓附

三國魏毛玠墓在縣東十五里花橋按三國魏志毛玠陳留平邱人官尚書僕射以事免官據府志玠傳云攜其幼

子流寓於麻似玠墓當在此

唐閻伯璵墓在縣東閻家河統志

孟學士逸其名墓在邑東三水灣夏姓宅後與閻墓相望其人豈即滕王閣中孟學士耶

宋陳慥墓在縣西南岐亭鎮之杏花村統志

元毛廷元墓在縣北八里五腦山之麓元勅葬府志

喻千祿墓在縣南三角湖舊志

虞學士相傳爲虞集墓在邑東古城虞家墩按元史集臨川人字百生何以葬於此豈流寓耶聞有好事者曾啟墓

覌之中有誌乃集文非集墓也而虞氏至今宗祀之

趙元亮墓在縣西打磨石府志

明鄒來學墓在城西十里樊家橋勅葬府志

劉璲墓在力田庄明勅葬

劉天和墓在鎖口河勅葬

梅汝觀墓在白塔河勅葬

梅國楨墓在唐毁婁家河

劉　釆墓在縣東

周思敬墓在邑西鵝兒崖

李正芳墓在沙河李家堌

舒崑山墓

劉淑湘墓在羅家舖

劉守有墓在四柱橋廖家樓側

曾大有墓

李文祥墓在戴家店後

梅國樓墓在閻家河袁家寨

彭遵古墓在仰天窩彭家寨

蔡應陽墓

李長庚墓在北門三里橋

田生金墓在夏家塆

劉承禧墓在四柱橋富家樓

周宏祖墓

周邦璟墓在小勅嶺

田生芝墓在葛家塆

梅之煥墓在沈家庄河東

周宏禴墓

陳以聞墓在大河沖

王有德墓

劉鍾英墓

劉　僑墓在東山康山寺側

百一總管鄭亨千一總管鄭和萬一總管鄭綏墓共在城西門相公稿上手

彭有謨將軍墓在邑南徐家匾彭謨墩公有膂力謨畧明季以救登萊功萊人德之爲立生祠補登萊總鎮歸籍後率衆堵禦流寇陣亡葬塋於此側建有小祠

胥名醫王叔和墓在邑南三十餘里之青龍匾相傳公係

本邑人爲一代醫宗著有脈訣諸書行世後人欽慕之名其地爲藥王衙

雷馬二將軍墓在四道河鷹山嶺時有遊擊馮虎昂同二將禦寇其時大將徐朋來擁兵漢上雷命馮求援跪轅門三晝夜徐一騎不發馮歸與雷馬同赴敵死時邑人郭琰先生號洞林匿鷹山巖穴間目擊其變後邑人扶鸞馮赴壇咏懷云舍生爲國亦云足濟主全身兩未能其英靈猶不泯云同時有陳指揮亦戰死墓在十鄉樓側

牛將軍皐墓白杲福主廟後有古塚極大歷無培土者亦不崩圯父老相傳爲將軍墓云

國朝

張　颺墓在長沖

鄒士璁墓在七里陂

鄒汝魯墓在石家岡

蔡先春墓在鬧市河

梁景陽墓

程德楷墓在望花山南三里許之曾家園

袁銑墓在鳴山下公居屋右側

麻城縣志卷之八

金石志　碑　碣　鐘　磬

紀德銘功金石是託好古探幽窮極崖壑字蝕文奇蝌蟠虎攫惟其護之有光斯灼

毛玠神道碑

在花橋之麓梁大同九年彭城黄斌建立此碑舊志文載文徵

南唐磨崖碑

在龜峯山側舊傳唐元宗駐此刋舊志

按五代史南唐李璟稱帝於昇州謚元宗麻城爲其

屬邑則碑係南唐所建無疑俗云唐元宗非也

新修浮圖塔碑

宋咸平二年己亥正月立據採訪

浮圖塔記曰蓋聞聚沙爲塔證□位於金輪秘像成□貫□空之玉宇令□崇厥勝事□□有弟子陳志□科淨□建此□□□□伏□於淳化五年在東京□咽喉□□□□□□□乃焚香□佛□保安和併□□□眷屬□□□□□將麻城縣□□有地命□□匠造浮圖□□□果蒙聖力□遂全安是以不負初□邵徒□□□庄田爾自□□果□愿因佛力恒矗立以無疆祈冀名光永固茲于不朽時□設齋嚴贊鐫石斬銘□□□之矣

大宋咸平二年己亥歲正月丙辰朔十五日記

龜山石刻

在龜頭石壁上宋知縣張毅因祈雨遊山適江西進士吳與弼在此住山僧圓喜熙寧三年七月立舊志

鳳凰岩石刻

脉絡由八疊而來山勢挺特乾隆三年署縣事王樸陝

西三原人勘驗龍塘水案經過仰視怡然命工刻翠峯凝秀四大字於石壁至今字跡猶新

東坡詩石刻

在天井山東定慧寺內舊志文載文徵

陳季常墓碣

在杏花村側嘉靖初有發其墓者見石碣輕車都尉趙伋撰文宣義郎邵伯温書丹舊志

合掌石蔣著題名

在龜峯山合掌石上熙寧五年春三月邑大夫張仁甫

嘗約遊龜峯不果冬十月圓喜師長老靈跡話别于合掌石前江西進士蔣著題同上

白水巖石刻

在縣西道冠山刋前人字蹟有云吳季堅攜家來遊已亥清明後一日吳季堅無可考已亥亦不知是何代紀年然其詩則古質甚舊志文載文徵

道觀磯石刻

在五腦山左谷中有水從磯頂而出右有石壁如幅刻宋元祐庚子建浦黃權攜家過此留題其上旁一刻壬

戌三月上巳陳康伯攜家遊此同上

什子山斷碑

宋端平間徙治于此存有斷碑數面其字皆剝蝕不可攷爲何時所建據採訪

九螺山石刻

宋張憨隱居于此自字九螺山逸人因題詩而鐫諸石壁上舊志

青山石刻

距縣西六十里石壁聳削盤折而上有閣皆石累成魁傑牛雲漢石壁上鐫青山堡三字又嵌有青山賦字跡模糊亦未詳爲何代建何人作也據採訪

道觀山摩崖詩

在歇馬亭曲水池上元達魯花赤馬兒蒙詩刻今剝蝕無存同上

儒學題名碑

在明倫堂西成化四年戊子四月立莆田柯潛爲之記舊志

東定慧寺大鐘

相傳下葛川山飛來鐘腹鐫嘉靖二年歲次癸未孟春

月立據採訪

明世宗御製敬一箴

在明倫堂西嘉靖五年丙戌六月立舊志

龍集縣碑

岐亭古廢縣嘉靖六年丁亥通判羅瑞登築城掘出此碑未知何代立縣于此舊志

紫微張侯靈應碑

在五腦山嘉靖二十四年乙巳十月立縣人雲南按察

司僉事毛鳳韶撰貴州布政司參議曾梃書舊志

李家菴石刻

明董其昌爲李長庚題隱菴二字據採訪

鴈臺石刻

其地爲明釋周道一修煉處也建上中下三院肉身藏石塔中塔上大同二字梅中丞之煥書由下院而上院山間有一石勢甚穹窿可避風雨石上有道一手書無生處三字字係飛白苔蘇布護然熟視愈明洵仙跡也傍就石鑿茶爐一所形迹宛然上爲鴈臺臺甚寬平又

逶迤而上爲白泉峯石壁搜有獨峯禪室傍鐫龍田董子書左鐫清風石右鐫明月石字俱蒼古登臨之際氣象萬千别有一洞可容數人卽梅中丞與僧無念道一憩息之處有亭亭廢遺趾尚存同上

蔣侯育士德政碑

萬歷年間立縣人劉鍾英撰據採訪

沙街廟碑

在縣南三十里廟爲東嶽行祠萬歷三十三年乙巳四月縣人周宏禴撰同上

興福寺碑

在五龍山天啟六年丙寅四月立縣人劉鍾英撰李長庚書同上

蔣侯修學碑

崇禎六年癸酉十月知縣蔣煜立據採訪

蔣侯修學□□碑曰昔范延貴押兵過金楚張中縣□天使□路來見者□□□□□□□□□□知之則首舉橋道歎並修葺以對□□□同薦拔朝□□見其子惠亭□□□□□□□□□□使治豈無人於此者而□

名臣往往□此卜流查則□也大凡天下之所以□治督□□□□□□□傳舍其官故以傳舍視□無之而□傳舍也不以傳舍視之又無之而爲傳舍也第奉□□□□□忽者而大者皆可推□文忠鳴□□記足以觀□□見□□學宮岩岩□□多□□□□□□□之中庭草淒□梅花□□無翰□□□先聖□天之□□□□興賢造士之門而□□□□此又得以貴文□□之色而騰□辟之光此□傳□□□□者之□□□邑聖殿齋宇以及名宦鄉賢等□自大父母蔣君

□在□而□□□□□□新其愷悌□人□遇諸□以禮而□之以□□之□□□□□以文而董正□以行雖□儒□□其甲乙評題亦無不精詳□愼從來所未有也始□□□□□□其餘特昇□中之一□耳□以□之諸名臣當恨古人不見我今君候方輯玉五雲歌湛露之□□□□□□此□□涵宥於此□□其遺愛則無□□□□□服官亦無傳舍乃□□□古名臣之相□□者是則是效庶不負君侯作人盛心乎若□□□□□□□□□□□□□□□□一何足□報

也侯誌□別□□□南吳之武進人也□□□

崇禎六年癸酉歲小春月初之□□

王侯修學碑

順治庚子十一月立縣人曹應昌撰據採訪

蔡佳二字

順治庚子年起桃林河水逆上與縣河水合入乾沙河冲出一石刻有蔡佳二字本縣孝廉周世垣居其地親見焉舊志

修儒學碑

在大成門西順治十七年知縣王潞重立縣人嘉定知縣曹應昌撰湖廣按察司僉事王發祥勒石據採訪

誥勅碑

在西門外貴州分守思仁道布政司參政張颺父張學海母梁氏墓前順治十八年正月立據採訪

歸併里糧碑

康熙十年知縣屈振奇立同上

王公戡亂碑文載文徵

康熙二十七年戊辰冬月立吏部侍郎王澍瀠撰據採訪

城隍廟碑

康熙五十五年十月縣人內閣學士鄒士璁知縣吳顧行等立據採訪

麻城義學新置學田碑

康熙六十年辛丑十月立縣人徐家麟撰據採訪

傅族施田碑

在北門外東嶽廟乾隆十七年五月紳士等立生員唐典撰同上

文明樓碑

在鼓樓上乾隆二十九年三月知縣羅均立同上

重修儒學碑

在大成門西乾隆三十一年五月知縣劉希向立同上

仁愛碑

爲典史張敬祖立縣人梅國樓撰同上

京師會館碑

乾隆四十七年壬寅十一月立縣人梁景陽撰同上

好德堂記碑

乾隆五十八年廣東欽州馮敏昌撰

龍潭冲石壁成功碑

東山之亂既平于清端公於龍潭冲石壁勒功成碑云

龜峯以平龍潭以清既耕既種萬世永寧康熙二十二年勒新采

三老堂碑

乾隆乙酉周思仌撰

横翠樓詩碑

乾隆辛亥欽州馮敏昌題立萬松書院門左

青雲梯碑

嘉慶二十一年知縣陸費瑔建菊門王德新撰立書院

建修試院碑

道光九年知縣董應魁序建立試院

試院落成碑

道光十年金溪袁銑序建立試院

重修萬松書院碑

道光十三年鄒開魯建立書院

屈氏賓興義庄碑

道光十七年建立試院教諭萬之傑撰文

重修文廟碑

道光二十五年建立文廟教諭萬之傑撰文

試卷會試賓興文昌祀產碑

道光二十八年知縣姚國振撰建立試院

岐亭宋賢祠忠節祠碑

咸豐九年建會稽宗稷辰撰文

嘉慶重修五腦山廟宇碑

領修胡宗弟建德安府教諭李愈達撰文

重修武廟碑

同治七年百勝營統帶游擊向百福建訓導劉杰撰文

同治重修五腦山廟宇碑

甲戌歲領修王大堃建立拜殿龕後舉人熊天均撰文

公捐新進文武生院費碑

光緒元年建立儒學試院二處

鳳凰崖石刻重

山勢峻秀由龜峰八疊而來乾隆三年三原王樸署縣事勘驗龍塘水案經過其下仰視怡然命工刻翠峰凝秀四大字於石壁至今字跡猶新

麻城縣志卷之九

知縣事臨桂鄭慶華纂修

建置志

城池　署廨　廢署　倉厫　養濟院　義塚附

昔在麻秋有淑其城百工繼作殖庭覺楹有舉莫廢百度以貞億萬斯年視此經營

城池

縣城舊爲土城晉時後趙石勒嘗使其將麻秋築城後廢興靡定元末兵變鄉民姜銘聚民修築居守雨水淋澆城廢基存明宏治乙未知縣韋厚甃以石建樓于上萬歷癸

酉年巡撫都御史趙賢巡按御史舒鰲奏建甎城允之知縣錢節用奉旨修建崇禎乙亥年知縣劉星耀歛里役增修周九百五十八丈有奇高一丈七尺厚一丈後傾圮過半

國朝順治年間知縣王潞修葺雍正丁未己酉知縣譚苓楊思溥李作室乾隆丙寅年知縣夏封泰三十三年知縣劉希向相繼修葺城濠惟東西有之譙樓前舊有觀風河相通二濠以觀風橋枕其上今廢河止有水溝皆填爲基址昔濠在城外自萬歷癸酉建城則圍於城內漸爲水塘

至崇禎乙亥後乃崖而居矣知縣劉星耀既增其城復深其濠於外而城守益固

國朝康熙七年五月十七夜暴雨東河起蛟水繞朝聖門衝圮城牆二十餘丈知縣屈振奇捐俸修築

城門四隅各一宏治己未年知縣韋厚撤改以石甃于下上建樓後俱廢嘉靖戊申知縣金勿鼎新之爲巨門者七次者十餘各有扁正東曰山接龜峯正南曰路通蘇壁正西曰日近帝鄉正北曰星拱天闕其在儒學右曰古亭大觀餘曰尚書里尚義門文魁門東里門崇文門近孔門今

俱廢七門乃崇禎乙亥年知縣劉星耀重修城門題正東門曰賓陽西門曰寅餞南門曰迎薰後改爲文治北門曰拱辰東南門曰朝聖東北門曰小東西北門曰小西今道閉光年間知縣李紹元姚國振二次葺補同治丙寅知縣黃以慎補修週圍炮臺係咸豐十年梁觀察作楫知縣吳林同邑紳建造

署廨

縣治正堂三間洪武七年知縣趙乾建成化中知縣劉規胡琮重建正德壬申賊燬己卯知縣王世祿蔡時重建

國朝順治乙酉賊燬丙戌年歇里役知縣李衡修乾隆二年知縣陳鼎鳩工重理

後廳三間洪武初知縣趙乾建正德七年賊燬正德乙亥知縣蔡時修

國朝順治乙酉賊燬丁亥年知縣李衡修乾隆三十年知縣楊朝宗修二堂及內署學房知縣楊永芳竣事

庫房三間在大堂右

簡房二間在大堂左

東西曹房各九間

訓廉坊三間

知縣宅在堂後

後堂三楹舊額曰琴鶴軒

縣丞宅在後廳左

典史宅在後廳右原係主簿宅

吏舍在儀門內右

清軍廠在儀門左

大觀樓三間萬歷年知縣劉文琦建

東甎樓康熙六年知縣孫宏豈新建

前門右牌坊一知縣杜朝紳建天啟年知縣趙洪範改作
三間
國朝順治丙戌歙里甲役重修
迎賓館在頭門內之左知縣王潞移置
監房在儀門外左
倉房在儀門內左右今廢
咸豐甲寅年賊燬盡同治壬申知縣濮文昶同邑紳勸捐
修建癸酉年告竣與前署小異
陰陽學在縣東洪武十五年訓術李伯才開立在縣治

醫學在縣東洪武十五年訓科鄭希顏開立
申明亭在縣門左凡民作奸犯科則書名罪揭於亭中以
懲惡警俗原九所今俱廢只存一
旌善亭凡民間孝子順孫義夫節婦則揭其行實於亭以
勸善導俗原九間與申明亭同今止存一洪武年縣丞劉
瑀建
稅課局在治南洪武九年大使李常文開立後裁革正統
十二年縣丞翁選改立布政司分司
講武廳在鼓樓左今在南門外塔兒橋東

歌舞堂在鼓樓右今廢　清源門望岐門在縣治左右
鐘鼓樓在縣治前街始名譙樓正德初圮嘉靖癸丑知縣
陶天忠建庚申知縣蘇松重修崇禎辛未災
國朝順治己丑知縣徐鼎修康熙己酉知縣屈振奇重建
增築舊基高數尺制二層鑄鐘置鼓於上故名而前觀風
河橋竟失其處乾隆二十九年知縣羅均仝邑紳改建額
曰文明樓辛亥知縣黃書紳增額曰橫翠樓係欽州馮敏
昌題道光同治間邑人鄒生東與弟姪兩次補修
虎頭關巡檢司在縣北七十里洪武四年巡檢張興勇立

鵝籠司巡檢在縣西四十里嘉靖丙戌年盜起西山僉事
林遂奏疏添設為鐵壁關後移駐宋埠今仍之年代失考
路口塘汎向係城守撥營兵輪流盤詰咸豐八年後疊被
兵燹同治年間奉部文將巴河汎署移置於此
岐亭距縣治西七十里與岡陂安三邑接壤北距光一百
餘里南距黃一百餘里蘇子所謂光黃間也鎮前河一自
邑西流繞於東一自北沙河關今隸黃安縣東流環於西
雖一邑重鎮實楚黃扃鑰也明嘉靖五年以盜起西山駐
補通判羅瑞登築城約週五里五門二十八樓居守條陳

防禦千事萬歷庚申年通判韓煥復增城垣

國初因之順治丁亥後改以同知駐防先舊署頽圮官寓民舍同知胡鍺捐葺舊通判署爲戎署儀門一大堂一左右科房六鐘鼓亭二元堂官廨學房各成次第後先增理秩然肅觀瞻焉後漸頹毁至光緒元年同知唐訓邦重建

廢署附

北察院明萬歷五年知縣連三元新建崇禎癸未年賊據城折毁

國朝順治乙酉年五甲歇役與縣治同修今廢

府館在縣治南明洪武七年趙乾建今廢遺址尚存

分司在縣治前明正統十二年縣丞翁選建宏治己未知縣章厚重修後毁改建爲遺愛祠又今改爲

關帝廟及馬王廟

主簿宅舊在縣堂右今裁

東西募廳各一今廢

石亭二均在縣署内知縣蘇松建今廢

井亭二均在縣署内知縣杜朝紳建今廢

接官亭在縣北三里店知縣陳子文立今廢

觀稼亭在知縣衙後圃昔傳外多良田稼成之日登眺豐歉今廢

敬一亭在儒學明倫堂後明萬歷知縣連三元建今廢

望龜亭在龜峯山上舊志

伴仙亭在縣東今廢舊志

倉厫附

常平倉舊在縣署内東西二側計倉厫六十一間咸豐四年爲粤逆燒燬今存其名俟後復修

社倉分建三鄉共倉厫一百一十座詳掌故志戸書

養濟院附

養濟院在大東門内乾隆三年奉文建立至乾隆二十年知縣胡鵬年修

義塚附

漏澤園在縣西石家山縣人熊經請於知縣商清用價買於民者

毛氏義塚在縣西一里土名鳳凰窩處士毛文昭所施

西門外義塚北門外義塚順治壬辰巡按聶公檄行縣立石

西門外牛棚山東西義塚知縣吳顧行買施

五里橋西義塚知縣吳顧行買施

麻城縣志卷之十

祀典志

千室之邑有神是依脩我祀事以格幽微授筵設几酒旨牲肥庶其景福惟民之歸

文廟

大成殿

至聖先師孔子正位南向

每月朔望知縣以下官詣廟行香歲春秋仲月上丁日

致祭雍正三年奉

旨郡縣下祭牲用太牢乾隆三年奉　部頒定祭品

先師正位

帛一白色 爵三白磁 牛一 羊一 豕一 登一太羹 鉶一和羹

簠二黍稷 簋三稻粱 籩十形鹽藁榛栗棗黑餅魚鹿脯菱芡白餅 豆十韭菹芹菹筍菹醓醢兔醢菁菹鹿醢魚醢脾肵豚胉 酒罇一

四配各一壇

每位帛一白色 爵三白磁 羊一 豕一 鉶一 簠二

簋二 籩八減黑餅白餅 豆八減脾肵豚胉 酒罇一

十哲東西各二壇

帛一（白色）爵三（白磁）豕一 硎各一 簠各一 簋各一 籩各四 豆各四 豕首一 酒罇一

兩廡（東西各三壇）

帛一（白色）爵各四（銅）豕三 簠各一 簋各一 籩各四（形鹽栗棗鹿脯）豆各四（菁葅鹿醢芹葅兔醢）酒罇一

崇聖祠（五壇雍正元年加封孔子五代改啟聖祠爲崇聖祠）爵硎簠簋籩豆牲帛視四配

配位（每位一壇）

帛及籩豆簠簋視十哲爵用銅牲用豕首豕肉各一減

鉶羹

從祀位（東西二案）

祭品視兩廡銅爵用三牲用豕肉一

武廟

每歲春秋仲月 及五月十三日致祭

春秋二祭祭品

帛一（白色）牛一 豕一 羊一 籩十 豆十

五月十三日祭品（後殿不用牛餘同）

後殿（雍正三年追封三代公爵）

光昭公正中南向

裕昌公東一室南向

成忠公西一室南向

春秋二祭祭品

帛各一（白色）豕各一 羊各一 籩豆各八

先農耕籍田

每歲仲春亥日巳時祭

先農壇午時行耕籍禮祭日承祭官率各官請

神位供於壇上衣朝衣行禮祭畢送 神入祠

祭品

帛一（白色）羊一 豕一 鉶一 籩四 豆四 簠二

簋二

社稷壇

每歲春秋仲月上戊日祭社主居左稷主居右

祭品

帛一（黑色）豕一 羊一 鉶一 籩四 豆四 簠二

簋二

常雩祭在初夏

祭品與先農同

風雲雷雨　山川　城隍之神共一壇

每歲春秋仲月合祭風雲雷雨居中帛四山川居左帛二城隍居右帛一俱白色

祭品與社稷同

厲壇

每歲清明日七月望十月朔請城隍之神出主其祭榜無祀鬼神分祀之羊三豕三飯米三石香燭紙酒隨用

祭時有告　城隍文

軍牙六纛霜降日武官致祭

帛一　豕一　羊一

麻城縣志卷之十一

建置志　壇廟祠祀附　學校書院附

壇廟

社稷壇在縣城北門外西隅明洪武初知縣趙乾建成化初知縣朱嵩重建

國朝雍正十年奉文修建清隱占甃石臺

風雲雷雨山川壇在縣城南門外東南洪武初建成化初知縣胡琮改建縣東南

先農壇在縣城南門外東南雍正五年奉文修建

厲壇在縣北洪武初建

武廟在縣前街左

城隍廟在縣南洪武初建嘉靖辛卯署篆推官嚴肅暨知縣尚德恒重修明勅封監察司民顯佑伯秩正四品歲無特祀惟厲祭主之次則附風雲雷雨壇

東嶽廟在北關廂縣人周宏禴大書岱宗駐蹕

紫微侯廟在五腦山一在西門外一統志宋時縣人張行七嘗時以張七相公稱之毀沿江淫祠繫獄適有火災釋張捍之立止至五腦山入馬俱化邑人爲建廟嘉慶間邑

人胡宗弟等募化重建咸豐間廟被賊燬同治初邑人王大塏吳春山等募化重建遠近朝謁香火愈盛

傅元帥廟在縣東一里民有疫禱之立應

化主廟在龜峯相傳即前縣令張毅也

沙街廟在白杲東五里即東嶽行祠士民朝謁祈禱不絕

祠祀附

文昌祠在高岸河蔡家園因水打蔡家園之謡始建

陳季常祠在岐亭北二里杏花村季常墓側咸豐間重修

遺愛祠在縣前街左前祀明知縣文德連三元宋一麟塑有像後改爲武聖宫祠列殿左復塑有典史張敬祖喻儀像同治初參府向百福守麻捐募重建並置有香燈祀產又於佛堂左立昭忠祠光緒二年奉　諭於昭忠祠左右廡添設陣亡殉難湮沒未報團丁士民牌位二又於啓聖祠左復立遺愛祠神龕祀明知縣文德連三元宋一麟典史張敬祖邑人喻儀　國朝知縣黄家璲

忠節祠在縣治內已廢今列入遺愛祠祀宋邑令趙令戕　都監王遠　判官吳源　巡檢劉卓

名宦祠　祀

宋

進士知縣錢治　知縣張毅

元

達魯花赤掌印馬兒棠

明

知縣張谷維　知縣趙　乾

知縣黃　琮　進士知縣高　謙

進士知縣王　篚　進士知縣胡　琮

進士知縣劉　規　進士知縣聶　賢

進士知縣劉　溥　進士知縣陳子文

進士知縣尙德恒　進士知縣王三宅

進士知縣文　德　進士知縣鄧應祈

知縣韓愈可　進士知縣宋一麟

國朝

知縣王　璐　孫宏甡　知縣黃家璲

鄉賢祠　祀

明

賜進士河南參政劉從政　鄉進士吏科給事蔣輔

歲進士內江知縣吳　山　賜進士都察院右副都御史鄒來學

賜進士山東參政劉　訓　解元福建僉事董應彰

賜進士雲南副使周　鑑　|　賜進士山西布政李正芳
鄉進士貴州僉事鄧　逵　|　賜進士福建僉事趙　訪
鄉進士（沂州學正 贈員外）喻　哲　|　鄉進士犍爲教諭曾　啟
賜進士戶部郎中萬　山　|　鄉進士蘇州同知萬　祥
鄉進士開縣知縣邱　瑩　|　賜進士山西參政董　樸
賜進士（豐城知縣 贈僉都御史）劉　璲　|　鄉進士陳　情
賜進士兵部主事李文祥　|　賜進士江西布政曾大有
鄉進士江西副使周廷徵　|　賜進士（惠州知府 贈兵部侍郎）梅　吉
賜進士（太子太保兵部尚書贈少傅）劉天和　|　鄉進士陝西知州李文欽

鄉進士（崇德知縣 贈兵部尚書）劉　漢　|　賜進士四川參政曾大顯
賜進士福建參議詹　瑩　|　誥封江西副使周　賢
鄉進士蓬州知州董士毅　|　賜進士福建參議曾　娖
賜進士僉事毛鳳韶　|　賜進士（刑部郎中 贈光祿大夫）劉　溹
賜進士（四部尚書 贈太子少保）劉　釆　|　誥封貴州副使周　庠
賜進士陝西副使黃　卷　|　賜進士廣西副使劉廷舉
賜進士戶部尚書耿定向　|　賜進士瓊州知府周思久
誥封（兵部侍郎 右都御史）梅汝觀　|　賜進士太常寺正卿周宏祖
鄉進士山西布政蔡應陽　|　賜進士山東參議周思稷

賜進士吏部主事劉守泰　|　武進士（太子太傅錦衣衛大堂）劉守有
誥贈刑部尚書李承祚　|　賜進士（兵部左侍郎 贈兵部尚書）梅國楨
翰林院河南參政梅國樓　|　賜進士杭州知府劉　奕
鄉進士廣信同知楊王庭　|　誥封太常寺正卿周　業
賜進士四部尚書李長庚　|　賜進士刑部侍郎陳以聞
知縣喻文偉

國朝

處士曾　鎮　|　誥封奉政大夫王路闢

鄉進士長垣知縣董　璋　|　誥封（內閣學士 禮部侍郎）鄒　惺
誥封翰林院檢討曾　湄　|　翰林院（內閣學士）禮部侍郎鄒士璁
翰林院（禮科掌印 給事中）袁　銑

忠孝祠　祀

明

忠李文祥字天瑞　|　忠熊嗣先號懷愼
忠梁庠號養吾　|　忠張勝天
忠彭有謨　|　忠周之茂
孝子毛性中字正道　|　孝子喻　沿

孝子趙忼性　孝子周　志
孝子鄒學成　孝子夏思愼
義士毛可問號思溪　義士喻　儀
義士田可東
國朝
義士顏時熙
節烈祠　祀光緒二年奉　諭旌設殉難湮沒未報婦女貞魂牌位一
元烈　聘蒲女　烈劉門張氏明
明烈梁門羅氏　節周門劉氏　烈戴門董氏

烈梁門王氏　烈王門毛氏　節周門劉氏
烈周門李氏　烈劉聘熊女
節李門鄒氏
國朝
節李門梅氏　孝李門陳氏　烈　聘劉女
節曹門黃氏　節劉門周氏　節涂門戴氏
節楊門鄒氏　節楊門蔡氏　烈阮女端懿
烈丁門程氏　節周門鄒氏　烈劉門顏氏
節程門曾氏　貞張聘李女　節李門項氏

節楊門董氏　節李門袁氏　節曹門吳氏
節李門劉氏　節胡門張氏　節唐門董氏
節曾門喻氏　節戴門蔡氏　節丁門陳氏
烈　聘周女　節吳門劉氏　節董門熊氏
烈劉門周氏　節丁門梅氏　節周門貢氏
節李門蔡氏　節陳門董氏　節胡門孟氏
節程門鄒氏　節劉門陳氏　烈周門蔡氏
節宋門徐氏　節鮑門張氏　節董門鄒氏
節鄒門丁氏

貞熊聘成女

學校

儒學在縣治東元季燬明洪武三年張谷維趙乾相繼修建正統後知縣楊順翁選胡琮陶天忠推官嚴肅次第修葺至嘉靖尙德恒修理學宮立名宦鄉賢祠

國朝順治知縣王潞葺補康熙知縣屈振奇加修中爲

聖廟東西兩廡前戟門儒星門後明倫堂明洪武初趙乾修順治庚寅年知縣徐鼎重修後爲尊經閣明萬歷知縣連三元建爲敬一亭今廢堂右爲教諭署左爲啟聖祠戟門之左爲

名宦祠右爲鄉賢祠櫺星門之右爲儒學門門內右爲訓導署署前爲忠孝祠門外右爲節烈祠康熙四十九年庚寅知縣馬元勛仝鄉紳重爲修理

文廟大成殿（南寧縣知縣鄒汝默承修）分修兩廡（貢生周基國　貢生梅肇錫）櫺星門儀門第一部位（候選縣丞李廷對）明倫堂（候選州同鮑珩孝廉　候選知縣胡文垣）尊經閣啟聖祠（翰林萬纖祜）名宦鄉賢二祠（附監楊從龍　貢生鄒汝栻）乾隆元年丙辰知縣陳鼎修葺董事成蒲（生員）李對（學正）李巽梅岷源梅岱源（生員）鄒迓衡（訓導）張鳴鐸（知縣）鮑啓泮（舉人）胡錦（舉人）胡廷光周志和（監生）三十二年丙戌知縣劉希向重修

文廟啟聖祠明倫堂暨泮池黌門併垂憲萬世坊勷事鄒本（州同）李華（副榜）成倫（訓導）梅樹仁樹學（監生）丁雄均（廩生）侯映甲（舉人）張曲江（貢生）鄒光廷（生員）訓導學署乾隆三十七年重新首募鄒本李華拔貢程宗洛文庠周敦教甘文煥周煐屈璞堂道光二十五年捐修正殿兩廡四祠並學署咸豐十年知縣陳汝蕃同兩學黃劉及總局首士募修垂憲萬世坊及補修殿廡同治九年知縣楊宗時同兩學及邑紳士修鐘鼓四亭

書院社學

京都總會館試院

京都會館一所創自前明坐落崇文門外東草廠頭条衚衕南口坐北朝南正殿一重計五間中供　福主神像前懸　勅封助國順天王扁額正殿前廂屋二間大院一個廳屋五間廳屋前廂屋二間人院一個閒屋五間大門南向正殿北首廂屋一所小院一個小院前厠屋一所小院前廚房一所又小院一個院內石碑二座一係老碑字蹟剥落一係梁梧岡碑猶可辨識東院抵二条衚衕大院一所房屋二間又朝南大門一個大門內轉西坐北朝南房

屋三間坐南朝北四間小院一個小院內坐西朝東小屋一間共計八間又西首前院西抵頭条衚衕大門向南門內小院一個坐北朝南房屋三間坐西朝東房屋二間又後院西抵頭条衚衕大門向西門內大院一個內有白榆樹二株圍一尺餘坐北朝南房屋三間又正殿後西首小院一個房屋一間正殿後東首滴簷外餘基二尺內有桑樹一株東以二条衚衕爲界西以頭条衚衕爲界南以頭条衚衕轉拐出路爲界北以屋後滴水爲界館前餘基一丈一尺四寸東至西寬十二丈二尺東館之東由南至北

長三丈六尺後缺一段正殿後亦缺一角西館之西自南
至北長十丈零二尺　附記　國初修理姓氏
李眉公　陳六息　林宏先　於仲達吳江縣丞
乾隆四十九年修理姓氏
梧岡梁景陽
道光十六年修理姓氏
瑞亭張錦芝　愼齋陳五典　仲茲程榮曾
龍溪書院在縣西明天順間邑紳周兌建久廢
白杲書院在縣南明宏治間邑紳董樸建今廢

蔣公書院在南門外知縣武進蔣羽公建今廢
東溪書院在蓮湖明宏治間邑紳熊經建今廢
道峯書院在牛棚山明嘉靖間知縣陳子文爲隱士毛鳳
起建今廢移置五腦山廟左
輔仁書院明嘉靖間邑紳周思久建今廢
白雲書院在縣北今廢
明德書院在五腦山今廢
萬松書院原在縣西七里岡後移建城內前街卽南察院
署康熙四十九年知縣馬元勛改爲書院五十八年知縣
吳顧行增修買東側屋七間又買隙地大段造生徒房舍
東西各十二間又買頭門南首鋪屋二重乾隆乙酉年知
縣劉希向捐修後頽壞五十六年知縣黃書紳重修衛千總縣
人鄒占魁董其事　道光十三年邑東鄉開會捐貲重修同治十三
年以公項補修
養蒙書院雍正十年知縣李作室建至乾隆二十五年知
縣胡鵬年撥吳顧行所置學田穀貳拾捌石羚羊山租錢
壹拾貳千作師徒膏火五十六年知縣黃書紳增穀拾石
錢量加

社學在縣治內古鳳橋雍正癸丑知縣李作室建以教貧
不能就塾者今廢
回車書院在邑南沙河區明天啟中周旻周景自山東歸
奉
像於邑之象旗山寺乾隆癸丑歲岡邑在籍知府陶國幹
見寺中側供
聖像捐基五畝費千金有奇偕麻邑在籍知縣程琮暨兩
邑紳士商者等鳩貲蕆工恭迎
聖像敬妥檀中外設神主春秋致祀焉後捐祀產與廟圖

另載
試院在縣城南門内知縣董應魁同邑紳建始道光丁亥
至庚寅歲知縣孟登先竣事另有碑記
培風書院在宋杜區福臨堡道光間羅公望建捐田稞五
十石
義學在小書院巷内道光癸巳年邑人鄒述學捐設捐有
田陸石一斗以爲束修之資碑刊義學東側

麻城縣志卷之十二

建置志　營汎　驛鋪　坊表

營汎

國朝康熙十三年因吳逆猖獗增設麻城守備一員千總
一員把總二員兵丁二百五十名蕩平後於十八年二十
一年内裁去守備一員千總一員把總一員兵丁一百七
十六名節次裁去今存留把總一員兵丁四十九名
把總營署八楹馬房一楹駐防本城防城汎兵二十五名
内馬兵一名戰兵二名守兵二十二名

舊店兩路口黃泥岔三路各防兵五名内戰兵一名守兵
四名塘房一座一重四間哨樓一旗桿一烟墩五
宋埠塘房於乾隆二十七年十一月奉准部咨添設額外
一員領守兵九名塘房一座前一重三間後一重三間哨
樓旗桿烟墩一如上數四塘復有盤查匪類牌二扇什物
架等項所有各丁器械等項俱在營存局糧銀俱在黃州
協領給

驛鋪

縣驛額設八舖共舖司兵五十名

縣前鋪鋪兵捌名徭編壹名永充柒名鋪舍在鼓樓街至
十里鋪拾里
十里鋪鋪兵陸名徭編貳名永充肆名鋪舍在高岸河至
白棠鋪拾里
白棠鋪鋪兵柒名徭編壹名永充陸名鋪舍在八里畈至
白杲鋪拾里
白杲鋪鋪兵柒名徭編壹名永充陸名鋪舍在白杲街至
望花鋪拾里
望花鋪鋪兵柒名徭編壹名永充陸名鋪舍在望花山至

沙河鋪拾里
沙河鋪鋪兵柒名徭編壹名永充陸名鋪舍在沙河區至
黄岡縣交界之道觀鋪拾里以上俱往府大路接道觀河
黄福鋪鋪兵肆名徭編貳名永充貳名鋪舍在邊堰蘇至
王家樓鋪拾里
王家樓鋪鋪兵肆名徭編壹名永充叁名鋪舍在王家樓
交河南省光山縣屬之長潭鋪肆拾伍里
以上各鋪司兵徭編共玖名每名原額正閏工食銀肆兩伍錢玖分玖釐永
充共肆拾壹名每名原額正閏工食銀壹兩捌錢共銀壹百壹拾伍兩
壹錢玖分壹釐

舊館驛在中街今廢
中館驛在縣西三十里今廢
東館驛在縣東今廢
按縣例馬分養於縣北九十里王家樓以便北來應
付後養於縣治中馬由縣中應付今裁

坊表

冢宰坊爲吏部尚書李長庚立
大金吾坊爲太子太保劉守有立

祖孫宫保坊爲劉天和劉守有立
繡衣坊在儒學前爲御史鄧楚望立
學士坊爲翰林院吏部侍郎劉鍾英顯忠校尉劉紉堪立
秉銓典禮坊按察司陸鼇爲吏部主事周思稷禮部主事
周之夫立
尚書坊爲四部劉采立
百歲坊爲誥封熊宜人立
翥鳳坊爲進士萬山立
都憲坊爲都御史鄒來學立

羣英坊邑令聶賢立
靈泉坊為副使王本儉立
雙亞魁坊為熊經熊夔父子俱中第九名立
奕葉登榮坊為參政董樸御史董紘參議董經董石立
太保坊為尚書劉天和立
烏府坊為御史曾大有立
黄門坊為給事曾大顯立
世科坊為僉憲喻冲立
憲伯坊為僉憲王宇立

京兆坊為府尹劉淑相立
繡衣坊為御史毛鳳韶立
青賢坊在儒學前
由義坊在縣東
廣濟坊在縣東
明倫坊在縣東
青雲坊在縣東街
立政坊在縣南
宣化坊在縣南

通泉坊在縣南
永寧坊在縣南
甘泉坊在縣南
集賢坊在縣南
敎化坊在縣南
經元坊在南街為萬祥立
戊戌進士坊在南街為熊經王本儉立
一脈甲科坊在南街為董氏立
進士坊在西門為周思久立

仙里坊在縣北
崇德坊在縣北
文會坊在縣北
拱辰坊在縣北
金榜題名坊在北街
方伯坊在北街
科甲傳芳坊為曾氏立
恩榮坊有二一在鎖口河為劉訓立一在霸陂為李靚立
經魁坊在霸陂為李潤立

六世同居坊在路口區街南道光年間貢生郭希宗弟兄
奉旨建坊旌表孝友可風

麻城縣志卷之十三

建置志　戶口　田賦　均徭　雜稅　鹽法

厥賦下下古稱荆州爲租庸調舊章率由征舒斂薄民瘼是求世登熙皥耕鑿優游

戶口

明洪武二十四年册定數壹萬伍千捌百零玖戶男婦拾萬零伍千壹百壹拾貳口

永樂十年册定一萬五千八百一十戶男婦十萬零四千一百八十口

宏治五年册定一萬三千四百二十三戶男婦一十三萬零四百九十三口

宏治十年册定一萬三千四百六十八戶男婦一十三萬七千九百三十六口

正德七年册定一萬三千五百五十戶男婦一十四萬伍千零九十五口

嘉靖三十五年册定一萬九千三百八十戶男婦一十四萬八千二百四十口

萬歷四十七年册定八丁　一萬零六百零五丁

崇禎時册定亦如之

國朝初定戶一萬零七百零四戶口一十一萬零二百八十七口原額人丁一萬零六百零五丁額徵並加增顏料等項（每丁派銀叁錢貳分零貳毫捌絲玖忽伍微壹塵伍纖）共徵銀三千三百九十六兩六錢七分零三毫零六忽捌徵八塵三纖三渺康熙四年豁免運夫人丁七十三丁豁除丁銀二十三兩三錢八分一釐一毫三絲四忽五微九塵五纖實在人丁一萬零五百三十二丁實徵銀三千三百七十三兩二錢八分九釐一毫七絲二忽二微八塵八纖三

渺自康熙十一年至五十年逐次編審增四十九丁（康熙十一年增八丁二十一年增十一丁二十五年增八丁三十年增三丁三十五年增四丁四十年增陸丁四十五年增四丁五十年增五丁）共增額銀一十五兩六錢九分四釐一毫八絲六忽二微三塵五纖額內額外共一萬零五百八十一丁實徵銀三千三百八十八兩九錢八分三釐三毫五絲八忽五微二塵三纖三渺遵奉

恩詔以康熙五十年丁册定為常額又隶同不在額徵以內之優免丁銀二百六十五兩二錢五分連額徵共銀三千六百五十四兩二錢三分三釐三毫五絲八忽五微二塵三纖三渺於雍正七年題准丁隨糧派歸入閤省糧內均攤（每糧銀一兩派徵丁銀一錢二分九釐六毫四絲九忽七微二塵三纖一渺三漠八茫六沙四灰六漂七銖四漠九爐以該縣實徵糧銀扣算）計減原徵銀一百八十二兩四錢八分四釐九毫三絲三忽三微肆漠七茫八沙六灰該徵銀三千四百七十一兩七錢四分八釐四毫二絲五忽二微二塵三纖三渺五漠二茫一沙四灰內除彙報夏水偏災等事案內乾隆二年奉淮部文開除山水沖壓丁銀三兩九錢八分一釐一毫三絲一忽七微三塵七纖九渺五漠又前項沖壓丁銀內有驢腳麂皮應派丁銀一錢二分六釐

一毫一絲四忽三微一塵六纖八渺六漠八茫實徵丁銀三千四百六十七兩八錢九分三釐四毫零七忽八微零二纖一渺七漠零一沙四灰其自康熙五十五年至乾隆三十一年編審十一届共增二千三百九十丁（康熙五十五年增一百七十六丁六十年增一百八十三丁雍正四年增一百九十丁九年增二百二十六丁乾隆元年增二百六十九丁六年增二百六十九丁十一年增二百九十三丁十六年增三百零六丁二十一年增三百一十五丁二十六年增一百一十三丁三十一年增五十丁）欽奉

恩詔永不加賦

乾隆乙卯戶口太平鄉之義渡區共土著流寓大小男女

九百七十一口郭家區七百一十五口金城堡區五百八十三口沈家庄區一千零三十五口伴仙亭區七百三十一口石馬槽區一千一百九十八口古城畈區一千一百三十六口花橋河區一千五百二十七口青山港區七百九十五口閻家河區二千六百一十三口丁土城區一千七百六十九口石觀音堂區一千七百一十一口石陂磨山區九百一十八口三杏橋區三千二百六十六口唐殿區一千零五十口白沙嶺區二千三百一十二口饌山河區二千五百六十七口白蠟沖區二千八百三十九口篤

實區三千九百六十二口墩陽灣區三千三百七十六口擇里堡區二千七百八十五口桃林義渡區一千一百二十一口上義區四千零四十八口張家店區一千一百四十八口上馬河區三千六百六十六口高梘山區一千一百三十六口仁美堡區一千四百六十一口李家壩區五百三十三口小河途區原缺千原缺百原缺十原缺口戴家店區三百零六口曾戶長區四百六十四口白塔橋區五千一百二十一口蘇坑區一千七百八十二口柏子堦區一千四百八十五口細楊樹區二千九百八十九口邊堰蘇區二

千九百五十九口土乘崗區一千二百五十一口黃棣石區一千零一十五口宋杜沖區四千八百六十二口兩路口區一千八百二十四口益美堡區三百九十三口德義堡區三千五百八十口石門畈區一千一百四十四口懸鐘岩區一千七百零二口張留關區四千二百一十五口仙居鄉之毛家墩區共土著流寓男女一千六百六十三口樊顧畈區一千九百六十七口七里陂區一千九百一十三口小河嘴區二千八百六十九口七科松區二千七百七十四口女王城區五百六十六口紫雲寺區一千六

百零六口大成區二千零四十四口中館驛區四千五百六十二口王家集區八百三十四口龍門沖區七百九十七口夾沙洲區六千七百七十四口臥牛石區二千二百七十七口鄭鋪兵區三千一百零六口河三墩區二千三百三十五口高峯山區五千三百一十一口萬仞岩區一千七百八十七口七家廟區四千三百零四口拜郊城區二千七百八十六口梅林區二千七百四十五口會林區五千一百五十九口高陽觀區三千三百零四口向打石區二千七百六十七口宋埠區五千五百四十七口南湖

畈區三千五百一十四口黄閣區一千九百二十八口西河岸區六百零九口深溝區二千零一口汪王廟區七百九十六口岐亭區七百八十口永寧區五百三十一口范家畲區一千九百五十九口古城山區四千三百零三口陶家園區七百九十五口五里墩區九百五十口白田畈區一千七百一十四口蕨淡山區一千一百三十八口八里畈區三千六百三十六口余家院區三百七十一口徐家堡區八百四十七口陳墩灣區四百七十二口袁家河區三千二百二十六口董家堡區八千八百八十二口朱

家堡區九百七十七口榮羅堡區三千零九口黑沙洲區一千六百九十七口新居區一千零七十九口周鐵崗區一千二百二十口走馬崗區一千五百九十一口烏龍潭區一千七百零九口天齊廟區二千零七十五口西峯山區二千零九十三口石板冲區一千零二十一口土門山區一千七百二十九口

亭川鄉之本城共土著流寓大小男女一萬二千零三口曹家河區二千一百八十二口義合區一千九百一十三口合鮑村區九百七十口鹽田河區一千七百六十四口

東界嶺區一千五百六十七口黄市區五千四百六十九口白水畈區三千零九十二口木子店區二千七百零七口二里河區一千四百五十二口東義洲區五千六百零三口落梅河區三千四百七十八口南庄區三千七百五十七口木樨河區一千九百四十九口沙井區五百五十二口白杲區一千二百一十一口三羅堡區二千四百四十五口曾家臺區二千七百一十八口望花山區一千三百二十五口程集區一千三百零九口青龍區六百三十二口陶家鋪區一千一百三十八口沙河區二千九百八

十二口横河區一萬零七十七口

光緒丙子戶口太平鄉之張留關區共土著流寓大小男女四千六百五十九口兩路口區二千六百一十四口宋杜衝區六千八百三十六口高梘山區四千九百八十一口白臘冲區五千四百三十口石門畈區三千零九十七口懸鍾巖區一千三百九十口雋實區二千一百二十五口墩陽區三千七百五十六口白沙嶺區三千七百六十九口石觀音區二千六百零五口細楊樹區二千一百二十口邊堰蘇區一千八百七十三口蘇坑區一千五百九

十口百子橋區二千五百五十六口閻家河區三千五百八十九口義渡區二千零一十八口石陂磨山區三千七百五十口甑山河區一萬一千九百八十二口上義區四千零八十五口唐殿區一千五百七十六口青山港區一千七百五十八口花橋河區二千二百八十五口石馬槽區一千六百六十六口桃林河一千三百二十一口沈家庄區二千二百五十八口郭家院區一千六百二十四口金城區八百一十六口古城畈區一千九百三十口曾戶長區一千一百七十二口丁土城區一千二百口三杏橋

區二千二百三十五口伴仙區二千九百二十口小河頭區一千二百六十八口柏子塔區二千八百三十八口益美堡區一千三百五十口上馬河區一千五百五十八口土乘崗區一千二百八十五口擇里堡區九百八十七口仁美堡區一千一百三十四口豐義堡區二千零九十口德義堡區三千四百五十六口土門山三千七百六十三口黃栗石區一千五百六十五口李家壩區一千三百五十八口宋家區八百六十六口

仙居鄉之毛家墩區共土著流寓大小男女一千四百五十六口樊顧畈區二千三百三十四口七里陂區二千三百六十六口小河嘴區三千一百六十九口七科松區二千七百七十四口女王城區一千零八十六口紫雲寺區二千三百十四口大成區二千六百零三口中館驛區六千五百六十三口王家集區一千八百八十四口龍門沖區一千零九十七口夾沙洲區五千七百七十四口卧牛石區二千一百二十七口鄭鋪兵區二千六百五十八口河三墩區一千六百三十五口高峯山區二千九百三十口萬仭巖區一千七百八十七口七家廟區三千三百零

一口拜郊城區二千三百八十六口梅林區二千四百二十口會林區二千一百五十九口高陽觀區二千零四十口向打石區二千六百六十七口宋埠區六千三百五十二口南湖畈區三千二百十四口黃閣區二千一百二十八口西河岸區五千零三口深溝區一千七百三十三口汪王廟區七百九十一口岐亭區二千七百八十三口永甯區一千二百五十六口范家畚區二千九百二十九口古城山區三千一百二十一口陶家圜區二千七百九十五口五里墩區一千九百二十口白田畈區一千七百七

十四口蕨淡山區一千五百六十六口八里畈區三千二百六十五口余家院區二千八百一十七口徐家堡區一千零八十三口陳墩塆區二千九百口袁家河區二千二百六十二口董家堡五千三百二十二口朱家堡區一千二百三十七口樂羅區三千三百零九口黑沙洲區一千九百七十六口新居區一千三百二十五口周鐵岡區二千八百二十口走馬岡區二千零九十六口烏龍潭區二千三百五十九口天齊廟區三千零五十七口西峯山區五千三百九十三口石板冲區二千零一十一口土門山

區二千四百三十九口

亭川鄉之本城共土著流寓大小男女一萬零五百三十八口曹家河區二千二百六十五口義合區四千五百零一口合鮑村區二千五百八十九口鹽田河區二千一百六十四口東界嶺區一千九百六十七口黄市區五千四百六十九口白水畈區三千零九十二口木子店區一萬零三百三十七口二里河區一萬零八百五十二口東義洲區五千九百八十二口落梅河區二千四百七十八口南庄區三千七百五十九口木樨河區五千三百九十五口沙井區二千三百九十五口白杲戍區三千一百三十三口三羅堡區二千四百八十二口曾家臺區二千三百一十八口望花山區一千九百一十一口程集區二千五百五十六口青龍區二千零三口陶家舖區二千六百一十五口沙河區二千三百五十二口横河區八千五百四十口船夫區二千零一十九口

田賦

一土田

原額田地塘共一萬零四百四十九頃六十七畝二分四釐

明洪武二十四年册定官民田地塘四千零八十八頃六十七畝九分八釐

永樂十年册定官民田地塘四千三百三十三頃一十九畝四分

宏治十五年册定官民田地塘四千一百五十九頃六十六畝六分

正德七年册定如之

嘉靖二十五年册定亦如之

萬歷元年知縣穆煒文田均糧册定官民田地塘共計一萬零四百四十九頃六十七畝二分四釐

天啟崇禎册定亦如之

國朝因明額數永爲定例

原額田七千四百二十四頃六十六畝二分二釐每畝科秋粮民米一升八合九勺七抄該米一萬四千零八十四石五斗八升三合

二勺一抄四撮

內二斗以上起科没官等田米六千四百三十三石一斗八升五合五勺七抄一斗以上起科没官等田米四百八十九石九斗三升八合六勺二共官米六千九百二十三石一斗二升四合一勺七抄每地米塘米一石帶科官米四斗零二合二勺九抄七撮三圭四粟地三則共米一千九百七十四石四斗一升九合三勺八抄帶科官米七百九十四石三斗零三合零一抄塘米一千一百四十九石九斗六升九合五勺五抄六撮帶科官米四百六十二石六斗二升九合八勺三抄五撮二共帶科官米一千二百五十六石九斗三升二合八勺四抄五撮除清該官米五千六百六十六石一斗九升一合三勺二抄伍撮每米一石並加增等項派銀一兩一錢二分二釐九毫八絲六忽朱微二塵扣算該銀六千三百六十三兩零五分八釐一毫四絲五忽三微三塵九纖三渺民米七千一百六十一石四斗五升九合四勺四撮每石照前則例該銀八千零四十二兩二錢二分三釐四毫零二忽二微三塵五纖八渺

原額地貳千四百一十八頃八十畝五分九釐內凡三則

上則地二百九十七頃二十畝七分七釐每畝科秋粮民米一升八合五

勺該米五百四十九石八斗三升四合三勺八抄每石照前則例
該銀六百一十七兩四錢五分六釐七毫零六忽九微三
塵九纖四渺又帶科官米二百二十一石壹斗九升七合
該銀二百四十八兩四錢零一釐二毫九絲三忽五微零
三纖八渺
中則地柒百六十九頃一畝六分二釐每畝科秋粳民米一升三合六勺
該米一千零四十五石八斗六升二合該銀一千七百七
十四兩四錢八分九釐零三絲六忽九微五塵二纖六渺
又帶科官米四百二十石七斗四升七合該銀四百七十

二兩四錢九分三釐二毫九絲三忽四微七塵九纖三渺
下則地一千三百五十二頃五十八畝二分每畝科秋糧民米二合八
勺該米三百七十八石七斗二升三合該銀四百二十五
兩三錢零伍毫六絲九忽五微五塵八纖二渺又帶科官
米一百五十二石三斗六升該銀一百七十一兩零九分
八釐二毫二絲六忽二微五塵四纖二渺
原額塘六百六十頃廿畝四分三釐每畝科秋糧民米壹升八合玖勺七抄
該米一千一百四十九石九斗六升九合伍勺五抄六撮
該銀壹千二百九十一兩四錢零二毫一絲六忽二微九

塵二纖二渺又帶科官米四百六十二石六斗二升九合
八勺三抄五撮該銀五百一十九兩五錢二分七釐一毫
三絲零五微一塵六渺
以上田地塘共一萬零四百四十九頃六十七畝二分四
釐內除彙報夏水偏災等事乾隆二年奉准部文開出山
水冲壓田地一十一頃八十二畝七分實田地塘共壹萬
零四百三十七頃八十四畝五分四釐
額載秋糧米二萬四千一百三十二石零九升七合一勺
八抄內除官米六千九百二十三石一斗二升四合一勺

七抄又除學田濠米伍石六斗一升五合零一抄實在派
徵民米一萬七千二百零三石三斗五升八合內有免糧二千零五十九石每石派銀八錢一分五釐二毫四絲三忽三微二塵一纖七渺四漠無免糧一萬五千一百四十四石三斗五升八合每石派銀一兩一錢六分五釐二毫四絲三忽三微二塵一纖七渺四漠內除山水冲壓
米一十九石七斗三升六合三勺二抄實在秋糧米一萬
七千一百八十三石六斗二升一合六勺八抄
夏稅小麥一百零二石三斗四升五合四勺秋糧內帶派
夏稅絲六百一十二斤六兩二分七釐五毫四絲秋糧內帶派
桑絲二十九斤一十三兩三錢三分三釐三毫四絲秋糧內帶

派
額徵並加增共銀一萬九千三百六十九兩八錢四分八
釐二絲一忽六塵五纖三渺內除山水沖壓銀二十三兩
零四分二釐四毫二絲二忽九微一塵二纖六漠六茫實
征銀一萬九千三百四十六兩八錢零五釐五毫九絲八
忽一微五塵三纖二渺三漠四茫（內有舊書原載班匠額銀四十四兩四錢及班匠額內豁免沖壓四分四釐八毫零七忽八微三塵六纖三渺四漠二茫係乾隆二十三年奉文於奏銷册內刪除班匠名色統歸地丁條編造報）
加增九釐（每秋糧一石派銀三錢三分九釐一毫二絲五忽七微）該銀五千八百三

十四兩一錢零八毫二絲四忽一微六渺內除山水沖壓
銀六兩六錢九分三釐零九絲三忽三微三塵五纖四渺
二漠四茫實徵銀五千八百二十七兩四錢零七釐七毫
三絲零七微六塵五纖一渺七漠六茫
以上人丁田地塘條餉及增益人丁並優免丁銀等項
共銀二萬八千八百八十一兩五錢六分三釐三毫三
絲八忽二微八塵四纖二渺內除豁免運夫丁銀二十
三兩三錢八分一釐一毫三絲四忽五微九塵五纖又
除丁隨糧派等事案內闔省均攤人丁應減銀一百八
十二兩四錢八分四釐九毫三絲三忽三微四漠七茫
八沙六灰又除豁免夏被山水沖壓丁粮銀三十三兩
五錢九分零五毫三絲三忽六微六塵八纖五渺七漠
二茫又除優免丁銀二百六十五兩二錢五分（查優免丁銀已於書後另欵作收以符奏册闔縣額實總數）實徵銀二萬八千三百七十六
兩八錢五分六釐七毫三絲六忽七微二塵零伍渺八
漠一沙四灰

起運欵項

戶部項下

解南農桑絹正摃共銀一十七兩五錢四分二釐一毫八
絲二忽京庫米折正摃滴銀共銀一千七百一十八兩五
錢零一釐四毫五絲五忽八微四塵解費銀一十五兩四
錢六分六釐五毫
兌軍折色正摃共銀三十八兩四錢八分九釐七毫九絲
二忽解費銀二十六兩七錢五分五釐三毫四絲四忽
派剩太倉米折正摃共銀五百二十六兩三錢八分七釐
七毫五絲解費銀四兩七錢三分七釐五毫
額解南京戶口鈔本抄正摃帶閏共銀九十三兩四錢七

分三釐五毫四絲六忽零五塵八纖六渺解費銀八錢一分四釐一毫
北京絹並新加絹共銀七百一十兩零三錢六分八釐七毫一絲三忽三微
解南正米本折蘆蓆貓竹囤頭等銀一百二十一兩七錢零七釐三毫六絲
解南糧運官盤纏銀二十一兩五錢
宗祿折色銀二千一百七十二兩六錢九分六釐三毫八絲五忽八微解費銀二兩七錢七分零七毫

茶價雜用共銀九十八兩五錢六分四釐六毫解費銀四錢零一釐官員俸薪共銀一百二十四兩
民校等銀二百九十五兩
代徵黃岡縣附近本縣舊洲額徵北京乾魚正損共銀一十七兩七錢五分五釐六毫二絲五忽二微五塵解費銀一錢五分九釐八毫零二忽
解南乾魚正損共銀二兩七錢八分八釐六毫二絲三忽七微五塵解費銀二分五釐九絲八忽
賦役舊編冗欵裁剩銀一千六百七十四兩三錢三分二釐二毫四絲五忽
加增九釐餉銀五千八百三十四兩一錢零八毫二絲四忽一微零六渺
以上共銀一萬六千四百八十八兩三錢三分九釐一毫四絲七忽零九塵九纖二渺
禮部項下
北京藥味正損共銀四十兩零七錢九分四釐解費銀三錢六分七釐七毫
解南藥味價銀五兩零一分八釐七毫六絲三忽七微五塵

以上共銀四十六兩一錢七分九釐八毫六絲三忽七微五塵
工部項下
緞疋正損帶閏共銀九十九兩一錢二分四釐八毫一絲七忽解費銀八錢四分七釐四毫
翎毛正損共銀一十兩零一錢七分九釐解費銀九分一釐六毫
活鴈正損共銀七錢五分零六毫九絲六忽解費銀六釐

九毫
營膳司料正損共銀三百零六兩五錢二分八釐一毫四
絲六忽解費銀二兩七錢五分八釐一毫六絲
軍器銀一百一十七兩二錢五分三釐三毫解費銀一兩
零五分六釐四毫七絲九忽七微
白硝鹿皮正損共銀一百六十二兩六錢解費銀一兩四
錢六分三釐四毫如遇折色之年每兩另派京損銀九釐
胖衣褲鞋正銀水腳共銀二十七兩七錢五分
綾紗紙價銀一百九十七兩九錢一分九釐九毫二絲五

忽九微六塵候部文之年方派不必於每年帶徵
以上共銀九百二十九兩九錢七分二釐八毫二絲四
忽六微六塵
光祿寺項下
甲丁庫供應等銀正損共銀三百九十二兩七錢解費銀
三兩五錢三分四釐三毫
新加顏料等銀三百四十九兩一錢九分五釐八毫
以上共銀七百四十五兩四錢三分零壹釐
新裁官俸役食等項

順治九年會裁修宅家伙各役工食銀二百八十六兩四
錢
順治十二〔四〕年新裁柴薪油燭膳夫廩糧門神鄉飲弓兵供
應等銀三百八十六兩五錢五分四釐三毫一絲六忽七
微
順治十六年新裁民壯馬快草料銀二百零六兩四錢
康熙二〔元〕年新裁書辦廩糧等項共銀二百五十三兩二錢
康熙三年新裁貢生盤纏銀二十一兩
康熙四年新裁教官俸齋門斗草料銀九十三兩九錢二
分

康熙五年新裁都事檢校官役俸食銀一百七十二兩五
錢二分
康熙六年新裁推官心紅銀二十兩
康熙七年新裁總督轎傘扇夫工食銀七十二兩
康熙十七年新裁知縣心紅紙張油燭併修理倉監教官
喂馬草料科舉等銀二十六年奉文撥入起運共一百七
十七兩九錢零五釐七毫六絲一忽零七塵五纖
以上共銀二千一百八十九兩九錢零零七絲七忽

七微七塵五纖總共銀二萬零三百九十九兩八錢二分三釐零一絲三忽二微八塵四纖二渺內除奉撥關帝三祭及支給奉復廪糧銀八十三兩七錢四分六釐入撥存項下彙造加入原撥協驛站江濟改補正項一千二百五十九兩六錢零八分零二絲二忽八微零一纖七渺四漠五茫該額銀二萬一千五百七十五兩六錢八分四釐零三絲六忽零八塵五纖九渺四漠五茫內除豁免運夫丁銀壹十壹兩二錢六分三釐四毫五絲一忽一微五塵七纖六渺零一茫又除閏省均攤八

丁應減銀一百八十二兩八錢八分四釐九毫三絲三忽三微四漠七茫八沙六灰又除豁免冲壓銀二十五兩七錢零五釐五毫九絲六忽零五塵零貳渺六漠捌茫實徵銀二萬一千三百五十六兩二錢三分零五絲五忽五微七塵八纖零二漠八茫一沙四灰

存留支給欵項

布政司經歷俸薪銀六十兩　皂隸四名共銀二十四兩　門子一名工食銀六兩

照磨俸薪銀四十兩　門子一名工食銀六兩　皂隸四名共銀二十四兩　馬夫一名工食銀六兩

庫大使俸銀三十一兩五錢二分　皂隸二名共銀一十二兩

知府薪銀四十二兩九錢五分六釐　庫子四名共銀二十四兩　斗給五名共銀三十兩

知縣俸薪銀四十五兩　門了二名共銀一十二兩　皂隸十六名共銀九十六兩（雍正六年奉文撥銀一十八兩給仵作及學習仵作工食皂隸欵下止給銀七十八兩）　馬快八名工食銀四十八兩（乾隆十六年奉文馬快名色改爲捕役卽食本班工食）　民壯三十名（雍正十一年撥給本縣虎頭司巡檢民壯四名又奉裁六名乾

隆七年又奉裁二名）共銀一百八十兩（內撥給本縣虎頭司民壯仍在此內支給工食其奉裁八名工食四十八兩均解司以作加增修理器械之用乾隆元年奉文每名每年加增修理器械銀一兩四十二年裁減一年每名五錢）　燈籠夫四名工食銀二十四兩（雍正四年裁歸另欵解司充餉）　看監禁卒八名共銀四十八兩　轎傘扇夫七名共銀四十二兩　庫子四名共銀二十四兩　斗給四名共銀二十四兩

縣丞俸薪銀四十兩　門子一名工食銀六兩　皂隸四名工食銀二十四兩　馬夫一名工食銀六兩

典史俸薪銀三十一兩五錢二分　門子一名工食銀六

兩　皂隷四名工食銀二十四兩　馬夫一名工食銀六兩

鵝籠虎頭司巡檢二員俸銀共六十三兩零四分　皂隷四名共銀二十四兩

教官二員俸銀共三十一兩五錢二分　齊夫六名共銀三十六兩二官各半分支　膳夫二名共銀一十三兩三錢三分三釐三毫三絲三忽三微廩生支領　門子五名共銀二十一兩六錢

撥運欵項

時憲書銀二十三兩零一分三釐五毫解費銀二錢零七釐一毫二絲一忽四微

科舉銀二十兩零捌錢二分五釐解費銀一錢八分七釐三毫八絲四忽五微

按察司表夫銀九兩乾隆十八年奉文停止另欵解司充餉　腳馬解費銀五錢四分二釐七毫

均徭

各巡司弓兵徭編四十一名永充二十名共銀一百二十七兩二錢零七釐六毫五絲

各舖司兵徭編九名永充四十一名共銀一百一十五兩一錢九分一釐

各河渡夫六名存銀四兩六錢　各渡修船存銀一兩五錢

迎送皂隷實存十名工食銀五十兩零八錢三分三釐

祭祀雜支

文廟二祭共銀四十兩

崇聖祠二祭共銀七兩

關帝三祭銀三十五兩七錢四分六釐連前共銀二千二

百二十六兩二錢五分二釐六毫五絲二忽九微

山川壇二祭共銀一十兩

社稷壇二祭共銀一十兩

名宦鄉賢二祭共銀七兩

縣厲壇三祭共銀一十一兩厲祭米折銀一兩二錢二分

香燭銀一兩零五分

以上各項祭祀均祭案內按欵增減計餘銀一兩九錢九分已照實徵之數歸入起運項下充餉

鄉飲二祭共銀五兩

新舊會試舉人以二十五名爲率每年該銀二百兩
歲貢花紅每年該銀六兩
對讀生五名書手五十名刋錄匠四名每年銀五兩三錢
二分三釐三毫三絲
本縣吹手八名共銀五十八兩五錢六分備用銀一百一
十七兩六錢零一釐三毫五絲（發補鋪兵工食）
孤貧三十名每口各米叁石六斗共銀五十四兩每名布
花銀三錢共銀九兩
部寺解費銀六十一兩二錢五分五釐二毫八絲三忽七

微
存留實額銀二千一百四十二兩五錢零六釐六毫五絲
二忽九微又添設廪糧銀四十八兩

添撥各項

虎頭關民壯四名工食銀二十四兩
教官加品俸銀四十八兩四錢八分
先農壇祭祀銀五兩
常雩禮祭祀銀五兩
以上各項銀兩除虎頭關民壯工食係本縣撥給其餘
均不在該縣存留支欵額徵之內

驛站

協編武昌遞運所紅船三隻共水夫三十名銀二百一十
六兩（帶運銀三兩六分每隻修船銀一十二兩）共銀二百五十五兩零六分
齊安驛馬六匹共銀二百零九兩九錢四分二釐
站船水夫四名又新加二名共銀三十六兩六錢
建設太平驛馬二十六匹共銀七百九十三兩
太平驛支應銀一百三十七兩二錢
舘夫二名共銀一十二兩二錢

夏口驛站船水夫三名共銀一十八兩三錢
協編襄陽府屬呂堰驛馬一匹共銀三十八兩五錢三分
一釐六毫（解費每兩五釐）該銀一錢九分二釐七毫
原派荊州將軍祿新議改抵蘄州額派呂堰驛馬價銀七
十兩（解費每兩五釐）該銀三錢五分
李坪驛支應銀三百八十兩

走遞夫馬

排夫一百四十名共銀一千零二十四兩八錢內撥本縣
應役轎傘夫六名八抵經制外實徵銀九百八十兩八錢

四分

建設太平驛站夫八十名共銀五百八十五兩六錢

腳馬四十五匹共銀一千零九十八兩

以上二項各欵共銀四千六百一十五兩三錢一分三釐六毫係本縣原編驛站夫馬之項所有現設排夫名數及抽裁緣由合併開載以備查考

排擯夫六十四名該工食銀四百六十八兩四錢八分歷奉裁革現實存夫一十二名工食銀八十七兩八錢四分

腳馬三十名該草料並馬夫獸醫工食藥餌等銀六百四

十九兩二錢

兵部項下

秋糧折色起運

解南江濟水夫一百二十三名共銀五百零三兩六錢八分五釐每兩京揖銀九釐該銀四兩五錢三分三釐一毫六絲五忽

解南柴薪四名共銀四十八兩帶閏銀一兩六錢

皁隸九名共銀八十二兩三錢五分三項連前原編額徵驛站共銀五千二百五十五兩四錢八分一釐七毫六絲五忽內除豁免故夫丁銀七兩八錢二分五釐七絲六忽四微八塵三纖六渺沖壓銀四兩四錢一分四釐六毫九絲三忽四微五塵九纖五渺三漠四茫又除仍照協濟徒多轉折等事案內抵補各衙遞動支民賦解司充餉一千二百五十九兩六錢零八釐零二絲二忽八微零一纖七渺四漠五茫外實徵銀三千九百八十三兩六錢三分三釐九毫七絲二忽二微伍塵五纖一渺二漠一茫內有每年排夫工食應於本縣額編驛站銀內動用銀八十七兩八錢四分又編設驛站酌用買補馬價銀二百七十五兩

五錢八分五釐三毫零六忽五微四塵零四渺六漠六茫撥協歸州巴東工料馬價等價一千零九十七兩九錢八分五釐七毫八絲三忽七微八塵三渺五漠五茫紅船水手工食銀二百五十五兩零六分裁二銀一千二百三十七兩三錢二分二釐八毫八絲一忽九微三塵四纖叁渺裁夫馬工食工料銀一千零二十九兩八錢四分俱解道支用並移司充餉

隨漕項下

運糧官軍行月二糧米一千一百一十九石七斗五升六

勺四抄又原代黃陂縣運糧官軍行月糧米七百三十三石二斗零七合七勺伍抄共銀七百四十一兩一錢八分三釐三毫五絲六忽

江西運糧官軍月糧米五十七石六斗九升三合五勺四抄該銀二十三兩零七分七釐四毫一絲六忽

淺船銀五十五兩七錢三分五釐該銀五錢零一釐六毫一絲五忽

以上原額共徵銀八百二十兩零四錢九分七釐三毫八絲七忽內除豁免運夫丁銀一錢一分六釐一毫三

絲一忽四微二塵一纖七渺又除豁免沖壓銀九錢三分四釐三毫四絲六忽二微八塵四纖七渺四漠二茫實徵銀八百一十九兩四錢四分六釐九毫零九忽二微九塵叁纖五渺五漠八茫

南糧正米該正米五千六百三十四石六斗該耗米一千四百零八石六斗五升二項共南糧正耗米七千零四十三石二斗五升內除豁免沖壓米八石零八升零二勺七抄三撮三圭六粒六粟外實徵米七千零三十五石一斗六升九合七勺二抄六撮六圭三粒四粟於特請

皇仁等事案內奉文自康熙三十九年爲始每石七錢改徵折色應折徵銀四千九百二十四兩六錢一分八釐八毫零八忽陸微四塵三纖八渺

額徵驢腳米八百四十五石一斗九升該銀一百六十九兩零三分八釐該銀六百七十六兩一錢五分二釐二共額徵銀八百四十五兩一錢九分內除豁免沖壓銀一兩零九分五釐五毫二絲九忽一微三塵八纖二渺九漠一茫外實徵銀八百四十四兩零九分四釐四毫七絲零八微六塵一纖七渺零九茫

麂皮另派京摃該銀一兩四錢六分三釐四毫內除豁免沖壓銀一釐八毫九絲六忽八微四塵八纖四渺三漠四茫外實徵銀一兩四錢六分一釐五毫三忽一微五塵一纖五渺六漠六茫

門攤雜課銀六十二兩零八分八釐

優免充餉銀九百八十五兩九錢

代徵黃州衛籽粒計料銀六兩六錢五分六釐二毫七絲

雜稅

牙帖稅銀玖拾柒兩貳錢該縣原經報部牙稅銀陸拾肆兩叁錢乾隆二十五年於遵

旨議奏事案内遵奉部咨分别繁
盛偏僻量增税銀叁拾貳兩玖錢
當鋪每座每年納税五兩開歇不一原無定額
田房税正額銀九兩六錢盈餘銀兩儘徵儘解原無定額
牛驢税銀儘徵儘解原無定額

鹽法

國朝額銷鹽引一萬一千二百六十引

麻城縣志卷十四

知縣事臨桂鄭慶華纂修

職官志

從政之數御史是司官不可曠位不可尸爲戾爲酷按籍以知載題其名昭示來兹

官制

唐令一人丞一人主簿一人尉一人令掌治民顯仁勸義禁奸伐惡理訟平賦丞署文書簿知倉獄尉主盜賊各署諸曹椽吏

宋知縣一員丞一員簿一員尉二員知縣總治民政勸課農桑凡戶口賦役錢穀賑濟出納之事皆掌之有戎兵則兼兵馬都監或監押之職丞掌修水土之政行市易之法與山澤之利主簿掌出納官物勾稽簿書之事尉閱弓手戢奸暴間以武臣爲之

元達魯花赤一員以蒙古人爲之縣尹一員主簿一員尉一員典史一員達魯花赤凡縣事皆掌謂之監縣復監勸農事縣尹名爲司判正官秩同達魯花赤亦掌縣事以漢人爲之印則達魯花赤收之尹封署其上丞簿尉

凡縣事皆同僉署典史爲首領官蓋羣吏之長也耑掌
公牘必待其書然後達於上而完署之不然則否
明知縣一員縣丞一員主簿二員典史一員知縣總治縣
事與前代同丞職掌凡縣事皆同僉署簿尉俱如元制
虎頭關巡檢一員鵞籠司巡檢一員稅粿局大史一員
陰陽學訓術一員醫學訓科一員僧會一員道會一員
明裁革官主簿一員稅粿局大使一員東館驛驛丞一員
中館驛驛丞一員西館驛驛丞一員
國朝裁革官主簿一員

岐亭通判一員始于嘉靖五年因西山盜起巡撫按奏設
兵備府添駐捕盜
國朝初因明制設通判順治　年裁缺復以黃州同知移駐
儒學宋設勾管學事一員主學一員選請學正錄直直學
各一員學諭四員長諭八員小學教諭一員舊制縣無
學官凡職佐皆得兼之故勾管學事以繫銜景定三年
始置主學一員咸淳元年轉運提學行下選請學正等
官
元設教諭一員選請訓導一員

明設教諭二員訓導二員
國朝初教諭訓導各一員康熙五年訓導裁
後趙
麻　秋石虎使築城督工嚴峻因以姓名城
後周
史　寧東義州刺史
梁
吉士瞻西陽太守　蕭　督　李洪遠俱定州刺史
陳

田龍升　陳方慶　章昭達
周　炅　周法尚　周法僧俱定州刺史
唐
徐　嚴字景肅縣令
宋
錢　治字良範武進人進士　張　毅字仁甫元豐間任　翟起宗字元振金壇人
胡定之岐亭監酒以上俱縣令
宋
張　愉字公亮龍泉人進士

李臺卿 瀘州人

楊掞 臨川人進士 以上俱主簿

元

馬兒蒙 蒙古人 樂九成 蒙古人 秦達善 縣貢生教諭

明 知縣 教諭 訓導 縣丞 主簿 典史

洪武

張谷維 夏均 縣貢生 輔桂 縣貢生 南石岳 進士

趙乾 浙江歸安人 鄧泰 江西南昌人

楊子秀 浙江餘姚人 張宗琦 四川重慶人

永樂

孫士忠 鄧林 邑貢生

王士光 張德宣

黃琮 高安人 王楙 宜興舉人

高謙 米脂人 朱甄

麻城縣志 卷十四 職官志 四

王篚 山東蒲臺人 朱華 長壽舉人

正統

楊順 穎上人 熊復禮 桂林舉人

鄧謙 江西德安舉人 陶春 浙江人

景泰

陳祖舜 四川人 王敘 宜山舉人

陳鉞 莆田舉人 劉顒 萬安歲貢

李士實 楚雄歲貢

李芳 蘇州歲貢

王用 四川舉人

陳鏜 泌陽舉人

麻城縣志 卷十四 職官志 五

成化

李彝 舉人　劉涓 閩縣舉人　費濱 廣東舉人

劉珂 萬安進士　曾璃 番禺舉人　薛理 湘陰歲貢

朱嵩 四川歲貢　敖仰孚 新喻歲貢

胡琮 蘇州進士

劉規 巴縣進士

薛承學 江陰進士

陳興 許州進士

弘治

孔榮 番禺舉人　李恩義 廣東舉人　陶俊 蒼溪歲貢

高清 揚州舉人辛亥　王章 黃巖舉人　夏滾 德興歲貢

任

聶賢 長壽進士甲寅任　楊珣 潮陽舉人

章厚 長興進士戊午任　張嵩 宣撫司舉人

劉溥 安慶進士庚申任

楊暉 蕪湖舉人

薛价 蒲州進士甲子任

正德

宋賢 四川解元　張舜舉 武功舉人　馮崇 雙流舉人

侯璧梁彝　汪朝宗

諸城舉人辛未任　蔡時　浙江新昌人進士乙亥任　王世祿　廣德州進士戊寅任　王應賢

閩縣舉人庚辰任　楊英　泰和舉人

浮梁歲貢　嚴球　慶符歲貢　劉以讓　巴縣選貢　周楫　都勻選貢

中年進士辛巳任

嘉靖五年增設捕盜通判駐岐亭

通判　知縣　教諭　訓導　縣丞　主簿　典史

羅瑞登　上虞舉人　李瑶　四川重慶舉人　鄭渭

杜朝紳　重慶州進士癸未任　陳祥麟　福建進士戊子

戴恩　儀封歲貢　汪泗　開化人戊子任　齊瓊

王機　永嘉監生　陳恩　墊江歲貢　鄭質夫

高公勺　內江歲貢丁未任

何銓　句容歲貢庚午任　段宏

曾賢　周政

北直安肅人官生　郭逵　山東舉人　查應元　江西歲貢　郭大治　廣東歲貢　郭任

任　李景藩　汝寧舉人　陳子文　閩縣進士庚寅任　王生賢　盧陵舉人　羅道卿

天台歲貢　譚大智　瀘川州歲貢　何祥　內江舉人　貢安國　寧國歲貢　沈一貫　無錫舉人

閩縣監生　黃傑　同安貢生　青雲　遂寧監生　殷子瑞　威遠歲貢　魏洪量　威遠歲貢

劉瑪　翁選　蘭溪人　張友清　銅陵人

李琅　耿瑄　廣西人

周珠　馮士祿　南充人

長洲進士

吉水舉人　李寶　浮梁進士　黎汫　樂平舉人甲辰任　羅士賢　番禺舉人丙午任

張翀　邵武舉人　秦伯修　全州舉人　林繼習　瀏陽舉人丙辰任　胡錦　餘杭歲貢庚申

黎大鵬　新蔡歲貢

吳晉民　浙江人　張瑞　順慶監生　高嵩

葛堯濮　宋玉　北直人　杜煜　四川監生　杜紀

林盛　吳[illegible]

金勿 富順進士戊申任
任
黃釜 餘姚舉人庚戌任
陶天忠 鄞縣進士壬子任

張大經 成都監生
監生
何遷 延津人
林環
江漢 歙縣監生
蘇禮 廣元人
吳祐 新都監生
楊秀 石阡監生
王學 修武人
雍選

尙德恒 南充進士丙辰任
蘇松 廣安州進士辛酉任

夏賓 富陽舉人
南直監生
胡康 井研人
翟清 寧陵人
湯高 滎昌吏員
孫穗 浙江人

隆慶

胡昇 餘姚舉人
孔承宣 臨水人
陳萬 雲南人
曾士賢 雅州監生
呂永信 萊蕪人
金鳳 壽州人
瞿翾
雷汝恒
游霽
張邦
孫鳳

萬歷

韓煥 蒲州人庚申任
錢節 富順進士癸酉任
用詹 海陽舉人
景鳳
袁椿 沔陽貢生
劉士元
白生輝
譚世仁

穆煒 新建進士
四川進士
九江舉人
楊薦 汝陽人
南充人
宣撫司監生
張時制 武安人
靈壁人
張愷 監城人

王三宅 汲縣進士甲戌任
何仁言 桂陽歲貢
周拱 豐城歲貢
李益德 河南監生
龍時 蘄蒲監生
甘浩 合州人
郭鉞 豐城舉人
潘元珍 歲貢
鞠旺 監生
吳興仁

王誦 永年進士
連三元 歙縣舉人
王尙禮 雲南歲貢
左覲臣 四川監生
陳藻 四川監生
周守邦 四川人

文德 浩州進士
薛應期 江夏舉人
胡試 江夏歲貢
周智 蘄蒲人
俞利 南昌人

鄧應旂 內江進士
王九思
周惟德 松滋歲貢
羅舜卿
劉資 西平監生
蕭經 峽江人

游朋孚 婺源進士
王尙賓 漢陽歲貢
鍾岳 雲南監生
陳自明
吳繼高

韓僉可
李宙
遜
陳鳳陽
李善 新喻人

瀘州舉人己亥任　嘉魚歲貢　德陽監生
劉文琦　劉艮知　王應振　吳　海
南充進士　漢陽歲貢　四川人
張　鍵　蔡藎明　譚汝謹　王肇典
瀘州進士　漢陽歲貢
祝萬年　劉奎鼎　鄧天錫　鄒　祿
南豐人　江西人
張翼明　陳　昱
永城進士　浙江人
湯　衡　李　觀
宋一麟　雲南監生　劉　夔

南樂進士壬子任　巫山監生
牛　科
莊應德　劉日曦　陶　珂　柴子化
武進進士丙辰任　彭澤舉人丙辰任　武義監生　浙江人
何可大　保定監生
天啓
戈允禮　趙壁烜　王夢尹　應昌期　吳伯政　甘　芬
保山進士癸丑任　雲南舉人　澧州歲貢　浙江仙居人貢生　豐城人
趙洪範　孫承志　陳　義

嘉定進士甲子任　莆田人
崇禎
宋雲龍　蔣　煜　馮　奇　梁應璧　沈時敏　毛　鑛　張敬祖
貴州人歲貢　武進進士戊辰任　江夏舉人　貢生　貢生　貢生
張文蔚　吳一鯤　周道昌　許起鯤　姜　澄
河南拔貢　江西舉人　江西人貢士　徽州休寧人　貴州人丙子任
劉星耀　王用予　李體用　周應科　徐卽陞
金谿進士甲戌任　舉人　滎澤人歲貢壬午任　癸未任　辛巳任
單　恂　孫　節　邵學禮

華亭進士庚辰任　雲南舉人丁丑任　溧水監生
杜特彥　鄒學成　歐陽瀾　鄭　高
金州舉人辛巳任　舉人　肇慶監生　莆田人
蕭須聖　呂士達
定遠歲貢辛巳任　直穎人
陸晉錫　湯　澤　姚士選
上海恩貢任　山東監生　廣德人

國朝通判　知縣　教諭　訓導　縣丞　典史　巡檢
順治二　吳洗心

二年乙酉　鹿邑舉人
李衡　恩縣恩貢
陳堯前　武昌歲貢
三年丙戌
四年丁亥　曠晉倫
徐鼎　江南華亭進士
同知　裁華通判以黃州同知移駐
胡鎔　南樂歲貢
賈國相

六年己丑
沈一道　江夏舉人
魏左相　應城歲貢
大興人
八年辛卯　劉愷　鄒平進士
九年壬辰
徐世臣　餘姚人
十年癸巳　施泰　浙江人拔貢
十一年甲午　王潞
堵際亨
朱之鼎

十二年乙未　李之柱　山東舉人
餘杭恩貢
陳應善　景陵舉人
邵烈　澧州歲貢
漢陽舉人
四川人
王興隆　大興人
十七年庚子　郭永祚　新鄉拔貢
李繼文　歲貢
十八年辛丑
苗增秀　大興貢生
張祚應　鄖陽歲貢
徐朝興　曲阜人
康熙　同知　知縣　教諭　訓導　縣丞　典史　巡檢
三年甲辰
孫宏甡
王政

四年乙巳　屠宏　順天拔貢
欒安恩貢
韓城人
六年丁未　張登舉　遼陽進士
崔陞　虎頭司
八年己酉　余三汲　遼東廕生
屈振奇　洋縣進士
高遠　漢陽舉人
張文德　順天恩貢
樓可瞻　大興人
九年庚戌　于成龍　永寧州副榜

十五年丙辰 陳吳
楊蕙芳 大興人

十六年丁巳 佟世俊
黃熊 漢陽舉人
蔣杓 長州監生

十七年戊午 趙邦牧
崔涵璽 高平例監
朱士上 通山歲貢

十八年己未 翁介眉 錢塘例監
陳仰可 應山舉人
陳希堯 廂紅旗人

十九年庚申 蘇應麟
裴士珍 莘縣人

二十二年癸亥 王瑞芳 滄州拔貢
張彭年 鵝籠司

二十三年甲子
祁嘉謨 大興歲貢
萬士彥 隨州歲貢

二十四年乙丑 王民皞 臨川拔貢
吳必顯 仁和人

二十五年丙寅
李際盛 公安歲貢

二十六年丁卯
趙蒼璧 錢塘進士
汪僎 漢陽歲貢
黃起有 華州人

二十八年己巳 楊玉桂 階州例監
鄭珊 盧龍歲貢

三十一年壬申
侯國章 正白旗例監
劉興詮 正紅旗監生

三十二年癸酉
許錫祉 江陵舉人

三十四年乙亥
翟鴻儀 閩[illegible]進士
呂蒙禎 溧陽貢生
盧起秀

三十五年丙子
金世禎 奉天貢生
程大純 孝感例貢
章振 大興人

三十六年丁丑
姜橚 保德人進士後陞吏部侍郎有傳
張岱 嘉魚貢生

三十八年己卯
劉承啟 故城貢生

年	同知	知縣	教諭	訓導	縣丞	典史	巡檢
三十九年庚辰	白　瑨 鐵嶺人 鑲紅旗廕生	傅天培 奉天監生					
四十年辛巳			劉舜卿 大冶歲貢				
四十一年壬午	蔣尚忞 鑲紅旗副榜						
四十七年戊子					宋德盛 虞城人		
四十八年己丑		馬元勛 沁陽進士	明　瀛 興國州舉人		盧　遇 延安人		王伯宏
四十九年庚寅			蕭蓮芳 沔陽舉人				
五十年辛卯	王　鸞 長安監生	金廷襄					
五十四年乙未		吳顧行 長州歲貢					
五十八年己亥			鄺士升		汪　炎		

年	同知	知縣	教諭	訓導	縣丞	典史	巡檢
五十九年庚子			沔陽舉人	王希詮 漢陽歲貢		房山人	何伯彩
六十年辛丑	郭朝祚 鑲紅旗歲貢						
雍正	同知	知縣	教諭	訓導	縣丞	典史	巡檢
二年甲辰	郎　翰 鑲黃旗監生	楊思溥 關中舉人		袁其修 沔陽歲貢			
五年丁未	孫爾振	譚　苓			楊　瀚		
七年己酉	胡學成 長汀監生 葉縣監生	南豐舉人			無錫例監		
八年庚戌	孟　瑞 正紅旗監生				秦　鄉 江南人		
九年辛亥		李作室 沁源舉人	曹志紳 雲夢舉人	孫之吳 安陸歲貢			
十年壬子				向　嵩 遠安歲貢		[illegible]	

十二年甲寅		李肇梅 福青貢生					
十三年乙卯		陳鼎 海鹽監生				馬廷芝 鄒平人	
乾隆	同知	知縣	教諭	訓導	縣丞	典史	巡檢
元年丙辰	曹輯五 無錫舉人				李白璵 吉水貢生		
三年戊午		丁翊壽 長興舉人				岳東 順陽人	
七年壬戌	耿覲業 江都監生	龔之璜 大興人			張成器 丹徒貢生		
九年甲子	岳都 鑲紅旗生員	夏封泰 歸德進士					
十年乙丑				林霞舉 大冶歲貢			
十二年丁卯				廖宗乾 遠安歲貢	胡纘祖 汾陽例貢	王德鳳 登封縣人	
十四年己巳	徽昌						邵爵

	鑲紅旗官生						
十六年辛未	富宜	賀溥 蒲縣舉人	劉肯堂 漢陽舉人				喻
十八年癸酉	謝辛	單言揚 高密進士			李天眷 山西舉人		
二十一年丙子		杭世馨 錢塘舉人	秦廷章 建始拔貢				
二十二年丁丑	彭遵泗 華陽翰林	孟炳 滿洲人		熊道 漢川歲貢	鍾光國 湖南人		
二十四年己卯		胡鵬年 北直舉人					
二十七年壬午	袁傑	羅均 邵武進士		王之緯 鄖西歲貢		吳尚志 湖南監生	
二十九年甲申		劉希向 山陽進士			諸元昌 浙江監生	朱輔業	
三十年乙酉	張京琯		李芳華 孝感歲貢		高其偉 北直副榜		王柱
三十二年丁亥	張元文		丁崇	謝聲亮		王嘉猷	

歸德副榜　江夏舉人　興國舉人　浙江監生
三十四年己丑　顧駉
如皋進士
三十五年庚寅　沈治安　楊朝宗　王定璜　王立感　王敬仁
直隸人　陝西舉人　武昌舉人　黃陂歲貢　金谿人
三十七年壬辰　阮龍光　戴學焞　鄧以璲　衛法祖　裴大文
新建舉人　孝感舉人　江陵舉人　陝西監生
三十八年癸巳　楊永芳
昆明舉人

四十一年丙申　潘元會　程龍甲　章楷仁　趙欽中
沽川舉人　鍾祥歲貢　成都監生
鵝籠司
四十四年己亥　李正中　李中瑛　湯汝梅
衡陽舉人　石首歲貢　江南監生
四十六年辛丑　阿　敏　莫子捷　屈振甲
奉天人　高明舉人　江南監生
四十七年壬寅　葛桂芳　李本榮　顧錡
巢縣舉人　鍾祥歲貢　江蘇監生

四十八年癸卯　鄧起峯　王佩英　彭之煥　沈輝吉　孫必貴
雷首拔貢　婺源進士　京山舉人　蘇州廩貢　安徽監生
虎頭司
五十三年戊申　郭瑾　王守正　楊界　章濬
北直舉人　江夏廩貢　鑲黃旗監生　四川監生
鵝籠司
五十四年己酉　袁純德　沈清直　劉諭義　吳端　趙秉鑰
太和人　浙江舉人　漢陽舉人　山西拔貢　陝西監生
楊樹本　王路

桐鄉副榜
五十五年庚戌　劉源溥　黃書紳　張立誠　姜濬
香山舉人　陸豐舉人　天門舉人　陝西廩貢
龔兆棠
直隸考吏
五十七年壬子　陳熷　孫士濤　楊秉純
秀水人　直隸考吏
賈心誠
山西監生

五十八年癸丑　木特布（鑲紅旗官生）　慶恩　楊天顏（廣東人）　陳霈霖（浙江人，鵞籠司）

五十九年甲寅　施謨花尚阿　馮振鷺（仁和舉人）　朱杏堂（浙江監生，虎頭司）

六十年乙卯　姜廷銘（保德州拔貢）

嘉慶　同知　知縣　教諭　訓導　縣丞　典史　巡檢

三年　孫捷三（關中人）　張本（皖江人）　蕭超運（黃陂舉人）　吳醑　龔自璇　劉燦英　董長春（虎頭司）

六年　黃家璲（字璞山，福建連江人，另立傳，請入名宦祠）

七年　李爲本　王席珍

十四年　黃安太（直隸西寧人）（桐城人）　李爲本（復任）　陳之翰（拔貢）　郭時雍　王廷映　孫兆棠

十八年　翟中倫（直隸趙州人）　涂以綸

二十年　陸賓恩璟（浙江副榜）　史銘桂（拔貢）　鄒鯨

託恩東阿（旗人）　包萬青　王則典

二十四年　官維紀（廣西人）　張五域（陝西人）　程宗豫　古宗弼

二十五年　李廷勳（山東人）

道光　同知　知縣　教諭　訓導　縣丞　典史　巡檢

麻城縣志 卷十四 職官志 三十六

元年		郎錦駿 山西人					項同煦
			郝範林 應山舉人	佘志鴻 松滋廩貢			
二年		周鳴鸞 湖南人			俞昌烈	朱汝惠	
四年		李洛 直隸人					
		馬鴻圖			沈施梁	覃萬鵬	
九年		董應魁 山西進士					
十年		孟登先 陝西人					
十一年		李兆元 山西舉人		彭兆珂 拔貢			
			周大鈞 舉人				鄭雲

麻城縣志 卷十四 職官志 三十七

十三年		沈涫					
		黃兆遇				陳文灼 四川人	
十四年		林寅 大興人		黃博前 荊州優貢			
		吕珣					
十六年		王汝霖 直隸人					
十七年		劉維禧 陝西解元	萬之傑 江夏舉人				
十八年		王朝柵 璧山翰林		陸昌齡 沔陽歲貢			陸蔭堦 江南人
				鄧貽楷 江陵歲貢			
十九年		劉世保					

		二十一年		二十二年		二十三年			二十九年	三十年
同知										
知縣	甘肅	陸恩福	劉世保 復任	張日睽 貴州	劉江 順天	李湘甲 湖南	姚國振 奉天		鍾榮先 江西贛州進士	姚國振
教諭										
訓導								楊長珩 廩貢	王積泉 江夏附貢	
縣丞					吳恩晉 江西人	劉珍	邱繩瓚 紹興人			胡先頻
典史								梁柱涵	戴醕	
巡檢				丁永祿 安徽人						

咸豐		二年		三年		四年	五年	六年
同知		福紹 旗人						
知縣	復任		姚國振 又復任四年三月陣亡於中館驛	韓保昌 四年四月陣亡於龍困橋		賀棨 山西	劉棨 江西進士	汪敦仁
教諭		汪登瀛 江夏舉人			朱孔揚 歲貢			
訓導				李忠墀 黃陂舉人				
縣丞	涇縣附生		周正鈞 涇縣人				陳恩沛 江西人	
典史		洪澄鑑 涇縣人						胡翰澤
巡檢		趙渭濱 河南人		胡翰澤 涇縣廩生			侯家駒 甘肅人	

年	同知	知縣	教諭	訓導	縣丞	典史	巡檢
		湖南舉人				涇縣人	
八年		王頌三 江西選拔	王仲之 江夏舉人		徐焰 江西人		
九年	王政 浙江人	易光蕙 湖南		劉杰 江夏廩貢		裴肇修 四川人	周德材 江蘇人
					李登素 湖南人		
十年		陳汝蕃 安徽中 陝西副 榜					吳晉思 江西人
十一年		吳林 江蘇	王丹林 應城廩貢		趙寅東 河南附生		
同治	同知	知縣	教諭	訓導	縣丞	典史	巡檢
元年		王瀚 直隸	劉用宣 保舉同知		傅維祜 四川人		張金蘭 浙江人
二年	王						涂香
							周秉鈞
三年		范現					浙江人

年	同知	知縣	教諭	訓導	縣丞	典史	巡檢
		王瀚 復任	熊文鏡 國子學正				田象三 四川人遇賊殉難奏入昭忠祠
五年		黃以愼			涂香 江西人品誼端方能詩著有盼青軒集		袁潤霖 湖南人
							陳凌衢 江西人
六年	張積祺 直隸人	廖恩澍 湖南	黃尊祿 黃陂舉人內閣				王世德 河南人
七年		楊宗時 運同銜	中書銜				
八年		鄭慶華 桂林舉人		黃隆化 監利廩貢			許成傑 四川人
	唐訓邦 道銜湖南人	李宗炳 開縣人到任數日丁艱				金臺 江南人	
		鄭慶華 就任					

年	同知	知縣	教諭	訓導	縣丞	典史	巡檢
九年		張鴻舉 湖南		鄧順驤 松滋廩生保舉			
[illegible]		濮文昶 栗水進士		賀子一 蒲圻歲貢			趙定熙 河南人
十一年		鄭慶華 復任					
十二年		劉祝穀 天津		朱 騏 大冶歲貢	藍江注 湖南舉人		陳雲階 四川人
十三年		鄭慶華 又復任			宋 賓 安徽人		

年	同知	知縣	教諭	訓導	縣丞	典史	巡檢
光緒元年		潘康保 江蘇			尹承綸 山西人	呂文煥	張文煇 北直人
二年		鄭慶華 又復任 潘介繁 江蘇興人 鄭慶華 又復任					馮汝彥 河南人 文[illegible]

麻城縣志卷十五

選舉志

伊古賢書以升多士閻田趙毛赤亭杞梓越至於今雲興鵲起倘其念之顧諟青紫

唐

閻伯嶼 戶部侍郎

宋

田 蕙 大理評事　田 桂 御史　戴 珠 家乘載元舉人

元

秦達善 本縣教諭　毛廷元 團練副使　毛迪功　楊應辰

王松齋 同知　上官公謹　趙璧峰　王 宣

成大用 以上薦辟　趙玉峰 樞密使進士　毛文穆 解元

明

年	進士	舉人
洪武二十六年癸酉		劉從政 解元
二十七年甲戌	劉從政 參政	
二十九年丙子		熊紹祖 知縣 盧 懷 審理

建文元年己卯
黃瑞禮知縣
毛賢

四年壬午
趙獻文御史
鄔玉知縣

永樂三年乙酉
王秉常知縣
蔣輔給事中
劉旭

四年丙戌
劉旭同知

六年戊子
畢以成

鄒正
陳以忠同知
周愷知縣
張淵教諭
楊貞同知

九年辛卯
丁質

十二年甲午
段志
項琥

十五年丁酉
喻友誠教諭
陳敬

十八年庚子
鄒泰運同
鄒來學
林志聰
王以清
周鑑
李溥
汪洪教諭

二十一年癸卯
陳綱
金珂縣丞
徐謙教諭
程讓教諭
張迪知縣

宣德四年己酉
楊忠紀善
楊廷春教諭

七年壬子
童應軫解元參議
李正芳

劉訓

八年癸丑　鄒來學翰林都御史

十年乙卯
鄧逵御史
李太初教諭
金球

正統三年戊午
李鑑御史
胡應先知州

四年己未　劉訓參政

六年辛酉
陳敏知縣

趙訪
丁懋仁知縣
劉克昌

七年壬戌　李正芳布政使
黃睿知縣

九年甲子
項九霄知縣

十年乙丑　周鑑副使
趙訪御史

十二年丁卯
蕭允功同知

景泰元年庚午
董緒通判
周洙知縣
鄒淪知縣
項九萬通判
李能芳
喻哲學正
熊祥知縣
江榮學正
吳宗鼐教諭

四年癸酉
曾啟學正
徐公善同知
程子龍知縣
周坤教諭
鄒崇道教諭
鄭瓚審理
劉仲輢知縣
劉仲輇同知
謝旭通判

七年丙子

黃琦 知縣
周瓘 同知
宋兌 知州復姓周
黃瑀 知縣
劉綱 知縣
程儉 知縣
李灝
彭大倫 推官
張嗣玉 訓導

天順三年己卯

周旻 知縣
唐瑩 知縣
萬山
鄒騏

六年壬午

鄒灤 知縣
周杲 教授
董紱
李濂
陳本德

成化元年乙酉

盧瓚 山東榜官教諭
羅孟芳 司務
劉瑄 知縣
蔡必興 通判
黃時中 知州
喻宗府
曾夔 知縣
喻珍 知縣
王本儉

二年丙戌

萬山 郎中

趙永實

四年戊子

毛成 魁
王闓 縣丞
江伯鯤 知縣
林舜 知縣
唐學 知縣
鄭景和 推官
李玉樹 教諭

五年己丑
李　淛參政
鄒　騏參議

七年辛卯
萬　祥同知
鮑　琦知州
高　成知縣
馮　鑾僉事
李　宏知縣
胡濟南知縣
李本芳知州

八年壬辰
董　紱知縣

十年甲午
鄧　延
秦　安知縣
淩　山
邱　瑩知縣
李騰芳長史
曾大賢學正
熊　經

十三年丁酉
段景春知州

十四年戊戌
王本儉副使
熊　經知州
秦尚賢州判
桂　相知州
舒崑山
明　紳知縣
毛　夔通判
熊　璋知州

十六年庚子
董　朴

十七年辛丑
喻宗府知府
劉　璲
劉壽山
趙　繹
陳　情
阮　章
李　沐教諭順天榜

十九年癸卯
李文祥
楊　潤僉事

		鄒同知縣　周廷璋知縣　盧廷春通判　董佐
二十年甲辰	董朴參政　舒崑山副都御史　凌山員外	
二十二年丙午		董紘　劉瑩學正

		周珪通判　汪文燧通判　成公器教諭　鄭琦　鄭尙和知州　董紘
二十三年丁未	李文祥兵部主事	
宏治二年己酉		曾大有解元　毛騤知州

		周廷徵副使　汪正參政　李潤經魁　熊縯知縣　蘇勳參軍　喻湻知縣　余本教諭
三年庚戌	劉璲知縣　董紘御史	

五年壬子		王寶知州　袁倫知縣　王袞知縣　唐書知縣　喻文英知縣
六年癸丑	曾大有布政	
	董紘參議	
八年乙卯		陶寶解元知縣　梅吉

十一年戊午

李文璧知縣
趙源潔知縣
王本元通判
秦尚恭教諭
李文欽知州
劉天和
陳時知縣
陳文長史
王宇僉事

劉漢知縣

十二年己未　梅吉知府
阮章副使

十四年辛酉

曾大顯
趙賓
熊夔推官
阮朝陽
謝廷珪推官
耿光教諭

曾煥推官

十五年壬戌　曾大顯參議

十七年甲子

侯正綱知州
王廷知縣
毛馭知縣

正德二年丁卯

毛驌知縣
方鳳知縣
李漢中廣西榜
鄧樸通判

詹瑩

三年戊辰　劉天和尚書宮保

五年庚午

熊綎知縣
毛驗知縣
鄭雲翔
劉光通判
周傅知縣
董士毅知州

六年辛未　鄭雲翔參政

八年癸酉

阮朝東解元
周文熙
劉淑相
毛鳳韶
喻冲僉事
喻希義知縣
秦鏜知縣
胡承學
鄒崇義知縣

九年甲戌

周文熙僉事
劉淑相府尹
詹瑩參議

十一年丙子

吳孔祥通判
熊大輅知縣
鄒崇仁知縣
徐爆

十四年己卯

吳濂

十五年庚辰

毛鳳韶僉事

喻希禮
陳仲愚知州
彭鳳儀
楊鳳教諭

嘉靖元年壬午

劉采
周載運使
劉瀣
阮朝隨知縣

二年癸未

喻希禮御史
曾烶參議
阮朝東翰林副使

曾烶
周岱
劉淞
阮朝策
鄒驗知縣

四年乙酉

汪篤初知縣

五年丙戌
李采 推官
汪三山
劉木 同知
周鼐 通判
李采
陳全 教授

七年戊子
周賚 知縣
李寵
朱大式 教諭

八年己丑
劉采 翰林尚書
陳念 郎中
林文明 知縣
陳念
曾嘉誥 知縣
方民悅
羅大會
冷珂 中四川榜
黃卷 中北闈

十年辛卯
黃卷 翰林副憲
邱柟 推官
蔡完 同知
黃梅 知縣
周廷聘 知州

十一年壬辰
劉滐 郎中

十三年甲午
王采 郎中
駱億 知州

十四年乙未
周岱 主事

十六年丁酉
方悅民 副使
劉廷舉
周宏毅 通判
萬峩 知州
周宏烈
陳仲晦 本名學朱 知州
董性 知州

十七年戊戌
阮朝策 翰林
李寵 知府
冷珂 布政

十九年庚子		劉瀾知縣　方民懷知縣　彭曉　方治
二十年辛丑	方治主事	
二十二年癸卯		劉炎知縣　宋文木知縣　周載知縣　郭進賢知縣

二十五年丙午		張衷知州　鄧楚望榜姓周　邱粱通判　周賜　明善知州　胡玉璣知州
二十八年己酉		江渾知縣　何一乾參軍　趙教

二十九年庚戌	劉廷舉知府	彭台　李本仁教諭
三十一年壬子		耿定向　周思久　劉湅　朱繼孔通判　袁亮苑馬卿

三十二年癸丑	劉湅知縣　周思久知府　趙教僉事	
三十四年乙卯		朱繼曾改姓熊員外　蔡光祖郎中　周宏迪知州　周宏祖　方岳山東榜
三十五年丙辰	耿定向尚書宮保　方岳參議	

三十七年戊午　蔡光祖
唐　謨
劉　方通判
梅汝球
熊　讜主事
曾嘉祜
蔡應陽布政使
周思大知縣

三十八年己未　鄧楚望副使
周宏祖御史光祿卿

四十年辛酉
阮　孝知州
邱齊雲
邱龍雲同知
曾嘉祿知縣

四十一年壬戌　陳　謨改姓唐僉事
劉守泰解元
董　石
謝　鰲知縣
周思韶知州

四十三年甲子

周思敬
耿定力
黃　嶸知州

四十四年乙丑　董　石御史
邱齊雲知府
徐雲山推官
周思稷
阮宗孔知府
梅國楨本名鼎

隆慶元年丁卯

二年戊辰　周思敬侍郎贈尚書
周思稷主事
劉　譜中北闈
李　爵中四川榜郎中

四年庚午
梅春元改名在延同知
李承泰知縣
周宏祁
王寵麟知縣
曾家袞同知

五年辛未
劉守泰主事
劉　諧給事中
耿定力侍郎贈尚書

萬歷元年癸酉
周宏鑰
鄒思亮通判
李世薦同知
羅樹聲同知
梅維範
陳楚產

二年甲戌
周宏鑰尚寶丞

四年丙子
徐　期
李承槐
黃順乾知縣
周至德參軍
毛思龍
詹仰望知府

七年己卯
黃　圖解元
梅國正
劉　奕
黃建衷
謝師啓教諭
鄒思哲

十年壬午
劉承芳審理
梅國樓
梅國森
汪源浩教諭
王之機參政
黃在中知縣

十一年癸未
梅國楨御史侍郎
梅國樓翰林
陳楚產主事
劉　奕知府
曾之賢御史
閻　遇知縣

十三年乙酉
彭遵古
劉秉鑰長史
王可相同知

		彭好古 吳從周 司務 楊王庭 同知 詹淑 知府 周崇惠
十四年丙戌	彭遵古 尙寶卿 李承槐 主事 彭好古 御史	
十六年戊子		周應嵩
		周制 知縣 劉文杰 同知 李鼎 劉承緒
十七年己丑	周崇惠 僉事 周應嵩 博士	
十九年辛卯		梅維芳 周應明 李長庚

		田生金 鄒衡 評事 劉泮 同知 汪之澄
二十二年甲午		黃會中 毛可教 知府 曹大受 副使 周邦基 改名邦璟 黃位中
		鄒瑄 通判
二十三年乙未	周應明 主事 李長庚 翰林尙書	
二十五年丁酉		熊嗣先 同知殉難 王成位 同知 毛茂春 司務 周之夫 楊之彬 同知
二十六年戊戌		熊所師 推官

二十八年庚子
周應嵱 知縣
田生芝
曾汝鑨 知縣
王育德 布政使
鄒人昌

二十九年辛丑
黃建衷 主事

三十一年癸卯
王　奇 知縣
梅之煥
毛調元 知縣

王養中
李　迪 主事

三十二年甲辰
梅之煥 翰林巡撫
田生金 太僕卿

三十四年丙午
鄧漢臣 知縣
張繼孔 同知
鄭天懿 知縣
李新楚 知縣
陳以聞

田生蘭 主事
閻棨言
周世盛 知府

三十五年丁未
周之夫 知府
陳以聞 侍郎

三十七年己酉
王之楨 知縣
劉鍾英
周崇極 僉事
宋應軫 主事

李　延 主事

三十八年庚戌
鄒人昌 知府

四十年壬子
周維光 知州
劉涵濤 知縣
毛舜嶽
蔡茂春
劉孔源 推官

四十一年癸丑
周邦璟 侍郎
劉鍾英 翰林侍郎

年	進士	舉人
四十三年乙卯		劉忠淸 鮑之祥 周應昕 毛丹彩推官 劉秉衡知州 周之茂
四十四年丙辰	田生芝通政使	
四十六年戊午		劉承棠 梅之耀

年	進士	舉人
四十七年己未	周　振	周士美 田宏恩 曾嗣禹教諭 周　振中北闈
天啓元年辛酉		劉　伸 陶承謨 趙之英 曾嗣仲

年	進士	舉人
二年壬戌	蔡茂春知府 陶承謨參議福建提學道 毛舜嶽知縣	
四年甲子		余士瑞 董九功學正 周世璽知縣 李雲程中山東榜 楊　魯 周應華

年	進士	舉人
七年丁卯		周世垣 鄒師捷 熊世懿 陳鵬舉副使 陳儒楧 周　渫助教 李鄧林知縣 張久徵中北闈
崇禎元年戊辰	張久徵知縣	

三年庚午
劉　伸知縣
劉承棠推官
蕭　奎　陳　瑾
胡公國
朱師忠

四年辛未
鮑之祥知縣
趙之英翰林
熊世懿博士

六年癸酉
朱之理

詹應熊
曾元公知縣
馮九思推官
劉　怡知縣
董　璜中北闈同知
劉　個中北闈

七年甲戌
劉　個知縣
周之茂知府
陳　瑾提學

九年丙子
鮑修吉　江山杜知縣
毛祈蕃
毛羽儀
毛元暉

十年丁丑
余士瑞推官
毛羽儀

十二年己卯
曹應昌解元
謝應申
劉鍾蓉

梅念殷
周　損推官
葉　采
王山玉

十三年庚辰
毛祈蕃

十六年壬午
喻　勳
董　珍
鄒知新知縣
董　璋知縣

十七年癸未 曹應昌 知縣

陳儒樸 行人司

麻城縣志卷之十五下

選舉志

明武進士

庚辰 周宏謨 遊擊僉事世襲

癸未 劉守有 錦衣衛指揮加宮保

己丑 萬吉齡 遊擊

庚戌 梅國林 錦衣衛指揮

丙辰 梅廷和 都司遊擊

癸未 彭信古 遊擊參將世襲

丙午 邱坦 遊擊參將

辛未 周應旴 指揮

甲戌 金行文 參將

劉幼堪

丁丑 黃萬里 都司

庚辰 劉承禧 會魁榜眼 錦衣指揮

癸未 袁千里 守備

丁亥 吳應邦

壬辰 劉僑 督都加宮保

武舉人

金萬里 守備

丙子 周宏謨 解元

邱坦 解元

萬吉齡

鄒斗虛 遊擊

劉守有

劉守濟 左都督

梅國林

梅廷和 解元

梅漣

彭信古

萬瑞鳳 都司

金行文

庚子 金元韻 守備

癸酉 金啓玉 守備

乙未　羅四維 榜眼遊擊
鄒之寵
蕭明時
梅守盛
黃定儀 遊擊
喻秉鉞 把總
羅萬有 會魁守備
袁尚絅

辛酉　周應旴
丁卯　周應嶠
甲子　周應延
甲子　曾仲存 守備
黃萬里
劉承禧
萬瑞暹
袁千里
羅四維

吳邦應
彭盍孫 副將
劉允升 錦衣衛千總
劉　僑
劉永繩 指揮
陳紹宗 總兵
袁世章 參將
羅啟芳 都司
洪天祐 守備

蕭演華 都司
陸邦畿
徐世華
胡呈祥
丙午　李廷標 遊擊
劉成胄 指揮
何維揚 守備
顏藎臣 遊擊
陳王前 總兵

胡思名 守備
梅　滋 千總
黃定儀
鄒之寵
袁尚絅
周思旦
周之謨
周思治
周世傑

金啟生
金石城
劉鍾震
劉幼堪
蕭明時
梅守盛
喻秉鉞
羅萬有

明武勳

楊仲祥 萬戶
彭有謨 副總

元薦舉

秦達善

明薦舉 洪武年間例

吳山 知縣　喻文偉 知縣　嚴毅 知縣
夏均輔 邑教諭　鄧林 邑訓導　桂南 邑訓導 俱明經舉
劉夢 同知　趙洪 知縣 俱人才舉　馮英
熊瑄 俱賢良舉　吳仁山 未詳　楊橋明 軍功知縣

明貢生 恩拔歲副

馮子恭 僉事　張遜 主事　史仲鉉 員外
黃銓 以下同知　夏証　詹仲讓
梅國棨 拔　劉承禮　毛添佐

余祚　李玉　周祥
鄒庠　周應泰　劉子弼
李長年　田生玉 俱同知
董楫 以下通判　董渠　王鎧
汪添昂　劉昺　董檝
王之謨　李燧　劉仲韓 俱通判
吳敏 推官　余學淵 推官　董子昂 州同
曾仲禮 州同　劉天申 府經歷
王廷介 以下知縣　方暘　于軫義

袁　春　楊福四拔　喻　珊
周廷制　李　袞　李　鼎
王之策　董子延　廖　敦
朱大坤　詹仰斗　董繼舒
王都俞知縣　梅之煒助教　王世安知縣
鄒崇敬以下教授　晏　然　楊時春副
劉天民　楊鳴鳳俱教授　喻民慓副
鄒崇禮以下學正　萬鶴齡　萬彭齡
楊　赤副　周　代俱學正　喻民恪副

梁　宸以下教諭　梁　賓　熊　吉
劉守巽　劉　暹　梅渾然俱教諭
徐　賓以下訓導　周　營　馮　濂
盧　勳　王　美　鮑　鳳
余向華　周　偁　周應時
鮑　馨　劉堯祚　楊　浹
李文佐　梅厚菴　周之禮俱訓導
周　仁縣丞　周崇恭縣丞　周　溥主簿
毛本學以下未任　劉德敏　董　治

鄭昌期　朱大任　李春榮
曾若洛　鄒思觀副　董子大
鄒承午副　楊　濾拔　楊　浙
董子範　鄒　鎮　鄒之龍
周之甫　周崇柱　周世建
李長策恩　周宏禮　周宏祜
王重慶　李作霖副　駱于麟
李　瀹　曾　晟　周　掞恩
李文裕　李承裕　楊之發副

劉文聰　曹應旻　李春時拔
李春捷拔　熊逢昌副　劉九定
陳　淑　謝寅和　毛應時
黃　道　阮伯成　李　守
張繼哲　陳　濬　鄒思誥
李　華　鄭雲翀　鄒　璉
吳學成　王路闢　喻文炳
喻宗武四川重慶府訓導　喻　濱　喻　澡
喻希準　喻希書　喻元啟

明恩選

張淑安知縣　張應奎　曾三畏推官
黃銘吉　鄒承流副　鄒承申通判
唐明德　曹巽之　王則乾拔
萬一坤縣尹　李連州判　趙詰
董桯通判　董廷對光祿署丞　李春瀾光祿署丞
李文簡知縣　楊渭知縣　楊民仰知縣
董樵知縣　李涇教諭　董士齊訓導
周文俊照磨　周文盛經歷　周之俊經歷

李承模縣丞　楊楹庭縣丞　楊義縣丞
於仲達縣丞　孫一謙吏目

麻城縣志卷之十六

選舉志

國朝	進士	舉人
順治二年乙酉		項始震中京闈
三年丙戌補鄉試		劉暉學正
四年丁亥	喻勳知縣 項始震知府	
五年戊子		周禮 金九鼎知縣
六年己丑	周禮知府	
八年辛卯		王元士 萬邦維 胡躍龍 董時升 黃倫 顏允基 高翥
九年壬辰	胡躍龍知縣	
十一年甲午		江漢英 唐封

		郭更名　毛祈華
十二年乙未	萬邦維主事	
十四年丁酉		鄒宗彥　鄒四知教諭　吳虞廷知縣
十五年戊戌	鄒宗彥知縣	
十六年己亥	董時升知縣　王元士知府	

十七年庚子		鄒琬　周維秬　葉蓮　曾之裕中江南　劉本源中京闈
康熙八年己酉		袁進
九年庚戌	唐封　鄒琬知縣	
十一年壬子		蔡楷　蕭之年榜姓姚教諭

十二年癸丑	周維秬知縣	
二十年辛酉		蕭一舉　李如龍教諭　喻士鼎　陳世封學正　黃道茂
二十三年甲子		鄒士璁　袁同賢本姓鮑
二十四年乙丑	袁同賢知縣	

二十六年丁卯		鄒汝治　謝家恩任至大尹　王楠知縣　鄒汝魯　曾世煌中貴州榜
二十七年戊辰	鄒士璁翰林內閣學士	
二十九年庚午		陳文錦
三十年辛未	鄒汝魯太常卿	
三十五年丙子		郭林教諭

王琬 教授

四十四年乙酉

李遠 學正
曾謹
朱梅 本姓唐知縣
蔡仕 本姓王教諭
李煥

四十五年丙戌 李煥 知縣

四十七年戊子

胡文域
江世偉 教諭

鄒汝模
鄒汝默 知縣

四十八年己丑 曾謹 翰林
鄒汝模 翰林

五十二年癸巳

徐家麟 教諭
曾從致
曾銳 知縣
唐治 知縣

五十三年甲午

李廷翼 教諭

萬諏 知縣
胡文垣
鄒懋衡 知縣
程均 教諭
董昌其

五十六年丁酉

梅任均 經魁
彭際泰 教諭

五十九年庚子

萬繩祜
胡錦 知縣

楊龍光
胡鑛
郭琰

六十年辛丑 萬繩祜 翰林

雍正元年癸卯

周邦孚 解元本姓潘教諭
鄒瑜
祝湛
鮑起泮 中書
萬詢 知縣

四年丙午		鄒攀梁鹽大使知縣
始分湖北南闈		梅　渻
		彭奕明丁酉丙午兩科副榜准作舉人知縣
十年壬子		蕭斯芝
		周際聖
		彭　韜
		宋大蘇
十一年癸丑	彭　韜教授	
十三年乙卯		萬繩宗

乾隆元年丙辰		甘學渻
六年辛酉		黃　鶴
七年壬戌	甘學渻知縣	
九年甲子		江曾默教授
十二年丁卯		侯天柱
十三年戊辰	萬繩宗教授	
十七年壬申		葉　栻教諭
		吳家駒
		阮文經

		王國柱
十八年癸酉		鄒茂材教諭知縣
十九年甲戌	吳家駒知縣	
二十一年丙子		郭　湛知縣
二十五年庚辰		梁景陽解元
		侯映甲知縣
二十七年壬午		李　濤亞魁知縣
		程　琮會魁
二十八年癸未	程　琮知縣	

三十年乙酉		鄒茂槐德安府教
		胡翔霱通判
三十四年己丑	梁景陽太僕少卿	
三十五年庚寅		王秉謙教諭
		張　沆
三十六年辛卯		程　璘教諭
		楊　琯
三十九年甲午		梅英熾
四十二年丁酉		王　勷知縣

四十四年己亥		鄒藻學正 胡翹霜學正 李對恩賜
四十五年庚子		吳世渭
四十八年癸卯		鮑榜 李愈達府教
五十一年丙午		陳邦傑榜名橋亞魁
五十三年戊申		江培福知縣 鮑鵬訓導
		王勳教諭
五十四年己酉		郭喬楚 李元淑
五十七年壬子		袁履謙訓導
五十九年甲寅		汪步丹 熊良駿教諭 李元慜訓導
六十年乙卯		喻光祿揀選知縣
嘉慶元年丙辰	陳橋湖南知縣	

麻城縣志　卷十六　選舉志　七九

五年庚辰		張夔筆更名秀芝
六年辛酉		程德楷經魁 袁銑
九年甲子		陶思淑恩賜
十年乙丑	程德楷翰林轉光祿寺卿 張秀芝知州 陶思淑恩賜翰林	
十二年丁卯		陳甫周恩賜
十三年戊辰		梅茂南
		鄒壎恩賜
十五年庚午		項森
十六年辛未	袁銑翰林轉禮科給事中 梅茂南知州	
二十一年丙子		陳五典知縣
道光八年戊子		張錦芝教諭轉鹽經歷
十一年辛卯		江文鉅
十二年壬辰		程煩會
十四年甲午		曾榮秩石首教諭

麻城縣志　卷十六　選舉志　八十

十七年丁酉		楊光鎮
十九年己亥		吳玉亭經魁
		羅文樞四川知府
		汪遠昌中陝西鄉試
二十二年庚子		胡兆鼎亞元
		袁學濬江西知縣
		魯應綬
二十九年己酉		夏梧直隸知縣晉運同銜
		張廸會天門教諭

		蔡熒光刑部主事
咸豐二年壬子		鄧楚翹中河南鄉試
八年戊午		袁汝霖經魁教諭
		成鳳來
		劉棨教諭
		周澤遠
		潘光烈恩賜
		熊桂林教諭
		熊天均

		梅調羹直隸知縣
九年己未		程燕會經魁四川知縣
		王光珣
		王光柄
		程鵬福建知縣
十年庚申	潘光烈恩賜翰林	
同治元年壬戌		蔡福謙
		汪士玉
		蔡駿杓教諭

三年甲子		余雅祥解元教諭任竹谿掌教萬松書院
		陳巍煥經魁知縣
		羅有壬內閣中書
		黃道榮教習
		羅汝霖郎中
		戴如蘭中陝西鄉試
四年乙丑	蔡福謙知州	
六年丁卯		馮翼
		王尚彬中四川鄉試

九年庚午
李開第
李聯芳 中陝西鄉試
戴如松 中陝西鄉試
曾學鎔 寄江夏籍
葉成章 中陝西鄉試

十年辛未
李聯芳 翰林

十二年癸酉
周宗濂

吳玉光

光緒元年乙亥
吳兆泰 經魁

鮑廸彪
羅錫三
蔡藜光
施典章 中四川鄉試

二年丙子
吳兆泰 翰林
施典章 翰林
余士珩

國朝武進士

康熙庚辰 錢奇策 本姓李名廷岳都司

武舉人

順治辛卯 夏韜 千總
丁酉 金龍翔 千總
庚子 丁艮捷 千總
彭進
孫鼎鉉
康熙癸卯 劉先定 千總
萬略 守備
吳紹起 守備

陶朱
張其維
丙午 袁斯年
己酉 李文舉
程宗孔
劉再昇
李大謨
壬子 曾試
辛酉 田奕坤

庚午　蕭　儲
胡之致
胡封曾
癸酉　李　荃
周時歷
錢奇策
壬午　周成臯
葉　濂
乙酉　吳國璽

癸卯　陳登科參將
庚子　王　銓
雍正癸卯　鮑啟湘千總
鄒維翰
丙午　彭壽言
己酉　彭　枝指揮
乾隆庚午　胡美瑜
馬自强中雲南榜
癸酉　胡美珍千總

己卯　鄒占魁運千總
李廷輔
乙酉　李廷楚
辛卯　唐楚甲
己亥　黃天定
癸卯　熊紹漢寧波運千總
羅鳴臯中四川榜
戊申　石占鰲
王道誠

己酉　方大元
壬子　田夢飛
嘉慶戊午　李春華
甲子　余楚魁
丁卯　盧鳳山
道光辛巳　田定邦守備
壬午　庫占元千總
乙酉　徐三元
辛卯　李萬春

甲午 李定三
屈光國
丁酉 白紹科
甲辰 田春魁
己酉 黃品元
咸豐辛亥 鄭飛鵬 加遊擊銜
壬子 徐上達
戊午並補乙卯 伍子奇 保舉千總
同治壬戌 陳璧華

庚午 陳精銳
明金榜
馮定元
癸酉 程鳳池
乙亥 鄒振聲
光緒丙子 程鳳池

國朝武勳

蔡得春 總兵
李士文 總兵
袁發 花翎記名提督漢鎮總巡
朱聯陞 花翎記名提督
雷才貴 花翎遊府冠勇巴圖魯
高得勝 花翎副將克勇巴圖魯
李承萬 花翎副將署陝西平凉營遊府
鄒占陞 藍翎遊府
李應珍 花翎副將補用參將
萬金榮 花翎總鎮署陝西遊府
周占魁 花翎遊府
鄒基鴻 花翎副將
李元先 花翎遊府
李嘉崇 花翎參將
馬復震 副將
黃品隆 藍翎守備

熊思義 花翎都司
鍾志成 都司
李景雲 藍翎守備
黃敦典 世襲守備
李培元 藍翎都司
楊紹宏 花翎守備
孫得勝 花翎守備陝西高陵縣千總
戴有和 藍翎都司
胡禮高 藍翎守備
吳華亭 花翎守備
林玉榜 花翎都司
袁立先 藍翎守備
王定泰 守備
汪高成 守備
劉恩 藍翎五品千總
陶希榮 藍翎守備保至參將
鄭恩元 藍翎守備
蕭鳳鳴 守備

蕭興春藍翎守備　金朝柱花翎守備
蕭新和花翎都司　袁永順花翎守備
邵成有藍翎都司　彭大發藍翎守備
蔡正起花翎守備都司銜　董金春花翎都司
萬士陞拔補千總　陳天與千總
李文彩守備加都司　高澤梅花翎守備
梁殿元花翎守備　欒得勝藍翎守備
彭楚發藍翎千總　李世忠補用千總
劉士福補用千總　陳廷科藍翎千總

李占元把總守備銜　李如春藍翎千總
王開選藍翎千總　蔡紹陽千總署城守
林明山藍翎把總補九江汛　劉新勝藍翎把總
涂貞乾藍翎把總　楊應春把總五品銜
李得廣五品軍功把總　熊三元六品把總
蕭永清六品把總　張永高儘先把總
汪進發藍翎把總加六品銜　陶大保藍翎把總
高天才藍翎五品署英山把總　陳福祿把總
鍾天長藍翎把總　陳之朝藍翎把總

萬長明藍翎把總　周高柱藍翎把總

國朝貢生恩拔歲副
程　浩同知　李春江訓導　鮑之煒訓導
余維新　鄭羽南知縣　田宏恕訓導
周　搢知縣　陳士琳　史聯元知縣
楊　會訓導　李孔茂訓導　李春旺
鄒世美訓導　成一卿訓導　王國章教諭
毛之璋教諭　謝加恩教諭　劉章孫訓導
王龍翔訓導　黃　鉉　喻之章
曾汝曾　梁中斗　毛燕若

梅　坰　李中素知縣　劉懷馨
周長流　曾之萊　黃元吉
陳子乾　徐大韓　徐勉　汪文桌
黃　元　王宏祜拔二次副　周　楨
李之素　馮人樞　萬　幾
白光啟　陶同文　薛從王
毛羽長　黃正運　阮資石
楊親傳　戴　暉　陳肇興
董天築　胡士上　金　湛

盧之鱗　張若楲　董　紳
陶承奇訓導　江漢偉　張熙載
周維藩　曾偲熾　蕭凌雲
江漢書訓導　黃文耀　鄒芝芳
曾堯徵拔　劉　彬　劉　琇恩
吳紹夏訓導　鄒起鳳　羅汝繼
阮鳳昌　周炳枝　胡如鵬
田法夔　龔斐成　蔡來儀副
趙惇典　周時先　龔士任

曾堯愷　李素文　鄧艮燮訓導
胡維錕　梅肇錫　萬　諮
李廷材恩　董學洙拔知縣　成　撰副訓導
蔡慎思　李　前　鄒懋栗副
董學源拔州判　彭奕明二次副榜作正知縣　熊寵錫
顏日成　劉士元　熊調鼎
李維烈　黃國琰　陳　禪拔知縣
熊　約　梁景陽副進士太僕少卿　鄒茂材副舉人知縣
曾銘肅恩　鮑啟濂拔　劉亦亨

馮士彬恩　郭士模　范宏銳
曾廷望　周之棟拔訓導　阮文諄
丁慰祖副　周鋆　汪廷謨副
程宗洛拔　劉宏坦　陶永祺
程璘恩舉人　鄒茂林　熊學韓
鄒佐履　陳翊　王槐年訓導
王家棣　蔡朝邁訓導　胡鳳濟
羅寅斗二次副　汪昇泰恩　丁楚珣
甘芝檢副　梅士楙　程合璧恩

鄒藩　羅文濬　郭喬楚拔舉人
李崋副　詹鍾普　程其溶
吳以寧　程其湘副　鮑枬
楊蓁　田夔　陳鳳翔
喻錦　蕭爲　黃學煥恩賜副
董懋績副　吳泰來　陶琰恩賜副
程德楷拔　劉天驥恩賜副　項森副
吳敏學　雷振元訓導　鮑輝業拔知縣
盧萬之拔知州　陶瑩恩賜正原名琰　沈南吉

劉自徵恩賜副　夏均泰　魯濤
程德懋副教諭　魯恕模府訓導　胡日圖知縣晉州牧
張顯功　鮑惠然　鮑芸堂拔知縣
嚴祖光　葉榮先寄陝西石泉籍　曾行煒主南漳書院
范自省恩　曹文治　羅文樞副
江紹筆　李元捷　熊炳照恩
甘檉副　林子應　戴錫纓
張謨　董喬英　張文藻拔
陶祖淵　陶露柏　袁作梅

劉紹先恩賜副　方廷榮恩教諭　程其桂
孫鶴齡　李賓玉恩　楊一醕拔
董繙　羅江　曾學鍾副寄江夏籍
吳玉清　夏文瀾　程元勳
張待詔　程德椿恩　羅映奎
張鴒　鮑含章副教諭　戴鼎新恩
楊正楷　熊燦恩　鮑輝遠
鮑用儀　萬道南恩　郭時泰
蔡國鈞恩　羅榆烈優　蔡錡

鮑明珠　王子驥　羅汝霖拔

袁魁　詹兆朱副　胡秀三

王立清拔寄竹谿籍監察御史　程熙祖　劉寶麟

張廷杰　陶之樂　羅雲漢

魯坪用副　曹步雲副　周滙川

蕭芬　李飛熊　吳兆泰拔

夏慶勲　劉位南　蔡道濬恩

曾述經　張混恩　王懋政訓導

國朝薦舉錄用

張颺布政　王承時知縣　萬象知州

毛文埜知府　王有容知府　田宏慮

蔡之治　黄素臣　王都命知縣

徐志尹州同　鄒知微　劉亢知縣

楊搆知縣　程之渫　程百朋

鄒知彰　何克孝同知　朱珍府訓導

張鳴鐸廪生保舉知縣　鮑啟泌副榜保舉通知府　項昳訓導

郭時湘試用訓導陞用縣　蕭濟川知縣　張煥奎訓導

郝凌霄由增生保舉教諭加知州銜　馮廷酯以知州用賞戴藍翎　張維城由增生保舉訓導

鮑文旦公安教諭

國朝例選

張文豹知縣　王延雍監運使　萬　魏知縣

王孟猷知縣　梅映月州同　梅先月

楊知衍廪貢州同　鄒　岍訓導　萬成章知縣

許　寀縣丞　田深猷縣丞　鄒汝謙知縣

鄒汝諒鑾儀衛經歷　鄭文坦通判　熊紹龍訓導

鮑啟江縣丞　鄒汝森州同借補縣丞　周　鈺縣丞

成　倫廪貢訓導　張　均訓導　鄒綏衡巡檢

丁雅均巡檢　鮑　楝廪貢知州　鮑　材附貢知州

鮑　標同知　鮑　楊通判　鮑　杭縣丞

丁楚江巡檢　彭啟鎬巡檢　彭啟樗典史

周舒泮巡檢　鄒茂烈典史　吳之瑶巡檢

何五福典史　鮑　陳廪生訓導　蔡攀龍縣丞

劉東昇知府　鮑覲堂兵備道　鮑師釗同知

鄔承楓知縣　鄭兆荃知縣　鮑菊齡巡檢

鄒慕嶧知州　鄭兆芝知縣　鮑華齡巡檢

鄒　芳知縣　蔡懋康運同　鄒大烈典史

屈光奎同知　熊暉吉同知　黃家讓典史

鮑秉禮知州　王懋啟縣丞　王佩蘭巡檢

鮑雅堂訓導　王映麟巡檢　陶思平訓導

張同書州同銜府經　袁樹柄知縣　鮑開佐訓導

劉德輝縣丞　梅傅芳訓導　鄒述學海疆道

梅倡陸巡檢　王椿齡縣丞　劉能華藍翎從九

蕭良慶藍翎六品縣丞　劉國楨藍翎五品從九

郝廷楷廪貢訓導主講萬松書院　項蔭棠知縣　郭　俊通判銜縣丞

貤封附

明

劉夔以子從政 贈御史 周仲馗以子鑑 贈御史
鄒惠和以孫來學都御史 贈左副 鄒希曾以子來學都御史 贈左副
李思敬以孫正芳 贈布政 李瑗以子正芳 贈布政
董世才以子應軫 贈參議 劉從憲以子訓 贈御史
楊添源以子廷春 贈教諭 周伯玉以子坤 贈教諭
周貞常以子兌 贈知縣 萬鏞以子山 贈郎中
鄒瀚以子騏 贈參議 萬鑑以子禕 贈同知

鮑志靈以孫琦 貤贈知州 鮑仕學以子琦 封知州
董紹以子樸 贈員外 毛本學以子騤 贈主事
楊時春以孫潤 貤贈僉事 楊本輝以子潤 封知州
梅玉鼎以子吉 贈郎中 周洙以子廷徵 贈御史
劉仲輢以孫天和保兵部尚書 贈太子太 劉璲以子天和 贈同上
陳孟常以子文 贈員外 王本榮以子宇 贈知縣
詹復初以子瑩 贈主事 劉際源以子光 贈通判
劉仲輇以孫淑湘 贈布政 劉瑚以子淑湘 封布政
周坎以子文熙 贈給事 毛鑛以子鳳韶 贈知縣

鄒驄以子崇仁 贈知縣 吳璋以子孔祥 贈知縣
劉紀公以孫釆 贈尚書 劉漢以子釆 贈尚書
周廷徵以子載 贈轉運使 周廷儀以子岱 贈主事
鄒淮以子驗 贈知縣 萬玉璇以子榻 贈知縣
李滢以孫寵 貤贈郎中 李文玉以子寵 封郎中
黃璲以子卷 封員外 劉濬以子廷舉 封郎中
鄧楨以子楚望 封御史 周篪以子思八 封主事
袁杲以子亮 贈郎中 胡藻以子思銘 贈守備
周鉞以子宏祖 封御史 董子竹以子石 贈御史

蔡珩以子應暘 贈御史 蔡宿以子 封司務
劉潔以子守有傳五軍都督 贈太子少 周篇以子思稷 贈知縣
周文密以孫思敬 贈侍郎 周任以子思敬 贈侍郎
周法以子思稷 贈知縣 鄒輯以子思竟 贈通判
梅汝觀以子國禎 贈侍郎 梅寶以子在廷 贈同知
楊民試以子王廷知 累贈同 李坊以子承槐 贈知縣
周霑以子崇惠 贈僉事 詹易巽以子淑 累贈同知
李承祚以子長庚書 累贈尚 周宏祐以子應明 贈主事
梅國森以子之煥 贈巡撫 曹富以子大受 贈長史

周崇唐以孫邦璟正卿　贈太常　周　業以子邦璟正卿　贈太常

李承大以子迪　贈知縣　陳大道以子以聞　贈主事

周之亮以子世盛　贈同知　周應說以子崇極　封僉事

劉子勳以孫鍾英　贈侍郎　劉幼城以子鍾英　贈侍郎

李承桂以子廷　贈主事　劉守豫以子承禮　贈同知

劉守濟以孫僑　贈太傅　劉承棨以子僑　贈太傅

鮑　治以孫之祥縣　貤贈知　鮑啓敬以子之祥　贈知縣

周應曦以子損　贈推官　喻　哲以子宗府　誥封奉直大夫

萬仲昇以曾孫正貴　贈楚府典儀　喻友誠以孫宗府　貤封奉直大夫

喻宗府誥封奉直大夫　喻　瀹以子希禮　封光祿少卿

國朝貤封

陶　順以子承謨　贈僉事　曹巽之以子應昌　贈知縣

陳以聞以子儁楧　贈行人　陳五德以子鵬舉　贈郎中

鄒承敬以子知新　贈知縣　董士嚴以子璋　贈知縣

程自勝以子浩　贈同知　金應學以子九鼎　贈知縣

張上銘以孫颺　贈布政　張學海以子颺　贈布政

胡公國以子躍龍　贈知縣　鄒　甲以子宗彥　贈布政

楊世泰以子會　贈訓導　鮑宗芳以子同賢　贈知縣

鄒承第以孫士璁　贈侍郎　鄒　惺以子士璁以孫汝魯　贈侍郎贈府尹

鄒文璧以子汝魯　贈府尹　唐世興以子治　贈知縣

萬邦依以子象　贈知州　萬　魏以子繩君　贈庶吉士

胡奎龍以子文域　贈學正　胡文垣以子錦　贈知縣

江漢瑞以孫曾默授　貤贈教　江策廷以子曾默　贈教授

吳來儀以孫家駒縣　貤贈知　吳　桂以子家駒　贈知縣

程世焯以孫琮　貤贈知縣　程　里以子琮　贈知縣

梁汝璜以曾孫景陽僕少卿　貤贈太　梁　灼以子景陽　贈太僕少卿

梁森林以孫景陽僕少卿　貤贈太　梁　燿以嗣孫景陽　貤贈太僕少卿

成　蒲以子倫　贈訓導　鄒卒訓以子茂材　贈知縣

胡鋐 以子翔霄 贈通判　鮑啟沃 以子楊 贈通判

鮑禹鼎 以孫標 貤贈同知　鮑啟汾 以子標 贈同知

甘受信 以孫學淯 貤贈知縣　甘雲彰 以子學淯 贈知縣

鄒彬 以子茂烈 贈典史　何尚志 以子五福 贈典史

陶承謨 誥授中憲大夫　程里 以曾孫德楷 贈光祿寺卿

毛生輝 以子文埜 贈知府　程琮 以子德楷 贈光祿寺卿

王應德 以子琬 誥封奉直大夫　王晉錫 以子勸 誥封奉直大夫

程其溶 以子德楷 贈光祿寺卿　程其湘 以姪德楷 貤贈編修

袁知政 以孫銑 誥封奉政大夫　袁復言 以子銑 晉封中憲大夫

袁復聰 以子銑 生考 誥封中憲大夫　袁復礽 以姪銑 誥封奉政大夫

袁復信 以姪銑 誥封朝議大夫　袁復祥 以姪銑 貤贈奉政大夫

鮑玉堂 以孫覲光 貤封朝議大夫　鮑承烈 以子覲光 誥封朝議大夫

鮑樟 以子炳禮 誥封奉直大夫　鮑炳義 以弟炳禮 貤封奉直大夫

蔡天三 以孫懋康 貤贈朝議大夫　蔡赤城 以子懋康 誥封朝議大夫

蔡輔臣 以孫熒光 貤贈奉直大夫　蔡大封 以子熒光 誥封奉直大夫

羅永賢 以曾孫文樞 貤贈通奉大夫　羅尚祥 以孫文樞 誥封通奉大夫

羅其孝 以子文樞 誥封通奉大夫　羅鳳岐 以孫有壬 汝霖 誥封奉政大夫

羅志禮 以子有壬 汝霖 誥封奉政大夫　羅承來 以子喻烈 誥封奉政大夫

郝世霖 以孫凌霄 貤封奉直大夫　蕭維潛 以子潛川 誥封奉政大夫

胡廷釆 以子應瑞 誥封文林郎　程九萬 以子宗洛 敕授文林郎

程世璉 以子均 敕授文林郎　郝廷楷 以子[illegible] [illegible]大夫

余貽智 以孫雅祥 誥封文林郎　余謨 以子雅祥 誥封文林郎

張颺 河南巡撫 誥授大中大夫　程華璧 以子鵬 誥封朝議大夫

張學海 以子颺 誥封大中大夫　張上銘 以孫颺 誥封大中大夫

例封

羅承龍 以曾孫燕 貤封通奉大夫羅邦彥 以孫步洲 誥封通奉大夫

羅德振 以子步洲 誥封通奉大夫余德鑑 以孫謙六 誥封通奉大夫

余貽翔 以子謙六 誥封通奉大夫余謙六 道銜加三級 誥封通奉大夫

羅思禮 以子全和 誥封中憲大夫羅懷禮 以子春和 誥封奉政大夫

羅守禮 以子克寬 誥封奉政大夫程如科 以孫學源學灝 貤封朝議大夫

程如試 以孫學瀚學濂 誥封朝議大夫程志義 以子學源學灝 誥封朝議大夫

程志銑 以子學瀚學濂 誥封朝議大夫金玉華 以孫秀柏 貤封中憲大夫

金學榮 以子秀柏 誥封中憲大夫朱蔭棠 以弟起然 貤封奉政大夫

朱文煥 以子起然 誥封奉政大夫傅從理 以孫為瑤 誥封奉直大夫

傅為志 以子寶田 誥封奉政大夫傅為新 以子學泳 誥封奉直大夫

夏承志 以孫學棻 貤封朝議大夫夏如昶 以子學棻 誥封朝議大夫

王本念 以孫朝南 貤封奉政大夫王寶善 以子朝南 誥封奉政大夫

王倘棟 以子大堃 誥封奉直大夫胡兆璜 以子奉三 誥封奉直大夫

王大堃 以中書五品軍功 誥封奉直大夫王倘榮 以孫尊三 貤封奉直大夫

王文炳 以子尊三 誥封奉政大夫王德潤 以孫錦雲 貤封奉政大夫

王煥章 以子錦雲 誥封奉政大夫李鳳山 以子廷榮 誥封奉政大夫

李廷榮 以鹽提舉 誥封奉政大夫李廷標 以子炳瑜 誥封奉政大夫

李炳瑜 以同知 誥封奉政大夫鄒佐履 以子[illegible] 誥贈奉直大夫

鄒佐履 以孫述學 晉贈中憲大夫鄒奕貴 以子述學 誥贈中憲大夫

鄒述學 海疆道 誥授中憲大夫

鄉飲附

國朝

周　禮　楊世泰　王　仕　阮鳳昌

董昌期　梅肇錫　鄒汝楫　鄧艮燮

郭士模　鄒　本 以上正賓

董　𢨋　成宗復　董　涫　李廷鳳

梅禹錫　丁愈廷　程先迪　梅夢熊

張文楷　王　涵 以上介賓

劉在德　鄒至誠　唐玉元　吳

曹企璉　鄧士鎬　郝其昌　羅承賢

鄧鍾華　鮑汝瀾 以上耆賓　郝聖樞　程咸惠

金元彩 以上介賓

麻城縣志卷十七

知縣事臨桂鄭慶華纂修

人物志 治績

我聞良吏雷動雨滋所至民樂所去民思錢張胡翟實政之師述彼令蹟以詔職司

宋

錢治字良範武進人以本州進士中景德二年茂才異等科初爲洛陽縣進遷寧國軍推官監麻城茶場以茶稞增倍遷著作郎終尚書屯田郎長於決獄歷六縣皆有循聲

歐陽脩謂錢令甚有能政

張穀字仁甫常大山祈雨雨降賦傳刻石夾道植松萬株立亭其中名萬松亭後蘇軾謫黃過萬松亭作詩詠之 統志

翟起宗字元振金壇人以累舉恩授麻城主簿有惠政後陞爲知縣

胡定之岐亭監酒蘇軾書稱岐亭監酒胡定之載書萬卷隨行喜借與人看 統志

張恂字公亮龍泉人嘉定戊辰進士調麻城縣主簿值湖賊亂恂出討不踰月賊退大吏上其功陞襄陽府判累官

至戶部侍郎龍泉縣開國男食邑三百戶

揚掞字純父臨川人登進士第調麻城尉向士璧知黃州檄入幕爭以戰功升三品宋史列傳

元

馬兒蒙任麻城達魯花赤襟懷軒豁政尚清簡暇日登山臨水賦詩自適府志

樂九成蒙古人從學孛朮魯子翬以世胄知縣事治有聲青田劉基常言九成質粹而溫行果而毅學博而知要可想見矣府志

明

知縣張谷維披荆棘立學校創始之功居多

趙乾浙江歸安人洪武初任有謀略設施政聲丕著建大成殿明倫堂學校以興後即家焉統志

胡琮蘇州進士成化中由御史左遷麻城縣勤撫綏修廢墜雖風裁凜凜豪右憚之而小民皆得輸其情府志

黃琮高安人有幹濟才民從其化去而思之

高謙陝西米脂人爲政勤謹鯁直果斷民心信服

高濤南直揚州人宏治辛亥任建漏澤園有惠政

王篚山東蒲臺人正直廉能折獄如神

聶賢字承之號鳳山四川長壽進士宏治甲寅任凡大政疑獄所司不能決者剖斷如流有青天之謠擢御史歷刑部尚書

劉規字應乾巴縣進士宏治間麻城知縣優禮耆舊政尚德化有蒲鞭示辱之風二子相繼登第統志

劉溥字公濟安慶進士宏治間麻城知縣性質實爲政嚴明尤惡異端凡一切淫祀皆火之以袪民惑府志

王世祿廣德人正德中麻城知縣縣河每衝激爲患世祿

別鑿新河以殺水勢爲政簡易愷悌事不繁而民不擾統志

黎泮江西樂平舉人嘉靖中麻城知縣值歲大祲盜賊蠭起白晝羣奪倉廩泮擒爲首數人杖斃仍命富戶平糶於是食足盜息統志

蘇松廣安州進士嘉靖間麻城知縣築河隄重建鼓樓修縣志額退思軒曰清風亭戒石坊曰體國愛民通志

陳子文閩縣進士嘉靖中麻城知縣明達有爲徵稅糧立條編法民皆稱便府志

高公勺內江人嘉靖中由歲貢任麻城縣丞政尚寬恕不

衒聲譽倣裘羸馬自得也署縣篆有黠盜議刦庫忽相戒曰恐累高公遂解去府志

金勿字希顏號心齋四川富順人由進士嘉靖戊申任雄才不羈苦節不變發奸正俗勸民下士識耿定向先生于諸生中拔置第一除盜賊修城渠孳孳爲治

何銓句容人歲貢嘉靖庚戌任律已嚴介雖三載如一日愛惜里甲拒絕請託署篆時分巡到縣責其簡禮士大夫力白其素操乃止

陶天忠浙江鄞縣人進士嘉靖壬子任重修學宮譙樓舊志

何德恒四川南充人進士嘉靖丙辰任建便民倉於岐亭修學宮立名宦鄉賢祠額縣堂曰青天白日擢御史舊志

杜朝紳崇慶州人進士嘉靖癸未任有政聲民心悅服舊志

穆煒號龍峯江西新建進士隆慶間任多惠政其最著者爲丈田均糧一事先縣有官民夾官二等之田最爲民病煒均糧以清弊丈田以均糧民解倒懸歌思不倦

錢節用四川富順人進士麻城知縣萬歷初詔天下繕城節用出藏以充公費分作以均任役閱七月而城成統志

王三宅河南衛輝人進士萬歷甲戌任擢刑科給事中舊志

羅瑞登浙江上虞人舉人任黃州通判鎮岐亭條陳防禦十事

韓煥蒲州人萬歷庚申駐劄岐亭修通判署增鎮城垣

連三元永年人進士先任常熟以治行著復任麻城時稱吳楚健令建北察院及尊經閣

文德號舜階四川涪州進士德政稱最擢御史

韓僉可四川瀘州舉人萬歷二十七年任不煩獄不苛徵不畏强禦風裁凜凜寬猛得宜縣人思之

劉文琦四川南充進士清里甲慎訟獄懲叛僕

宋一麟直隸南樂進士萬歷壬子任清蠹鋤强

柴子化浙江人萬歷四十一年任能詩文愛民治盜有賢聲

戈允禮字敬輿雲南保山進士天啟癸亥任在官八月以丁艱去弊絕風清愛民如子至今縣人頌德曰前戈後戈比之召杜官至大京兆

趙洪範號芝亭南直嘉定進士天啟甲子任有惠政擢御史

應昌朔浙江仙居貢生天啟間任慈恕愛民政多寬易

蔣煜號羽公武進進士崇禎戊辰任鋤叛課士解繁決滯綽有吏才

宋雲龍貴州貢生崇禎癸酉任駐岐亭明斷有氣節遇事持大體治聲卓然

劉星耀號壽次江西金谿進士崇禎甲戌任性渾厚在任六年值流寇之亂濬築備練城賴以全

馬人龍鎮筸人崇禎時知黃州府提兵千餘至麻城遇賊滿天星等擁衆數十萬掠麻城北鄙人龍同將雷應乾爭前殺賊戰於鷹山畈賊尸蔽野會大雨賊四面環攻二將及所部皆死之今鷹山畈有雷馬二將軍廟統志

許起鯤字天魚休寧監生崇禎丁丑任主簿潔已愛民儒雅閑適有文吏風陞沈邱縣去

李體明河南滎澤歲貢崇禎壬午任縣丞長厚寬和到任未久獻賊破城罵賊不屈死

張敬祖崇禎年任持已清廉詰奸治盜有遺愛縣人祀其像于旌善亭

陸晉錫字晝公南直上海人恩貢乙酉蒞任裁斷明決值縣大亂之後以至誠應人多所平定未一年解任去民皆惜之

國朝

王潞字又韓餘杭人由恩貢知麻城八年修舉廢墜擒勦賊寇民稱頌之舊例南糧皆收貯岐亭水次後移城內東南達宋埠時或淺涸運送艱難潞率里長至宋埠水次收納費省十之二通志

孫宏甡樂安人由恩貢康熙甲寅授麻城縣能振紀綱絕苞苴先是縣徵收法七十四里共六櫃六冊吏胥作奸那移號卷民多受害年終銷算里役所費不貲宏甡至每櫃作小廂如其里數一櫃一廂一流水冊月立其限令民自輸月終躬親會計那移弊頓清民勒碑門左非獨惜其去以紀德也蓋亦恐良法之歷久而弊生焉府志

賈國相字調元北直大興貢生順治戊子任縣丞慈信明決任事敢為士民稱之陞樂至縣去

施泰字鍾英浙江烏程拔貢順治癸巳任慈明樸謹廉潔有守無玷官箴陞商河縣去

徐世臣浙江上虞吏員順治壬辰任為人謹篤爭罷去

姜檣字崑麓山西太原府保德州進士授麻城縣始之官

以車一乘僕二人麻城故壯縣訟獄紛綸盜賊數起橚至踰月不出一令縣人疑之其老奸宿豪皆曰令如虎方臥未可測也縣故健訟訟者日數十百人橚爲期五日一收告令訟者立堂下以次傳訊單辭摘發洞中隱微卽決遣之案無留牘訟爲稀省功令凡劇盜不時獲守土者奪官吏皆諱盜而苛責被刦者困辱過於失財由是被刦者例以竊報雖捕獲終無死法坐死輒爲上官所詰而盜益逞橚始至盜發卽以情白大府曰此劇盜也請雖以竊報而盜法治之大府許諾獲九人卽日杖殺其七餘縶獄中自

是境內皆晏眠遂以廉能入爲行人洊陞至侍郎（以上皆舊志）

屈振奇字鶯容陝西洋縣進士康熙庚戌任胸饒經濟署薄賦省刑養民造士治號循良初振奇繼孫宏甡任確守舊尹善政不變第銷算陋習猶未盡草廼於征比之初卽總計全征之數每月分限給單民完足額聽其竟去是不待銷算於足額之後已銷算於每月征比之限矣而銷算之弊剷除殆盡足濟前法之所未備康熙十三年賊萬鋌于等作亂據東山振奇從知府于成龍把總羅登雲率兵禦之賊倉皇出走悉就縛追捕無遺孽振奇謀畫力多焉建鐘鼓樓修儒學己酉同縣人周維秬纂輯縣志多所表章

趙若璧浙江錢塘進士康熙丁卯任博學能文章溫和爾雅公餘卽進諸生講學工書法風骨遒勁清介多惠政有治聲擢御史

吳顧行江南長洲歲貢康熙乙未任撫字有方頗多建立崇禮學宮修書院有犯科者准其以田畝折贖捐作學田歲在己亥春歉舊食既盡外販不至民乃大困顧行立法次第接濟縣人被澤不忘乞善畫者爲圖以獻時大吏奉

朝廷德政令州縣舉行社倉見顧行所刊文大喜今傳有建學建倉賑饑諸序記實心實政可歷久不敝云

譚苓江西南豐舉人康熙丁未任性耿介警敏馭吏甚嚴撓法輒抵罪治事僅二年調去有留別陽城詩四首（詩載文徵）

李作室山西沁原進士雍正辛亥任性廉介法令嚴明蠹吏屏息無骫法者好微行訪民間利病得鈎距法推鞫無遁情盜賊斂息舊例征收多用差役反致遲延作室定三限法每限期以二十日皆里長董其事不事追呼而輸將自速諺語三年不出長單冊三年歲內報全完蓋實錄云

陳鼎浙江海鹽監生雍正乙卯任倜儻有幹才先是涂楊疑獄十餘年不決多被屈者到任後廉得其實頓洗沉冤案始結稱能吏焉

丁翊壽長興舉人乾隆戊午年任明於聽斷胆畧過人縣有劇盜羣踞山僻偵者不敢前翊壽挺身入首從俱就縛嘗驗尸東山至尸塲未卸座輒步尋嶺谷三里許至一庄後指云此眞死所也衆不解翊壽曰凡草皆竪立此獨平衍如塲必舁死人踐躪所致耳詰之果服後以才幹調漢川歷鍾祥卒於官

單言揚山東高密進士乾隆癸酉任性端莊治尚淸肅諸吏衣服舊多僭踰言揚率以儉樸飭冠履吏胥不得服紈羅等威立辨附郭數大坂薪木皆仰給縣東荒山山民糾黨拒禁搆訟數年言揚判荒茅任民樵採烟火得以不匱因勒碑以垂久遠

羅均福建邵武進士乾隆壬午任精明强幹嘖嘖有能吏聲治前文明樓康熙八年前縣屈振奇重建後日就傾頽均捐廉營造士林多鵲起未幾以他縣事去弗竟其才人多惜之

劉希向山陽進士乾隆甲申任治先教化尤加意人才捐廉俸修黌宮築城垣丈學田資生徒膏火每衡文士多折服和厚端方非公無敢私謁解任後囊橐蕭然

顧駉江南如皋進士乾隆己丑任斷事明決狡猾無所藉手縣胡姓祖塋路屍案猾吏輩欲文致成獄駉燭其奸覓屍親領骸去無一連株者其平允多類此

郭瑾永平臨榆舉人乾隆戊申署任愛民如子聽訟公平明允無疾言厲色受責者咸無怨詞選開調去縣士女祖道旗亭焚香泣送數十里不絕

沈淸直江南武進舉人乾隆己酉任下車廉諸吏奸狀嚴加懲創每折獄片言立決處事無間鉅細洞悉情偽大吏重之凡一切疑案多屬聽斷以明察稱以上皆新增

黃書紳廣東陸豐舉人乾隆辛亥任愛民禮士設書院課生徒修邑志纘舊聞考獻徵文百餘年賴以不墜

黃家璲福建連江縣舉人嘉慶辛酉任性和厚以德化民初下車案牘坌積立判決憫頑愚觸法網案結後每訓以詩咸悅服蒞任未一載盜賊遠屏囹圄空虛有道不拾遺夜不閉戶之風嘗榜一聯於署門云士農工商爾宜各安

本分是非曲直我總不昧良心論者以爲實録迨陞遷去賦詩留别歸裝一擔布衾敝簏而已餞送者焚香夾道行三月始出城父老傳誦至今慕之

黄安泰安徽桐城人嘉慶己巳任虛衷善察洞見民情發伏摘奸纖微莫隱當時以燈籠稱之

陸費瑔浙江桐鄉副舉人嘉慶己卯任政尚清廉虛懷愛士嘗捐貲修萬松書院勸邑紳醵金置膏火田相白臬山造青雲塔以培風水時與諸儒唱和文教振興邑人士仰造就焉後任湖南巡撫

董應魁山西安邑進士道光甲申任性至孝履任八年深仁徧物作育人才勤於奬勸倡修試院士林至今稱頌之

孟登先陝西涇陽舉人道光庚寅任鄖襄後主講萬松書院嘗詠吏治云子產相鄭日武侯治蜀時寬郎紏以猛一時之權宜寄語從政者何事桁楊爲其仁愛溢於言表又句云自信囊無作孽錢介節清操與羅潛菴黄璞山二公後先鼎峙

李兆元山西盂縣舉人道光辛卯任清勤自矢人不敢干以私值歲饑米價騰湧有以竹筏運糧出境者士人恃衆兇奪峻法裁之頑梗斂迹時有風烈之譽後任安陸知府

劉世保甘肅武威舉人道光乙未任平情馭物民感其惠於文明樓懸公則生明額

師儒

明

陳祖訓四川人任教諭留意學政士類丕變以詩名

陳鉞莆田人舉人儀範清肅儒林坊表

張舜舉武功人舉人正德初任持身謹飭督士嚴謹每會課卯入酉出少踰規矩先警廪膳並貴冑子弟多所造就

梁鼐閩縣人舉人正德庚辰任勤敏精愼敷教樂善

林繼習朝陽人舉人嘉靖丙辰任温醇誠信遇事能決以上舊志

貢安國寧國歲貢嘉靖間任麻城教諭月與諸生講習署縣事清惠得民府志

江泗字蘭谷浙江開化人嘉靖戊子任莊重樂易長于詩舊志

詹景鳳號東圖海陽人舉人萬歷初任以詩文名尤長於書畫至今縣人士寶藏其墨蹟

劉日曦彭澤人舉人萬歷丙辰任精制舉業一時翕然宗之後登天啓壬戌進士

胡試江夏人明經親賢愛士不愧師儒陞知縣

蕭頌聖定遠人歲貢崇禎時任麻城教諭癸未獻賊破城授之官不屈死統志

黃傑字忍江福建同安歲貢温恭和易踐義履仁一時士類心誠服之

馮奇字元之江夏舉人崇禎間任教士嚴肅師範凜然陞上蔡令

孫節字省齋雲南甲子舉人崇禎戊寅任有風概陞南京學錄轉吏部司務

國朝

劉肯堂漢陽舉人辛未任尚制舉業領袖諸生

劉鞥義漢陽舉人乾隆五十一年任樸老端方文章亦爾雅深厚

鄧以璪江陵舉人乾隆甲午任樸茂老成嫺於吟詠

蕭超運黃陂舉人嘉慶庚辰任耄而好學手不停披循循善誘寒暑靡閒其後嗣甲第蟬聯咸謂淵源有自

萬之傑江夏舉人道光丁酉任有文名與金編修光悊田孝廉漢傑同時人謂湖北三傑性孝友析箸時以恒產讓兄及抵任淡泊自甘教人以實學振拔單寒執經者戶外

履滿咸豐壬子卒於任
李忠墀黃陂舉人咸豐乙卯任通經術能文章節儉持身
殷勤訓士懸車祖道擬諸疏廣都門

麻城縣志卷十八
人物志　自唐至明仕績
惟此長風賢喆之藪曰祀於鄉尚論以友淸懿閒儀尤俗
之厚我錄其行足以式後

唐

閻伯嶼進士築居臨河上今名閻家河爲袁州刺史時征
役繁重袁特殘破伯璵專以惠化招撫逃亡皆復數年間
商旅闐輳州境大治改撫州百姓相率隨之舟航相繼吏
不能止其見愛如此到撫一年撫復大治代宗徵拜戶部
侍郎未至卒語林

明

吳山字仲安洪武初舉明經仕合州學正善教化擢內江
縣以廉稱尋丁艱去補知靑城至石首卒山博學多聞尤
精春秋鄒來學輩出其門分省人物考
劉從政字恭明洪武甲戌進士拜監察御史謇諤抗直彈
劾無所避保靖宣慰司族屬相仇殺從政齎敕撫諭之歷
河南山西參議皆淸愼綽著能聲卒於官分省人物考
李寧字景安洪武初知餘干縣才識英敏値羣盜竊發寧

率鄉兵協同官軍擒盜魁邏散其黨數百人歲饑移粟賑濟民懷其惠勒石以誌不忘楚紀

喻文偉明經為縣訓導以身教遷懷遠縣以廉介稱

李彝明經知蒼溪縣九載廉介不易其素致仕歸環堵蕭然嘗師事喻文偉每過其墓必下馬徒步

楊敬洪武初知富陽縣剏置廳宇建立學校寬猛得宜民懷其惠楚紀

鍾亭洪武中知定陶縣有惠政秩滿當遷民奏留之乃復任舊志

蔣輔永樂舉於鄉為裕州司訓秩滿轉吏科給事中

毛添佐字公輔永樂間由知州署肇慶府事守正奉公敬賢禮士庶務修舉民思慕之府志

董應軫字宗南宣德壬子鄉舉第一授鄭州學傅擢福建提學僉事天順七年廣西大藤峽賊亂舉朝以經濟推應軫陞參議平蠻有功致仕歸通志

董紋應軫之子成化壬辰進士知湖口縣清愼惠民縣有蘇觀渡水齧堤壞紋重築之民被其澤府志

董樸字汝濬紹之子成化甲辰進士知重慶府儉己愛人明禮義正風俗以艱去渝民銘德於石起楚雄知府課農桑立碉堡建學舍增祭器尤勤講學諸生貧不能婚葬者資助之陞江西參政歸惟敝廬以終老府志

董士毅字維遠樸之子正德庚午舉人授四川南充縣一介不取有青菜布衣破轍羸馬之謠陞知蓬州知州清操益勵歸時囊無長物正德戊辰大旱捐穀倩人埋瘞饑殍不下數千統志

董性士毅之子嘉靖丁酉舉人授安岳縣撫民以寬馭吏以嚴課諸生除巨盜斷冤獄民為立碑頌之府志

王本儉字節之成化戊戌進士初授吳縣改豐城父遺詩勗之因刻石後堂日夕自省由是豐城大治歷桂林副使

鄒來學字時敏宣德癸丑進士授戶部主事督餉陝關規畫有條理陞員外郎從王驥征麓川有功正統土木之變擢僉都御史提督軍務巡視畿甸東北諸關隘能以權智集事請分遣文武大臣帥兵據險邀敵歸路廷議韙之景泰癸酉陞副都御史明年巡撫南畿賑蘇松饑民勸農桑修水利姦吏勢豪悉繩以法又請留京儲以備賑濟復軍

運以省勞費時善其議以勞遘疾卒諭祭葬孫鄒騏成化進士刑科給事中以耿介稱楚紀

鄧逵宣德乙卯舉人授江津縣狷介不苟政暇課諸生文藝訓誨不倦一時科第甚多擢御史官貴州僉憲府志

劉訓字忠言先世有名夢者從高帝起兵官同知賜田麻城因家焉訓成正統己未進士知金壇縣有惠政性儉素治蔬圃以自給拜監察御史廉直有風裁冢宰王翺特疏薦其治行爲天下第一陞山西參政子仲輢令崇德孫璲另傳統志

劉璲字士約訓之孫宏治庚戌進士知豐城縣愷悌果斷興學育才縣好淫祀首毀之以正民俗自守狷介不私一錢徵歛有方姦猾屏迹述職爲江右第一府志

劉天和字養和璲之子正德三年進士授南京禮部主事劉瑾黜御史十八人改他曹二十四人補之天和與焉出按陝西鎮守中官廖堂奉詔辦食御物於蘭州天和謂非所司辭不往堂奏天和拒命詔逮之部民哭送者萬人錮詔獄久不釋吏部尚書楊一清疏救法司奏當贖杖還職中旨謫金壇丞刑部主事孫繼芳抗章救不報屢遷湖州知府多惠政嘉靖初擢山西提學副使累遷南京太常少卿以右僉都御史督甘肅屯政請以肅州丁壯及山陝流民於近邊耕牧且推行於諸邊尋奏當興革者十事田利大興改撫陝西請撤鎮守中官及罷爲民患者三十餘事帝皆從之洮岷番四十二族蠢動天和誅不順命者又討平湖店大盜及漢中妖賊就進右副都御史母憂服闋以故官總理河道黃河南徙歷濟徐皆旁溢天和疏汴河自朱仙鎮至沛飛雲橋殺其上流疏山東七十二泉自鳧尼諸山達南旺河濬其下流役夫二萬不三月訖工加工部右

侍郎故事河南八府歲役民治河不赴役者人出銀三兩天和因歲饑請盡蠲旁河受役者課遠河未役者半之詔可十五年改兵部左侍郎總制三邊軍務兵車皆雙輪用二十八遇險卽困又行遲不適於用天和請倣前總督秦紘隻輪車上置砲槍斧戟廂前樹狻猊牌左右虎盾連二車可蔽三四十人一人輓之推且翼者各二人戰則護騎士其中敵遠則施火器稍近發弓弩又近乃出短兵敵從則騎兵追復製隨車小帳令士不露宿又毒弩矢修邊牆濠塹皆從之吉囊十萬衆屯賀蘭山後遣別部寇凉州副

將王輔逐奪其纛寇莊浪總兵官姜奭屢敗之進天和右都御史寇復大集兵將入犯天和策寇瞯西有備必東密檄延綏副將白爵宵行與參將吳瑛合寇果東入黑河墩遇爵伏兵大創而去既又入蒺藜川爵尾擊之寇多死尋入寇家澗張家塔爲爵瑛所敗犯寧夏者總兵官王效復破之帝大喜進天和左都御史吉囊犯河西天和禦卻之進兵部尚書寇將入平虜城天和伏兵花馬池寇戰不勝走河上遇伏兵多死於水吉囊乘虛寇固原剽掠且厭會淫潦弓矢盡膠無鬭志而諸將多畏縮天和斬指揮二人

召故總兵周尚文令立功會陝西總兵官魏時角寇至黑水苑尚文盡銳夾擊殺吉囊子小十王寇退寧夏巡撫楊守禮總兵官任傑等復邀擊敗之鐵柱泉斬獲共四百四十餘級論功加天和太子太保廕一子錦衣千戶前後賚銀幣十數遷南京戶部尚書召爲兵部尚書督團營言官論天和衰老遂乞休歸家居三年卒贈少保謚莊襄天和初舉進士劉瑾欲與敘宗姓謝不往晚年內召陶仲文以刺迎稱戚屬天和返其刺曰惸矣吾中外姻連無是人仲文恚其罷官有力焉明史

劉守有號思雲萬歷間武進士出身襲祖莊襄公廕官錦衣衛加太傅神宗寵眷殊渥子承禧號延伯亦武進士襲職好古玩書畫奕葉豐華人以爲邑之王謝也舊志

劉僑字東卿天啓辛酉襲祖莊襄公錦衣職授北鎮撫司魏忠賢屬陷汪文言僑不從削籍歸崇禎初起用命訊喬允升易應昌僑素知二人端方保全之後委緝六部十三省事僑極言耳目難信忤旨謫戍馮元飈疏僑忠直宜還職報可未用卒統志

劉漢字天章號坦菴宏治舉於鄉知商水縣以流賊劉六

等入縣謫崇德丞遷建德愛民好士有古大臣風初賊至掘窟以藏家口妻女薰灼死惟一子七歲以鼻置土罅得免卽端簡公采也舊志

劉采字汝質漢之子嘉靖己丑進士時張璁當國采爲會試所拔高等特嚮意采不肯往謁補宿州約已裕民發姦摘伏屬歲饑上吏督課急采請移帑羨代輸至秋民爭償無逋者歷官副都御史巡撫山東時苦採礦命下嚴急采疏請緩辭極婉剴獲允御史某請開膠萊河通海運采條其不便者五事遂寢先是詔近畿撫臣屯兵臨清備入衛

後歲以爲常士卒疲苦采疏請罷之累遷南戶部侍郎疏請裁諸費不經者鎮武營卒以乏糧殺侍郎廷議以采代采至處以鎮靜條畫悉當機宜凡運艦至戒主計者剔除一切收支積弊轉輸稱便反側乃安災異自劾免穆宗立起南京工部尚書改兵部尚書凡四載乞休歸采歷官四十餘年清介如一日卒年七十四諭祭葬贈太子少保謚端簡分省人物考

劉天民字養達天和之從弟訓新淦學憲委品隲諸生卷被錄者餉以金叱還之內艱補常州訓歸田杜門不出子瀾

嘉靖舉人知銅梁孫守泰解元登第吏部主政蓋家教也舊志

劉瀾字汝觀號鎖山天民之子嘉靖庚子舉人授銅梁縣縣故多逋賦瀾禁隸卒不得入鄉擾民藉端乾沒惟以牒付族長督率如期人無敢負者有盜魁朱宏仁以賄賂潛通官左右剽刼四十餘年莫敢訴瀾廉得左右主名首置之法又知鄉保長王貴重武勇任俠爲宏仁羽翼瀾密進語曰我故知宏仁所嚴事者汝也汝欲富何不爲官除賊受上賞貴重頓首請死乃私與典史周堯平畫策縛宏仁餘黨悉除尋以憂歸再起補高陽縣多巨璫好以非理撓法瀾無所聽璫皆怨爲蜚語謀中之瀾竟拂衣歸舊志

李正芳字彥碩夙有隱德正統壬戌進士歷東昌南陽知府善政著聞改保寧時趙鐸反正芳率兵討之設奇制勝厥功甚懋累任山西布政去後民甚思之府志

李覩字士清正芳之子成化己丑進士官至參政事繼母孝友愛諸弟當官廉平父正芳子文祥文欽俱以直聞舊志

李文祥字天瑞祖正芳山西布政使父覩陝西參政文祥自幼俊異弱冠舉於鄉成化末登進士萬安當國重其才

以孫宏璧與同榜欵於家文祥意弗慊也屬題畫鳩語含刺安深銜之未幾孝宗嗣位即上封事畧曰祖宗設內閣六部贊萬幾理庶務職至重也頃者在位多匪人權移內侍賞罰任其喜怒禍福聽其轉移讐視言官公行賄賂罔之則交引驟遷忤之則巧讒遠竄朝野寒心道路側目望陛下密察渠魁明彰國憲擇謹厚者供使令更博選大臣諮諏治理推心委任不復嫌疑然後體統正而近習不得肆也祖宗定律輕重適宜頃法司專徇己私不恤國典豪强者雖重必寬貧弱者雖輕必罪惠及奸宄養成玩俗兼

之風尚奢麗禮制蕩然豪民僭王者之居富室擬公侯之服奇技淫巧上下同流望陛下申明舊章俾法曹遵律令臣庶各守等威然後禮法明而人心不敢玩也然國無其人誰與共理致仕尚書王恕王竑孤忠自許齒力未衰南京主事林俊思南通判王純剛方植躬才品兼茂望陛下起列朝端資其議論必有裨益可翊明時且賢才難得自古爲然習俗移人豪杰不免惟茲臣庶不盡庸愚能知自愧卽屬名流樂其危災乃爲猥品願陛下明察彝倫罷其罔上營私違天蠹物者餘則勉以自新旣開改過之路必

多遷善之人臣見登極詔書不許風聞言事古聖王懸鼓設木自求誹謗言之縱非其情聽者亦足爲戒何害於國近驟聞莫不驚駭願陛下再頒明詔廣求直言庶不墮奸謀足彰聖德大率君子之言決非小人之利諮問倘及必肆中傷如有所疑請試面對疏奏宦官及執政萬安劉吉尹直等咸惡之數日不下忽詔詣左順門以疏內有中興再造語傳旨詰責文祥從容辨析而出謫授陝西咸寧丞南京主事夏崇文論救不納工部主事莆田林沂復請召文祥及湯鼐納崇文言且召陳獻章謝鐸等時安已去吉直激帝怒嚴旨切責之廷臣多薦文祥率爲吉直所沮宏治二年以王恕薦召爲兵部主事監司以下餽贐皆不納到官未踰月復以吉人事下獄貶貴州興隆衛經歷都御史鄧廷瓚征苗咨以兵事大奇之欲薦爲監司文祥曰昔以言事出今以軍功進不可固辭不得乃請齎表入都固乞告歸疏再上不許還經商城渡冰陷死焉年僅三十明史

李文欽字天存灝之子宏治戊午舉人仕南陽通判以母老乞養不許遷陝州知州未幾棄官歸養母卒哀毀骨立居鄉質直見人言不順正色責之其風概不愧父兄云舊志

周鑑字以人號孔明正統乙丑進士授監察御史出按江西大學士陳循子所爲不法鑑置大辟陳切齒伺無所得乃諷部遷雲南副使九年不調鑑汰貪墨理誣枉開寶泉壩漑田數萬頃後擢山東按察使乞歸姓譜

周廷徵字公賢號墨沙鑑之孫宏治己酉舉人正德中除臨淮教諭擢御史按陝西時安化王寘鐇反廷徵調榆林副總參遊時源等分布要害令楊英爲書密達仇鉞擒寘鐇並首惡何錦等械送京師朝廷遣都御史楊一清大監

張丞總兵始至丞以功不由己乃追還寘録別自報捷又盡奪寧夏將士功與諸貴倖紀功給事中劉夔懼而自盡寧夏幾變賴廷徵威望素孚又爲撫定而白其功於朝尋陞九江兵備副使流賊劉六等南窺廷徵晝夜籌畫賊不敢逼分省人物考

周載字汝厚號愚齋廷徵子嘉靖鄉薦戸部司務歷員外會北邊入寇部議遣官督餉難其人載獨往時帥臣驕悍載與抗禮詢家世知爲廷徵子益重之歷長蘆都轉運使老於家生平無疾言厲色與人交輒吐情愫人無不愛之

舊志

周鉞字汝舉號魯山廷徵子任河南郟縣縣丞涖任月餘値巨盜百人晝刼王兵馬使歸務報至知縣胆奪不能語鉞前請曰令惟守藏第以兵授丞丞任獲之遂疾馳行刼所謂裨校曰賊必從某道出走某道是皆負重可徒手縛也既而伏發皆就擒兵巡僉事林騰蛟聞而激賞之曰孰謂丞一書生而不堪大將印知縣死檄鉞攝郟篆適嚴嵩私人鄢懋卿者不解臺務而理鹽法以挾重恫喝諸御史州縣無不簋金奉者郟吏以所見聞請鉞嘆曰丞惟一身有婦耳何所得數百金鄢至大失望乃出二故篋付典史緘之鉞曰此欲借爲名耳陰備二新篋典史入以所緘故篋見鄢大怒蹴破之使呼公入盛氣謂曰丞無耳耶不知我當知御史吾奔走吏也而敢傳客遇我卽檄篋之不能新將使委臺牘於草莽鉞陽謝曰何者不以屬丞丞飭新篋二不能遽獻逡巡二篋入鄢視篋則新也而中枵然愈失望然無以難之笞典史而去林騰蛟激賞之曰吾屬州縣長三十也而僅一周丞男子何寡也林以名御史失嚴嵩意外授風采益峻獨遇鉞有加禮卧病且死後事悉以

屬鉞曰吾不欲死齷齪吏手也遂改攝宜陽已攝盧氏治盧之旬日行獄得老吏當戍者飲食之曰以一邑大事報我當寛若吏叩頭曰左藏羸金三千無知者請爲公壽公得金具白諸司以充官用後復還郟郟賦繁故有荒額二千石當蠲盡爲豪右所占民不得邀惠鉞廉狀密白上官請覈實諸豪爭啐上官議竟格鉞憤投劾歸子宏祖貴贈監察御史明史

周宏祖鉞之子嘉靖二十八年進士除吉安推官徵授御史出督屯田馬政隆慶改元司禮中貴及藩邸近侍廕錦

衣指揮以下至二十餘人宏祖馳疏請止賚金幣或停世襲且言高皇帝定制宦侍止給奔走掃除不關政事孝宗召對大臣宦侍必退去百餘武非惟不使之預亦且不使之聞願陛下勿與謀議假以嚬笑則彼無亂政之階而聖德媲太祖孝宗矣臣又聞先帝初載欲膺太監張欽義子錦衣兵部尚書彭澤執奏再四今趙炳然居澤位不能效澤忠無所逃罪報聞已請汰內府監局錦衣衛光祿寺文思院冗員復嘉靖初年之舊又請倣行古社倉制詔皆從之明年春言近四方地震土裂成渠旂竿數火天鼓再鳴

隕星旋風火雨黑豆此皆陰盛之徵也陛下嗣位二年未嘗接見大臣咨訪治道邊患孔棘備禦無方事涉內庭輒見撓沮如閱馬核庫詔出復停皇莊則親收子粒太和則榷取香錢織造之使累遣糾劾之疏留中內臣爵賞太厚謝辭溫旨遠出六卿上尤祖宗朝所絕無者疏入不報其冬詔市珍寶魏時亮等爭不聽宏祖復切諫尋遷福建提學副使大學士高拱掌吏部考察言官惡宏祖及岑用賓等謫宏祖安順判官而宏祖謫未幾拱罷量移廣平推官萬歷中屢遷南京光祿卿坐朱衣謁陵免明史

周宏禴字元孚倜儻負奇好射獵舉萬歷二年進士授戶部主事降無爲州同知遷順天通判十三年春上疏指斥朝貴言兵部尚書張學顏被論屢矣陛下以學顏故逐一給事中三御史此人心所共憤也學顏結張鯨爲兄弟言官指論學顏而不敢及鯨畏其勢耳若李植之論馮保似乎忠讜矣實張宏門客樂新聲爲謀主其巡按順天納娼爲小妻猖狂干紀則恃宏爲內援也鯨宏既竊陛下權而植又竊司禮勢此公論所不容祖訓大小官許至御前言事今吏科都給事中齊世臣乃請禁部曹建言曩居正竊

權臺省羣頌功德而首發其奸者顧在艾穆沈思孝部曹言事果何負於國哉居正惡員外郎管志道之建白也御史龔懋賢因誣以老疾惡主事趙世卿之條奏也尚書王國光遂錮以王官論者切齒爲其附權奸而棄直言長壅蔽之禍也今學顏植交附鯨宏鯨敢竊柄世臣豈不聞已不敢言奈何反欲人不言乎前此長吏垣者周邦傑秦燿當居正時燿則甘心獵犬邦傑則比迹寒蟬今燿官太常邦傑官太僕矣諫職無補坐陟京卿尚謂臺省足恃乎而乃禁諸臣言事也夫逐一人之言者其罪小禁諸臣之言

者其罪大往者嚴嵩及居正猶不敢明立此禁何世臣無忌憚一至此哉乞放學顏植歸里出燿世傑於外屏張鯨使閒居而奪世臣諫職嚴敕司禮張誠等止掌內府禮儀毋干政事天下幸甚帝怒謫代州判官再遷南京兵部主事十七年帝始倦勤章奏多留中不下宏綸疏諫且請早建皇儲不報尋召爲尙寶丞明年冬命監察御史閱視寧夏邊務巡撫僉都御史梁問孟巡案御史鍾化民取官帑銀交際宏綸疏發之詔褫問孟職調化民於外河東有秦漢二壩宏綸請以石爲之濬渠北達鴛鴦諸湖大興水利

還朝以將材薦哱承恩土文秀哱雲明年承恩等反坐謫澄海典史投劾歸卒於家天啟初以嘗請建儲贈太僕少卿明史舊志宏綸號二魯宏祖之弟熟讀綱目下筆千言鄉場五策雙行密書王世貞賞之其文詩著作甚多有周問卿詩集刊行

周宏謨字元文宏祖族弟萬歷武進士官遊擊同李如柏等戰平壤會倭闗白陷朝鮮王師敗朝用沈惟敬議令宏謨同惟敬往諭倭就款還疏倭情甚悉復遣往議封貢至朝鮮仁施縣病卒贈都督僉事蔭黃州衛千戶通志

周宏迪字元惠宏祖族弟嘉靖乙卯舉人授灌縣政尙嚴明後陞石屏州府志

熊祥景泰庚午舉人授蒲江縣築城修學建演武塲政績丕著子縝知成都縣有賢聲後知邛州府志

曾啟景泰癸酉舉人授犍爲教諭誨人不倦士習爲之一變舊志

劉綱景泰丙子舉人知清遠賑饑有方民賴以活創闢學宮規制宏做均賦役勤撫字士民爲立遺愛亭府志

宋兌字維東景泰丙子舉人知濰縣專務以德化民不爲矯激之行秩滿奏留復任後陞濟寧牧府志

周庠貢生正統中知陳州緩刑罰興學校其復業之民計口授田教以種植居數年州漸富庶百姓戴之如父母府志

鄒濙天順壬午舉人授石泉縣時經番夷之害民多逃徙濙善於招撫復業者甚眾府志

黃時中字宜之成化乙酉舉人知阿迷州時初設流官百務肇舉時中善於撫綏得夷民心府志

萬祥號河東成化辛卯舉於鄉授蘇州推官舉卓異士民保留陞本府同知丁艱服闋門人董樸勸其出仕祥引毛義捧檄爲言授徒西塾學者稱爲河東先生縣城址瀕河

春夏患衝激祥請於縣令捐資疏上流爲新河以殺水勢
至今賴之舊志
邱瑩號北山成化甲午舉人知開縣持政廉平榜其門曰
愛百姓如子受一錢非官府志
熊經字載道成化戊戌進士知無錫有惠政諸生邵瑩吳
學輩皆其所資給鑒拔者時有徐姓作石槨於太湖欲毀
民居開河通舟經弗許六載內召爲人中傷出知陝西隴
州以疾致仕經性剛氣豪善談論敦孝友有東溪集行世
分省人物考

舒崑山字楚瞻幼奇穎成化甲辰進士累官副都御史所
至有政績能文章一時碑碣多出其手明統志
唐書宏治壬子舉人授巫山縣挪修石城民永賴之府志
曾大有字世亨宏治癸丑進士授定遠知縣釁舍官廨城
郭坊市悉爲增修撲滅妖賊孔布等一境晏然徵拜監察
御史直聲震臺端以忤劉瑾除名瑾敗起擢知府累陞江
西布政使分省人物考
陳文字簡之宏治戊午舉人知崇明縣遇風潮大變奏請
賑濟活三千餘人又擒海賊施洪父子以抗言忤巡按某
謫延川歷戸部員外郎出爲襄府左長史文外和內剛居
官清介歷任幾三十年田廬如故著有自怡集府志
曾大顯字世榮宏治壬戌進士累官禮科給事中忤劉瑾
謫江西布政司照磨歷晉參議所至有風裁以疾乞歸府志
毛馭宏治甲子舉人授太平縣綜理有方剖決無滯吏民
不敢欺府志
毛鳳韶字瑞成正德辛未進士知江浦縣有善政擢監察
御史上弭災八事如復舊制以革鎮守尤關天下利害巡
按陝西雲南貪墨吏皆望風引退終雲南僉事著有聚峯
文集明統志

詹瑩字廷玉正德甲戌進士南戸部主事歷官福建參議
耿恭簡先進遺風載詹瑩居官淡薄用鹽豉粥云云舊志
劉淑相字養忠正德甲戌進士授南京兵部主事武宗南
狩參贊尚書喬宇選一人奉迎諸司皆憚相獨請往得旨
還宇深器焉歷任順天府尹執法秉正權貴憚之未幾與
內閣忤奏下錦衣獄尋歸卒於家分省人物考
阮朝東字子西嘉靖癸未進士累官四川提學副使不設
町畦廉儉終身若無官者弟朝策亦進士家庭友愛鄉評

高之

喻希禮字節之嘉靖癸未進士以重慶推官擢御史會議大禮大獄杖謫者多欵荒徼希禮因禁中祈嗣上疏極諫世宗震怒尚書夏言力救之謫戍六安十餘年赦歸卒隆慶朝追贈光祿少卿賜祭明史附薛侃傳

曾㨗字日宣號筆山嘉靖癸未進士知獻縣擢給事中世宗南狩抗疏立葦廷杖下獄謫靈州州判直聲動一時累陞福建參議拜命未就而歸通志

陳仲晦嘉靖丁酉舉人任石屏知州治海口建六閘軍民

稱便府志

劉廷舉字巨塘嘉靖庚戌進士授分宜縣以不附權要調上蔡尋爲袁州知府廉平仁恕威惠並著時大飢廷舉發廩捐俸施粥民賴以活申明聖諭頒刻小學士風丕變去之日有徹底澄清一巨塘之謠府志

周思久號柳塘嘉靖進士以瓊州知府致仕抗志希古品詣卓犖與耿定向相友善嘗謂門人歸善楊起元曰學必求至聖人非但欲爲好人也飲之酒酒酸又謂之曰世人云酸秀才願子他日無忘此味也及起元館選引山雞自矜其羽爲喻建輔仁書院工詩律書法著有石潭集學者稱石潭先生

耿定向字天台號楚侗嘉靖丙辰進士行人擢御史督學南畿焦竑出其門歷卿寺巡撫福建進尚書贍子謚恭簡生平力學敦行歸里講學執經履滿戶庭以下舊志參黄安志

耿定力字叔台隆慶辛未進士與兄定向究心理學初官民部陞成都守以文章飭吏治遷福建提學道時稱冰鑑累官至操江少司馬

二公原麻城人隆慶末晰邑西隅併黄岡黄陂地建立

黄安縣而公等實居其地故亦載黄安志

麻城縣志卷十九

人物志 仕績

明

周思敬號友山嘉靖甲子舉人隆慶戊辰進士官戶部郎爲江陵相公張居正所鑒賞後竟以救援臺官忤其意時論賢之累官至戶部侍郎倭賊起護解糧餉協同大將軍劉綎討平有功贈工部尚書父祖誥封廕一子賜祭葬附新增

周思稷字養初思敬之族弟隆慶戊辰進士臨海知縣慈

祥廉靜有古循吏風在縣五年嘗淸丈田畝稽核戶口不事察察而人不敢欺又酌定鹽課上下利之陞戶部主事府志

周之夫號赤城思稷子萬歷丁未進士由推官轉禮部郎歷溫州知府先是分考浙闈得潘會紘陸鰲陶崇道稱知人工制舉業有青袍壺隱諸草行世

熊吉字柏舉進士經之孫舉人夔之子以貢爲南陵訓導課士有聲督修城池收瘞暴骨縣人德之陞璧山教諭不赴解組歸與毛鳳起劉承烈講習理學年八十八卒子應渭官四川峩嵋知縣

羅樹聲字伯實萬歷癸酉舉人知灌縣以淸敏稱西征之役軍需旁午樹聲供億有方民以不擾又掫觀陞西安府丞府志

孫一謙萬歷時爲南京刑部司獄給囚米甚均衣絮至爲囚浣補一切舊弊釐革殆盡囚深德之秩滿轉靈山吏目王世貞爲詩美其行府志

王之機萬歷壬午舉人歷官四川參政會建昌猓亂之機受命偕劉綎討之攻克桐槽諸砦大小五十六戰諸猓巢

穴一空改雲南復以才幹機警著績滇藩莊兵爲監機窮治之與執法忤投劾歸府志

陳楚產字兆學困童子試遂以白衣中式成萬歷癸未進士仕博野知縣淸廉勁直百姓稱之遷兵部主事歸里數十年不起凡縣中利弊輒言於長吏篤交友不以貴賤易視鄉人咸敬愛焉通志

梅國楨字克生少雄傑自喜善騎射舉萬歷十一年進士除固安知縣中官詣國楨請收責於民國楨僞令民鬻妻以償民夫婦哀慟中官爲毀券擢御史會哱拜反明史魏學曾傳

哱拜西部人煽衆作亂因命魏學曾督師討之學曾師久無功時寧遠伯李成梁方被論廷議欲遣爲大將未敢決國楨獨疏保之乃遣成梁子如松爲提督將遼東宣大山西諸鎮兵以往而國楨監其軍遂與如松至寧夏初學曾欲招東賜朝令殺拜父子贖罪遣卒葉得新往四人方約同死折得新脛置之獄巡撫朱正色以賊詭請降而張傑嘗總寧夏兵故與拜善遣傑入城招之朝乃昇得新見傑得新大駡賊被殺傑亦繫不遣而學曾以賊求撫爲之請帝切責及是城中百戶姚欽武生張遐齡射書城外約内應夜半舉火外兵不至

賊殺其黨五十八欽縋城出來奔當是時賊外以求撫緩兵而陰結寇爲助然糧盡勢且困七月學曾與夢熊國楨定計決黄河大壩水灌之水抵城下時套寇卜失兔莊禿賴以三萬騎犯定邊小鹽池用土昧鐵雷爲前鋒而别遣宰僧以萬騎從花馬池西沙湃口入爲拜聲援麻貴擊之右溝寇稍挫分趨下馬關及鳴沙洲學曾令遊擊龔子敬扼沙湃口而檄延綏總兵官董一元搗土昧鐵雷巢斬首百三十餘級寇大驚引去遇子敬圍之十重子敬死寇亦去賊援遂絶學曾益決大壩水八月河決提〔堤〕壞復繕治之

城外水深八九尺東西城崩百餘丈著力兎宰僧復入李剛堡如松貴等擊敗之追奔至賀蘭山賊亦懼求款未決會學曾得罪罷朝命以夢熊代夢熊遂成功初學曾之遣人招東賜朝也留固原十餘日以俟之帝責其玩寇李呴渡河又稍遲松山河套寇先入官軍用是再失利學曾嘗上疏令監軍無與兵事帝爲飭國楨如其言國楨頗憾之及至軍劾諸將觀望而頗以玩寇爲學曾罪給事中許子偉亦劾學曾惑於招撫誤國事國楨又言僉事隨府從城上躍下賊令四人下取我軍咫尺不敢前又北寇數萬斷

我糧道殺戮無算匿不以奏帝遂大怒逮學曾至京然學曾逮未踰月城壞而大軍入賊竟以破滅夢熊既代學曾亦賜尚方劍時調度靈州獨國楨監軍寧夏賊被圍久食盡無援而城受水浸益大崩國楨挾諸將趨南關秉忠先登國楨大呼諸將畢登賊退據大城攻數日不下國楨使閒紿東賜朝承恩互相殺以降貫其罪三人内猜疑東賜朝遂先誘殺承恩黨文秀承恩亦與其黨周國柱誘東賜朝殺之盡懸東賜朝文秀首城上開門降如松率兵圍拜家拜倉皇縊闔室自焚死夢熊自靈州馳至下令盡誅拜

黨及降人二千慰問宗室士庶寧夏平夢熊正色國楨各上捷奏而俘承恩獻京師帝御門受賀詔磔承恩於市夢熊正色國楨各廕世官如松功第一如薰貴秉忠等加恩有差學曾初奪職爲民敘功以原官致仕學曾任事勞勩灌城招降之策本其所建及宣捷帝召見大學士趙志皐張位志皐位力爲學曾解尚書星以下多白學曾無罪國楨亦疏言學曾應變稍緩臣請責諸將以振士氣而逮學曾之命發自臣疏竊自悔恨學曾不早雪臣將受萬世譏如松亦言學曾被逮時三軍雨泣夢熊亦推功學曾帝初

不聽既而復其官居家數年卒夢熊以功進右都御史初卜失兔爲都督其部長切盡台吉最用事切盡台吉死卜失兔不能制諸部經畧鄭洛專事羈縻學曾以洮河之變惡諸部爲逆襲殺明安會拜反著力兔宰僧遂聲言與拜爲一家而卜失兔莊禿賴亦引兵助之及拜誅切盡台吉之此吉率著力兔宰僧莊禿賴等頓首花馬池塞下悔罪求款夢熊爲奏請帝以夢熊初主學曾責其前後異議令要諸部縛叛贖罪著力兔等求款益堅夢熊乃與巡撫田樂奏上四鎮款戰機宜俟朝議中外相仗莫敢決卜失兔

遂率諸部大入定邊總兵官麻貴等擊卻之夢熊以功加太子少保未幾切盡台吉從子青把都兒犯甘肅總兵官楊濬副總兵何崇德禦之斬首六百餘級夢熊復加太子太保兵部尚書尋入爲南京工部尚書而都御史李汶代自洮河變後寇頗輕中國招撫議既絕諸部數入犯四鎮遂頻歲用兵云夢熊雖功多其品望遠出學曾下卒官國楨既招降承恩以夢熊貪功殺降劾其罪夢熊奏辨言拜所畜家人皆死士緩一二日東暘朝黨復集必再亂臣寧負殺降名以絕禍本帝爲下詔和解之論功擢國楨太僕

少卿踰年遷右僉都御史巡撫大同久之遷兵部右侍郎總督宣太山西軍務在鎮三年節省市賞銀十五萬兩有奇父喪歸未起而卒贈右都御史（明史參魏學曾傳）

梅之熉號惠連國楨之子晩披緇爲僧號稿木博涉羣書於海内名宿頡頏主盟以襲蔭官值國變卽解組歸祝髮入山衣麤食糲以終其身刻有文稿及春秋因是並翻譯諸釋典

梅國樓字公岑號瓊宇萬歷癸未進士拔辭垣官行人典試浙江遷工科給事中時河決議復故道請專設總理國

樓力保潘季馴上遂命潘爲都御史總理河道有功萬歷十四年征永寧蠻時安堯臣外恃平播功內仗水西有撫鎮雄制永寧之心國樓爲川南道督兵協討俘獲蠻丑者詢知鎮雄將曾大功兵五營屯大壩水西兵已渡馬鈴堡約攻永寧堯臣所遣彭月政等助逆不退于是遺咨總兵侯國弼等始知歸惡堯臣而川貴兩撫馳奏堯臣稔惡急移師擊之毋使逋復爲蛇蟤復爲河也疏上廷議無敢決用師者國樓遂亦不能竟其志後遷廣東貴筑道江西南贛兵備道布政使司叅議年七十餘告休歸里 明史

梅之煥字彬父侍郎國楨從子也年十四爲諸生御史行部閱武之煥騎馬突教場御史怒命與材官角射九發九中長揖上馬而去萬歷三十二年舉進士改庶吉士居七年授戶科給事中東廠太監李浚誣拷商人之煥劾其罪尋上言今天下民窮餉匱寇橫兵疲言官舍國事爭時局部曹舍職掌建空言天下盡爲虛文所束縛有意振刷者不曰生事則曰苛求事未就而謗興法未伸而怨集豪傑灰心庸人養拙國事將不可爲矣請陛下嚴綜覈以責實事通言路以重紀綱別臧否以惜人才庶於國事有濟時

朝臣部黨角立之煥廉秪自勝嘗言附小人者必小人附君子者未必君子蠅之附驥卽千里猶蠅耳時有追論故相張居正者之煥曰使今日有綜名實振紀綱如江陵者謗訕之徒敢若此耶其持平不欲傳會人如此出爲廣東副使禽誅豪民沈殺烈女者民服其神海寇袁進掠潮州之煥扼海道招散其黨卒降進改視山東學政天啟元年以通政叅議召遷太常少卿擢右僉都御史巡撫南贛丁內外艱家居當此之時魏客亂政應山楊漣首發忠賢之奸忠賢恚甚拷殺漣由此悍然盡誅鋤善類慣嫉楚人矣

謂漣被逮時過麻城漣罪人也之煥與盤桓流涕當削籍其實漣未嘗過麻城也無何逆黨梁克順誣以贓私詔徵贓莊烈帝卽位乃免徵起故官巡撫甘肅大破套寇斬首七百餘級生得部長三人降六百餘人明年春寇復大入患蹴豆創環大黃山而病諸將請掩之之煥不可曰幸災不仁乘危不武不如舍之因以爲德焉遂不戰踰月羣寇望邊城搏顙涕泣而去冬京師戒嚴有詔入衛且行西部乘虛犯河西之煥止留遣兵伏賀蘭山後邀其歸路大兵出水泉峽口再戰再敗之斬首八百四十有奇引軍東俄

悍卒王進才殺參將孫懷忠等以叛走蘭州之煥遂西定其變復整軍東明年五月抵京師已後時矣有詔之煥入朝翌日又詔之煥落職候勘温體仁已柄政矣初體仁訐錢謙益之煥移書中朝右謙益至是體仁修隙之煥遂得罪之煥雖文士負材武善射既廢無所見所居縣阻山多盜之煥無事輒率健兒助吏捕無脫者先是甘肅兵變其潰卒畏捕誅往往亡命山谷間爲羣盜賊勢益張至是賊數萬來攻麻城望見之煥部署輒引去帝追敘甘肅前後功復之煥官廕子然終不召明年病卒明史按之煥別傳之煥少孤從母曰

課書盈寸倜儻雄駿異於凡兒萬歷癸卯與楊漣同舉於鄉以功名節義相期許甲辰舉進士選庶常同館孫承宗獨推重之改吏科給事中輒扼腕時政上疏極言其大指務在破私交絀黨論矯時救弊愛惜人才尋出爲廣東按察司副使多所平反天啓元年擢都察院僉都御史巡撫南贛是時魏璫興大獄逮楊漣拷死言官樾漣黨以煥爲首誣煥在省中受取賄賂坐削籍遣戍會懷宗卽位召以原官巡撫甘肅煥鈞校羣吏威嚴服邊方其功最著乃以閣臣某指劾遂解官歸里流賊起秦隴蔓延光黃間煥以軍法部勒鄉人賊不敢犯麻城者八年後敘甘鎮前後功加級廕一子忌之者盈朝卒不果用

楊王庭字自邑號中愚生世族幼而岐嶷萬歷乙酉舉於鄉初任潯陽令江之岸北地形窪下民聚廬於此庭下車夏流氾濫民惟待斃庭曰吾爲民父母視數萬民就死不救縱獨生有愧願渡江與之俱死乃破浪親往捍築垂潰之堤立就潯人感之名楊公堤爭建祠以祀時萬歷中礦使四出庭持正忤璫坐是不得內召平調桃源令尋晉廣信府丞署篆饒守已倦遊歸里教子孫俱能文章夫人朱授宜人封手不釋紝紡戚族之貧者咸仰給焉歿崇祀鄉賢江右艾南英過麻慕之爲傳通志附

按明崇禎甲戌入祀鄉賢考語　看得本官正大律身光明率物早歲以文章聽鳴鹿多士服其子雲中年以政事矢懸魚當道許爲伯起權璫横湖口與之均茵抗禮搢紳賴以觀瞻者七十二城大浸壞江堤毅然破浪捍築黎民幸而生全者百千萬命江以西淮以北皆桐鄉之民也歌召父咏杜母非循吏之效歟林泉泄泄雖已十年鄉黨恂

恂有如一日施仁活族子孫洵有貽謀老成典型桑梓譽之不倦所當祀諸俎豆有光垂之百世不祧者也譜

詹淑字茂修萬歷乙酉舉人授資陽縣在官九年公正慈廉條陳勸農養生省用恤刑等議皆見施行府志

彭好古字熙陽萬歷丙戌進士知歙縣擢御史歷僉事剛直不撓風格類古人府志

彭遵古字旦陽好古季弟與顧允成友善性耿介厲名節同舉萬歷十一年會試會南畿督學御史房寰連疏詆都御史海瑞遵古同顧允成諸壽賢抗疏劾之畧言寰妬賢醜正不復知人間羞恥事臣等自幼讀書卽知慕瑞以爲

當代偉人寰大肆貪汙聞瑞之風宜愧且死反敢造言逞誣臣等所爲痛心因劾其欺罔七罪始寰疏出朝野多切齒而政府庇之但擬旨譙讓及得允成等疏謂寰已切讓不當出位妄奏奪冠帶還人之以御史言起教授終光祿少卿明史附顧允成傳

彭信古字龍陽好古仲弟與伯季俱諸生信古試輒鈍謂季弟遵古曰爾利於文每冠軍嗣試予與爾易之及揭榜遵以信文仍擢首乃輟書嘆曰大丈夫奚事毛錐玉門定遠可按劍呼也遂因武籍登萬歷癸未進士累官朝鮮參

戎朝鮮用兵信古率步兵用大棓擊斃其渠魁衆軍進逼賊濠毀其棚寺以礮裂失利充爲事官後敘功賜廕府志

蔡茂春萬歷壬辰進士知建德縣興學育才勸農積穀裕役維均捕盜恤孤設義塚立小學興利除害無不條舉府志

曹大受字無可萬歷甲午舉人知浙江新城縣理滯獄鋤巨憝因性鯁介左遷蜀藩典簿會奢賊變募死士擊之以功擢貴州兵備副使復晉階一級意有不合竟拂衣歸府志

李長庚字酉卿萬歷二十三年進士授戶部主事歷江西左右布政使所在勵清操入爲順天府尹改右副都御史巡撫山東盡心荒政民賴以蘇盜蔓武定諸州縣討禽其渠魁四十六年遼東用兵議行登萊海運長庚初言不便後言自登州望鐵山西北口至羊頭凹歷中島抵北信口入歷兔兒島至深井達蓋州剝運一百二十里抵娘娘宮陸行至廣寧一百八十里至遼陽一百六十里每石費一金部議以爲便遂行之明年二月特設戶部侍郎一人兼右僉都御史出督遼餉駐天津即以長庚爲之奏行造淮船通津路議牛車酌海道截幫運議錢法設按臣開事例嚴海防九事時議歲運米百八十萬石豆九十萬石草二

千一百六十萬束銀三百二十四萬兩長庚請留金花行改折借稅課言臣考會計錄每歲本色折色通計　千四百六十一萬有奇入內府者六百餘萬入太倉者自本色外折色四百餘萬內府六百萬自金花籽粒外皆絲綿布帛蠟茶顏料之類歲入皆朽敗若改折一年無損於上有益於下他若陝西羊絨江浙織造亦當稍停一年濟軍國急帝不悅言金花籽粒本祖宗舊制內供正額及軍官月俸所費不貲安得借留其以今年天津通州江西四川廣西上供稅銀盡充軍費於是戶科給事中官應震上言考

會典於內庫則云金花銀國初解南京供武俸諸邊或有急亦取給其中正統元年始自南京改解內庫嗣後除武官俸外皆爲御用是金花銀國初常以濟邊而正統後方供御用也會典於太倉庫則云嘉靖二十二年題準諸處京運錢糧不拘金花籽粒應解內府者悉解貯太倉庫備各邊應用是世宗朝金花盡充兵餉不知陛下初年何故斂之於內也今不考各邊取給應用之例而反云正供書額何相左若是至武官月俸歲不過十餘萬乃云所費不貲哉且原數一百萬陛下始增二十萬年深日久巔末都

忘以臣計之毋論今年當借卽嗣後年年借用可也毋論未來者當濟邊卽見在內帑者盡還太倉可也若夫物料改折隆慶元年嘗行之以解部濟邊六年又行於南京監局亦以濟邊此則祖宗舊制陛下獨不聞耶帝卒不聽時諸事掤始百務坌集長庚悉辦治天啓二年遷南京刑部尚書就移戶部明年召拜戶部尚書未任以憂歸崇禎元年起工部尚書復以憂去久之代閔洪學爲吏部尚書六年正月修撰陳于泰疏陳時弊宣府監視中官王坤力詆之侵及首輔周延儒長庚率同列上言陛下博覽古今曾

見有內臣參論輔臣者否自今以後廷臣拱手屏息豈盛朝所宜有臣等溺職祈立賜譴黜終不忍開內臣輕議朝政之端流禍無窮爲萬世口實帝不懌次日召對平臺時副都御史王志道劾坤語尤切帝責令回奏奏上帝益怒及面對詰責者久之竟削其籍明史

王成位號儀寰萬歷丁酉舉於鄉歷任至肇昌府同知事繼母以孝聞晚年講學著易不衰

楊之彬萬歷丁酉舉人姚安知州慈衷潔守敏才卓識省獄訟平賦役蠲苦丁復鹽市修學宮一州利弊盡爲釐舉

其大者開擴城郭功尤茂著府志

熊所師字呂源家貧歲歉有知交餽稻數十斛分給親友一時悉盡從弟妹不能自存者教養婚嫁之萬歷丁酉舉於鄉任贛州府推官守將縱兵剝民按法劾罷隨爲州將所中謫廬州判州有豪强犯法前任屢捕不出所師攝州事擒置諸法後調北流縣卒櫬歸貧不能葬通志

王育德字澤寰萬歷庚子舉人初知嵩明州東川土蠻之變以擊賊功陞僉事守永昌佐巡按姜籌策擒斬叛蠻馬一駿分巡臨元規復十八寨觀察黔中銅平蠟耳山苗倡

亂卒兵入其界撫之黔賴以安後晉陜西右布政入覲卒於京通志

周制號岐陽萬歷舉於鄉仕開化知縣潔已惠民民祠祀之其子延齡孫長流俱經明行修

田生金號雙南萬歷甲辰進士由推官擢御史累陞太僕卿有節鉞聲望後以徵累久困林泉其官臺諫時復方孝儒友族家一疏爲人所稱

邱坦號長孺萬歷丙午武舉第一官至海州參將郎棄官歸坦能詩有北遊稿南遊稿楚邱集虔遼等語

陳以聞字寄生號石泓萬歷丁未進士授吳縣不畏強禦調無錫行均田均役法發運弁勒兌狀數決大獄甚有風力遷禮曹晉尙寶寺丞以與楊漣高攀龍善忤魏璫削籍崇禎初起官累少司寇被論歸卒府志

周崇極字無所舉萬歷己酉鄉試歷安溪象山南陵知縣仕南陵時有中涓奉差歸輜重絡繹須役夫五六百人驛遞不堪其擾崇極令如數往盡傳入治庫內計蘭花數百盆崇極碎其一則金珠實其中將盡碎之中涓戢抑急出金募役人咸快焉後陞貴州道僉事時有叛苗都御史執其魁付治之崇極給苗冠帶且誡曰姑貰汝罪效順則止不然將盡戮毋赦諸苗喜曰旣釋我罪又榮我身遂相戒勿叛朝議善之

曾之賢字伯艮萬歷壬子舉人任深澤知縣北俗輕生賢禁溺縊嚴反坐刑以是清他縣疑獄上官多藉讞決奏最擢御史首劾罷貪撫張明綱巡按宣大會代藩廢長立幼上疏切論實爲當時國本地也後卒於官通志

周邦璟號柱明萬歷癸丑進士行人擢監察御史督學南畿名流多出其門魏璫時削籍崇禎朝起河南道入司京

察徙太常卿晉大理寺遷南京兵部侍郎爲人厲廉隅寡言笑

劉鍾英字俊卿號大凝萬歷癸丑進士官翰林値梃擊東宮一案舉朝沸騰或勸上章公曰皇上誠慈皇太子誠孝忍不爲君父留餘地耶明旦太子果下令曰張差瘋人打死便了外廷何得有如許話說衆乃服其識天啟辛酉典試閩闈崔田等嗔不附黨削籍歸自是楊左周夏以次逮獄一日都御史梅之煥憤甚過某言謂往京一語件楊左諸君死公從容爲言忠激忘身無異抱薪救火向使唐李

訓鄭注少濟以狄梁公之學問何至仇士良殺二王一妃四宰相耶梅意乃解崇禎戊辰起洗馬司業祭酒尋遷禮部侍郎再疏乞養疾歸性醇篤不喜聞人過居官不附黨不沽名不越職言事

田生芝號瑞陽萬歷丙辰進士任密雲縣陞吏部主事累陞光祿卿通政使爲人沉摯詳縝初治密雲值餉運孔棘縣解額豆繁苦芝力行海運以便至今德之

萬吉齡字叔迪萬歷武進士官貴州都司壽九十四爲人温厚書法倣詹景鳳晚年尤佳

陳鵬舉字雲卿號六息天啟丁卯鄉薦任定遠學博署篆禦賊有方畧陞蔚州守遷刑曹郎

鮑之祥字若孩崇禎辛未進士臨川知縣時軍興加派祥不忍鞭朴涕泣勸諭值編審召里長聚庭下面均徭役吏不敢欺疏布自奉如寒素府志

余士瑺字季美崇禎丁丑進士任福清縣節操清介以理學倡教化後官九江節推適左良玉兵下江南至九江闗上大肆虜掠官民屏息士瑺仗義切責良玉左右兵之斷其手股受重傷而死時論憤之此宏光甲子年事

周損字遠害號迂收少與劉侗善共硯席者十餘年侗入北雍損從之遊共著帝京景物畧選詩皆出損手登崇禎己卯鄉榜癸酉會試副榜授饒州府推官饒俗多盜下車捕數十人盜爲斂跡值馬士英兵過樂平民苦其擾聚衆殺之英怒欲屠城院司議執殺兵者以獻樂平民將挺而走險上司檄損攝縣事損單騎往諭民皆投戈乞命損曰隨吾來策汝以不死從者數十萬人既至上司仍前議損曰兵民互殺適足相當復重戮吾民以激之乎今國用告匱若以償金諭未必不從如不獲命職敢任其咎民聞者

歡聲震天損首爲捐俸次視民貧富斂之共得萬金以報且許續金若干乃得不屠及索所許損屢以空文婉拒事遂寢損博學善詩文疾革時惟勉子力學敦行無一語及家事

董璋字公朗崇禎壬午舉於鄉爲人厚重有容官長垣縣興利除害政尚寬大子時升舉進士任山東夏津縣亦有政聲

嚴穀字近仁以明經選授教諭俱載府縣舊志其家乘備載其陞授萊蕪縣知縣引見時建言稱旨任萊蕪擒捕盜

賊斷獄平允有古良吏風

曹巽之字子舉曹大受之子曹應昌之父崇禎庚辰歲以明經謁選得雲南雲州同知蔣朝臣叛圍雲州累月巽之率敢死士衝賊營斬獲數百賊潰州圍解功上聞晉順寧郡守至今稱爲名宦云 見雲南名宦志

曹應昌字石癖別號石霞幼聰穎作文倣徐庾不事家産己卯舉鄉試第一癸未成進士授嘉定令放懷詩酒不修吏治會廵按考察問刑名錢穀幾何應云文章頗能幾句簿書非職所長因左遷閩鹽官首領隨改革解綬歸里讀

書立浪園不關吏治洪閣部入楚聘起與語知其無意於世聽歸晚歲研精佛乘益稀落自好其父自明宦永昌至順治十七年雲南入版始聞訃負病奔喪賴一時仕滇者慕其文名高其孝德率賻贈爲經營而同鄉楊司李兆傑尤力平西藩王亦厚賻予郵符故得達永昌奉其柩歸先時何閎中督學滇南亦殞永昌其後人零落無可爲扶櫬者應昌既奉父柩並挈其柩歸比至昆明應昌既病且勞亦卒於時家人慮道遠喪多欲置何柩比行應昌柩獨不發其弟應明祝曰特非爲何先生乎當偕行爾乃發應昌與何實昧生平聞者益嘆其義應昌初入滇遇四歲小兒呼應昌名與語讀應昌闈牘甚悉詢之則己卯主試章正宸後身也謂應昌曰吾與若又同行矣應昌因作紀異十律及奉父柩再過訪小兒已化去應昌無幾竟殞卒年五十三有蔬堂文集等刻行世後友曾紫涯爲作薦福清詞有曰少登仕籍一肚皮不合時宜晚事空王百草頭無非祖意又曰君親師友之誼經百折而彌堅筐篋田宅之謀只一麾而不顧蓋實錄云

蕭繼忠字康侯麻城人 黃岡縣志作黃岡 耿天臺弟子也

素性豪邁未弱冠列弟子員旋中副車其從父文憲爲鶩吏高維垣所窘從弟繼元詣闕鳴冤吏疑繼忠爲翼遂誣以盜置於獄榜笞且劇投獄井經宿不死蒙難讀易因悟性命之旨既出益折節力學遊燕都歷金陵抵江右訪求名儒出鄒南皋高景逸馮少墟諸儒之門與焦弱侯羅匡湖等爲友主盟首善白鹿講院及歸又與同郡王陞黃彥士彭好古諸人遷置問津書院講肄其中受業士先後殆數百人其德範巖巖談鋒諤諤初卽之凜不可犯久則如坐光風霽月中矣時魏璫恣橫附之者因陽左憾東林摧

殘楚士尤毒欲得繼忠與劉承烈而甘心焉繼忠聞緹騎至卽時就道顏色自若家人無一知者會璫誅乃免以講學終老問津所著有易學問答語錄諸書卒年六十有四崇祀問津書院蓋聖祀重光文會蔚起越百餘年而不衰者皆康侯啟之也書院舊志參黄岡縣志

麻城縣志卷二十

人物志仕績

國朝

項始震順治丁亥進士授縉雲知縣時山寇縱横鄉邑殘破始震招撫之寇散民安民間婦子散失者捐金贖歸陟大理同知府志

王有容字自牧爲龍巖知縣時方軍興徵夫取餉羽書旁午有容多方爲民請命乘便增城浚濠儲糧置械及漳郡失守巖孤城無援有容乞師於贛與民㴐血死守賊逼城有容調兵據勝屢挫其鋒賊解去城賴以全通志

汪淑問字適陶順治已亥進士捷爲知縣安輯流遺縣八德之府志

王元士字大周號九山順治辛卯鄉魁已亥會魁任浙江定海縣因海防禦賊有功陞廣東瓊州知府在任除負鹽陋規搜明邱濬海瑞後裔拔取之士民稱頌不衰擬陞羅定道未任卒

萬象字天成授新貴縣陞黄平州知州再任山西解州知州恪恭乃職治著循良大吏以清廉上薦轉刑部山西司

郎中平反亦多允當
程浩字天行號知菴父自勝號崑岡厚重有禮明萬歷間
授靜海典史清介有惠政卒以鯁直忤縣去士民皆哭送
之生二子長達字大行府庠浩其次也少穎異好學能文
十四入泮食廩餼應順治八年拔貢生授通判改授河南
按察司經歷巡撫賈漢復聞其清介委署臨穎民多便之
署虞城閱月以俸滿轉台州同知時海寇鄭成功航帆出
沒無常浩日與知府郭曰燧等協辦軍務歷府縣考試公
明有聲復攝黃嚴篆告病歸行李蕭然其清介始終如一

初浩
朝考時晤同科貢生羅載惇述及生庚遇合無不相同遂
視若昆弟後羅陞黃州守卒於官家口不能遽歸浩寄帑
歸槖有古人風其致政時軼事云
胡躍龍字羣吉公國子順治辛卯舉人壬辰進士任鄖陽
府教授時府經兵火黌宮未及修理躍龍捐貲重建値西
山遺孽跳梁頻年大兵進勦委給糧行間士無譁者連攝
鄖竹房三縣篆武當香稅典史者舊有例人爭營之躍龍
兩委監不受一錢涖鄖九載直指李公稔其治行列首剡
遷直隸新城縣旋致仕歸重修拜郊堡北門岐鎮東深溝
二橋近宅有朱家堡大河春夏設舟秋冬建橋募善醫者
和藥濟世前後約費數千金於祖居設塾教子弟多所成
就從子文域生數月失怙撫猶己子遂舉戊子亞魁授隨
州學正値歲饑族屬鄉鄰連日不舉火者甚衆從弟生員
胡輝田窘廹來告躍龍遂慨然以穀數百石徧周卹之軼
事詳墓誌銘
鄒宗彥字俗儀號坦垒少貧困撫諸弟友愛倍至明季土
寇竊發築堡捍禦中順治丁酉經魁戊戌進士庚子同考

北闈所得皆知名士同鄉劉本源亦其一也旋授綏陽縣
愛民如子政暇以春秋課士癸卯連科獲雋者二十餘人
秩滿陞澤州知州未授病卒綏陽署縣人德之祀名宦
張颺字賡僊明末避難往來黔楚二十餘年善弓馬熟韜
畧
大清定鼎後以武功歷安籠鎮總兵官旋改文階累官廣
東布政使司
引見時恭聆
聖訓愼以持衷勤於涖事敬書爲額懸掛中堂任粵五年

權攝督撫印篆年六十八休致歸里
胡呈祥字叔文少貧投軍行驍勇絶倫以弁員効力滇黔
從征吳逆有功授巖州參將
鄒世美康熙癸卯歲貢任湖南沅江訓導幼穎異經史過
目成誦好作詩長於集古捐俸修學宫與同學謝公置學
田四十石兩院保舉署沅江縣
鄒士璁字石瞻康熙甲子舉人由戊辰庶吉士授檢討典
試山東隨督學山西約係悉關大體逮辛卯擢内閣學士
兼禮部侍郎明年春充

廷試讀卷官癸巳
命山東祭告監賞綠旗兵丁以
覃恩貤封
誥命正三品廕子越三年乞休出入禁闈三十餘年
天恩屢錫及解組而車騎祖餞名公卿贈以詩歌宦成之
美擬二疏焉致仕歸以餘貲建祖祠置田以供族衆祀事
清閒淡泊足跡不出戶庭其長子汝模入詞垣人以爲青
瑣世業
鄒汝魯字鈍齋康熙丁卯舉人辛未進士初任清豐縣清
豐錢糧舊以富民催編戶差役催富民民甚苦之汝魯力
去其弊一時完納甚速縣入學止十五六名汝魯設義館
勸考課月捐俸以給薪水督學按臨取進二十二人再任
獲嘉縣夏秋逾時未雨汝魯至潔齋虔告下車而甘霖大
霈縣西有來雲寺東西二院界與延津縣接居民置地二
十四畝爲香積資明末寺廢地失壟後搆訟兩縣各爲袒
護汝魯剖析之俾各得一十二畝訟端頓息
簡命行取陟御史轉爲大理時有家人以事誣其幼主者
獄上汝魯托疾未署押因得緩獄大吏隨雪其寃有知縣

杖奸民斃仇家夜竊尸懸周元勛門縣役與周有隙誣周
重獄申部汝魯駁之得白爲僉都御史時
賜石硯詩文外任奉天府府尹雖性至嚴毅好奬勵後進
平反庶獄
憲皇帝時任太常寺卿因獻黃河清頌徵引錯謬罰修荆
州堤
王楠號顒中康熙丁卯舉人候補中書改授常德武陵教
諭著有周易本義補選程墨華寶集以授諸生詳請輿革
十要重修文廟兼修堤塔朔望課文二藝撰武陵人文一

卷丁酉大計巡撫李發甲表薦第一授羅源縣蒞任郎捐修文廟興義學修縣志訟皆立決捕盜如神伸理冤獄不避權要署閩縣時有把總被誣侵蝕馬價擬斬楠理其冤將軍不懌楠曰職在核實縱奸廢法故殺負心官可去勘不可更也已亥巨盜薛彥文橫肆五縣震動楠密示捕員二更於城東獲奸宄爲內應者次日協同營將入山搜獲賊首衆黨悉平巡撫黃國材特薦因老病乞休士民感德鐫碑志之長子文焯邑庠生次文熺籍常德沅江歲貢

鄒汝謙字謙公由貢授岳陽縣潔己愛民掃除一切陋規

修學宮培書院文風大變岳俗輕生多株連無辜謙訊明郎令押埋莠民不能獲利全活者衆鄉愚不識禮教同宗無服輒聯婚謙諭以百世不通之義違者立杖斷離風俗以正岳民勒碑以紀其實再攝靈石潞城篆人咸戴德乞休歸里布裳徒步恬如也

鄒旦燮字理豐康熙庚子歲貢邑令吳顧行延掌義學十二年訓課有法續刻西陵課藝一時知名士多出其門乾隆己未選蒲圻縣訓導兼教諭事重修學宮大興文教致仕歸里公舉庚辰鄉飲大賓年九十四卒

王琬字序周性醇厚動必以正善屬文中康熙三十五年鄉試在山西試院衡文極公正人不敢干以私任岳州教授有廩生某以事得罪岳州知府必欲褫生名琬固護得免後某生力學成名亦任湖北教職士論亟稱之其孫聯登賢書早入仕籍咸以爲隱德之報云

蔡仕本姓王康熙乙酉舉人任湘潭教諭補諸生時路拾遺金四錠日暮俟遺金人來尋詰實盡還之是科仕登榜

徐家麟字遠眖康熙癸巳舉人以明通榜補孝感學教諭

後任均州學正嘗贊理縣令吳顧行葺義學置學田刻西陵課藝縣東桃林河倡設義渡請諸公製文勒石免其差派至今稱利賴焉生平善詩古文詞苦散軼往往見諸他集

程均字和安康熙甲午舉人任桃源教諭署常德教授教士懇摯辦祭誠敬諸弟子員受薰陶者皆列巍科歸後囊空衣敝晏如也

成撰字西翰號豫三壬子副榜任枝江訓導撰篤志潛修拈題自課縣內知名士多出其門耄而猶勤同知彭欽賞

以武公未老額爲贈撰亦手錄身經五世太平日眼見四君全盛時之句書聯以誌喜年九十三歲卒

李遠字遐彰康熙乙酉舉於鄉任嘉禾教諭巡撫延主嶽麓書院口講指畫多所造就遷永州府教授年八十一告歸

鮑啟泌字師鄴號念齋雍正丙午副榜保舉任湖南石門縣縣多虎患及泌到虎多遁去調任通道除採買轉長沙通判承修貢院除開銷帑項外捐銀四千餘兩號舍一新署衡州府適通道猺寨嘯聚大吏因泌任通道時撫御有

方檄委查驗卽單騎往曉以大義責懲首犯數人餘悉省釋苗民帖服蓋其居官清正所致也

甘學濬字石泉號簡齋乾隆壬戌進士任江西興安知縣性廉潔不苟取政簡刑清與民休息下車卽修造岑陽書院延師教育文風丕振邑有某僧犯奸餽重金不受又有富人牛死人誣以私宰爲之辯明後餽酒內藏白金召其人笑還之其清操類此以大計解組歸先是武生毛明經爲縣訟師屢被斥責常語人曰渠不愛我我卻愛渠不過要我做好人耳至是卒縣中士民成萬民衣傘流涕薦送

歸家後隱居東山無長物不計有無時有江姓懷厚賄求干謁公庭答曰吾平生如婦人守寡豈肯臨老嫁人耶江負慚而去刻有文稿及口頭語詩子椿縣學生

吳家駒號栖堂乾隆甲戌進士授確山縣縣當孔道舊苦供給家駒除勘合外無所與民賴以安聽訟無留牘鄰縣疑獄多委决信陽富民杜姓因姦殺人投刀而逸州弗能决家駒廉知死者爲杜舊佃遽令决庄前塘水落而匕首見徑拘杜以刀合傷處脗合遂伏罪甲午歲大祲因始縣報歲失實民攜槁苗質告知縣夜逸大吏委家駒往撫境

內帖然所至多平反呼吳青天四校鄉闈所拔皆名宿任十二年擬薦卓異以疾歸民遮道攀轅依依不忍舍去

鮑棟字宇邁廩貢生知州署印江縣鄰縣歉收搬運者衆米價頓長棟諭富戶減值出糶有廖戴吳三族互爭田界訟數十年不决棟往勘無所可否置酒勞之三姓者皆幡然悔願以爭界廢爲間壤任鎭遠適滇省徵兵所辦夫役例按赴差時日給食集人守候概使自食棟捐貲給之轉仁懷同知向例廳學止六名詳請廣額三名文風因以蔚起戊戌因公赴省道見民多菜色稟請大吏捐廉賑濟遂

於省城外設二廠施粥飢民大蘇以卓異引見卒於京

鄭文坦由附監捐通判任四川攝廣元捐建義學置學田任彭水縣屬通衢役夫工食素爲胥吏侵蝕乃捐銀給夫懲胥吏勒碑杜弊在緜州時有蕭姓先與貧生婚後嫌貧悔之坦捐俸三百金爲生置田宅斷蕭女歸生生以力學成名

鮑材字作舟附貢生居家孝友處世端方任雲南嵩明州知州一以廉潔自矢不久卒於任

成倫字展言學富品優乾隆癸亥癸未兩爲修學宮及修

鼓樓首領以廩貢任孝感縣訓導三署教諭事慇懃訓課和易嚴明奉委編查俗淯恥格舊有學舍傾圮自解囊修葺加增維新歷九年以疾告歸士人思慕不忘述之碑誌

梁景陽字鳳喈號梧岡乾隆庚辰

恩科鄉試第一辛巳擢國子監學正己丑成進士歷官吏部郎由科道累至太僕寺少卿廉介明敏待人眞誠篤摯乙巳歲以年逾六十預千叟

盛宴拜賜有加有同年友卒於京無子遺三女流離失所景陽皆其長女次女幼女則挈之歸里縣會館在京者創自有明館側被侵蝕贖而新之里中好義者咸踴躍襄事經理指示景陽一身任之本末具載碑記

侯映甲字麗山庚辰經魁初授祁門縣廉明果斷試童子杜鎗冒弊絶風清調蕪湖捕蝗有功陋規悉屏以丁母艱服闋分發甘肅授高臺縣卒於任子幼扶櫬歸家徒四壁無朝暮資未幾其子亦卒無繼祠者豈廉吏可爲而不可爲耶

胡翔靄字裔雲號晴沙乾隆乙酉舉人內閣中書任杭州通判遇事勤敏委辦兜盤頭海塘衆議撤舊柴塘翔靄不

可外仍柴塘內加石塘工始就杭州多火災羣不逞輩因火搶奪翔靄至諭令拆民房斷火路其救火兵丁及諸無賴不得藉端搶奪違者按律坐境內肅然歷署九郡所在有聲著武林遊草四卷卒於任

曾之裕號亮儕原籍麻城父啟昌雲南永順總鎮致仕後居太湖縣裕中江南康熙庚子科舉人歷任內閣中書出授河南五縣知縣特選江西贛州府知府陞湖北安襄鄖道署按察使司調直隸清河道署布政使

程琮字瑞玉號惕齋漢安先生長子也漢安有學行未遇

琮乾隆壬午舉人癸未會魁知山西垣曲縣事三載以清廉著囹圄一空獄吏無事多灌園食力者以父喪歸教學鄉鄰多所成材弟璘字美玉號南坡乾隆庚寅恩貢辛卯舉人諭公安縣學善詩文尤精書法壽九十八歲

袁銑號金溪行五嘉慶辛酉舉於鄉辛未成進士授翰林院編修自巡視南漕及居諫垣以介節直聲聞主講江漢書院十餘年一時掇巍科成巨儒者數十人嘗書楹聯云不看破義利關何須講學要識得忠孝字才算讀書其生平卓行詳載鄉賢錄並朱恕齋方伯墓誌銘王霞九觀察

傳

王勸乾隆丁酉舉人大挑一等揀發江南知縣歷任金山奉賢南滙華亭諸縣調任邳州泰州太倉諸州陞太湖廳同知所至有政聲崇祀望海樓名宦祠

梅茂南號庾村嘉慶戊辰舉人辛未進士歷任河南輝縣陽武鹿邑廣東東安知縣推陞內閣中書公少以文名居官廉厲宰鹿邑時河決捐鉅貲以救民患人咸賴之且明斷無私有青天之號爲豫中同考試官首薦周芝臺以偉器期之後果官至相國時人服其藻鑑

程德楷字憲甫號松亭嘉慶辛酉選拔是科鄉舉乙丑進士由編修任福建主考貴州學政時黔省教匪煽惑奉旨撰刻訓民七說分發府縣訓士四論曉諭諸生大學士曹振鏞以家學淵源人品端正八字薦入上書房授惠親王讀擢授皇長子讀時西域蕩平詩賀有天子當陽位人間奏凱聲之句　上大嘉之旋視學江西以光祿寺卿卒於京邸官署　上特命受業惠親王親臨奠醊奉　旨歸葬於望花山南三里許羅家土橋之曾家園從弟德模字端甫以廩貢訓大冶學時諸生有互訟者經年不決下車

立決士習以端德懋字禧甫號伯亭以副貢諭咸甯學喜教授不計束修新進生以贄見必面諭曰毋過豐諸生有不率教者傳學教導給以饔飧俟其自悔而遣之該縣士民至今稱頌

毛正坦號循齋由監生例授揚州鹽大使旋歷任浙江句容寶山等縣知縣政聲卓著巨盜宋久和積案未獲坦率役擒之築海塘堤岸民皆利之至今呼爲毛公車毛公堤云後升太湖廳撫民同知長子大綬邑庠生道光初援例補工部都水司次子大紘邑庠生援例候補江蘇省

袁學濬號蓮渠從叔金溪公遊有文名由國學中道光庚子鄉試咸豐間同封員王大堃練勇出境勦賊蒙大吏詳奏以知縣用揀發吳西歷署泰和萬安縣事所至有聲初之任泰和時值隆冬兩山駐賊公僅帶二十餘人乘夜舉火從中道入賊不敢動旋率衆攻城公先士庶日夜登陴經兩月城賴以全在官判斷明決積案一空去日祖道者進萬人衣傘尋加知州銜授萍鄉縣自萬安赴省緣勞極卒於舟次

陳典字慎齋由廩生中嘉慶丙子科舉人道光乙未大挑

一等分發陝西歷署葭州及平利臨潼等縣二十二年實授鱗遊縣多惠政告病去官之日父老遮道攀轅晉萬人衣傘並建祿位牌

鄒慕嶧邑庠生年五十始仕初任清苑有能名升知霸州三年中教化大行秩滿之日攀留者塞道上憲聞其政聲逾年復任士民聞公再至老幼歡迎獻聯云郡人重得黃丞相童子爭迎郭細侯

羅文樞字靜軒別字愚溪道光已亥舉人由內閣中書出守四川龍安府訶斷若照積牘爲滌時髮賊藍姓最悍屢擾蜀稔樞惠政且憚其團防嚴不敢犯境甲子權潼川守治績一如龍安旋致仕卒蜀人至今誦之著有愚溪文集綱鑑輯要

夏梧字鳳儀道光巳酉經魁咸豐間粵匪擾楚及吳胡撫軍委修碉堡檄督禮右營以勞績奏保知縣加州銜籤分直隸同治七年鹽梟擾直邊戰巨鹿陣獲賊渠又助修順德府城晉運同銜提補武强知縣蒞任月餘卒歸里之日行槖蕭然

麻城縣志卷二十一

知縣事臨桂鄭慶華纂修

人物志　儒林

惟古儒林經師授受著述淵源承先啓後斷航絶梯流爲學究哀輯鄉評一方俎豆

明

毛鳳起字瑞東號道峯爲縣生員究心性命之學聞陽明先生倡道東南徒步從之居數年有所得歸而授徒作心學圖致知說以淑人士先生之道以誠敬爲入門以踐履

爲寔地嘉靖壬辰詔舉賢良敦行遺逸之士有司以鳳起應辭不就知縣陳子文築道峯書院復其繇役以居就教者益衆鳳起德性和易志行高潔孝友敦睦老而彌篤崇禎年間後人塑其牌位於五腦山明德堂祀之

王可任號重菴爲縣生員少喪父有弟三人俱乳稚可任且讀且治家撫弟供母十餘年稍長學問日裕德行日修士紳及知縣穆公雅器重之入闈不售遂棄舉子業留心理學之奧與周石潭耿天台相友善晚年著讀易便覽與紫陽相發明卒之日遺命書紳云生無益于時分也死無述於後遇也循分安遇守常俟命吾何求哉嘗慕蘧伯玉爲人因自號知非子云子成位中萬歷丁酉鄉試

謝天眷字夢膏爲人不循尺幅磊落有概從周思久遊受業於耿定向之門潛心理要識者一見即許爲法器尚氣節而不落於任俠談名理而不溺於章句馮少墟鄒南皋高景逸爲理學宗者俱契重之

毛可學號思溪爲縣生員敦尚躬行倡明正學以孝友著聞凡學使至楚俱以眞儒優奬年七十三卒崇禎年從通縣公議與劉承烈並祀五腦山明德堂以上舊志

劉承烈號拙齋爲縣生員幼喪父稍涉章句即以聖賢之道爲己任從耿定向講學甚加器重縣中無論童叟俱稱爲拙聖論學以格物爲宗著有同道錄格物解聞見錄等書行世府志

麻城縣志卷二十二上

人物志　文苑

大道散著文别爲科東京以下流别滋多逐末遺本勢如江河約舉百里傑者不磨

明

鄧楚望字震卿號東里嘉靖己未進士鄉舉年最少爲貪欲仕廷試時內閣夏言惜之命撤席歸久之始登第官行人外補按察副使解官年僅五十林下三十餘年賞花賦詩築百可園自娛著有詩删續稿及詩城摛錦紀聞笑林

等書子茂林

鄧茂林字仲翔兒時聰穎英年淹貫百家數困棘闈遂憤棄舉子業服古敦行師事袁某袁諸子不肖以百金私付茂林囑好存貯爲身後計袁殁即攜金爲治喪具其子續曾巖曾暨孫輩均克繩祖父皆忠厚傳

邱齊雲號謙之以弱冠領鄉薦嘉靖乙丑進士年方廿四任四川富順縣陞戶部郎出爲潮州知府其致政時年僅三十八宦情甚淡惟寄興詩酒躭情遊覽刻有吾兼亭集粵中稿國雅中選集子邱坦

梁宸字西橋少穎悟嘗舘太史童承敘家童偶閱漢書有遺失宸悉記無訛成童補廩三讓貢與年長者卒就廣文與吏部許深相善囑臨選時自擇書付小史相示宸面允心否曰有命乃簽成都僻遠許爲扼腕旋欲致其子補廩餼宸確辭曰年少當力學功名易得亦易失也府志

劉譜號宏源隆慶辛未進士選庶吉士改兵科給事中外補福建按察僉事遷餘干知縣喜獎寒士居鄉折節後進抗上而不慢下年未冠作西湖律詩百韻人競傳之

周應明字子艮號瀛海萬歷辛卯鄉試第五會試第四授

禮部主事卒於京美丰姿一目重瞳儁才博學能文著小草爲世所稱亦能詩工書法繪事

王兆雲號赤同嗜書築樓名垂雲藏之交遊悉江左名士著有王氏雜記八卷明詞林人物考十二卷驚座新書八卷王氏青廂錄十二卷烏衣集話八卷子陞號酉陽工書法舊志

劉師召號魯橋講學著書梅侍郎國楨出其門

周世遴字伯礬工制舉文臨川陳際泰以制舉文稱大家其序麻城周伯礬遺稿云周伯礬何以死而竟死矣然伯

譽未嘗死且惟伯譽可以死也予閱人未有如伯譽者西安徐子卿其幾是乎子卿售而伯譽夭伯譽夭而諸人壽皆歎之不可測者余生平性嗜子卿冀復得一子卿而伯譽則死矣非子卿而售非伯譽而壽亦獨何哉

王都俞號在明亦工制舉文才思迅發張天如顧麟士楊子常吳次尾等相與交善咸推重之

周延齡字大年總角卽有才名清修耿介甚有雅操其父制歷仕陝浙竟不一履任所惟以麟經教授閭閈間縣俊秀多出其門遠及滇黔千里負笈受業見重於督師丁啟

睿涇之帷幄一總戎希陞遷持銀五百兩托關說於丁詢之果稱其職乃爲力請得允卻其謝金曰受之則非公其不苟類如此明末輪歲薦不就士類高之其子長流著有麻城春秋文選行世其家學淵源云

劉侗字同人號格菴爲諸生卽見賞於督學葛公禮部以文奇奏參同景陵譚元春黃岡何閎中降等自是名益著閱崇禎甲戌捷南宮授吳縣令之任卒於維揚舟次初客都門取燕人于奕正所抄集著爲帝京景物畧八卷其所爲詩制舉藝先爲武昌孟登刻於蘭陽名龍井崖詩及雉草後韜光三十二義爲譚元禮刻於德清爲人以千秋自命不苟同於世故詩文亦幽古奇奧無一字拾人殘瀋舊志

曾晟號秋崖明歲貢前御史之賢子博學瑰行爲縣名士閩人吳與泌爲立秋崖逸老傳所著詩文極富散軼殆盡今惟縣進士周蝶園序尚存

國朝

王汝霖字用肅縣諸生少有文名爲文援筆立就督學王發祥嘆爲當世史才知縣王澔嘗以縣志屬之纂修會遷去不克授梓稿藏於家庚戌志成多所採取府志

周禮字在魯順治已丑進士會詔進士有願從軍者聽禮從大軍下廣東授高州知府遇事果斷不畏彊禦淸理寃獄忤上官放歸以詩酒文章自娛家無擔石晏如也與黃岡奚祿詒同修府志年八十餘卒府志

鄒知新字師可幼少慧苦學不輟長而能文由舉人順治八年官襄陽宜城縣教諭作士有聲督撫治按互薦志切親民不樂內轉國學陞山東萊陽縣知縣以解逃違限解任歸田誦讀自娛著有縣志一十四卷文簡事該惜未付梓今志多所取證焉

楊世泰字以祉同知王庭子邑諸生以次子會官封訓導
究心經史終日杜門孝友性成淳和共仰公舉鄉飲大賓
年八十有九眼觀五世才萃一堂相繼遊泮明經登科從
仕人咸稱教學之淵源云
楊晉字順之世泰三子早食餼有文名集稿刊行士林心
折子知數字極其年六歲而孤肅遵母訓十二歲督學奇
其特見取入邑庠次年食餼拔送江漢書院諸大吏咸器
重焉日與名宿詩文往來著有詩稿及春秋文選行世
李春江字公楫少聰穎以神童名十三歲冠童子試次年

食廩餼年十六拔貢
廷試第一授武昌教諭嗜學摹古與鮑子知譚友夏劉同
人艾千子輩頡頏文事
李中黃縣增生少孤事母孝教弱弟極嚴博極羣書富著
作知名士心折焉著有逸樓四論
李中素字子鵠少孤性孝友慷慨好施以故家益落工詩
文兼長於書畫由歲貢授湘鄉教諭爲岳麓書院長卓異
陞閩縣知縣閩多欺隱至則請按戶清糧自封投櫃由是
懽聲載道上吏頒式通行之隨以能廉調臺灣値野番跳

梁討擒渠魁餘黨悉平卒於任通志
周維和字錫貞號巨公順治庚子舉人康熙癸丑成進士
授河南沈邱縣未仕少穎慧博學能文端方孝友康熙庚
戌縣志與纂修焉著有蓼園文集於家
董天策字克勳康熙壬申歲貢參議應軫五世孫御史振
之元孫以春秋教授遠近學者稱梛溪先生知縣姜檣特
見尊禮額其廬曰名重江都有四書文稿春秋文稿梛溪
雜稿藏於家
李佐字艮哉號螺峰縣學生好讀書不修邊幅工書法尤

善吟咏著有坡鄰堂詩集
李之素字雲山歲貢生山居積德讀書動靜必由禮義堪
爲後學式著有省身輯要二十二卷孝經內外傳六卷等
書行世子爗成進士
熊調鼎字繼周襟胸曠達與物無爭尤時自警醒嘗自題
齋云飲酒看花才到二分便怕與人持世合成三反方安
其敬慎恭素履也以歲貢銓選訓導不就教授生徒多方
開示里邑望其衣冠者皆曰我家先生家無宿糧勤於學
問輒有念一史提綱經古文改釋惜貧不能梓每多散失

胡鉉字勳鉅號震軒廩貢生曾祖公國崇禎庚午舉人祖躍龍順治壬辰進士父文址年十二入學食廩餼貢入太學鉉少好學通經術易義尤精壬申鄉試卷亟爲房官陳龍友所賞薦不售遂絕意科名益肆志於詩古文詞善衡文每考試論斷諸生等第高下發科遲速輒奇中性孝友撫弟錀成立訓誨勤懇始終如一居家嚴肅遇子弟過誤雖年長必加飭責未嘗有恕辭知縣劉希向甫下車訪縣名宿往謁首舉弭盜安民數大事悉蒙採納既乃匿跡山村絕不通欵曲縣益重之後卒躬奠其廬著有端池文稿

六卷霞軒詩集二卷藏於家子濬瑞縣諸生翔靄乾隆乙酉舉人內閣中書任杭州通判翹霜己亥舉人

程九萬字鳴玉生員若深子幼聰俊博覽負文名與兄弟瑗琮璘等師資切劘文詞下筆立就豪邁稱首族伯渭南家素豐因之嗣伯母阮氏以賢以愛立九萬爲繼數年族人哭聳阮氏以渭南鸞婢晏姓有數歲子係其遺孤百計購來更立之九萬乃即日束裝歸退然返處晏如也攻苦積學弱冠就學使試已入彀因脫字中落使者榜示遺珠之憾賫志以歿縣人惜之

甘學洵字鳳川性遲鈍有經史癖家貧不能具書每乞假於人手披口吟咳血數升不輟至作文講說輒擱束前言沉思冥索所見解悉從靈府瀹出質之先正實有發明卒困諸生著有鳳臺文藝四書啟蒙二十九卷

侯天柱字宕峯乾隆丁卯舉人曠達不羈善談論口若懸河胸無畛域教訓生徒娓娓開道無不沁人心曲學者多受其益

李巍字奠川增生性孝友父病痪手足不能運巍左右服侍廢田園延名醫其後家益落兄弟同心財物不私已兩

弱弟賴以成立愛讀書尤精古學頗得王父鵠山遺意以上俱採訪新增

馮士彬字偉文天懷坦直行誼高潔以明經應銓訓導屆選不就交游爲之勸駕亦笑謝之曰予性迂拙不樂仕進憲文催促堅以疾辭邑侯慕其賢三舉鄉飲介賓三讓不就自以制藝取士來縣中聞人頗饒著作然家多放失彬裒輯成帙令無墜先型人有就正者無遠邇必直言無諱嘗自言曰人來相質是知我也質而弗直是負人也直而不受乃人負我也寧人負我無我負人年九十而終其嗣

吳泰來歲貢生爲邑南宿學博覽羣書兼善星學其言事多驗好奬勵後學著有碎琴集

張世鎮號南極邑諸生好學深思夜以繼日與袁金溪同學白泉之中院數年袁兄事之負笈從遊者不計束修人皆以夫子稱之晚年博極書史精明易理輯有歷代名臣録數十卷三才合一説全卷

汪錫朋邑廩生穎悟好學循循善誘故從遊者衆晚歲兼通內典善養生註有心經解功過格註釋一貫録

廩生羅映奎字星垣居親喪勺飲不入哀動鄉里師事劉

自健先生殁爲經理其喪甥劉永耀妻吳氏守節窘甚奎分歲入束修以恤赴郡試時有處子就之峻拒不納舊友有以非義事相愬者奎責之曰故人知君君何不知故人也羅星垣豈助人爲不義者其人慚退講書以宋儒爲宗嘗謂讀古書不能反求諸已縱獵取文義於學問何與尤篤好古文晨夕孜孜不倦門弟子甚衆其著者如貢生楊正楷羅雲漢羅喻烈舉人羅文樞陳巍燥劉棨羅有壬庠生楊子懋陳茂桂黄鵠王鳳儀周兆玉周體仁嘗渡河適山水暴發舩小舟覆溺死者衆奎援岸獨免後以明經例授訓導年八十九歲卒生平撰述甚富經兵燹無存

楊正楷號靜菴乙丑　恩貢爲人樸實精研易學家貧少牧牛成童後始欲讀書父恐妨農務母素賢勸令讀師事名儒田子元嘗問爲人之方告以不外一誠字遂佩服終身師卒貧乏無嗣敬禮師母始終如一

閻露柏字仙崧歲貢生前歲貢祖淵之子品正行端士林景仰嘗主講萬松書院邑侯某失禮郎以稟辭詞嚴義正邑侯踵門謝之年八十卒同時萬道南字湘帆學養純粹王子驥字鈞臺素行剛方皆歲貢生分講萬松書院

蔡錡字伯容己酉歲貢敦品勵學博通古今爲一時後學所宗卒年八十二歲

余逢號潑泉增生家素封好讀書不憚寒暑爲文沉摯以院案首受知鮑覺生鄉試十七十一膺房薦道光甲午以堂備調取江漢書院正課生時主講袁金溪公也往受業年已五十五矣文益古宕退而課讀於家祠族里受業者咸賴以成就著有家訓名言兆堪傳世

丁芳南邑諸生純樸嗜學除讀書外他事不干涉鄉里重其品行

麻城縣志卷之二十二下

人物志 瑞徵

南山進頌北斗騰光同為人瑞俾壽而臧

重遊泮水金壽鏞王家集之下夾洲人素敦品好學家貧年耄耋如也入嘉慶丁丑科郡庠光緒丙子重遊泮水學憲王獎聯云尚有文章傳藝苑又看領袖到芹宮

恩賜翰林潘光烈家貧好學喜怒不形於同治丁卯年請建百歲坊至百零二歲卒

百歲現存劉以甲卧牛石之劉家村人生於乾隆丙申年三月月時生平樸誠秉性公正持身昔友兄弟者四人今見曾元者五世年雖百歲仍屬康健可稱人瑞

百二十歲祝母郝氏係深溝區祝正豐髮妻豐早卒母矢志撫孤子萬順娶媳鄭氏順亦早卒姑媳二人不以家貧易其志鄭今年九十四歲尚主中饋事紡紙市甘旨以奉姑光緒元年以花甲重週禀縣詳請旌獎

王維龍乾隆戊午生秉性剛方持躬正直其恤老憐貧修橋砌路鄉人多其義舉焉嘗外出夜歸有數人稱其善行護送到門及門啓反顧寂然享年九十八歲卒亦人瑞也

麻城縣志卷二十三

人物志 忠烈

勇哉氣矜危臨順受取義成仁並光星斗

明

張勝天順六年任雲都尉長河峒賊竊發勝率民陳世用等禦之賊圍急援兵不至死於陣

熊嗣先字懷愼萬歷丁酉舉人授南充縣陞叙州府丞以督兵死奮賊之難贈秩廕一子黃州衛百戶統志

彭謨賜名有謨少貧困從戎累立戰功崇禎間授副總兵

援登萊有功登萊人生祀之後里居率衆禦流寇以衆寡不敵力戰而死

周之茂字松如崇禎甲戌進士歷官水衡郎服闋需次都下闖賊破京城搜得之廹使跪不屈折其脛而死

國朝嘉慶九年賜謚烈愍入忠義祠

周應泰字子登宏綸長子崇禎時任武昌教諭歷陞陝西寧羌知州時流寇圍寧羌應泰堅守數月城陷被執不屈罵賊而死次子生員葉同遇害題叙廕一子

國朝嘉慶九年賜謚節愍入忠義祠有一門忠孝之褒

周世畋字文生任北直隸寧衛守備盡忠死節遂葬於寧衛黃家塘同上

魯元孫庠生明季八賊入境與兄振公弟聖叔俱庠士同衆守雲霧山寨糧盡垂破公以兄大宗義不可死促之逃須臾寨破被執賊愛其材欲生致之公大罵曰吾世守忠義斷不從賊逼至陶家鋪公怒曰欲殺便殺何故相遲遂與家人數十俱被害

麻城縣志卷二十四

人物志　孝行

古云孝弟通于神明閭門穆穆白華載賡錄爲子鵠匪曰令名

明

趙悅性孝友以詩書教授生徒父母同日死悅號痛盡哀負土成墳人或助工哭而辭之廬墓側六年感二白鵲馴繞墓門正統中旌通志

梁庠母病篤庠身不離榻衣不解帶者三載有古人所未

爲者里中稱爲苦孝舊志

周志生係遺腹母董氏卒志廬墓三載兩院嘉其孝行錫以聯云母氏劬勞四紀孀居貞節義子心純孝三年廬墓繫綱常府志

喻沿毛性中鄒學成夏思鎮俱割股救親府志沿廬墓三年

國朝

何佐縣諸生家貧事母孝甘旨不缺每攜子同戲母前取樂授徒遠方念母輒徒步百餘里歸省無倦色母卒佐痛幾絕合葬父三曾墓右天大雪夜半成塚佐不忍歸塚旁

有枯樹中空佐坐臥樹間凡十四日族里爲草蓬居之佐朝夕哭奠服闋仍廬墓知縣吳顧行重其孝弔唁常賜之竟卒墓側

袁藻元庠生父病秘結月餘百藥不效勢危劇跪榻前吮溺管吸兩晝夜大通其父痊活數年知縣屈振奇獎以額曰曲全子道知縣姜櫄旌其門曰孝全三禮

陳發祥行人司儒樸子幼失怙事母黄氏孝母卒葬陳家河地離家三十里祥廬墓三年

彭韜字冉廷少失怙家貧母苦節韜稍長讀父書輒泣下

母性嚴奉命惟謹及舘河南諭妻鄒氏奉養不離左右後韜成進士不肯遠宦就安陸教諭以母老便於迎養其至性始終不渝云

蔡愼思字二餘歲貢有愼德尤篤於孝父生員蔡瑗講學至夜半偶倦據案寐必敬立候覺父病侍湯藥不解帶者經年既歿哀思盡禮三年寢柩側母毛氏素畏雷愼思聞雷必衣冠依膝下夜則起侍床前嘗應試在外聞雷輒涕泣同寓友咸歎服妻鄒氏孝亦如之足稱兩美其長媳胡氏孝事公姑姑患氣痛甚劇氏私刺肱血和酒進服痛立止姑頭昏氏登樓取菊墜折肱恐貽姑慼忍呻吟旋愈人謂孝以感孝云

胡有才家貧爲人傭工每得肥甘必攜歸就養母病割股和藥救之父衰老成寒疾才抱父足眠者六年卒後復廬墓

袁雪梅篤實屈人事母孝母沒葬深山中雪梅廬墓三年雍正十一年知縣李作室贈匾旌之

張在乾患瘋顛每疾作輒往市恣取酒肉不給價而去子廷化自忍饑寒訪父飲食處如價付還毫無怨色凡二十

餘年爲父故長齋拜斗祈疾愈聞者嘖嘖稱孝

歐陽鉉字南山至性純篤七歲失怙母病半載鉉奉事不離左右夜則號泣祈禱兩割股以進母尋愈童子何知孝愛根於天性也

尉賦字士朝父病羸性多躁急所欲皆先意順承病篤醫云使之甘苦可決生死賦每嘗試不以爲穢禱於神以股肉進尋卒寢苫枕塊甘旨屏絶繞柩哀毀者三年如一

商廷周村家農也甫十齡父歿母夏氏年五十攖夙疾家貧爲人牧日得十錢資母食長傭工里左朝食母後出日

未期而已侍側矣母既昏耄多得罪隣里廷周輒踵門謝泣請罪隣亦爲改容焉後母益衰夜患寒廷周先抱衾同寢解衣取溫歷二十餘年如一日母九十四歲卒其送終諸事悉如禮廷周今六十四歲言及其母未嘗不痛悼唏噓蓋其天性獨厚也

劉洪元劉覲遺之季子甫三歲父遠貿稍長詢知父遠出輒思慕欲往尋母以其幼堅止之已洪元成立卽慨然曰天下豈有無父之人乎老母既有兄侍養天涯海角我必往尋不得父誓不歸由蜀而黔而滇城縣村墟無不徧歷

至南徼關於店中殘簿見父名知父出關已久遂裹糧繭足冒險阻以往嘗一夕憩大樹下夢一老僧若爲指示迷途狀遲明遇老僧與夢符異而詢之僧告以其父所在如其言果見老叟操鄉音乃其父也跪稟曰大人安乎兒洪元至矣老叟矍然起呼洪元小字爾何由來此爾少患癰體有疤瘤試與捫之信因相持大慟然父初無歸志洪元朝夕泣請懇父交遊委曲勸諭始許束裝山路崎嶇負父以行五六十日抵水次賃舟東下踰兩月至家家人相對欷歔有如夢寐時雍正六年四月也覲遺歸年七十五在外三十六年歸家五十日壽終

李重貴懸鐘區人齡餘喪母及長父死送歸山臥墓旁不起其兄糞污臥地亦不起於是廬於墓側在深山茂林中絕不與世人往來三年畢因思已少失恃未盡子心復廬於母墓側食長齋服齊衰三年其後竟不歸娶將所得田產付其弟兄自攜錢十餘緡付懸鐘廟僧與之同淡泊終其身以報親恩重貴稍識字文理却不甚通而能篤於所生如此

鄒廷翼國學生性慷慨磊落母嘗有疾翼徧求良醫百藥

罔效乃焚香告天割股食之而母疾遂愈後其父病亦如之益其計無所出委曲廹切之情有不能自已者

姚大志伯父琰與父坤友愛同居琰無子志事之如父素嬰痼疾志侍湯藥及卜禱備至未效乃刲股和藥以進琰病遂愈

熊元璧字美盛國學生其母婁氏於雍正丁未年病甚時年已六十醫藥不愈元璧匍匐禱於神將左手股肉割以啖之母病遂痊至辛亥年母又病如前元璧再將右手股肉割以奉母母得無恙因享高年

程世和之子程秀因母患病已入膏肓百藥不效秀割股煎湯以進母病遂愈越二十一年始卒

張志遠太史曾謹之甥也弱冠苦心力學父病篤醫藥罔效遠割股救之病乃痊竭力甘旨數十年如一日

儒童陳哲州同陳光裕之長子儒士陳文質之孫四齡失恃聰慧過人事兩繼母以孝待異母弟俊傑以友且憤勉讀書小試屢拔前矛不幸年纔十九而殞

蕭繼芃字仲蔚麻城天啟甲子舉人兄繼元字伯陰其父爲讎吏高維垣所繫兩人銜痛詣闕上書阻不達垣疑其

從弟繼忠爲翼誣以盜榜笞且死累及服族殆盡芃曰事急矣元曰楚兩伍事在我死諸汝爲其生者芃乃草疏詞極哀切元懷疏入至保寧門近上寢宮不數十武天曙辨色執殳者不得前遂持刀自刎大內驚疏因得入旨下莅刑部獄行撫按勘問賴方伯張守道董𡒊其冤狀逐驚者出繼忠於獄　增補三楚文獻錄

明庠士熊廷岱母死廬墓三年萬歷甲戌知縣王三宅曾旌其宅墓碑現存古城區咸稱爲孝子墳

明劉天俏號御華以弟子員領鄉薦春闈不第遂絶意仕進素以孝稱父母歿廬墓三年後人稱其地爲孝子山

國朝鄭遐昌廬墓三年康熙乙未年邑宰金廷襄親詣昌廬奬以其孝可風額東義淵人

胡甲桂拜郊區人咸豐間髮逆擾麻桂年十五與母兄名廷瑞被擄桂赴賊營易兄歸旋亦逃出同治間復聞賊警母金氏臥病居人奔散桂獨侍母不忍去賊亦不果來

李炬之父和春早歿遺腹生炬事母最孝母卒廬墓三年寢苫枕塊不敢稍懈

監生陳啟順事孀母朱氏克全子道母老久病順不出戶

庭躬親湯藥寢食未嘗少離母卒登上壽

石陂區黃士華家貧母寡又久病華侍養罔懈母歿刺指血寫經爲母懺度子學乾行如其父

黃士旺石陂區人祖父年髦手足不仁旺善事之床褥污穢親爲滌洗絶無懈志旺歿後長子學瑞事寡母亦以孝聞

王其文家貧事親恂謹母陳氏癱瘓文親奉飲食藥餌穢溺亦自滌之十二年無倦色同治三年髮捻猝入境文侍母疾不去被殺母亦餓死

袁學順家甚貧同治初父客死漢中順聞之乞食往尋父尸中途聞警不得入仰天號哭因念老母乏食遂反年餘再往至興安聞歲饑人民相食又反壬申冬竟欲往旅資無出徧求親友得錢十千冒風雪行幾兩月抵漢中訪葬父劉姓者適他往尋至鳳縣遇之告以處啟塚見殘骨痛絕復甦以囊負骨歸葬凡三往返計萬二千里有奇人咸稱其孝事母孝粵匪至負母逃難遇賊不屈受害

夏仕和事母孝母沈氏中年染疾不能行飲食溲溺皆藉和奉事無稍怠至歿喪葬盡禮後遇賊不屈死

王維盛仁美區貧民幼失怙傭工養親美食遺母傷父墓孤夜常卧守母卒哭泣甚哀買棺暫厝遇人毀屋棄灰拾積之春以葬

曹繼彬邑增生袁家河人性孝友家貧以所得束修養親其餘分與兄弟同治癸亥遭賊難山路崎嶇負母匍匐行被執至賊營寢食俱廢涕泣不絕賊問故告以思念父母賊感其孝送之出營途遇風雨負病歸未幾卒

彭魁字殿元父泰來病篤魁親奉湯藥日夜不倦祈禱願以身代寢食俱廢父歿魁廬墓涕泣不輟母金氏年九十餘親調甘旨必伺母食畢而後退母歿逢人論及事親或講學至孝弟章必泫然流涕族里多化之

尹志福貧極雖隆冬以草縢裹足乞食養母母老無齒嚼而食之母病不能行常負之遊母八十餘卒尤哀毀骨立孺慕不忘

楊作棟監生占春之子同治癸亥二月父子被擄賊欲殺棟父棟泣求代死賊怒曰汝欲活汝父非多金不可限一二日汝不來吾即殺之是夜賊放棟出時大風雨行至高岸河遇督兵官王詢知賊情勸棟勿往棟泣曰父死於賊

棟何生爲遂冒鋒入賊曰汝來無多金豈謂吾不殺汝耶棟曰情知必死但求勿傷吾父賊曰孝子也兩釋之

李銘生甫六歲其父躍龍病故即能盡哀盡孝母阮氏苦節撫孤年九十二而終銘時已七十矣孝養之誠數十年如一日銘長子作舟溫清定省亦克先意承志次子巡政庭桂順事父母克友長兄夙夜奉公時行方便銘年八十四卒申請旌有孝友端方額至今人咸稱之

軍功周煥文汝王區人樸誠孝友母中染瘋疾飲食起居不能自主文與弟武盡心調護五載如一日母病旋愈父

經桂因屢試不售投筆應募未遂其志數年不歸文命弟武奉母身往尋父武爭往由陝入川尋請父歸不從隨事數年父歿於潼川中江武淺葬於隧中藏以碑欲歸家鳩貲往搬父櫬行至石泉而歿文聞耗痛絕奈母老難離至同治元年母服闋文時六十三歲延途乞食往川路逢賊擄文泣訴其情賊憐而釋之至塋所哭尋數日忽一塚土裂碑現文倩工發塚身負父骸轉經石泉搬弟骸同歸經歷兩載計程萬餘里而文卒無恙鄉里皆謂其有神助云

袁華祝監生咸豐八年三月賊竄麻父茂梅病篤祝侍留

不去次子文光三子文彥及老僕陳發元見華祝不行亦同守衛賊奄至華祝被執不屈賊殺之其子文光文彥及陳發元救護賊並殺之茂梅登時驚斃賊退鄰里歸見諸被賊戕者尸體多壞惟袁宅有二犬守卧尸側面皆如生

趙錫璘幼事詩書同治甲子捻匪臨境戕及父母璘挺身以代璘被賊殺而父母得以保全時年五十三歲後數年子盈科入泮人皆憫其死而稱其孝行之報

任德紹幼失怙竭力事母母失明出入扶持歷久罔懈人稱其孝母卒事叔母張氏亦如之五弟德昌病篤見四豎相持赴冥忽聞紹呼昌名四豎日孝子至也遂釋之而昌病尋愈

汪亮功事親以孝稱親歿廬墓三年後在木子店定慧寺茹素終身

監生李法元事母孝順出行雖深夜必歸未嘗一夕離母側人咸稱之後因母節孝請旌建坊且捐置祀產

麻城縣志卷二十五

人物志 義行

好行其德古聖所稱既富既穀鄉之規繩

元

蔡昭卿官元朝奉郎好善樂施本縣城内建萬壽寺助銀五百兩穀二百石本縣北門外建南堂廟助銀二百兩穀一百石

明

喻儀字麟野諸生以縣不通舟楫漕糧運兑甚爲民苦萬歷二十四年儀呈請當事奏准永改折色入一條編内徵解今碑記尚存府志

田可東字季川讀書靜退尚義好施曾有故人密寄千金其人旋死十餘年俟其子成立還之封識如新鄉里以潛德稱之府志

周應嵩字子中號中嶽萬歷己丑進士光祿卿宏祖之子少穎悟過目成誦爲人磊落不覊好施予父没以所市易田產還其主者無筭一日置數十金於篋爲同塾友盜去家僮私啟友所緘金在焉嵩囑緘如故置其處終身不言其盛德事類如此初授南京國子監博士踰月得疾疾歸卒

劉守蒙字子功縣諸生莊襄公冢孫以恩廕讓其叔父溧以世廕讓其弟守孚人以是稱其有讓德無何夭折士林惜之

鮑時發諸生敦古處好施與歲歉散貲財捐粥濟餓三年不倦年六旬約僕焚契歸其財產人多德之

胡公國字爾定號彤廷崇禎庚午舉人揀選知縣未任事繼母鄧氏朝夕不離左右鄧素多疾病奉侍湯藥衣不解

帶者經年睦鄉隣多義舉時值土寇猖狂建拜郊堡督丁男竭力捍禦保全數萬人兼紀道賈同春縱兵剽掠地方苦之彤廷躬欵經畧盧公象昇轅陳訴兵始輯

周楷字若庸邑諸生崇禎十年奉廵撫余建砦邑西梅侯山鬻遺產備一方之急躬犯矢石卻賊全民十一年有賊犯砦以計擒賊頭目張靖徐槐等解縣廵撫宋臨驗功移咨禮部授河南商城教諭

蔡之瀾諸生好善樂施與本府許文岐爲世誼文岐歷下江防道駐蘄州適賊陷蘄被執不屈遂受刃公聞變冒死

入賊背屍殮之親送文岐家鳴於巡按以殉難請賜祭葬
賜太僕少卿子作楫年七歲被賊離散僕李文縱蕭文卜
負之逃遇賊將孤主藏匿俟賊過復負逃他處賊平送歸
禋祀賴以不絶雖二僕之義亦先世隱德之報也

國朝

鄒惺字克忠幼穎異六歲失恃時婦翁趙之英居史館遂從遊京師同館如吳偉業張溥諸名輩嘗亟稱之之英改御史奏疏多出其手後之英巡視遼東卒於軍無嗣惺聞訃閒關千里扶櫬南旋値流氛肆虐奔走四方至

國朝定鼎黄屬土寇竊發其父避居縣北鄙命惺留城與當事多方守禦幸獲保全辛卯夏叛僕作亂惺偕同縣上告變時督部羅巡按亟命分巡使者率兵赴縣殲其渠魁亂乃息縣胥吏叢奸額外賦常十倍正賦惺數白諸上司剔弊竇如地丁徵解悉出縣官驛遞夫馬不重派里甲至今賴之甲寅滇黔變起縣中蠢動惺陰破其謀且曰此輩叛服靡常宜爲善後計時徐守道于郡守撫勦並用悉如所言其濟變之畧卒定大亂後子孫科第聯翩相繼任卿尹皆其教督力也

周長流字子謙號秋山康熙壬戌歲貢居縣河東河舊有官渡後改於高岸河渡遂缺流捐造義渡置庄田募渡夫卽名義渡區叠請邠趙各縣令批示豁免區内一切差役子階樹孫士逌先是諸姪相繼沒皆有孀婦遺孤產盡廢流以己業撥給均分後捐建祠堂置祀田遠近祖墓撥田分祭併將各欵彙册請本縣姜橚鈐印示後橚弁言於首曰人稟七尺軀内以治其家外有益於世乃不負皇天生我意耳濟川舟楫王政所關敦本恤孤家聲攸繫一一區畫周詳纖微悉至覩斯册也六行其備矣乎今足以法後

可以傳不獨周氏一家之訓余嘉其有裨風教綴數言於簡端旋經南平李際盛江陵許錫祉僉表其堂爲六備堂云

鄒德智縣生員生平廉潔退讓敦行孝友好古博學知縣吳顧行延爲義館師長生徒甚衆康熙戊戌年三十有二歲病故妻戴氏自縊死知縣請將鄒德智從祀文昌閣并其夫婦節行詳請學政贈額文章節義

李經邦監生於康熙六十年捐穀二百石入會林區東岳廟建倉貯積賑貸貧區人賴之當經縣爲詳報雍正元年本

府蔣國祥贈額杜史流仁

胡文坦字簡士躍龍子康熙甲午舉人揀選知縣未任居鄉積善適歲歉鄉里所借錢穀百餘劵悉還之族黨爭訟輒勸息著有近思堂文稿

鮑珩字友韓附貢康熙戊戌冬珩令甲保於附近五區中計貧戶給穀十餘年樂施不倦雍正二年縣大饑穀昂貴珩復捐穀給貧民近村賴以生全雍正五年陰雨連緜穀不熟珩出穀減價闔縣蒙惠至今思之

蔡瑗生員雍正元年賑江西饑捐穀一千石制臺楊給好

義疋風額知縣吳顧行給大善之門額免其徭役雍正二年捐横河區社穀三百石太守蔣國祥及知縣吳顧行給紫陽屏翰額

李廷對字論思太學生考授縣丞性渾厚居家尚樸質閑戶教子古道照人有友負千金貧不能償廷對不言且厚恤其家時縣有捕盜者誤致七人適當事便詢力白其誣後果得眞犯良善以全爲族長教子姪諄諄於孝弟長子對乾隆己亥科以耆儒觀場

欽賜舉人明年加國子監學正三子華篤學力行屢試高等食廩餼乾隆己酉鄉試年七十九歲

欽賜副榜至壬子科八十二歲尚觀光不倦知府先福贈以額曰信安儒瑞生平樂善會於唐家壋捐置義塚其修諸道橋梁施丹藥濟人全活甚衆有死而復甦者性孝友雖自處淡泊於貧乏宗親必隨力周恤有堂兄卒於廣東捐金令其子爲歸櫬計歷爲縣長吏所禮重而延主山長凡修建鼓樓儒學荒歲經理賑粥多出其手然非公不至潔已勵操孫聾亦遊庠食餼舉於鄉人以爲廷對貽謀甚遠澤云

鮑啟泮字思樂雍正癸卯舉人候選中書縣典商向俱照月三分起息啟泮嫌利重乾隆二年出貲募商於城中設典息止照月二分各典照例俱減丁卯縣歉收糧貴啟泮捐貲往漢鎮買米運至孫陳集減價出糶貧者賴之鄉里婦女守制者每歲給穀以堅其操厚道多如此

鮑啟江任陝西寶雞縣丞仝考職主簿周基國捐養濟院田地共三石二斗二升坐落縣南門外五里墩三角湖等處地方其田地畝數詳載養濟局條內

王國翼字以寧諸生文章宗先輩重然諾好施與康熙己

朱歲饑捐穀三百斛府丞翁義之書敦尚仁誼以旌焉

張文楷字宜式監生少孤與兄縣庠文正相友愛竭力養母性好施濟捐白塔河義渡人無病涉七十四歲知縣劉希向行鄉飲禮延爲介賓贈以額曰德綿壽永

鄭焜鄭炳監生性孝友四世同居好施與以望花區係南路通衢民畏充里甲因捐田以辦公區衆勒碑胡家凉亭以志不朽

喻繹生貟家極貧遊泮後教讀爲業兄弟雖析居其修金仍均給弟輩

劉朝驥諸生性厚重里中有李姓負逋身故子亡遺老嫗欲嫁兒婦償債朝驥急止之退還原券戊戌大饑鄰族乏食朝驥按月給米其逸行多類此

劉于周之子光表爲人端正好施鄉黨有忿難捐貲排解咸稱其義焉

戴德棨字止齋廩膳生與人戴珠之八世孫庠生戴後之子也讀書立品著有孝弟忠信禮義廉恥字說以訓族人居屋田地捐作祀產邑人高之今三里橋戴氏卽其後裔也以上舊志

太學生劉文泌性孝友爲人慷慨磊落言行不苟輕財貽樂施與至老不衰有古人風丙子春歲歉米昂值有稻數百斛減價過半濟貧乏資其生活者甚夥邑宰單言揚深嘉獎之詳請各　大憲賜有好義可風四字其額至今猶存

劉汝林兄弟四人汝林居次各分爨汝林貿易遠方歸置田三十餘石將田與公共居屋盡付弟兄及再往外復獲利然後自營私產其妻洪氏因夫外出晝夜紡織亦獲置用數畝見夫歸囊橐有餘遂將所私置田付祠堂作祭費

人共稱之

五世同居熊氏貢生鍾字允萬父世珹母陳氏繼母徐氏皆誠篤有隱行鄉里稱其賢鍾與妻李氏事之克盡孝養弟五人監生鉉生員國珍聲亮鏁鏻皆有才學而家事一稟命於鍾鍾亦身任其勞瘁至老不倦一門之內雍雍如也蓋鍾之先世孝友廉讓伯叔昆季之間不異財者五世矣鍾能守其家風而益以醇謹溫裕爲餙行之詣子監生紹沆理問紹瀏姪紹涉紹渾紹溢紹泮紹瀵紹洙紹澄紹漸紹減孫生員樓楷棨楠姪孫杰曾孫之炳之煥等十餘

人鍾教育之皆恂恂率其訓云

儒士劉湖幼業儒善演易其效如神後棄儒就賈居家孝友因母何氏病遂許施藥以求母愈而母病獲痊邑內服藥者病痊亦不可勝數遂施藥十年湖沒後其兄監生劉德源弟劉潤繼續施之至今不倦

明

朱伯銘洪武時會捐賑数萬石帝義之褒封文林郎賜進士累徵不出乃贈官光祿正卿勅賜鐵券金書三楚世家額至今猶存

夏子文正統六年春大荒詔民間出穀賑飢文捐米千餘石誥封奉訓大夫勅建義民坊事詳家乘

劉仲輔自少仁恕婚之夕有偷兒入室驚覘之乃素所識也輔曰汝以貧至此耶卽檢新人首飾數事給之囑令改行從善誓以不言其妻常問其人輔曰已許不言矣及輔歿有一族子觸棺痛哭其人頗有善行或疑其爲昔日偷兒蓋愧而改行者也

國朝

吳晉爵有才畧國初邑東山不靖于中丞時任黃州同知督兵進勦爵助僮佃千餘人平定後贈有勤勦允猷額又夏賊踞省城尙書趙環菴時爲邑令爵助義勇芻糧協守趙以保城功得陞遷臨別贈有延陵峻望額

丁應運康熙間歲大饑戎府于清端公賑民至石河數日粟盡民猶襁負哀號公無策運慨然助穀數百石後公陞黃州太守遣吏賫賜肩輿及二千石三字額並贈聯云兩斗粟青衿仗義二千石黃蓋增榮

胡輝號映庭行二素好義自來典息三分輝減爲二分各典咸遵其例貧民便之給練袁金溪言於學使王霞九獎

以鄉評允洽額

鮑臨雲嘉慶二十三年捐闔邑文童府院試卷費銀壹千

屈光逵仝弟光逵捐制錢一萬千爲本邑文武鄉會試賓典又捐田百石立屈氏義庄義學廣文萬卓霜撰有文又重修　文廟費錢萬餘緡碑文亦出萬手

劉錫齡自道光甲申起每屆捐闔邑縣試文童卷費至咸豐初家中落乃廢

屈占鰲派名文法道光己酉捐造宋埠乾沙河船橋庚戌又捐錢二千串永爲修理義渡之費

羅文樞捐本邑會試文舉賓興錢一千串縣試文童卷費錢一千五百串捐本族祀田四十二石文昌祀田三石豐助軍餉數千金救荒穀米數千石

羅守禮思禮志禮同胞兄弟每遇凶年戚族輒有周卹咸豐六年旱災河南尤甚飢民流徙時守禮已没其弟同子姪等捐萬餘金糴米賑救全活數萬後屢賑飢民共費三萬餘金並捐闔邑文童黙寫　聖諭卷費錢五百緡髮捻掠麻相戒毋入羅善人里

吳志滄字春山敦本好義捐田二十一石有奇爲族中子

弟讀書應試之資近宅小河與沙灣河兩處渡口捐造船橋並捐田壹石餘爲補葺費又捐貲重刊四書朱註五經旁訓周禮節釋及諸善書

羅德振同姪啟廸遵父遺命同治壬申捐錢二千緡權子母爲闔邑鄉會試賓興費邑侯鄭獎給孝義可風額懸於公祠

羅公望慷慨好施捐義學於福臨堡街南顏曰培風書院並捐田數十頃延師課讀培養人材至捐廟田修街道尤不一而足

郭尚道康熙間其祖遷居路口區道兄弟三兩兄繼歿子二姪六視姪如子至道光間親丁百餘口六世同居毫無間言嘗於歲饑買穀救荒前後共九百餘石又於皖豫通衢修橋路無算道光丙申姪希宗請　旌建坊

江萬年好施與產僅中人嘉慶間連歲饑甚除罄已倉賑濟外借富家倉穀百餘石以賑之又酌給流民貧斧全活甚衆後鬻田七石以償所貸至今變産救荒猶膾炙人口

黃立廷道光咸豐間數年水荒買穀濟貧前後共五百餘石又於土城街捐建石橋圯後於同治間復建

梅玉丙袁家區人同治甲子賊至有宋埠陳姓三幼女避難至其家丙年五十餘身任保護自餓以供三女賊退丙餓死丙子送女還家承父志以全終始

鮑芹堂字香岩好讀書樂施與博覽經史之暇兼涉獵醫筮勾股羣書遂精岐黃著有傷寒萃錦醫病無論貧富概不取貲間有力不能延醫者自往診視且餽藥餌近村有兄弟皆鰥貧不能娶叩門告貸因慨然解囊不復取償兄弟遂得娶婦以延宗祧至今子孫不絕鄉鄰猶頌之爾義其舉

王士文字淑明性忠厚好排解嘗於黎明在路旁拾遺金百兩歸恐致人殞命急於各處懸帖招遺金者至慷慨與之有兩少年在門首毆鬬問係索欠卽解囊還之當時有正直公平王淑明之頌

胡楚材因縣南門外至沙河通衢每陰雨泥濘難行捐貲砌石三十餘里行人至今便之王學使獎給譽洽鄉評額

五世同堂監生熊文杰以孝友傳家與子吉暉均眼觀五代同居無間言同治初多大臣以緞服羽扇等物獎之邑侯楊題獎五世其昌額杰壽九十四妻陳氏壽八十二暉

壽九十一妻甘氏壽八十八

五世同堂監生朱文煥妻羅氏年九十二歲眼觀五代領袖一家七男五婿女長生員蔭棠幼生員憲南孫　長生員玉標曾孫　長全蘇元孫其昌同居九十餘口內外無間言羅氏尤好義喜施

劉長年捐錢五百緡權子母爲闔邑文鄉試卷費

馬世科嘉慶二十一年於籲恩寺右建廟三重並捐田六斗祀　孔聖於其中又捐義地於馬家坳施棺木以葬路死及近地貧乏者光邑舉人方瀛岩著有序傳

朱長衍乾隆八年捐田二十畝八區見王家樓街石碑

何世遂乾隆戊戌歲大饑罄藏賑濟粟盡出田十餘石貸人變賣全活甚衆事載家乘

張一恒號平沙邑庠生歲饑出粟給鄉鄰貧餓者周數百戶邑侯丁公賜有品學楷世額

楊天佑字國安好善人也修平道路出穀賑饑且平心接物翩翩然有古大儒風度康熙間府尹徐公愷題贈天下善人額

周士義性孝義父維春嘗病痢月餘親侍湯藥衣不解帶

臨危囑以族譜未竟遂捐貲以成父志歲凶貸以周急遇事排解不惜傾囊

金式亨字嘉會偶在河邊拾一囊內貯錢三千以沙覆而俟之旋有號泣來者公問故曰親將逝貸姊家錢以營棺因負姊渡河遺失亨挈囊還之又行市上見過客將五歲子售錢二千分手時相向慟哭公憐之如數給取使完聚歿時預知時日赴戚友作辭沐浴衣冠而逝

龔志義幼爲人傭主人婦死遺二歲女撫之過於所生夏月耘地攜女山中以衣藉女卧已赤身曝烈日中雖極貧

毫不妄取
袁家區西界官路道光十九年監生胡裕昌逐寸砌石二十里以便行人
夏懋明乾隆間於鹽田河馬墩捐茶田茶山作施茶費並投藥其中以解暑氣遺命俾世世勿廢此舉曾孫光顯加捐茶田三斗
夏承志捐建石橋三架又於橫河區圓嶺巖施有茶田壹石三斗
閻文準好施與妻王氏能順準意多所贊助道光間歲饑近村尤甚罄其所蓄買穀賑飢全活者一百二十餘人
丁德庶於城西北騎騾鋪捐建石橋又於聖門外萬家畈龍潭沖鹿角尖等處修石路各數里
鄭佑臣武臣兄弟捐廬庄水田貳石叁斗付本區輪流收租應本區公務建有碑
余秉珪同治三年路拾一抄寫醫書內外兩治試無不驗每歲貧苦無費者施捨藥材費約數百金又於楊梅村上下涼天處捐二百餘金建一亭施茶以濟人渴
張士綬好施每夜靜於親鄰貧困者濟以錢囑弗還遇危

阨疾苦者恤之更甚
饒日虎順治間人好施濟解衣推食毫無吝色貲薄不繼妻彭氏脫釵釧並貸母家金以助
程膺禮雍正時人年四十棄儒學醫遂精醫理見病者即治施藥不取值謝亦不受行三十餘年活人無數
詹兆朱幼聘鄭宜書女愚不辨晨夕女父託媒退婚朱不允迎養於家愈加矜恤未成禮女卒
傅元煌不過中人之產咸豐年間奉母命捐田十石付入本區以周鄰里又捐田二石付入本族以濟宗支同治間備存有案
羅汝吉刑部主事係四川知府文樞長子樞曾捐文舉會試賓興千緡吉於光緒二年復捐錢千緡權子母同爲會試之資其規程仍舊克繼前徽焉
翁三緒落梅河人因羅麻交界之神壇嘴大河往來病涉緒捐建長橋一道以渡行人
天齊區耆民郭芹香年八十五歲與耆民李錦魁亦八十餘歲素以積德向善相勸勉道光間同修水口寺石磧培補大路魁又修野雞溝石磧補岐宋之大路人皆便之

李文啓居家孝友凡鄉里爭訟以誠心排解居恒以禮義訓人頑梗多爲所化嘗賊氛初熾愚民趨利者多啓多方曉譬保全甚衆素精醫不取利並施藥數年卒後人皆感念

鄭輝朝性恬退有王姓負欠未償反自焚其居而縱老母肆賴朝不與校爲輯其廬更資以錢穀其人悔且泣迎母而歸乾隆乙巳大祲有任姓乞糴於鄰不與朝延任至其家付米數斗陰返其錢於米中任姓子孫至今猶感念不忘焉

麻城縣志卷二十六

人物志　隱逸

遠栖逸情風跡雲上高人之行奕世所放

宋

張憨子隱居九螺山自稱九螺山逸人東坡志林所云黃州故縣張憨子行止如狂者也熊吉贊云內史之憨以閑其君惟子之憨獨成其身龍德而隱今鮮其人九螺之山因子益名通志

王翊建桃黃菴自號桃黃山人熊吉贊云桃黃之菴中有隱君尸居蔬食抱樸含眞匪道曷依匪善休行無愧之民葛天之民通志

元

陳聰世居西山力田務本以禮義廉耻訓鄉邑舊志

甘望曾幼爲人牧奮志攻苦研窮程朱之學卒成名儒以黃陂有二程望曾臺因以自號府志

明

董紹號明山以明經考選不樂仕進嘗暇日登山臨水徜徉忘歸留心著作因家世冠裳謙謹過於石氏清高絶俗

子樸登進士封禮部員外郎

黄卷字景文嘉靖己丑進士累官副憲年踰強仕卽解組歸服犢鼻褌躬督田事與奴僕同甘苦嘗從隣舍借耒耜隣人負送卷曰但借足矣豈可復荒汝工因自肩還又嘗以隻鷄尊酒候知縣曰瓦尊可見還知縣笑與之其淸樸如此府志

李瑞號白岡家貧誦讀希古與劉釆爲莫逆友萬歷元年建縣城瑞糧里輸工親操畚鍤往役焉時釆致政村居以老友役特爲入城省之

周振應嵩之子萬歷己未進士値天啟朝璫時畏禍遂絶意仕進年五十卒

闕順以子承謨貴封中憲壽九十九歲居岐亭日與市兒弄常徒行樸茂如木鷄知其頤養之學純矣

劉秉鑰更名孩之號三韋萬歷舉於鄉授知縣棄官歸築室東山讀易足不入城市三十餘年著歸正解詩有别致長艸書晚目瞎能揮洒如故

朱之玗號晦生諸生晚講易授徒數困棘闈遂棄舉子業寄情山水遊白臯築石室居焉與釋道一相友善閲藏經於興福寺閣足不履地者二載諸經多取識跋老戒殺年八十無疾而逝採訪新增

朱家亨字太宇少習制舉業淸操不苟萬歷末詔舉賢良遺逸備詹事府用有司以家亨應不就焚香課讀以壽終子師忠崇禎庚午舉人同上

萬鑑字孔昭號太貞自幼樸厚純雅年旣長勤於耕讀得丹靑山水之趣遂隱居不仕人以處士稱之户科都給事中蔣轔愛其克家以女名守貞字之相助爲理處士家日以裕性好施鄉黨有貧之者皆賑給之初不計其後之報

否也其子祥貴顯鑑惟戒其盡心王事而優游林下終未至於官舍焉同上

國朝

曹應昌字石癖别號石霞幼聰穎作文倣徐庾體不事家產已卯舉鄉試第一癸未成進士授嘉定知縣放懷詩酒不修吏治會巡按考察問刑名錢穀幾何應云文章頗能幾句簿書非職所長因左遷閩鹽官首領值鼎革解綬歸里讀書立浪園不關世事洪承疇聘之不起晚歲研精佛乘有蔬堂文集府志

劉淑頤字百年家世未詳幼倜儻有奇才足跡遍天下所如多不合隱居龜峯山麓之澄波草堂著有集唐詩全稿名偶焉集

梁中斗字季昂歲貢生少以李鄴侯自況數奇不遇晚年隱居鳴山之谷口莊著有守雪亭詩

楊從龍字又雲歲貢親傳子以附監考授縣佐性和樂雅有介操生平持正敢言急公善事凡邑中巨務賴其經理焉年八十有八教子訓孫成名卒業其三男成功尤樸茂無淯孝思不倦龍又可謂有後矣

鄒瑜字子陶舉人早喪父事兄如事父潔清自好惟詩酒文章自娛知縣丁翊壽延爲山長教授生徒成名者甚夥

蔡猷遠優生性孝友教授生徒雍正二年本學教諭歐陽汝陞訓導王希詮奉檄遵舉潛德詳申知府布政使皆給額

王國柱字天木領壬申鄉薦性謹厚勤學不倦教授生徒不干外事晚年閉扉謝客獨處課孫勉人以忠厚勤苦爲先鄉里咸敬重之

鄒本字大立由貢生考授州同性渾厚具才識隨父岳陽任贊襄善政七載其父以老致歸日侍二人極孝養及親歿葬祭如禮每月朔望必適墓所瞻依如生時數十年如一日生平擇人而與相見以禮久而不渝彬彬然有古人風爲族長新祠宇清祀田息訟平爭以公正著聞又嘗督修學宮勸建鼓樓及道路橋梁捐貲踴躍鳩工不倦公舉鄉飲大賓年八十卒

鄒藩字方伯太常卿鄒汝魯之次子也性聰穎博極羣書一覽無遺惟與弟蕖閉戸互相劘切訓子孫必存大家風骨襟懷亢爽不屑作家人計晚歲教授生徒講解純乎正學其生平道義自矢裹足不入城市終身布素人不識爲貴介公子也六十餘僅以明經老

程先廸字咸惠邑庠生性寬仁以孝友聞好善樂施徧及孤寡累世施藥餌以濟貧苦刻有感應篇陰隲文施送八十時邑令延爲鄉飲介賓年九十餘卒至今子孫蕃衍

黄世漢字性安號樂貧居士少業儒好學古文尤涉心易理書畫醫卜皆臻其妙家雖壁立弦誦不輟晏如也

胡爾榮篤實區人生明季幼慧過目成誦爲文有奇氣遭時亂寇賊充斥糾集丁壯保鄉里且追剿至河北　國朝

定鼎後隱居防陂源絕意進取芒鞋竹杖嘯傲林泉曹公應昌少同硯席自都門歸過訪宿其家見其婦子恬熙淡然志世爲傳以贈

梅鳳藻字丹山少穎悟多聞爲文雄傑人皆以大器目之然小試輒屈遂絕意進取事親以孝家雖中落毫不介意遇貧困不惜拮据應之中年惟以教授生徒花竹詩酒自娛著有香雪樓詩集晚居邑北萬壽集之龍門河因自號龍門山人云

麻城縣志卷二十七

人物志　藝術

氣傳於形技進乎道一藝成名豈云小造

樊子晉讀書明理審病察脉預知人十年生死醫家宗之 通志

鄒橘泉名希曾洪武初居縣西二里許牛棚山以名醫濟世任醫學訓科刻有橘泉方卷行世子來學官都憲子孫科甲雲仍冠蓋相望其仁術之開家宏遠矣東吳錢溥立有傳

順菴橘泉之六代孫長業儒遇異人傳授方脉棄儒爲醫精於切脉洞悉表裏之微卒爲名醫

全存恒原姑蘇生員博學長詩賦寄籍麻城以醫著名品行俱卓其子有成克紹其傳

有成字庸玉少精舉子業屢試不利遂讀父書博覽方卷於醫學獨領其傳

蔣云貴字恒宇博學能詩於方卷無不精究凡病有疑難他人棘手者能應手奏效遠近迎接履滿戶外爲縣頁醫

屈大賓爲興國州生員其目雙瞽脉精太素知人壽夭貴

賤吏能曉暢元理人共稱之居麻城卒

陳雲山方脉俱精識見更迥

王松竹居新店販其用藥不以多味而右奇效精曉脉理不泥方卷人共稱之

彭長溪精通醫理刻有醫見私會博宗方卷彙編歌訣以行世後學宗之俱爲名醫

宗合集其目雙瞽專治幼科如神以手摸小兒即立判生死不爽

歐陽之旦字旭之生員幼好學遇異人授以太乙數遂棄

舉子業精通數學每課吉凶無毫髮爽不三年而名揚海內赴南寧侯左良玉慕欲授以官辭不就後就武昌學官至

國朝定鼎執政亦迎置都中欲薦之仍堅辭 以上皆採訪新增

蔡密得茅山法正傳六月求雪掌心運雷呼風喚雨驅鬼役神奇幻莫測後密法傳縣人謝龍謝龍傳法於縣人汪炳汪炳以其法傳與陶眞人仲文顯於世廟云 舊志

宋有章習道法能以符呪治病嘗濬池得一古銅印篆刻蔡密二字又一鐵方条廣狹上下以二寸餘計上鐫一文字章得之其術益進比遇妖異事驅役皆應縣亢旱三禱三應知縣陳鼎鄉士鄒汝魯舉人周際聖各贈以匾額年八十餘坐逝徒仰止精其業

曾鎮號石洞道人於柏子塔石洞幽棲畫山水筆墨蒼老鶴髮藜杖韠冠羽服望之若仙劉子侗爲作序 舊志

曹榛號素庵幼通經史不遇遂以畫名世工繪馬雁紳士家珍重之

鄧履寬乾隆間人世業岐黃尤善丹青兼工書法一畫一書人爭藏之

麻城縣志卷二十八

人物志　仙釋

眞靈之位三寳之宗幽修密覬仰止雲蹤

晉時麻姑石虎將麻胡秋女麻胡猛悍人畏之築城嚴酷晝夜不止惟雞鳴乃息姑有息民心假作雞鳴羣雞皆鳴工乃息父覺欲撻之姑懼逃入山洞修道後於城北石橋上飛昇後人名其橋曰望仙橋名其洞曰仙姑洞 舊志

唐釋眞應禪師住龜峯山與名流往來如慧遠之在東林也戒律精嚴跏趺坐逝又虛應靈應禪師皆有道場 舊志

福主張公瑞產蜀壁山縣行七世稱張七相公其父官大理評事母楊夫人崇三寳喜施濟以故誕神神三月能言七歲通詩文尤好元理少有神人謂曰此子有夙緣應以童身證道顯法於楚年十七歷遊麻城見民間多淫祠燬之繫獄邑有火災釋而捍之跨烏騅執朱梃指火火滅遂出西門墜橋尸解後名相公橋遙望神騰空而西父老子弟駭異雲從者衆行至五腦山入馬羽化迄今望仙橋猶有馬蹄跡焉歷著靈應後人立祠五腦山祀之宋封紫徽侯明封助國順天王凡邑人厄難神多助之至江湖間呼應尤不爽遠近朝謁者至今無虛日楚郢陳應善梓傳以傳另有劉莊襄靈應碑記　國朝嘉慶間敎匪至黃安福主顯靈匪遂回竄咸豐同治時粤逆捻匪之亂屢顯靈異助官兵剿賊詳撫憲摺奏　勅加靈感二字

宋

化主卽前縣令張毅也嘗植萬松以庇行人又歲旱爲民禱雨輒應驗後於龜峯山得道爲神勅封化主至今有化主廟鐵像猶存詳列碑記

明

釋大智東山童氏子以苦行證果應化南海嘗經行普陀山山瀕海師曰何惜千步沙爲老僧經行地次日卽漲沙千步至今名千步沙有沈蓮池造佛刹欲迎大智居之大智潛往燒火三年蓮池不知也蓮池與衆異食大智不肯留臨别語蓮池曰汝關著門吃些罷至今中門不敢開開則沙石飛入食中

釋無念名深有東山熊氏子少孤披剃徧遊諸方一日參一名宿値宿方鋤瓜茄次師請開示宿卽指曰黃瓜茄子師參四十年後忽有省原不識文字自是偈頌書札口占

如流李長者聞而與之遊焦弱侯陶周望黃平倩袁中郎皆致禮焉晚年入黃柏山建大禪林中郎爲之記鄒南皋作傳刻有醒昏錄黃柏復開基隆山亦其道場請益者輒罵諸方謂黃柏門庭高峻一時有天童打黃柏罵之語然無上堂窠臼有胞姪自空名常聞亦從披剃後侍李長者頗通文字好諧語寓秘義爲人淡薄無求居了杵三十年不下山有龍湖閒話新葛藤對紙閒談諸作預築一壙可伸仰題詩曰整日死關在眼傍自然世味冷如霜閒來辦下藏身窟莫待臨時手腳忙有過訪者輒率同坐其中或

嫌之師曰生寄也死歸也汝終不免耳相知者死俱列名祀之而自署其名於末

釋道一名明明周氏子爻思善夢白衣道人入室而生少穎悟超異胸不入俗初名之首應童子試拔第一後鄉試往省及河見爭渡者有感遂返棄巾衫學仙遊跡武夷山之大王峯迨歸里隨李卓吾住龍湖契合遂祝髮爲僧自號金牛小子愛白臬山居焉學主慈悲視殺蟲魚與殺人無異意所不屬雖入聚處不知其姓名與邑梅之煥常聚處往來吟咏其文信口詩無韻而天機自極清妙其祝髮詩有云金牛小子今而後五日三朝剃個頭　遊武夷山久居之後于縣東雁臺山刱建道場著有雁臺集湼盤已十年開塔視之面目如生後移出供養多時仍送塔中

國朝

周大勝生明季年未弱冠屏紛華結茅菴居大勝尖山修煉得道年七十餘無疾終里人立廟祀焉凡祈禱輒應乾隆甲午戊戌己亥乙巳等年大旱此地十餘年獨多雨澤庇護力也

釋嗣谷本蟁隱寺僧參學來麻至仙姑洞下欲結庵居之

地荊棘叢生素多虎豹僧敲木魚募化七晝夜土人壯其胆遂予其地爲之結庵名曰谷隱僧趺坐誦經庵外虎豹甚馴時以飯與虎羣欣然就食其後嗣心如洗塵滌願追慕宗風亦結茅洞側奉仙姑香火學坐工法足不下山者幾二十年

釋松門本明戶部尚書倪元璐之裔元璐殉節後卽棄家剃度來麻於寺旁隙地種松數千株日汲水以溉十年後翠色宜人望如峯嵐因名之曰翠峯寺僧博學善詩古文詞士大夫多與之遊焉

釋獨省住持城北繡佛寺有行力市人咸供養之預知圓寂期先數日徧辭諸素往來者告以某月某日西歸臨期沐浴更衣端坐與送者作別而逝徒以火葬

釋性哲由黃梅五祖至麻募化諸天金像時久旱無雨河水亦涸與大衆定某日起程當有水送歸衆皆笑之及期大雨河水泛漲登舟告別衆皆嗟嘆嘗市刑重囚數人每夜深輒相呼嘯僧獨坐尸塲唪誦頂光隱透諸聲頓息後延住持火王廟齋居坐化

釋眞覺自幼習儒值明季投永興寺爲僧聽戒師講法華

經至是法住法位世間常相住豁然自悟悟得山河大地無非自己全身聽講楞嚴經至無有涅槃佛無有佛涅槃當下見自己天眞了無生滅後依九龍霈和尚付以衣缽仍住汝陰說戒十一會付法於麗中僧其圓寂之日預使司侍通耗於麗中至期泊然而逝

釋麗中汝陰現和尚之法嗣也住松泉庵工詩律其付法時師喝一偈曰龍得水時增意氣虎過山勢長威獰自此元風大扇三楚暑得清涼其說法示偈皆以韻語出之佛門中之嫺於風雅者縣人熊御史贈以句云高提祖印知府周禮顏其舍曰元光四照知臺灣李中素集唐句松際露微月心淸聞妙香以贈今麗中語錄猶存其山中雜韻尤爲膾炙人口

僧山濟者亦縣東人有淸規好修補梁橋道路以乞缽爲生積有米斗餘時方旱鄰人多乏食有一偷兒乘夜入僧室行竊時月微明僧假寐聞戶樞聲乃張目睨偷兒入以橐負米出方行數步忽蹶地僧曰汝何不徐行乃若是莫傷汝足否無畏仍拾粟去偷兒怖委之而去（見周思久三戒傳）

國初時有道人姓傅形貌奇古衣服藍縷善談名理士大

夫多與之遊久而人知其異有疾病者求之遂以其矢與溺遺之人不肯食則自取而啖之人呼爲傅邋遢後有危急不得已者竟以與之輒效値人比之歲衆文士往問獅塲題目將及門傅迎謂曰諸君子何如此文質彬彬的坐定衆問之力答以不知適有爆竹聲卽曰望天三銃衆辭出聞有罵雞者卽曰這个人就不存一點仁義之心是科首藝卽文質彬彬二句次卽王天下有三重焉三節雖存乎人者二句一一皆驗人以此益奇之忽一日辭去鄉城內外有相距百里之遥者皆以一刻作辭竟不知所往

舊志

西峯大聖邑東北周家河人父號吉慶居士早逝元末負母氏張避難於西峯尖結廬而居修眞錬性洪武初有神虎飛昇於觀音巖後降乩知己成神土人因立廟祀之至今禱雨屢驗大聖尖護兒山均有廟

胡三太保相傳神福臨堡人年少登仙興雲致雨祈禱輒應大齊山有廟塑像英武

僧自修居古城區圓通菴嘗修放生池以良言勸人再傳有永道自幼持齋能裁衣未讀書忽能字出言即達禪機寂時作偈曰父母生身有罪投入圓通披剃舉尺應透虛空能翦裁開五蘊諸般一綫穿通萬法徹底歸一佛祖問我何來二六常求是義又偈曰問爾休問我生死由爾躲推動木絃琴弄出無生葉這個好形容無人又無我打破太虛空快活眞快活寂後有人遇於白杲鎮以杖荷蒲團問將何之不答而去

張元和係黃安水閣樓人生於嘉慶間嘗遇異人授以醫術起死回生活人不少無論貧富概不受謝因避難至本邑邊堰蘇獅子寨喜山之秀特乃言曰吾歿後當棲此山同治八年卒夢示病人使結菴於山上有禱輒應土人因立廟祀之

胡和尚居德義堡乾隆間雲遊四方冬夏一衲晚年入峩眉山遇事輒先知土人以爲妖繫之獄數日不與飲食亦不飢顏色如故縣令驚其異釋之歸里遂入靈聖洞辟穀採松葉爲食十餘年不出跏趺坐逝

麻城縣志卷二十九

人物志　流寓

鸞止鳳棲萃桐朝旭君子之來紀其芳躅

漢

毛玠字孝先陳留平邱人玠攜幼子家於麻城有魏武手書萬古高風四大字迄今子孫珍藏之府志

唐

陸餘慶蘇州人舉制策甲科第任陽城尉舊志

宋

洪渥撫州臨川人以進士從鄉舉有能賦名監麻城茶場以死清貧不能歸葬亦不能返其孥遂家于麻城按洪渥傳渥為人和平與人遊初不甚歡久而有味家貧以進士從鄉舉有能賦名初進于有司輒不出久之乃得官官不馳騁又久不進監麻城茶場卒遂家焉

李孝基奉職官岐亭以同僚誣搆死室無餘貲母老口衆無歸棺槨無備陳季常既捐其有以周之又言于郡將率鎮人行助其乏復嫁其女

陳慥字季常少時使酒好劍嘗與蘇軾遊西山馬上論用兵及古今成敗自謂一世豪士晚棄田宅遯於光黃間曰岐亭菴居蔬食徒步往來山中妻子奴婢皆有自得之意人見其所著帽方聳而高因謂之方山子及蘇軾謫黃州過岐亭識之人始知為慥云府志

元

鄒遷八江西人官主事避難麻城居縣西北之鼎兵山今分士為黃安葬黃安北關外地名鄒家港其墓現存子九人各占籍一縣自慶一至慶九裔皆蕃衍惟麻城係慶五之後科甲蟬聯子姓皆以詩禮傳家彬彬多文學風

喻干祿江西人黃州刺史多惠政工詩賦精陰陽律歷諸書與其弟百祿寓居麻城墓在三角湖上

明

趙乾歸安人元趙子昂之裔洪武初知麻城縣後寓居於縣西之牛棚麓子孫家焉

趙弼南平人元末避兵居漢川門人陳祖舜任麻城教職弼因寓麻城喜登高賦有八景詩

黃紱其先封邱籍平越人父中商重慶娶于張生公長依舅氏張宗琦為麻城學職從知麻城學春秋歸平越補衛

學生正統丁卯以春秋中雲南鄉試第五明年登進士歷官南京戸部尚書改左都御史公廉峻直質遇事飈發正色山立卽重忤時貴弗恤智巧所避公毅肩之人卒笑其呆然亦以是獲名

劉春四川巴縣人弟名台父規任麻城知縣隨任春受禮記于舉人劉瑄台受春秋于進士劉旭後歸兄弟俱中四川解元俱登進士春歷官禮部尚書爲時名卿台歷官參議壽九十餘

吳雲浙江縉雲人父晉民任麻城縣縣丞雲受麻城春秋

登進士有名于時

張大用四川順慶人祖瑞任麻城縣縣丞大用隨任受學于王大賓歸中進士歷官僉事

劉成穆四川崇慶人父杜朝紳任麻城知縣成穆隨任受春秋于陳僉歸復劉姓中四川鄉試魁

國朝

吳與泌號亦白閩人家世未詳或曰明季顯宦罷官流寓麻城與曹石霞魯秋崖輩相友善博學善詩文稿無存者所傳有秋崖逸老傳

彭念祖黃安拔貢遷居岐亭官山東兗州知府

秦邦畿康熙癸卯武舉自黃岡遷居岐亭後補運糧千總未任卒子孫遂居麻城

麻城縣志卷之三十

知縣事臨桂鄭慶華纂修

人物志 元明貞孝節烈 國朝已旌未旌節

川嶽秀靈夘鍾閫傑磐帨端型松筠砥節甘刃若飴嚴頭稽血彤管揚芬太史所職

元

蒲烈女縣吏蒲汴女舊志作蒲拱女年十六爲紅巾賊所執欲汚之女紿賊曰隨我至山橋僻處比至前拔簪刺其一目賊伏地衆賊追刃之駡不絕口死通志

明

知縣劉漢妻張氏漢任商水知縣流冦至城陷張同女鸞仙死土窟中正統中旌統志

尙書李承祚妻曾氏御史筆山女嘗買新宅掘地得金數千日宅乃新購金豈我有召原業主還之

保寧推官熊夔妻吳氏夔中宏治辛酉鄉試乙丑入都吳隨夔入南雍卒業監邸清暇與夫朝夕誦讀有疑相質常曰吾益友也時姻族毛汝溪陳雙泉同在監時來質疑問義論説古今吳子視之一一辨釋多所起發家居常戒其子曰富貴非所論爲名儒無忝也女紅暇則與姑姊妹輩坐說經史列女傳及孝順事蹟等書或誦詩至崖山正氣等篇則繼之以泣手錄古聖后賢母孝女列傳成集

舉人周宏烈妻李氏年二十夫病願先死以明志及夫危不食而死次日夫乃卒統志

職方主事李文祥妻鄒氏給諫鄒騏女文祥蚤卒氏苦節四十餘年茹蘖飲冰壽垂八十弇州王世貞贈一聯云一門七節萬里孤忠葢因氏苦節而一門觀感而起者有六云老志

周宏祚妻劉氏劉端簡采季女夫早死孀居三十餘年坐卧一樓執翁姑喪盡禮以節孝聞通志

舉人周宏祁妻喻氏夫死以憂毀殉夫弟宏禴稱其大節似父希禮云府志

劉文妻毛氏侍御聚峯毛公女適劉夫歿氏年二十五矢志栢舟潛心内典工筆硯壽八旬餘旌表私謚文貞刻有毛文貞集所傳桃花暮雨烟中閣燕子春風月下樓句詩率類此袁玉蟠太史序之奉 旨建坊旌表坊在西關外今存老志

知州王龍麟繼妻李氏年二十夫卒子幼李哭泣哀毀經四十日而疾革知族衆將不利於孤豫戒家人置棺中勿封殮族衆果蝟集譟孤殺母氏從棺中言已知汝輩計必出此矣衆大慙去李乃瞑目統志

王師妻李氏師卒氏僅二十餘越兩月生子山玉鄰媪勸以改適李泣曰我此餘生與呱呱隨分待盡而已其叔母亡遺一女晝夜啼哭李更撫字之尋鄰家火起氏撞地呼天同一老僕扛夫柩出柩輕若神助自是家業盡焚飢寒益甚終無怨言山玉能讀書且奉甘旨無缺以壽終統志

王埏春妻李氏鴻臚李長至女土賊徐大元等乘亂殺埏春父子祖孫五人李冒險奔控破家貲擒獲後赴部置法李請得逆首祭於夫墓哀感路人遂服麄茹苦以終通志

生員王掄廉妻吳氏掄廉師事謝夢膏潛心理學搆疾而夭吳百法求死未得復念姑翁俱老奉侍無人遂以未亡人代夫孝養盡瘁人無間言壬午為賊所擄奪刀自刎死

馮玉二妻李氏玉二弱冠病殤李年少翁姑伯叔皆欲嫁之李輒號慟不已志不可奪李乃舉析箸時所受田地盡還翁姑惟率一婢紡績牲畜以為生仍序妯娌行供養翁姑成禮撫幼姪以延夫祀御史熊克美匾節孝二字以旌之癸未春流賊寇麻李母子媳婢奔避遇寇即投沙街河而死

張祖望妻傅氏縣宦王仲韜之婢其夫隨客於閩年八未歸主母逼其另配傅大呼其夫者三遂投懸崖而死年二十有六節烈出一婢子亦奇矣哉

鄒友二妻唐氏友二早喪有二子唐堅志撫孤翁年老惑於繼姑劉氏百計逼嫁唐舉刀截耳示以死守之志終身族黨稱之

周滴于妻周氏滴于遠商崇禎乙亥周氏被流賊擄去所擄衆男女俱長跪哀鳴周獨昂然不屈賊怒必欲屈之周曰頭可斷膝不可屈身不可辱也賊怒殺之

王山甫妻鄒氏名勝大鄒思直之女也嫁山甫居北鄉時賊至圍砦鄒先與夫約曰我若遭賊擄誓以必死恐屍首難認我將耳鐶裹於腳帶內為記夫記其言崇禎戊寅二月砦被賊破擄鄒及一子一女以去鄒力持兒女罵賊誓不受污賊怒將其子女撞石而死鄒痛入心骨罵賊愈甚求死愈迫賊怒以木樁釘婦腹而死後九日夫往收屍果

不能認忽謊婦言解其臍帶有耳鐶在焉見者哀之

葉振華之妻余氏崇禎乙亥春流寇初入境氏聞警卽以節烈自矢及寇至隨夫竄身斑竹園勢將危迫度不免氏自經夫解縛數次爭之不能奪抵黃昏乘夫不見卒縊樹間死老志

生員王汝楫妻毛氏進士毛祈蕃女也事姑事祖姑以孝聞汝楫攜婦避亂武昌癸未五月獻賊破武昌汝楫攜婦出城被賊擄顧謂汝楫曰事急矣當以一死酬夫遂呼奴罵不絕口賊怒將婦霍然刀下嗚呼烈哉

王貞一妻鄒氏名伯弟鄒思伋之女嫁貞一生一子一女俱被賊擄鄒棄子女不顧罵賊不絕口抵死不受賊污賊剖其胸而死

韓某妻楊氏小字柰有殊色北關外十里許楊家墩其女族也甫適韓卽爲兵掠主黠奴劉店數月抵死不辱兵怒且憐許其父贖身苦赤貧百計代鬻得脫猶負劉飯值未歸劉貪其艾數强之弗就經溽暑楊裂衣爲帶渾體密束劉逼之愈急楊私計結爲父母冀可止黠奴不識名義暴如故一旦大肆兇勢楊哀惶呼黠婦與救婦反助黠楊遂自刎頸血濺婦節烈奇慘亂離中不多見者黃州洪周祿哀之詩云芙蓉爲肉玉爲身鐵石心腸離亂人任道千番淩逼苦夜深霜鍔血痕新

儒士朱應麟妻榮氏麟遠館河南崇禎癸未春卒於館生徒扶櫬至以百金賻辭不受質衣物營葬負土成墳後事畢從容以身殉知縣蔣煜贈奇烈可風匾今存麻溪河朱氏祠

廩生胡石銘妻宋氏生二子一女石銘病以子女相託及殂宋哭死甦者數四瘞畢躬紡績以鬻其子苦自淬勵時

有舉人江欲娶之遣人踵其門宋大罵觸其惡思强逼之宋攜子女謁中丞梅之煥白其事梅深佳而憐之召汀責其非謀遂寢宋歸激烈不自忍大哭於石銘之靈請從權以完名節遂削髮爲尼並二子一女皆披剃焉杜門不出作苦如初庚辛之交兵荒洊至勢不能支不數年宋卒二子遂終於僧矣岳州教授王琬曾爲行狀以記其本末

生員梁鎮妻羅氏與長男孟孫之媳王氏崇禎乙亥歲寇經白果鎮與孟孫均外出羅攜王避於鳴山賊獲羅勒之上馬羅曰吾士人妻也豈爲賊婦延頸受殺王見姑死曰

吾豈獨生賊亦殺之後人埋其屍於山麓夫堂弟雪亭有詩讚之

熊烈女諸生㓜學女也許聘劉康康遘疾且篤女𠞰左股肉遺之爲㓜弟誤棄復割寸許父母遣送康稍瘥閱月死女聞訃慟撲絶粒父母力救乃曰不令我哭弔於劉終不生於是偕之往觸棺毀裂是夜自縊姑救解泣諭之曰吾子未與諧何必死女曰兒食以股卽事以身矣不死何歸舉家防益密遂呼父母與姑曰請許我伴姑孀終餘年姑喜諾女伴起櫛沐拜康靈入室閉戶撞撲破門視之則觸柱壁立死矣御史舒鰲給銀與康合窆事聞旌表

鄒女行弟年十六未字父母早喪依兄居牛棚山崇禎辛巳監軍孔貞會領兵至麻城有兩兵至女兄家窺其豔鞭兄欲挾之女匿後園踰牆出兵知之追至畈中女宛轉百計莫脫紿曰無苦相持吾隨汝歸又紿之曰吾已至家將何往乎當許吾櫛沐換去泥衣許之女入廚卽拔刀自刎死女叔生員鄒思試居城聞之走報孔道給銀備衣衾封殮二兵置法通縣公舉請　旌以寇亂未行女父名忠識卽都憲六世孫

董應長妻鄒氏夫死觸棺頭裂姑與母抱持勺水不入口者六日遂絶少宰劉鍾英題疏旌表統志

生員戴崇禮妻董氏年二十偕夫避流寇難時子曜甫六月餘授其乳母囑善視之行至楊家沖遇賊猝至賊擁上馬奮身躍入深塘死府志

國朝 己旌節孝

貢生胡文陛妻張氏年十九歸胡二十八歲夫沒張廹欲殉經賴族戚勸得免姑年八十四篤疾彌留張憂毀骨立卒後哭盡哀斂祔窆盾悉如禮越數載子生員維銓監生維鉛相繼沒張痛幾絕族屬謂曰氏幸存姑若夫墓掃可無缺義不得死長媳董氏願繼柏舟志張乃撫媳相依倚焉張聰慧職刺繡外兼工詩賦文詞著有梅軒詩集所作弔雷馬二將軍詩用石砫張太史原韻其詩云青霄何處展秋鷹衆壑聲喧淚疊層一片塵沙埋碧血四時風雨伴

寒燈同心許國原吾分合志成城盡爾能遮莫剛腸摧賊膽只今英烈震西陵韻致沉雄絕無脂粉氣可稱赤亭閨秀守節三十三年乾隆二年　旌 府志

生員李春流妻梅氏年二十六夫歿遺二子辛勤教育稍不循法即責之治家嚴肅內外無間言二子亦孝養備至長中黃名諸生次中素臺灣知縣康熙十年　旌 通志

生員何三曾妻葉氏雲南平度州知州調元女也年二十一三曾隨父之彥俱歿於滇南任所遺孤佐三歲葉奉姑扶夫柩以歸居茅廬紡績事姑教子佐力學成諸生守節五十七年卒佐事母以孝稱哀號廬墓以終

生員程世炳妻曾氏生員曾元弼女年十七于歸事舅姑先意承志甘旨溫凊每佐其夫所未逮生子有增四歲夫歿一慟幾絕轉念其子尙幼忍死須臾以養以教十有二年致有聲譽忽夭曾慮夫之不祀也白於翁姑立夫胞姪若深爲嗣慈嚴並著視曩時所以教其子者無異深亦能有聲黌序焉乾隆六年建坊於望花鎮 載省志

武舉王銓之繼室儒士陶雲之女也婚數月而銓卒時康熙三十一年陶年十九以身殉投繯者再爲家人救甦因

以親老在堂姑在室遂封髮毀容勉力事高堂育孤子知縣吳顧行贈以匾曰金堅玉潔商城縣令費師益贈以匾曰天壽貞德乾隆五年　旌 舊志

監生王經世妻程氏貢生懋仁女年二十夫亡生遺腹子濬翁早逝惟姑與祖姑俱存程孝事二姑存歿盡禮教子有方九十二歲卒乾隆五年　旌 府志

曾昇士妻徐氏生員如璜女昇士早卒徐苦節三十餘年事姑盡孝教子有方於乾隆九年四月建坊子曾璽媳董氏舉人義山女于歸一載曾璽卒董意欲同死難捨孀姑

姑歿喪葬盡禮立嗣繼後雖九夏紡絍不輟亦守節四十餘年府志

廩生楊晉妻鄒氏廩生楊知敷妻蔡氏晉有文名早夭鄒年二十六黃口三孤矢節撫之無何二子繼亡僅季子知敷娶蔡氏舉孫親傳甫就塾而知敷又夭蔡年二十八婦姑相依益勵冰霜撫孤訓讀數十年如一日人稱雙節後親傳食餼明經蔡年九十於乾隆四年 旌府志

楊次春妻董氏年二十五夫歿一孤夭紡績養姑喪葬盡禮守節三十餘年乾隆七年建坊

儒士程九萬妻鄒氏岳陽令汝謙之女拔貢宗洛之母也九萬讀書積行爲縣所推重以數奇困於知遇鄒適三載夫卒即以身殉經勸救數四得免自後事哀翁孝養倍至撫孤子教育維殷有祖姑節孝未揚鄒獨請坊 旌表卒生識詩書一言一行悉嫻大義翁姑逝後念母老擇近居朝夕問候時奉甘旨遷居之日有孤燕飛來廻旋不去每集幃幕旦夕哀鳴鄒以白絨繫其足自是每歲必來儒學江陵鄧以琢題有句云可憐精白毫無滓時染霜幃血淚紅鄧並立有傳刊龍池節孝坊係乾隆四十一年 旌載省志

儒童陳焯妻董氏西顧之女年二十三適陳閱四載夫故觸棺仆地幾死孀姑泣告以大義董忍死依姑事生送死教子大坦老成謹厚克續宗支乾隆五十四年 旌

儒童江緒妻吳氏作珍之女年二十一于歸時夫已染沉痾吳延醫調治夜則焚香籲天夫卒吳以姑老子孤不能死家貧勤紡績針黹上盡養葬禮下爲課讀貧守節四十二年乾隆五十六年建坊入祀節烈祠

舉人胡鑛妻孟氏年二十一適胡未一週而夫歿夫病篤

遺言我死明日所生必男須善撫之次日果産遺腹子氏痛夫亡水火堅不入口願以身殉姑含淚責以存孤大義姑留殘喘家無中人産衣食僅禦飢寒子稍長就外傅其祖文坦命名奕鴻孟慈嚴並濟不稍姑息以故早歲成名書香世紹翁姑存歿緣分盡禮悉藉紡績爲湊辦資內外嚴肅雖宗族子姪時節拜慶從不踰閾里黨咸稱道弗置卒年六十六歲苦節四十五年乾隆二十七年 旌

鮑文龍妻戴氏年二十一歲夫病奉藥寢食俱廢越二載夫歿觸棺腦裂母救治乃甦姑老多病紡績以供藥貲撫

八月孤其健成名凡里中苦節不能自存者必竭力玉成之里閈咸奉爲女箴焉乾隆四十六年　旌四十九年卒

監生鄒旭衡妻丁氏年十九適鄒二十三歲夫故生二子長子殀次子光宙娶生員成天漢女未幾卒丁支身孑立内外兼營茹苦飲冰一循禮法乾隆五十三年建坊媳成氏始生一子殀折守志事孀姑朝夕奉養逢姑怒必下氣怡色晝夜在姑側苦節二十年病卒

袁之進妻巢氏啟先之女年二十二歲于歸越四年夫故巢觸棺仆地昏死再三父母責以撫孤大義巢乃忍死家

素壁立巢苦經營以供翁姑及翁姑歿鄰里有哀其貧爲之周乏者巢以爲非出己力雖一絲一粟必卻之其孫媳周氏亦早年夫故見祖姑炳節亦願矢志柏舟一門兩節皆巢有以成之也乾隆四十二年建坊

盧具瞻妻曾氏生於康熙二十六年十七歲適盧一載夫故事翁姑盡禮教子以嚴守節四十四年六十二歲卒乾隆十四年　旌

江世侃妻萬氏生員其惠之女二十歲于歸閱六載夫故萬觸棺昏暈絶而復甦轉念翁姑年老矢志孝養卒皆喪葬如禮又悲宗祀無承撫夫姪超峰爲子以綿似續至乾隆十五年建坊給匾清標彤管年八十歲卒

儒童劉自任妻陳氏青年矢志孝順公姑撫養孤子且以夫弟夫婦旋亡撫三孤不啻己出後子殁又以嗣孫繼宗祀守節四十六年乾隆二十四年建坊

儒童董誠妻熊氏生員之温女夫故時氏年二十四歲生子甫一月上事翁姑下撫弱稚且以紡績之貲爲夫弟膏火之費俾得以早列膠庠乾隆五十六年卒守節六十二年乾隆二十六年建坊

儒童李域妻蔡氏適李八載夫故蔡年二十八矢志堅貞束躬禮法事公姑敬養備至慈嚴撫子女乾隆十九年守節四十三年建坊年八十三歲卒

生員周文坤妻貢氏夫故孝事舅姑撫二孤成立守節三十一年乾隆十三年彙請府志

副榜閻同文妻李氏年二十六夫故奉養舅姑以孝稱守節三十餘年乾隆八年建坊

李俊公妻陳氏乾隆八年以事姑孝建坊祀節孝祠

陳次水妻朱氏夫早殁奉繼姑盡禮撫遺孤成立守節五

十一年乾隆八年建坊
生員董玉琳妻鄒氏年二十六夫故奉姑撫孤辛勤備至守節四十餘年乾隆九年建坊
董元化妻徐氏董子麟妻高氏徐年二十四夫歿撫二孤成立高年二十九夫歿奉姑徐氏盡孝撫孤成名徐守節三十五年高守節四十八年俱乾隆十年建坊
生員唐棣妻董氏夫早歿孝事舅姑教子成名守節三十餘年乾隆十一年建坊
丁懿妻陳氏夫卒屢欲自盡以救甦奉舅姑教嗣子孝慈

兼至守節三十餘年乾隆十一年建坊
涂伯祿妻戴氏夫故事翁姑盡孝教子監生志政志仁志德有成守節三十八年乾隆十三年建坊於北門官井正街
生員梅廷松妻丁氏乾也之女適梅六載夫故時丁年二十九歲孀居有孝行守節三十五年乾隆七年建坊
李位妻項氏夫歿撫遺腹子子逝又教孫天錦就學補諸生九十一歲卒守節七十一年乾隆五十三年　旌
生員王修敬妻董氏年二旬修敬卒遺一子嘉樂尚在襁褓董忍死爲王存一綫苦教其子後嘉樂入成均有聲董歷紀八旬有餘乾隆十五年　旌府志
高元愷妻淩氏年十九夫歿苦節教子歷四十餘載乾隆七年建坊府志
曹煬妻吳氏年十八夫故無子立嗣子退一承夫祀苦節五十八年康熙五十六年建坊通志
儒士鮑如哲妻劉氏康熙五十一年于歸時年二十閱七載夫故氏順變節哀冰操自勵事姑以禮撫子以慈淑德芳型傳諸鄉里守節二十六年於乾隆十年卒乾隆六年

建坊於泝夫嶺
吳應泰妻劉氏苦節四十六年　張文址妻周氏　彭選之繼妻梅氏　梅介錫妻田氏　鮑雲際妻張氏俱乾隆三年建坊府志
生員戴如珊妻蔡氏　李士珍妻閔氏　李克志妻鄒氏　王鈺妻陶氏俱乾隆四年建坊府志
李廷茂妻劉氏　王楚觀妻鄒氏俱乾隆七年建坊
李濡垣妻袁氏夫卒守節五十三年乾隆十一年　旌
甘權聘妻曾氏乾隆十一年建坊

儒童曾之杰妻喻氏庠士承華女夫故氏年二十四歲乾隆五年　旌氏性聰慧建坊自作敘文所著文詞詩句遺稿甚多數被水災汜濫遺失八十二歲卒守節五十八年

楊必選妻曾氏汝榮女于歸五載夫故曾事姑教子動中禮法其子易魁吏目職亦盡孝道乾隆三十九年建坊

嚴志和妻鄭氏年十九夫故絶食者數日誓不欲生翁以長子之次子承祀鄭愛如已出日勤紡績敬事翁姑守節七十七年九十六歲卒學憲朱王奬給勁節可風勁節遐齡額道光癸卯奉　旨入祠

國朝　未旌節孝

監生蔡涉謙妻胡氏進士躍龍孫女其姑鄒氏進士鄒琬女孫也有孝行稱於族黨鄒素多病一日氣痛甚劇諸藥罔效胡刺手滴血沖酒飲之立止又患頭昏胡登樓取藥失足墮地股骨錯出不越宿完如初

劉之衢妻蕭氏年二十適劉值明季流寇起本族有附賊黨者衢獨攖其鋒遂遇害蕭慘痛矢志報復生子翼運僅數月屬僕婢負子走匿乃糾合同宗請官兵勦除兇類平定後擇師教子成明經蕭以未亡人備嘗艱苦卒能報復

夫仇撫孤成立貞操五十年亦志能女也

儒童董光燦妻徐氏廩生徐瀫女于歸三載夫遠遊西蜀三十餘年杳無踪跡家有祖姑及翁姑年老在堂貧無擔石徐躬勤紡績以奉甘旨迨祖姑及翁姑相繼而亡痛一子一女又夭無所依託寄居母家苦志自守於嘉慶八年卒

周其昌妻宋氏黃岡縣敏德女年十八適周夫卒撫子成人家多古書字畫或勸變價爲家什計宋不可乃益勤女紅以濟貧營翁喪葬宋生於康熙丁丑卒於乾隆丙午年

九十歲
廩貢楊知衍次子生員親佺早卒妻顏氏年二十七歲觸棺昏斃姑曾氏救甦誡曰汝翁攜汝夫從此大勅嶺院以公祖奉政公等塋環疊將近守爲今雖不幸子猶賴汝氏志遂定依姑哀慕孝奉終身且盡出僕衆僅留幼丁蔡從先母子伺役盤曲公塋常親廵省惟無應繼之人遂未立嗣苦節三十餘年卒

庠士詹大戸妻汪氏庠士程傳孔妻詹氏卽大戸之妹皆生於明季至順治三年山寇尚未除盡傳孔在館被殺詹

氏年二十五歲棄家依兄嫂守節幸有二子長應昌次憲文數月後寇猶未靖大戸請官勦除機洩寇追至側路灑截殺之族棍乘困欲嫁汪汪年三十歲翦髮破面具稟守志撫詹氏之長子爲嗣田産聽戸族分去姑嫂終身齋素苦節立家汪卒於康熙三十年時年七十五守節四十五年詹卒於康熙三十五年時年七十五守節五十年

生員周洋妻劉氏生二子聖植端植夫卒劉年二十五奉姑備極孝敬命子就傅卒業詩書年七十卒其子聖植娶胡氏二十六歲身故無子胡矢靡他事上待下一體乃姑儀則撫姪以承夫祀壽届六旬戚族贈額曰松年著節以嘉其懿行

朱長裕妻曾氏生員第觀之母也年二十二適朱二十三夫故止遺一子相依爲命與夫弟原析居後夫弟家産盡廢臨歿託曾以保聚其婦王氏及其子女四人曾毅然承當與之茹荼集蓼嘗盡艱辛教之耕讀成已志兼成娣志撫子孤並撫姪孤守節四十年卒

候選州同吳國瑜妻程氏文林郎世焯女適吳九載夫故程年二十九歲孝事公姑供膳必豐炎持姑扇徹夜忘疲

姑年遲暮忌言棺程密爲預備教子慈中有嚴七十歲卒守節四十一年

貢生李天錦妻吳氏適李七載夫故時年二十六歲柏舟矢志足跡不出門庭孝事孀姑溫凊悉如典禮凡事不尙繁華教子期於正直守節三十六年六十二歲卒

儒童程璵妻戴氏年二十一于歸時璵應童子試卓然有聲以刻意攻苦得疾卒戴年二十七奉翁姑者四十年教二子攻舉業不事姑息夜靜必課以誦讀寒暑不倦稍不如法譴責隨加守節五十三年卒年八十歲省志

儒童程景洛妻鮑氏拔貢啟濂女洛未遂志而卒氏年二
十八歲僅一女纔數月鮑自幼聰慧侍父側聽講綱常大
義輒記不忘至是勵志冰霜事翁姑孝處妯娌和紡績不
怠以奉衰姑撫嗣承祀卒年六十五歲守節三十七年省志
陶廷選妻丁氏時鰲女夫故遺二子一女家甚貧丁勤紡
績養孀姑育子女守節三十九年七十歲卒其女劉陶氏
適儒童劉士堂二十七歲夫故亦以母爲法守節三十八
年六十四歲卒
喻輝隆妻李氏十九歲適喻四年夫故家貧紡績度日奉

姑惟謹撫孤成立受室生子甫三齡孤卒李又以衰年撫
稺孫及弱冠而孫又殞命李遂賫志以歿年七十三歲守
節五十年
桂凡盛妻葉氏年二十于歸二十五歲夫故事姑以孝姑
病危葉割股救甦兩嬰孩撫之成立至兩子俱逝又苦撫
弱孫克勤克儉年八十一卒守節五十六年
儒童郭亮基妻熊氏年十八歸郭生子夫故一哭痛絕自
酉至亥家人以簪啟齒灌救乃甦因勸以子弱數棺未葬
於是屏鉛華卜吉葬舅姑以夫附葬教子戒奢崇儉守節
五十年乾隆五十三年卒六十八歲
吳宗玉妻董氏正遠之女十八歲適吳二十三歲夫外故
僅遺一子歲餘家無立錐苦寒度日竭力事姑子敏學年
未四十又外故再撫孤孫鄰里贈以匾對卒年八十七歲
守節六十四年
儒童張鉞妻萬氏年十六適張生子大源二十夫故教子
成名奉翁姑以孝翁歿萬逐日頂禮祈祝姑算卒年五十
二歲守節三十二年
儒童毛鈞妻周氏夫故時年二十二歲生有一子曲意撫

之事翁姑孝謹翁感其孝於三子分關外撥膳田四斗載
之家乘族人咸知年六十歲卒守節四十年
李躍龍妻阮氏年十八于歸二十六歲夫故生子銘甫六
歲家徒壁立紡績營生上事翁姑承歡菽水卒年八十六
歲守節六十年
生員周道坦妻唐氏坦早卒唐年二十四歲家貧紡績養
姑撫孤大鏞教之讀書克承先業卒年六十五歲守節四
十一年
儒童鄒知禮妻傅氏在天女康熙三十八年生十九歲適

鄒二十三歲夫故矢志守節孝事翁姑教子珠讀書後以
醫著知縣夏封泰贈以匾曰孝慈高節年八十歲卒守節
五十七年
董之聰妻熊氏康熙丙申生雍正乙卯夫故時年二十歲
遺腹生一子熊紡績以養翁姑逮卒喪葬如禮撫孤子成
家守節四十五年卒
宋曰序妻劉氏年十九適宋二十一歲生子灼甫三月夫
故劉立志守節事舅姑更以孝聞撫子成立卒年八十一
歲

胡世達妻熊氏歲貢熊灼之女年二十八歲夫故矢志堅
守事翁姑恪遵禮法教子以正年六十八歲卒
儒童熊士瑗妻歐陽氏年二十八喪夫奉事舅姑惟謹撫
子成立年八十二歲守節五十四年
監生喻梓妻曹氏生員曹炎女年十七適喻七年夫故事
姑孝至殯葬哀禮倍至撫獨子文燦延師教誨曹日身勤
機杼終年六十一歲守節三十七年
儒童熊萬資妻周氏生員秉斐女夫歿時周年二十五歲
事姑孝敬教子朝相名列成均年八十五卒守節六十年

祝其銘妻袁氏生員廷斐女適祝半載夫歿家貧撫嗣苦
守敬事翁姑孫曾迭見卒年七十五歲守節五十五年
項佃妻蕭氏蕭名之女夫故蕭年二十一歲生二子事翁
姑孝訓子嚴子故復撫二孫年七十四歲苦守五十三年
馮鎮朝妻戴氏夫歿戴年二十五歲紡績維勤言動不苟
孝事公姑教子成名守節四十七年七十一歲卒
生員吳斌妻黃氏適吳八載夫故黃年二十八歲孝事孀
姑伴宿二十餘年炎則持扇寒則溫衾延師訓子期於文
行並致年七十五歲守節四十七年卒

魯廷柏妻鄒氏年二十九夫故一子僅三歲守志撫孤備
歷辛苦事翁姑孝年七十七歲守節四十八年
胡墀妻戴氏年二十適胡甫六月夫故無子堅貞自守親
操井臼事翁姑以孝聞年六十歲道光九年卒
汪之維妻王氏奎明之女康熙壬寅生己未于歸庚申夫
故止生一女無子僦廬一間竭力紡績事翁姑二十餘年
喪葬如禮年七十三歲守節五十五年卒
張秉赤妻盧氏康熙五十二年適張生子金鑑五十九年
夫故年二十八歲上事孀姑下養孤子並老僕一口皆賴

盧紡織之資卒年六十四歲守節三十六年
張思貴妻伍氏年十九適張二十一歲夫故無子伍投繯者再家人救之得免誓不再嫁孝事翁姑治家有法年七十七歲守節五十六年
監生楊立功妻周氏監生周堵女夫早卒一子盛唐繼亡撫夫弟成功次子盛齊承祀周孝事翁姑辛勤教子齊亦克盡孝道篤學勵行周年七十四歲守節四十四年卒
阮長銑妻謝氏年二十夫故堅志守節孝事孀姑至六十餘年卒

儒童丁楚澍妻王氏年十九適丁生一女夫病王焚香請以身代及歿王年二十二立夫兄之子廷錯為嗣是時老翁尚存晨昏必令子省問後以疾終守節三十一年
喻步瀛妻鄒氏夫故時年二十九歲長素自守姑病割股救之年七十歲卒
李光渭妻周氏年十九生一女夫故周投繯求死翁姑力勸乃止立姪苦守竭力事翁姑年七十二歲卒
喻坤妻傅氏夫故時年二十四歲子僅三齡敬事翁姑訓子成人年八十三卒

儒童杜承煸妻阮氏年二十七夫故子垓方四歲守節自誓家貧勤紡績以事翁姑乾隆二十三年卒七十一歲苦節四十四年
儒童董以執妻劉氏適董時年十八事翁姑得歡心越五載夫故撫夫姪承祀躬勤紡績苦節三十六年嘉慶十一年卒
梅柯妻胡氏年十九適梅翁卒胡供給喪事盡禮姑疾扶持藥餌不安寢食者兩月夫病篤割股進罔效卒無子時二十二歲撫夫兄子為嗣掃葉然松紡績營食延師課讀

卒年七十二歲
儒童江自渡妻馮氏夫故時年二十五歲子幼無翁姑有欲奪其志者馮據義正言引刀以截其髮卒教子成立八十二歲終苦節五十七年
馮時和妻白氏生於明天啟二年至順治丙午年白年廿六歲夫故撫幼子家貧苦事翁姑克盡婦道年八十六歲卒守節六十年
監生夏廷灼妻周氏年十八適夏生二子夫疾割股啖夫視以身代夫卒撞棺泣血願以死殉翁姑勸以大義乃矢

志靡他孝事翁姑教養二子成立卒年六十四歲守節三十七年

儒童石朝東妻曾氏年二十六夫故生有二子會養姑教子歷盡艱辛年八十四卒守節五十七年縣紳贈有對云二十六歲矢貞忱割股救姑幸獲安全邀上壽五十七齡標勁節忍飢枵腹罔辭勤苦歷餘年匾云賢淑著聞

張煥妻董氏年二十七夫故遺子五俱幼董矢志冰霜孝慈兼盡年七十六而終其子漢源娶閻氏年二十六漢源故無出撫夫弟之子爲嗣亦守節三十八年卒

儒童熊宗主妻徐氏年十九歸熊甫六載夫故家貧子幼有不忍其凍餒者勸之改適輒痛哭數日勺水不入口翁年老染病十餘年徐極盡孝養苦節四十八年卒

熊均安妻曹氏年二十四歲夫病篤曹割股救之不瘳旋卒家貧子幼紡績營生鄰里稱爲苦節七十四歲卒

梅仲才妻胡氏年十八適梅二十夫故遺腹生一子家貧有荒地數畝胡負兒於背鋤草自給鄉里歎息事姑二十年曲盡孝養年七十八歲卒

羅洪勳妻熊氏生員爾嘉女年十九適羅甫一載夫故竊縊自盡姑救之既甦後慨然曰翁姑向在吾死則無奉事吾夫諒亦不願也自是朝夕承歡歷久不懈年五十二卒守節三十三年

鄒魯瞻妻詹氏夫故年二十有二慟幾絕念遺孤方襁褓翁姑衰邁忍淚强起凡生事葬祭一如禮無少怠年七十卒相國王熙大宗伯張英太史張希良各爲詩歌傳記以贈

鄒定臣妻曾氏年十八適鄒夫以書魔病故曾年二十四其夫弟永江妻王氏亦二十四歲夫故苦益甚共凜冰霜

時稱爲一門雙節曾年五十六歲卒王年五十四歲卒

儒童董彥妻陳氏夫歿陳年二十五歲苦守教子訓媳勤慎紡績守節六十七年壽九十二卒子承瓚繼故孀媳王氏年二十五歲亦志凜冰清守節六十五年壽九十卒

董子美妻朱氏適董生一子夫歿董年二十一有族姪孫彌月喪母失乳幾斃其父抱之泣董慨然以鞠育自任親乳哺之使與己子並教養成人始遣還八十一歲卒守節六十年

董與權妻鄒氏歲貢茂林妹適董生二子夫故鄒年二十

八一慟幾絶因素明大義以姑老當奉子幼無依勉作未亡人事姑生葬祭無缺禮教二子不幸迭喪止餘幼孫係次出復撫養成立差慰藉焉家無儋石儲衣食皆資紡績壽八十五卒守節五十七年

儒童董文鸞妻楊氏適董生兩子二十三歲夫故時姑唐氏已守志年老楊勤女紅以事姑分餘粒以養子姑歿遂斷葷醴撫幼成立爲長子本泰畢婚無何兩子繼亡楊守節五十二載七十五歲卒本泰妻李氏夫故時年二十五歲亦事姑孝敬守志三十五年閭巷稱董氏一門三節孝

云

吳治烈妻何氏年十七適吳經六載夫故撫姪鋭爲嗣躬勤紡績孝奉翁姑教子成立年八十七歲其子亦年逾六十幸目覩曾元林立

周仲遴妻丁氏喬惠女二十四歲適周一歲生子季杜逾年夫故丁以姑老子幼三世一身且緩死迨姑卒乃攜子寄居母家紡績自力教子成人年七十六歲守節五十一年

葉椿妻熊氏年二十二歲夫故撫嗣子兆元事翁姑甚謹訓子績學補弟子員卒年六十二歲守節四十年

熊文源妻劉氏夫故劉年二十四歲孝事翁姑撫子成立鄉鄰頌其純節贈以德美松筠匾額守節六十一年卒

姜希訓妻羅氏年二十二歲生子作成纔九月夫故羅哀毀幾絶因姑病忍喘侍湯藥茹荼教子年六十卒守節三十八年

羅永揚妻袁氏年二十二夫故誓以身殉賴家人防範力得不死絶葷屏飾紡績奉姑育從子重武爲嗣恩勤教誨如己出卒年六十七歲守節四十五年

吳天錫妻周氏夫早卒生一子而跛周懼不克有後新婚之夕焚香祝天卒致蕃衍事翁姑孝食上必親視寒煖之節起居雖夜必興善居家致貲累千金

監生楊應箕妻曾氏曾棚女事上撫下孝慈素著夫歿曾年三十歲興家創業淡泊自安教子愈挈讀書成立尤樂施舍鄉鄰戚族貧乏不惜脫粟相遺人以此服其賢

曹之元妻唐氏生一子而元卒事姑以孝聞會歲大祲唐弟以疫卒其家比鄰閉戶塗隙水火弗與通唐卒理其喪而歸而唐家無恙

任義妻丁氏年十八適任僅數月夫貿外故依夫兄嫂守族不數年夫兄嫂繼亡遺兩夫姪俱幼丁視爲己子撫養教誨出自艱難內外力作家道蒸蒸蔚起皆丁之力也

儒士梅書洛妻王氏映壁女年十九適梅六年夫故王晝夜紡績倍極勤苦竭力事姑撫子多方卒年五十二歲守節二十七年

儒童熊紹涔妻伍氏乾隆庚寅生十九歲夫故伍以身殉祖姑及翁姑以其有娠力勸乃止不數月生一子名杰伍矢志撫孤未幾翁卒伍上事祖姑及姑與伯叔姑皆能孝

敬卒於嘉慶癸亥年

袁之綱妻胡氏夫死胡年二十二無出撫子承祀家貧勤紡績自營辦翁姑後事外有伯叔翁姑乏嗣者三人生事葬祭胡皆身任之守節五十年卒

唐亦樓妻羅氏夫故羅年二十七毀形矢志事翁姑極盡誠敬時夫兩弟皆幼羅撫之恩義兼至一日家不戒於火羅不顧貲財往撫夫姑兩柩痛哭願以身代火頓熄鄉鄰族黨觀者莫不驚異歎爲精誠所感

監生唐志源妻江氏年十九適唐甫二載夫故三月得遺腹子撫養倍至稍長延名師訓迪倍加嚴謹紛華靡麗一槩不使入目嘗語孤曰我不幸汝父早逝所賴惟汝汝若無成我何所望孤兒梓跪聽命家中巨細事務皆有紀算不憚勞苦日勤紡績有餘積則以周貧乏鄉鄰戚族無不服其賢明

李書田妻丁氏利時女年三十夫卒矢志柏舟力勤紡績孝事翁姑撫三子維鈞維銑維鎮成立教孫曾讀書次孫文璧入泮年六十時知縣楊　贈有節壽帳文七十時太守李　贈有節壽屏文年八十卒

儒童李景周妻魏氏監生續重長女年二十九夫故遺三子士鑑士鍠士鏞維時翁姑年邁產業僅地七升魏日事耘鋤夜勤紡績以上事翁姑下養幼子成立年九十五歲守節六十六年

儒童董承琮妻王氏君榮女夫故王年三十厲志貞潔事孀姑以孝教兩子以嚴次子揚旋卒王身勤紡績漸至素封助弟妹婚嫁無吝色喜施濟修橋補路長子續年六十獲一孫文彪曾元蕃衍族鄰以爲賢母之報

成家駿妻鄒氏國學學集女年十九適成二十五歲夫故

氏求死翁姑勸諭遂矢志守節孝事翁姑朝夕不怠因時無可立之子日久憂鬱而卒

儒士郭師汲妻宋氏大禧女康熙己亥生二十三歲夫故以姑老忍死守制姑媳二人相依爲命能以婦兼子道年六十九卒守節四十六年

儒童李英妻馮氏仲修長女二十六歲夫故氏以翁姑在堂代夫孝養且憐夫家獨傳六代撫育孤子倍極艱辛故其子賡揚名列成均孫作霖早遊庠序卒年六十一歲守節三十五年

張世珍妻丁氏正芳女年二十二適張敬事翁姑和睦妯娌二十七歲夫故教子及孫皆竭力孫聲顯列例貢八十二歲卒守節五十五年

趙文奎妻閻氏年二十二夫故上事衰姑飲冰茹蘗撫姪覲光爲嗣訓之力學名列成均年八十四卒

周之模妻胡氏武舉美珍美瑜之妹年二十適周越三載夫故廹欲從死賴姑與娣姒力勸乃免遂撫夫兄與山教諭之棟次子爲嗣誨之力學以成父志事衰姑始終盡禮年六十八卒

劉楞妻董氏道安長女年十九適劉三十歲夫故事翁姑恭順撫二子成立舉動循禮家政嚴肅乾隆癸卯年卒六十五歲守節三十五年

儒士陳定泰妻林氏年二十二夫故子彬僅八月撫養成立躬勤紡績操家政事翁姑篤孝喪葬皆林料理守節六十年八十二歲卒

余大錫妻蕭氏夔修女年二十四歲夫故矢志自守孝事翁姑年七十二歲卒苦節四十八年

王崇忠妻楊氏夫故無子楊年二十九夫弟違貿撫姪如

己出夫弟歸並爲娶黃氏黃苦瘵痺瀚洗皆楊乾隆己酉歲卒守節四十一年

閻士聰妻鄒氏夫故年二十八節操松柏順事翁姑見貧苦疾厄者量力賙之事載家乘嘉慶八年卒守節五十八年

李文魁妻周氏年二十適李六載夫故周守志自甘事翁姑如禮年七十終

鄺岳岱妻田氏衛守備一進女順治庚子生年二十五夫故遺一子士鎬田仰事俯育兼盡其道年八十歲卒守節

五十五年

張漢逡妻周氏監生能夏冢媳庠生周邦女夫故周年二十四上有鶴髮翁姑下有黃口二子茹荼苦守孝慈兼盡卒年七十六歲

楊允宜妻羅氏文彩女夫故羅年十九事白髮翁姑皆藉織紝以生養死葬備極辛苦撫育孤子卒能授室成家卒年七十九歲守節六十年

劉汝翼妻李氏適劉五載夫故時年二十三歲攜子哀靈守制三年足不出戶撫子成立不幸子復病故又撫孫以

繼宗祀年七十四歲卒守節五十一年

儒童毛致純妻曾氏夫故曾年二十七翁早逝奉姑孝謹延師教子至於成立守節五十一年七十八歲卒

監生鮑汝一妻彭氏生一子雙瞽夫故彭年二十三事繼姑至孝家計艱難茹荼辛苦守節四十七年七十歲卒

儒士梅鴻洛妻姚氏生員端白女年二十適梅經七載夫溺死姚繞岸號哭亦欲投水時姑年六十苦勸乃止家貧誓志勵節事姑十年頗能先意承志姑殁後撫子教讀年七十一卒守節四十四年

劉次黃妻李氏生員南士女年二十適劉踰七載夫疾割股食之莫能瘳夫卒即屏絕鉛華義方教子事翁姑以孝聞年七十四歲卒守節四十七年

劉綱妻楊氏夫故無子楊年二十三事姑孝撫姪延祀守節四十三年六十六歲卒

萬繩穆妻劉氏生員亦愷女夫殁家貧無子孝事繼姑嗣子逝鬱悶成疾卒守節四十四年

李洪職妻陳氏夫沒苦守姑病十餘年陳侍湯藥不解衣帶三年六十三歲卒守節三十七年

鄒森妻曾氏年二十三夫故撫子成立翁姑有病日夜不寢病愈方安乾隆二十三年卒守節三十五年

熊永文妻喻氏廷梅女年二十六夫故上事孀姑死能盡哀撫子成人卒年五十二歲守節二十六年

萬維端妻楊氏人傑之母年二十四夫故矢志守節教子成立嘉慶十九年卒壽九十歲

李煇妻張氏生員天祜之姊年十八適李二十一歲煇故誓以死守事繼姑以孝撫孤子以嚴家貧躬勤紡績守節四十餘年卒

甘松妻陳氏夫歿陳年二十二家貧苦守四十三歲卒守節二十一年

生員夏廷勳妻田氏歲貢法夔女夫故田年三十歲一子五歲事孀姑悉喻意旨教子成立不幸子捘室後與媳俱故田年八十二歲卒

蕭斯苾妻胡氏維煌女夫貿蜀四十始字結縭九載夫故家貧勤女紅以事姑分餘粒以養姪內外無間言守節三十年八十歲卒

徐普英子旭鍾妻萬氏載富女年二十夫故遺腹三月生

子萬勤苦勵志事翁姑盡孝終日憂慮感傷成疾卒年二十六歲

吳文塀妻王氏監生宏任女年十七歸吳逾年夫卒無子翁姑令其改適王以死自誓其父俾舅氏周之邠喻以任重道遠冰薄淵深王對云只須心堅挑不起一頭頭掇走不動一步步挨常懷冰薄淵深自無傾險難渡因自念無子可立乃自出嫁貲爲翁娶妾果生子文麟逾七月而姑喪期年而翁亡三年而文麟生母卒家業蕭條朝不保夕而王竟撫養文麟成立守節四十三年

彭大鑑妻周氏貢生炳枝女周幼習詩書長工繪繡年二十九夫故家益落堅志守節貧鍼黹爲餬口計居守一樓持身冰潔後以子啟鎬任廣東寬仁司巡檢貤封孺人卒年八十四守節五十五年清操炙人口矣

監生胡文堤妻周氏州同周燮女也周本名門女動以禮法年二十適胡勤紡織佐讀堤銳志功名數奇屢薦不售鬱鬱不得志周輒爲委婉勸解堤歿遺孤九歲周哀號過節誓相從地下伯叔責以撫孤大義乃免遂撤鐶鈿操家政延師訓子內外秩如中年患足疾兀坐三十餘年辛苦

備嘗孫姪輩入問起居必戒以勤學持家數事戚族欲爲請　旌不果尋病卒守節四十四年

周重巒妻廖氏年十六適周越三年夫故廖將從周地下其姑劉同人女也諭曰若殉夫重吾老人感不若從夫治命立後爲愈顧死易立孤難耳乃以仲兄子承祀無何嗣子夭遂斷葷醴事愈苦節愈烈六十餘年不復關人世事

徐廷智妻董氏道安之三女年十八適徐二十一歲夫故撫夫伯兄次子爲嗣未幾夫兄長子死夫兄嫂繼亡仲兄老無子每泣告人曰吾手足三人幸延一脈非弟媳之茹

苦誠求大懼徐門之不祀也幸今孫亦成丁矣卒年七十歲守節四十九年

曹學濂妻鮑氏年二十六夫故舅姑先逝止憑紡績與夫柩偕厝各盡其禮有夫堂嫂新寡族人欲奪其志嫂懼依鮑遂得免霜操共凛人皆嚴憚焉七十歲卒

周重珩妻宋氏年十七夫故家貧紡績營生宋親栽茉莉一株三十年不改柯易葉宋死後茉莉亦枯守節五十餘年

胡達妻周氏夫故周年二十四歲教子若孫暨曾孫成立

年八十二歲卒守節五十八年知羅田縣陳士鳳來麻顏其額曰冰操鶴髮

楊之春妻梁氏適楊三載夫故梁年二十有二無子並無嗣可立翁姑令其他適梁以死誓志越數年翁姑繼亡遺弱弟數歲撫育畢婚生子梁引爲已子甫週歲而夫弟又故兩世遺孤一身撫育内外無間言歷四十餘年卒

生員吴英妻貢氏進士家駒之曾祖母英卒貢治内兼以治外性嚴整上下肅然每伏臘孫曾輩瞻拜惟謹勵節五十餘年八十四歲卒

貢生周穎標妻曹氏適周生子際雲甫週歲夫故周年二十二歲有利産圖孤者凡搆訟十五年賴府縣定案禍乃息備受辛苦卒能易危爲安撫孤存祀五十三歲卒守節三十一年

劉勣妻周氏舉人際聖女年二十六夫故矢志自守教子就傅夜讀佐以機聲三更弗輟或勸之曰汝子孤弱毋過勞周曰惟勞所以成愛也七十四歲卒守節四十八年

劉茂杖妻曾氏年十八歸劉僅八月茂杖遠貿外故遺腹生子曾撫之家無升斗食糵飲冰勤於紡績人皆稱爲苦

節年五十九歲卒

任天旭妻蕭氏年十九夫故遺腹生子家産菲薄時有强暴勒其改嫁蕭抱子哀求鄰里護持强暴乃止七十六歲卒守節五十七年

劉恕妻白氏適劉十載生五子夫故白年二十八歲室如懸磬族人有欲奪其志者被辱而止白紡績不辭寒暑撫五子成立年七十九歲守節五十一年

楊翠如妻熊氏適楊四載夫故一子僅三歲志凛冰霜親操井臼教子出就外傅其子積累成家鄉里有空乏者必

命貲分給鄉人稱之六十歲卒
鮑儉妻喻氏年二十六夫故喪畢坐卧一小樓好潔淨衣食非經手者不取鄰里或飲食之概不受晚年持大士咒不懈年八十一歲卒
王國基妻胡氏夫故胡年二十六生一子家徒壁立其志益堅子婚後貿蜀不歸有孫胡撫媳及孫辛苦備歷守節四十七年卒
王國璉妻羅氏貢生廷桂女夫故羅年二十二撫姪娶媳陳氏嗣子故生遺腹子羅與孀媳共撫遺孤年七十三歲

守節五十一年卒
曹思近妻王氏生員經邦女年二十八夫故赤貧孤苦晚年無依其兄舉人國柱憫之迎至家闔族題有蘗苦氷輝匾乾隆戊申年卒守節五十一年
喻元偉妻丁氏年二十三夫故家貧養翁姑無缺敎子約列黌宮卒年六十歲守節三十七年
儒童董意妻胡氏監生濟宇女年二十五夫故立姪承琮爲嗣娶媳王氏子故胡撫兩孫續北希聲篝鐙佐讀並敎姪承瑶身列宮牆守節四十五年至康熙丙戌年七十歲卒
鄧學權妻朱氏生員朱正女年二十六夫故茹蘗飲氷九十歲卒苦守六十四年里中稱其嚴潔似父云
生員朱士錦妻黃氏舉人道茂女于歸生一子夫故黃年三十後子遠館不歸哭子喪明壽九十卒守節六十年
羅士耀妻朱氏夫死於外朱年二十五產遺腹子撫之成立命負父骸歸葬年七十卒苦節四十五年
朱峻妻董氏年十九適朱越八月峻卒生遺腹子中壽亦殞撫兩孫成立苦節七十年八十九歲卒

周世燦妻鄔氏年二十二夫故存半月遺孤日夕哀號勺水不入口母諭以子幼無依應緩死乃力女工供口食守節四十九年七十一歲卒
周湘妻項氏湘早卒項年二十一歲家徒壁立隨翁姑寄居外祖喻宅性沈靜寡言笑持家儉敎子嚴苦節四十餘年六十四歲卒
杜塤妻庫氏二十三歲夫故一子遠貿西蜀十餘年未歸且死於外氏惟藉鍼紉度日年八十卒守節四十七年
儒童鄒明溥妻王氏年二十適鄒家貧王紉織佐讀越二

年夫故年二十二持刀將自刎同居者見而奪之復登樓
自縊母救得甦又服毒五日不食未死戸族念其苦節歲
給貲養六十六歲卒
儒童陳作哲妻朱氏適陳六年夫故一子甫週歲辛勤撫
之越兩載翁姑繼亡愈益艱苦八十六歲卒守節六十年
汪克均妻歐陽氏夫故二子尚幼訓誨極嚴及長務令其
親明師益友戒絶浮華凡子所交遊來必禮待人咸稱之
年八十縣紳士製有匾聯並壽文以紀其實
項笙妻蕭氏監生蕭然女適項一載夫故時十九歲無子

依姪持修紡績度日事姑孝撫姪入成均嘉慶十二年卒
守節四十五年
黄藍田妻周氏生員彩臣女夫故時年二十二歲生一子
家雖貧教子力學以紡績爲課讀貲八十二歲卒苦節六
十年
王顯怡妻丁氏年二十一夫故家極貧苦撫夫姪宏堯爲
嗣又早故撫育幼孫惟貲紡績八十六歲卒守節六十五
年卽大勳曾祖母
儒童胡濱妻傅氏年二十七夫故遺孤僅二歲傅自刎登
時氣絶賴戚族醫救獲痊後遂聲嘶越二年遺孤復夭遂
歸依父母刻苦自勵撫姪繼祀年七十三歲守節四十六
年
程道遠妻戴氏年二十八夫故遺孤僅數月家貧紡績撫
孤成立七十八歲卒守節五十年
武解元夏韶之元孫志昂妻李氏夫故矢志苦守進士彭
韶贈匾云壼儀奕世太史夏力恕亦贈以嶶高陶栁七十
七歲卒守節四十九年
庠士羅宏亮次子學簡妻鮑氏二十歲于歸二十六歲夫

故泣血觸棺絶粒數日願以身殉勉從翁訓育教兩孤如
松如柏得以成立嘉慶乙丑卒守節五十年
庠生成振妻黄氏年二十二于歸越六年夫故矢志冰操
撫孤成立年七十時鄒太史士聰題贈勁節稀齡匾額八
十三歲卒守節五十五年
儒童楊知經妻程氏年二十二夫故生一子親乾甫週歲
氏堅志苦守教子成立不墜家聲七十八歲卒守節五十
六年
葉文煥妻曹氏監生曹然女十九歲于歸二十一夫故遺

腹生一子教以義方繼姑欲奪其志氏不從而孝事益堅
紡績以供其養卒年六十有六守節四十五年
監生項傳妻劉氏年十七適項生一子夫故以頭觸棺腦
裂幾斃姑余氏醫救得活時年二十七養姑盡孝敎子有
方子入泮後復没劉又與媳龔氏撫孫成立名入成均曾
孫迭見劉卒於嘉慶十一年八十八歲龔卒於嘉慶十四
年六十二歲道光四年學憲王旌獎兩世節孝匾額
儒童江維塏妻項氏年二十適江生一子甫二年夫故子
殤項哭泣求死弗得時夫家貧舅姑繼歿親支無嗣可立

父憐其無依令還與母居項遂居母家以紡績自給越三
十年俟夫堂弟生子而始嗣焉六十九歲卒
楊會纂妻黄氏于歸二載夫故無子撫夫兄子大濟爲嗣
家貧敎之勤學補邑弟子員苦節五十年卒
儒童蔡思齊妻阮氏歲貢鳳昌女年二十九夫故守志敎
子綽有丈夫風卒年八十四歲
李垣妻王氏垣年十八遭風疾難成婚禮王二十歲于歸
侍垣惡疾越八年夫故撫姪爲嗣貞操不懈七十八歲卒
李如璋妻王氏年十九夫故撫養遺孤持身節儉五十九

歲卒
阮守富妻戚氏年二十六夫故有欲奪其志者嚴以拒之
撫數歲遺孤恩勤倍至年六十餘卒
吳敏學妻余氏年二十喪夫撫養遺孤苦節自守七十三
歲卒
董金甲妻陳氏年二十八夫故矢志柏舟家貧能撫孤成
立六十二歲卒
鄭尚忠妻李氏年二十五夫故止遺一女守志養姑糟糠
度日六十一歲卒

儒童鄭志融妻葉氏夫故時年二十八歲矢志靡他自甘
虀糲敎子讀書成立年八十餘終
監生龔學泗妻李氏夫早故撫子秀成名守節五十年卒
七十四歲秀娶婦金氏生子天爵秀又早故金上奉孀姑
下撫弱息七十一歲卒守節四十餘年
施維禮妻項氏年二十適施四載夫故家極貧無倚賴苦
節四十餘年七十歲卒
馮思芳妻劉氏適馮生一子蓿如夫早故撫子成立名列
成均守節六十餘年九十歲卒

戴乾衛妻蘇氏年二十一于歸生一子乾衛因川省教學卒於長寧蘇聞訃欲以身殉念一子伶仃乃茹荼飲蘖撫之成立年九十二卒守節六十三年

甘曾泉妻宋氏夫故時年二十一歲子杞係遺腹生家貧無靠有欲强奪其志者宋引刀刎頸幾絕媒妁懼不敢復言守節五十二年卒

楊其清妻梅氏衛邑女夫故梅年二十五家貧撫幼子正廷等成人守節五十一年卒

胡廷桂妻曹氏武舉之致之媳廷桂死曹年十九矢志守

節知縣吳顧行贈有勁節淩霜匾守節五十四年

喻道妻彭氏夫故彭年二十四子僅週歲矢志撫孤八十一歲卒

喻和也妻王氏夫故王年二十七紡績度日敎子成立年七十歲卒

儒童李峋妻周氏年二十六夫故遺一子一女家貧如洗紡績度日敎子讀書歲時祭奠不缺年七十餘卒

儒士白世珩妻杜氏生員廷鍇母夫故杜年三十立志撫孤家貧勤紡績以課讀苦節五十二年八十二歲卒

石銓妻劉氏年十九于歸二十四夫故矢志守節撫二子成立卒於乾隆己卯年八十二歲

監生胡灼妻黃氏于歸五年夫故無子守節六十年八十二歲卒

儒童王嘉謨妻戴氏年二十六夫故家徒壁立辛苦備嘗依兄弟以居儉勤敎子守節五十四年八十歲卒

馮世壽妻王氏年二十七夫故無子矢志守節撫夫姪士彬爲嗣訓以讀書立品得入恩貢八十二歲卒守節五十五年

劉天馴妻唐氏夫故唐年十九撫夫姪其忠爲嗣壼範堪師八十二歲卒守節六十三年其忠妻唐氏年二十五夫故一子僅三歲以禮自守與姑唐氏一轍四十七歲卒守節二十二年

儒童董諫妻梅氏賜祿女生員元洛之妹康熙戊戌生年二十六夫故守節三十三年卒於乾隆乙未歲

鄒柱妻丁氏二十歲于歸越八年夫故撫子成立七十四歲卒守節四十六年

生員曹文龍妻龔氏年十六于歸二十夫故舉遺腹子鎮

以養以敎俾以成人卒年六十四守節四十四年

儒童辛問易妻劉氏漢盛女年十九適辛二十四夫故撫一子成立七十九歲卒守節五十五年

儒士范正源妻王氏于歸後正源遠遊貴州思南府李公之幕卒於官署時王年二十四守節四十九年卒

儒童馮藎妻鮑氏年三十夫故守遇歲一子至八十六歲卒守節五十六年進士程琮及其鄉人贈以匾曰寶婺齊暉

梁生忠妻朱氏年二十六夫故遺子甫數齡家計蕭然鋤

口維艱朱勤紡織以資生俾遺孤得以成立年七十歲卒守節四十四年

趙廷普妻胡氏夫故胡年未及三十生一子僅半歲撫孤誓志歷五十年至辛亥年卒

戴丕顯妻梁氏年二十三夫故無子家徒壁立矢志柏舟撫猶子以爲子焉歷五十年卒

羅文起妻畢氏起卒畢年二十七歲矢志柏舟撫二子成立七十歲卒守節四十三年

王文灼妻詹氏年十八于歸二十夫故屢欲自盡輒阻後撑繼承祧苦節六十七年

淩行法妻劉氏年二十五夫故遺一子二女矢志撫孤備歷艱苦子思潤名入成均年七十餘卒

淩璉妻劉氏夫故劉年甚少生子懷見甫七月撫育成人後年七十有餘而逝

庠生詹煇妻屈氏乾隆丙子年夫故屈壬子年卒守節三十七年稟請邑令黃　給有節比松筠匾

監生周金針妻李氏夫歿李年二十四歲不忍夫絕嗣撫姪灝成立七十一歲卒守節四十七年

項智達妻胡氏之紀女夫故胡年十九歲撫子從先成立孝事翁姑和睦妯娌守節六十二年卒

鄒鵬妻朱氏年二十夫故矢志屏鉛華謹色笑年七十有二鶴髮童顏如處女閭里咸敬憚之

附貢生成儉妻李氏生員李莪女夫早卒遺二子家驥家駟李敎讀嚴謹期於成立年四十八歲卒守節二十一年

黃存文妻陳氏北斗女年二十二夫故矢志自守茹蘖飲荼七十八歲卒守節五十六年

盧紹寀妻李氏年二十二夫故止生一子撫之成立六十

三歲卒守節四十一年
唐倘珍妻熊氏年二十四生二子而夫故敎子義方待人皆以仁恕爲本八十三歲卒
劉之容妻熊氏生員爾夏女年二十二夫故無子撫夫姪承祀姪亦早逝五服内無人可立擇立族姪孫爲嗣本支祖塋立石碑以垂久遠年九十歲卒
徐必恕妻聶氏生員區卜女年二十四夫故無子撫夫姪爲嗣守節六十年八十四歲卒
萬繩成妻田氏康熙丙子生年二十一適萬生子霞二十七歲夫故苦節不出戸庭七十九歲卒
黄士魁妻吳氏年二十適黄夫故立嗣成就夫志年七十二歲卒
倪之炳妻黄氏年二十成室越五載夫故嗣子亦早故惟與孤孫女相依守節四十九年雖至戚罕覯其面七十四歲卒
曾堯行妻熊氏年十九適曾逾年生一子甫月餘夫故勺水不入口累日衆勸以爾死黄口難存乃稍進飲食矢志撫孤不幸子死貧病交攻孑然無告年八十三歲卒

儒士盛必大妻王氏朝賓女年二十于歸越二年夫故苦節不渝年七十三歲守節五十年卒
鄭徽妻劉氏年二十四夫殁僅一女依姪終身年八十六歲卒守節六十二年
李飛鵬妻程氏年二十于歸半載夫故無子守義之心堅如金石六十一歲卒
李國用妻闞氏年二十二夫故孝事孀姑禮待宗族冰雪之心久而益潔年九十而卒
丁懌妻王氏年二十五夫故室如懸磬教子義方八十五歲卒
胡貞妻余氏年二十八夫故家貧撫子成立守節五十三年八十一歲卒
羅廷楨妻王氏年二十八夫故冰霜自凛教子有方乾隆丙申歲卒守節四十三年
貢生羅廷桂妻曹氏夫殁曹年二十九歲教子成名乾隆丁酉歲卒守節四十九年
貢生羅廷槐妻王氏生員崇智女年二十八夫故撫四子成立八十一歲卒守節五十三年

麻城縣志卷之三十下

人物志 未旌節

羅洪壁妻董氏夫殁董年二十八撫子二成人乾隆癸卯歲卒守節五十三年

羅洪周妻陳氏知縣陳譚孫女乾隆己卯夫故陳年二十二堅志訓子卒年五十八歲守節三十六年

梅巨鰲妻黄氏夫殁黄年二十五孝翁姑和娣姒俾子成立乾隆戊申歲卒守節四十六年

王際隆妻鄒氏夫殁時年二十五撫姪爲嗣謹身愼言乾

隆癸卯年卒守節三十五年

宋一相妻鄧氏夫没鄧年三十立志教子乾隆丁未年卒守節五十一年

畢法妻羅氏夫殁羅年三十生一女有利其改適冀得産業者陰爲議婚事成始令媒告知羅方烹茶聞語擲壺擊客客踉蹡去遂攜女奔母家不歸已而族屬撥田畝與羅乃得遂其志孝事公姑生死盡禮年六十八卒守節三十八年

董德流妻曾氏夫殁曾年二十八乾隆壬寅年卒守節四十年

陳源淪妻丁氏年三十夫故守節四十七年七十七歲卒

喻之友妻林氏夫故立姪承祧卒年六十五歲守節四十四年

生員張思銘妻江氏生員宰衡女夫没江年二十八撫子成立乾隆四十二年卒守節四十六年

喻灼妻袁氏年二十八夫故守節四十四年七十二歲卒

張文煥妻顧氏年二十六夫故清白自矢七十歲卒守節四十四年

鄒學洙妻周氏夫故周年二十八撫子蔚楠承祧卒年七十八守節五十年

羅文宗妻劉氏年二十八夫故誓志不易卒於嘉慶己未年七十四歲

胡錫璉妻李氏生員李吉女夫故李年二十五撫姪文翰爲嗣旋殁與媳黄氏相依七十九歲卒守節五十四年

胡鍾妻吳氏乾隆庚午夫故吳年二十七勤苦自厲守節四十二年

盧紹美妻魏氏乾隆癸亥夫故魏年三十守節四十二年

卒
王釆芹妻朱氏夫故時年二十一貞操無玷七十歲卒守節四十九年
鮑正言妻盧氏夫故盧年二十一翦髮矢志六十四歲卒守節四十三年
湯聖言妻黃氏年十九夫故生遺腹子課讀成人年八十四歲苦節六十五年卒
金士輝妻彭氏年二十二夫歿勵志貞潔七十歲卒守節四十八年

藍世光妻項氏年二十歲夫故苦守五十年卒
李應鍾妻梅氏夫歿梅年二十四訓子嚴毅守節四十餘年卒
李應鍠妻熊氏夫歿熊年二十三守節五十二年嘉慶五年卒
熊太和妻陳氏夫歿陳年二十八事翁姑孝訓子有方苦守四十二年七十歲卒
朱汝壽妻王氏年十九夫歿立姪承祀年七十卒守節五十年

饒仕榮妻黃氏夫歿黃年二十三至六十四歲卒守節四十一年
夏克仕妻金氏年三十夫故矢志堅守苦節四十年七十歲卒
李科妻魏氏年二十九夫故矢志靡他撫二孤成立守節六十七年九十六歲卒
監生蕭繩光妻屈氏九皋女年二十七夫故守節三十七年六十四歲卒
生員馮秩五妻劉氏年十八夫故貞操自矢至八十三歲

卒守節六十五年
劉孔柏妻江氏年十八夫故堅苦自守卒年八十一勵節六十三年
陳國珩妻項氏乾隆五年夫故矢志貞操撫子成立年七十二卒守節五十二年
程志道妻劉氏洛士女康熙丁丑生二十八歲夫故守節六十七年卒
林國瑞妻黃氏年十九夫故撫遺腹子念均業儒有聲黃持守修潔八十六歲卒

林三友妻王氏年二十二夫故無子家貧辛勤紡績苦節五十三年七十五歲卒闔族立貞節傳芳匾在祠

陳世才妻王氏生二子世才年十九而卒家貧王勤紡績以自給年六十九卒

徐鳳樓妻吳氏年二十四夫故生一子苦節自守年六十八守節四十四年

周行健妻吳氏夫卒子四歲吳以紡績爲活計至老仍操作如常七十三歲卒

郭茂煌妻程氏觀揚女年二十一于歸僅十月夫故無子

撫姪孫以承夫祀守節五十年

張炳妻李氏適張三載炳逝李年十九撫遺子漢全不以家貧易志卒能使之成立名列成均七十五歲歿守節五十六年

高型于妻陳氏生員思魯女康熙丁亥生年二十四夫故無子立夫兄監生高基之子爲嗣守節至六十八歲卒

儒童侯映第妻周氏乾隆癸未夫故時年二十二生二子方數歲撫養成人守節六十年八十二歲卒

儒童董標妻張氏生員文錡女年二十一適董越一載生一子夫歿守節四十六年六十七歲卒

李上盛妻劉氏年二十六夫故子文廣文大俱幼堅執苦節撫孤成人年八十卒

儒童董方中妻盧氏副榜盧堇女適董年二十三生長子二歲次子三月夫遠遊粵東陡染奇症卒於途訃音至盧投繯者再翁姑力勸乃止未幾長子夭氏勞紡紝工鍼黹以爲事畜資守節二十八年嘉慶十三年卒

黄文艮妻周氏年二十七夫故無子撫姪爲嗣事翁姑孝養守節二十餘年乾隆丙午春儒學彭師顏其匾曰貞操

松筠

儒童王國熙妻熊氏武舉紹漢之姑祖母年三十夫故撫孤成立卒年七十四守節四十四年知縣羅均給有節壽流芳匾

劉殿元妻余氏年二十八夫故撫夫姪爲嗣愛如己出生平言笑不苟除夫伯叔家慶弔外不輕舉足惟以女工爲業五十六歲卒

生員董時措妻蔡氏舉人蔡楷女康熙丁巳生己卯夫故時年二十三歲立夫姪觀光爲嗣名列膠庠守節二十二

年卒

儒童王濰妻李氏年二十三夫故生子鳴鳳家貧紡績不倦年七十三卒守節五十年

儒士王國權妻羅氏年十九適王二十九歲夫故撫姪文思爲嗣勤苦自甘和丸課讀敎子成名乾隆癸巳歲卒守節二十六年

袁廷柱妻萬氏年二十四夫故生一子五十二歲卒守節二十八年

李增妻劉氏適李六載夫故子幼家貧守節六十八年卒

桂必攀妻喻氏年十八夫故事姑袁氏孝謹苦撫弱女卒年八十四守節六十六年

黃天定妻程氏夫故無子程啼血絕粒願相從地下賴左右力勸得免撫夫兄之子爲嗣八十五歲卒

王濰妻吳氏乾隆十三年夫故吳年三十至五十一年卒守節三十九年

吳鎧妻梁氏太僕少卿景陽再從姊鎧以疾早逝梁事姑撫繼志凛冰霜歷五十餘年卒

曾永藻妻董氏夫歿投繯救免矢志堅貞乾隆乙巳歲卒守節三十八年

施必華妻張氏乾隆庚辰夫故撫子教媳七十一歲卒守節五十二年

董時源妻黃氏乾隆丙子夫故志凛冰霜乾隆五十五年卒

胡士爵妻蔡氏乾隆乙酉夫故蔡年二十九守節六十一年嘉慶四年卒

鄧清拱妻任氏乾隆癸酉生丁酉歲夫歿任年二十四矢志撫孤命修宗祠道光丙戌卒守節四十九年

朱峩妻梁氏峩客廣死二子俱幼梁年三十二家貧苦守撫兩子循謹漸至素封年七十五卒守節四十三年

方一智妻黃氏夫歿黃年三十三撫幼子藉鍼黹作生活計年七十卒守節三十七年

朱利川妻羅氏夫歿羅年三十二與孀娣姒同撫幼子以綿一脉克振家聲年九十卒守節五十八年

鄒士由妻程氏夫爲虎斃程年二十五生子方週歲族人欲奪其志程卻而避之年七十四卒守節四十九年

侯映科妻劉氏乾隆二十九年夫故時年二十五歲生一

子年幼撫養成人八十八歲卒守節六十三年

鄭鳴鸞妻胡氏乾隆戊辰生年十九適鄭二十六歲夫故自經者數次家人防守甚嚴勸以立繼胡乃撫姪爲嗣勤苦操作教有方卒年四十七守節二十一年

羅維亨妻吳氏年十九于歸生子文凰甫三月而夫故矢志柏舟茹茶撫子守節數十年卒有乾隆五十五年墓碑

劉作模妻周氏敬五女十八歲于歸逾八月夫外貿邸故遺一子氏苦守教子成人年八十三卒守節六十五年

王必仁妻周氏先承女年二十九夫故遺二子撫養成人

凡事必教以正年七十一卒守節四十二年

劉兆懷妻章氏年二十二夫故生一子光遠族人欲奪其志氏避居母家誓死不二撫孤成立未幾子逝撫孫應學又早逝茹茶飲蘗日夜悲思年七十四卒守節五十二年

鮑士智妻吳氏生於康熙四十五年二十二歲適鮑二十八歲夫故生二女紡績度日卒於乾隆四十年六十九歲守節四十一年

監生熊循道妻李氏作儒女年二十六夫故闔家七十餘口氏操家綦密巨細咸宜和睦妯娌教子義方時稱其賢卒年五十四歲

張士材妻黃氏天茂女年二十二夫故遺孤甫八月辛勤苦守撫子成立年八十卒守節五十八年

張志良妻丁氏年十九于歸甫八月夫故以身殉者再姑曾氏晝夜防護得不死遺腹生一女矢志柏舟飲冰茹蘗撫姪杜承祀如己出年七十八無疾而逝咸稱節孝之報云

趙華中妻程氏重珍女年十九夫故矢志堅守撫姪成矩爲嗣七十歲卒守節五十一年

李正春妻唐氏年二十于歸二十二夫故家極貧苦矢死靡他卒年八十五守節六十三年

儒士吳文淑妻黃氏秉性貞靜年二十夫故生子甫週歲志凛冰霜歷六十年不變八十歲卒

何其惠妻林氏年二十一夫故私自投繯家人救解經四月生遺腹子世順名列成均眼觀四代年八十卒守節五十九年

鮑啟泮妾曾氏乾隆己卯生己亥年夫故曾年二十一矢志守節年五十二卒

鮑啟泓妾金氏乾隆己卯生甲辰年夫故金年二十六矢
志自守卒年五十八歲
鮑如何妻王氏年二十一于歸次年夫故止一女矢志奉
養翁姑翁故姑瞽出入扶持未嘗離左右家貧苦薪米不
給與姑共相悲慰卒年五十八守節三十六年
蕭華淵妻熊氏夫故氏年二十四氷霜矢志守節六十五
年八十九歲卒
監生鮑楫妻彭氏進士彭韜女適鮑生一子甫三歲夫故
彭年二十五矢志堅貞事姑孝敬嘗遇鄰家火彭扶夫柩

號呼鄉鄰將扛柩出忽風反火滅人咸異之卒年五十守
節二十五年
李如久妻吳氏年三十歲夫故無嗣矢志守節孝事翁姑
五十九歲卒
儒童盛世穗妻彭氏夫故彭年二十無嗣姑病時割股救
姑紡績度日年七十卒守節五十年
儒童劉維岳妻何氏年二十適劉二十四歲夫故志凜冰
霜年八十餘卒
陶應傑妻李氏年十九于歸二十二歲夫故遺子甫一齡

事曾姑及翁姑以孝生養死葬一身任之教子成人守節
三十餘年卒
儒童洪天濟妻張氏夫故無子孝事翁姑撫姪承祀守節
三十九年五十八歲卒
張大由妻范氏生員自燮女年十八適張二十歲夫逝止
遺一子矢志自守撫孤事姑克盡孝慈致以壽終
張大田妻陽氏年十八適張僅八月而夫逝投繯赴溺者
再姑曾氏再三勸慰乃免遺腹生一子氏喜施舍濟貧乏
惟祈保子囊空不計也卒以壽終

張立功妻楊氏夫故時年二十七歲上奉衰姑下撫二子
以養以孝長子錫純名列成均次子純錦身遊庠序卒年
六十八歲守節四十一年
李文輝妻何氏夫沒守制愼容止寡色笑訓子嚴肅躬勤
儉致家漸豐歷數十年卒
張楚桃妻江氏國柱女夫故無子時年十九繼姑劉氏憐
其孤弱而勸之江以不諒而泣自是持齋痛絕鉛華苦守
數十年卒
儒童陳維愷妻李氏年二十一適陳甫八月夫故家無斗

粟食不再餐撫嗣成立六十六歲苦守四十五年卒

儒童戴旲熙妻王氏舉人國柱女雍正乙巳生乾隆丁卯夫故時年二十三無子撫姪爲嗣六十八歲卒守節四十五年

王必傳妻黃氏鉅德女年二十一適王生二子二十三歲夫故事翁姑生養死葬盡心竭力教二子有成六十歲卒守節三十七年

江陳妻吳氏吳潮女年二十四喪夫言動悉尊禮法六十四歲守節四十年卒

陶堂妻汪氏黃安縣生員汪玉之女年二十二夫歿紡績度日事翁姑十八年里黨以孝稱六十一歲卒守節三十九年

屈元淮妻余氏夫歿時年三十歲教二子成立六十七歲卒守節三十七年

丁楚眉妻王氏夫故時年二十七無子依姪紡績度日六十歲卒苦節三十三年

胡汝川妻黃氏汝川卒黃年二十四生一子事衰翁生死盡力勤儉持家撫子成人六十四歲卒守節四十年目覩五孫繞膝亦節孝之報云

汪庭型妻劉氏夫故時年二十一歲善事翁姑撫育孤子六十歲卒守節三十九年

洪人光妻王氏世科女夫故家徒壁立善事翁姑教養孤子寂守孀幃三十五載年六十二歲卒

洪光直妻毛氏生員毛墀女夫故撫姪爲嗣六十三歲卒守節三十年

劉懷璉妻饒氏年二十夫故事翁姑維謹撫姪承祧守節四十年卒

張大金妻劉氏生員廷全妹年二十五夫故無子撫姪承祀六十四歲卒守節三十九年

儒童葉汝炳妻胡氏于歸四年夫故忍死撫孤訓課不少姑息持家嚴謹有法內外肅然六十一歲卒守節三十七年

萬坦妻梅氏年二十二于歸生子文銳八歲夫故撫子成立文銳妻鮑氏于歸十年文銳卒鮑痛觸幾絶姑泣勸止撫二齡孤子訓誨不倦家貧勤紡績以供姑膳至乾隆二十九年姑故喪葬盡禮守節三十四年卒旌白首盟心匾

梁汝璜妻曾氏太僕卿景陽之曾祖母年未三十翁暨夫卒於外遺稚子三其姑長齋供佛不理家人事兩世孀居有以奪志孀惑其姑者曾語姑曰媳節同松柏姑無慮撫孤成立克繼宗支後以曾孫景陽貴貤封恭人

戴廷桂妻黃氏年將于歸夫遊蜀寄書稱不歸黃翁姑與父母懼無所依有廢盟意黃聞之不勝惶恐竟自歸戴誓以死生翁因入蜀尋伊夫歸夫復出旋卒於蜀時黃年二十八志凛冰霜撫子成立歷四十年卒

儒童楊厚載妻蔡氏庠生華之女年二十于歸二十三歲

夫故無出撫子承祀孝事翁姑六十歲卒守節三十七年

鮑維賓妻范氏年二十二夫故無子貧乏難支奉姑至孝常勤紡織以備薪米年六十七歲卒守節四十五年

劉佑發妻鄒氏文臺女年二十適劉夫故時年二十七茹冰飲蘗紡績不倦以儉勤課三子致家道日興六十二歲卒守節三十三年

監生劉梁妻陳氏儒士文質女夫故時年二十五子常昭僅一歲撤環瑱內外操持孝事翁姑喪葬親爲營辦義方訓子人無間言六十歲卒守節三十五年

周廷芳妻鄒氏夫故時年二十三子未迴年殤家無升斗族長給地一畝以成厥志六十歲卒苦守三十七年

監生熊綬繼室陳氏夫故陳年二十二六十歲卒守節三十八年

生員林占春妻金氏年十九夫故茹蘗飲冰斷機訓子守節四十餘年卒

金洐妻郭氏年二十夫故姑王氏孀居性嚴潔郭養姑教子備歷艱辛六十歲卒苦節四十年

李廷棣妻熊氏廷校妻周氏親娣姒也先後適李各生一

子夫俱早逝時孀姑在堂見兩子繼亡家產菲薄憂其難守熊周窺知姑意同誓不負日勤紡績以佐甘旨姑年老棺槨衣衾俱預備姑死喪葬如禮教子成人熊年六十歲守節三十五年周年五十三歲守節三十一年

國學鮑炳妻吳氏年二十八歲夫故六十五歲守節三十七年卒

劉維峩妻胡氏韓灘女也灘產業寒薄胡勤女紅計出納家稍稍給差得父母歡已而適劉維峩試輒不利胡慰曰事須耐久有志竟成夫子只患不讀書不患無功名分有

我在閫以内無庸慮維義乃勵志攻苦三更鐙火胡紡績佐之湯水不懈後維義以勞瘁病殁胡以身殉遇救得甦足不踰閾事姑孝居家無疾言厲色守節二十餘年卒

余純泰妻汪氏夫早故氏撫穉孤四傾心好善捐建廟宇甚多惟雪臺寺巍然特聳覆一區俯視左右四山如礪面夾麻羅兩河如帶其高百仞單甎砌結歷今百餘年毫無崩折凡鄉里公務會議於斯以爲一方名勝猶嘖嘖稱汪氏不置焉

劉炎煦母王氏素嫻禮教煦九歲失怙哀毁幾於滅性母

篤志撫孤乃諭之曰爾身父之遺體卽母之所爲命者爾如是殆重傷其親也煦乃節哀寄學外塾母紡績以給嚴於課讀每夜深不輟倦則引機憤擊煦長而羸以父生徒詞館李時勉力貢入成均篤行益力隣有爭競母必設酒食令煦爲排解族黨空乏多寡分給子之賢皆母之力也

鄒思哲妻詹氏夫卒詹年三十苦節自守撫遺孤嚴加教誨名噪諸生其長子以明經授官通判知府莊題其門曰坤德利貞

范雲妻馮氏夫故馮年二十八歲與孀媳某氏撫育幼孫年六十七歲卒

詹鍾明妻曾氏生一子鍾明年二十七而卒曾矢志柏舟戚族贈以玉潔冰操額嘉慶乙丑卒年八十五歲守節五十八年

黃鎧妻彭氏士誠女康熙丁酉生乾隆庚午夫故時年三十四撫子元佩成立年七十七守節四十三年卒

儒童盧之璧妻蔡氏年二十五夫故七十五歲卒守節五十年興國州總兵題其額曰節全壽永

黃天亨妻程氏于歸二載夫故矢志守節年八十五歲卒

李晉任妻曹氏年二十九歲夫故七十八歲卒守節四十九年

甘桓妻張氏年二十三歲夫故七十一歲卒守節四十八年

何世文妻江氏宏能女年二十六歲夫故遺三子教之成立次子承繼堂伯三子承繼堂叔以續三房之祀年六十八歲守節四十二年卒

鄒應時妻查氏年三十五歲夫故七十歲卒守節三十五年

周士文妻陳氏生一子夫逝氏年二十三堅不去幃每令子就傅膏火維艱以紡績助其不給年六十四歲卒守節四十一年戚族咸欲請　旌陳固辭不果

劉承類妻梅氏乾隆戊辰年夫故六十八歲卒守節四十四年

王榮臣妻梁氏乾隆癸酉夫故時年二十九守節三十八年六十七歲卒

曾鍁妻喻氏乾隆二十三年夫故時年二十九守節三十四年

金文淩妻徐氏年二十夫故凡鄉鄰有貧乏者隨力施與訓子曲盡義方年六十四歲卒守節四十四年

徐檜妻周氏年二十于歸二十九歲夫故事上接下一宗禮法六十六歲卒守節三十七年

黃時阜妻李氏年二十生一子僅一月夫故苦節四十九年六十九歲卒

黃士品妻王氏年二十二夫故子僅月餘守節四十五年六十七歲卒

儒士鄒茂權妻余氏年二十于歸三載生一女夫故勺水不入口者數日誓以身殉家人力勸得免撫姪爲嗣居孀悉有禮法教子以義方六十四歲卒守節四十一年

黃楚善妻鮑氏年二十五夫故二子繼亡祖姑八旬孀姑盲目鮑力支持奉養惟謹姪幼失恃姪媳故姪孫在襁褓鮑皆撫之成立眞五世一身焉六十五歲卒守節四十年

吳栴妻羅氏年二十六夫故毀容垢面足不踰閾撫姪恩義並濟六十六歲卒守節四十年

劉棫妻秦氏年三十一夫故姑食素飲食必須手製定省不疏姑歿哭死而甦者再六十五歲卒守節三十四年

熊宗玗妻詹氏年十九夫故子女俱無自甘淡泊紡織不懈六十一歲卒守節四十二年

劉國應妻趙氏年十六適劉越三載夫故艱難困苦旣鮮兄弟又無伯叔事姑撫幼克盡孝慈年六十四歲守節四十五年卒

胡懋灼妻曾氏夫故時年二十奉翁姑嗣猶子茹荼飲蘖六十八歲卒守節四十八年

粱宗灝妻劉氏年二十四夫故矢志靡他食貧無悔六十一歲卒守節三十七年

儒童丁楚瀛妻張氏鄉飲介賓文楷女夫故時年二十三歲以翁夫相繼歿事姑九載無少懈撫子成立六十五歲卒守節四十二年

儒童成原泉妻李氏年二十二無出夫故願以死殉因翁姑年老勸免迨翁卒與繼姑孫氏共凜冰霜嗣子鵬南延師課讀屢試前矛六十七歲卒守節四十五年

吳霞山妻徐氏鳳翔女年二十于歸甫數月夫故遺腹生子世道躬勤紡織教子成人慈嚴相濟年六十八歲守節四十八年卒

李坦妻黃氏生員黃裳女適李八載夫故年六十二歲卒

儒童周聖思妻李氏監生陵岡女年二十適周二載夫故撫嗣承祀六十五歲卒守節四十三年

洪大學妻王氏太元女年十七適洪生一子夫故時年三十六六十一歲卒守節三十一年

監生吳啟模妻楊氏年十八于歸二十二歲夫故遺一子夢璉辛勤教訓撫之成立六十一歲守節三十九年卒

羅廷栢妻徐氏年二十三于歸六載夫故生子觀國氏敬事孀姑擇師訓子辛勤紡績不憚飢寒六十二歲卒守節三十三年

汪澤瑁妻李氏年十九適汪二十二歲夫故矢志苦守遺一子達繼撫之成立年六十歲卒守節三十八年

徐士敬妻吳氏年二十三夫故守節三十八年六十一歲卒

張之國妻段氏年二十六夫故家貧苦守一子早喪媳亦以節自勵段年六十八歲卒守節四十二年

甘楊材妻王氏夫故時年三十家貧苦守歷三十一年六十一歲卒

熊祖顯妻葉氏生一子夫故時年二十一守節不移備嘗艱苦四十年如一日矣六十一歲卒

楊正廷妻甘氏進士學滔女夫故時年二十三歲其孀姑衰病臥床數年不起甘侍湯藥罔懈每冬夜無火鞠不至雞鳴不已如是者三十餘年卒能訓子德剛成人六十七歲卒守節四十四年

胡以高妻歐陽氏夫故時年二十五歲家貧撫幼子女成人六十六歲卒守節四十一年

戴之紀妻徐氏夫故徐年二十七無出家貧立志苦守撫

姪祥兆爲嗣娶媳蔡氏亦二十二歲夫故與姑相依松筠比美徐卒年六十五歲蔡卒年四十六歲

陶紹對妻李氏乾隆十七年于歸月餘夫遠貿不歸翁姑在堂賴李女紅以奉甘旨後相繼亡喪葬悉爲辦理守期三年歸母家相依爲命年六十八歲卒

文童李元繡妻曾氏歲貢廷望女乾隆二十四年夫卒於九江遺二子家貧衣食盡資操作年六十一歲守節三十三年

陶梓妻陳氏年二十于歸生一子夫故陳年二十二矢志

柏舟教子成立年六十一歲卒

王墇棟妻曾氏年二十九夫故奉養翁姑撫子成立六十一歲卒苦節三十二年

王培棫妻唐氏夫歿翁姑念氏青春聽其自便唐矢死靡他六十一歲卒苦節三十五年

監生鄒台衡側室李氏夫故氏年二十八艱苦自支女五俱李嘗嫁六十歲卒守節三十二年

周貞諒妻喻氏夫故氏年二十二無嗣依父喻鉞家紡績度日卒年八十九歲守節六十七年

熊鍾德妻潘氏羅田縣生員泮旭女婚百日而鍾德卒無子撫姪爲嗣以翁姑爲父母竭力事之數十年不變其志六十五歲卒守節四十七年

監生李元溥妻丁氏年二十四夫故無子撫夫兄次子事姑孝謹教子成人六十九歲卒守節四十五年

李必英妻羅氏年二十夫故矢志守節孝事翁姑六十歲卒茹苦四十年

李必輿妻閻氏生一子甫歲餘夫故矢志撫孤事翁姑孝六十一歲卒守節三十九年

江曾爲妻楊氏年十八適江甫四年生子女各一曾爲讀書成瘵疾不起楊年二十二苦節自誓值家道中落勤操作力佐舅姑甘旨教子慈嚴子培瑛得援例成名年六十歲守節三十八年

千總胡美珍妻張氏生員張釧女美珍弱冠中乾隆癸酉科武舉後分發四川重慶府副府歸娶張年二十六赴任生一女越三載美珍奉檄分守巴堂過勞勤死張售釵珥殫經營偕姑及女賃舟扶夫柩歸葬如禮家益窘張勤紡績嫁女養姑姑死葬亦如禮其夫兄美瑜中乾隆庚午科

武舉早故無子氏竟無嗣可立年六十歲卒
儒童蕭偉妻劉氏年二十適蕭生一子夫故劉誓欲相從引刀自刎經救得免家貧苦守撫子成立歷四十餘年六十七歲卒
文童李天祿妻程氏黃岡進士興仁女早歲孀居冰操凛凛撫姪元湘爲嗣姑成氏晚年傷足出入扶持歷久不懈六十二歲卒守節三十餘年
儒童成伩光妻龔氏年二十一夫故生一子勢溥甫六月家貧勤紡績孝翁姑葬祭如禮教子讀書守節六十一年卒

李宗源妻曾氏年十九適李逾五年夫故氏殉死再三家人勸免辛勤紡績敬事翁姑撫育兩男一女曲盡孝慈子茂桂茂梅得以成立五十九歲卒守節三十五年
儒童趙思寧妻楊氏年二十夫歿事八旬老姑盡孝立姪爲嗣不幸姑與子並媳相繼亡又撫幼孤孫五十八歲卒守節三十八年
監生田煥妻彭氏進士彭韜孫女庠生範也女年二十于歸八載夫故事翁姑以孝敎子成立五十七歲卒守節二十九年

儒童毛坊妻王氏生員應槐姊夫早卒王青年無出誓以死殉家中防守累月翁姑以年老爲解乃矢志養親極盡孝道撫子承祀廸以義方歷四十餘年卒
王崇儒妻羅氏夫歿氏年二十九爲子娶余氏子旋故余亦矢志靡他兩世孀居羅年五十六歲守節二十七年卒
何得思妻甘氏年二十于歸二十八歲夫故苦節自貞盡婦道兼盡子道後姑感其孝敬倍加憐惜年五十七歲卒守節二十九年
詹文廣妻曾氏生二子夫卒晝夜操作撫子成立五十八

歲卒守節三十一年
吳鍾妻詹氏生員士成女年二十適吳七年夫故事姑克孝教二子讀書長道湑業儒次諭入泮五十六歲卒守節二十九年
監生丁養鋭妻高氏孔亟次女夫病久而篤高侍湯藥晝夜不倦及夫故觸棺幾絶家人勸救乃已時年二十八歲撫子成立五十四歲卒守節二十六年
李世輝妻徐氏年二十六夫故遺腹生一子紡織維勤撫孤成立五十四歲卒守節二十八年

儒士張宣哲妻萬氏年十九適張不數年夫故一子文郁僅九歲族人欲奪其志乃斷髮明心飲血茹荼撫子成立守節二十九年

丁之文妻周氏念德女夫早故一子繼亡志凜冰霜紡織自給苦守二十三年五十三歲卒

監生楊從桂長子敏功妻喻氏監生喻倫女年二十八歲夫故子盛朝方五歲次子監生田功妻張氏儒士鳴鈐女夫早故子盛世甫三歲俱以貧窘苦守孝養衰姑教子以正喻年五十七歲卒守節二十九年張年五十歲卒守節

二十四年

監生吳懋蘇妻鮑氏年十九適吳越三載夫故守節三十三年五十五歲卒

金暢妻熊氏貢生祖望女年十七適金籌鐙佐讀終夜不倦夫故時年二十哀號逾節屢絕復甦毋力諭乃止遂屏鉛華謹言笑時翁姑年老以幼子女憂屬於熊熊撫之成立雖極勞不怨鄉里稱之守節三十五年卒

胡美珠妻郝氏美珠隨兄美珍任病故郝聞訃觸壁氣絕復甦時二十三歲家奇寒飲冰齧雪閱三十五年卒

劉光煦妻項氏夫故時年二十四矢志柏舟五十六歲卒守節三十二年

丁之壁妻喻氏夫故生遺腹子教誨成人子復歿上事衰姑下撫孀媳五十五歲卒守節三十二年

陳敦倩妻王氏年二十六歲夫故堅貞不移五十五歲卒守節三十年

夏廷素妻鮑氏年二十二夫故遺腹生一子翁姑先逝內外兼營延師教子禁侈靡戒浮薄樂推與家昔多僕丁遣從良者十餘人子亦早故其孫五人半列宮牆鮑之家法

不墜矣五十八歲卒守節三十七年

江勳妻程氏紹志女年二十一夫故痛夫無子矢志苦守後撫姪以承夫祀五十三歲卒守節三十二年

甘時妻白氏年二十夫故兒女俱無惟與八旬老姑相依為命守節三十三年

李森妻鮑氏年二十四夫故撫嗣子克承夫志十旬九食三十餘年節操倍堅

監生曾文海妻丁氏監生宏仁女雍正甲寅生乾隆丁丑夫故生一女時年二十四歲守節二十五年五十九歲卒

鮑名揚妻陶氏乾隆已未生戊寅歸鮑庚辰夫卒矢志守節三十三年卒

王振和妻李氏夫溺死四川時年二十五翁姑早喪與父母相依又仝父與子往夫溺處望江泣祭至老清操益勵五十九歲卒守節三十四年

儒童王之楷妻丁氏夫歿時年二十一子僅數月丁求死數次屢經孀姑勸止乃矢志撫子奉姑因姑茹素除昏祭外不殺一牲自姑病至歿一一如禮五十八歲卒守節三十七年

俞之輔妻劉氏夫故時年二十一子週歲家赤貧遺田二畝棉地親自耰鋤以爲紡績貲本五十三歲守節三十三年

儒童周宏梅妻江氏年二十喪夫無子惟姑在堂竭力事之與同榻者三十年偶遇風寒卽弗解衣就寢後撫嗣承祧慈嚴兼盡五十四歲卒守節三十四年

金鎰妻甘氏年二十適金二十四歲夫故屢自縊姑覺弗遂苦守二十九載人無間言

王國安妻鄒氏乾隆癸未于歸辛卯夫故哀毀骨立孝事翁姑嚴以教子擇師友非正人不令往來守節三十年卒

王槐元妻劉氏槐元夙膺羸疾劉侍湯藥不離榻夫歿時年二十三悲號絶粒姑力勸得不死悉焚嫁時服飾娣姒讌集紅紫未嘗着身也事姑以孝聞族孝廉炳謙於其帨辰祝以聯云云卅載冰心惟飲蘗千秋鐵膽更飴荼稱實錄云

夏超興妻曾氏乾隆二十八年夫故時年二十三守節二十九年卒

丁國棟妻劉氏乾隆二十九年夫故時年二十五守節二十八年卒

吳必江妻黄氏年二十適吳二十二歲夫故生子方數月家赤貧苦守不幸子死翁沒有勸其改適者皆受辱去立夫姪爲嗣勤紡織以資生年五十歲卒

周必振妻余氏夫故時二十四苦撫一子五十二歲卒守節二十八年

吳輝文妻馮氏長秀女年二十夫故欲以身殉家人力勸乃免孝事翁姑教子人和成立五十一歲卒守節三十一年

陳學珠妻江氏思正女年二十三歲夫故遺二子教養成
立五十五歲卒守節三十二年
周大化妻彭氏遥光女年二十五夫故遺一子辛勤教訓
克底於成五十五歲卒守節三十年
通判鮑楊妻熊安人年二十八夫故守節二十九年畢秋
帆宫保贈有清標彤管額
舉人張沆妻黄氏儒士士容長女年二十九夫故生三女
無子始寄居母家繼依夫兄嫂度日窘益甚節益堅五十
歲卒守節二十一年

葉仲福妻熊氏年二十五夫故一子復殀决志苦守竭力
事翁姑五十二歲卒守節二十七年
周志侗妻聶氏適周四載夫故時姑年七十聶躬紡織以
養姑撫孤成立年五十九歲卒
周思穆妻吴氏年二十三歲夫故截耳失志
文童唐泰妻陶氏生員同揆女年二十三夫歿守節三十
年五十三歲卒
儒童熊士京妻任氏年二十五夫故事翁姑孝教子嚴五
十八歲卒守節三十三年

儒童唐玉妻劉氏年十九于歸二十三歲夫故孝事翁姑
喪葬盡禮五十五歲卒守節三十二年
熊懷元妻李氏年二十適熊三載夫故無子紡織營生五
十五歲卒守節三十二年
蔡萬琰妻王氏夫故時年二十六撫族餘一子以承祀五
十歲卒守節二十四年
陳子正（本姓毛）妻陳氏夫故陳年二十一遺孤未週歲勤紡
績以事長姑課子讀寒暑不渝年五十二歲卒守節三十
一年

蔣大文妻洪氏適蔣數歲夫故矢志撫孤五十九歲卒守
節三十五年
蔡作城妻戴氏夫故年二十餘無子守義自誓凛若冰霜
歷三十年如一日
儒童戴士儀妻江氏年二十適戴生子甫週歲夫故江年
二十三矢志柏舟教子慈嚴並用事姑孝姑歿喪葬盡禮
守節三十五年
儒童李元睦妻董氏年二十三適李一年夫故無子足不
踰閾勤紡織以養翁姑撫夫姪士鋭爲嗣守節三十三年

詹必發妻嚴氏國學生覽滙妹年二十三歲夫故遺一女撫夫姪廣生爲嗣躬操作敎子讀書五旬時鄉鄰贈有勁節延齡額守節三十一年子廣生妻嚴氏卽覽滙女亦二十三歲夫故無出矢志守節撫夫姪澤永爲嗣善事翁姑人稱一門雙節

儒童田煜妻郭氏年十九于歸三載夫故教養二子成立守節二十六年

晏錫躬妻袁氏適晏七載生三女夫故無子時年二十二以姑老夫弟幼送往事居責無他諉且誓曰必俟夫弟舉

子立爲嗣乃可告吾夫於地下後夫弟舉子珠遂立焉守節二十六年鄉里咸稱之

羅學怡妻王氏夫故時年二十一歲王殿臣女撫子成立而卒守節三十八年

熊祉輝繼妻梅氏適熊九月輝卒家徒壁立或勸以改適梅矢死靡他撫夫前一子歲餘愛如己出紡績自支歷四十餘年如一日矣

丁楚漢妻曾氏年十九適丁越三年夫故撫子明柟成立守節二十三年

監生張宏學繼室鄒氏監生應天女適張二年夫故時年二十八志凜冰霜主持家事數年間處置悉當待夫前子尤篤恩愛守節十七年

洪祚妻祝氏年十七適洪二載夫故守節二十七年四十六歲

黃有志妻田氏年二十二歲夫故無子矢志柏舟撫子承祀延師課讀四十七歲卒守節二十五年

郭起源妻梅氏楚川女乾隆四十三年適郭五十年夫故孝事翁姑苦節不變

吏員杜承爊妻蕭氏守節三十五年卒

杜承炤妻馮氏守節三十年卒

丁之鎰妻杜氏赤貧矢志守節三十年

劉以式妻梅氏年二十一適劉三載夫歿撫孤成立族戚贈以志節永貞額

李廷梧妻袁氏夫歿立姪兆昌爲嗣昌歿依媳徐氏守節二十八年

萬太史繩祜之姪曾孫萬煋妻曾氏夫故時年二十三一子歲餘撫之成立苦節堪欽

生員陳大華繼妻劉氏年二十于歸時夫已病篤劉親嘗藥餌衣不解帶經五月餘夫歿劉誓不欲生奈翁姑衰老夫前弱息事畜需人遂苦自支持孝慈兼盡守節十七年
儒童毛汝射妻伍氏夫故時年二十八悲號不食欲以死殉姑勸其撫夫弟之子爲嗣其夫弟妻丁氏亦二十八歲夫故與伍相依合志守節
吳泗妻鄒氏年十九泗卒一子尚襁褓應門無五尺之童茹冰飲蘗備歷艱辛守節十餘年
儒醫陳仲玉妻王氏仲客於京師二十八年歸卒王事姑盡孝撫一子入成均

鮑極妻朱氏康熙庚子生乾隆辛亥歸鮑夫因家貧遠貿朱以紡績奉養公姑數十年始終如一
周作妻吳氏　周思過妻吳氏　周之寰妻林氏三代節孝
周世泰妻李氏守節兵冦流離生死不變
周重新妻李氏　周志顯妻劉氏二代節孝
周思登妻張氏青年守節
生員鮑斐然妾趙氏乾隆丁亥生丙午夫故時年十九歲守節七年
鮑毅然妻鄒氏乾隆乙亥生壬寅夫故時年二十八守節十年　以上舊志已載今仍附入
周志信妻趙氏　趙某妻周氏周承謨之女　陳學思妻董氏　周世家妻陳氏　此四名舊志未著事實

監生阮文炳女名端懿許聘監生葉棫號莪峯之長子汝熾女年十七未嫁汝熾歿女聞訃引帶自縊死莪峯迎柩與其子合葬雍正十二年　旌後莪峯又專置祀田以垂久遠

周方旦妻蔡氏結褵一載夫病疽淹床蓐者四年屬纊日值氏生辰登樓雉經手揮其女曰汝可依外祖母弗戀我也先其夫刻許死遂同穴葬之康熙十九年　旌 通志

易士周妻陳氏乾隆十年以烈婦建坊

曾烈女生員朗之女甘學洵之長子權之聘妻權死曾年二十堅請於父母改服奔喪撫棺痛絕稍甦姑防閑甚密遂留甘力盡婦道終喪省墓觸石頓絕詳請學院批曾姑清操夙就勁節性成失所天於甫聘之時殞一命於服終之日死生無愧　旌表允宜遠近憐之贈詩序者數百篇

劉烈女曹銘聘妻生員禮女年二十一未于歸銘故劉聞訃問父節烈二字於義何居父不答蓋不忍其一旦就死也防之甚密曹度不能自由乃佯改志櫛沐飲食如常夜半防者少疎竟縊死知縣吳顧行贈貞烈可風額贊曰大義是赴何私何戀

周烈女州同燮之女也性專一工詩許聘生員顏日升未字日升沒周痛絕屢投繯以救得不死一夕夢夫謂曰爾果有志相隨明旦拾梧桐下物是汝全志期矣翌午女沐浴作書遺兄嫂至樹下呑異草立死顏哀之异櫬與日升合葬時于成龍同知府事駐岐亭聞而嘉之輓詩曰山上青青松天中皎皎月皎月與青松自古傳清潔君不見兎魄浮晶光四時耀冰雪盈昃不能無將圓旋復缺又不見松立萬峯巔堅剛出奇特嚴霜頻相摧臨死不易葉女今

魂返歸惟此堪表白

張烈女許聘儒童程金典張年十六金典病劇張聞信白母欲往服侍不允越二日訃至又白母欲往送葬母亦不允曰生不送我往死必送我往程家去是夜即自縊面如生兩族迎送女棺與程氏子合葬鄉里送者數百人莫不淚下

李烈女瑽之女也幼許聘程姓及程病李欲往問父母不許程卒李號泣欲往致祭又不許李以死自誓父母防之甚密女無隙後二十餘日有人來議婚父母私許之女聞

之奔至園中自縊死

李烈女尹上華之聘妻未笄而上華卒李年十七聞之欲往哭甚哀母阻之毀面去飾乘母出外遂自經死尹姓感之迎棺與夫合葬事在乾隆六年三月十一日

毛烈女邱之德之聘妻之德未婚而卒毛欲往邱家不得晨昏哭泣數月後有議婚者卽潛至後園自縊

李烈女監生經邦女也許聘儒童周士毅李年十七士毅病故訃至李方食卽停箸入房闔門自縊母趙氏窺見急與家人救甦嗣是飲食少進廢棄女紅號慟月餘卒不食

死族人哀之

夏廉聘妻劉女蘄水縣劉時周女也廉年十六故劉年亦十六聞訃水漿不入口數日父母百般勸慰莫解私自投水死

鮑烈女子知女也許聘蔡作楫三歲喪母依姑戴氏撫養年十七未婚合家避賊於戴家寨會寨破鮑投巖死

史烈女象玉第三女也幼聘儒童劉魯望未婚魯望卒女聞之自縊家人救甦欲適劉事姑父母禁止不得聞父母有議婚意遂不食而死

唐烈女父法颺初唐及笄降賊李有賓委禽焉其父以其行弗軌不許遂適熊啟之其歸寧也李於路邀之唐不屈曰寧作刀下鬼不爲反賊妻李怒刃之罵不絶口死

國朝未旌烈婦

生員秦在妻王氏戊子己丑等年兆山周與議倡亂麻城秦在從之蠱惑鄉衆王泣諫曰亂不可作汝必欲爲此當早備一棺俾吾母子寢處其中勿俟禍之及也秦在竟不聽仍往從與議值官兵進勦婦攜八歲子往寨避之衆不納謂其子曰汝父爲逆誰寨肯相容乎至一田中將子刃死隨而自刎其相隨一婢名桃兒亦大哭自刎三人刎死一處見者無不墮淚非獨婦烈也其婢一烈矣哉

唐徽妻郭氏儒士郭素女年十六適唐生一女夫故時年二十五家計蕭條母女相依紡績度日爨火不繼族延不往族餽弗受乾隆乙酉十月十四日夜郭知力不能支將祖先誥勅一切付焚用帶先束女死卽自縊次日鄰里知之皆歎其節烈

生員周烜妻徐氏知州志尹姊也順治己丑衛生堡值流寇亂烜見勢危逃出徐哭數日陰藏小刀堡潰徐囑僕負幼子急行兵至取刀自刎時稱節烈焉

呂志仁妻郭氏年二十歲翁先卒越三月夫又卒郭經營喪事十六日葬畢卽自縊岐亭同知鄧　贈金香玉骨額

又聯云冰雪爲心祇覺蘄皮金而自畫松筠著節何庸資蔴草以營生蓋深嘉其烈焉

吳海寧妻鄒氏士慶女乾隆丙戌生乙巳年適吳生二女甲寅七月二十六日夫故誓以死殉至二十八日自縊卒年二十八歲

王倘泰妻董氏珍之女幼時曾割股救父年二十適王逾年夫故董自刎救免哀毀骨立後因母病歸侍湯藥其父憐之與王家議改適董聞輒自憤曰父不諒女心是廹女死也卽引薙刀斷喉死時年二十九歲

儒童成天祚妻祁氏生員必昌女也孝養翁姑咸稱賢淑二十三歲夫故當以死殉翁姑勸諭延至三日入房自縊面如生

儒童蔡學柳妻周氏邦傑女于歸數載夫故誓相從地下姑勸諭百端弗聽防護不及飲鴆死乾隆丙戌年知縣劉希向申請學政胡紹南給額獎其烈

阮紹猷妻徐氏年二十五歲夫故無子徐俟殯殮畢撫棺號泣引刀刎死

儒童江國章妻熊氏監生必陵女年二十適江夫故越七

日熊自縊死邑尊聞而遣吏弔祭時乾隆辛酉事
丁時安妻程氏年二十歲夫故卽自縊知縣馬元勳贈節
烈維風額
庠生鄒德智妻戴氏智三十二歲故戴自縊殉節知縣吳
顧行詳請學憲給文章節義額
周銘階妻何氏夫病篤誓以身殉及臨危何私服毒先一
日而卒
監生鮑汝時妻曹氏生一女夫故觸棺頭裂救甦數月後
女夭氏自縊死

生員周昌妻劉氏昌以故家中落蹭蹬名場致病且篤湯
藥罔效康熙戊子春昌大漸氏乃內計曰事不可爲矣因
投繯死不踰晷而昌亦逝嗚呼視死如歸眞烈婦矣哉
劉光直妻周氏直病數年氏揣夫不能起誓以身殉及夫
死五日往哭夫墓時小姑從行哭畢令小姑先歸氏遂投
水死

國朝　已旌貞女
儒童嚴大棫聘室劉姑蘂樓女甫十歲母歿遂適嚴爲養
媳越四年大棫卒姑命劉歸劉不允願奉姑老越二年姑
又歿祖姑又勸之劉指天以誓曰若不代姑奉祖翁姑終
者不可爲人茹荼集蓼志益堅貞道光三年卒七十一歲
貞女陳大姑監生戒德女生於康熙五十年許聘董時肅
之子諳病故陳年十九以死殉不遂旋適董奉姑姑病瘻
凡臥起一力扶持飲食湯藥親調奉進夜則伴臥榻前衣
不解帶姑卒營辦喪葬備極艱辛初撫立一子長娶鄒女

子故陳憐鄒年弱欲令自便鄒感姑高節亦矢志靡他乾
隆三十九年　旌
鄒貞女舉人汝治女幼許字蘄水進士徐廣淵子如樸未
婚如樸死鄒年二十聞訃號泣力請於父母往弔之遂茹
素奉姑立從子爲嗣復故鄒與媳陳氏依姪守貞以終乾
隆元年　旌
李貞女生員中黃女許聘監生張坦未嫁坦卒女聞訃痛
哭不已求往張親殮畢乘間自縊以救甦乃依姑以處足
不踰閫守貞四十餘年乾隆三年建坊府志

貞女成姑生員成蒲女幼許聘熊楚輿未結褵而楚輿歿成矢死靡他孝事翁姑力營葬祭苦無嗣可立日以爲憂年六十一卒乾隆四十七年建坊於北門外永豐橋東園並祀節烈祠

汪貞女許聘儒童劉應瑶及笄而劉歿女矢志望門守節歷十有八年因姑老無依過門奉養年七十五歲卒道光四年建坊於羅家舖

劉貞女幼許聘彭象未婚象遠貿流落未歸劉守貞母家不肯再聘依姪劉景中年八十歲終

儒童汪庭基聘室陳姑昌言女未笄夫亡聞訃奔弔見姑哭子喪明遂相依奉養歷二十四年姑歿葬畢避居蓮花洞十數載改居室爲祠堂捐田以奉祭祀知縣丁菊潭錫以貞孝苦節四字至今龕側有邑庠顧庭楹撰碑康熙十年卒

李貞女李廷煌之女許聘徐文偉未嫁而文偉歿李年二十三歲乃奔喪爲徐撫嗣教之成立年六十歲守貞四十四年卒

貞女徐姑生於康熙壬戌年幼許聘吳有章有章遠貿未婚待三十餘年遂往夫家堅貞自守至乾隆十八年終七十二歲

丁貞女生員譚度孫女幼許聘胡維壎年十七聞夫喪匍匐歸夫家年餘翁姑俱逝丁飲蘗茹荼撫三齡夫弟天定成家計守貞四十三年卒

江貞女善化教諭漢書孫女江華之女也幼許字徐姓年十八徐卒女聞之請於父母喪服從唁謁靈席稽首至地氣絕踰時始甦誓以身殉人嚴守之其舅姑家以居仕狹隘令反母家女不得已蓬首垢面屏居一室不出戸庭年

三十六無疾而卒

貞女梅四姑儒士商燊第四女也年三歲許聘朱慶升之子德鑽閱十三年鑽卒梅聞之將欲投繯家人勸止又六年有議婚者梅請於母曰事急矣請歸見於朱以絶外議否則兒不生父乃拒媒者既而其舅至女懇其父延入後堂拜見啼泣求歸朱氏舅未允乃絶粒三日不得死父慰之曰女志固美矣更待十年而後可梅恚曰十年父母老舅姑衰女何託焉乘其母赴同里慶會郎投繯殞命其舅迎柩與德鑽合窆以長子次男緒元爲之嗣

閻貞女庠士取然女名砥姑自幼與戴姓議婚戴子夭矢志守貞識字知禮事父母孝順兄弟和睦年八十一歲卒

閻貞女閻二有之女原與胡姓議婚胡子貿易西蜀不歸女矢志守貞與兄弟同奉父母年七十六歲卒

陳貞女儒童廷樑次女幼許熊楚望方擬于歸楚望卒陳焚奩將自縊父母覺而勸止遂斷髮毀形終身不嫁年五十七而終

鮑姑廪生霖之女幼許聘姚大璋璋未弱冠卒鮑年十八矢志自守數十年甘心貧苦五十八歲卒

趙貞女幼受鮑有隆聘年十九有隆卒女聞訃閉戶自縊兄破扉入救得甦趙徐從母往吊悲號昏絶漸醒母勸之歸趙女曰此即女宅也倘安歸撫姪爲嗣衣食不給荼苦是甘年六十七歲卒

王貞女幼許聘蔡應昌將近婚期應昌遠出日久存歿不知翁姑勸其他適王泣云其人或有歸期生則候以終身死則從於地下我心如石誓不轉移勤儉紡績處子終身年六十四歲卒

曾貞女許聘尉承理年十八理遠出十餘年翁姑勸另適曾以死誓待字三十年夫卒未歸毅然適尉奉姑以終衣食維艱清操益勵足不出戶者六十年卒

謝貞女均道女幼許字白姓未適夫故謝貞節自守年八十三卒知縣賀賜千古奇貞額立於祠

周貞女周富寧之女許聘饒興珍年十九未嫁聞興珍訃誓以死從父母苦勸方止遂終身不字家極貧依兄嫂度日女獨守一室履不出戶績紝自給有道及饒者即爲出涕守貞八十年卒

金貞女許聘梅門未歸夫故貧窘難堪誓以死守及父母

繼亡遺弟僅週歲有欲奪其志者百折不回撫孤弟成立年七十卒

管貞女宗秀次女幼許阮紹祖未婚紹祖故女年十六矢志自守父母憐其少已許別家女深沉有識計託族姊李母潛蹤入阮拜於靈前號號痛哭遂執婦道奉姑至姑喪泣血三年幾死者再撫夫兄次子爲嗣年八十歲卒

曹貞女斐徵仲女也幼許金勷哉之四子方笄而金氏子故曹號痛欲絶絶粒數日乘家人防範稍疏持刀自刎咽斷過半父母救治踰晝夜復甦嗚咽流涕曰女子從一而

終者也郎不許女身過金門願後勿議婚從此與母相依母病篤女泣曰與其無母不如我死可以益母壽乃禱于神割股以進母病得瘥後股瘡不合終忍痛强顏恐傷母氏心也縣人作詩以贈旋卒

徐貞女監生免菴女許聘鄭志成之子維泮方議擇吉于歸泮以疾卒徐年十八聞訃即凶服過門守志代事公姑未半載亦以憂慮染疾賷志以歿臨死惟囑同穴以信其誓云

鄒貞女内閣學士士璁孫女廪生汝霦女幼許黃安縣太史張希良孫炳驤驤幼喪父母以讀書成勞卒鄒聞訃求死不得即欲往祖姑劉促止之迨祖姑八旬鄒白父請親送張門躬自拜祝祝罷復請於祖姑誼翁姑與夫葬所成禮祭奠痛哭失聲越數月祖姑憐女善病令仍歸侍親闈不數年遂以憂鬱卒

羅貞女王文博聘妻未婚文博卒時年僅十六聞訃奔喪撫棺痛絶復甦遂留守志事上孝律身嚴立姪為嗣乾隆戊戌卒守貞二十七年

王貞女王崇煌聘妻婚禮未成崇煌卒王年二十奔喪入門哭殮後撫姪為嗣乾隆己丑卒守貞二十八年

唐貞女監生從仁女幼許聘葉懋懋遊西蜀不歸從仁著人往尋不獲越二十餘年有另聘意女聞之泣懇膝前并求兄弟代懇矢志靡他因取名誠心守貞不字年七十四歲卒

貞女陳姑幼聘董適董有家難董郎浪遊西蜀後董子自蜀訃聞貞女一慟幾絶遂誓守不字願從父家老未幾父没母年亦衰有弟六人皆少不更事貞女以煢煢一身上事高堂下撫諸弟區處經畫有男子所不逮者乾隆五十

二年卒八十四歲

蔡貞女蔡禮之女許聘陳中遭母喪陳欲迎娶女父未允陳郎惡言傷女父並辱及女女以母喪不忍適陳故屆星期遂決志不往陳因另娶女乃自誓終身不字未久父卒止有一弟貧無立錐女以紡績弟以耕種相倚為命守貞四十八年

鄒貞女内閣學士璁次女許聘生員周馮未嫁馮卒過門守貞

割股

儒童謝嘉言妻毛氏夫故以死殉姑等力挽始忍死撫子承祀越明年姑病毛割股救姑延壽數載知縣吳贈額愚孝格天獎之

董澤久妻蔡氏其母阮氏病危蔡歸省割右股烹食翁艮臣病篤蔡又割左股烹進姑胡氏病急蔡再割右股和藥俱獲痊

夏有珍妻陳氏厚坤女適夏逾年而珍病醫藥不效氏夜焚香割股以求救珍隨愈生子後夫歿矢志苦守事翁姑

曲盡儀節翁病甚復割股以甦翁戚族咸稱其孝云

庠生彭山陰之女國學童元坦之妻文庠童金印之母彭氏康熙甲戌生年十六時因母病割股救母知縣吳顧行贈額曰閨孝維風

儒童喻威及妻徐氏事姑孝順姑病割股救之年八十一歲卒

喻于義妻金氏事姑孝姑徐氏病劇金割股和藥以進獲痊

生員王文思妻羅氏事姑孝姑病篤割股和藥遂痊

王文爍妻董氏克盡婦道姑丁氏病篤董齋戒割股默禱旋愈

劉士模妻周氏幼至劉家爲閑房姑早喪事翁如父婚配後益盡婦道年二十六喪夫遺二子撫育後歉歲而抱重病子德魯痛母焚香割股以進得延一載卒

吳國貴妻胡氏妾李氏名懿德胡氏病篤李氏割股救之三日病愈延七年李氏割股後食長齋以終鄉鄰戚族送懿孝流輝額以嘉之

儒童熊士材妻李氏百魁女年二十三完婚夫疾李割股

食之旋卒李終日悲泣未踰年亦卒

駱代興之女大女五歲喪父七歲喪母伯叔撫養成人伯父世輿有疾百藥不效女念撫育重恩割股煎湯以療病愈時女年十二後伯父年八十餘歲

汪士芝妻童氏生員金魁女夫病篤割股以進尋卒誓不欲生數月內怏怏而終

周代翰妻方氏割股救姑

周承章妻劉氏割股救姑

周之敦妻黄氏　周源妻趙氏割股救翁

鮑如秀妻盧氏割股愈翁邑令趙聞之贈兩孝同堂額其
姑曾割股故云

麻城縣志卷之三十二

列女　本城附城節

郭家院匡甘鵬蛟妻嚴氏州同鎔女嘉慶甲子生夫故矢志不嫁同治甲子卒年六十一歲守節三十六年胡宮保獎給節孝流芳額　列

南門外鄒成龍妻曹氏成圭女二十六歲夫故一子僅二歲矢志堅貞撫以成立卒年四十六歲　寒

陳啟謨妻曾氏必盛女二十歲夫故遺腹一子矢志撫孤守節四十三年卒　寒

西門外張大然妻吳氏二十六歲夫故事公姑撫孤子苦節四十餘年卒道光九年王學使獎給節孝可風額　寒

宋志游妻張氏乾隆乙丑生夫故矢志苦守道光壬午卒年七十七歲守節五十七年　寒

北門外武舉王道誠妻宋氏一鶴女乾隆乙未生夫故事孀姑撫孤子苦節四十餘年卒　寒

西門何文炳妻郭氏乾隆己卯生夫故家貧子幼百折不回道光癸未卒年六十五歲守節三十九年胡宮保獎給古井盟心額　寒

佘啟潔妻張氏步雲女嘉慶丙辰生夫故矢志不二教子
成名咸豐戊午卒年六十三歲守節三十五年 寒
武童熊廷柱妻宋氏儒士振玉女乾隆庚戌生二十歲于
歸二十九歲夫故家貧苦守撫嗣承祧咸豐辛酉卒守節
四十三年邑尊吳獎給操同金石額詳奏奉 旨欽題巾
幗全操四字給銀建坊 出
小西門庠士李士雅側室吕氏商邑耀遠女嘉慶戊辰生夫
故矢志不渝同治甲子卒年五十七歲守節二十九年胡
宮保奏 旌 寒

宋振興妻范氏二十六歲夫故矢志堅貞卒年六十二歲
守節三十六年 出
北門曹汝忠妻丁氏士郁女乾隆戊申生夫故誓以死守事
姑孝撫夫弟子學奇爲嗣早入泮宮咸豐甲寅卒年六十
七歲守節三十九年胡宮保獎給皎日盟心額 寒
王熾昺妻萬氏監生賛元女乾隆乙巳生夫故孝事孀姑
撫夫姪爲嗣同治甲子卒守節五十六年氏婢春梅憐氏
苦節不忍相離亦終身不字年六十餘卒 出
聖門陳明全妻劉氏士才女乾隆辛丑生夫故矢志不渝同
治壬戌卒年八十二歲守節五十四年胡宮保獎給仉湛
清風額 寒
庠生彭佐宇妻吳氏國祥女乾隆癸巳生夫故氏矢志堅
貞道光壬寅卒年七十歲守節四十六年胡宮保獎給巾
幗完人額 寒
張海年妻陶氏謙泰女年三十歲夫故矢志苦守事翁姑
撫嗣子卒年八十歲守節五十年 出
鄧輝祖妻宋氏覔女年十九夫故子幼家貧艱辛備歷子
夭撫孫至於成立矢志靡他卒年六十一歲守節四十二
年 出

胡均學妻彭氏道光戊子生年二十二夫故一子夭氏矢
志益堅同治癸亥卒年三十六歲守節十四年 出
董錦元妻喻氏嘉慶壬戌生夫故勵志苦守同治甲戌卒
年七十三歲守節四十四年 出
南門蕭思敬妻周氏淵女乾隆戊戌生夫故矢志靡他道光
乙巳卒年六十八歲守節四十四年道光二十八年詳請
入節烈祠 出
羅士富妻鄒氏鄒照女二十歲于歸二十八歲夫故咸豐

八年卒八十九歲守節六十一年出
陶敔璋妻蘇氏維年女嘉慶乙亥生十八歲于歸二十八
歲夫故撫夫姪承祀光緒元年卒六十一歲守節三十四
年出
東門唐士坤妻陳氏士宏女年二十九夫故勵志苦守撫孤
子雄成立卒年八十八歲守節五十九年雄妻陳氏讃女
年三十夫故克承姑志同賦柏舟卒年七十歲守節四十
一年道光七年學使王獎給兩世清操額出
大西門監生范在梁妻徐氏徐玉女年二十九夫故誓以死

守卒年九十一歲守節六十二年胡宮保獎給玉潔冰清
額出
樊顧區蕭國楨妻鄒氏年二十四夫故削髮以堅其志家極
貧雖食薇蕨不悔卒年六十三歲守節四十年出
周仍壽妻蕭氏觀瀾女年二十八夫故堅貞勵志卒年四
十九歲守節二十一年出
西門陳紹泮妻劉氏年二十夫故矢志不移同治甲子年避難
鷄籠山祖孫餓死守節數十年出
樊顧儒士蕭永昇妻劉氏歲貢克莊女年二十夫故矢志苦守

卒年五十二歲守節三十二年出
本城優庠士李元恩妻胡氏孝廉文域女乾隆乙丑生二十
七歲夫故嘉慶丁卯卒守節三十五年前學使茹棻獎給
幽光丕著額采
李士藩妻陶氏歲貢祖淵女乾隆甲午生于歸二載夫故
氏年十九歲事姑至喪葬畢後還依母家守節六十一年
卒學使王獎給節孝可風額采
理問熊紹湖妻饒氏乾隆己丑生夫故時二十八歲道光
丁亥卒守節三十一年前學使王獎給節孝揚輝額寒

沈家庄儒士熊織基妻劉氏乾隆癸巳生嘉慶丙辰夫故時
年二十四歲孝事翁姑撫子成立學使王獎給節孝可風
額道光丁未卒年七十五歲守節五十一年寒
戶長區周營波妻江氏監生本立女乾隆乙酉生廿歲于歸
二十九歲夫故冰霜自勵道光甲午卒年六十五歲守節
三十六年咸豐間胡宮保獎給能留正氣額岡
儒士周敔楠妻鄒氏耀國女乾隆己亥生十九歲于歸二
十九歲夫故孝事孀姑撫子承祀咸豐丙辰卒年七十八
歲守節四十九年胡宮保獎給配義與道額岡

小西門董慶利妻黃氏黃玉女嘉慶丙寅生二十歲于歸二十五歲夫故矢志不渝同治庚午卒年六十五歲守節三十九年皇

李煦之妻熊氏朝梅女嘉慶戊寅生二十二歲于歸二十六歲夫故矢志自守同治甲戌卒年五十七歲守節三十三年皇

萬維龍妻程氏文華女乾隆戊子生二十九歲夫故紡績度日撫四子成立道光癸巳卒年六十四歲守節三十五年寒

北門儒士王熾昌妻羅氏承榜女嘉慶己未生十九于歸二十三歲夫故矢志不渝事上孝撫下慈道光戊申卒年五十歲守節二十七年皇

聖門外丁鎮瑤妻唐氏有福女嘉慶丁卯生二十九歲夫故紡績度日撫子成立同治己未卒年六十四歲守節三十五年出

石馬槽區會昭銀妻毛氏道光戊子生同治二年夫故姑老且瞶子啞一女一養媳俱幼家貧紡織供事畜同治三年避亂攜老幼逃出廬舍成燼歸無所遂行乞由商邑至六郡六八欺其孤寡逼勸改嫁氏泣堅拒之會久雨絕食廹將幼女為六八養媳得薄金始全瞶姑啞子養媳之命獲生還以纖纖之質流離轉徙一千餘里辛苦萬狀對姑無怨言同治十一年勞鬱疾卒羽

河東區徐貴妻吳氏廷立女乾隆庚戌生嘉慶辛未于歸癸酉夫故氏矢志苦守咸豐己未卒年六十九歲守節四十六年皇

船夫區胡天順妻閻氏乾隆壬子生二十四歲夫故無子氏伶仃孤苦萬變不渝咸豐己未卒年六十八歲守節四十二年出

胡正福妻高氏乾隆丙子生二十四歲夫故一子早夭氏矢志柏舟撫嗣承祀嘉慶乙亥卒年六十歲守節三十六年出

仵仙區張明榮妻黃氏應宗女嘉慶丙辰生二十三歲于歸二十七歲夫故家寒苦兩次割股以救翁姑同治甲子卒年六十五歲守節四十二年玉

聖門熊惠然妻吳氏乾隆壬申生年二十五歲夫故道光十六年卒苦節五十八年咸豐己未年　旌獎以巾幗全操

額寒
奉政大夫李廷標妻鮑宜人監生九如女嘉慶戊寅生二十九歲夫故撫孤成立同治壬申卒守節二十六年光緒元年學使王獎給節孝流芳額本家
西門儒士陳道鐸妻馮氏年二十五歲夫故氏年八十三歲卒守節五十八年
大西門王廷貴妻張氏成祺女道光元年生二十年于歸二十九年夫故時年二十九歲矢志柏舟含辛茹苦同治九年卒苦節二十一年

義渡區王如玩妻劉氏年十八于歸百日夫故苦節四十年咸豐癸丑壽終
北門王熾昶妻鄒氏州同文熾女嘉慶癸酉生道光辛卯于歸己亥夫故家貧性廉介勤紡績母家亦不輕往同治甲子卒年五十三歲守節二十七年鄒
儒童李元愛妻梅氏舉人任均孫女乾隆癸酉生壬辰于歸時年十九歲丙申夫故僅遺一子甫周歲家貧苦守孝事孀姑撫孤成立嘉慶庚辰卒年六十八歲守節四十五年學使王獎給砥節懷清額皇

本城翁崑山妻艾氏漢典長女十六歲于歸次年冬割股救姑咸豐甲寅夫故氏年三十矢志撫孤光緒乙亥卒守節二十二年寒
宋家河區儒童鄒開梓妻鄭氏玉成女乾隆癸丑生嘉慶乙亥于歸己卯夫故氏年二十七歲不食者數日因念子幼家貧躬勤紡績撫子成立咸豐戊午子其炳禦賊殞命與孀媳胡氏教養孤孫鄭守節四十六年同治甲子卒廵撫胡獎給操媲松筠額
仵仙區黃天泰妻張氏于歸二載夫故矢志自勵撫子成立

守節五十二年卒字
洪連璧妻王氏啟泗女嘉慶壬戌生年十二童養於洪勤操紡績道光辛巳成婚己丑夫故氏誓以身殉因姑老忍死事之同治乙丑卒年六十四歲守節三十七年撫憲胡獎給閫壼留芳額字
石馬礳區汪植信妻吳氏年三十歲夫故無子與嫂丁氏同凛冰霜一門兩節吳年五十四歲卒騰
汪承楚妻石氏年三十歲家貧無子矢志不渝守節二十四年五十四歲卒騰

汪植福妻丁氏夫故時年三十歲僅一女矢志苦守六十
三歲卒守節三十三年 騰
郭文煜妻鄭氏楚幹女嘉慶丙寅年生道光戊子年夫故
鄭年二十三歲矢志守節備歷艱辛同治庚午年卒守節
四十三年 騰
樊顧區熊守有妻顧氏其耀女乾隆甲午生年二十歲于歸
越五載夫故矢志不渝道光辛丑年六十八歲卒守節四
十三年 寒
古城區余必鰲妻蔡氏天三女乾隆丁酉生嘉慶丙寅夫故

氏年三十歲矢志撫二子成立子早逝撫二孫成立孫又
早逝節愈苦志愈堅咸豐丁巳卒八十一歲守節五十一
年胡宮保獎給志勵冰霜額 玉
庫汝安妻楊氏楊法女乾隆戊申生年二十歲夫故勵志
堅貞撫夫姪爲嗣事翁姑以孝聞同治甲子卒年六十七
歲守節四十七年 玉
袁文衡妻丁氏光祖女道光丁亥生年二十四歲夫故孝
事祖姑孀姑撫孤成立同治甲子卒年三十八歲守節十
四年 玉

熊承灼妻劉氏文榮女嘉慶戊寅生年二十三歲夫故矢
志不二丐食撫子迄於成立同治甲子卒年五十七歲守
節三十四年 玉
西門王懋敬妻宋氏夫故年二十一歲淡泊自甘苦守無怨
言卒年七十八歲胡撫憲獎有守身爲大額 局
貢生張廷樹妻江氏岡邑海珍女乾隆癸未生壬寅于歸
乙巳夫故時年二十四歲苦節撫孤道光甲申卒六十一
歲守節三十七年黃州府憲李獎給苦節流芳額 出
袁晉鎮妻李氏士班女嘉慶丙寅生十九歲于歸二十四

歲夫故矢志苦守撫子成立同治甲子卒五十九歲守節
三十五年 出
陳鉅妻張氏天洛女十八歲于歸二十四歲夫故矢志苦
守七十六歲卒守節五十二年 出
小西門丁明章妻曹氏汝忠女嘉慶辛未生道光己丑于歸
己亥夫故時年二十九歲矢志自守家徒壁立紡績撫孤
成立同治庚午卒年六十歲守節三十一年 寒
石馬槽蔡錦壁妻梅氏儒士春華女道光辛巳生壬寅夫故
氏年二十一歲無子矢志栢舟咸豐癸酉卒年四十歲守

節十九年 冬

貢萬堂妻尉氏乾隆癸丑生嘉慶己巳于歸壬申夫故時年二十歲僅生一女矢志撫夫弟之子爲嗣咸豐辛酉無疾而終年六十九歲守節四十九年 水

南門丁鎮寰妻萬氏國揚女嘉慶壬申生道光乙未于歸戊戌夫故氏年二十七歲矢志氷霜撫夫弟長子江瀠承嗣同治甲子卒年五十三歲苦節二十六年旌有得氣之清額 出

金城區毛楚材妻周氏志義女嘉慶己巳生道光丁亥于歸

辛卯夫故子大忠纔數月奉姑撫子克盡其道光緒丙子卒六十七歲守節四十五年 玉

聖門余日福妻朱氏學詩次女生於乾隆四十九年嘉慶八年于歸二十九歲夫故矢志清操訓子勤儉咸豐十年撫憲胡獎給大節無虧額同治三年卒八十二歲守節五十一年 自报

兆門淩文煥妻戴氏青年守制撫一瞽子學習音樂命理經前學憲王獎給節孝可風額年近八旬卒 禮科淩报

監生王正坦妻熊氏封員淵如女嘉慶乙丑生道光乙酉于歸庚寅夫故矢志自守敬事翁姑撫子成立撫憲胡獎給氣肅氷霜額同治乙巳卒年六十五歲守節四十四年 皇

義渡區唐之奇妻羅氏康熙五十五年生乾隆八年夫故氏年二十八歲翁姑已逝伯叔無親含辛茹苦志節彌堅乾隆五十六年卒七十六歲守節四十九年學憲王獎給清節揚徽額 出

楊之勳妻戴氏乾隆庚寅生甲寅夫故年二十五歲撫子守節事姑盡道咸豐六年卒八十七歲守節六十二年 貢

庭

楊清堺妻郭氏嘉慶甲子生道光壬辰夫故時年二十九歲事姑撫子矢志勤勞同治甲子卒六十一歲守節三十二年 貢庭

南門周士有妻馮氏嘉慶廿一年夫故氏年二十四歲家貧立志苦守中年撫一子將成立又卒氏泣数日曰吾之所以未同夫死者欲爲夫立家撫子不絕夫嗣耳今如此何用生爲遂自盡年五十九歲 寒

麻城縣志卷之三十三

列女東鄉　節

東義洲鄭德楷妻毛氏學俊女乾隆辛亥生于歸僅二載夫故一子甫週歲翁姑俱瞽氏誓以死守道光癸卯卒年五十三歲守節三十二年 餘

任之壽妻李氏士瑠女乾隆辛酉生丙戌夫故氏矢志不二道光壬午年卒年八十二歲守節五十六年道光六年學使王奬給淑節幽芳額 餘

鄧源玉妻汪氏逵交女嘉慶乙丑生夫故生子甫二十日

矢志不渝孝事翁姑撫孤成立同治乙丑卒年六十歲守節三十四年 餘

熊世文妻陳氏士吉女雍正己酉生夫故生子僅八月矢志撫孤事翁姑慈孝並著嘉慶戊午卒年七十歲守節四十七年 餘

曾廣潤妻鄭氏輝傑女乾隆乙酉生夫故家貧苦守道光甲申卒年六十歲守節三十一年 餘

曾昭材妻鄭氏承堂女乾隆壬子生夫故撫嗣承祀歷盡艱辛同治癸亥卒年七十二歲守節四十六年 餘

丁守勳妻李氏作善女乾隆庚辰生夫故僅一子氏勤於浣績奉翁姑撫孤子道光壬子卒年六十三歲守節四十一年 餘

張永泌妻朱氏興榮女乾隆乙酉生夫故撫夫從姪爲嗣孝事翁姑潔清自勵道光己酉卒年八十五歲守節五十九年 餘

張功葭妻羅氏商邑定瑛女道光癸未生夫故姑哭子幾喪明氏忍淚承歡誓志不二同治乙丑卒年四十三歲守節二十年 餘

李峙鳳妻熊氏鍾義女乾隆丁巳生夫故矢志自守撫嗣承祀並捐祀田二斗道光甲申卒年八十八歲守節六十二年 餘

李勤滌妻王氏商邑王樸女乾隆辛卯生夫故撫夫姪爲嗣孝事翁姑道光癸巳卒年六十三歲守節三十八年 餘

李凝春妻張氏紹宗女乾隆乙卯生夫故撫嗣承祀翁有廢疾氏奉事惟謹咸豐丁巳卒年六十三守節三十六年 餘

丁傅緒妻鄭氏承俊女乾隆戊申生夫故姑老子幼苦節彌堅道光庚戌卒年六十二歲守節三十四年 餘

鄭德桂妻熊氏宗鏡女嘉慶戊午生夫故家貧苦守同治二年避難餓死六十六歲守節三十八年　餘

任鳳湘妻曾氏生鑑女乾隆辛丑生夫故矢志守節孝事重闈撫孤成立同治乙丑卒八十六歲守節五十七年　餘

熊世封妻羅氏羅雲女康熙癸酉生夫故勵志自守事翁姑撫孤子以孝慈聞乾隆丁巳卒年四十五歲守節二十六年　餘

鄭明晨妻張氏兆榮女雍正甲寅生夫故家貧撫子女完嫁娶嘉慶丙子卒年八十三歲守節五十九年　餘

木樨河余夏璧妻李氏雍正己酉生夫故撫夫姪貽智爲嗣智純孝早失偶恐娶妻忤母意誓不再娶仍立兄子謨高爲子高長子雅祥甲子解元嘉慶丙寅卒守節五十年前邑侯鍾麟臯有余節母傳　秋

儒生夏汝彬妻何氏年未三十夫故事孀姑克盡孝道以夫堂弟生員承椿子梧爲嗣守節四十餘年卒　秋

余貽宗側室熊氏壻生林爕保母夫殁時氏年十九歲無出爕出於側室鮑氏尚在襁褓熊遂矢志同撫孤時孀姑年七十餘奉事惟謹同治癸酉卒守節五十餘年　秋

二里河

儒士楊正鉷妻盧氏年二十六夫故矢志養姑至老不懈守節七十餘年卒　秋

楊坤堂妻鄒氏二十八歲夫故無子家窘極無與承嗣者氏與姑艱苦備嘗守節五十三年卒　秋

楊易明妻尹氏夫甫弱冠卒氏誓以苦守後子孫媳皆能繼其志守節數十年卒　秋

儒士楊鍾蔭妻鄭氏夫病劇氏割股以進未痊氏年二十四歲矢志撫遺腹子成立苦節三十年卒　秋

木樨河

夏以松妻商氏明輔女松卒氏年二十五歲事孀姑以孝

撫藐孤成人咸豐己未年卒　秋

余德元妻夏氏二十九歲夫故守節四十二年卒　秋

余德利妻夏氏二十六歲夫故守節三十一年卒　秋

二里河李生邦妻丁氏生員遂良女主簿久椿祖母年二十六夫故氏勵志堅貞始事母繼事姑皆以孝聞撫子法元至於成立法元監修文昌閣手抄敬信錄勸孝篇書皆承母訓也守節五十三年卒道光十三年請旌建坊　秋

儒士李生卿妻雷氏武舉定三祖母年二十七夫故矢志不渝守節五十九年卒　秋

儒士李生春妻廖氏年二十七夫故矢志靡他守節五十一年卒 秋
宋紹堂妻廖氏年二十五夫故堅貞勵志守節六十年卒
李生保妻梅氏年二十八夫故柏舟自誓守節五十餘年卒 秋
吳萬元妻李氏于歸僅十六日夫故矢志不渝事翁姑撫嗣子守節數十年卒 秋
庠生李雲路妻吳氏年二十九夫故僅一女氏茹荼守志撫夫姪久松爲嗣七十七歲卒守節四十餘年 秋

儒士李如珀妻梅氏滋方女雍正庚戌生乾隆癸酉于歸己卯夫故氏仰事俯畜盡道乾隆甲寅卒守節三十五年氏子監生生保早歿媳梅氏守節四十八年卒 河
庠生李宗甲妻雷氏汝照女乾隆乙巳生嘉慶癸酉于歸甲戌夫故撫嗣子久倘教以樸素謹愼道光丙午卒守節三十二年 河
田時秀妻劉氏可與女康熙乙丑生甲申于歸壬辰夫故子遇武甫八月撫養成立乾隆丙戌卒守節五十五年 河
田如潞妻李氏乾隆壬辰生癸丑于歸嘉慶己未夫故氏孝事翁姑立夫姪克煇咸豐壬子卒苦節五十三年 河
二里河區郤如禮妻田氏于歸後年二十八歲夫故氏矢志自守同治戊辰卒年六十三歲守節三十九年 藏
南庄區商仁作妻佘氏承福女年二十歲于歸數月夫故氏堅貞自矢嘉慶庚辰卒守節三十八年 餘
木子店區儒士熊宗玗妻詹氏美文女乾隆癸酉于歸僅八月夫故矢志柏舟七十三歲卒 致
儒士童期濂妻夏氏二十一歲于歸未半載夫故一遺腹子教養成立壽六十歲卒守節三十九年 致

劭夏氏金淮之繼母二十一歲夫故矢志靡他年八十餘歲卒 致
職員童承楷妻楊氏二十五歲夫故不以家貧易志年八十一歲卒守節五十六年 致
朱志書妻熊氏十八歲于歸二載夫故年八十五歲卒苦節六十五年 致
楊勳臣妻丁氏名發女二十九歲夫故矢志柏舟年七十歲卒守節四十一年 致
詹子熾妻熊氏映科女二十三歲于歸二十六歲夫故立

志守節同治三年卒　致
柏子區儒士余廷科妻萬氏嘉慶辛酉生道光癸未夫病篤割股救之旋故時年二十三歲孝事孀姑撫孫承祀胡文忠公奬給節孝可風額同治壬申卒年七十二歲守節四十九年　玉
喻能家妻余氏乾隆壬申生二十歲于歸二十九歲夫故翁老子幼立志苦守嘉慶甲子卒守節二十四年　董
虞其榮妻萬氏邦助女乾隆丙申生十九歲于歸二十九歲夫故家貧養翁姑撫孤子全憑十指道光丁未卒守節

四十三年　董
喻能魁妻熊氏正湛女嘉慶戊午生二十三歲于歸二載夫故撫夫姪承祧孝養翁姑罔懈咸豐辛亥卒守節三十三年　董
墩陽區程洪渭妻梅氏乾隆庚辰生戊申夫故氏年二十八歲撫孤成人道光壬辰卒守節四十五年　羽
鄒心雲妻胡氏乾隆己酉生年十八于歸二十一歲夫故氏矢志不渝事畜盡禮九十三歲卒守節七十二年　羽
監生鄒退東繼妻劉氏監生劉思女年二十于歸僅六載夫故氏矢志至老不懈邑紳熊艮駿鮑鵬等呈請學使茹棻奬給巾幗儀表額道光己丑卒年八十二歲守節六十二年
閻家河區張楚材妻歐陽氏庠生梗第四女乾隆癸丑生于歸五載夫故氏年二十四歲温恭慈惠撫嗣承祧同治己巳卒守節五十四年　董
陳之桂妻歐陽氏梗第五女嘉慶丁巳生丁丑于歸道光甲申夫故氏年二十八歲撫孤成立同治癸亥卒守節三十九年　董

陳宗爕妻丁氏爾灼女乾隆辛亥生嘉慶庚午于歸六載夫故氏年二十六歲撫孤子事翁姑不以家貧易志同治壬戌卒苦節四十六年　董
李文錦妻齊氏世貴女乾隆乙未生甲寅于歸嘉慶戊午夫故氏年二十四歲家貧事孀姑以孝聞道光丁酉卒守節三十九年　董
羅永隆妻王氏如富女嘉慶丙辰生十九歲于歸三載夫故克修婦道同治戊辰卒守節五十一年　董
木子區詹世鎬妻王氏年二十七歲夫故子方一週冰霜勵

志守節四十八年七十五歲卒羽
柏子區萬仁驥妻周氏青禮女嘉慶丙寅生道光丁亥于歸明年夫故家貧苦守節奉養翁姑翁病割股救之後翁姑繼歿夫弟幼氏敎養成人同治辛未卒年六十六歲守節四十四年羽
李作枝之髮妻劉氏儒生用濟女年二十歲于歸二十三歲夫故事姑以孝撫姪承祀嘉慶癸酉卒年七十二歲守節四十九年學使茹奬給彤管揚輝額董
曾承苞妻鮑氏哲武女雍正壬子生夫故時氏年二十九

歲誓以死守撫孤成立嘉慶己未卒守節三十九年制
曾啟坊妻萬氏庠生效梅女夫故時氏年二十四歲茹蘗飲冰撫孤成立乾隆二十三年卒守節二十三年制
儒士曾䣱妻董氏年十九于歸僅七月夫故隨翁任臨安姑病割股以進大憲承 旨奬給清標彤管額七十三歲卒守節五十四年制
儒士曾啟序妻熊氏嘉慶丁巳生夫故時氏年二十七歲柏舟自矢撫二子成立道光甲辰卒守節二十年制
曾銓妻羅氏康熙辛酉生夫故時氏年二十七歲冰雪心堅撫子成立乾隆戊辰卒守節三十八年制
曾承儀妻鄒氏鄒桂女乾隆戊辰生夫故時氏年二十五歲投繯以殉戚以有娠阻之月餘舉一子氏矢志不渝盡心摩撫雖家貧絕無怨言嘉慶辛酉卒苦節二十九年制
儒士曾培礽妻江氏舉人世偉女康熙戊寅生夫故時氏年二十六歲茹苦含辛義方敎子乾隆己卯卒年六十歲守節三十四年制
廩生曾錫妻甘氏早寡柏舟矢志歷久不渝年八十八歲卒制

曾國志妻張氏青年守志玉潔冰清八十九歲卒制
曾宗愼妻周氏青年守節志懔冰霜七十六歲卒制
曾承榮妻周氏青年守志苦節以終學使楊奬給懔清履潔額制
曾廣龍妻黄氏嘉慶戊寅生生二子夫故家貧苦守撫孤成立五十六歲守節三十七年制
曾廣鳳妻周氏道光甲申生夫故家貧丐食撫孤同治甲子卒年四十二歲守節二十三年制
曾炳嶽妻王氏以蘭女嘉慶庚午生夫故時氏年二十四

歲矢志苦守同治丁卯卒守節三十年制
萬人貴妻甘氏監生奇木女乾隆戊辰生夫故時年二十二歲柏舟矢志孝事翁姑撫嗣延師課讀道光壬午卒年八十五歲守節六十三年族衆以節老松筠額其室衣
丁興隆妻夏氏永昭女乾隆辛丑生夫故時氏年二十九歲勤儉持家和丸教子咸豐己未卒年七十九歲守節五十年衣
儒士蔡天銘妻李氏文童元達女嘉慶庚申生夫故時氏年二十五歲上事翁姑下撫子女延師課讀家道日興道

光己酉卒年五十歲守節二十六年衣
曾榮建妻王氏以治女嘉慶丙辰生夫故時氏年二十六歲矢志靡他懍清履潔同治甲子卒年六十九歲守節四十四年衣
曾培駒妻趙氏儒士永烈女嘉慶丁卯生夫故時氏年二十四歲矢志柏舟撫子成立同治丙寅卒年六十歲守節三十七年衣
陳憲文妻王氏以齊女嘉慶己未生夫故時氏年三十歲家貧茹苦矢志不渝同治甲子卒年六十六歲守節三十七年衣
石陂區方正旺妻喻氏能堂女乾隆丁未生夫故時氏年二十歲越三月生子撫孤成立咸豐乙卯卒年六十九歲守節四十九年文
張湛妻何氏世連女嘉慶丁卯生夫故時氏年二十九歲遺孤兩月餘撫以成立同治癸亥卒年六十六歲守節三十七年文
曹翊妻張氏張舜女乾隆己亥生夫故時氏年二十九歲遺腹生子撫孤成立咸豐辛亥卒年七十二歲守節四十

三年文
白沙區文童鄒洪殿妻鄧氏乾隆壬辰生十九歲于歸僅四十日夫故氏苦節自守割股療姑道光六年學使王獎給孝明節立額七十三歲卒守節五十四年羽
職員鄒洪閣妻董氏乾隆甲午生二十歲于歸二十六歲夫故青年守節道光六年學使王獎給節孝惟純額八十二歲卒守節五十六年羽
程維遂妻鄒氏康熙辛巳生丙午夫故氏年二十六歲遺腹生子作億撫養成人邑進士甘簡齋贈有婺煥松筠額

乾隆甲午年卒年七十四歲守節四十八年 羽
程作聖妻楊氏士明女乾隆乙丑生甲午夫故氏年二十九歲子幼姑老氏事姑克孝教子有成道光乙酉卒年八十一歲守節五十二年 羽
程世譽妻胡氏乾隆癸巳生嘉慶庚申夫故氏年二十七歲家貧苦守孝事翁姑道光丙午卒年七十歲守節四十三年 羽
縣鍾區辛宗普妻劉氏乾隆丙午生嘉慶辛酉于歸丙寅夫故無子時氏二十歲撫嗣承祧阨窮堪憫七十四歲卒守

節五十四年 羽
胡一楚繼妻孫氏正和次女乾隆癸巳生辛亥于歸嘉慶丁巳夫故氏年二十五歲志凜冰霜立嗣延祀道光丁亥學使王獎給砥節懷清額 卒年未列 羽
劉德重妻胡氏乾隆癸卯生嘉慶甲戌夫故矢志柏舟教子成立同治丙寅卒年八十四歲守節五十四年 羽
三杏區童志鵬妻曾氏年二十八歲夫故氏矢志撫孤子承楷婚數年亦死氏與孀媳均苦守終節 羽
童承楷妻夏氏廷秀女前曾氏媳乾隆壬寅生嘉慶己未于歸丁卯夫故氏年二十五歲孝事孀姑苦節以殁族中懸有節孝流芳額 羽
張祖信妻歐陽氏遨之女嘉慶庚辰生道光辛丑于歸戊申夫故撫孤立節辛苦備嘗同治癸亥卒守節廿五年 羽
儒童汪應萬妻程氏監生映陛妹嘉慶乙丑生道光丁亥于歸己丑夫故氏年二十四歲僅生一女撫夫姪承祧並養己故夫弟所遺子女各二氏尤孝姑兼撫羣稚數年中女及姪女姪與嗣子俱死居屋被賊兩燒氏憂鬱成疾至同治庚午卒年六十六歲守節四十二年 羽

文童曾廣楚妻歐陽氏監生宗進女乾隆乙卯生嘉慶己卯于歸道光辛巳夫故氏年二十六歲紡績度日撫姪承祧咸豐辛亥卒年五十八歲守節三十二年 羽
文童曾紀河妻丁氏爾勳女乾隆壬辰生嘉慶壬戌夫故氏年二十八歲孝事翁姑撫子承祀守節以終道光六年學使王獎給節孝可風額 羽
胡米妻陳氏乾隆辛未生年十六于歸二十九歲夫故子幼又撫夫故弟之子女均至成立道光癸未卒年七十二歲守節四十三年 羽

胡從鋼妻程氏康熙二年生二十八歲夫故氏撫孤成立苦節自甘六十八歲卒守節四十年 羽

曾政妻楊氏文山女康熙辛未生夫故時氏年二十九歲誓以死守上事舅姑下撫孤子乾隆丙子卒守節四十三年 制

曾天義妻歐陽氏乾隆壬戌生夫故時氏年二十六歲矢志苦守事上撫孤孝慈曲盡道光壬午卒守節二十年 制

饒山區監生熊發臣妻任氏年二十歲于歸二十四歲夫故無子氏矢志不二撫姪承祧卒年六十九歲守節四十五

年 羽

熊繼儒妻江氏年二十七歲夫故立志不二茹蘖飲冰八十一歲卒守節五十四年 羽

熊永驛妻童氏年二十五歲夫故矢志撫孤冰清玉潔六十九歲卒守節四十四年 羽

王宗燃妻杜氏士建女乾隆乙卯生二十三歲夫故立志堅貞撫嗣承祀七十五歲卒守節五十二年 羽

熊永廷妻童氏廷鳳女年二十二歲于歸二十七歲夫故操凜冰霜紡織度日七十二歲卒守節四十五年 羽

熊楚洪妻江氏乾隆辛丑生嘉慶己未于歸庚申夫故氏年二十歲撫夫姪承祧事翁姑克孝中年子喪又繼姪孫阨窮堪憫咸豐庚申卒年八十歲守節六十年 羽

唐發區鮑正宇妻范氏世貞女乾隆甲寅生二十一歲于歸二十三歲夫故矢志不渝同治三年卒年七十歲守節四十九年 鱗

何漁妻鮑氏飛甫女乾隆庚子生二十一歲于歸二十二歲夫故節勵冰霜家以操作日興咸豐四年卒年七十五歲守節五十三年 鱗

何以梓妻王氏世鳳女乾隆丁卯生二十歲于歸二十七歲夫故矢志不渝嘉慶壬申卒年六十六歲守節二十七年袁金溪公有何節婦傳 鱗

上義區袁之俊妻巢氏夫故時年二十四歲撫孤成立九十四歲卒守節七十年子必文妻周氏亦青年守節乾隆四十三年共奏旌 服

監生唐楚魁側室蔣氏乾隆甲寅生夫故氏年二十六歲事姑盡道撫姪承祀同治甲子卒年七十一歲守節四十五年 服

士城區貢生丁國楷妻王氏之楷女乾隆丙申生十八歲于歸二十七歲夫故孝奉翁姑撫夫姪承繼道光戊申卒年七十三歲守節四十六年學使王獎給節孝可風額 董

石覩區洪國典妻喻氏能祥女嘉慶乙丑生道光壬午于歸乙酉夫故年二十一歲孤僅月餘盡心撫字孤死又撫孫成立孝事翁姑咸豐辛酉卒守節四十六年 董

曾淑貴妻潘氏道貴女乾隆壬子生壬申于歸丁丑夫故年二十六歲翁姑逝子幼矢志守節經理內外六十四歲卒守節三十八年 董

篤貲區程維英妻曾氏汝瀛女乾隆壬子生嘉慶庚午于歸丙子夫故無子氏年二十四歲撫子承祧守節四十餘年卒 羽

木子店儒士童成坤妻胡氏在廷女乾隆丁巳生丙子于歸二十六歲夫故矢志苦守撫子成立卒年六十六歲守節五十餘年 致

童金堂妻熊氏士彬女乾隆丁酉于歸二十九歲夫故撫子成名道光戊子卒年六十九歲守節四十餘年 致

黄市區李東元妻張氏朝用女年二十六歲夫故矢志不渝八十二歲卒守節五十六年 致

儒士李涅麟妻夏氏生員熉之女二十四歲夫故一子一女俱亡矢志不渝四十九歲卒苦節二十五年 致

儒士汪述禮妻熊氏繼宗女道光戊申于歸咸豐丙辰夫故冰霜自勵同治甲戌卒守節十八年 致

汪遠勳妻郭氏乾隆丁酉生二十五歲夫故矢志守節同治癸亥卒年八十八歲守節六十三年 致

落梅河雷材安妻汪氏得黃女十九歲于歸二十七歲夫故立志苦守道光乙酉卒年八十一歲守節五十四年 致

熊宗奇妻晏氏秀珍女二十歲于歸二十二歲夫故矢志柏舟道光己酉卒年七十九歲守節五十五年 致

范有仁妻張氏宏瑜女乾隆丙戌生丙午于歸二十二歲夫故矢志不渝道光乙未卒年七十歲守節四十八年 致

南庄區周承三妻郭氏康熙甲寅生于歸後二十三歲夫故姑老子幼上奉下養歷久不怠七十四歲卒守節五十一年 官

周志學妻徐氏德林女二十四歲夫故子幼撫之成立事姑敬持家儉咸豐戊午卒年七十七歲守節五十三年 官

金朝灼妻夏氏思周女二十四歲夫故立子承祧持家儉約咸豐戊午卒年八十歲守節五十六年官

商重東妻夏氏承富女二十六歲夫故矢志不二事翁姑以孝稱氏生父母無子氏亦事葬盡禮同治甲戌卒年六十八歲守節四十二年官

熊鳳山妻周氏年二十一夫故苦守事翁姑孝六十九歲卒守節四十八年官

三里河李如珩妻梅氏年二十九歲夫故矢志不二守節三十一年卒秋

黃輝漢之髮妻曾氏乾隆丁酉生年二十歲于歸二十八歲夫故事姑以孝撫子成立咸豐甲寅卒年七十七歲守節四十九年帝

白水畈蔡學連妻王氏年十九于歸二十九夫故子一撫以成立氏勵志彌堅大憲承旨獎給清標彤管額八十五歲卒守節五十六年

三杏區張學栢妻歐陽氏嘉慶丁巳生二十一歲于歸二十六歲夫故遺腹一子開炳氏事孀姑撫孤子含辛茹苦同治甲戌卒守節五十餘年有

木子店區郭億妻吳氏羅邑吳之郡女康熙癸巳生癸丑于歸丁巳夫故氏二十五歲矢志自守乾隆乙卯卒壽八十三歲守節五十八年致

白水畈區田燮妻梅氏年三十歲夫故矢志苦守事姑撫子鄉黨共稱子終成立道光戊申卒年八十八歲守節五十八年羽

麻成縣志卷之三十四

列女南鄉 節

白杲區袁承印妻羅氏承謨女乾隆辛卯生戊申于歸癸丑夫故氏年二十三歲志凜冰霜撫孤成立學使王獎給節孝可風額道光乙巳卒年六十八歲守節四十五年 天

袁綱妻戴氏本仲女乾隆七年生二十六年于歸二十七年夫故家貧無子矢志自守孝事翁姑撫夫弟之子承祀乾隆五十四年卒守節二十七年 天

曾家區童生梁學潮妻周氏監生啟材女乾隆已丑生嘉慶

戊午夫故氏年三十歲志凜冰霜紡績度日子亦早逝同孀媳謝氏撫養孤孫艱辛備歷咸豐丙辰卒年八十八歲守節五十八年 收

曾金木妻李氏增文女乾隆乙巳生夫故時氏年二十四歲撫孤續祀苦守甘心同治甲子卒年八十歲守節五十六年 收

梁超和妻胡氏乾隆三十年生嘉慶元年夫故氏年三十歲甘心苦守之死靡他道光乙未年卒七十歲守節四十年 收

沙井區梁洪曜妻羅氏立來女生於嘉慶十九年道光十八年夫故姑以風疾在床氏扶掖出入兩載無懈容同治三年卒五十一歲守節二十七年 收

袁學浩妻梁氏道光丙子于歸生二子一女丙戌年夫故衣食不給者三十九年同治甲子卒以苦節終七十一歲

姜守愷妻朱氏朱燦女生於嘉慶十四年于歸三載子洪先生僅四十八日夫故氏盡心撫養守節三十二年同治二年身故五十五歲 天

余金朝妻閻氏宗富女生於嘉慶丙辰年于歸七年夫歿

無子氏事翁姑孝復撫嗣以承宗祀同治辛未歿七十六歲守節四十七年 天

鄒家瑜妻彭氏宗美女生於乾隆丙寅年于歸八載夫故子啟先尚幼氏事姑撫子耐寒忍飢數十年值氏古稀姻長袁金溪公由京華郵寄壽言爲氏壽謂啟先之賢肖皆氏之節孝所致也合族迎葬氏於始祖墳右 學使王霞九題有清節揚徽額 天

楊成坤繼室鄒氏大義女生於乾隆四十三年于歸僅一載夫故無子孝事孀姑道光二十三年身故六十五歲守

節四十五年　天
童生袁學海妻黄氏監生維翰女生於嘉慶己卯年于歸僅三載夫故有遺孤數月亦亡氏痛不欲生念姑老翁病在床奉膳藥帷謹八年不倦撫夫堂姪爲嗣同治四年身故四十七歲守節二十六年　張方伯以機座青霜四字表其閭　天
王銧妻羅氏銧遠貿殁於川氏年二十五歲生子敨發纔十月矢志撫孤慈嚴並著同治乙丑年身故守節三十三年族黨稱爲巾幗偉人　天
蕭萬民妻江氏生於乾隆壬子年于歸僅四年夫故矢志撫孤孤死撫孫五十餘年至同治甲子年病故七十三歲守節五十五年　天
姜必祿妻王氏尚元女生於乾隆四十二年于歸越六年夫故有遺孤一家極貧矢志撫孤成立道光二十八年身故七十一歲守節四十六年　天
姜守明妻王氏錦之女生於乾隆五十七年于歸僅三月夫故後撫夫姪爲嗣教育如己出至同治二年身故七十一歲守節五十年　天

義合區鮑銘杰妻董氏映仁女乾隆甲申生己酉夫故氏二十六歲矢志自勵六十四歲卒守節三十六年同族贈有節孝可風額　潛
程敨灼妻屈氏敨貴女乾隆壬寅生嘉慶辛未夫故氏二十九歲矢志柏舟咸豐辛酉八十歲卒守節五十年　潛
曹合區吳大綱妻胡氏紹甲女道光壬辰生咸豐癸丑于歸辛酉夫故氏年三十歲冰霜勵志勤儉持家同治庚午卒守節十年　潛
吳光南妻徐氏龍瑞女嘉慶庚辰生年二十四聞夫病篤力請歸侍湯藥越四十九日夫故氏孝事翁姑撫夫姪大智承祀智早逝又育孤孫慈嚴並濟同治壬申七十二歲卒守節四十八年前撫院胡獎給白圭無玷額　潛
鹽田河區夏文海妻周氏艮俊女乾隆丁酉生夫故氏事舅姑養孤子荼苦備嘗者二十六載子復喪遂撫夫姪承祧道光癸卯卒年六十七歲守節四十三年　藏
周澤溥繼妻李氏宗和女乾隆癸卯生夫故無出澤溥前妻梅氏生子誓娶媳夏氏亦無出子殁夏氏亦矢志守節姑媳相依立姪孫承祀同治甲子卒守節六十一年　藏

周錦榮妻鮑氏武庠雄楚姊乾隆壬申生夫故苦守嘉慶己卯卒年六十八歲守節四十年道光六年王學使獎給淑節幽芳額 藏

周澤禮妻胡氏金榜女道光己丑生夫故子夭勵志彌堅同治癸酉卒年四十五歲守節十七年 藏

周之鉦妻陳氏黄岡舉人澤周孫女雍正己酉生夫故二子俱亡勵志自守出積金置祀田以延宗祀嘉慶丙寅卒年七十八歲守節五十年 藏

周大宗妻夏氏庠生東馨女雍正乙巳生夫故氏事姑孝

教子嚴嘉慶壬戌卒年七十八歲守節五十二年孫庠生澤遠於道光六年請旌學使王獎給淑節幽芳額邑進士梅庚村有周節母傳 藏

夏尚榮妻許氏夫故氏勵志堅貞撫孤成立道光丁亥卒守節六十八年 崑

義合區

鮑如澳妻羅氏廷意女夫故氏矢志不二道光乙巳卒守節四十六年 潛

曹合區

誥封奉政大夫王本念妻程氏監生文泰女夫故氏撫孤成立同治辛未卒守節五十二年 崑

梁洪杰妻胡氏能恕女生於嘉慶九年道光壬辰年夫故氏誓不欲生因姑年邁遂與姑相依爲命撫夫姪亦夭至同治十一年身故六十九歲守節四十年胡宫保獎給節孝流芳額 列

梁季妻羅氏于歸三年夫故矢志撫孤苦節六十餘年卒王學使獎給節孝可風額同里袁金溪先生有梁節母贊 收

楊鍾驥妻梁氏生於嘉慶丙子年辛丑年夫故矢志柏舟同治甲子年身故四十九歲守節二十四年 天

楊成信妻董氏斌女生於乾隆壬子年嘉慶庚申夫故無子撫嗣以承宗祀姑以憂鬱喪明氏善體姑意俾雙目復明同治乙丑卒七十五歲守節四十七年闔族請旌 胡宫保獎給閨閣完人額 藏

白杲區

袁宗道妻陳氏宗德妻榮氏親娣姒也越數年宗道宗德貿於川相繼而殁遺孤世朋世高上有孀姑並祖姑二氏矢志苦守陳氏生於乾隆乙未殁於咸豐丁巳守節五十三年榮氏生於乾隆辛丑殁於道光甲午守節四十年 地

李文遂妻李氏隆春女生於嘉慶甲子年道光甲申年夫故氏矢志柏舟卒於同治壬申年六十九歲守節四十八年列

袁宗立妻鄒氏家瑚女生於乾隆己酉年嘉慶戊寅年夫遠貿卒於外姑老子幼氏以柏舟自誓卒於同治甲子年七十六歲守節四十六年地

董亨顯妻劉氏庠生袞榮毋夫歿氏年二十八歲立志以撫遺腹孤事翁姑克盡婦道七十二歲卒守節四十四年道光丙戌年 王學使奬給節孝可風額天

董利儲妻黃氏維翰次女生於道光辛巳年庚子年夫歿僅一女家貧姑老且病以針黹易錢藉供甘旨餘以還夫宿債道光己酉身故二十九歲守節十年天

董烆妻涂氏年二十歲于歸夫遠貿卒於川氏奉翁姑生事死葬俱盡禮撫孤子成立未幾子亦卒孑然一身數十年堅貞自矢卒於道光二十七年七十八歲守節五十餘年天

監生羅立蕎妻王氏生於乾隆壬子年丙子夫故撫夫姪佑烈爲嗣事翁姑教嗣子丕著賢聲同治三年卒七十二歲守節四十八年 胡宮保奬給和丸志苦額列

李之勝妻戴氏監生全泰女嘉慶甲子生道光壬辰夫故家貧子幼矢志靡他同治二年卒六十歲守節三十一年

袁德裕妻劉氏常錡女生於道光丁酉年于歸四載夫故僅一女家極貧氏歸母家度日光緒乙亥年二月卒守節十六年袁姓迎葬祖山爲之立後地

羅宗源妻黃氏乾隆甲申生癸丑夫歿氏矢志不二道光二十二年卒六十九歲守節三十九年生

羅宗漢妻劉氏乾隆壬辰生癸丑夫歿年二十一歲與夫

兄源妻黃氏同時苦守咸豐六年卒八十五歲守節六十四年道光九年 王學使旌以雙節競爽額生

魯家區魯成元妻戴氏生於嘉慶壬戌年二十八歲夫故家貧氏上奉翁姑下撫孤子終無懈志同治庚午年卒六十九歲守節四十二年盈

湊世萬妻黃氏生於乾隆乙巳年于歸六年夫歿僅一女家極貧氏奉姑養女絕無惰志卒於同治甲子年八十歲守節五十四 王學使奬給節孝可風額天

魯大爲妻馮氏四川人生於乾隆乙丑年庚寅年夫故撫

夫姪以承宗祀　王學使給奬淑德幽芳額卒於道光甲申年七十歲守節三十四年　天

曾國泰妻鮑氏生於嘉慶丁卯年于歸數載生一子僅二歲夫故氏上奉翁姑下撫孤子經營操作家道粗興卒於咸豐辛亥年五十五歲守節三十一年　天

曾紹雄妻吳氏志大女生於乾隆戊子年于歸五年夫遠貿卒於蜀孤子僅三歲家寒姑老多病氏不辭辛苦以事以畜同治元年身故九十五歲守節六十八年　天

曾仁臺妻王氏國壽女生於乾隆乙卯年于歸七年夫故

有遺腹子朝舉於父出殯日始生氏與姑辛勤教養至於成立咸豐八年身故六十五歲守節三十八年　天

曾朝舉妻江氏思才女生於道光丁亥年于歸六年夫故子方二歲至能力耕時披蓑荷鍤每與子偕其苦節如此三世清操後先一轍同治八年卒四十三歲守節十九年

曾仁愷妻胡氏生於乾隆癸巳年胡煇女二十八歲夫故卒於道光壬辰年六十一歲守節三十三年　王學使奬給砥節懷清額　天

曾行智妻甯氏甯班女生於乾隆戊辰年二十三歲夫故撫夫姪仁秀爲嗣內外經營道光甲午年病故八十七歲守節六十四年　天

曾行正妻李氏世清女生於乾隆乙亥年二十五歲夫故撫夫姪仁純爲嗣備歷艱辛嘉慶初卒　天

梁履和妻吳氏馥庭女生於乾隆二十八年五十六年夫故道光二十二年卒苦節五十一年　收

梁聖和妻鄧氏大升女生於乾隆三十四年嘉慶四年夫故矢志苦守道光二十年卒守節四十餘年　收

梁景沾妻胡氏廷輝女生於乾隆三十二年六十年夫故

撫嗣苦守道光十五年卒守節四十年　收

梁天和妻蔡氏俊亭女生於乾隆二十五年五十五年夫故苦節七十六歲卒守節四十六年　收

梁學澄妻黃氏兆玉女生於乾隆五十九年道光元年夫故撫夫姪爲嗣本族以清標彤管額爲氏壽七十一歲卒守節四十年　收

曾廷楓妻吳氏亘木女生於乾隆乙丑年甲申年夫故家貧子幼矢志苦守道光甲午年卒九十一歲守節七十一年　收

姜志揚妻粱氏學智女生於乾隆庚戌年丙子年夫故苦守遺腹子同治九年卒八十一歲守節五十五年收

曾仁桂妻涂氏文乾女生於嘉慶癸亥年庚寅年夫故家貧苦守咸豐戊午年卒五十六歲守節二十九年收

曾恕明妻丁氏生於乾隆辛巳年丙午年夫故矢志苦守道光癸未年卒六十三歲守節三十八年收

望花區

曾博濟妻阮氏成琳女生於嘉慶辛未年辛丑年夫故氏矢志撫孤同治甲子年卒五十四歲守節二十四年收

葉兆蘭妻蔡氏生於嘉慶辛未年甲午年夫故氏苦守撫

孤同治二年卒五十三歲守節三十年咸豐十一年請旌

旌胡宫保奬給金石同貞額收

魯家區

粱錫琪妻王氏太和州知州王勸女咸豐十一年請旌其生卒年月因採訪原單未曾備列而疊次清查又無從攷據收

劉文鳳妻董氏秉聰長女生於乾隆四十年嘉慶七年夫故氏孝事翁姑教養三子成立同治二年卒八十九歲守節六十二年藏

劉光華妻唐氏士義女生於乾隆六十年道光四年夫故撫孤子女三成立事翁姑與本生翁姑俱盡孝道親戚鄰里有困頓者量助之道光二十九年卒五十六歲守節二十六年藏

唐太榮妻姜氏志豪長女生於乾隆六十年道光元年夫故孝事翁姑翁歿姑臥病十餘年侍湯藥不少懈道光二十六年卒五十二歲守節二十八年藏

涂成魁妻吳氏年二十五夫故無出撫夫弟子以承宗祀同治元年卒五十七歲守節三十二年金

曾正字妻吳氏光甲女嘉慶己卯生于歸四十日夫故撫

夫姪國誌以承禋祀竭力經營漸增舊業光緒元年卒五十七歲守節三十七年天

望花區

胡士書妻羅氏承章女生於乾隆戊申年二十九歲夫故矢志不二能得姑權心卒於同治甲子七十七歲守節四十八年咸豐十一年　胡宫保奬給心堅金石額盈

楊東明妻蔡氏啟鳳女生於乾隆癸丑年嘉慶癸酉年夫故家貧立志守節同治三年卒七十二歲守節五十二年

胡志盛妻吳氏生於乾隆戊子年庚戌年夫故家貧有一男一女苦節自守至道光四年卒五十七歲守節四十四

年道光五年　王學使獎給淑節幽芳額盈
李尙福妻程氏志輔女生於嘉慶庚辰年戊申夫故同治
甲子身故四十五歲守節十七年天
胡能福妻黃氏煜女生於乾隆丙子歲乙未于歸夫遠貿
卒於外氏撫遺腹子成立事姑以孝聞道光二十三年卒
八十八歲守節六十七年列
胡志敏妻羅氏承鼎女生於嘉慶壬戌年于歸一載夫故
家貧姑老誓以死守撫夫姪爲嗣同治甲子年卒六十三
歲守節四十二年列

李楚賓妻楊氏開進女生於嘉慶五年于歸六年夫故咸
豐己未年卒六十歲守節三十六年列
馮其騶妻曾氏庠士崇信女于歸數載夫故時年二十有
八撫孤子事翁姑艱辛備歷同治甲子卒八十三歲守節
五十五年元
鄭亭儀妻曾氏儒士可法女生於嘉慶庚申年道光甲申
夫故孝事翁姑矢志苦守同治甲子卒六十五歲守節四
十年元
吳敏求妻鮑氏于歸甫一載夫故撫遺腹子成立後入邑

庠氏有詩集待刊道光三十年卒守節四十八年成
吳喬齡妻徐氏其謙女二十一于歸未一年夫故氏矢志
靡他售粧奩以葬翁姑撫夫姪爲嗣因孀母無倚遂大歸
後嗣子亦逝恐夫祀絕蓄一婢爲夫弟妾同治十年卒苦
節二十一年成
吳敏連妻鮑氏年二十于歸越五載夫故孝事翁姑撫孤
成立道光三十年卒守節四十三年成
太學生胡士春妻方氏乾隆戊寅生丙申夫故矢志撫孤
年逾八十卒守節六十年調

胡士型妻周氏乾隆丙子生于歸後生一子夫外貿卒於
川氏奉翁姑撫孤子道光癸卯卒苦節數十年　王學使
獎給節孝可風額調
羅立學妻姜氏乾隆甲午生夫故矢志不二道光壬辰卒
守節數十年調
鄭廳亭妻吳氏舉人世渭女乾隆甲午生嘉慶癸亥夫故
苦節三十餘年撫夫姪爲嗣孝事翁姑道光癸巳卒道光
丁未　王學使獎給節孝可風額調
葉向仁妻范氏嘉慶丁巳生二十九歲夫故苦守同治七

年卒七十三歲守節四十三年 調

程國柱妻胡氏廷釆女夫貿易旅卒氏撫孤成立道光丙午卒八十六歲 王學使獎給節孝可風額 金

廩生程德本妻鮑氏州同其掄女二十六歲夫歿謹事後姑課子食餼同治元年卒八十一歲守節五十五年咸豐十年請 旌 金

庠生程熙曾妻洪氏庠生斐觀女夫卒時年十九生子方四月撫孤子體姑心道光二十三年卒三十三歲守節十四年咸豐十年請 旌 金

程永太妻戴氏夫歿無出族黨中有善讀書者輒勸勉之八十餘卒守節數十年 金

胡克式妻羅氏歲貢江女嘉慶丁卯生道光庚寅夫故子三幼子係遺腹撫孤成立長子入泮光緒元年卒守節四十六年 列

三羅堡

羅承棟妻王氏道女乾隆壬申生辛丑夫故氏孝事翁姑撫孤成立家道賴以稍豐道光二十五年卒守節五十四年 呂

三羅堡監生黃維翰妻阮氏洪新女生於嘉慶己未年道光丁亥年夫歿有兩女長適人皆不幸早寡克如母志咸豐丁巳年卒五十九歲守節三十一年 天

黃周明妻萬氏生於乾隆己亥年嘉慶丙辰年夫故生一子維祚氏善織凡翁姑喪葬及子讀書費皆出於此一時諸姪輩咸以布母呼之道光二十八年卒七十歲守節四十三年 天

黃周潤妻王氏法能女生於嘉慶己未年道光甲申夫故僅一女家極寒恒一日一舉火無怨言同治三年卒六十六歲守節四十年 天

黃維欄妻羅氏宗高女生於乾隆壬子年嘉慶乙亥夫故遺腹一子賢良氏勤苦撫孤至同治二年卒七十二歲守節四十八年 胡宮保獎給白璧無瑕額 天

黃維祿妻萬氏生於嘉慶庚申年道光丙戌夫歿二子俱幼氏誓苦守稍有餘積償夫宿債同治三年卒六十五歲守節三十九年 天

黃錫祿妻張氏丙輝女生於道光丙戌年己酉夫歿僅一女與相依爲命同治甲子卒三十九歲守節十五年 天

楊國瑞妻朱氏長維女于歸三載夫歿子宗貴僅歲半矢

志撫孤迨子成立赴川貿易娶妻生子六以一子回籍事奉祖母母又教孫成立卒於道光丙午年年八十八歲守節六十八年 天

羅立太妻畢氏以亭女生於乾隆乙卯年于歸五載夫故苦守撫養遺孤道光癸卯卒守節二十四年 吕

王家宜妻羅氏三富女嘉慶乙丑生道光丙戌夫故苦守同治甲子卒守節三十八年 吕

蕭承龍妻屈氏從建女乾隆癸卯生嘉慶辛未夫故家貧誓不易志道光壬寅卒守節三十一年 吕

劉承耀妻吳氏德英女乾隆己酉生嘉慶丁未夫故子喪撫孫畢生勤苦同治甲子卒守節四十七年 吕

羅立賢妻陳氏茂聖女乾隆乙卯生嘉慶己卯夫故撫遺腹子克承禋祀同治甲子卒守節五十六年 吕

羅宗烈妻晉氏邑治女乾隆丙子生戊戌夫故誓以苦守道光二十九年卒守節七十一年 吕

羅立倫妻趙氏之坪女乾隆戊戌生嘉慶壬戌夫故念篤孝慈俾子併承夫弟後咸豐戊午卒守節五十六年 吕

羅宗忠妻王氏士煌女乾隆丁丑生庚子夫故事姑撫孤半資紡織道光壬寅卒苦節六十五年 吕

羅神卜妻婁氏邑庠生煥星女康熙壬辰生雍正甲寅夫故於蜀氏遷骨還葬教子嚴後入成均乾隆庚寅卒守節三十六年 吕

鄭德普妻左氏文學女嘉慶癸酉生道光辛卯夫故撫嗣孝姑曲盡婦道同治甲子卒守節三十四年 吕

羅敢銳妻鄭氏仁之女道光丙申生咸豐戊午夫被賊害氏誓苦守同治庚午卒守節十七年 吕

鮑廷棟妻葉氏二十二歲夫歿矢志靡他道光丙申卒守

節四十三年 吕

羅立萬妻張氏于歸年餘生子佑富夫即入蜀貿易旋没於蜀氏誓苦守道光辛丑卒守節五十餘年 吕

羅士俊妻徐氏康熙甲午生雍正甲寅夫故矢志靡他歷盡勞苦邑紳欲爲請 旌氏力辭乾隆壬寅卒六十八歲守節四十年 生

羅洪茂妻榮氏康熙庚辰生二十八歲夫故矢志撫孤艱苦萬狀乾隆戊戌卒七十九歲守節五十一年 生

黄文忠妻馮氏年二十六夫故撫夫姪德福爲子家貧勵

志守節五十八年道光二十四年八十四歲卒麗
黃德福妻馮氏年二十二夫故子幼姑老氏矢志苦守同治三年卒六十四歲守節四十年麗
徐家區王文富妻甯氏廷炳女道光乙酉生咸豐甲寅夫故撫孤子二家窘極歸依母家矢志不二同治三年卒苦節十一年呂
方啟玉妻袁氏乾隆二十八年生二十四歲夫故孤子星階僅五歲撫養成立道光五年六十三歲卒守節三十九年咸豐十年　胡宮保獎給彤管揚徽額生

青龍區貢生吳世珍妻蘇氏天秩女生於乾隆四十六年于歸八年夫故孝事孀姑撫孤成立處已約喜周貧乏同治二年卒八十三歲守節五十七年　胡宮保獎給彤管揚徽額列
吳光斗妻涂氏宗道女生於嘉慶三年道光三年夫故苦守同治壬申年卒七十五歲守節四十九年列
吳大鏞妻歲貢胡秀三女生於道光六年咸豐三年夫故苦守同治八年卒四十四歲守節十六年列
蔡世弼妻葉氏元誼女生於道光元年庚戌年夫故苦守

同治九年卒五十歲守節二十年列
鄭承禧妻王氏嘉慶丙寅生二十八歲夫卒苦守同治三年卒守節三十二年陽
鄭承高妻楊氏嘉慶戊辰生二十五歲夫故苦守同治辛未卒守節三十九年陽
畢之發妻羅氏二十二歲夫故苦守七十八歲卒守節五十七年存田二斗捐入公祖陽
阮喬齡妻蔡氏觀海女二十三歲于歸夫故矢志撫孤其子於同治三年病故氏以憂鬱成疾卒守節二十六年寒

曹家區周長泰妻李氏憲章女生於乾隆二十四年于歸逾年夫故生子學明僅一月氏矢志苦守事翁姑撫孤子歷盡艱辛子方弱冠娶媳程氏生三子一女學明亦故姑媳相依為命迨後孫復生孫有五世同堂之瑞道光三十年卒九十三歲守節七十五年宙
廖思鑒妻李氏登雲女生於乾隆丁亥年于歸三年夫故氏清操自矢即母家亦不輕往後撫夫次姪孫為嗣道光己酉年卒八十三歲守節六十年宙
鮑效洙妻蔡氏年二十夫歿無出歸侍父母同治三年卒

七十歲守節五十年氏婢春桂始終隨氏不嫁咸豐九年卒金
庠士鮑文風妻李氏于歸數年夫故氏事姑以孝教子成名嘉慶十五年卒守節三十五年昆
監生鮑其伸妻劉氏延壽女于歸十載夫故氏勵志撫孤事姑守節三十年卒氏子監生開美妻范氏貢生自緒女于歸十載夫故氏承姑志教子蜚聲庠序守節三十年卒道光六年　學使王獎給兩世節孝額昆
監生鮑其松妻阮氏于歸五載夫故撫夫姪開來爲嗣捐

田三石餘作祀產守節三十九年卒道光六年　學使王獎給節孝可風額昆
監生徐士璧妻鮑氏二十九歲夫故矢志撫孤守節四十九年卒道光七年　王學使獎給清節揚徽額昆
監生鮑其材妻蕭氏乾隆四十六年于歸五十一年夫故氏卹事俯畜矢志靡他道光九年卒守節四十三年昆
鮑其勝妻唐氏乾隆四十八年于歸五十年夫故氏勵志撫孤道光十六年卒守節五十三年昆
徐龍煥妻羅氏道光四年于歸僅兩載夫故氏苦守咸豐四年卒守節三十年昆
鮑開洛妻劉氏乾隆六十年于歸新婚未一月夫遠貿未歸氏堅貞自矢道光二十七年卒守節五十二年昆
馬明福妻徐氏國祿女道光十七年于歸二十八年夫故氏勤苦自給有餘羨賙同室同治七年卒守節二十年昆
羅世柱妻曹氏乾隆四十一年于歸五十三年夫故氏撫孤成立道光十二年卒守節五十三年昆
拔貢鮑輝業妻蔡氏嘉慶十年于歸十八年夫由京赴山西省越二載補大同縣在任病故訃至氏矢志養翁姑同

治三年卒守節五十一年昆
鮑輝朗妻吳氏監生敏學女嘉慶二十三年于歸道光六年夫故氏謹步趨寡言語鄉鄰慶弔皆不與焉咸豐十年卒守節三十五年昆
羅承棠妻李氏清理女乾隆庚戌生夫故無出家貧苦守同治二年卒守節四十九年呂
朱家匾朱元仕繼妻史氏于歸數月夫外貿旋卒上無翁姑下無子媳一身如洗志節彌堅道光壬辰卒年七十二歲守節數十年學使王獎給砥節延齡額宇

朱德培妻熊氏年二十四夫故子殀撫夫姪苦守矢志不二同治丁卯卒年六十一歲守節三十七年 宇

朱松茂妻徐氏年三十夫故家貧子幼勤苦教訓節操堅貞同治甲子卒年八十歲守節五十年 宇

朱文盛妻丁氏年二十二夫故持家課幼苦節彌堅同治丁卯卒年七十六歲守節五十四年 宇

朱志信妻鄒氏夫歿苦守數十年卒 宇

朱志麒妻劉氏年三十夫歿堅貞矢志與姑并稱道光丙戌卒年八十六歲守節五十六年 宇

朱見榜妻王氏年二十二夫故矢志苦守咸豐癸丑卒年七十三歲守節五十一年 宇

董廷銘妻孫氏年二十六夫外貿覆舟溺死立志守節年四十三歲卒 宇

朱克鏞妻鮑氏年二十四夫故家貧守節紡績奉姑年四十六歲卒 宇

王之佐妻陳氏年二十六夫故勵志守節茹苦含辛同治甲子卒年八十八歲守節六十二年 元

朱德報繼室龔氏夫故時年二十八歲遺一子氏矢志撫孤事翁姑曲盡婦道同治乙丑卒年五十一歲守節二十三年 宇

朱德垙妻蔡氏嘉慶庚午生年三十夫故遺二子一女矢志撫育同治庚午卒年六十一歲守節三十一年 宇

朱汝樂妻劉氏年十八夫故苦守能承姑志 宇

沙河區

傅爲秩妻徐氏岡邑儒士其忠女年二十于歸期年生子甫八月夫故氏忍死守節以事畜爲己任前巡撫胡奬給玉潔冰清額奏准建坊同治辛未卒年七十三歲守節五十二年 閏

傅宗明妻曹氏永耀次女年二十二于歸年餘夫故氏立志撫孤年七十卒守節四十六年 閏

傅之瑗妻王氏士愷女年二十二于歸六載夫故仰事俯畜皆盡其道撫憲胡奬給閨閫師表額八十四歲卒守節六十二年 閏

傅之珩妻胡氏冕公女年二十一于歸二十四歲夫故子甫一週辛苦養成撫憲胡奬給浩氣流行額六十四歲卒守節四十年 閏

徐其貴妻李氏宗英女年二十于歸三十歲夫故立志撫

孤紡織度日六十三歲守節三十四年 閆
傅爲昶妻蔡氏庠生奕菁次女年十九于歸二十八歲夫故撫育兩男一女守節六年卒 閆
傅聖裁妻李氏士秀女于歸三載子僅六月夫故氏撫孤雛和妯娌內外無間言壽終七十四歲守節五十年王學使獎給清節揚徽額 洪
余均亮妻張氏義林女于歸七載夫故清操自勵歷久彌堅六十八歲卒守節四十七年 洪
熊正模妻胡氏明高女于歸四載生子甫六月夫故孀姑

目盲氏孝養不懈五十二歲卒守節三十二年 洪
王朝鳳妻胡氏士典女于歸三載夫故撫夫兄長子爲嗣歷盡艱辛六十一歲守節四十年 洪
榮羅堡鄒長璉妻甯氏兆興女嘉慶丙辰生己卯夫故氏矢志靡他薪水之役皆自爲之甚至有不舉火之日往往托以有疾不欲外人憫其貧也六十九歲守節四十五年 天
閆文奎妻羅氏宗昇女嘉慶辛酉生道光丙戌夫故事姑教子子入邑庠道光己酉卒守節三十三年咸豐十年請准建坊入祠 呂

羅立華妻朱氏之和女嘉慶戊辰生道光甲午夫故攜子行乞養姑同治甲子卒守節三十一年 呂
甯家穀妻朱氏元舉女嘉慶壬戌生道光辛卯夫故家貧子幼氏矢志苦守同治甲子卒守節三十三年 呂
羅佑邦妻吳氏廷芳女嘉慶庚午生道光乙未夫故撫孤成立同治乙丑卒守節三十年 呂
羅洪軒妻馮氏雍正己卯生年二十七夫故事畜各盡其道嘉慶戊午卒年六十四歲守節三十七年 生
羅承翥妻周氏乾隆甲辰生年三十夫故上奉祖姑馮氏

矢志靡他道光丙戌卒守節十四年子二長雲漢歲貢生次立倫倫早逝妻傅氏嘉慶壬申生年二十五夫故氏潔清自守咸豐辛亥卒守節十六年 生
閆貴妻甯氏乾隆辛酉生年十九夫故撫孤成立子卒撫孤孫道光辛丑卒年八十一歲守節六十二年 生
閆文玉妻戴氏乾隆甲申生年二十九夫故家貧撫孤同治癸亥卒年八十二歲守節六十二年 生
羅宗廣妻傅氏乾隆癸酉生年二十三夫故立嗣承祀道光甲午卒年八十歲守節四十七年 生

羅佑均妻余氏天福女道光辛卯生咸豐乙卯夫故無出矢志不二同治己巳卒守節十年　呂

王文儒妻羅氏宗均次女乾隆辛丑生年三十夫故氏事姑撫子同治二年卒年八十三歲守節五十二年　生

羅承太妻阮氏乾隆戊子生于歸數月夫外貿卒於蜀撫夫姪爲嗣道光己酉卒年八十三歲守節六十三年　生

龔啟溯妻朱氏文炘女嘉慶甲子生年二十于歸道光辛卯夫故撫子成立復遭家道衰薄艱苦備嘗同治己巳卒守節三十九年　天

八里畈董啟洙妻熊氏文燧女年二十三夫故矢志靡他姑病割股和藥以進八十歲卒守節五十八年　黃

鄒德政妻方氏文釆女嘉慶戊辰生道光癸巳夫故苦守同治甲子避難卒於城五十七歲守節三十一年　黃

余天貴妻陳氏必艮女嘉慶甲戌生道光二十三年夫故有遺孤三教之成立孝事翁姑同治九年卒五十七歲守節二十七年　元

詹士俊妻鄒氏德芳女嘉慶甲戌生道光二十三年夫故矢志靡他養姑撫子不以家貧易志同治三年卒年五十一歲守節二十一年　元

董家堡

徐啟元妻毛氏正榮女嘉慶壬戌生道光戊子于歸生一男一女夫故姑老子幼誓以死守同治甲子卒年六十三歲守節三十八年　黃

董存體妻羅氏廷元女乾隆甲子生夫故誓守嘉慶十七年卒年六十八歲守節三十八年王學使獎給節貞孝摯額　黃

董延安妻劉氏東樂女嘉慶己巳生夫故奉姑教子矢志不懈同治八年卒年六十九歲守節四十三年　黃

董世坦妻王氏文遠女乾隆乙酉生夫故依孀姑徐氏誓死不二卒年七十二歲守節五十五年　黃

董其聖妻徐氏年二十四夫故誓以死守卒年六十歲守節三十七年　黃

董先槐妻周氏侯封女年二十八夫故清潔自守卒年七十七歲守節四十九年　黃

董實妻毛氏篤齋女年二十夫故苦守卒年七十歲守節五十年　黃

董愼鑒妻黃氏庠生黃鶴女年二十五夫故苦守卒年八

十歲守節五十五年黃
董士道妻劉氏庠士思光女年二十四夫故苦守卒年七
十四歲守節五十年黃
董珩妻涂氏國衡女年二十夫故苦守卒年五十歲守節
三十年黃
董時舉妻劉氏年二十夫故苦守卒年八十歲守節六十
年黃
八里畈
馮世須妻黃氏若維女康熙已酉生夫故一子一女俱幼
矢志守節敬事翁姑至乾隆丙辰卒年六十八歲守節四

十五年元
劉士誠妻吳氏正垣女康熙丙子生夫故撫夫姪爲嗣持
家儉約馴至小康乾隆四十四年卒年八十八歲守節五
十七年元
李廷杰妻吳氏志祥女嘉慶丙辰生夫故氏奉孀姑孝撫
孤子嚴同治四年卒年七十歲守節四十三年元
林啟發妻陳氏元琳女嘉慶戊午生夫故苦守同治三年
卒年六十七歲守節三十八年元
鮑汝誥妻羅氏立富女嘉慶壬戌生夫故撫遺孤三閭家

衣食咸仰氏十指同治甲子卒年六十三歲守節三十九
年元
馮錦熙妻楊氏道光癸卯生夫故氏矢志養孤同治癸酉
卒年三十一歲守節六年地
董家堡
董本權妻彭氏年二十夫故苦守卒年七十六歲守節五
十六年黃
董延眉妻黃氏俊之女道光已卯生夫故立夫兄子爲嗣
年五十二歲卒守節二十七年黃
閭恢彩側室陳氏生一子僅十六日夫故氏事嫡以敬撫

孤以慈年八十歲卒寒
庠貢鄒啟照妻吳氏適鄒年餘夫故遺腹一子教育成立
道光八年卒守節二十三年成
八里畈
羅佑鰲妻劉氏朝棟女乾隆壬子生夫故立志撫孤同治
三年卒守節四十四年呂
羅承榮妻榮氏秉文女嘉慶庚申生夫故撫夫姪爲嗣同
治三年卒守節三十六年呂
董家堡
董美華妻田氏乾隆已酉生夫故無嗣撫夫姪立玉承祀
玉早卒氏同媳曾氏苦守不二同治甲子田卒年七十四

歲守節五十年　生

八里畈

儒士曹名仕妻徐氏夫早卒矢志苦守道光二十年卒年七十歲守節四十餘年王學使獎給冰雪同操額　水

黄作梁妻王氏利川縣人乾隆乙卯生夫在外身故僅遺一女氏撫夫姪明然爲嗣時夫與翁柩俱厝利川氏扶柩歸葬有勸令弗歸者氏泣曰生爲黄氏婦死爲黄氏鬼不歸何爲同治甲子卒守節四十九年　黄

王天泰繼室俞氏啟明女嘉慶庚申生夫故越四月生遺腹子名啟高矢志撫孤同治甲子卒守節三十九年　黄

劉名梓妻丁氏志壽女嘉慶壬戌生夫故教子成立同治己巳卒守節三十八年　黄

董家堡

董承宗妻鄒氏景會女年二十于歸夫外貿卒於蜀無嗣氏誓以死守卒年七十四歲守節五十四年　黄

董延生妻淩氏淩榜女嘉慶癸酉生夫故子未周睟撫之成立娶媳王氏得女孫二王氏卽故咸豐十年三月初六子被賊擄氏憂鬱成疾同治六年卒年五十五歲守節二十八年　黄

余家院

庠生梅寶全妻王氏年二十六夫故止遺一子撫養成立七十八歲卒守節五十二年　騰

梅瀏妻俞氏年二十四夫故子幼勤紡績甘淡泊事翁姑孝教子嚴八十一歲卒守節五十七年　騰

梅天揆妻朱氏年二十五生二子夫故矢志苦守紡績不倦撫子成立年八十一卒守節五十六年　騰

梅天極妻熊氏年二十八生二子夫故茹蘗飲冰教子成立家產日興八十五歲卒守節五十七年　騰

梅增茂妻劉氏年二十三夫故無子撫夫弟春芳之子候選同知錫齡爲嗣事翁姑孝教子有方八十一歲卒守節

五十八年　騰

參軍府余玉峯妻龔氏年二十六歲夫故守節三十七年卒　騰

梅錫榮妻俞氏年二十七夫故守節三十六年卒　騰

梅增輝妻俞氏年二十八夫故一子三孫訓誨維嚴至老不倦八十二歲卒守節五十四年　騰

董家堡

彭之坤妻吳氏年二十八夫故矢志自守勤於家事六十二歲卒後胡撫憲獎給節孝可風額　水

董伯蘭之妻鄒氏年二十六夫故冰霜自凜紡織躬勤六十

七歲卒八稱巾幗丈夫守節四十一年 黃

[程集區] 陳瑞之妻詹氏年二十四夫故志凛冰霜卒後王學憲獎給節孝可風額苦節六十年 位

[程家集區] 姚成富妻阮氏夫故時年二十二歲家貧矢志苦守七十餘歲卒 位 節三十一年 騰

[余家院] 蔡光聖妻蕭氏年二十二夫故遺一子矢志不渝身勤紡績七十五歲卒守節五十三年 騰

[袁家河區] 儒士董楷妻蔡氏乾隆乙亥生年二十夫故遺腹子名文灼撫養成立貢入成均道光壬寅卒年八十七歲守節六十七年 爲

儒士熊映權妻董氏嘉慶庚申生年二十一夫故苦守同治甲子卒守節四十四年 爲

儒士熊作用妻史氏道光辛巳生年十九夫故苦守同治庚午卒守節三十一年 爲

[程集區] 江文銘妻洪氏志輔女乾隆丙辰生夫故立志守節事姑以孝聞嘉慶乙亥卒守節五十四 位

江啟元妻胡氏封坦女道光辛巳生已亥于歸丙午夫故氏二十六歲仰事俯畜孝慈兼盡至同治辛未卒年五十一歲守節二十五年 芥

王景乾妻徐氏世齡女嘉慶己未生丙子于歸道光癸未夫故氏二十五歲上事翁姑下撫孤子克盡孝慈同治甲子卒年六十六歲守節四十一年 芥

阮文炬妻戴氏文有女乾隆乙丑生甲申于歸越四月夫出外故氏年二十歲撫遺孤子立苦節如飴嘉慶己卯卒年七十五年守節五十五年 芥

儒士鄭義興妻徐氏庠生士忠女康熙戊寅生年十八于歸二十五歲夫故姑老子僅四齡家貧勤女紅資事畜子亦克紹書香庠生如谷其曾孫也乾隆丙午卒年九十三

歲守節六十八年學使王獎給節孝揚徽額 芥

[陶家區] 馮元照妻曾氏崇信女乾隆壬寅生夫故遺孤忽夭後撫夫姪爲嗣同治三年卒守節五十五年 天

[周鐵區] 監生周啟咸妻馮氏景墀女嘉慶丁巳生年二十于歸二十四歲夫故矢志自守同治壬申卒年七十六歲守節五十二年 光

周尚楷妻馮氏馮桃女乾隆丙戌生年二十于歸二十四歲夫故冰霜自勵咸豐元年卒年八十五歲守節六十一

年學使王旌奬載家乘 光
范在榜妻吳氏宏鉢女嘉慶甲戌生道光九年于歸年十六歲十九歲夫故孝姑撫子矢志靡他咸豐壬子卒年三十九歲守節二十年 光
姜守尭妻叚氏必衛女嘉慶甲子生道光壬午于歸三年夫故年二十歲艱辛備歷立志不移同治五年卒年六十三歲守節四十三年 光
横河區蔡占科妻劉氏夫故無出撫姪如已出咸豐五年卒年七十一歲守節四十六年 金

戴啟發妻曾氏錦和女道光庚寅生夫故僅一女氏誓以死守同治癸酉卒年四十四歲守節十五年 生
周邦義妻蔡氏年二十四夫故無子立嗣守節孝順翁姑道光丁亥卒學使王奬給節孝揚徽額 鹹
戴之濱妻董氏定衡女乾隆壬午生癸卯于歸數月夫故氏事姑孝姑病割股以救道光乙未卒守節五十二年前學使王奬給有節孝可風額 鹹
戴啟後妻劉氏曾家區成宗女乾隆甲辰生年二十于歸越五載夫故無子撫子道光癸卯卒守節三十三年 鹹

戴啟貞妻董氏恩女道光癸未生年二十于歸甫四年夫故氏誓以死守事姑極孝咸豐戊午卒守節十一年 鹹
戴文梓妻陶氏仁周女乾隆乙卯生嘉慶丙子于歸已卯夫故仰事俯畜矢志靡他道光已亥卒守節十九年 鹹
戴啟偉妻程氏如林女嘉慶戊寅生道光癸卯于歸丙午夫故苦守孝事舅姑同治甲子卒守節十八年 鹹
戴文瀚妻蔡氏朝瑞女乾隆甲申生年二十于歸二十八歲夫故苦守道光壬辰卒守節三十九年 鹹
戴大懷妻蔡氏明楚女乾隆壬子生年二十于歸二十四

歲夫故家貧苦守同治辛未卒守節五十六年 鹹
戴翹柏妻鄒氏學深女乾隆乙卯生癸酉于歸嘉慶乙亥夫故氏誓苦守同治甲子卒守節四十九年 鹹
戴國元妻董氏之全女嘉慶戊寅生道光庚子于歸癸卯夫故氏辛勤教子同治庚午卒守節二十七年 鹹
戴鳴颺妻梅氏士華女乾隆乙巳生年十八于歸二十八歲夫故勤儉持家和能教子咸豐乙卯年卒守節四十三年 鹹
戴全世妻蔡氏維珍女道光辛巳生年十八于歸二十三

夫故矢志撫孤同治辛未卒守節二十七年 鹹
戴士烈妻李氏東勝女乾隆癸丑生年二十一于歸道光
甲申夫故事姑孝順同治乙丑卒守節四十一年 鹹
戴作瀛妻蔡氏縉豐女嘉慶丙辰生年二十于歸二十四
歲夫故艱苦備嘗咸豐丁巳卒守節三十七年 鹹
沙井區姜必章妻董氏維賢女乾隆丁未生年二十一于歸
二十八歲夫故矢志撫孤成立已舉二孫不幸子又早喪
卒孀媳撫襁褓二孫成立備歷艱辛同治三年避難川東
在雲邑請旌坤維正氣額光緒元年卒守節六十年 天

魯家區劉家檖妻羅氏佑陞女道光癸卯生年十八于歸戊
辰年夫故氏年二十六歲矢志不二時有欲奪其志者嚴
拒之事姑盡禮無子撫育孤女至光緒元年五月卒 生
陶家區蔡世型妻胡氏乾隆壬戌生年二十七夫故矢志柏
舟撫夫兄幼子爲嗣艱辛備歷節操彌堅傳載家乘道光
乙丑卒八十八歲守節六十一年前學使王獎給砥節懷
清額 列
董家堡子董顯清妻陳氏鳴祖女嘉慶乙丑生年二十二于
歸三十歲夫故撫孤成立孤死撫孫同治甲戌卒年七十

歲守節三十九年 董
曹家區胡文祿妻黃氏嘉慶辛酉生年三十五夫故氏居家
勤儉矢志栢舟同治甲子卒年六十四守節三十九年 潛
横河區周尙義妻戴氏長習女夫故時氏年二十八歲家貧
紡績不輟撫孤成立六十六歲卒守節三十八年 鹹
周鈇區周文奎妻羅氏同邑海源女道光九年生夫故氏年
二十三歲撫姪承嗣同治十一年卒守節二十年 位
周文彪妻毛氏大赤女道光十一年生夫故氏年二十五
歲同治十年卒守節十八年 位

陳集區江萬虎妻周氏于歸九載夫故家貧撫二子成立年
五十餘卒 位
合鮑村區丁明揚妻梅氏天王女乾隆戊申生嘉慶乙丑于
歸丁丑夫故氏年二十九歲咸豐辛酉年七十四歲卒守
守節四十五年 國
朱家區朱德執妻劉氏應高女嘉慶己卯生甲辰夫故時年
二十六歲清節自守奉姑嫜以孝聞撫夫姪克翼以承夫
祀終日憂悶不願久生於丙午九月抑鬱而卒 宇
泬河區周方甸妻戴氏明經女年二十歲于歸二載夫故立

志自守卒年七十三歲 閏
汝井區楊熠妻詹氏乾隆戊子生丁未于歸壬子夫故時年三十六歲無子撫夫胞兄鼇之子成俊爲嗣矢志撫孤道光癸未卒五十六歲守節三十年前巳請旌 地
榮羅區閻賢之妻羅氏賢殁氏二十六歲一子文九僅六歲家貧撫孤伯叔欲奪其志氏矢死靡他卒年六十有七 生
陳均妻龔氏乾隆巳己生二十歲于歸七載夫殁矢志撫養二孤孝事翁姑道光甲午卒壽八十有六守節五十九年 生

陳堦妻袁氏知利女乾隆戊寅生十八歲于歸五年夫貿川病殁矢志撫二子成立寡言笑嚴督責道光元年學憲王奬給節孝重光額庚子年卒八十三歲守節六十年 生
白臯區羅承英妻榮氏乾隆壬寅生年十九歲于歸甫及一月夫外貿溺斃於岡邑之鷺公頸氏志凛冰霜殁於道光巳亥五十八歲守志三十九年 生
羅立祥妻葉氏嘉慶壬申生二十歲于歸二十九歲夫殁矢志柏舟咸豐庚申卒年五十九歲守節二十年 生
羅立朝妻鄒氏嘉慶辛未生年二十于歸三十歲夫殁氏矢志不渝於同治甲子卒年五十四歲守節二十四年 生
横河區蔡世斌妻戴氏乾隆辛卯生戊子于歸甲寅夫故時年二十四矢志守節歷久不渝道光辛丑卒七十一歲守節四十七年 炳五
蔡駿衡妻吳氏國洋女生於嘉慶丙寅年道光戊子于歸二十八歲夫故志凛冰霜始終如一同治甲子卒守節三十一年 炳五
八里畈王文汶妻馬氏乾隆壬子生嘉慶乙亥夫故氏年二十四歲夫故無子夫姪四氏矢志冰霜經營置産將所置

田地一分與諸姪一分作祀産至至祭祀不廢雖亡而如未亡焉豈非巾幗中丈夫哉 黄
王應庭妻李氏兆茲女年二十三歲夫殁一子越聘曾女越早卒曾年十六越病時接曾充新服侍醫藥不數日越卒曾死而復甦者再自是姑媳矢志柏舟守貞三十八年卒嘉慶十七年學憲鮑旌奬姑媳冰玉同清額 黄
金王氏時愈長女年二十七歲夫殁撫孤子柏舟自矢諸姑伯姊有戲而勸嫁者即作色曰我娘家這様人若無行豈不爲汝等玷聞者肅然以清節終 黄

曾家匾戴能高妻李氏宗榜女嘉慶丁卯生道光甲申于歸五載夫歿僅一女矢志自守事上撫下孝慈並著同治甲子卒五十八歲守節三十五年 天

戴能華妻黄氏文道女嘉慶癸亥生辛巳于歸一載夫歿矢志苦守孝事翁姑同治甲子卒七十二歲守節五十三年 天

吳祖玉妻余氏必壽女嘉慶戊午生丙子于歸五載夫歿矢志氷霜紡織度日撫一子一女成立光緒丙子三月卒七十九歲守節六十年 天

荆楚文庫

〔光緒〕麻城縣志（下）

〔清〕鄭慶華 修
〔清〕潘頤福 纂

荆楚文庫編纂出版委員會
武漢大學出版社

麻城縣志卷之三十五

列女　西鄉節

王家集區金德超妻黃氏士奎女嘉慶庚申于歸辛酉夫故苦節撫孤道光戊申卒年六十七歲守節四十八年 闕

姜文榮妻周氏周桃女嘉慶元年夫故氏年二十九仰事俯畜道光三十年卒年八十四歲守節五十五年 巨

金之相妻鮑氏信然女道光庚子于歸二十五歲夫故撫孤自勵同治甲子卒年四十四歲守節十九年 闕

金秀橋妻黃氏玉池女道光丙午于歸二十九歲夫故家

貧矢志同治壬戌卒年三十五歲守節六年 闕

金學榮妻龔氏鐸女二十九歲夫故撫夫姪同知銜秀柏爲嗣咸豐甲寅卒年六十八歲守節三十七年請 旌 闕

金秀松妻林氏方翰女道光己丑于歸年二十二夫故矢志撫孤道光庚戌卒年四十歲守節十八年請 旌 闕

吳復禮妻王氏兆權女于歸七年二十七歲夫故清節自守光緒元年卒年六十歲守節三十三年 闕

汝王區

彭文燈妻楊氏文灼女道光戊子于歸數月夫故年二十四歲矢志柏舟同治三年卒年六十歲守節三十六年 闕

七里畈區王家鑑妻陳氏文歲女道光癸巳于歸壬寅夫故氏年二十八歲勤勞事畜同治庚午卒守節二十八年 闕

王振欽妻姚氏世榮女嘉慶己未夫故年二十八歲矢志堅貞己請 旌表咸豐七年卒守節五十八年 珠

王臣妻金氏金礴女嘉慶癸酉于歸道光壬午夫故氏年三十歲咸豐丁巳卒守節三十五年撫姪爲嗣庶姑夏氏二十九歲守志咸豐元年八十四歲卒媳丁氏大利女道光庚子于歸二十九歲夫故三世清節卒無後裔 珠

王修文妻楊氏崇曉女道光癸巳生于歸二十九歲夫故

一子甫生三日撫養成人奉姑維謹同治十三年四十五歲卒苦節二十一年 珠

陳墩區劉先文妻陳氏元學女嘉慶甲子生九歲爲劉養媳道光辛巳與文成禮次年文故誓以身殉因念翁姑衰夫弟幼遂勉事翁姑勸夫弟先魁苦讀竟登庠序道光丁未卒守節二十六年魁呈請前撫憲胡給節媲松筠額 巨

洪大城妻王氏啟泗次女道光己丑夫故時年二十八歲事繼姑以孝聞同治乙丑卒年六十四歲守節三十六年前撫憲胡奬給閨壼留芳額 巨

范景周妻吳氏嘉慶癸酉夫故時年二十歲守節至道光庚寅年卒 巨

范景鎮妻蕭氏時章女嘉慶年間夫故無子撫嗣承祀道光丙午卒守節四十年 巨

范在寅妻黃氏汝堂女嘉慶乙亥生道光庚寅于歸庚子夫故時年二十六歲氏矢志力守咸豐庚申卒苦節二十年 巨

儒士鮑蓉夏妻胡氏十九于歸二十七歲夫故撫嗣承祀守節二十三年五十歲卒學憲李獎給勁節懿行額 莱

鮑芹堂妻舒氏黃岡雍庠有源女嘉慶甲子于歸癸酉夫故氏年二十九歲矢志撫孤咸豐辛亥卒守節三十八年學使江獎給節孝流芳額 莱

文童鮑鳳喈妻孫氏嘉慶庚申生二十于歸二十九夫故矢志柏舟事姑嫜以孝聞同治甲子卒年六十五歲守節三十七年 莱

夾沙舖吳永昌妻汪氏永才女道光丁亥于歸甫二年夫故時年二十歲事上撫孤孝慈兼盡撫憲胡獎給天地正氣額同治乙丑卒年五十六歲守節三十七年 巨

[illegible]正遠妻徐氏文卿女康熙乙丑生癸未于歸己丑夫故時年二十四歲孝事姑嫜撫孤成立乾隆甲申卒年七十九歲守節五十五年 巨

劉之泰妻吳氏世珽女乾隆癸丑于歸嘉慶丁巳夫故年二十三歲律己嚴奉姑孝道光己亥卒年六十五歲守節四十二年 巨

范珦妻吳氏廷秩女乾隆丁未于歸嘉慶丁巳夫故年二十八歲時長子自揚纫次子自振始生茹苦飲冰事上敎子不憚勞瘁道光庚子卒年七十二歲守節四十四年 巨

儒士吳永錫妻梅氏監生在奎女道光己丑生十九歲于歸二十一歲夫故子其澍生尚未週月氏撫之成立後入成均事姑孝姑没哀毁成疾同治丁卯卒守節十九年 巨

馮均祥妻范氏自蘭女道光辛卯于歸乙未夫故堅貞自矢五十九歲卒守節三十四年 巨

監生梅在壎妻劉氏星材女二十八歲夫故僅一女撫夫姪錦紋爲嗣同治甲子卒年七十三歲守節四十五年 巨

徐之松妻吳氏二十九歲夫故家貧無子有勸其改適者決志不從七十六歲卒苦節四十七年 巨

吳志璜妻王氏廩生丙昶女嘉慶壬戌生道光辛卯夫故
守節四十五年卒 巨
吳志連妻黃氏嘉慶庚申生道光十三年夫故守節四十
五年卒 巨
吳楫妻方氏乾隆己亥生夫故時年二十二歲卒後學使
王爽給節孝可風額 巨
梅景雲妻馮氏加傳次女嘉慶甲子于歸戊辰夫故年二
十七歲中年子没撫夫弟增生縉雲次子承祀事姑孝謹
子嚴咸豐丁巳卒年七十六歲守節四十九年 呂

胡名魁妻喻氏乾隆乙未生適胡生二子早殤魁貿川早
故甘貧苦守紡織奉姑道光丙戌年卒 呂
吳貽謀妻饒氏以鳳女乾隆戊子于歸二十九歲夫故撫
孤成立名入成均家世業儒皆氏遺訓道光丙申卒年七
十六歲守節四十七年 闕
紫雲區吳宏昺妻鮑氏卽貞女阮之嗣媳生員偉南女嘉慶
庚申生十六歲于歸十九歲夫故同治甲子卒年六十五
歲守節四十七年 巨
儒生吳世華妻羅氏維弼女乾隆癸巳生己酉于歸嘉慶

辛酉夫故年二十九歲事姑撫孤孝慈倍篤學使朱蘭給
石貞山壽額道光甲辰卒年七十二歲守節四十三年 巨
黑沙區羅文蔚妻饒氏年十八于歸二十一歲夫故咸豐甲
寅卒年九十二歲守節七十一年 歲
羅文旭妻黃氏乾隆己酉生戊辰于歸戊寅夫故時年二
十九歲志凜冰霜撫孤成立同治甲子卒年七十五歲守
節四十六年 歲
羅維玢妻周氏之楚女乾隆乙卯夫故操凜冰霜撫孤成
立道光癸酉卒年七十一歲守節四十七年 歲

李瑚妻周氏在廣女嘉慶丙子生十八歲于歸一年夫故
同治甲子卒守節二十九年 歲
儒士劉裕和妻李氏士儀女道光丙申于歸己亥夫故苦
守時二十三歲咸豐辛亥卒守節十三年 歲
羅文權妻李氏李輔女乾隆甲寅生夫故氏孝慈兼盡同
治癸亥卒守節四十二年 歲
梅之櫰妻羅氏文酯女乾隆己未生夫故苦守癸酉年卒
守節四十七年同治元年請 旌 歲
劉曰美妻余氏正官女嘉慶乙丑生夫故孝事翁姑癸卯

年卒守節十五年咸豐十年請　旌歲
劉能科妻金氏生棟女嘉慶辛酉生夫故以事畜爲己任
同治癸酉卒守節二十四年咸豐十年請　旌歲
走馬岡區王志亨妻熊氏中愷女道光戊戌于歸甫七月夫
故事姑孝敬撫嗣慈祥同治辛未卒年五十一歲守節三
十四年雲
王學貴妻楊氏之達女乾隆庚寅生丁未于歸嘉慶丁巳
夫故茹苦撫孤道光甲申卒守節二十四年雲
王之琠妻周氏周斌女乾隆丁未于歸己酉夫故撫孤矢

立愈苦愈堅道光丁未卒年七十八歲卒守節六十年雲
蔡啟述妻周氏周友女嘉慶丁卯于歸丁丑夫故不憚飢
寒勤苦自勵咸豐丙辰卒年六十六歲守節四十年雲
王錦廷妻吳氏復焆女道光壬辰于歸庚子夫故氏性温
柔撫孤善誨同治己巳卒年五十五歲守節三十年雲
吳其淵妻王氏炳尊女嘉慶庚午于歸癸酉夫故年七十
四歲同治甲子五月十五日遇變罵賊被戕死守節五十
一年雲
王錦衣妻胡氏太元女道光辛卯于歸乙未夫故前已請

旌家給竹節松筠額同治癸亥三月二十一日在中舘驛
轉棚橋下遇變自溺死年五十三歲守節二十九年雲
周錫璜妻唐氏正秀女道光庚子于歸咸豐辛亥夫故苦
守辛酉二月十五日遇賊自溺死守節十一年雲
楊思珠妻唐氏世美女乾隆辛未生二十歲于歸二十九
歲夫故無子翁姑俱逝夫弟思端甫四齡氏勤教育定婚
生二子道光二十三年卒九十三歲守節六十四年巨
蔡學湘妻黃氏之達女乾隆丁酉生十八歲于歸二十二
歲夫故家甚貧子方半歲教以成立同治四年卒年八十

九歲守節六十八年讓
高陽區汪宗裕妻陳氏繼楷女乾隆甲午生十九歲于歸越
八載夫故一子芳煥甫五齡矢志撫孤事姑以孝咸豐十
一年卒享壽八十八歲龍
范家㘭區李壽妻熊氏宗曉女二十五歲夫故子幼親老氏
孝慈兼盡七十餘卒日
薛本孝妻段氏守章女二十二歲夫故撫孤苦守毫無怨
言五十歲卒日
文童艾宗仲妻孟氏安邑副榜啟成女道光十五年于歸

三十歲夫故服事孀姑朝夕罔懈撫姪承祀卒年五十九
歲守節二十九年 荒
李景柏妻黎氏正明女于歸年三十夫故孀姑年老子僅
六齡事上育孤兩盡其道道光十三年卒守節卌四年 荒
李正保妻黃氏乾隆壬辰生二十歲于歸入門時夫已染
病數月旋逝氏欲殉夫因娣姒勸勉遂立夫姪大學爲嗣
家貧紡紝育孤年七十歲卒守節五十年
喻一楓妻艾氏謙益女嘉慶辛酉生夫故事翁姑以孝教
孤子以嚴子得入邑庠道光戊戌卒年三十八歲守節十

年胡宮保獎白水盟心額 荒
喻一樓妻艾氏優生映堂女乾隆乙卯生夫故孤子二家
貧未能自給半賴母家咸豐丙辰卒年六十二歲守節三
十三年 荒
吳冀烝妻汪氏候選典史萬里女乾隆甲辰生夫故僅二
女撫夫兄子爲嗣孝事孀姑同治丙寅卒年八十二歲守
節五十八年 荒
吳聖豸妻李氏乾隆己酉生聖豸年十五得瘋癲疾夫家
聽女別字女不允于歸數月夫故撫夫姪未冠卒又撫姪

二十餘歲亦卒茹荼集蓼迭遭坎坷同治癸亥卒年七十
五歲守節五十五年 荒
李景棣妻鄒氏維茂女乾隆己酉生夫故事病姑撫孤子
咸以孝慈稱同治癸亥卒年七十五歲守節四十八年 荒
趙戴鐸妻周氏有慶女乾隆己酉生夫故家貧子幼矢志
靡他後其子蓮貿未歸氏臨終親屬爲之殯葬同治甲子
卒年七十六歲守節四十六年 荒
監生艾揚蓮妻湯氏伏龍女乾隆辛亥生夫故事孀姑撫
孤子曲盡孝慈子亦早喪有兩孫與孀媳撫養成立後亦

早卒歷盡坎坷道光戊子卒六十八歲守節四十五年 荒
七家廟監生喻全禮妻張氏正文女乾隆庚子生十九于歸二
十五夫故氏矢志柏舟上事翁姑下撫二子享壽七十五
歲卒 日
喻全甫妻汪氏庭相女乾隆庚戌生嘉慶丙寅于歸二十
八歲夫故僅生一子撫養成人同治六年卒守節三十九
年 日
余文尉妻舒氏玉書女乾隆壬子生二十三歲夫故一子
早卒撫夫姪中行又卒氏矢志不以阨窮易享壽八十五

歲卒日
汪邦英妻袁氏繼明女生於嘉慶甲子年二十歲于歸逾
年夫故撫夫姪爲嗣嚴慈並至同治十年卒日
汪志旋妻袁氏繼宋女嘉慶七年生十九于歸二十一歲
夫故遺腹子學湄教以成立孝事翁姑諧和妯娌享壽七
十二歲卒日
張宗明妻汪氏巽堂女年二十夫故子文盛僅數月氏撫
養成人孝事翁姑七十歲卒日
張宗田妻胡氏顯祖女二十四歲夫故仰事俯畜兼盡享

壽八十歲卒日
袁方賢妻張氏雍正間生二十二歲夫故翁姑俱老子女
皆幼家貧有勸他適者氏抱子女投水幸鄉里救甦親房
附生方逵商之同族按月給糧氏不受自勤紡紝供翁姑
養子女數十年矢志不衰後孫曾林立氏壽九十歲卒日
龔命琦妻周氏之緒女嘉慶二年于歸一載夫故氏年十
九歲志凜冰霜事姑盡孝道光二十四年卒守節四十七
年結
萬世朝妻程氏世臨女乾隆丁未生于歸四載夫故無嗣

立孫萬容承祀同治甲子卒七十八歲守節五十八年日
袁學榮妻羅氏羅翥女乾隆壬辰生于歸三載夫故生子
樫甫數月翁姑老氏以柏舟自誓卒年八十歲日
袁學龍妻周氏有祥女廷鏞毋也乾隆辛卯生于歸二載
夫故子僅月餘上事下畜曲盡婦道道光戊戌卒日
袁杰妻李氏朝亮女乾隆己卯生于歸五載夫故子幼氏
青年守志教育有成道光丁酉卒守節五十三年日
儒士袁繼淮妻張氏開第女乾隆己亥生于歸兩載夫故
翁姑皆老邁子應斗生僅四十日氏事上撫孤倍極艱苦

卒教子成立得貢成均咸豐乙卯卒年七十六歲守節四
十八年寒
宋準
儒士羅禮龍妻項氏秀林女乾隆丁酉生夫故氏苦守道
光癸卯卒年六十七歲守節三十九年寒
儒士項笙妻蕭氏元長女乾隆壬戌生夫故氏苦守嘉慶丙
寅卒年六十四歲守節四十五年寒
項蘋妻周氏益之女乾隆壬申生夫因家貧外貿不返氏
矢志事姑道光壬辰卒年八十一歲守節五十一年寒
儒士項泰祥妻施氏坎長女乾隆乙巳生夫故氏誓以死

守同治癸亥卒年六十七歲守節四十九年 寒

[illegible]家廟

張正豪妻胡氏宗唐毋乾隆庚寅生于歸五載夫故家貧子幼翁姑皆老氏內外兼營道光乙巳卒年七十五歲守節五十二年 寒

袁履泰妻王氏安邑生員新甫女乾隆乙酉生于歸三載夫故氏孝事翁姑和睦妯娌立夫弟子爲嗣夫兄履謙官安陸府教諭請學使奬給節孝流芳額 寒

袁十全妻張氏繼孝毋也雍正丙午生于歸六載夫故子亦早逝氏與孀媳汪氏撫養諸孫成立親見曾孫嘉慶庚

辰卒年九十八歲守節七十二年 寒

袁繼倫妻程氏安邑德馨女嘉慶丁巳生于歸三載夫故遺孤本敦生僅數月氏安貧守志教子有成後本敦以鄉兵禦賊遇害孀媳叚氏克承姑志亦以死守兩孫今皆成立程氏於咸豐戊午卒年六十二歲守節三十九年 寒

袁銓妻程氏安邑德普女乾隆乙巳生于歸數月夫遠貿身故生遺腹子繼固撫孤子事翁姑人皆稱其賢道光庚戌卒年六十五歲守節四十五年 寒

鄭義峯妻程氏安邑維楚女年二十三歲夫故子秋元僅數月氏教子成立道光己酉卒年四十二歲守節廿年 寒

熊乃龍妻金氏二十二歲夫故立夫姪宗曉爲嗣夫兄多病不能理事氏與嫂胡氏撫擋勞瘁嘉慶庚申卒守節數十年 寒

儒士張修之妻李氏景松胞妹乾隆甲寅生夫故氏教子成立嘉慶己卯卒年二十六歲守節十年 寒

張宗翰妻朱氏嘉慶辛未生夫故撫夫姪文喆爲嗣茹荼飲蘗苦節四十餘年卒 寒

張光甲妻程氏存敬女乾隆庚戌生夫故撫夫姪粹中爲

嗣慈嚴並著咸豐十年蒙學使奬給克全大節額 寒

儒士張家蔭妻朱氏乾隆五十年于歸踰三載夫故氏以柏舟自誓道光十一年蒙學使奬給節孝可風額 寒

袁繼宋妻程氏朝周女乾隆壬寅生夫故子女俱幼氏苦經萬狀同治癸亥卒年八十二歲實守節五十七年 寒

古城山區

袁之順妻喻氏通義女乾隆壬辰生夫故家貧姑老矢志靡他咸豐甲寅卒年八十三歲守節六十年 旌

袁長樹妻汪氏于歸一載夫遠貿抱病歸尋卒氏矢志自守上事翁姑克盡婦道　卒年　歲守節

年 寒

袁有煜妻劉氏于歸五載夫與子相繼歿氏勵志死守後十餘年爲子撫嗣以承宗祀道光乙未卒年七十八歲守節計五十年 寒

喻通鑑妻汪氏其遂女乾隆辛巳生十八歲于歸二十四歲夫故家貧無子撫夫姪承祧早卒又撫夫姪孫爲嗣咸豐三年卒九十三歲守節六十九年 荒

文童彭純儀妻桂氏正廷女十九歲于歸二十三歲夫故孝翁姑撫孤子成立卒年七十二歲苦節四十九年撫憲

胡獎給巾幗全操額

七家廟

龔命亨妻張氏于歸三載夫故時年二十一歲子尚幼氏上事翁姑下撫孤子孝慈兼盡卒年八十二歲守節六十年 結

袁文墀妻尹氏于歸六載夫遠貿卒於外一子一女亦相繼夭氏撫夫姪光旭爲嗣守節數十年卒 寒

向打石區鄧全榮妻胡氏胡廷女乾隆乙巳生夫故無嗣矢志柏舟咸豐乙卯卒年七十一歲守節五十年 荒

陳正才妻汪氏芳鳳女乾隆癸丑生夫故撫夫姪爲後積學有成皆本母教道光乙未卒年四十三歲守節廿年 荒

胡君學妻彭氏十二女乾隆戊申生夫故翁瞽復患癱疾家極貧克盡婦道鄰里勸其他適氏念翁病無人奉養益勵堅貞同治甲子卒年七十七歲守節五十四年 荒

萬仞區彭益孫妻劉氏三進士信古孫媳十三進士守有孫女明季甲子于歸年十七歲佐益孫數運京邸時翁壽鼎歿於京益孫因糧折繫獄氏募化得貲扶翁櫬歸並彭氏先人未葬者均爲安厝且營貲賠糧贖夫還里時無子前妾皆無出復捐奩置妾陳氏夫卒陳遺腹生子枝次年陳

亦歿氏擇地與夫合葬矢志柏舟撫孤子成立得入邑庠內外侵欺氏竭力支持時兵寇交訌鄉人無所逃避氏捐貲建堡多賴生全歲大饑又設法完糧捐貲煮粥貧困獲甦無不感歎順治十八年知縣王潞詳請旌表康熙元年撫憲劉給巾幗偉人額學使李給矢節撫孤額本府何給女中丈夫額 龍

黃清輔妻劉氏志鳳女乾隆甲午生十九歲于歸越二年夫故氏年二十一歲青年勵志孝事翁姑撫夫兄長子昂望爲嗣名列成均道光丙戌卒年五十二歲守節三十三

年龍
黄藍田妻周氏弼臣女年十九于歸生子任甫週歲夫故
氏年二十一歲家貧姑老矢志事畜姑沒喪葬盡禮乾隆
己丑卒年八十四歲守節六十三年 龍
黄清德妻陳氏祖公女于歸二載夫歿遺腹子盛桂踰年
翁姑相繼歿氏誓志撫孤家貧勤苦爲子娶婦踰年子與
媳俱亡氏誓死撫孫世勳成立卒於道光庚子年七十一
歲 龍
黄品遵妻胡氏大榮長女年十九歲于歸夫故年二十九

歲立長兄子光榮爲嗣旋遺腹生子光熺撫嗣子與生子
如一咸豐間熺從軍在廣濟陣亡胡宮保獎給節孝可風
額並奏給光熺卹典熺之義勇皆賴氏懿訓同治癸亥卒
年六十三歲守節三十四年 龍
監生黄敦緒繼室吳氏十八歲于歸越五載夫故氏年二
十三歲矢志苦守時惟夫弟開有子時中尚幼開旋卒氏
與開室周共撫育之至於成立同治甲子卒年七十三歲
守節五十年 龍
黄清肅妻周氏海清女乾隆庚寅生十九歲于歸年三十
夫卒姑亦相繼歿翁志周以教讀爲業氏敬事以孝時子
四長品望出繼夫弟清輔次品隆以軍功保藍翎守備三
品遵早逝四品元道光己酉武亞元氏懷清履潔教子成
名施濟貧困人咸稱之目見五世同堂咸豐庚申卒年九
十一歲守節六十一年 龍

花家區
葉世坤妻鮑氏德元女嘉慶癸亥生夫故氏年二十三歲
事姑撫姪卒年七十二歲守節四十九年 龍
儒士項勝平妻羅氏昌季女道光戊子于歸年十六歲乙
未夫故年二十三歲生子瑞和甫三歲矢志撫孤同治甲

子卒年五十二歲守節二十九年 龍
理問黄光熺妻胡氏中柱長女年十九于歸咸豐四年熺
于廣濟陣亡氏年二十三歲生子敦典敦義俱幼氏矢志
撫孤事孀祖姑暨孀姑以孝聞時有一門三節之稱及敦
典襲世職曰吾死乃瞑目矣同治庚午卒守節十七年 龍

高峯區
熊元沆妻陳氏州同光裕女乾隆辛亥生嘉慶壬申
于歸己卯夫故年二十九撫育兩孤自甘藜藿咸豐己未
卒年六十九歲守節四十年 巨
毛廷相妻周氏二十八歲夫故志凜冰霜撫子教育守節

四十五年七十三歲卒巨
唐應乾妻劉氏常效女于歸二十三歲夫故孝事翁姑清操自勵咸豐癸丑卒年七十一歲撫憲胡獎給冰霜勵志額歲
鄒天衢妻熊氏鏊女于歸二十六歲夫故矢志撫孤事翁姑以孝道光己未卒年八十歲守節五十四年歲
鄒茂龍妻劉氏維棟女于歸二十五歲夫故矢志自守事姑甚謹道光乙未卒年六十五歲撫憲胡獎給懷清履潔額歲

盧炳權妻黃氏占儀女嘉慶己未于歸年十七歲夫病嘗割股和藥以進壬戌夫故氏年二十歲矢志撫遺腹子敬事翁姑咸豐丙辰卒享壽七十三歲撫憲胡獎給閫範可風額歲
盧坤俊妻羅氏文彬女道光甲申于歸辛卯夫故氏年二十八歲敬事孀姑撫育孤子同治三年五十九歲卒守節三十一年歲
吳世泰妻黃氏于歸年二十六歲夫故咸豐四年七十四歲卒氏嫂吳曾氏亦早寡氏與同守皆以孝聞曾僅一子因氏苦節許以己孫承重逾年猶子嗣孫又相繼歿娌媳余氏守制數年亦亡氏與曾相依爲命茹蘗飲冰卒撫從堂姪承祧各成其志而終節焉巨
詹可華妻姚氏大江女于歸二載生一子夫故氏矢志守節於同治甲戌卒守節七十二年學憲龍獎給柏節松操額巨
毛堦妻王氏炳奎女嘉慶十年于歸夫故年二十四歲矢志守節同治癸酉卒年九十宮保胡獎給心堅金石額稱
劉道洪妻唐氏松如女道光癸未于歸己丑夫故氏年二

十六歲矢志守節翁姑年邁貧苦供養毫無怨言年六十卒學使王獎給節孝流芳額稱
周士棣妻鮑氏鮑恒女嘉慶元年生年十六于歸十九歲夫故家貧無子苦節堅守年七十二卒守節五十三年稱
楊廷仁妻盧氏年十九于歸二十二歲夫故無子撫姪承祧家貧姑老苦守奉養教子成人八十四歲卒學使王獎給節孝可風額八
周勳妻劉氏繼玉女乾隆甲午生壬子于歸嘉慶己巳夫故苦守孝事翁姑道光壬辰卒守節二十五年學使王獎

給節孝可風額 八
唐應林妻劉氏能立女嘉慶丙子生道光癸巳于歸甲午夫故氏年十九歲誓以死守同治乙丑卒年五十歲守節三十二年 八
鄭瑞蘭妻胡氏優增生縉麟女嘉慶己巳生道光丁亥于歸庚寅夫故氏年二十二歲孝奉翁姑撫遺腹子錦堂成立咸豐十年胡宮保奏旌同治癸酉卒年六十五歲守節四十四年 八
盧世暹妻羅氏文卯女嘉慶丁卯生道光甲申于歸乙酉

夫故氏年十九歲撫姪德琳爲嗣咸豐甲寅卒年四十八歲守節二十九年 八
姜文榮妻周氏耆民周純女乾隆乙酉生壬子于歸癸亥夫故氏年二十六歲誓以死殉咸以撫孤爲勸遂強進食撫子正隆成立得入成均道光己酉卒年八十六歲守節六十年 八
周文秀妻吳氏乾隆壬辰生戊申于歸年三十歲夫故事姑孝嘗割股療姑疾持家以儉教子以嚴道光丁未卒年七十五歲守節四十五年 八

請湖區儒士周叔美妻黃氏乾隆丙辰生十七歲于歸二十一歲夫故撫夫堂姪學濂爲嗣教之成立孝事翁姑姑瞽氏奉事愈謹嘉慶丁卯卒道光七年王學使獎給節孝流芳額 署
太學生周銘鐘妻袁氏年二十六歲夫卒袁撤其環瑱矢志柏舟撫夫姪以承宗祀壽七十有奇而卒道光七年學使王獎給清節揚徽額 署
儒士周海雄妻侯氏文林郎映甲姪女年十八于歸二十歲夫故一女僅數月矢志自守撫夫姪維桃以承宗祀孀

居六十餘年享壽八十五歲學使王獎給節孝可風額 署
儒士周之洛妻張氏年十八于歸次年夫卒年十九歲越兩月遺腹子本杰始生矢志撫孤艱辛備歷事翁姑以孝聞守節五十餘年卒學使王獎給節孝可風額 署
儒士周士煥妻金氏乾隆庚申生于歸夫没子孿極僅七歲矢志撫孤教之成立後入邑庠年五十餘已見四世孫曾嘉慶丙子卒年七十七歲學使王獎給節孝聯輝額 署
庠士周宗武妻李氏于歸夫故氏年二十八歲一子甫四齡氏不欲生姑李氏曉以大義同撫孤子氏事畜皆盡其

逭守節四十七年年七十五歲卒學使王奬給節孝揚徽
額 署
周基發妻戴氏年二十四夫故矢志柏舟以撫孤子中遭
子喪繼値媳亡旋孫媳又亡顛連挫折其志彌堅壽近九
旬卒 署
周銘祿妻林氏年二十餘夫故矢志撫遺腹子不數年子
殤復撫胞姪長子爲嗣孫守節六十餘年卒 署
劉常友妻唐氏之元女嘉慶庚辰于歸年十九歲道光壬
午夫故氏年二十一歲矢志守節同治四年卒年六十四
歲苦節四十三年 珍

劉能進妻鄭氏鄭銓女咸豐乙卯夫故氏年二十九歲矢
志自守同治癸亥九月初八避亂在外遇賊投水死咸稱
節烈雙全 珍
童生劉常璠妻張氏耆民閏庭女嘉慶丁卯生道光丙戌
于歸癸卯夫故同治癸亥九月十七日被髮逆所迫赴水
死 李
劉繼瑞妻鄔氏楚傑女嘉慶辛酉生辛巳于歸二十九歲
夫故矢志柏舟阨窮萬狀乙丑年卒守節三十五年 珍

拜郊區劉士粟妻彭氏登仕佐郎彭寵女乾隆辛亥生嘉慶
戊辰于歸己卯夫故時年二十九歲孝事翁姑撫嗣成立
咸豐戊午卒守節四十年 結
項管妻周氏世昇女乾隆己未生丙子于歸次年夫故年
十九歲與夫弟笙妻節婦蕭氏共撫一孤名持修教之成
立嘉慶乙丑卒苦節四十八年 結
郝元塾妻胡氏美學女乾隆壬子生嘉慶壬申于歸僅二
十五日夫故無子家無宿糧事姑盡孝以紡績資生道光
丁未卒年八十三歲苦節六十二年 結

胡中諳妻李氏武舉彥女嘉慶乙亥于歸年十九歲己卯年
夫故年二十二歲自勵清苦教子嚴肅克成厥家道光丙
午卒年四十八歲守節二十六年 珍
胡惠麟妻金氏汝涵女生於乾隆乙巳年于歸十三載夫
故至同治三年卒今子孫蕃衍屢挹芹香氏培植力也實
年八十歲守節五十一年 夜
李光綵妻喻氏逢泰女嘉慶十三年于歸夫故年二十七
歲同治三年甲子身故年七十七歲撫憲嚴給松柏爲心
額 夜

袁鼎妻陳氏三樂女乾隆辛亥于歸年二十歲甲寅年夫故年二十三歲矢志守節孝事舅姑勤操家政同治癸亥卒享壽九十二歲守節六十九年 夜

蕭明倫妻施氏輝武女乾隆甲辰年于歸年二十歲年二十二夫故立志自守道光辛丑卒守節五十四年學使王獎給砥節懷清額 夜

朱學斌妻周氏茂松女嘉慶壬戌年于歸夫故年二十五歲矢志守節事姑教子孝慈兼盡咸豐二年卒年六十八歲守節四十三年 夜

蕭義妻何氏大洲女乾隆甲辰年于歸夫故氏年二十歲矢志守節咸豐五年卒年八十九歲媳陳氏係蕭長青妻陳瑶女嘉慶戊辰年于歸夫故年十九歲同治九年卒壽七十九歲守節六十年學使王獎給兩世清操額 夜

李森湛妻項氏成梅女嘉慶庚辰年于歸道光甲申夫故年二十三歲冰雪居心奉姑孝謹咸豐八年卒年五十七歲守節二十五年 夜

李森海妻項氏清揚女乾隆丁未年于歸夫故氏年二十四歲事姑以孝撫子以慈至道光丁未卒年八十歲守節五十六年 夜

蕭與華妻項氏正玉女咸豐癸丑年夫故氏年二十六歲孝姑撫孤安貧苦節至同治癸亥九月聞賊至山氏告村婦誓必死若收骨當在某池所賊去如言獲其尸 夜

鄒志理妻胡氏益義女乾隆丁酉生十六歲于歸二十二歲夫故持家勤儉教子成立道光十二年卒年五十六歲守節三十四年 夜

周世福妻蕭氏蕭遵女乾隆庚寅生十八歲于歸二十六歲夫故紡織度日矢志柏舟道光己卯卒年七十四歲守節四十八年 夜

文童胡肯構妻周氏監生從禮女乾隆己卯生于歸夫故氏年二十二歲家貧晝夜紡織恒枵腹奉姑育子道光戊子卒年七十歲守節四十八年學使王給節孝可風額 夜

文童胡宣烈妻劉氏監生維友女嘉慶丁巳生二十二歲于歸二十三歲夫故撫姪為嗣事姑育子孝慈俱盡同治二年九月聞賊至同媳周氏監生茂梗之女投塘死年六十七歲前胡撫憲獎給勁節清操額禮部勘語心堅金石准予建坊 夜

蕭遠孚妻何氏貢生觀光女乾隆壬寅生嘉慶四年于歸
八年夫故因姑在堂子甫週歲勉爲支持姑年九十九歲
氏仵姑起居守節五十四年刑部主事胡美彥代請旌表
給銀建坊節烈祠題名咸豐七年卒享壽七十六歲 夜
黃起謀妻劉氏劉鎰女乾隆丙申生二十一歲于歸二十
九歲夫故饔飧不繼紡績營生咸豐丙辰年卒守節五十
二年 珍
宋埠區項業妻祝氏思瀛女乾隆庚寅生戊申于歸嘉慶戊
午夫故時年二十八祖姑年老姑多病氏盡心孝養撫三
孤成立備歷艱辛道光戊戌卒守節四十一年 結
劉傳貴妻晏氏貢生晏楷女乾隆壬子生嘉慶戊辰年于
歸己卯夫故時二十七歲同治乙丑年卒年七十三歲守
節五十七年 結
監生葉喬松妻向氏安邑向繼仁女乾隆乙巳生嘉慶辛
未于歸戊寅夫故時二十七歲咸豐乙卯年卒七十歲守
節四十二年子儒童樹森成立娶媳張氏甫三載森故張
氏與姑同節學使洪奬給兩世清操額 結
葉樹梅妻方氏定魁女嘉慶丁丑生道光壬辰于歸乙未

夫故時十九歲同治己巳卒五十七歲守節三十四年 結
張大元妻楊氏國棟女嘉慶甲子生癸未于歸乙酉夫故
時二十二歲操凜冰霜艱辛備歷同治丙寅卒守節四十
二年 結
李文翰妻張氏乾隆戊戌生嘉慶丁巳于歸夫故氏年二
十八歲家道貧窘矢志柏舟咸豐乙卯卒守節五十年 珍
張樌妻陶氏思海女乾隆乙丑生于歸夫故氏年二十五
歲矢志自守撫子成立辛苦備嘗嘉慶丙寅年卒守節三
十八年學使王奬給節孝可風額 珍
欒新泰妻郝氏學俊女嘉慶丁巳生十九歲于歸二十一
歲夫故矢志不懈咸豐乙卯卒守節三十八年 珍
欒元宗妻張氏麟玉女嘉慶乙丑生二十一歲于歸二十
三歲夫故矢志柏舟艱辛備歷同治甲戌卒守節四十七
年 珍
監生楊美琳妻劉氏常濟女嘉慶七年生二十一歲于歸
三十歲夫故孝翁姑勤紡織同治三年因子一殉難孫二
被擄氏罵賊不輟被賊刺死年六十二歲 珍
訓導項烿妻馮氏希仁長女道光辛卯生于歸十年夫故

苦守同治戊辰卒年三十八歲守節十四年 寔之
汪王區李崇蓮妻熊氏錫魯女于歸十月夫故時年二十歲紡織度日艱苦備嘗同治庚午卒年八十六歲守節六十六年 號
文童劉紹椿妻鄧氏鍾俊女嘉慶丙子生道光甲午于歸生二子辛丑夫故矢志柏舟撫孤成立同治壬申卒守節三十一年 號
李代村妻徐氏乾隆乙卯生十九歲于歸生子正倫甫二齡夫故家極貧氏矢志苦守同治癸亥卒年六十九歲守

節三十七年 號
李楨妻程氏用宏女乾隆己酉生年二十于歸三載夫故孝事翁姑撫孤成立咸豐辛酉卒年七十三歲守節五十年 號
李裕元妻熊氏學均女年二十于歸二年夫故守節四十一年卒 號
邑庠李瓊英妻鄭氏蘭亭女乾隆癸巳生二十二歲于歸二十八歲夫故紡織營生冰霜自勵咸豐庚申卒八十八歲守節六十年 姑

家園區陶應彬子百吉妻楊氏年二十餘夫故遺腹子一覩厲利其家貲欲奪其志氏憤泣翦髮自誓遂以節終生卒年月失攷 署
陶文栩妻李氏生子方五歲夫故家貧矢志守節孝事翁姑夫兄欲強嫁之氏向族長泣訴遂以節終嘉慶初年卒生年失攷 署
陶能榮長子聯光妻施氏守志四十餘年次子同尊妻楊氏守志六十餘年均撫孤成家姪紹元妻黃氏守志四十餘年均於道光初年卒一門三節 署

潘永誠妻劉氏乾隆二十九年夫卒子方七歲氏事翁姑撫孤子勵節終身 署
潘廷杰妻劉氏二十四歲夫故家極貧日耘夜織以奉翁姑以撫孤子年六十餘卒 署
儒士陶朝宗妻胡氏夫好讀書常懸梁自勵氏伴燈紡績竟夜不寐年二十五夫歿憂思成疾三十六歲卒氏子履陽綽有父風業儒早逝妻程氏二十六歲守節孝事叔姑諧和妯娌道光十八年卒五十六歲守節三十年 署
岐亭區周廣睿妻李氏常長女乾隆辛巳生辛丑于歸二十

六歲夫故矢志守節紡織營生道光甲辰卒八十三歲苦
節五十七年 始
賀榮端妻胡氏太學賓和女嘉慶丙寅生二十歲于歸二
十九歲夫故矢志不渝道光戊申卒四十三歲守節十五
年 始
賀有章妻李氏在貴女道光戊子生丁未于歸二十七歲
夫故勤儉持家笑言不苟同治戊辰卒年四十一歲守節
十四年 始
張士傑妻楊氏楚池女嘉慶庚辰生道光戊戌于歸二十

歲夫故無子清操自勵道光戊申卒年二十九歲 始
張世學妻程氏士珩女道光辛巳生丙申于歸二十九歲
夫故家貧立志茹蘖飲冰同治辛未卒年五十一歲苦節
二十二年 始
儒童洪祚妻祝氏儒士思渾女乾隆戊辰生于歸二十九
歲夫故仰事俯畜始終不懈道光乙酉七十八歲卒守節
四十九年岐亭同知周貫泉奬給勁節維風額 始
儒士成楚善妻金氏乾隆辛丑生嘉慶己未于歸二十五
歲夫故家極貧苦撫孤及夫弟成立家政肅然道光己亥

卒年五十九歲苦節三十四年 劉
增生洪祜妻雷氏正直女嘉慶癸酉于歸戊寅夫故年二
十七矢志不渝撫子成立同治十一年卒八十一歲守節
六十四年 始
龔命富妻李氏李才女乾隆甲寅生嘉慶甲戌于歸二十
九歲夫故家極貧苦立志不渝咸豐庚申卒六十七歲苦
節三十八年 始
西峯區周楚杰妻郭氏啟元女嘉慶戊辰生年二十于歸二
十七歲夫故苦守同治乙丑蠟月廿四賊至罵賊不屈賊

怒割舌而死計守節三十一年河南御史胡奏准建坊旌
表 霜
興隆區郡庠王槐聯妻周氏儒士遠愚女雍正乙卯生二十
歲于歸二十九歲夫故無子撫夫堂兄子炳嶽為嗣慈嚴
兼盡卒年八十二歲守節五十三年 霜
儒士王太鼎妻趙氏永利女道光乙未生二十一歲于歸
二載夫故志凛冰霜同治甲戌卒四十歲守節十九年 霜
永寧區張元和妻王氏炳嶽女乾隆丙申生二十歲于歸二
十六歲夫故家貧無子撫夫兄子鴻緒為嗣茹蘖飲冰志

堅金石卒年八十三歲守節五十七年 霜
天齊區唐梁妻陳氏陳㫮女乾隆癸巳生壬戌于歸二十三
歲夫故矢志自守年六十二歲卒守節三十九年學使王
獎給清節揚徽額 稱
陳端林妻李氏遵訓女乾隆甲辰生嘉慶甲子于歸二十
六歲夫故矢志柏舟年五十八歲卒守節三十二年 稱
龍潭區盧義麟妻劉氏承豐女十九歲于歸二十七歲夫故無子
矢志堅貞事姑盡孝九十一歲卒守節六十四年 稱
皇閣區嚴仁顯妻陳氏楚材女嘉慶丁巳生于歸六年夫故

氏矢志苦節撫夫姪義楷爲子孝養病姑宗族憐其節孝
助田數畝以爲貲同治壬申卒 李
嚴仁和妻朱氏監生楚琳女夫早故氏以死守巡撫胡獎
給竹箭有筠額 李
王必信妻曾氏萬遂女嘉慶庚申生年二十夫故無子氏
苦節自甘撫夫姪維鳳承祧同治乙丑年卒 李
彭忠芳妻宋氏心蓮女嘉慶丙辰生道光辛巳夫故氏二
十六歲苦節至同治癸酉卒守節五十三年 李
彭信文妻王氏國揚女嘉慶丙辰生于歸一載夫故矢志
靡他守節至道光庚子卒 李
王定理妻彭氏忠炯女嘉慶丙辰生道光辛巳夫故氏二
十六歲撫孤成立周急無吝色至同治丁卯卒守節四十
七年 李
土門區張丕國妻朱氏光洛女乾隆丁酉生夫故氏志堅金
石道光丙戌卒學使王獎給砥節懷清額咸豐十年胡宫
保奏旌 月
南湖區儒童周維昭妻劉氏儒士硯田女年十八于歸二十
歲夫故一子炳伯僅週晬氏矢志自守因家貧扶姑攜子

就食母家姑死子婚復歸周宅卒年九十一歲守節七十
二年五世同堂咸豐庚申胡宫保獎給彤管揚徽額 字
周枝珠妻盧氏炳坤女年二十二于歸逾二年夫歿於外
僅一女家貧有諷其他適者氏誓以死守奉姑至孝五十
八歲卒守節三十四年胡撫憲獎給松柏有心額 字
夾沙區梅在蔚妻徐氏監生之棟女嘉慶辛未生年十七于
歸二十八歲夫故孀姑老夫弟殁氏撫遺孤承兩祧同治
辛未卒年六十一歲守節三十三年撫憲胡旌獎丙則留型
額 目

在馬崗區宣德郎涂志錦妻吳安人乾隆丁巳生甲申夫故
氏年二十八歲一子髫齡母子相依茹蘗飲冰持家嚴肅
馭下寬仁歿於嘉慶庚辰年八十四歲守節五十六年 雲
儒士涂士泮妻曾氏乾隆己卯生乙巳夫故時年二十七
歲子僅四齡氏矢不欲生因姑老子幼矢志事畜兼持家
政道光己亥卒年八十一歲守節五十三年與姑吳氏由
學申詳學使王獎給兩世清操額 雲
涂必楙妻謝氏嘉慶壬申生辛卯夫故時年二十歲僅遺
一女矢志靡他撫夫兄次子承祀同治甲子五月粵捻入
境子遭賊害母以救護亦受賊傷至七月因傷並鬱而卒

涂元瑾妻毛氏道光壬午生乙巳夫故年二十四歲無子
年五十三歲守節三十三年 雲
氏矢志苦節撫夫弟次子承祀日勤女紅以爲衣食同治
辛未卒年五十歲守節二十六年 雲
深溝區程爲正妻姚氏乾隆丙午生夫故時年二十二歲無
子矢志苦守同治甲戌卒年八十九歲守節六十七年 翃
李上桂妻李氏李玉女乾隆癸丑生夫故苦守家貧無子
光緒元年卒守節五十八年 翃

河三墩區陳德讓妻高氏潔源女乾隆甲子生年十九于歸
二十三歲夫故矢志不渝道光壬辰卒年八十九歲守節
六十六年學使王獎給節孝可風額 師
儒士張廷楹妻彭氏生員弈貴女雍正丁未生年二十六
夫故矢志柏舟六十八歲卒守節四十二年學使王獎給
節孝可風額 師
監生劉明宇妻江氏維池女嘉慶己未生十九歲于歸二
十五歲夫故冰霜勵志同治辛未卒年七十歲守節四十
五年 師
梅啓漢妻萬氏監生大仕女嘉慶庚申生年十八于歸二

十五歲夫故矢志不渝咸豐庚申卒年六十歲守節三十
五年 師
謝店陳光智妻向氏鍾公女嘉慶丁巳生年十七于歸二十
三歲夫故家貧子幼矢志不渝道光庚戌卒年五十三歲
守節三十年 翔
袁有虎妻陳氏茂榮女乾隆乙酉生年二十于歸二十二
歲夫故矢志柏舟道光庚子卒年七十六歲守節五十四
年咸豐庚申奏 旌 翔

高峯區貢生唐維有妻吳氏無子有買竹谿又娶張氏生於乾隆丁酉年于歸四載有殁生子之朝僅三齡張時二十二歲扶夫櫬隨子歸里與吳情同姊妹事上撫下柏舟共矢吳没於咸豐年間張殁於同治甲子年道光六年學使王奬給雙節流芳額雲

監生唐之朝妻熊氏卽雙節流芳吳張之媳也夫故氏年二十九歲僅三女氏惘姑老子無撫子以承禋祀憂勞成疾臨終猶以姑衰嗣幼爲念姑曰承先啟後是予事也媳曰果爾媳願從夫地下矣遂卒雲

毛正海妻王氏乾隆己丑生戊午夫故年三十歲僅二女氏矢志冰霜撫夫兄州同正宇次子大模爲嗣咸豐甲寅卒年八十六歲苦節五十六年前學使王霞九奬給節孝可風額雲

儒士盧承德妻傅氏監生承功之嫂德殁氏年二十七歲功夠謂之曰翁姑老而叔幼氏不立志守節何以慰汝兄於九原道光六年功由學請詳學使奬給砥節懷清額年八十一歲雲

諸店唐之科妻胡氏乾隆壬子生于歸七載夫故氏年二十六家貧無子矢志冰霜紡績度日爲夫立嗣子二人咸豐八年卒年六十六歲守節四十年結

鄭舖兵區劉應上妻楊氏年二十四夫故矢志柏舟七十八歲卒火

劉兆懷妻章氏與王女年二十二夫故族人欲奪志嫁之氏避居母家誓死不二撫孤生孫子又故氏飲蘗茹荼撫孫成立七十餘歲卒火

卧牛石區明盛文妻陳氏之楷女乾隆戊子生乙巳于歸己酉夫故氏二十二歲矢志不渝道光丁未卒年八十歲守

節五十八年火

七家廟區俞自逢妻劉氏儒士劉天陞女嘉慶丁巳于歸甫經四載夫故氏廿五歲矢志自守同治元年八十五歲卒守節六十一年結

七柯松盛蘭妻金氏芝友女嘉慶丁巳生壬申于歸二十二歲夫故同治庚午卒年七十三歲苦節五十一年闕

大成區文童林必貴妻葉氏芳遠女嘉慶甲子生夫病割股和藥以進夫故時年二十七歲孝事翁姑撫三子成立同治甲子卒年六十一歲守節三十四年裳

文童林鳳儀妻龍氏監生成文女四川西充人乾隆己卯生二十六歲夫故矢志苦守嘉慶甲申卒年六十六歲守節四十年 裳

儒童周榴妻王氏監生王柱女乾隆甲申生夫故時年二十三矢志苦守事姑以孝教子成立道光庚寅卒年六十七歲守節四十四年 裳

周和妻劉氏國華女乾隆丁亥生年二十七夫故矢志不渝事姑以孝道光庚寅卒年六十四歲守節三十七年 裳

林學義妻鐃氏國龍女嘉慶戊午生夫故時年二十六矢志不二奉翁姑維謹撫子成立同治癸酉卒年七十六歲守節五十年 裳

文童林志杭妻甘氏光輝女嘉慶戊午生年二十四夫故矢志苦守咸豐丙辰卒年六十歲守節三十六年 裳

葉明陽妻侯氏夫故苦守咸豐丁巳卒守節六十九年同治元年奏　旌并給巾幗全操額 裳

葉輝勝妻林氏夫故矢志不二咸豐戊午卒守節四十二年同治元年奏　旌并給一片冰心額 裳

文童鐃道杞妻金氏金鳳女嘉慶丙子生年二十五夫故

故矢志苦守光緒元年卒年六十歲守節三十五年 裳

鐃國仁妻盛氏盛墀女乾隆丙午生年二十三夫故矢志不渝撫子成立咸豐丙辰卒年八十一守節五十八年 裳

文童林文泰妻李氏大本女乾隆戊申生年二十二夫故矢志苦守事翁姑曲盡婦道教子學頁名貢成均嘉慶壬戌卒年七十六歲守節五十四年王學使獎給節孝揚輝額 裳

文童葉先才妻金氏麗源女嘉慶壬戌生年二十四夫故矢志不二事翁姑及繼姑孝道光甲辰卒年四十三歲守節十九年 裳

文童林正舉妻盛氏明浩女雍正辛亥生年二十九夫故矢志苦守孝事孀姑教子成立九十一歲卒守節六十三年族里以節孝可風額其閭 裳

小河嘴區

蔡有倫妻彭氏尚乾女乾隆丁酉生夫故時氏年二十六矢志苦守道光丙午卒年七十守節四十四年 推

郭斯鑽妻曾氏曾榮女乾隆辛亥生夫故氏年二十五矢志苦守同治甲子卒年七十三歲守節四十八年 推

蔡正恒妻鐃氏國富女乾隆癸丑生夫故氏年二十五矢

志苦守同治甲子卒年七十二歲守節四十八年推
曹國銘妻金氏有輝女乾隆丁亥生年二十七歲夫故苦
志撫孤道光丙午卒守節五十四年推
夾沙區余正福妻錢氏康熙甲申生年二十歲夫故無子撫
孫爲嗣道光辛巳卒守節三十九年巨
七里陂區王學敫妻范氏學江女乾隆癸卯生年三十歲夫
故無子撫姪爲嗣五十八歲卒守節二十八年珠
深溝區何朝昇妻錢氏必達女嘉慶乙丑生年二十一歲夫
故日食維艱撫子成立年六十一歲卒守節四十年劍

祝正豐妻郝氏乾隆丁丑生二十八歲夫故家貧苦一子
萬順早殁與媳鄭氏松栢同操紡績度日雖疊經兵荒而
姑媳無恙至光緒元年郝一百一十九歲鄭九十三歲尚
主中饋藉紡績以奉姑紳耆以覃恩公稟請詳郝冬月卒
守節九十一年一門節孝堪欽
拜郊區屈光盛妻周氏適屈未三載夫溺死川江氏聞訃啼
不絕聲者月餘既而曰未亡人誠不難從夫於地下奈高
堂何遂矢志自守孝事翁姑始終如一卒年八十餘夜
屈光甲妻陳氏邑諸生宋及宗彥之嬸母也適屈三載夫
容死西川氏聞訃痛不欲生水漿不入口者幾十日家人
力勸始稍就食嗣是事舅姑以孝教遺孤以嚴撫宋等如
已出宋等每念飲食教誨延師課讀致入膠庠氏與有力
焉卒年七十餘鄉同里罕識其面夜
文童周試妻胡氏學海女乾隆丙辰生癸酉于歸已卯夫
故事姑盡孝撫子成立嘉慶乙丑卒守節四十六年夜
紫雲區吳宏錦妻柳氏宗和女乾隆壬戌生庚寅夫故時年
二十九歲矢志不渝道光戊子卒年八十七歲守節五十
八年烏

李繼祖妻吳氏儒士宏灼女嘉慶戊午生道光甲申夫故
時年二十七歲矢志苦守咸豐壬子卒年五十五歲守節
二十八年學使洪獎給金石同堅額烏
南湖區郝之炎妻劉氏乾隆癸酉生夫故氏年二十四歲立
姪爲嗣嘉慶戊辰卒年六十五歲守節四十一年字
蕭正煥妻周氏灝女年十六于歸十九歲夫故慟不欲生
鬱成疾二十三歲卒字
貢生劉繼宬妻郝氏附貢兆階女道光乙未生夫故時氏
年二十七歲矢志苦守撫子成立同治壬申卒年三十八

歲守節十一年 結
蕭正第妻王氏錦利女道光甲午生時年二十歲立志不
渝同治癸亥卒苦節二十年 字
周咨彩妻劉氏常富女三十歲夫故矢志栢舟撫孤成立
七十五歲卒守節四十六年 字
周枝梅妻劉氏維浩女年二十于歸二十五歲夫故矢志
栢舟撫子成立五十八歲卒守節三十四年 字
天齊區陳興化妻朱氏乾隆辛未生夫故氏年二十九歲道
光丙申卒守節六十五年 乃

陳維章妻蔣氏嘉慶癸酉生夫故氏年二十九歲同治庚
午卒守節二十八年 乃
吳天章妻陳氏正駒女乾隆戊寅生年三十夫故子三歲
矢志撫孤事姑以孝聞六十九歲卒守節三十九年 稱
李德驥妻唐氏雍正庚戌生夫故氏年二十七歲嘉慶乙
巳卒守節四十一年 乃
李遵照妻朱氏岡邑賢章女乾隆辛巳生夫故氏年二十
六歲道光癸巳卒守節四十五年學使王獎給兩世清操
額 乃

歷文哉妻馬氏天錫女乾隆辛巳生夫故氏年二十五歲
道光壬寅卒守節二十一年學使王獎給節孝可風額 字
劉正禾妻李氏之英女嘉慶丙辰生夫故氏年十九歲咸
豐丙辰卒守節四十一年 乃
姜元珍妻黃氏維賢女嘉慶丁巳生夫故氏年二十九歲
咸豐辛酉卒守節三十五年 乃
岐亭區李錫冠妻張氏嘉慶己未生二十九歲夫故氏矢志
苦守同治壬戌卒守節三十四年咸豐九年學使俞獎給
秉心貞固額 劍

監生劉錫愷妻張氏君貴女嘉慶辛酉生二十歲于歸二
十六歲夫故矢志不二守節三十五年咸豐辛酉卒 暑
高峰區毛正璋妻羅氏庠生誥封通政大夫其孝女乾隆癸
丑生于歸二載夫故年二十歲苦守撫孤道光甲辰卒守
節三十三年丁未年奏入節孝祠 歲
宋埠區樂元和妻朱氏嘉慶甲子生夫故年三十無子居母
家矢志自守同治戊辰六十五歲卒守節三十五年 字
卧牛石曹學煥妻楊氏積功女乾隆丙午生三十歲夫故無
子撫姪爲嗣茹素終身咸豐己未卒年七十四歲守節四

十四年　寒
河三墩區張天貳妻江氏士文女嘉慶戊寅生年二十二歲于歸越三載夫故泳霜自勵矢志不渝咸豐八年卒年四十二歲守節十九年　暑
陳墩區曾永榮妻周氏年十九于歸二十二歲夫故矢志苦守撫姪爲嗣孝翁姑和妯娌終身不出戶庭道光八年學使楊獎給懷清履潔額守節六十八年八十九歲卒　來
七家廟喻金富妻胡氏學志女年二十七歲夫故家貧子夭矢志不渝五十五歲卒守節二十八年　日

監生張宗銑母程氏生死守節年月未詳有學使獎給全大節額　日
龔受檀妻周氏繼源女乾隆癸巳生夫故時年二十二歲矢志苦守貧阨自甘道光甲午卒年六十一歲守節三十九年　結
鄭舖兵區江澤松妻張氏開甲女嘉慶　年生年二十　歲夫故無子撫姪爲嗣道光丁未卒守節二十餘年　果
江應燦妻梅氏思鑾女年二十六夫故志勵氷霜撫邑胡獎給巾幗丈夫額年七十二歲守節四十六年　鄢

西峯區葉長春妻唐氏敬三女乾隆癸巳生年十九歲于歸一載夫故撫遺腹子全宗成立前學使賀獎給節孝可風額全宗妻李氏廷龍女乾隆乙卯生年十七于歸二十四歲夫故李上事孀姑下撫孤子重芳孝慈兼盡重芳妻趙氏載謙女嘉慶己卯生年二十于歸三載夫故趙孝事兩代孀姑撫遇歲子華年恩勤倍極李道光庚戌卒唐與趙俱咸豐丙辰卒三代節孝人咸稱之　霜
皇閣區王光宗妻陳氏端槐女乾隆乙卯生道光辛巳夫故氏矢志守節同治乙丑卒　李

汪王區李之學妻陶氏映奎女生於乾隆丙寅年年二十于歸奉姑以孝甲午夫故氏節凛氷霜心堅金石撫二子成立學憲王旌表節孝揚徽額於道光丙戌卒年七十歲
七柯松區劉崇仁妻彭氏進士彭韜曾孫女十九歲于歸三載夫故子一甫一歲矢志撫孤不幸子受室數年身故氏更以守節勉媳周氏亦二十七歲同孤守節彭七十四歲卒周七十歲卒　日
女王城區金炳煥妻徐氏乾隆庚子生二十歲于歸七載夫故二子并夫弟俱幼氏撫養成立又孝事庶姑二十餘年

[illegible]錘聞言咸豐甲寅卒守節四十七年 旨

[illegible]埠區劉傳基妻胡氏美藻女嘉慶元年生二十年于歸二十三年夫故時年二十三歲矢志守節煢煢孑立日食維艱惟以紡績度日咸豐十一年卒六十六歲苦節四十三年 珍

欒元材妻金氏之燦女嘉慶丙寅生道光乙酉于歸甲午夫故時年二十九歲矢志自守困苦不堪同治癸亥身故年五十八歲守節二十九歲 珍

陳士珩妻施氏步勝女乾隆甲辰生十九歲于歸嘉慶乙

丑夫故氏年二十二歲氷霜自矢咸豐甲寅卒年七十一歲守節五十年 乃

監生陳士瑜妻趙氏元標女乾隆癸丑生十八歲于歸嘉慶戊寅夫故氏年二十六歲矢志柏舟同治乙丑卒年七十三歲守節四十八年 乃

監生陳士琺妻郝氏理問廷奎女嘉慶乙丑生十六歲于歸道光癸巳夫故氏年二十八歲矢志不移同治壬戌年卒年五十八歲守節三十年 乃

陳士珍妻周氏德璘女乾隆甲寅生十九歲于歸嘉慶辛巳夫故氏年二十八歲堅貞自矢咸豐戊午卒年六十五歲守節三十八年 乃

王家集儒士金之莖妻毛氏懷玉女嘉慶丁卯生道光乙酉于歸乙未夫故氏年二十九歲誓以死守撫姪孫承祀光緒二年卒年七十歲守節四十一年 巨

黑沙區儒士羅元甲妻王氏王宗女乾隆四十二年生五十九年于歸嘉慶七年夫故氏年二十八歲孝事翁姑撫遺腹子成立志節彌堅道光六年卒年五十歲守節二十二年 歲

童生羅維瓚妻鄭氏乾隆五十年生嘉慶九年于歸十六年夫故氏年二十七歲事姑撫孤備歷艱辛咸豐七年卒年七十三歲守節四十六年 歲

戶長區文童周營江妻劉氏家福女乾隆己巳生丁亥于歸壬辰夫故氏年二十三歲止生二女矢志自守紡績事姑道光五年卒年七十八歲守節五十五年 出

南湖區馮紹勝妻陳氏其彬女乾隆癸未生十八歲于歸丙午夫故氏年二十四歲道光庚午卒年八十八歲守節六十四年 乃

馮膺瑚妻陳氏本珠女嘉慶己未生十七歲于歸丁亥夫故氏年二十九歲光緒丙子卒年七十八歲守節五十一年乃

小河嘴盛宏健妻胡氏孟推女嘉慶壬戌生道光壬子于歸戊子夫故氏年二十七歲矢志氷霜咸豐庚申卒年五十九歲守節三十二年虞

龍門區金文坦妻彭氏年十八歲夫故氏矢志事姑姑病割股救愈道光七年學憲王獎給節孝高齡額道光甲辰卒年九十六歲守節七十八年虞

金文泗妻黃氏乾隆辛卯生已酉于歸嘉慶丙辰夫故氏年二十六歲矢志苦守撫夫姪調鼎承祀辛勤教讀遂列邑庠道光七年學憲王獎題砥節懷清額道光丙午卒年七十六歲守節五十年虞

高陽區張之壽妻鄧氏林煥女乾隆丁亥生癸卯于歸癸丑夫故氏年二十七歲矢志自守道光甲辰卒年七十八歲守節五十一年火

高峯區唐文謨繼妻羅氏荊州江陵縣人道光丙戌生十四歲于歸十九歲夫故前出四子相繼亡氏矢志撫孫成立光緒丙子卒年五十一歲守節三十二年稱

萬伋區黃琯妻金氏次黃女年二十八歲夫故貧寒守志苦不堪狀乾隆辛巳生道光乙巳卒年八十五歲守節五十七年龍

龍門區喻世堡妻金氏調鼎女乾隆壬子生二十四歲夫故無子撫夫姪爲嗣義方教子勤儉持家咸豐壬子卒守節三十六年龍

拜郊區郝世勲妻李氏乾隆辛亥生十九歲于歸五載夫故氏年二十四歲止生二女矢志靡他同治甲子卒年七十四歲守節五十年乃

萬伋區彭長年妻周氏照磨周耀女乾隆甲戌生壬辰于歸氏年十九丁酉八月夫故時二十四歲痛不欲生以姑老遺腹勸免十二月生子爭發遂矢志事姑撫孤家貧勤儉辛苦備嘗道光甲申卒年七十一歲守節四十七年出

麻城縣志卷之三十六

列女 北鄉 節

路口區監生郭惟楚妻李氏乾隆壬辰生夫卒矢志撫子時
清成立名列黌宮卒年六十八歲守節四十四年咸豐九
年胡宮保奏　旌并獎給志潔冰霜額往
儒士郭時潤妻馮氏德明女嘉慶甲子生道光壬辰夫故
氏善事翁姑撫子俊成立分發江西通判咸豐甲寅卒年
五十一歲守節二十一年咸豐九年胡宮保奏　旌獎給
白首完貞額咸豐十年邑尊吳學師王李奉文會同獎給蒼

松翠柏額往
張留區庫文秀妻劉氏乾隆庚寅生夫故矢志撫孤成立道
光壬寅卒年七十二歲守節四十六年往
江思理妻李氏儒士之然女乾隆壬寅生夫故一子復夭
氏矢志不渝撫夫姪爲嗣孝事孀姑咸豐壬子卒年七十
一歲守節四十九年往
曾其漸妻江氏乾隆壬辰生夫故子二氏矢志撫孤至於
成立道光辛卯卒年六十歲守節二十九年往
宋杜區龔泰來妻張氏乾隆戊子生夫故生遺腹子矢志撫
孤成立咸豐辛亥卒年八十四歲守節六十二年往
李光壁妻吳氏二十九歲夫故矢志撫孤成立家道漸豐
孫枝蕃衍卒年八十四歲守節五十五年往
甘其聰妻鄭氏二十二歲夫故矢志苦守卒年七十五歲
守節五十三年往
張留區何時萬妻張氏二十二歲夫故一子未及週晬氏誓以苦
守道光初年卒七十餘守節五十餘年往
邱豫言妻張氏嘉慶丁卯生夫故矢志苦守同治己巳卒
年六十三歲守節三十七年往

上馬區陶明炬妻王氏太學生世科女嘉慶元年生道光元
年夫故撫夫姪唐書爲嗣誓以苦守同治己巳卒年七十
四歲守節四十九年咸豐九年胡宮保獎給節孝兼全永
垂不朽八字額往
陶學典妻曾氏曾鍾女乾隆乙巳生廿二歲夫故矢志苦守
撫夫姪廷銘爲嗣事翁姑以孝聞同治四年卒年八十一
歲已見曾孫守節五十九年往
陶流恕妻江氏江賢女乾隆壬子生夫故家極貧有勸其
改適者氏誓以死守養姑撫夫堂姪爲嗣同治七年卒年

七十八歲守節五十三年往
陶雲漢繼妻曾氏維江女嘉慶丁巳生夫故子二夫有前妻子二氏撫之如一姑有瘋疾事養無怨言同治戊辰卒年七十二歲守節四十六年道光三十年棠學使杜獎給節孝可風額往
陶典妻胡氏胡惺女乾隆己卯生夫故事孀姑撫孤子歷盡艱辛晚年孫枝蕃衍家道豐裕道光辛卯卒年七十二歲守節四十五年往
白腊區何丞桂妻王氏忠女道光乙酉生夫故家貧氏晝耘夜績事翁姑撫孤子孝慈兼盡同治乙丑卒年四十一歲守節十二年往
白塔區伍啟榜妻高氏新渥女乾隆乙亥生于歸四載夫故子甫週歲旁支日事欺淩氏不與校姑患足疾氏負之出入二十餘年不懈道光乙酉卒年七十一歲守節四十七年學使王獎給媲美敬姜額往
伍大鳳妻曾氏維林女乾隆戊寅生夫故子僅數月事姑教子久無懈志道光戊戌卒年八十歲守節五十六年往
白腊區何德蘭妻黃氏有名女乾隆丁丑生夫故氏上奉兩

代孀姑克盡婦道矢志撫孤至於成立已見元孫道光乙巳卒年八十八歲守節五十八年往
王文憲妻嚴氏大權女乾隆辛丑生于歸三載夫故遺腹子一踰數月翁姑繼歿氏矢志撫孤持家漸裕咸豐庚申卒年八十歲守節五十六年往
黃天祿妻何氏世法女乾隆壬申生夫故翁姑老子幼氏勞瘁自矢好善施藥至今子孫猶繼母志道光甲申卒年七十三歲守節四十九年往
邊堰蘇高綬子妻何氏時奎女乾隆壬辰生于歸二載夫故姑老子幼氏矢志堅貞家庭日增中年子殞又撫孫成立道光丙午卒年七十五歲守節五十三年往
淩作梁妻喻氏從九能訓女嘉慶丁巳生夫故氏矢志撫孤事孀姑咸以孝稱同治壬申卒年七十六歲守節五十二年往
胡大信妻鄭氏有名女道光庚子生夫遇賊殉難僅一女父母欲奪其志氏矢志靡他後撫夫姪爲嗣同治癸酉卒年三十四歲守節十年往
蘇坑區儒士洪明堂妻熊氏道光戊子生戊申于歸二十五

歲夫故孝事孀姑撫夫姪承祧同治庚午卒年四十三歲守節十八年 果

宋杜區雋怡然妻郭氏郭廷貴女二十五歲夫故撫二子成立子中年俱亡又撫孫零丁孤苦同治癸酉卒年八十一歲守節五十五年胡宮保奏旌 往

土乘區儒士劉光乾妻胡氏同州女乾隆丙戌生二十三歲于歸甫六載生一子夫故氏觸棺欲死翁姑泣止之遂撫孤子矢志自守且孝翁姑道光戊子卒年六十三歲守節三十六年 月

高視區熊廷達妻曹氏紹友女乾隆丙午生夫故氏事姑撫子苦節終身咸豐戊午卒年七十三歲守節四十七年 月

吳其彬妻喻氏廷高女乾隆辛卯生夫故家貧子幼終身勞瘁有傳載家乘道光乙未卒年六十五歲守節三十六年 月

吳士坤妻喻氏漢洲女乾隆甲申生夫故氏孝事翁姑撫子承祧道光丙申卒年七十三歲守節五十三年 月

喻廷模妻張氏乾隆庚子生夫早故守節五十六年八無間言咸豐八年三月十八日賊至閉戶自縊時年七十九歲 月

德義堡沈慈妻吳氏庠生錫山女乾隆庚戌生夫故氏事翁姑撫孤子孝慈兼至道光丙戌卒年五十七歲守節三十四年 月

嚴守先妻方氏永珠女道光壬午生夫故女二子一教養成立孝事翁姑咸豐庚申卒年三十九歲守節十三年 月

王明城妻張氏能燿女乾隆辛亥生夫故事翁姑以孝聞撫夫姪爲嗣子中年子没教養諸孫至於成立同治庚午卒年八十歲守節五十四年 月

蕭可興妻高氏漢泰姊乾隆壬辰生夫故子一家貧誓以死守孝養翁姑孫曾繞膝咸豐丁巳卒年八十六歲守節六十三年 月

沈治岱妻宋氏士賢女雍正甲辰生氏生士族喜文墨冗弟咸以不櫛進士目之夫故僅一女撫夫姪爲嗣事翁姑惟謹嘉慶甲子卒年八十一歲守節五十八年 月

沈楦吉妻王氏世戴姑母乾隆癸巳生夫故遺子女各一翁姑在堂誓以苦守道光辛卯卒年五十九歲守節三十年 月

沈樹滋妻王氏承泰姑母嘉慶甲子生夫故生遺腹子早
天撫夫姪爲嗣事姑以孝聞同治甲戌卒七十一歲守節
四十五年月

豐義堡儒士王明璵妻張氏貢生顯均女乾隆甲午生夫故
苦守咸豐乙卯卒八十二歲守節五十三年咸豐十年胡
宮保奏旌並獎給乾坤正氣額月

王明弼妻飾氏余樂女乾隆己亥生夫故生遺腹子守志
事姑孝慈兼盡卒年七十歲守節五十年道光三十年杜
學使獎給兩世清操額咸豐十年案胡宮保奏旌月

盃美堡傅士璽妻夏氏士彥女乾隆辛未生夫故女二撫夫
姪爲嗣夫季弟亦幼氏躬親撫養教之以正弟輩皆敬之
如母焉道光壬午卒年七十二歲守節四十五年月

夏啟先妻胡氏尚卿女乾隆庚戌生夫故子二家貧誓以
苦守同治庚午卒年八十一歲守節五十四年月

仁美堡朱文信妻段氏文蓮女道光癸未生夫故生遺腹子
事姑撫子歷盡艱辛同治乙丑卒年四十三歲守節二十
年月

楊公泰妻黃氏世賢女乾隆乙酉生夫故子一矢志不二
稍有餘貲族人利之逼其再醮氏悲憤控官官嘉其志懲
族之不逞者氏得以節終道光戊子卒年六十四歲守節
四十年月

凌家岩凌士遴之妻楊氏夫故子幼家貧時有逼其再適
者氏攜子逃入山中採葛而食其苦節至今族里猶稱之
生卒日失攷此雍正年間事月

擇里堡廩生朱珣妻扶氏立成女乾隆庚申生夫故撫夫堂
姪爲嗣飲食教誨無忝母儀丙午卒年四十七歲守節二
十六年月

儒士朱玿妻周氏選木女雍正甲寅生夫故孝事姑能得
其歡心撫遺腹子至於成立折葼之教不以慈廢嚴嘉慶
庚午卒年六十七歲守節四十八年月

儒士朱緒宗妻謝氏承萬女乾隆丁亥生夫故氏事翁姑
撫夫姪爲嗣孝慈兼盡好施與閭族以瑤池冰古額其門
道光庚子卒年七十四歲守節四十六年月

儒士朱信人妻方氏孔碩女乾隆辛亥生夫故氏苦守夙
通女訓諸書事翁姑克盡婦道道光壬辰卒年四十二歲
守節二十六年月

庠生朱輔弼妻胡氏錦堂女乾隆丙申生夫故氏事上撫
下曲盡孝慈道光甲午卒年五十九歲守節三十一年 月
王家樓街中有石碑上鐫有節孝李氏坊中鐫奇烈幽貞
四大字旁鐫嘉靖三十六年丁酉歲邑尊吳暨闔邑紳士
同立街後有節孝李氏墓夫家及生卒日均失攷 月
黄栗石區熊國榮妻趙氏元爵女乾隆戊辰生夫故子一事
翁姑以孝聞有夫姪幼失怙恃愛之如子其甥尢孤苦亦
撫之成立道光己丑卒年八十二歲守節六十一年 月
羅汝明妻程氏金萬女嘉慶乙亥生于歸七月夫故氏欲

以身殉翁姑慰止之爲之立後同治庚午卒年五十六歲
守節三十二年 月
熊秉敬妻江氏漢亭女嘉慶壬辰生夫故矢志苦守族人
利其産爭爲之後氏委曲以安之遂得撫子以延宗祀咸
豐辛亥卒年四十四歲守節二十四年 月
士乘區丁江淮妻黄氏千堂女道光癸巳夫故氏事翁姑孝
教子嚴咸豐丙辰卒年五十一歲守節二十四年 月
陳繼文妻陶氏陶隆女乾隆戊戌生夫故氏孝事孀姑生
子迹楷性至孝母病割股醫之道光癸巳卒年五十六歲

守節三十年 月
丁江漢妻廖氏金榜女嘉慶丙寅生道光壬辰夫故欲以
身殉翁姑諭以子幼無託氏銜哀忍死矢志不渝咸豐癸
丑卒年四十八歲守節二十二年 日
曾立可妻侯氏炳學女幼養曾家合巹期年生女一夫故
謹事翁姑撫嗣承祀咸豐乙卯卒年六十七歲守節三十
九年 月
朱龍妻丁氏大剛姊乾隆壬午生幼爲夫家養媳翁姑鍾
愛之成禮數年夫故遺孤一氏事上撫下道光乙巳卒年

八十四歲守節五十六年 月
儒士江以洌妻胡氏曾占女乾隆乙卯生夫故子僅一歲
氏素嫻女箴孝慈兼盡遇親鄰貧苦輒周恤之道光戊戌
卒年四十四歲守節十九年 月
陶國有妻董氏茂良女乾隆辛丑生于歸五載夫故氏謹
事翁姑撫嗣承祀由勤苦起家至今子孫衣食賴之道光
甲午卒年五十四歲守節三十年 月
楊白違妻朱氏朱元女乾隆戊子生夫故僅一女族子争
繼幾至搆訟氏不得已捐産入祠道光丙午卒年七十九

歲守節五十四年 月
塔區張問德妻洪氏庠生斐觀女乾隆己亥生十九歲于
歸三十歲夫故姑老子幼氏矢志自守劬勞事畜同治庚
午卒年八十一歲守節五十一年 巢
張楚栢妻洪氏乾隆乙巳生年二十九歲夫故僅一女矢
志苦守撫夫姪爲嗣事姑孝咸豐甲寅卒年七十歲守節
四十一年 巢
張紹遠妻丁氏乾隆庚辰生二十一歲于歸年三十夫故
事姑教子曲盡孝慈道光庚辰卒年七十一歲守節四十

一年 巢
鄧士賢妻李氏光柯女乾隆庚寅生十七歲于歸二十九
歲夫故矢志冰霜教子成立八十六歲卒守節五十七年
胡宮保獎給履潔懷清額 巢
張時濱妻洪氏乾隆乙酉生于歸三載夫故家貧無子撫
夫姪承祀事姑孝道光庚寅卒年六十六歲 巢
張楚楨妻江氏乾隆丙申生二十歲于歸二十九歲夫故
子幼家貧矢志不二道光戊申卒守節四十四年 巢
萬才選妻吳氏世康女乾隆己酉生二十七歲夫故家貧

翁姑老子週歲氏善事畜道光癸巳卒年五十五歲守節
二十八年 巢
倘堯春妻袁氏勝萬女乾隆庚申生三十歲夫故二子幼
氏事姑孝教子嚴同治乙丑卒年六十五歲守節三十五
年 巢
細楊區儒士蕭春熙妻劉氏貢生位南女嘉慶甲戌生道光
十四年于歸二十四歲夫故子僅八月翁姑俱老氏仰事
俯畜皆盡其道咸豐辛酉年卒守節二十四年 巢
小河區劉宗桂妻張氏映陛女二十三歲夫故孝事翁姑撫

子成立同治甲戌卒年六十一歲守節三十八年胡宮保
奏　旌獎給氷節流芳額 巢
張留區楊士泰妻張氏嘉慶庚午生夫故時氏年二十九歲
一子一女子殤後有欲奪其志者氏逃歸母家針黹度日
苦守不渝光緒元年卒年六十八歲卒守節三十九年 往
上馬區李永駒妻江氏待考女乾隆庚子生于歸二載夫故
夫弟方在襁褓有勸氏改適者氏矢志不二翁姑殯葬如
禮後爲夫弟完娶生二子氏撫其長子爲嗣終節之年子
孫蕃衍 往

石板沖區萬方泰妻梅氏思鑾長女二十五歲于歸三十歲
夫故矢志自守同治九年卒七十八歲守節四十八年撫
𡸣胡獎給履潔懷清額 師
萬方猛妻梅氏思鑾女年三十歲夫故矢志苦守同治癸酉
卒年七十歲守節四十年撫𡸣胡獎給清潔流芳額 師

麻城縣志卷三十七 本城附城烈貞割股

石馬槽生員蔡長春妻梅氏監生光德女同治三年五月二
十日在花橋熊家遇賊氏觧所著半臂置門首塘側從容
赴水死二十四日氏子生員旭山撈殮尸尚未腐時年八
十 冬
朱心喜妻馬氏天厚女同治二年二月二十五日遇賊以
刀逼之不從割其耳亦不從遂遇害 生
小西門劉浩然妻袁氏咸豐八年賊入城姑與夫遇害氏罵
賊被戕一女僅二歲亦被戕 寒

白田畈梅開先妻徐氏嘉慶甲戌生同治二年二月二十一
日避賊至八里畈望賊將近投王氏祠側塘死 寒
梅花庭女道光丙午生同治二年二月二十一日避難至
八里畈見賊逼近投王家祠堂灣門首塘死 寒
蔴淡山董載堂妻馮氏道光戊戌生妹五意姑細妹同治二
年二月二十二日賊突至三人攜手同赴馬家大塘死 寒
南門鄒其楨妻唐氏友盛女道光八年夫故咸豐八年三月
城陷氏罵賊被殺守節三十年 出
樊願區蕭正國妻王氏尚朝女同治二年逃難至蘄衣灣望

賊將近投黃泥塘死 出

聖門貢生鄒虞門姪孫女鄒鳳女年十六未字於咸豐八年三月十一日賊入城女隨家屬避南門外遇賊授以馬女怒罵不屈遂被害 皇

戶長區周耀富妻劉氏如壽女同治癸亥年三月二十一日倉皇遇賊懼汚攜女金弟同赴水死氏年四十一歲女年十六歲 夜

桃林區徐鼎心妻丁氏年二十六歲夫故同治三年避賊於基隆山遙望賊旗投水死 騰

監生徐九思妻喻氏附生士楷女同治三年五月避賊於基隆山賊奄至氏恐汚投塘死年二十九歲 董

僑寓知州銜陝西知縣姚清臣妻胡氏岡邑從九文光女前陣亡邑侯姚國振次媳隨姑王氏避賊於宋埠毛家墹賊至强逼胡去胡厲聲大罵遂被賊殺已奏旌入節烈祠 珍

武生涂楚聯妻陵氏道光癸未生二十歲于歸三十二歲夫故二子一女俱幼家貧無依有强氏再醮者氏抱其女投大楊基塘死 寒

小西門吳世甲妻馮氏啟泰女夫殁苦守八載足不踰閾咸豐八年三月賊攻城陷氏懼辱投楊基塘死 寒

北門吳祖湑妻鄭氏先明女咸豐辛亥生十七歲于歸二十三歲夫故氏數次觸棺頻死復甦家人以遺腹勸遂止迨生女氏乃絶粒仰藥死 寒

汪玉女董兆瀛聘室咸豐八年三月逃難遇賊賊逼不從投水死年十八歲 寒

泮仙區陳向氏乳名喜黛同治三年五月與其姑避髮逆於懸鍾區之甘家塚賊追至姑逃去氏抱女嬰被擄乘賊不意投水死 羽

古城區鄭傳瑞妻毛氏汝南女同治甲子五月在河家畈遇賊懼汚投水死 玉

鄭傳林妻王氏文雄女于歸數載孝事翁姑同治甲子五月在鄭家坳遇賊潔身投水死 玉

郭步瀛妻唐氏本仁女嘉慶戊寅生同治三年遇賊於蛇山河不屈被戕死 玉

郭履朝妻鄒氏鐸女道光癸卯生同治三年五月遇賊於黃土嘴不屈死 玉

郭履和女道光丙午生同治三年在黃土岡河西遇賊懼

汚遂自盡玉

胡紹功妻毛氏志黄女同治三年遇變罵賊被戕死玉

東門烈女白瑞貞年十六歲同治二年避難白臬山遇賊懼汚投水死

白田畈梅本仁妻蔡氏治內最勤事姑盡孝同治甲子避難甑山河見賊近懼汚投水死騰

河東區鄒某妻尹氏同治二年三月賊至懼汚投水死

石馬槽區蔡賢成妻汪氏同治二年避難白臬山遇賊挾之上馬至山下投水死時年二十四歲騰

義渡區鍾端儼妻谷氏咸豐八年三月十日髮賊入城氏罵賊被殺於鍾家岡門首大塘出

金城區喻通鎬聘室周姑未于歸而鎬病故聞訃匍匐欲往奔喪爲家人苦阻姑曰曰我生爲喻姓婦死爲喻姓鬼況夫壻無昆弟堂有老翁姑誰爲依靠誓在必往家人持之益堅於是絕粒三日乘家人有隙遂以身殉已載周家乘周清瑞報

白田畈梅尉起妻胡氏正遠女道光壬午生咸豐八年避亂於八里畈遇賊不屈被戕死

沆家庄蔡存甲妻曾氏同治三年七月攜六歲子賢高避難遇賊懼辱於牌坊岗下壪門首塘均投水死同時白田畈萬金魁之女嬌女亦死於此寒

劉永吉女五枝小養於婆家同治三年逃難至樊顧畈遇賊投王家大壪門首塘死寒

貞女

望門貞女周光烈女乾隆戊寅生年十五聞夫故遂於母家守貞以穿爆竹棐線度日苦守七十餘年里人皆呼爲苦三爹道光己亥卒年近九旬出殯房內異香數日不散 案

蕭埰聘室曾輝幼女嘉慶辛酉生年十六聞埰故往蕭氏苦守咸豐己未卒守貞四十三年 出

西門外程前明女幼受林聘林遠貿未歸女在母家終身不字乾隆乙酉生道光庚戌卒年八十六歲 案

樊顧區劉細女伯達女守貞不字同治元年失怙恃依兄嫂

度日同治十二年卒 出

花門貞女羅掌珠法名海賓大明女生於嘉慶己未秉性孝直因母抱病不願婚配母病篤割股三次調於藥內痊病母得以壽終女卒於同治己巳曾於縣立案自守並蒙嘉獎 案

義渡區唐梁聘室石女生於嘉慶甲子至丁丑梁故女年十四歲聞訃悲號即孝服過門往拜翁姑翁姑力辭不允知不可奪遂從其請三十餘年不出戶庭晚年撐持家務人口浩繁自與家人粗食另以熟米袋盛煮供翁姑撫夫弟

國賓以承夫祀撫憲胡奬給貞孝兼全額同治甲子卒時年六十一歲守貞四十七年 出

割股

閘監生丁達裕妻范氏吉麟女嘉慶辛酉生姑病革割股
以救翁病革拜北斗四十九日病尋愈卒年七十三歲 出

麻城縣志卷三十八 東鄉烈貞割股

饅山區王世官妻黃氏名祚女年二十四夫故氏於喪葬畢
後以鐵鋌刺胸死 羽

熊繼曾妻汪氏咸豐戊午三月十一同兩女大姪三姪逃
難遇賊不屈賊刺氏傷臂母女三人均投水死 羽

熊繼湖童養媳田女文童紅芝女同治甲子七月二十六
於江家灣塘邊遇賊懼辱投水死 羽

晏永全妻黃氏嘉慶癸酉生道光乙酉夫故氏年二十三
無子僅一女終日哀痛誓以身殉甫越兩月自縊死 羽

柏子區監生喻際雲妻洪氏永淇女咸豐八年三月十一日
氏避難至紅石橋遇賊不屈被賊戕斃年三十六歲 董

張維泰妻陳氏廷珍女咸豐八年三月十一日氏逃難至
陳家河灣後遇賊不屈戕死年二十六歲 董

喻士玉妻袁氏一泰女咸豐八年三月十一日於本宅門
首遇賊不屈被殺死年三十九歲 董

生員喻士亨髮妻胡氏永元長女道光壬午生亨弟士球
繼室丁氏國禮第三女道光癸巳生均有孕同攜兩歲女
亨女弟愛珠道光丙申生亨女富英道光壬寅生皆未字

咸豐八年三月十一日因賊逼近懼污同在黃家坳投塘
死士球亦於是日率戶勇於閻河打賊被戕死咸豐學
詳請旌表淮氏等建坊入祠球照步兵陣亡例卹銀五十
兩前邑尊易蓮舫題一門節烈額獎之 董
曾姑紀德女未字咸豐八年三月十一日賊竄閻家河姑
隨母逃至紅石磡李家塘賊近懼污自溺死年十九歲 董
丁錦堂妻夏氏之受女道光庚寅生同治三年賊匪猝至投
水死年三十五歲 衣
杜明農妻丁氏萬全女道光甲申生夫故守節同治三年

賊至氏逃至本區老鼠塘懼污赴水死年四十歲 衣
曾茂楠女道光壬寅生咸豐八年三月遇賊義不受辱被
戕死 制
曾廣學妻李氏學富女道光己未生夫故誓以身殉赴屋
後塘內溺死 制
二里河田承元妻楊氏年二十五咸豐十一年賊突入境夫
先被賊擄氏扶病姑逃難遇賊躍入水中賊入水救出氏
不屈被害 秋
木㮰河夏明泰妻余氏咸豐八年遇賊被擄不屈抱其一子
一女投水死 秋
石陂區黃堯衡妻張氏張逵女道光辛丑生同治三年五月
遇賊懼污投黃園中灣塘死年二十四歲 文
張世奇女鳳姑道光甲辰生咸豐八年在曹家坳遇賊懼
污投水死年十五歲 文
儒童張世舉妻曾氏監生廣漢女道光庚子生咸豐九年
于歸二十歲夫故氏慟哭誓以身殉持夫服周四十九日
仰藥死 董
東義洲丁志順妻王氏國安女乾隆辛丑生嘉慶己亥歲飢

夫採蕨被石壓死氏聞號泣自溺以殉 餘
李凝文妻張氏道光辛卯生咸豐十一年八月二十一日
遇賊抱小女投門首塘溺死 餘
李時燃妻蕭氏士棟女道光丙申生咸豐十一年八月二
十一日避難至陶家冲遇賊投水死 餘
閻家河區劉國年妻丁氏如春女咸豐二年于歸同治三年
遇賊於八腦石不屈投塘死年三十四歲 董
監生陳作霖妻傅氏年六十九氏母梅氏年九十一無子
依女二十餘年氏奉養惟謹同治三年五月入石城寨避

難賊騎驟至舉家皆散氏獨依老母執手同觸崖死 董
南庄區方同城女年十八遇賊不屈身受數十傷而死 致
方春榮妻毛氏萬發女逃難遇賊夫被擄氏年三十歲女
方十二歲恐賊污母女俱投水死 致
白沙區程士益妻李氏成盛女同治三年五月十七夜賊至
本村氏懼辱抱子投水俱死 羽
程細黛士元女未字同治三年五月十九賊至本村女與
兄嫂均被擄勒行至深溪黛與兄嫂三人俱投水死 羽
程士榮妻胡氏顯朋女同治三年六月遇賊追急近深塘

恐污攜女投水俱溺死 羽
墩陽區童承鏜妻王氏監生錫榮女同治三年五月二十賊
乘蚤至村放火氏扶姑避難被執不屈行至塘邊躍入水
死年二十六歲 羽
懸鍾區陳宗瑞妻周氏世魁女同治三年五月被賊擄不屈
投水死 羽
劉鳳儀妻段氏成宏女同治三年五月遇賊投水被賊救
起不屈賊殺之 羽
甘正序妻黃氏道光乙未生咸豐四年于歸夫故時子方

兩週氏矢志守節家貧諸伯強奪其志氏自料身無所歸
乃抱兒哺乳哀泣曰守之不堅不如死即投水死年二十
八歲其兒失哺亦死 羽
三杏區張開炳女秀芝年十九歲待字同治三年五月遇賊
於白沙區被獲不屈且罵賊揮刀砍女斷手及唇舌甫鬆
手即投水死 羽
唐殷區蘇氏女李賜聘室同治二年春賊由鵠兒崖入山搜
林女懼污投澗水死 生
鮑榮勝妻盧氏國興女同治三年遇賊於盧家坳被擄罵

賊受戕死年三十四歲 鱗
劉入進妻鮑氏鮑熙女年二十三歲夫故矢志自守同治
三年五月賊近懼污投烏鵲林門首塘水死三十五歲 鱗
石觀區監生丁正學女嘉慶癸亥生終身未字同治三年五
月隨家人避難玉霧山賊追至投石巖死 羽
上義區唐全二女咸豐八年四月二十五避賊山坡賊執手
女且拒且罵躍入水者再賊怒殺之 生
唐有健女巢發周聘室道光丙申生咸豐八年四月在鳳
岐山遇賊不屈被戕死年二十三歲 服

王元樂妻袁氏名月女同治三年七月抱嬰逃竄在顯道
山遇賊不屈被賊戕死年三十二歲服
吳家艮妻蕭氏天均女道光丙午生咸豐八年四月遇賊
投塘死年三十六歲服
唐殿區儒士鮑大倫妻董氏同治甲子七月倫病垂危適賊
至索銀未遂怒焚其室氏衛其夫不忍去俱被焚死服
石陂張世奇妻江氏道光辛卯生咸豐八年在土窨內遇賊強
之出氏時年二十九歲百罵不從賊亂矛刺死帝
石陂區黃學政妻曹氏曹玉女年三十歲於咸豐戊午四月

二十二避難劉家山賊殺其夫强氏同去氏手牢抱一樹
大罵不從被斷足碎身死帝
張正春妻甘氏正與女年三十九歲於咸豐八年四月二
十二避難丁家冲賊殺其夫强氏同去不從罵賊死帝
黃學順妻張氏德炳姊年二十八歲於咸豐八年四月二
十二避難劉家山被賊追至田中以矛刺死帝
王某妻李氏年二十歲與李某妻羅氏年二十四歲均同
治三年五月在燕子砦遇賊不屈投水死帝
木樨河詹澤榮聘妻丁長泰女聞夫病篤力請往侍湯藥數
月知病不起仰歸縊母家秋
余貽靜與長子從直次子細毛於咸豐八年遇賊俱被害
其妻宋氏爲賊所執大罵不從乘間投水死其女細女亦
隨母赴水死全家盡歿貢生夏慶勲收葬於西山灣之黑
石腦秋
木子店童期泗妻詹氏咸豐八年賊至罵賊被害官
李興元妻胡氏同治三年九月遇賊不屈遂被害官
王雙喜妻陳氏同治八年夫故翁姑老病立志服事夫族
欲强嫁之氏翦髮明心復强再三氏遂自縊死時年二十

五歲致
閻家河區徐某妻喻氏年二十九歲同治三年七月在基隆
山遇賊不屈投水死
石觀區丁廣成妻萬氏朝模女道光戊戌生咸豐己未于歸
同治己巳夫故誓以身殉夫葬畢自縊死羽
三杳區楊承宰妻汪氏金榜女道光辛巳生己亥于歸咸豐
戊午夫故矢志撫孤同治三年六月賊竄本村子被賊擄
氏投水死羽
洛梅河翁定鑑妻晏氏咸豐八年鑑堵剿髮賊陣亡氏聞

信登時自盡後立嗣孫尚幼
柏子區李家塆郭某聘室李女同治三年五月避難於高規
匼馬家河與同行抱子之婦均遇賊不辱於竹葉塝塘投
水死 月
逾顯周側室夏氏咸豐八年三月十一於紅石磜罵賊被
戕死 蕫
喻臣烈妻徐氏咸豐八年三月十一遇賊懼汚投紅石磜
腰塘死 蕫

貞女

木子店畢思匯聘室涂遮先女年二十二未嫁夫病來畢家
省視夫旋故女於夫家立志守貞七十二歲卒 致
柏子區鄭堯則女乾隆甲辰生曾永茂聘室茂故女年十七
歲聞訃至曾門守志道光丁酉卒守貞五十七年 制
汪大元聘室曾女世良女嘉慶戊午生元久客不返女矢
志靡他道光己酉卒守貞三十一年 制
鄭勝龍聘室丁女儒士必鰲女乾隆壬子生嘉慶庚午聞
夫病篤女欲往侍湯藥父母弗許女意決母遂同至龍家

迨龍故女語母曰兒生是鄭氏人死乃鄭氏鬼母請歸毋
以女爲念母厲聲曰不可強女俱歸至家是夜自縊死年
十九歲鄭聞耗迎棺與龍合葬 衣
閻家河區喻顯樓聘室歐陽注女乾隆庚子生嘉慶戊午年
十九未嫁聞樓死誓以身殉父母力救得不死遂至樓家
力守道光壬辰卒守貞三十四年前學使王獎給節孝傳
芳額江夏王菊門著有歐陽貞媛傳 蕫
南庄區夏貞女之痣女乾隆甲寅生幼許字儒士張定祥祥
故矢志歸夫家翁姑憐女年弱力勸改字不得已遂長依

母家守貞靡懈事父母曲盡孝道咸豐十年胡宮保奬給
操貞金石額同治甲子卒七十一歲守貞數十年星

割股

東義洲熊茂泰妻張氏永盛女嘉慶戊午生夫故一子及冠
而歿氏嘗割股以愈叔姑咸豐戊午卒六十歲餘

南庄區商義元妻劉氏因姑史氏病篤夫婦迭割股以進母
病遂愈宜

龜山區監生王紹南妻楊氏監生開敏女稍識字順事翁姑
翁病割股療之後又以夫病割股壽八十二卒殯於門側
同治三年五月賊至縱火居屋盡燼惟氏棺柩獨存人謂
孝德所致羽

熊繼傑妻張氏正發女事姑順姑病割股療之現年六十
歲羽

墩陽區職員程洪瀚妻廖氏姑病嘗割股以療羽

監生程映陛妻饒氏貢生元炳女嘗割股療父病于歸後
母病又割股奉之齋素終身羽

職員程映文妻童氏更義女姑病嘗割股救之羽

文童程兆璘妻鄒氏職員心檢女嘗割股以療母病羽

廩生程兆榮女瑗黛年十七許字王姓尚未成禮父病日
夜侍湯藥且割股和藥進之羽

鄉耆程映炳繼室童氏乾隆甲寅生閨居時割股療父病
于歸後事孀姑至順姑病亟氏割股以療之羽

東義洲

張永均妻蔣氏即三里崗陣亡功鏞之母姑病革氏割股
以食而愈餘
鄧人偉妻田氏時惟祖翁繼祖姑在堂祖翁病氏割股和
羹以進後復病又割股以進二次均愈餘

本十店監生李光燦妻商氏澤元女幼時其父病篤氏誠心
服事割股以進病愈後氏適李生三子皆列膠庠年九十
餘卒官

程兆聯妻汪氏事母以孝聞嘗割股療疾于歸事翁姑小
心敬慎親疏無間言羽

麻城縣志卷三十九 南鄉烈貞割股

沙井匾楊鍾俊妻羅氏二十四歲夫故生遺腹子事姑撫孤
同治甲子遇賊投水死三十八歲守節十五年天
王亭妻周氏錦瑚女夫殁氏年二十五歲矢志撫孤子女
同治癸亥三月闔家避難茶園冲賊突至氏懼辱投水死
女亦淹斃時年三十五歲天
閻先禮妻羅氏正家女同治二年二月避亂深山賊突至
氏投魯家匾兩河口塘中死時年二十九歲天
姜必錦妻羅氏承緒女生於道光九年同治二年二月二
十四日倉皇遇變攜一女同時殉難氏年三十四女年十
五天

姜守詰妻閻氏承連女生於道光三年至道光三十年夫
故撫夫姪以承宗祀鄉里無不稱其賢淑同治三年避賊
東山周家大灣賊突至被擄行至中途投水死賊退始殮
面如生天
陳國潤妻王氏王琜女生於道光甲午年同治二年二月
二十四日避亂至大梁家山遇賊全家被擄氏詆賊以釋
放全家願去賊允之隨行至張家塘投水死又有同堂妯

娌胡氏係國能妻亦於是日同塘殉難 天
楊楚利妻李氏紹先女同治二年二月二十四日氏攜二
子避亂東山避賊同子投紗帽石李姓屋側塘死年三十
三歲 地
白杲區袁尙甲妻楊氏生員楊培本女生於道光壬午年咸
豐元年夫故同治甲子年氏抱病床褥聞賊至白杲投水
求死因水淺不没氣息奄奄越二日卒四十二歲守節十
三年 天
董慶科妻梁氏同治二年避亂茶園冲賊突至夫與子俱

散氏遂投壞塘而死 天
袁正誼妻李氏生於嘉慶丁卯年道光丁未夫故於蜀姑
老子幼以紡織爲事畜貧同治甲子年避髮捻之亂倩人
舁姑於倪家坳姑忽以病逝氏慟哭尸次居停感其孝代
爲收殮翌日賊至焚屋及棺氏號痛呼救遂被賊戕死年
五十八歲 地
李之農妻程氏學典女同治二年二月二十二日避難至
吳家垱遇賊投水賊以矛刺之殮時創痕宛然 金
望花區儒士胡光普妻戴氏歲貢鼎新女同治二年避賊橫
河區之汪家溝二月二十五日賊衆猝至氏棄兒女投水
死 盈
魯家區　梁超瀛妻董氏同治二年二月賊窮搜山谷氏次媳劉氏
女三姑同赴水自盡氏駡賊受傷亦於是日卒 天
千總守備銜梁殿元妻劉氏生於道光十六年同治二年
二月二十四日髮捻窮搜山谷氏與夫妹三姑攜手赴水
死 天
烈女梁三姑候選從九梁超瀛長女童生涂啟桂聘室同
治二年二月二十四日豫捻陳逆竄踞白杲窮搜山谷女

與母嫂倉皇遇變與嫂劉氏攜手赴水殉難時年廿歲 天
烈婦陳正烜妻王氏尙戒女生子錦堂遠貿因夫患足疾
服侍不能遠離同治二年賊突至氏投老人垱門首塘自
盡 元
江魯氏廷材女于歸甫三載夫病故氏哀痛就縊家人救
解越七日乘家人送葬遂投繯死 收
沙井區　梁作述妻涂氏啟宗女生於道光丁酉同治二年二月二
十四日賊逼近氏攜六齡子在紅坳口地方同赴水死 收
望花區　劉文堂妻魯氏大朝女生於嘉慶元年道光元年夫故家

貧撫孤成立同治三年六月初十遇賊投巖死第三日收
殮時盛夏面如生六十九歲守節四十三年 藏

曾家區

彭啟祥妻李氏同治二年遇賊於獅子腦罵賊不屈被戕
而死 天

望花區

儒士胡繡梓妻曾氏監生行華女同治二年避賊横
河區之汪家溝二月二十五日賊大隊猝至氏抛棄幼兒
女投水死 盈

李國槐聘室羅立孝女爲李姓養媳咸豐辛酉歲隨姑避
髮逆亂於狐夫嶺賊至女溺死時年十三歲 列

胡志桂聘室徐女岡邑庠士徐鵬女星期已訂忽聞夫病
故欲奔夫家守志父力止之踰年父欲另締姻女知之自
經於室因救免終不食而卒 列

胡能先第三女同治二年二月二十五日避難鹽田河羅
家山坳遇賊投水死時年十四歲 調

葉曉林妻張氏四川漢州人道光七年生咸豐三年夫卒
於金堂縣攜子女扶柩歸梓養姑以孝聞咸豐十一年三
月初六遇賊烏石山擄其女投水死 調

葉蔚林妻周氏咸豐十一年三月初六遇賊烏石山罵賊
被刀砍頭面死 調

王啟元妻夏氏生四十日啟元母抱爲養媳年十九夫殁
無子矢志養姑二十年罔懈咸豐十年舉報請 旌同治
四年避賊横河區花墳頭因目瞽難行自刎不死遂自縊
年五十三歲 金

胡正大妻阮氏同治二年二月二十二日扶姑攜幼避難
鐵仙嶺賊至氏屏立巖下二賊進氏連奪其矛子斷即以
半段擊之俄賊麇至有自後擊以鋤者碎腦死年卅四歲 金

胡正利妻王氏尚宏女同治癸亥年三月同母家避亂茶
園冲賊突至氏投水死 天

三羅堡

羅啟祥妻朱氏德達女生於道光辛丑年同治二年
二月二十二日被賊擄行至傅家塝破塘投水死 寒

黃錫文妻羅氏儒士立正女同治二年春闔家避亂山南
之石灰窑氏攜夫幼弟後行見賊逼近囑幼弟急走女望
見崖下有池躍而逝後幼弟逃出歷述前事求得其尸葬
焉 夫

羅啟鑾妻王氏方棟女同治二年二月二十二日在李木
岩被賊擄至傅家破塘經過投水死 寒

李習清聘室徐姑元照女爲李家養媳咸豐辛酉三月初七日遇賊與鮑姓女攜手赴水死時年十七歲 吕

李習和聘室鮑姑堂之女亦爲李家養媳咸豐辛酉遇賊與徐女約投水死時年十六歲 吕

鄭能清妻陳氏汝鵬女道光癸卯生咸豐辛酉三月初二于歸初六賊猝至赴門首塘死 吕

羅佑號妻張氏道光辛丑生同治三年遇賊投屋側塘溺死 吕

羅佑俊妻熊氏道光辛卯生咸豐辛酉三月初六賊至氏

赴屋側塘死 吕

盧德新妻詹氏士顯女道光庚子生咸豐辛酉三月初六遇賊投鄒家宼大塘死 吕

蕭國和妻畢氏述炎女道光己亥生同治二年二月二十四日闔家避亂香爐巖賊至氏投巖側塘死 吕

羅承信女纫字丁氏道光丙午生同治三年遇賊投水死 吕

羅佑仕妻黃氏監生璧堂女道光丁亥生咸豐辛酉三月初六遇賊與夫姪婦易氏王氏同赴水口寺塘死 吕

羅啟賢妻易氏道光丙戌生咸豐辛酉三月初六賊猝至投水口寺後塘死 吕

羅啟興妻王氏重慶人道光己亥生咸豐辛酉三月初六遇賊投水口寺後塘死 吕

羅承守女道光甲辰生咸豐庚申遇變投水死 吕

羅楚南妻朱氏文通女嘉慶戊辰生同治甲子賊至赴蠟樹塘死 吕

黃光前妻王氏二十八歲夫故守節三十六年同治三年殉難身故 麗

袁家河范如意妻萬氏學容女咸豐八年四月被擄罵賊受

傷死 生

萬學全妻范氏自元女同治二年二月二十二日抱子攜女遇賊赴水死 生

徐家匾袁金龍聘室李姑天發女同治二年二月聞捻匪入山女懼逼赴水死 生

袁兆科聘室黃姑三元女同治二年二月二十三日遇賊赴水死 生

徐亚順妻譚氏法之女同治二年二月二十三日遇賊溺死燎箭崖下 生

王朝清聘室朱女復禮女癸亥二月二十三日賊猝至女同母投水死 生

青龍區易自隆聘室王字朋女幼爲夫家養媳同治三年夫被賊擄女隨姑避亂東山石子坳賊突至女投水死 列

鄭謙益母姜氏謙益妻羅氏咸豐十一年三月初六日遇賊姑媳同赴水死 陽

曹家區烈婦吳大文妻聞氏儒士天錫次女姑早歿事病翁以孝聞咸豐十一年大文扶父避亂被擄不從見殺氏因翁老三子俱幼愈堅貞自矢同治三年九月初十賊突至

氏與幼子遇賊於余林洲氏恐見逼赴水死時年二十九歲後其子逃出哭訴其事撈尸葬焉 天

黃全喜妻江氏同治三年五月二十六日隨夫與子避難丁家山聞賊至囑夫攜子速行自投水死 崑

盧正義妻鮑氏泰來女同治二年遇賊姚家山投水死 崑

鮑效德女年十五同治三年五月十八遇賊乳頭山立塘側賊近投水死 崑

朱家區朱克甦妻羅氏同治二年二月遇賊投水賊挽之起氏罵不輟賊怒斷氏舌并剔其牙猶含糊作罵聲死 宇

朱克鍊妻黃氏咸豐十一年三月賊猝至氏挽姑同行賊毆氏姑氏投水死 宇

朱福禮女引弟年十七同治二年二月至徐家嵐遇賊與母吳氏攜手投水死 宇

朱光海妻龔氏年二十一同治二年二月至梁家山遇賊於藕塘投水死 宇

王在明妻榮氏年二十七同治二年二月至方家河遇賊於藕塘投水死 宇

朱德燿妻馮氏同治三年夫故氏因賊駐本地哀憤投水

死 元

周鐵區周錦淇聘室程姑啟榮女爲周養媳同治三年六月初七日遇賊仗節不辱與嫂金氏同赴陳家山塘溺死年十六歲 光

鄧文獻聘室姚姑宗富女咸豐十年歸鄧閑養十一年三月初六日遇賊懼污投塘死年十六歲 光

江啟興女年已待字同治三年遇賊懼污投王家塘溺死年十五歲 光

周錦洵妻金氏學陶女同治三年六月初七日遇賊不屈

溺死於陳家山塘年二十三歲光
劉之富妻王氏昇貴女同治甲子八月二十八日倉皇遇
賊於本灣門首塘溺死年二十歲光
周錦貴妻梁氏學易女同治二年捻匪入境氏抱幼女避
難被賊擄出箭廠崗大塘經過氏挽賊髮投入水中氏死
賊亦斃後撈氏尸女猶在抱中天
橫河區劉孔年妻王氏正貴女同治癸亥年二月遇賊潔身
投水死鹹
周尙熾妻吳氏光映女道光丙戌生同治甲子五月十八

日在瓜子岩遇賊投水死鹹
劉文明妻戴氏道光丁亥生同治甲子六月初七在鮑家
冲遇賊不屈投水死鹹
劉泰順妻李氏道光己亥生同治甲子六月初七在鮑家
冲遇賊懼污投水死鹹
尹國元妻沈氏啟秀女同治二年三月十九日賊麋至氏
在本區王英灣投水死鹹
監生鄒文忠妻尹氏貴豐女同治二年三月十九日賊麋
至氏攜女萬鄒氏仗節不辱投水死鹹

職員萬崇軒妻鄒氏監生文忠女同治二年三月十九日
隨母鄒尹氏遇賊不辱投水死鹹
戴元功妻程氏陶家區如明女道光庚寅生同治三年六
月初八日賊麋至持刀強逼氏罵不絕口賊斷其舌而殺
之年三十五歲戾
閭全順聘室胡女年十六歲同治二年隨父母避難在本
區遇賊懼污乘間投水死鹹
尹國典聘室林女玉奎女道光乙巳生同治四年典出外
不返女誓守同治九年五月其家勸之曰若多備粧奩可

別字乎女曰一棺足矣遂乘間投繯死鹹
尹承景女嘉慶庚辰生幼字沙河區傅某未成禮道光十
七年聞夫故欲以死殉家人勸止之矢不再字歲餘有議
婚者女聞之號哭不食數日死鹹
吳珠妻鄒氏適吳二載夫故氏理料衣衾殮畢乘間自縊
死成
沈德麒妻鮑氏披貢輝業女夫故寄居母家守節同治三
年捻匪入境氏因母病不忍遠離五月初九日賊至鮑家
河氏懼污投水死崑

柴羅區柴天明妻黃氏廷法女道光丁酉生同治三年五月
二十五日遇賊赴紗帽石側塘死 呂
柴士祺妻羅氏立遠女道光丙申生夫遠貿未歸同治二
年遇變赴扁擔坳側塘死 呂
陳全春妻羅氏監生承樹女道光戊戌生咸豐辛酉夫故
矢志守節同治三年五月初避難曹家河賊至偕居停童
媳某氏父表弟媳吳氏赴水死 呂
陳朝緒聘室闓姑金佑女年十五同治甲子五月避賊入
山賊逼不從投水死 呂

八里畈區林章合妻張氏文煕女道光壬辰生咸豐十一年
夫故同治三年遇賊投水死 元
詹士祿妻王氏興輔女同治三年七月二十一日聞賊退
歸家復遇賊賊戕其幼女氏投水死 元
馮景松妻羅氏佑志女咸豐十一年三月初六日氏抱子
偕姑避難至覓兒山之東谷賊逼近氏抱子投水子浮水
面姑救之免氏竟死時年二十三歲 元
王朝友妻胡氏天庚女道光辛丑生同治二年抱女避難
至沙塘埂遇賊擄之上馬氏曰吾懼乘馬願步行從逡家

沙河區傅成江妻羅氏以中女家苦貧夫被賊擄姑老且病
同治甲子七月初十日賊至勢危甚氏懼辱涕泣辭姑投
塘死時年三十八歲 閏
胡順姑父早殁姑未及笄同治三年隨母在橫河區之汪
家灣避亂五月二十四日賊驟至姑恐辱投水死 鹹
傅學珪妻周氏文虎女于歸五月同治三年五月十七在
大布袋坳因賊逼近投水死 洪
胡兆倫女順姑年十四同治甲子年五月二十四在梅家
冲賊勢逼近女摩家人去自赴水死賊退撈尸入殮面如
生 洪

程集區謝光棟聘室王姑定遠女咸豐辛酉年三月初六日
在望花山遇賊懼污自溺死年十六歲 芥
徐正福妻鄧氏元祖女咸豐辛酉三月初六在張家大塘
遇賊懼辱投水死年二十三歲 芥
謝光玉妻羅氏佑才女咸豐辛酉三月初六在望花山區
遇賊不屈自溺死年二十三歲 芥
謝光普妻王氏定安女咸豐辛酉三月初六在望花山遇
賊不屈投水死年二十歲 芥

塘過抱女投水死黃
王鳳姑董姓聘室監生朝盛女道光丙午生咸豐辛酉年二月初六闔家避難至羅家崗遇賊逼之上馬女罵不絕口遂遇害黃
劉金女韓長貴聘室基燧女咸豐戊午年三月二十四聞賊警隨父避難至上腰塘角賊突至女與父相失投塘死時年十七歲黃
王菊姑朝佐女同治二年二月二十六日同衆避難至聶油榨新塘見賊騎近懼污遂投水死時年十五歲黃

董家堡淩大驥聘室王姑尙弼女年十六歲咸豐辛酉年三月初六日避難黃家山賊逼近投水死其家小犬在岸上守之撈尸入殮面如生黃
王福志聘室徐姑學銘女同治二年二月被賊擄大罵不從遂遇害黃
吳士珍妻徐氏啟貴女同治二年二月聞賊至與小姑同溺屋後池內死黃
徐學榮妻胡氏同治二年遇賊罵不絕口遂遇害黃
吳廷楷妻劉氏士傑女同治二年二月闔家避難戴家山賊猝至夫被擄氏攜二子同赴水死黃
淩紹傑妻吳氏恒模女同治二年二月遇賊投水死黃
熊國寶妻吳氏學泰女同治二年二月避難白臯山賊猝至被擄不從賊以刃洞胸而死黃
吳天鶴妻董氏承福女同治三年遇賊投水死黃
孫廷芝妻董氏世方女咸豐辛酉年三月初六日避難鄭家山遇賊投水死黃
庠生閻培妻馮氏邦爵女道光辛卯生同治二年二月二十二日賊逼近氏將子交夫囑其速避氏抱幼女向閻氏

祠側池內溺死後撈尸女猶在懷中寒
白某妻余氏咸豐八年闔家避難夫遇害氏攜一子二女投水死寒
閻某妻張氏同治三年避賊不及赴本地連二塘死寒
楊暢春女四姑朱某聘室又余楊氏蔚華女貢生樹楠妻同治二年二月二十七日賊猝至被擄從阮家塘側過姊妹攜手赴水死女年十六婦年二十三元
生員楊蔚華女秀英羅某聘室同治三年九月十一日女望見白臯火起知賊氛逼近向母泣辭投門首大塘井內

死年二十二歲元
閻桂姑鎮泗女同治二年二月二十一日賊猝至投本宅
門首塘死年十五歲寒
董啟濂妻毛氏純福女道光己丑生咸豐十一年三月初
六扶姑避至曹家山嘴見賊逼近懼污投塘水死水
董啟信妻黃氏文高女同治二年二月二十四攜子避難
見賊近懼污投牛雀宕塘水死水
董正元妻王氏啟宏女同治二年二月二十四扶姑避難
見賊近懼污投斗笠廟塘水死水

余家院區生員徐在豐之幼女道光丁未生幼聰慧事親以
孝聞同治二年避難徐家區險套下遥望賊旗扶父登山
自投水死騰

合鮑村

丁正來妻夏氏同治二年避難丁家山遇賊賊逼不從大
罵被賊戕而死騰年二十四歲騰
袁家河區熊振林妻吳氏同治三年七月遇賊懼辱不從投
水死爲
東界嶺林玉暌女尹四福聘室同治三年四福外出越數年
不返女父欲別字女決志不從至同治十年竟別締親女
聞之沐浴更衣投繯死藏
鹽田區周錦倫妻夏氏文和女同治三年遇賊不屈被害時
年三十七歲藏
繆會嵩妻周氏大揚女時年二十八歲同治三年遇賊投
水死藏
胡曉高女同治二年與母避難深山被賊擄投余家壠塘
死藏
夏先甲女同治三年隨叔父光兆弟宗鎔宗國宗裕宗湝
宗和避難丁家山同治三年五月二十六日賊猝至懼擄

七八同赴水死崑
義合區鮑錫耀妻程氏青年守節至同治甲子遇變罵賊不
屈自投水死潛
陸程景堈妻談氏思棟女同治甲子賊擄其翁氏助夫救
翁連殺六賊力竭被害潛
程德富妻張氏世玉女同治甲子遇賊與女不受賊辱均
被賊戕死潛
余家院蔡賢成妻汪氏同治二年賊至避難白臬山賊至強
扶上馬行至山下投水死年二十四歲騰

程集區江啟發妻阮氏年三十二歲咸豐十一年三月賊至
奉姑逃難賊辱不從投水死 江
望花區李國楷妻劉氏年三十歲咸豐十一年三月初六避
難至夏家竹林遇賊懼污投水死 金
白杲區梁應生妻涂氏同治甲子五月十四在橫河區避難
忽言賊至廹極攜子赴塘水死 鹹
橫河區閻聖言妻盧氏年二十二歲同治元年二月在本區
遇賊潔身投水死 鹹
劉萬鰲妻戴氏朝弼女同治甲子五月在本區遇賊潔身

投水死 鹹
劉文銀妻周氏啟序女同治癸亥于歸年十八歲與從國
妻尹氏娣姒也甚睦次年五月賊至氏著紅衣語尹曰倘
不及避惟一死耳以此衣為驗行至羅家山遇賊潔身投
水死越數日尋氏不得尹曰紅衣可證也遂得尸殮之 鹹
涂成松妻劉氏劉菊女在本區遇賊潔身投水死 鹹
三羅堡畢氏農家婦事翁姑盡婦道同治癸亥捻匪入境氏
奉姑同伏林莽間賊搜獲強曳之氏罵不輟乘間遂投水
死 呂

青龍區李楚虞女名么女道光丙午生咸豐辛酉三月初六
在夫子河遇賊自盡 劉
董家堡王金秀尚弼女道光乙巳歲生幼受凌聘咸豐辛酉
歲時年十七待字未嫁賊入境女纖步扶母避難賊漸近
謂母曰母老無虞兒不能任賊近身也遂投水死 黃
曾家區童生鮑石妻董氏同治二年二月賊踞其家夫婦俱
遭焚死 兵册録出
八里畈陳王氏定則女小養於陳姑甚愛之既婚生子夭夫
出外貿朞年病歿於外柩歸氏出望見撫膺大痛而絕 黃

白杲區李文蘭女一女袁聘室未字同治二年二月避捻匪
於涂家墩賊近懼污投是村塘中死時年十八歲 出

貞女

曾家區曾汝貞監生文璽女幼與監生李金魁次子必輝締親壻年十九忽得瘋疾踰十年卒女再三奔赴父母力阻之許令在家完節誓不另締至道光三十年姑年六十自出紡績餘貲囑諸弟置田一石爲翁姑及夫祭祀費夫家以貞節可風額其室旋無疾而卒殮時面色若淡金 天

鮑貞姑曾鳳堂聘室鳳堂病故姑聞訃矢志靡他後過門撫嗣以綿夫祀守貞十數年卒 收

三羅堡羅承啟聘室榮姑啟入川不返女誓不再字女卒夫

兄承柱重其節迎葬女於羅姓墳側 吕

羅廷試女三姑康熙四十四年生夫壻早喪矢志不二乾隆二十六年卒守貞五十六年 生

曹家區徐士琳聘室劉女琳故女聞訃泣奔徐家誓死不二撫夫姪文坦爲嗣嘉慶二十三年卒守貞四十五年 崑

横河區尹正容聘室梅姑岡邑上伍鄉人容貿外姑守貞五十餘年尹姓迎歸爲撫一子承祀邑尊董應魁奬給節比柏舟額并銀若干兩 鹹

八里畈區董姑存世女聶天澤聘室乾隆辛卯生女年十五聞夫故遂往夫家守志撫夫弟子思宗爲嗣王學使奬給守貞全孝額周畹蘭有董貞女傳 黄

儒童董宏綸聘室張姑乾隆辛未生女年二十星期將近聞夫病卒誓不再字後在夫家撫從姪爲嗣事翁姑以孝聞道光十年卒年七十九歲守貞六十年 黄

吳璽聘室曹貞女年十八聞夫病故遂奔喪誓不再字道光二十五年卒守貞六十四年 成

董時祥聘室范姑有德女乾隆甲戌生幼爲夫家養媳夫歿於外女依姑以紡績度日姑卒喪葬盡禮嘉慶二十二

年卒年六十三歲守貞四十餘年 黄

沙河區周方信聘室尹姑作孚女聞夫故求姑母送至夫家誓以死守迨後夫弟並夫弟婦俱亡有遺孤子女三姑鞠育婚嫁視若己出以一姪續夫祀奉養翁姑尤盡婦道年四十八歲沐浴更衣無疾而逝 洪

程集區江垣聘室蕭女乾隆乙卯生年二十尚未于歸垣貿易四川女矢志靡他嘉慶乙亥卒守貞七十餘年

横河區蔡學政之義女華姑乾隆癸丑生咸豐庚申歲故實守貞六十八年 黄

青龍區蔡啟峻聘室李姑廷槐女乾隆乙未生癸丑夫歿姑
聞訃隨母往唁遂在夫家守志非事翁姑不出閨門嘉慶
丙寅卒年三十二歲守貞十四年胡官保奬給貞孝女宗
額 列

割股

曹家區孝女吳大姑父名廷金舉人玉光之姑也姑生母史
氏早歿繼母胡氏疷病姑年十四夜禱神前割股和藥以
進母病遂愈長適同里王棫孝事翁姑和睦妯娌恪遵婦
道嘉慶元年生道光二十四年卒 天
徐龍攀妻唐氏嘉慶二十年夫故姑老子幼矢志不二道
光二年姑病篤割股以救守節五十一年咸豐二年卒 崑
庠士鮑爲連妻夏氏事姑孝乾隆六年姑病割股以救事
聞邑宰李奬給孝思維則額 崑

榮羅區王文灼妻董氏乾隆戊申生己酉卒姑染病沉疴氏
割股救越日病瘳 呂
羅承璽妻吳氏夫多病迭至沈疴氏爲虔誠割股三次以
救夫病均賴以痊道光十四年卒 黃
董家堡區儒童董誼聘室監生陳戒德女誼故女往夫家守
志姑病割股和藥以進八十歲卒 黃
義合區儒士程四葳妻陸氏性淑順夫疾篤割股以救病遂
愈 潛
鹽田河五品藍翎夏翹齡妻程氏武庠輔弼女少失恃賴祖母撫

之以生未字時祖母病危甚割股以救病遂愈 崑
夏崇啟繼妻吳氏庠生會菴女姑病篤氏割股以救氏生
三子待前氏子如一前氏子感繼母盛德兄弟析居自取
荒瘠鄉鄰有爭訟者爲之排解雖有費不少勒遵母教也
氏姪知霍山縣事家駒以慈孝流芳額其室 崑
義合區程正順妻程氏乾隆癸丑生于歸後姑病篤氏割股
救治姑病遂愈道光丙戌氏卒 潛
陸程文泰妻廖氏啟杰女姑病氏割股救之 潛
程效甯妻王氏因夫病重割股救治 潛

合鮑村區王若理妻周氏十七歲時父病割股于歸後姑病
又割股姑後中瘋侍奉湯藥十二年始終如一 黄
沙井區生員楊錦臣妻袁氏道光丙戌于歸事姑孝敬丙午
姑病危氏割股作羹以進姑病尋愈至咸豐癸丑姑卒哀
毀盡禮丁巳氏卒

麻城縣志卷四十 西鄉烈貞割股

古城區袁五姑監生光鑾女生員汝舟舉人汝霖胞妹咸豐
十一年賊氛逼近女投水死同治壬申年學使張奏旌並
奬給節孝可風額 寒
袁光秩妻陳氏嘉慶十七年生于歸兩載夫病經年曲盡
婦道夫故視入殮後卽投繯自盡與夫合葬 寒
王門區張維楚女幼與同里程姓締婚壻名金典女二十一
歲將于歸聞典病故女泣拜辭母曰兒今有死所矣挽之
不能遂自縊典兄金祥輿櫬歸與典合葬 月

卧牛石區周熙之妻王氏汝合女同治三年五月在汪家堌
遇賊懼污投水死 月
周燮妻彭氏二十五歲家貧守節孝姑同治三年五月從
家屬避亂氏與王氏同日遇賊合家逃散二氏誓保名節
攜手赴堌塘死 岡
王家集區金秀諸妻熊氏兆霖女同治甲子年七月初一日
遇賊在雞窩石小塘仗節溺死年二十歲 闕
吳均榮妻盛氏步潁女同治甲子年六月二十三日遇賊
懼污在李家墩門口塘自溺死時年二十一歲 闕

王思義妻羅氏云茂女同治癸亥三月二十一日在本村遇賊投河自溺時年二十五歲 關

金秀松女喜娣咸豐十一年二月賊由中驛分竄萬仞區女避亂石堰崗灣被擄不從乘隙投水溺死年十六歲 龍

楊烈女桂姑同治三年遇賊投水死年十八歲 八

文庠林蜚翰女同治二年三月遇賊翰被擄女護父不肯釋手賊并擄女女駡不休賊見女美不忍殺恐以刀不懼駡益厲遂憤殺之年十四歲 八

七里陂區郭天仕妻王氏兆功女嘉慶癸酉生道光廿七年夫故守節至同治二年倉皇遇變同媳黃氏投水死時年五十二歲 珠

郭炳華妻黃氏大江女同治二年倉皇遇賊同姑王氏投水殉難年二十四歲 珠

陳墩區府知事鮑星堂妻吳氏庠士大年女咸豐十一年三月初六日倉猝遇賊聞夫被戕在吳家坳悲憤殉夫自溺死 莱

周其智妻方氏同治三年八月二十八日倉猝遇賊於柴雲區沙集地方懼辱投水死年二十九歲 莱

范存榮女十姑同治三年賊退後女隨父母自邑城歸父母年老復病饑疫女日拾野菜遺菽以進八月朔游勇猝至女避不及投水中沒及肩母扶病出呼且以好言慰勇退弗允時日已暮女見勇猶立水邊大慟數聲自溺死時年十八母坐岸悲哭天明尸浮依母側父母憂病又無從得食相繼卒 天

張士貴妻馮氏士斌女道光壬辰生同治二年二月二十二日攜夫兄女多姑年十六八女年十八遇賊懼污同赴水死 巳

劉杰妻馮氏萬順女道光丁亥生同治元年夫外貿氏奉孀姑盡孝次年二月二十二日賊突至氏扶姑走避至官塘遇騎賊逼之上馬氏且哭且駡賊以馬箠撻之駡益厲賊怒甚以鳥鎗擊之斃於塘閱數日賊退家人殮其尸顏色如生 巨

范自權妻夏氏夏際之女道光丙申權卒遺孤週歲家貧苦守事姑以孝聞同治三年遇賊懼污投水死 巨

范景湘妻吳氏同治三年六月二十遇賊懼污投水死 巨

從九鮑慶鎗女文童慶鎭嗣女咸豐十一年二月十六日

遇賊於三羅堡之鮑家嘴投水死年十五歲 萊
大成區饒道煥妻林氏耆民光明女同治三年二月氏被賊擄哭罵不從奮身擊賊賊以刀背痛撻之氏罵愈厲賊怒刺氏死年二十二歲 龍
林清裔妻吳氏兆興女與子媳金維德女於同治甲子年七月初一日避難至晏家店遇賊不屈被戕死後姑媳猶握手不釋一門雙烈言者傷之姑年四十媳年十七 闕
龍門區鄒爲安女同治三年三月賊轉竄女避亂萬仞區王家冲山內賊搜山逼擄婦女女與同伴五人攜手奔投黃姓新堰旁賊以矛刺女女輩共投水深處死年十九歲時同溺者祝光富女多娣年十七歲喻大朋女銀傍年十八歲鄒德裕女九女年十五歲鄒景元女玉英年十七歲 龍
范家㘭區周明德妻張氏文雅女同治三年氏同夫攜子女避亂朱家大窊至七月二十夜被賊衝散追至蔡家窊氏投水死其堂兄增貢生張雨春有烈婦誄 荒
鮑東瀛妻喻氏德新女道光丙申生咸豐十一年三月初三賊由安竄麻氏避至陽山下賊追急投水死 荒
余德伢聘室羅姑成裕女道光丁未生同治三年七月二

十二日夜賊由麻竄安女隨父母避至安邑李必文地方賊次日黎明奚至女懼辱投水死 荒
周學義妻汪氏耀東女嘉慶丙子生同治二年九月十七賊入境氏同子女避之不及賊執其女氏護女且罵被戕死 荒
彭名鴻聘室胡姑可法女道光乙巳生同治二年七月二十二日女隨家人避難黃安界次日黎明賊至驅之行女至七家廟區汪姓桃園踞地泣罵賊手刃之斃 荒
古城山區袁能鋒妻鄒氏安邑丞錫女道光辛卯生姑病篤會割股以進同治三年七月二十賊至氏懷孕難行遂於屋側塘投水死 荒
謝店袁烈女聞賊警自知不免預作絕命辭三首藏衣帶間有月明誰與弔孤魂之句賊至投繯死 出
七家廟區庠生髒邦仕妻劉氏啟武女嘉慶元年生二十六歲夫故氏以姑老無依撫夫姪爲子道光十年子殤姑逝氏乃自盡 日
余中綵妻程氏十九于歸二十夫故氏孝翁姑勤撫子有勸其改嫁者氏憤極卒死 日

張宗澧妻朱氏亭志女氏夫於同治六年從軍在外氏仰事俯畜盡道至十年夫故氏聞信即自盡 日

龔樹彬妻李氏績霓女道光戊戌生同治癸亥九月十七日遇賊懼污投水死時二十六歲 結

汪志保妻葉氏玉珍女于歸時夫病劇家苦貧氏盡心調治終難愈又無子迨夫疾亟先縊以待夫亦旋卒時年二十四歲 荒

張文傑女幼締安邑程姓年已及笄猶未成禮咸豐十一年九月十六日賊匪逼近女恐受污奔赴夫家門首塘淹

斃賊退收殮衣裳縫固面色如生 日

萬例區黃秀英女先秋同治二年二月賊突至擁集灣中女恐受辱自縊死時年十六歲 龍

黃增隆女大女同治二年三月攜妹二女逃亂至富家岡被擄女泣罵不從賊將其妹殺斃女益泣罵不休遂遭亂刀殺斃年二十二歲 龍

汪喜泰聘室邱姑正高女過門小養同治二年九月賊至追急女投塘死 龍

汪志桁妻黃氏大元女同治二年九月賊擄不從抱過歲子投水死年三十三歲其姑汪張氏見媳與孫俱死亦罵賊投水死 龍

蔡光國妻郝氏同治二年九月賊至村中氏恐受辱投門首塘死年二十二歲 龍

黃成勳妻汪氏邦濤女年二十七歲同治二年九月氏被賊擄鬥罵不從投塘溺死 龍

汪學勳聘室項大姑大有女年十八歲過門未笄同治二年九月賊至女避匿竹林中賊搜逼女恐受辱投水死 龍

黃先德女旺姑同治二年九月賊至女被擄不從賊以刀

砍傷女手負痛投塘死年十六歲 龍

湯錫順女玉英同治二年九月女被賊擄紿賊鬆手投廖家冲塘溺死年十六歲 寒

楊德廣女旺娣同治二年九月被賊擄不辱與玉英同赴廖家塘溺死年十八歲 龍

江元焰妻范氏在章女同治二年九月被賊擄行至木子樹河投水死年三十六歲 龍

涂必寬妻劉氏同治二年九月被賊擄行至何家畈投水死年三十二歲 龍

范黑伢妻朱氏同治二年九月賊至逃避范家坳匾被擄
氏抱子甫生數月將子置姑懷投獅子塘溺死年二十二
歲龍
周全選妻江氏忠智女同治二年九月賊至時氏身懷孕
恐被賊擄投水死年十七歲龍
黄作棣妻李氏同治二年九月賊燬氏屋氏歸救火罵賊
賊毒打負痛投門首塘溺死年五十五歲龍
拜郊區李玉灼女喜女同治二年九月被賊擄不從投水死
年十八歲龍

萬仞區萬登祿妻蕭氏蕭煥女同治三年五月賊至氏以夫病垂
危不忍棄避旋被賊擄罵不從投門首河死夫亦死龍
袁開科妻陳氏學錫女同治三年五月賊圍青山堡氏奔
堡不及被賊追逼投水死年二十五歲龍
萬仞區黄盛富妻李氏明月女同治三年七月賊至氏抱四歲二
歲二子身又懷孕賊追逼氏兩手挾二子同投木子樹河
溺死年二十五歲龍
儒士歐陽斌繼室項氏同治三年避難楊家冲九月賊至
氏懼辱投水死龍

夾沙區胡全弟志勝長女道光庚戌生幼許字吳姓未婚同
孀母王氏耕耘紡織備歷艱辛同治三年六月十六日隨
母避難見賊近懼污投水死巨
劉秉智妻黄氏萬亨女道光庚寅生十七歲于歸二十歲
夫故姑多病夫弟幼氏劬瘁備至同治三年倉皇遇賊逼
與羣婦同行氏言笑自若行及塘投水死巨
胡志豐妻吳氏監生之烈次女同治三年八月二十八扶
姑攜二子金書金柱避難見賊近掖姑與子入匿竹林自
投水死巨

紫雲區吳華亭妻張氏德奎女道光癸巳生同治三年遇賊
不辱投水死巨
吳兆廣妻李氏神會女道光己丑生夫故守節咸豐十一
年遇變攜女投水死出
黑沙區羅啟廸妻梅氏士道女同治三年八月二十八日遇
賊不辱投李家角門首大塘死時年二十歲
羅文軫妻劉氏維椿女嘉慶戊寅生咸豐十一年二月十
五日遇賊不辱投趙家垱塘死歲
羅元芝妻方氏庭隱女道光丙戌生咸豐十一年二月十

五日遇賊不辱投紫雲區沙集堰水內死 歲

羅元坊聘室劉姑道光丙戌生咸豐十一年二月十五日遇賊不辱投趙家傤塘死 歲

王嗣義妻羅氏元茂女道光庚子生同治二年三月二十一日遇賊不辱投小河嘴區曹家大灣塘死 歲

左萬才女愛姑道光乙巳生咸豐十一年二月十六日遇賊不辱投李家傤山上塘死 歲

王士進妻王氏道光甲午年生咸豐十一年二月十五日遇賊於走馬岡懼污投水死 歲

王士恭妻吳氏道光丁酉生咸豐十一年二月十五遇賊於樓上灣北首塘投水死 歲

潘黃氏年二十歲於咸豐十一年二月十五遇賊於如鐵岡投水死 歲

童生鄭兆芳妻王氏嘉慶戊寅生同治三年六月罵賊被戕死光緒元年奏旌並准建坊入祠 歲

監生鄭汝霖妻盛氏咸豐十一年二月十五避難於如鐵岡見賊逼近懼污攜女及孫女同赴水死 歲

童生羅輝楮妻唐氏應棠女道光戊戌生同治三年八月二十八避亂高峯區罵賊投水死 歲

劉繼遠妻萬氏貴州女道光乙未生同治三年七月初二遇賊於岐亭河邊懼污投水死 歲

羅元仁女童生鄭鍾麟聘室道光丙午生幼養夫家年十五歲咸豐十一年二月十五避難於如鐵岡賊逼近懼污投水死 歲

走馬岡區王澤金妻周氏周珠女道光庚寅生同治三年八月二十八日在鄒未從灣遇賊被戕 雲

王錦珍妻孔氏朝陽女道光癸卯生咸豐辛酉于歸同治

元年三月二十一在金家河遇賊自溺死 雲

王天海妻毛氏光照女道光丙申生咸豐十一年三月初六在陳集區葉家院門前塘遇賊懼污自溺死 雲

涂全敏妻謝氏士明女道光癸卯生咸豐十一年二月十五在村後細塘遇賊自溺死 雲

周學海妻毛氏大國女嘉慶己巳生道光丁亥于歸咸豐十一年三月初六在陳集區葉家院門首塘遇賊溺死 雲

毛大鵬妻郭氏漢楚女道光己丑生同治三年五月二十八在夫子河遇賊被戕死 雲

金鋗宗妻王氏炳仁女道光乙巳生同治六年三月初六
日遇賊懼辱投母家門首塘死 雲
永安區 程元法妻朱氏錦祿女道光乙巳生同治四年九月初七
日在唐郁灣大塘側遇賊投水死 釗
走馬區 鄒德臣妻周氏周鼎女道光丁未生同治三年五月十八
日在月塘灣罵賊被戕死 雲
西峯區 童生趙錫珍妻曾氏同治三年八月二十八日賊竄安邑
氏抱幼女義不受辱賊以刀叩頸氏罵不絕口赴水死時
年三十九歲 霜

走馬崗 熊學啟妻鮑氏道光乙酉生于歸夫故同治三年八月遇
變自溺死年四十歲 八
曾啟章之女道光戊申生幼許字蔡姓同治二年三月二
十一在金家河遇賊不從被戕死年十六歲 雲
王天海之妹道光甲辰生咸豐十一年三月初六日在陳
集區葉家院遇賊懼污投水死年十八歲 雲
周學海之女年十五歲咸豐十一年三月初六日在陳集
區葉家院門首塘岸遇賊懼污自溺死 雲
王天楷之女咸豐辛亥生同治三年五月初七日在張桂
灣遇賊投塘死 雲
高峯區 毛光英妻周氏太學生周傑女同治三年八月二十
八日賊至氏村氏因姑老失明不離左右賊近見逼氏攜
女連桂投塘死年三十七歲 巨
毛光奎妻張氏廷獻女咸豐十一年二月十五日賊至氏
懼污先投塘死年三十八歲 巨
毛光裕妻吳氏福德女同治三年六月十六日賊稍退氏
從姑回家賊復猝至子方襁褓賊逼上馬氏紿賊以子付
姑投本灣塘死年三十歲 巨

周麒麟妻姜氏大綬女同治三年五月十一日回母家至
余楊若灣聞賊至與鄰婦匿榛棘中賊搜出逼行不屈乘
間赴門首塘死年二十四歲 巨
毛光遠妻金氏咸豐癸丑于歸已未夫故一子僅週歲於
十一年二月十五日遇賊投水死年二十五歲 巨
劉志福妻劉氏能朝女道光丁亥生甲辰于歸咸豐戊午
年夫故辛酉二月遇賊赴水死年三十五歲 八
唐文勳妻趙氏四川重慶府人夫故同治二年九月遇賊
懼辱投水死年五十四歲 八

唐應逵妻馮氏廷女同治癸亥年九月遇賊投水死年三
十三歲入
童生熊開元妻梅氏錦祿女咸豐十一年二月遇賊自縊
死年二十二歲入
熊汪氏熊周氏同治甲子年五月聞賊至同逃至東山龍
燈沖遇賊懼污赴水死汪氏年二十歲周氏年十八歲入
熊光焘妻毛氏光煜女道光丁酉生咸豐甲寅于歸丁巳
夫故年二十一歲兩次自盡以救甦姑毛氏謂曰我素多
病汝死我何能生始收淚飲啜奉姑罔懈戊午姑歿氏急

爲夫立後畢絕粒數日而死 旦
熊光熙妻梅氏監生錦祿女道光辛丑生同治甲子避難
東山聞賊退食盡歸至中舘驛旅店賊哭轉竄料難脱將
二子付姑鬯待子稍長送叔翁教諭熊桂林處肄業潛入
旅店自縊死 旦
毛明功妻盧氏咸豐十一年二月十五日遇賊擕夫妹楊
光全之妻毛氏同赴水死 旦
毛家政妻涂氏同治三年八月二十八日遇賊同姑毛盧
氏之長女桂女次女金女赴水死 旦

毛光恕妻范氏存榮第三女于歸數載生一子恕外貿同
治三年五月賊至姑目盲氏扶姑擕子以避賊逼近急投
路旁池中歿賊見氏死舍而他去姑與子得無恙時年二
十九 天
周正奎妻毛氏儒士正元女咸豐十一年二月遇賊投水
死年五十二歲入
周在彥妻毛氏廷傑女咸豐十一年二月遇賊赴水死年
四十二歲入
周在瑞妻盧氏世賢女咸豐十一年二月十六日遇賊與

嫂毛氏赴水死年三十八歲入
周輝殿妻李氏有德女同治三年六月罵賊被戕死年六
十九歲入
周在寬妻王氏錦江女同治甲子年六月遇賊溺死年三
十六歲入
監生毛正琦女三姑同治甲子年八月逃亂至走馬岡賊
至女謂父母曰寇急矣見請死此塘中毋止之奮躍塘中
溺死時年十六歲入
從九張德耀女名賽玉道光己酉生咸豐十一年三月初

方逃難至岡邑得勝寺見賊近懼污投塘死 巨

毛女連桂保貢生周文珍長子繼武聘室烈婦毛周氏女同治三年八月二十八日遇賊仗節不辱隨母投水死年十四歲 巨

馮女坳春保毛五石聘室國楨女咸豐十一年二月十六日從姑嫂避賊至楊家院賊欲脅從女不屈且罵身被數鎗赴水死年十九歲 巨

南湖區劉能綴妻劉氏維建女道光乙未生咸豐甲寅于歸年二十歲是年夫遠貿同治癸亥年九月避難遇賊氏投

水死 珍

何士武妻呂氏正學女年二十一歲同治四年十二月初六日被賊逼投水死 珍

監生劉能立一家殉難婦女共四人劉繼珩妻郝氏退祚女劉繼璜妻吳氏之本女劉繼琯妻何氏興海女劉繼璜女順全年十四歲均於咸豐十一年二月十六日粵匪驟至各婦女被賊圍逼不屈同赴水死 珍

劉繼復妻胡氏監生中旭女咸豐十一年二月十七日粵逆入境騷擾氏奔豹子山松樹下投繯死年三十一歲 結

江朝椿妻范氏在喜女同治三年五月遇變自溺死年三十六歲 人

拜郊區儒士劉學岱妻項氏監生鵬翎女嘉慶丙子生咸豐四年賊至被擄抵死不從乘間投水死時三十六歲 結

屈文璧妻郝氏咸豐間遇賊投水幾死又同治二年九月遇賊懼污投水死年三十三歲 結

屈春生妻項氏其元女道光乙巳生同治二年九月遇賊投水死時十九歲 結

項德安妻陳氏輝壽女同治二年九月十六日倉皇遇賊

仗節不辱投水死年二十歲 夜

郝輝瀛妻劉氏繼霖女同治二年九月十七日賊至投水罵不絕口賊以石塊環擊溺死收殮日衣裳縫固年三十五歲 夜

胡正楷妻劉氏繼元女夫遠貿卒氏因姑在堂願以媳道終子道同治二年九月十六日聞賊至投水死年三十三歲 夜

項正安妻錢氏宏盛女同治二年九月十六日遇賊投水死年二十四歲 夜

胡壽堂妻黃氏武生績成女同治甲子年五月十七日倉
皇遇賊投水死年四十歲 夜
胡均暢妻樂氏元材女同治四年九月十六日聞捻匪哭
至氏攜四歲子逃難賊已逼近子號挽不脫氏恐被污遂
抱子投水死賊退收殮子猶在抱中時年四十歲 夜
胡珍堂妻李氏監生錫玫女同治癸亥九月十六日捻匪
驟至與姑宣烈妻劉氏同赴門首塘死年三十四歲 夜
周廷格妻章氏元亮女同治三年五月十四日賊至將襁
褓子付姑哭泣投水賊以戈阻之氏且泣且罵赴水深處
死 夜

陳墩區
周其志髮妻方氏志超女同治三年九月十七日遇
賊懼污氏投水自盡時年二十八歲 出
宋埠區
胡元魁妻周氏之渥女一子﨔兒甫三歲翁與夫俱亡姑
雙瞽同治三年七月氏扶姑攜子奔母家避亂賊逼氏不
從刀砍傷氏足氏遂舍姑棄子投水死年三十六歲 龍
陶家園區
陶之桂妻成氏楚材女同治三年五月賊竄岐亭
氏抱孩避難葫蘆山谷中賊至逼之上馬痛罵不從被戕
未殺氏以孩托同行老媪投溪水死 署

陶國瑞妻朱氏耀光女生子四同治三年五月初九日氏
攜子避難葫蘆山廟側茨林賊至逼氏上馬行至高稻塲
塘邊奮身躍入水中賊以矛刺之死 署
汪王區
太學生劉維洋妻胡氏太學生士震女乾隆乙巳生
于歸後夫貿老河口病故氏俟夫櫬回梓喪葬甫畢即登
樓自縊 號
李錦茂妻李氏天泰女同治三年五月初八日賊至不及
避投水死 號
李高文妻陳氏順貴女道光己丑生同治三年五月初八
在高峯山下遇賊懼污攜十四歲女有弟同赴水死 號

李士和妻李氏宗發女道光丙戌生同治三年五月初八
在高峯山下遇賊懼污攜十三歲女連弟同赴水死 號
江百歲妻楊氏年二十餘咸豐十一年避賊逼投水死 號
監生熊品瑞女鳳秀道光己酉生同治二年三月二十一
遇賊於龍口河投水死 號
李炳元女鳳貴道光甲辰生同治三年五月初八賊哭至
不及避投門首大塘死 號
李正舉女鳳姑道光庚戌生許字劉姓同治三年五月初

八遇賊不辱投水死 號
李宣元女全弟道光丙午年生許字陳東賜同治三年五月
初八遇賊懼污投水死 號
李植保女有女道光己酉生許字黃姓同治三年五月初
八遇賊不屈投水死 號
劉崑源女元英道光己酉生許字劉姓同治三年五月初
八在西峯山葉家大灣遇賊投塘死 號
熊世義女道光丙午年生同治三年五月初十在安邑紅碼
寨下遇賊投水死 號

西峯區周楚華妻郭氏之福女道光甲午年生同治三年五月
初十避難至安邑上劉家岔賊至仗節不屈身受重傷死
前河南御史胡奏準建坊旌表 霜
周耀元妻龔氏性純女道光甲辰生同治三年五月初十
避難至安邑斗山塘側遇賊逼近懼污投水死 霜
興隆區舉八王光柄妻鍾氏鍾繼海女嘉慶辛未年生光柄
姑母鄧文松妻王氏貢生王家亭女嘉慶乙亥年生青年
守節光柄弟婦王光鉅妻石氏石漢顯女道光乙未年生
光柄弟婦王耀元妻陳氏道光己丑年生光柄長媳王太

臨妻胡氏庠生胡鵬九女道光乙巳年生均於同治三年
五月初十日同闔村避難至黃安廟坊灣之戴氏祠前哭
遇賊共罵賊被戕死時一門五烈河南道監察御史武昌
府爲之奏請建坊 旌表 霜
唐文蔚之女名秀女道光己酉生同治三年五月初十日
隨母避難至安邑傅家灣賊至被擄女紿賊釋母度母行
遠乘隙投水死賊退面如生 霜
永甯區從九張希祖妻許氏同治四年十二月初七日在喻
家凉亭遇賊投水死 重

何忠貞妻張氏附生廷廉女年二十三歲咸豐十一年七
月二十三日在瑁山遇賊投水死 重
從九張廷楨妻鄭氏咸豐四年五月二十一日在梅家泉
塆遇賊投水死 重
張學禮妻李氏年二十八歲同治五年五月初八日在湖
塆同子福生女金枝遇賊投水死 重
張亮全長女年十六歲同治二年九月十六日在李春灣
被賊逼投水死 重
張褒芝妻徐氏同治三年五月在西山遇賊並子丹桂等

三人共投水死重

張汝蘭妻舒氏同治四年十二月初六日避難至岡邑之團風見賊懼辱投江死重

童生張庭株妻陶氏同治四年十二月初七日在岡邑辛家冲遇賊投河死光緒元年奏旌並准建坊入祠重

張玉和繼室陳氏同治四年在鳳凰寨遇賊逼不從被賊砍成數段死重

張金魁妻楊氏同治三年五月在李家塘遇賊投水死重

張光顯妻陶氏同治三年五月在余家山遇賊投水死重

張喜生妻李氏同治三年五月在李家畈遇賊投水死重

榮長發妻柯氏同治五年遇賊逼投水死重

榮瑞妻胡氏同治三年遇賊投水死重

李有本妻朱氏年八十歲同治三年在家罵賊被戕死重

李炳泰妻張氏同治三年五月在西山遇賊逼投水死重

張致揚妻胡氏張文淇妻余氏同治三年五月初十日二人逃難至安邑褰凹見賊懼污挽手投水死重

楊女金桂咸豐十一年二月十六日隨家人避難賊馬冲散女獨扶七旬祖母奔至天齊區戭哭至將擄女祖母護救女罵賊不屈賊殺其祖母女罵益厲賊怒殺之稱

天齊區陳啟煌妻劉氏能高女道光元年生十八歲于歸二十七歲夫故矢志守節同治三年八月逃難至岡邑辛家冲遇賊投河死稱

吳輝蔭妻黃氏岡邑儒士承泗女夫早沒矢志撫孤孤殤撫姪同治丙寅年正月二十七日逆匪至灣氏恐辱投門首塘死年四十六歲稱

李廷煥妻周氏道光甲午生同治二年避難劉大店上灣因賊近推五齡女仆地赴水死畧

皇閣區王維棋妻陳氏端榴女同治乙丑年避難岡邑梛林被賊獲犯之不可撻之不屈賊殺之時三十四歲李

王福弟定泰第三女道光丙申生既長泰欲爲擇婿福曰女無兄弟誰侍晨昏願終身依養父母同治三年爲捻逆所擄以刃脅之福勇怒罵不從投水死李

張成林女含弟道光甲辰生同治三年爲賊逼投水死李

彭禮海女春林頊鍾鈺女桂枝俱道光己酉生同治二年捻匪竄至二女不屈攜手投水死李

土門區舉人王山玉繼室周氏崇禎壬午年七月二十四流

商打石區鄧發魁女幼許字安邑李某道光乙巳生咸豐十
一年三月初三日避賊楊家冲賊突至授以馬女罵不絕
口從馬上躍入冲口塘死 荒
南湖區童生周甲耀妻羅氏文梁女同治癸亥年避亂於母
家賊突至同母罵賊投水死年二十二歲其母劉氏七年
學使張奏 旌 字
高峯區梅錦蘭妻盧氏同治三年夫故痛不欲生覗殮後謂
其母曰幸無遺累兒有死所矣卽仰藥死年廿五歲 烏
盧世儀妻方氏同治甲子五月賊至脅之以刄欲奪其志
氏罵不絕口身無完膚而死年四十四歲 雲

河三墩區胡序槐妻伍氏尊三女同治三年五月在黃棣石
遇賊懼汚自投水死年十九歲 出
梅光耀妻李氏士全女同治二年賊突至其夫負母逃氏
與夫妹江學福妻遇賊不屈同投黑條塘死李年三十二
歲梅三十歲 師
七柯松區李士選妻劉氏貢生伯僑女同治三年倉皇遇賊
仗節不辱投水死年三十七歲 火
高陽區鄧六姑邱鼎女高維勝聘室咸豐十一年三月賊突

賊破砦二十六夜氏露宿小茭莊一男日嘔血數升旋殺
冀氏罵不絕口賊怒殺之無血頸上有刀痕二白如練 月
王玉麒女鄭某聘室同治二年三月二十一日捻匪由麻
籯光邑女遇賊與其嫂鄭氏投水死 月
來正遇妻王氏太學生載萬女道光己丑生同治三年五
月十六日賊由光籯麻破楊眞山堡氏攜三子賊逼氏罵
不屈賊殺其長子脅氏曰不從將盡殺之罵愈烈又殺其
次子氏曰任賊剮裂予終不從賊遂撲其幼子氏罵不絕
口賊怒以刀劈其胸而死 月

來正紀妻張氏能勸女道光癸卯生同治三年五月十六
日賊攻楊眞山堡三面被圍獨北險峻氏攜一女與夫訣
曰此堡難守妾志不辱君宜珍重自全遂抱女投巖死是
日堡破賊退旬餘氏顏色如生 月
葉代信妻王氏王立女道光丁酉生同治三年五月二十
一日賊破鳳山入和堡氏抱子罵賊不屈賊斷其首而死
子哺母血二日亦死 月
王應法妻鄭氏際萬女同治二年三月二十一日捻匪由
麻籯光邑氏遇賊不辱與其小姑投水死 月

至女與母袁氏同被賊執仗節不辱被殺女年十七歲 師
永寧區張春玉女幼字余門未嫁夫死女聞訃誓死靡他望門守節毀妝茹素紡績度日已奏　旌咸豐九年二月同姪女翠姑遇賊於胡家田賊擄翠欲去貞女堅持翠衣衣脫齒落猶不釋賊用刀砍翠並貞女身受重傷同躑躅赴水死 重
烏龍區儒士張大緒妻胡氏大有女同治三年五月隨夫抱子至九里沖遇賊逼氏抱子罵賊不屈投水死年二十七歲 巨

鄔維坤妻唐氏有京女咸豐十一年三月於劉明士地遇賊恐被污抱子均赴塘死時年二十九歲 珍
唐心愉妻楊氏同治三年遇賊懼污投水死年二十歲 寒
夾沙區吳炳靈妻余氏同治甲子年六月賊突至氏恐受辱投水死距兩日撈尸殮葬貌如生時年十七歲 巨
謝店袁能高女雲姑劉明遠聘室同治三年七月遇賊於蜂窠堡仗節不辱被殺年十六歲 翔
劉秀山劉致遠妻喻氏天章女咸豐庚申三月遇賊仗節不辱投水死年四十七歲 翔

小河嘴區萬嘉言妻熊氏正堂女道光己丑生夫故氏年二十九歲同治甲子五月遇賊投門首塘死 闕
李士楓妻金氏生財女嘉慶己巳生夫故哀慟甚自縊以殉 推
曾仲妻林氏志秀女同治甲子五月賊至懼污投水死 推
曹儀妻王氏廷相女同治甲子五月賊至懼污投水死 推
七家廟區樂以成妻周氏學瀛女咸豐辛酉于歸年二十一歲同治二年遇賊投水死 結
周名盛妻周氏廣盛女二姓不同宗祀咸豐乙卯于歸氏

年二十四歲同治癸亥賊驟至氏投水死 結
柯宗魁妻黃氏尊先女同治二年全家被擄氏詒賊曰釋我家人我便隨往賊釋之氏度家人踰山已遠罵賊不屈賊憾極寸磔之 寒
柯宗逑女乳名均喜同治二年賊燒燬氏房女恐污遂入火燒斃賊退灰燼中僅存其手 寒
熊大楷妻龔氏道光壬寅生同治二年九月十七日大楷外貿氏抱子同姑避難賊逼近以子付姑囑曰兒毋戀我祖母年邁爾母不能盡孝兒長大時爲我補之囑畢赴水

死賊亦驚訝釋其姑與子不殺 裘
皇閣區王天錫妻周氏職員文美女道光三年生二十七年
錫病故氏矢志守節事姑撫子孝慈兼盡同治三年避亂
東山遇賊脅從氏怒罵遂被賊戕 李
南湖區蕭之模妻劉氏孔慈女咸豐四年遇賊被害 字
蕭正榜妻袁氏女亦於是年同劉氏遇賊被害 字
郝明舉妻施氏朝右女咸豐十一年在七家廟遇賊不辱
怒罵被害 字
劉某妻項氏二十八歲劉某妻郝氏二十歲與劉女壽枝

十三歲均於同治二年九月遇賊懼污同投水死 出
陳某妻劉氏與陳某妻施氏同治三年五月遇賊罵之被
戕死 出
天成區林學蘇妻萬氏光斗女道光甲辰生同治三年遇賊
仗節不辱被焚死 裘
林某妻周氏林某妻唐氏林某妻喻氏郝某妻王氏余某
妻張氏葉某妻甘氏葉某妻何氏陳某妻彭氏與十六歲
之甘女林三女余金第十四歲之林嬌弟游滿女胡順女
均於同治三年五月賊至不屈投唐死

紫雲區吳昭民聘室劉女生卒年月失考墓在吳姓村前巢
林山係與昭民合葬康熙五十八年族人吳世奇誌墓碑
猶存有句云桃夭未賦竹點先斑乃隕命於青鋒幸連枝
於黃壤 烏
西峯區趙錫濬妻董氏安邑生員學庸女道光乙酉生同治
甲子避難安邑大唐灣遇賊懼污投水未死賊急救之氏
大罵不休賊怒以矛刺猴死 霜
天齊區李春陽妻施氏成林女同治五年在本區官人門遇
賊投水死 乃

陳亮俊妻吳氏世元女與養媳李青姑李恒女同治四年
鄭茂棣之妻周氏漢鳳女咸豐辛酉髮逆竄本境氏避余
在岡邑之三店黃氏祠遇賊投水死 乃
黑溪區
鐵崗賊近懼污投塘死年三十一歲 乃
岐亭區劉松妻蕭氏于歸數月夫故氏持服四十九日即登
樓自縊 劉
蔡登愷妻張氏恒學女道光戊子生咸豐四年五月初十
日在彭家塝遇賊不爲所辱罵不絕口身受三傷慟哭一
聲投水死 暑

沙渚區李士貴妻屈氏嘉慶壬戌生于歸年餘夫故遺腹子
一氏事姑撫孤心力交瘁同治初家道中落日食維艱因
赴水死 劍
吳家福妻徐氏國華女道光辛丑生同治四年五月在黃
安盧見山灣西見賊近將遇歲兒置塘岸即投水死 劍
吳家美妻盧氏道光甲午生同治三年五月逃至安邑戴
家祠爲賊所獲堅志不從賊刄其手立斷氏憤投水死 劍
吳兆慶妻曹氏道光甲辰生同治三年五月在安邑小金
山遇賊投水死 劍

程立坤妻曾氏道光丁未生同治四年三月避難至細程
家灣仗節不辱在門首塘赴水死 劍
吳昇和女玉第道光丙午生同治三年五月逃至黃安小
金山賊逼投水死 劍
永寧區貢生楊楷女先第道光甲辰生咸豐十年二月遇賊
其祖母周氏衛女被殺賊擄女女罵不絕口賊怒遂裂其
尸 劍
程義齋女雁山道光乙巳生幼聰慧善讀書多識古今節
烈事同治二年遇賊擄污投水死 劍

七柯松區劉元聯妻鄧氏鄧煥女年二十于歸二十五歲夫
歿於四川溫江氏撫二子蓄貲以搬夫柩受託之人亦客
死於溫氏因憂憤不食而死 日
都司鄭元璋妻李氏監生周首一媳郭氏民人龔安智女
字貴蕭典光妻項氏葉文麟妻閔氏均係殉難婦女光緒
元年奏旌共七名准其建坊入祠由部行縣因此五名區
分事實未詳除二名采報詳載此五名遵照入志
天齊區唐文運女先弟年十七歲又養媳王女年十八歲同
治癸亥九月避難徐傑灣賊大至避之不及投水死七日

面目如生犬亦不近見者莫不稱其貞節所致 乃
南湖區店分劉繼柏女慶弟同治癸亥九月初八避難在外遇
賊投水死時年十七歲 字
七門區新屋灣黃女同治三年五月二十一日賊破人和堡
遇賊不屈肢解死 月
陳家窪陳天朝妻某氏同治三年五月二十一賊破人和
堡恐其見辱自縊死 月
鄭家灣鄭楊氏同治三年五月二十一賊破人和堡懼污
投巖死 月

鄭世甲妻陳氏同治三年五月二十一賊破人和堡懼汚投
水死 月

龍門區喻世鳳妻金氏之禮女嘉慶乙丑生道光己丑夫故
無子氏閉門自縊時年二十五歲 芫

宋埠區監生陳有華妻項氏夫病劇氏焚香默祝割股雜餌
以進未幾夫故事姑盡禮遺孤際清年九歲氏教養成立
歷任江蘇吳縣主簿城陷殉難 乃

從九劉壽山妻吳氏同治二年九月逆匪竄擾罵賊被殺

王四妻張氏同治三年五月逆匪入境懼汚投水身死 二条

由丘房府文內采入
不知何區

貞女

古城山區儒童喻通鎬聘室周姑廷獻女夫堉病卒女聞訃
欲奔喪爲家人所阻遂絕粒數日以身殉喻姓嘉其行迎
柩與鎬合葬舉人喻光祿爲之傳嘉慶十三年學使吳獎
給志行雙美額立於喻氏家廟 芫

興隆區香山趙本支女乾隆戊辰生七歲父故十歲母故十
五歲聘女之夫亦故女欲歸夫家苦守因無可托處遂居
弟家誓不別字後其弟夫婦俱亡撫姪輩成人道光壬寅
卒 霜

皇閣區彭中孚女載弟幼字朱家珣將于歸珣病故女矢志
守貞不欲再聘恐父母奪志登樓自縊學使王獎給貞烈
可欽額 李

紫雲區儒童吳世瑛聘室阮女與瑛俱乾隆戊子生未婚瑛
故女年二十歲聞訃即衣縗素奔喪矢志靡他撫夫姪宏
曇爲子娶媳鮑氏嘉慶丙子卒年四十九歲守貞二十九
年 巳

陳墩區王太和女孫與范景鈺締婚年十二於嘉慶戊申年
故女時十四歲泣赴夫家誓以死守道光戊申卒守貞六

十年巨
黑沙區劉繼珩聘室李姑繩翼女道光己丑生幼爲劉家養
媳珩貿卒於外女年十八矢志事姑同治甲子卒守貞十
八年歲
高峯區劉維禮聘室高姑懷玉女乾隆壬午生十五歲爲劉
養媳夫遠貿不返女事姑孝謹道光己亥卒年七十七歲
守貞六十二年巨
走馬岡區鄒興貴之女幼許字陳姓十六歲失明不願累及
夫壻潔貞自守道光庚子卒五十四歲守貞三十八年雲

七家廟區黃貞女係周之麟聘室萃川女嘉慶庚申年生庚
午孄養於周丁卯周子卒女年十七歲矢志守貞咸豐四
年卒六十五歲結
萬例區黃清海次女七姑周之明聘室嘉慶癸亥生明病故
姑年二十歲聞訃辭母至夫家痛哭遂不歸撫伯兄子明
志爲嗣孝事翁姑終身茹素同治癸亥卒年六十一歲守
貞四十一年龍
南湖區周炳夏長女基坤幼爲胡必賢聘室賢遠貿未歸基
坤矢志貞守父母歿後厥弟五人定婚完娶皆貞女身任

其事年七十餘卒暑
拜郊區何姑劉銘聘室何振之女乾隆四十五年生十七歲
夫故隨至夫家守貞數十年道光十六年卒五十七歲夜
劉姑炳愈女文童胡增憲聘室道光丙戌生甲辰夫病篤
隨母往夫家侍湯藥夫旋卒女矢志不二道光戊申卒年
二十三歲夜
胡四知聘室劉女炳愈女道光壬午生壬寅寄養胡家癸
卯四知故胡劉二家以女未婚議改聘女決志不從甲辰
繼四知逝號

陳墩區范景芳聘室王姑士國女乾隆丁酉生芳十三歲故
女遂適范守貞躬勤紡績事姑以孝聞道光丁未卒巨

割股

范家坳區李洪亮妻汪氏邦熙女乾隆壬寅生二十二歲于歸夫家貧遠貿孀姑病篤氏割股以進姑病乃愈道光癸卯卒 芜

龍門區喻有志妻金氏姑徐氏病篤割股以救姑遂愈子廷選廷舉亦嘗割股愈親鄉里稱之 岡

夾沙區訓導梅傳芳妻羅氏維濱長女事翁姑孝姑染疾氏焚香拜禱幾不欲生姑愈始已後翁病篤湯藥罔效割股救之病愈前儒學奏 旌 露

萬仞區佾生黄向榮妻金氏儒士志斌女十五歲時因姑沈疴難起金躬侍湯藥且割股和羹以進病旋愈迨婚後相夫勵學賢孝聞鄉里同治甲戌卒年八十歲 龍

興隆區儒士王增元妻祝氏祝家院女事舅姑以孝聞姑患中满氏割股以進姑病旋愈嗣子光鑑孫太江太淦皆入泮 霜

河三墩區廩生劉樹芳妻吳氏儒士映山女事姑至謹姑病數年氏親侍湯藥病篤氏乃割股以啖之卽愈鄉黨咸稱其賢 師

宋埠區守禦陳作楫妻張氏生員國隆女姑染疕疴衣不解帶寢食未嘗離側病篤割股和藥以進姑殁哀毁倍常 乃

麻城縣志卷四十一　北鄉烈貞割股

張留區王朝發妻何氏從坦女同治三年氏抱小女避難[足+爰]岱山賊至氏將女置塘邊躍入水中女哭不止氏突起抱女同赴水死 往

路口區汪成富妻蕭氏正文女道光丙戌生同治八年五月初五日賊逼不從以刀劈腦死 往

張留區洪兆祥妻余氏同治二年二月十九遇賊投水死 往

儒士曾天澂妻成氏天欽女道光丁未生同治乙丑夫故出殯後絕粒死 往

白塔區伍文煥妻彭氏忠璽女道光十六年生于歸五載夫故女二家貧父母欲奪其志氏投繯死 往

邊堰蘇區周正禹妻陶氏西村女嘉慶庚辰生同治三年五月二十五日逃難至石菩薩岩遇賊墜岩死 往

戴福心聘室吳紹宏長女同治二年二月十九日同祖父避難至萬丈巖石洞內賊尋至欲殺其祖女以銀二錠救免女同被擄數人行至中途墜巖下深潭死年十七歲 往

上馬區

武生陶子驥聘室張淨姑庠生問政女同治三年五月十九日隨母鄒氏遇賊黃石岩賊將加刃於母女紿曰留我母命給我馬同行時牽馬者近地吳某也女至柏子塔側萬家塘投水死吳逃出報以死所母氏亦於是日投巖死陶姓聞之迎女葬祖塋側 金

宋杜區

王畯舉妻曾氏道光庚子生咸豐辛酉夫病篤詰妻曰爾青年若何氏曰生則同室死則同穴耳恐夫不見信即於是日自縊夫逾數日卒 往

白腊區高世剛妻曹氏永明女道光癸未生同治二年二月十九避難至燕家砦下貓兒溝賊將近氏抱三歲女躍入深潭死 往

上馬區張金約妻余氏晞川女道光乙巳生同治三年五月二十四日扶病姑至七角尖山下賊將近姑曰爾速去我老病何害氏避賊不及投水死 往

陶勉都妻張氏習五女道光己亥生同治三年五月二十四日將避難出門見賊已至即赴水死 往

陶文勝妻余氏知難女嘉慶庚辰生同治二年二月二十一日攜幼女避難熊家寨遇賊抱女投水自溺女援蒲救免氏竟死 往

白腊區

何宗輝妻黃氏敬鳳女道光己丑生咸豐八年四月十一

日從夫避難賊將至氏曰君速遁毋以我爲累賊至强氏同去氏罵不絕口賊至樹下繫馬氏乘間躍岸投水死 往

白路區 伍宜楠妻顔氏世亨女嘉慶己卯生同治二年二月十九日氏避難陶道灣見賊至卽投水死 往

石板區 伍均順妻張氏天智女道光庚子生同治三年五月二十五日與伍尊三女胡序槐妻名又姑者同避難至汪家塆遇賊攜手投水賊救又姑將及岸復極力入深處同死 往

邊堰蘇區 陶引弟儒士成有女奐黙聘室同治三年五月二十五日隨母與弟妹逃難至指背冲遇賊同赴水母與弟妹遇救

得生女獨入深處溺死時年十五 往

駐石區 江朝主女未字同治三年五月二十一日同伴避難藏陶本灣蘆中賊至扶女上馬行半里許至洪家堈女躍入塘中死時年十六 往

陶存和聘室易明進女同治三年六月初三日避難至上岡灣賊至投水死時年十七 往

邊堰蘇區 高石山聘室鄢啟漢女同治三年六月初十日隨母避難上乘區之坎山賊猝至女投水死時年十六 往

白腊區 洪彰壽聘室蔡和昇女同治二年二月十九日隨伴避難燕家砦下貓兒溝賊至投水死時年十七 往

白杲女不知姓氏福田河有賣油者自賊叢逃出稱女節烈狀忘其名字知爲白杲人遂以白杲女稱同治三年五月女從親屬避難東山賊猝至親屬駭散賊擄女縛馬上歸館獻賊渠見女有姝色大喜送内室女大哭求死賊知難遽犯命先擄婦女邏守勸慰之女泣曰吾名門女豈從賊死而已毋多言賊爲出錦繡金玉誘令自擇不顧又令人喻意如勉從卽日作真人真人者耶蘇教之主婦也凡兩晝夜百計誘之終不動哭益哀聲益厲明晨賊坐堂上戈

戟林立左右捽女至呼跪不顧坐地西向泣賊設醴案上且酌且問曰汝一女子倔强乃爾今從則生不從則死左右磨刀霍霍有聲女畧無懼色令以刀斂加頸問從否女誓死不從賊終愛其色目左右止項之賊飲已醺執刀勃然起厲聲問曰願死乎願活乎女亦奮起大罵曰死吾願耳何問爲賊乃砍爲數段左右無不嗟嘆私相謂曰吾黨自起事以來若此女固僅見也殺身成仁白杲女有焉 果

細楊區 熊茂啟妻陳氏甲與女同治三年五月二十七日於大勝尖遇賊被獲同羣婦押歸館氏獨乘隙投塘賊刺之

死年二十一歲果
黃[illegible]宗妻許氏天倫姊同治三年五月十九在本區遇賊
不辱投水死年四十歲果
張世笈妻顏氏咸豐八年四月十六攜四歲兒避難於祖
公山下遇賊義不受辱抱子躍入蠟樹塘賊救之子生氏
死年三十六歲果
江光坤女小名又黛待字同治三年五月二十五日於楊
泗砦之天鵞蛋塘側猝遇賊同嫂張氏投水張援樹枝自
薇又黛獨入深處溺死年十七歲果

蘇坑區張之燮妻黃氏監生士朝女同治三年五月十九日
隨家人避難霧山砦氏見賊殺其翁監生張左文及夫弟
之焜氏乃厲聲罵賊攜幼女墜巖死賊退始殮死經月面
如生忠孝節烈萃於一門果
擇里堡儒生劉國璟妻王氏先堂女夫故與子媳食貧茹苦
共以死自誓同治三年五月初八日賊由安寫麻氏遇賊
投水死月
仁美區朱文寬女韓兆元聘室道光庚子生咸豐八年四月
十二日賊由麻寫安女避亂墩邊崖賊至投水死月

黃栗石區陳元亮女余文富聘室道光甲辰生同治元年三
月二十三日賊由岡寫麻女遇賊投水死月
王世朝妻朱氏汝翼姑母于歸三月夫故矢志守節氏母
憐其家貧無依議欲再醮氏聞之不勝悲憤自縊月
高梘區喻士壽妻張氏秀立女道光乙未生同治三年五月
二十六日避難於鹿鳴菴賊至氏罵不屈賊怒縛於樹剖
腹死月
梅漢章妻黃氏監生清佐女道光己丑生咸豐戊午夫故
氏哀慟欲絕旋仰藥死月

庠生馬价藩妻王氏道玉女道光辛巳生夫故氏痛不欲
生勺水不入口數日遂歿月
土乘區吳光勝妻陶氏國懋女道光乙未生同治三年五月
二十五日避難胡家灣賊至將氏縛於樹賊入室搜尋幸
縛未固氏得脫赴水死月
鄧望祿妻汪氏同治三年五月二十四日遇賊不屈投水
死月
何永熙妻陶氏留訓女同治三年全家被賊驚逃氏急追
隨家人夫兄等往山避之氏同家人踰山夫兄禦賊不屈

氏懼污投水而死 月
禾節沖淩萬照女名足女其父萬照許締姑子鄭光泰照父
另許程國元二姓因婚涉訟女聞不願露面遂投水而死
以息訟端以白其志 堂諭
百塔區郭思泰妻程氏年二十八同治三年六月値髮捻竄
擾抱子避亂於栗林賊至氏從衆婦中獨出罵賊擕子投
水死 王槐珵報
豐義堡王寶先妻傅氏生霖女同治三年五月二十一日賊
破鳳山人和堡氏被執乘以馬行至塘邊投水死氏先與

夫言堡破吾不欲生君後見腰裙繫瑶環者卽妾尸也果
然 月
王先定妻諶氏伯先女同治三年五月二十一日賊破鳳
到山人和堡氏抱子墮巖未死被賊執氏切齒罵賊怒解
其尸並殺其子 月
王世有妻諶氏嘉慶己卯生同治三年五月十六日賊破
楊眞山堡被擄行至宋家壕投水死 月
德義區沈業允妻熊氏太學生朝輩女嘉慶壬戌生夫早故
苦守咸豐八年四月十三日賊由麻竄安氏避難安邑陳
家塘邊賊至投水死黃安舉人盧繪雲有沈烈婦贊 月
方代璜女朱文植聘室道光庚戌生同治三年五月初八
日賊由光竄麻女避難土乘區山背灣賊至投水死 月
張能玉女盛花梓聘室同治三年五月初八日賊由光竄
麻女避難山背灣遇賊投水死 月
余士沅妻段氏段華女道光乙未生咸豐八年四月十三
日賊由麻竄安氏聞賊逼近欲投水死同伴力挽之奔獅
子山頂賊追至氏罵不屈被戕 月
余家和妻蔡氏致和女道光戊戌生同治三年五月初八

日賊由光竄麻氏隨家屬避亂土乘區山背灣遇賊投水
死 月
張留區方明道妻魏氏同治三年五月賊猝至不及避擕女
投塘死 菓
宋杜區馮斐然繼室管氏管有華女嘉慶元年生二十三年
夫故氏年二十三歲哀慟欲絶含忍愼理喪具俟夫棺出
厝後旋仰藥死 往
邊堰蘇區鄒世齊妻喻氏士保女同治三年五月賊至懼污
投水死年二十九歲 果

上塔區龔安睦妻張氏咸豐八年賊猝至氏擲週歲子於道旁投石磄冲塘内賊怒以長矛刺之胸背受重傷死年二十八歲 果

夏代槐妻丁氏同治三年賊猝至氏投江姓門首塘内死年二十六歲 果

張維鳳妻萬氏同治三年五月賊猝至家人先逃氏獨後恐辱急投本村塘死年三十歲 果

張世泰妻宋氏同治三年五月賊猝至全家被擄欲犯氏氏不屈賊怒縛氏樹上積薪焚之氏罵不絕口賊以刀挖

其舌並臠其首去年二十九歲 果

何從富妻徐氏同治三年五月隨婦女避亂庫家畈賊至被擄欲犯氏矢志不從且罵賊賊怒以刀亂撲腹背受重傷死年三十歲 果

鄧廷猷女三代同治三年五月從母避亂傅家冲賊奄至女請母速逃自投塘死賊退殮尸面貌如生年十八歲 果

江大德妻顏氏士廣女同治三年六月遇賊戀母老不及避賊會歸館氏大罵不屈賊刺死年二十九歲 果

黃棣石區葉大志女七姑幼締翁明禮過門童養同治三年五月遇賊投塘死年十五歲 師

宋杜區喻得高妻熊氏道光己亥生同治二年二月捻匪入境被擄氏罵不絕口投水死 徃

李楚章妻馮氏同治二年二月十八賊至逼令上馬詭以手飾在彼取來同行賊鬆手恐污郎投水死 徃

貞女

宋杜區熊貞女鄭瑜聘室女年十七瑜亡女聞訃亟尋自盡救甦赴弔泣血數日父母令女歸答曰此吾家也義不反奉養曲體親心蓬首跣足紡織暇更荷鋤犂宛然男子也翁姑亡痛極哀感鄉里咸爲助葬七十九歲卒守貞六十二年 往

林之緒聘室楊姑乾隆己亥生至甲寅聞夫壻病篤遂至夫家甫三日夫故矢志守貞其家人以青年爲慮女聞之益自勵志道光六年卒守貞四十三年 往

高梘區朱茂南聘室羅姑紹北女道光甲申生少失恃養於夫家至壬寅年夫故女誓守不二奉事翁姑代修子職立夫姪爲嗣 月

仁美區觀音巖朱瑶聘室李姑歲貢李世臣次女瑶卒女聞訃欲自盡家人隄防甚密遂至夫家撫夫姪爲嗣數年忽夭又撫夫堂姪因訟不果族人復爲之立後守貞四十餘年卒乾隆癸亥年奏旌 月

割股

路口區郭步青妻高氏正興女乾隆庚子生于歸五載夫病篤氏憂甚一夕欲自盡忽有神挽其手曰汝有緣弗過慮也既甦默禱竈前割股奉湯以進夫病漸次痊可次年生子時澍後青復病又割股以進疾竟弗瘳氏以節終 往

張鋆妻郭氏夫病篤割股和藥以進病愈後數年夫故氏教子成家同治二年二月賊過路口與鄰姥登高避難山路崎嶇鄰姥失足跌甃氏前若有燈光導之又若有人扶掖者故獨無恙咸以爲節孝所感云同治丁卯卒守節三十餘年 往

擇里堡王世倫妻張氏割股救姑 往

張金榜妻李氏割股救姑 往

胡繼容女廖宏昇聘室割股救母 往

高梘區生員馬弼臣妻楊氏割股救夫 往

黃栗石熊丙妻王氏兩次割股救姑 往

細楊區蕭金元妻張氏同治元年五月姑病篤割左股食之旋愈 果

懿行

耆賓鄒至誠妻程氏素好善樂施雍正乙巳年歉捐米賑濟鄉鄰署麻城縣楊思溥給程女宗善果額又捐銀六十兩入祠以充積貯乾隆癸亥重修祠宇

孝婦甘學游妻李氏年二十適甘夫遠出糧無越宿李勤紡績以供翁姑翁姑繼逝竭力支持葬祭盡禮後夫歸旋故李操家有法婦道無虧

王瓊瑰妻董氏治家有法

李勷妻郝氏治家儉約

周思穆妻萬氏自斷其耳

周思信妻趙氏　趙某妻周氏承謨女　陳學思妻董氏

周世家妻陳氏 此四名舊志未著事實

興隆區例贈文林郎王炳嶽妻趙氏本端女乾隆戊辰生事姑至孝姑周氏常病氏侍湯藥未嘗少懈姑嘗泣曰死後實難舍此佳婦氏應曰母朝以死則婢子夕以亡願相從地下後果如所言其孫光柄列賢書光柯德玉皆入泮 霜

河三墩區監生劉明琯妻伍氏伍岐女咸豐四年四月琯遠貿髮賊入其家人皆驚走惟姑萬氏年邁昏矇未出氏行里許放聲大哭即逢面爲丐形潛至家負姑出竟兩全無恙後姑八十八歲卒 師

石陂區郭女家獅子庵側同治三年七月初五偕兩弟逃至懸鍾區甘夔奎家泣訴郭姓母沒父存年十四兩弟一五歲一八歲今早在中坑大河被官兵衝散失父所在辰後其父尋至身受重傷女見抱哭求湯餅餌之過午父故女枕尸號哭率兩弟跪求代謀甘曰棺之女曰棺而埋是棄父骨於他鄉不埋哨兵至必傷父尸皆不忍亟賜竹榻健役送尸歸葬甘曰汝鄉烽火他郎送之焉識爾祖塋處女

曰如得葬父雖死不畏我同往也甘從其請同女送去是日賊敗送者葬尸而還此女前後未得其實而敢舍身烽火中以葬父其天性之厚深足感人 師

東義州會氏李載陽母以實女道光己酉年買一小婢黃姓霍山人極聰慧年餘其兄訪至始知爲人掠賣女已字吳姓現搆訟矣氏不問原值更給衣服路費遣女隨兄歸

橫河區蔡尚貴妻黃氏黃玉女年甫笄王姑病篤氏就省貴欲越禮氏不從貴銜之由是伉儷其名仇讐其實數終異室歎不同衾迨貴離親遠貿晚年攜所娶妾及子女歸氏

亦脩極恩勤直如已出守禮盡義歿身不衰同治三年六十二歲卒于歸四十四年金

男割股例

余謨福母沈氏病篤福割股以進食之病頓愈

張滋道七家廟區木匠母病割肝以進母病旋愈

鄭德芳幼孤事母梅氏至孝母病親侍湯藥病篤割股以救其母夜夢神告曰爾祿已盡今以爾子孝特延爾壽病遂愈

田克煇如梓子出繼爲如溶嗣梓病煇割股以進病旋愈嗣母暨生母先後病煇均割股和藥救之

程子春白沙區人咸豐元年生農家子性誠樸年十七値

母龍氏病家貧不能買藥割股以進後母歿哀甚幾至死鄉里賢之

歐陽文城號意齋三杏區人道光乙未年生幼慧而孤事母張氏盡孝母病割股療之時年十四歲

歐陽顯治三杏區人割股救父

田緒和篤實區人事親謹父生員一清病割股救之

舒二楷墩陽區人父病藥罔效割股以療之

曾汝霖太平鄉人父病侍湯藥累月不懈及病篤祝禱願以身代且割左股以進父疾計日漸瘳

吳復燧紫雲區人屢試不售側貢成均幼失恃事父最孝父病革割股以救病旋瘳歿後又喪居盡禮廬墓三年嘗於墓側見遺金待其人還之

梅錦瑞義合區人事母最孝年十二母病革割股以進母病愈至八十九歲卒

顏時熙字次文父病篤割股救之而愈通志

丁華楷士乘區人割股救父

丁承周黃栗石人割股救母

余成文黃栗石人割股救後母

程志達義合區人父輔弼公陣亡事母孝母病革割股以進尋愈

彭有福性最孝母陳氏乳病藥石無功福夜半焚香割股調羹以進旋愈

張海門細楊區人父病割右股食之

沈必達德義堡人見兄必連病三割股救之

沈懷德父病割股食之病愈

李紹先家貧爲人傭母病遂歸採樵易肉啖母病革欲割肝而不知其處越數日胸膈間哭生一痣夜於痣下奏刀割肝少許昏絕於地旋甦和羹進母病瘳其後無疾而終鄉里購材以殮岡邑謝孝廉貸以葬費後俱傭工償之

楊維合邊堰蘇人母病割股以進旋愈咸豐間父病又割股以進母後病危又割股和藥母死哭昏而甦

程文順農家子母畢氏病危割股食之即愈

楊百趙上馬區農民早失恃父榮春鰥居病革割左股啖之即瘳

生員程兆聯乾隆間人父鳴鶴子國梓居家皆以和睦著待人能忍讓三代皆割股以療親病國梓知醫有求者無

不往應毫不受謝

張來與永甯區人母病割左腕肉和湯藥以進

張功湧東義州人家貧縫衣爲業母病割股以進

丁朝紀母病危日夜祈禱願以身代割股以進後紀病其子廷璘亦割股救紀

董秉道沙井區人病垂危其少子光典割股和藥以進病遂愈

吳光耀育家區人母病垂危割股救之遂愈

夏清源之子恒山道光癸卯生同治五年九月其母病篤

山封股以進母病旋愈該父面報
梅錦錢義合區人年十二歲割股救母
議叙白光政由邑東門遷居白田畈事繼母梅氏盡道梅
患病政割股和湯以進母病尋愈妻楊氏事庶姑郭亦盡
道郭病危楊亦割股救護郭病立愈
翁唐憲落梅河人母張氏患病憲割股救治
王本楷柏子區人其父病篤割股救治
李載陽東義洲人其母曾氏病篤割股以進
王弘禮八里畈區用行長子秉性純樸母劉氏病危醫藥

罔效禮憂極割股和藥以進母病遂愈至今咸稱其誠孝
黄

麻城縣志卷之四十二上

藝文志　經目　史目　子目　集目

研究典索嗣響風騷夷英擷采足式謦髦風雲月露菅蒯
同嬦先民已往焉逮零膏

經

明

彭好古易鑰五卷 見明史藝文志
劉承烈易學就正十卷 見舊志
梅之熉春秋因是三十卷 四庫書目

國朝

王楠周易本義補遺 詳卷末
王可任讀易便覽
李之素孝經正文一卷內傳一卷外傳三卷 四庫書目
周維藩四書詳說十二卷
甘學洵四書解悟十六卷
胡翹霜楓園字考四卷
鄒藩音韻便檢十二卷
熊調鼎經古文改釋 以上舊志

經

鮑棨周禮節釋

袁銧四書題解

史

明

劉天和仲志五卷四庫書目

問水集三卷四庫書目

惠湖大紀見舊志卷末詳

關陝奏議同上

安夏錄同上

吳山治河通考十卷

周宏禴代州志二卷見明史藝文志

劉侗名物考十卷四庫書目

帝京景物畧八卷四庫書目

毛鳳韶浦江志畧八卷四庫書目

方民悅交黎撫勦事畧五卷四庫書目

王兆雲明詞林人物考十二卷四庫書目

王氏禨記十四卷四庫書目

鷩座新書八卷見明史藝文志

王氏青箱錄十二卷同上

烏衣佳話八卷見明史藝文志

湖海搜奇

鄧楚望紀聞 見舊志卷末詳

劉承烈聞見錄 見府志卷末詳

同道錄 同上

格物解 同上

彭好古類編 詳卷末

雜說六卷 以上舊志

國朝

王汝霖麻城縣志稿 見府志卷末詳

周維秬鑑畧 同上

麻城縣志十一卷

鄒知新麻城縣紀畧十四卷

熊調鼎二十一史提綱 以上書志

張世鎮歷代名臣錄 詳卷末

明

子

周宏禴何之子一卷 四庫書目

周宏祖內外篇二卷 四庫書目

劉天和注陶節菴傷寒六法

幼科類萃

經驗良方

毛鳳起心學圖

致知說 以上舊志

國朝

李之素省身輯要二十二卷

家塾警言一卷

玉田寶藏上下二卷

孝經內外傳

胡躍龍時術遺編三卷

熊調鼎碎金零拾二卷

徐家麟埛堂夜話 詳卷末

劉振鐸書法省吾十二卷

彭長溪醫見私會

博宗方

彙編歌訣 以上舊志

張世鎮三才合一說

曾之裕治河淮策

張世鎮三才合一說
魯之裕治淮河策
胡兆鼎性理集註
汪錫朋心經解

明　集

熊經東溪集 見分省人物考卷未詳
陳文自怡集 見府志卷未詳
毛鳳韶聚峯文集 同上
石潭集 見通志卷未詳
鄧楚望詩刪續稿 同上
詩城摘錦 同上
邱齊雲吾兼亭集 同上
粤中稿 見舊志卷未詳
國雅中選集 同上

劉秉鑰歸正解 見舊志卷未詳
周之夫青袍草 同上
壺隱草 同上
李檢齋遺稿 同上
邱坦南北遊詩稿 同上
楚度遐詩集 見舊志卷未詳
劉侗文稿 見府志卷未詳
熊吉柏舉文集三卷 同上
董樸文集二卷 同上

周更生倦遊草二卷同上
梅鈿桐下詩選一卷同上
周世遴詩選一卷同上
梅圻資僻堂詩草一卷同上
周道一鴈臺集選一卷同上
劉天和大安遺稿卷末詳
鄒宗彥問餘堂稿卷末詳
毛文貞集名鈺龍毛鳳韶女見通志
董少玉詩一卷周宏禴繼室見通志

國朝
曹應昌疏堂文集見舊志卷末詳
紀異十律同上
詩文集見舊志卷末詳
黃素臣詩裁二卷
周維秬紀咏二卷
蔘園文集六卷
蠹餐集
黃倫鴳雪草三卷

梁中斗守雪堂詩集
劉淑頤偶焉集
李中黃逸樓四論
鄒士璁西卜堂詩稿一卷
董天策椰溪稿
李佐坡鄰堂詩集卷末詳
胡鉉霞軒詩集二卷
胡鉉端池文稿六卷
胡翔靄武陵遊草四卷　翠華館詩集

胡翹霜詩賦銓題八卷　楓園詩集
魯之裕趣陶園集　式馨堂詩文集　書法彀
鮑育烝敬業堂文集
鮑超然弛薪詩草
袁銑江漢課藝
彭　韜通邑文集
黃　固百二吟詩集
胡樹蕃石華樓詩集
梅鳳藻香雪樓詩集

鮑粱西陵人文吉光集

鮑焯南菁華集文集四卷

吳泰來碎琴集

汪錫朋一貫錄

鮑輝武西田來爽集二十二卷

石占齋愛吾廬詩草二卷

張一恒平紗詩集一卷

麻城縣志卷之四十二下

知縣事臨桂鄭慶華纂修

藝文志　奏疏　論　策　議

奏疏

吏部驗封清吏司主事臣李文祥謹奏為請立新政以保天命事竊惟帝王為政持權與法權貴一不可使近習弄分則政出多門而禍亂作法貴立不可使小人玩則心無所忌而僭奪興恭惟

皇帝陛下英武夙聞仁孝懋著羣臣謳於耳目四海遍於

口傳咸望祖宗之業在此中興帝王之治由茲再造然舉裘必挈其領張網必提其綱今之綱領實權與法不先提挈無由張往事難追多言徒煩臣謹以切於今日者昧死言之　祖宗立六部三法司設內閣大學士參贊萬幾分理庶務任專責重無掣肘之嫌事關責歸鮮城狐之託治隆俗美職此之由頃者位多小人權由內侍賞罰任其喜怒禍福變於轉移緘觀言官痛加摧挫公行賄賂濫設冗員阿順者則援引超遷違忤者則毒讒貶逐朝野寒心道路側目譬人身之疾病實腹心之癰疽伏望陛下審訪

渠元明章國典少留謹厚謙畏者隨侍左右以供使令更宜妙選大臣親諏治理推心委任不復猜疑或相朋比爲私許令科道面劾自今内侍仍有恃威脅制弄權囑託者許得奏聞區處閒傳内批密旨亦許執奏封還俱爲定規權一於此則體統正而近習不得分矣立大明律罪犯輕重各有科條稽古定制服色器用罔敢僭踰故善惡知勸懲之方貴賤明等威之辨國體益尊民志素定頃者法司惟狥己私不遵成憲豪横有庇者雖重罪必寬容貧弱無告者雖小嫌必鈎距惠及姦宄之雄養成傾頹之俗綱紀

盡廢詐僞滋興豪室僭王侯之居富民擬公卿之用崇玩好而費民財飾處器以耗國脉伏望申明律令使執法之官一遵成憲如有罪不當科獄囚情異者必連坐以懲不恪稽古定制乙示頒行其長惡稔姦之徒務令巡察等官嚴加督訪貴倖必懲豪黠罔赦法立如此則禮度明而小人不敢玩矣權一法立政事可新使無其人誰與共理臣竊聞致仕尚書王竑王恕孤忠自矢獨立敢言年力未衰尚堪効用南京刑部主事林俊思南府推官王純皆抱忠貞兼優才識論其全德容有小疵要在良工固當大用伏

望起竑等置之公輔俊等列諸諫垣旦夕親其議論政事庶有補裨此非微臣私言實乃士林公議且人才難得自古爲然習俗移人豪傑不免惟茲臣庶不盡愚庸但恐言出禍隨動先咎至故局促轅下之駒偃息籠中之雀豈不思奮顧此牢形亦知媿乎素尸每託辭於時勢蓋人雖下愚誰無義理之心性但中人不免身家之累能知媿負是亦名流樂其危蔔斯爲下品伏望明照庶物公選羣寮其閒素分不材甘心無恥營私罔上違天壽物者小臣則遂罷黜大臣則禮遣歸少礪士風庶華國憲餘可自新者一

切賜以明詔感其良心務使驅策以圖實功不容退託而逃淸議東方朔諫諸之臣以武帝爲君力陳規論裴矩隋之佞人逮唐貞觀閒亦强支持黽勉忠良之列既開自新之路必多遷善之人如此則權一而事不悖法立而永無弊國政日新天命世眷信可以中興信可以再造副羣臣之望符四海之思臣生斯世際斯事寔不爲萬古之一快也哉抑又有當急正而不可須臾緩者初臨大政之時梟皆諫仰賢哲量之以行藏其道姦邪竄之以作止其惡民庶覩之以休戚其情治亂安危在此一舉虛心聽納漢宣

帝以致中興屈己求賢宋仁宗由之再造今欲立致太平莫若先開言路言路開則羣邪懼伏君德益修仰冀内省必能察此伏讀前詔乃獨見遺祇許科道内彈仍以挾私逆阻臣竊聞之犯上干主其罪可知乖忤貴臣禍在不測人欲十言其一猶懷反噬之憂誰敢無中生有輒快報復之計此必權倖小人自慚不軌私相交語以爲初政之日義士彈冠若不懼以危言討以定律則必暴我姦情縱使免禍一時亦必貽譏萬世用是壅蔽聰明豫示不軌欲箝衆口於未發不虞姦狀之彌彰且復以風聞妄言爲禁夫

朝廷京師之極京師四方之極政事之或是或非臣寮之一善一惡譬諸日星麗天誰不知其昏明河海振地誰不知其深淺使俱排以風聞謂不可信則謂孔顔爲賢未必皆由己見指盜蹠爲惡是亦出於口傳人心允愜士論不疑况古昔帝王懸鼓設木自求謗毁言之縱非其情聽之亦足爲戒何害於國遽欲沮止李林甫持此説以亂唐王安石持此説以毒宋遠近駭聞賢愚驚愕伏願速頒温詔廣求直言不墮姦謀使彼知人心之不可盡欺公論之難以獨掩痛示懲於既往庶知戒於將來且今言官跡其論列不無奮激之偏要其心志皆出忠誠之切更願少霽嚴威輒假優禮言切而理愜者必引導以盡其情識寡而辭拙者亦含容以嘉其意諫諍無隱者褒其直而勿責其非謀猷可採者奬其能而急行其策惟當斷以一心不必搖於衆口大率君子之言决非小人所利儻一問及必以前事中傷如無嫌疑乞賜片時引對臣草茅新進積無怨讎但能隨衆以浮沉終可歷階而貴顯顧臣之於君子之於父吉凶休咎義實相關隱默欺謾心則安忍故不避斧鉞力盡愚衷片言有益夕死且甘草木同區幸生何補臣不

勝懇切待命之至

具疏福建道監察御史喻希禮　爲
溥恩宥過以迓
天休以彰
聖德事臣仰惟
皇上祈嗣禮成蓋
上天篤生聖人爲中興太平之主必生
聖嗣以開億萬載無疆之休其保佑眷顧之隆必有無待
於求者惟
陛下推曠典殊恩以迓

帝祉則昔人所謂心和則氣和氣和則形和形和則聲和
聲和則天地之和應矣
陛下敬天勤民十年於茲往者　大詔天下一應罪犯悉
從赦免今歲大辟又免行刑天下臣民咸沾　聖澤惟
近年得罪諸臣遠戍邊徼者未嘗宥放豈其罪大惡極
不可輕縱者乎臣竊謂今日招和致祥履休迓祉不在
設壇建醮之彌文而在悔過宥罪之實意臣聞天之大
德曰生陽居大夏以生育長養爲事陰居大冬積於虛
空不用之處

陛下好生之德與天爲一而獨遺遠戍諸臣穹廬絕塞無
生還之日豈
盛朝之美事乎今之論者謂大禮諸臣同聲附和誠可罪
矣大獄諸臣謬持偏見誠可罪矣然自臣言之議禮者
自謂效忠議獄者自謂執法以效忠執法之臣一不當
陛下之意而即終其身流離於萬里沙漠之外臣恐懷忠
義之心者未必不聞風而懼矣原其心而宥其過矜其
愚而憫其不及是亦聖人無棄人之意也且聞遠戍諸
臣有父母存而不得養者矣有沒而不獲送者矣諸臣

之罪縱可深惡而所託以養以終者亦可念也歷年已
久懲創已深臣之得罪於君猶子之得罪於父也子之
得罪於父悲哀號泣必求父釋之而後已諸臣望
陛下以釋之者亦非一日也近聞諸臣有沒於邊徼者旅
寓無依其情甚苦數年之後彫零殆盡雖欲仰沾
聖化而不可得矣古聖王設鐸懸賞以求直言敢諫之士
而
陛下乃使建言諸臣彫零殆盡於邊徼豈所以風天下乎
伏望體天地好生之心推父母愛子之念將遠戍諸臣

量其情之輕重或移近地或縱赦免非惟諸臣感生死
骨肉之恩而中外臣民歸頌
聖德前星垂耀無待祈禱而
聖子神孫綿綿無窮矣惟
聖明俯賜矜察 臣 無任悚惶待罪之至

奏疏

李長庚

順天府府尹臣李長庚爲畿輔重災民隱日切敬循成例
懇賜賑卹以安邦本事竊照今歲七月不雨亢害異常其
艱苦之狀已盡寫於前後諸臣之疏
皇上虔祈雨澤不啻桑林發粟賑援恩施菜色具在軫恤
之中無容臣復贅矣臣以外藩蒙簡偕臣允升以差竣還
京會値北場事緊趨發嚴程兩路所經情景如一前後至
涿州境內饑民環繞老幼牽扶臣等細詢之俱云遭値異
災賴恩以不卽死惟是七月方雨秋期已近補種難施四
顧田園杳無青草窮簷圜堵不見炊烟伏地而泣訴於臣
以臣等爲府臣也何以爲府民計乎比入都城匆遽秋闈
始得竣事而連日以來風霜高隕聞菽菽之類一畝所收
十不一二粒食何藉人情轉蹙先無入土之種矣安所論
收既無在田之禾矣安所論食春夏之閒民情皇急者正
虞其有今日也至於今日則向者驚心之慮實爲剝膚之
危從此自冬徂春時日尚遠當風雪嚴寒之際處青黃不
接之時撤屋爲薪掘草爲食屈指而計度日如年京師根
本之地關係至重與四方不同臣等濫民牧之官而流離

滿前呼號盈耳皆國家之赤子也心則何忍且恐搶奪竊行揭竿可慮皆國家之隱憂也心則何安饑民環集待哺之口正煩倉庫兩空手援之策安在惟此饑民十年以來屢逢旱澇扶羸起瘵肉骨煦枯幼者得壯壯者得老皆上之所活也仍有祈始終之惠於上而已臣查得三十二年水災之後京師五城並宛大二縣煮粥給過米壹千伍百柒拾壹石肆斗俯允部覆發埽積米捌千肆百柒拾貳石爲煮粥之資惟時奉揚德澤者府臣許宏綱也三十九年復置災傷俯允府臣劉學會之請以知事杜冠時所查出

兩縣孤老冐濫米肆千柒百零伍石布壹千叁百零柒匹煮粥授衣於先次年再發米捌百石以爲展期煮粥之用此前茲之成憲也今歲旱災尤倍往昔而府臣所請孤老冐濫米布連年節省現積京倉倘徼垂念比照往歲事例將前項淸省餘米得發伍千石容臣等陸續領發兩縣照依三十九年所立粥廠城內六廠城外二廠令兩縣丞簿等官分理各廠而以府佐二員總理其事臣等時往查核務使饑民得沾實惠庶不致屢次全活之民一旦爲溝中之轉也再照救荒之法待極貧者在煮粥待次貧者無如

平糶今年現荷允發臨德二倉米拾萬石平糶其宛大二縣派各該叁千石近又蒙改通倉其待京邑至爲優渥矣但以一縣而平糶三千數若爲多然都城爲五方雜居奚啻億萬其口而止糶陸千則若爲少查得三十二年戶部奉平糶過米壹拾捌萬陸千捌百壹拾柒石臣彼時叨在戶曹身受其事其在今歲縱不敢如昔之多而以授食之口度之既非肆伍萬石不可者更祈於兩縣原派叁千石外加發貳萬石俱改京倉以省腳價臣等遵照部議粳米每石陸錢粟米每石伍錢其所糶銀錢解爲戶部四十月

折色之用一轉移間而市司不踴利賴良多臣等職任所司目擊關心攄誠上請伏乞敕下戶部查議施行臣不勝懇乞待命之至

通壅省囂疏　梅之煥

吏科給事中臣梅之煥謹奏爲通壅隔以慰物情省煩囂以明政體仰干聖鑒俯賜採行事臣聞物各有情政自有體物情不慰則有結轖之患必激而爲煩囂政體不明則開攘攘之端必激而爲壅隔以致君門遠於萬里戈矛起於一堂是上下相激以成此景象也臣以今日之事上過下亦過而其原又實在上請爲皇上陳之語曰堂有事十日而君不聞言壅敝之誤國也故古之哲王建鼓而求與坐而論止輦而受羣英三接簾陛一心猶懼下情不盡上

達自深宮大內之久居致煖閣平臺之絶響牽裾無路補牘何從所憑陳見悃忱惟此露章奏對數行封事已有不得盡言盡意之虞左右臣寮豈得盡無一德一心之助而乃下情日積天聽日高薪借火以將然水投石而莫受夫事有小亦有大有緩亦有急有虛亦有實何至黑白不分薰蕕并器付衆論於自鳴自止秘宸衷於無臭無聲天地之泰不交宮府之情否隔心膂股肱且莫測聖意之所在羣臣百姓又何由知國是之所歸乎夫人慮之於心而宣之於口何可壅也川壅而潰傷人必多道路流言爲國生患物情何自而慰耶語曰兆云詢多職競作羅言多言之亂聽也故古之藎臣聞嘉謀而告后焚諫草以避人而折廷爭要皆有必然之畫流涕痛哭豈故爲不然之憂百司庶府一心孰爲人孰爲我五味八音其濟何必異何必同而今之嘵嘵何爲者氣期於相勝不顧其心之安言期於聳人不必其理之當吹毛洗垢何璧無瑕引繩批根道路以日門戶角立戈戟橫生甚至前後異向且并其自言者而矛盾之矣夫事有大亦有小有急亦有緩有實亦有虛何至黑白雜陳薰蕕互競以朝端爲聚訟之場以國是同

道旁之室夫一事而此是彼非則從違安決一念而甲臧乙否則黜陟何憑謀夫孔多是用不集政體何自而明耶益上見下之言人人殊初無至當不易之論則不能無疑疑於其小者緩者虛者且并其大者急者實者不信也是煩之激而爲壅也下見上之一切不報索之茫昧莫測之鄉則不能無憂憂於其大者急者實者且并其小者緩者虛者不置也是壅之激而爲煩也臣見上下相激以成此景象也故曰上過下亦過雖然獻芹獻曝意則無他采菲采葑物無可棄倘不通壅隔以申言者之情而徒省煩囂

以拑言者之口臣恐下情益鬱省之適所以慁國政益弛壅者卒不可省伏乞當日照月臨之下鼓風行雷動之權可者急賜施行則伏蒲無事於再瀆不可者明爲剖析則濫竽無敢於混吹猜疑之根一拔山澤之氣自通惓惓之意得申嘵嘵之口自塞臣故曰其原又在上臣昧死直陳不敢效今之煩黷者惟皇上採擇焉

硃卷彌封疏　梁景陽

奏爲請嚴頭場硃卷彌封之例以杜弊端以重科場事竊照取士之典莫重於科場科場之弊莫甚於關節本年七月內副都御史覺羅巴彥學條奏鄉會兩科例定三場惟頭場性理論中易藏關節請移置二場以二場律詩改置頭場主考等官將頭場閱卷薦既畢再分閱二三場卽不得復薦頭場等因奉

硃批此奏深切時弊依議行欽此遵在案是頭場文字内易藏關節之處已可杜絶惟查科場條例向止彌封墨卷其硃卷例不彌封蓋緣硃卷既無本生姓名復經易手謄寫似已無可揣摹但卷面向俱編立紅號經書並會試編立直隸各省分順天鄉試編分滿合貝皿等字號其書手姓名籍貫復自注卷尾在定例之意原以科場五經並重而省分有大小人數有多寡文風有優絀是以逐一分別印記卷面以便分房薦閱照額取中以免偏枯其書手謄寫有無錯誤弊竇磨勘時亦可按卷查考本極詳明公允各房官如果秉公校閱毫無私弊自未便輕議更張第思紅號等項旣皆印名卷面固一望可知書手姓名又自注卷

尾亦展卷卽得倘不肖之徒藉此暗通秘記先按某省某字號再查某經某手便可照會卽不必開卷閱文而關節之弊勢可盡免臣愚以爲立法必期無間防弊不嫌過周今取中旣以頭場爲準防弊必須於頭場加嚴應請倈後鄉會試硃卷卷面應編各字號俱仍照舊編印惟將頭場硃卷卷面於應號登簿後照墨卷之例一體彌封連本生彌封墨卷合鈐彌封所截記分發謄錄以免張冠李頂之患其書手姓名籍貫卽令注於本生墨卷之尾所有硃卷後注明書手之例應請停止則內簾各官均係暗中摹索

卽文內或有字眼關通亦不能偏爲查閱惟令各同考官虛心衡校擇文理通順者儘數呈薦稍次者多取備卷閱薦旣畢先將落卷交內收掌折去彌封照卷面各字號登簿存貯次將備取各卷折封登記迨主考取中已定再將取中各卷另簿登記查對中額倘其中經書省分及滿合貝皿等字號有不足額者卽按各字號於備卷中拔取再有不敷許主考官搜查落卷照補足額頭場事竣方許分閱二三場其二三場硃卷毋庸彌封或各房有迴避之卷主考官臨時照例查撥亦不致有瞻徇之弊如此酌量加嚴於定例旣無所紛更而於愼防關節之道似更周密臣爲科場除弊起見不揣冒昧謹繕摺具奏伏祈

皇上睿鑒勅部詳議施行謹　奏

乾隆四十七年十二月初八日奏奉

硃批該部議覆奏

旨依議施行欽此

奏疏嘉慶二十四年二月十五日　袁銑

爲考試積弊急須剔除以儆貪私而杜僥倖事竊思鄉塲爲國家掄才之典小試爲士子進身之階理宜弊盡風清拔取真士以仰副　聖主作人之意乃日久生玩外省大小考試情弊多端臣謹就所聞臚列數條爲我　皇上陳之　一州縣入簾關防宜密也臣維試卷去取關係簾官如大省萬有餘卷呈薦不過數百若有心欺弊負屈必多主司以旣竭之目力遍搜落卷更覺茫然遺珠其能免乎此簾官責任之重也臣聞近日各省風氣應試士子有探

聽調簾官員迎於中途而拜爲師者有交通官親謁於省寓而拜爲師者其贄儀或數十金百金不等以求薦也議定中後謝貲千金不等在外招搖如此入闈後彼此關通甚至隱匿佳卷轉取平常之卷與有關節者並呈謂之礙薦營私一念何所不爲官場以廉恥爲迂濶官倡之士效之人心之害莫此爲甚理應請　旨飭下各省監臨於鄉試屆期將調簾之員嚴加防範如有招搖形迹一經查出立卽參處就中擇其老實可靠者派入内簾庶科場肅靖而賢書無或濫矣　一府縣案首賄求宜禁也臣查府縣考試文童其覆試多至五六塲原以名次先後定其優劣不容混淆乃因歷來考列案首之人學政每循情面無論文理通順與否均予取進是以不肖府縣藉此居奇案首行賄自數百金以至一二千金不等以試塲爲利藪成何事體設使府縣案首俱非真才如學額三名之小縣案首旣去其二寒畯不亦難哉至武童弓馬刀石工夫雖衆目共睹亦或濫分甲乙殊爲無所忌憚理應請　旨飭下各省學政嗣後於府縣文武案首必其文理通順材藝勝人方准取進其如文理悖謬材藝薄劣者槪從黜落庶學政

去取之權府縣莫得而操之士子明知無益亦不至妄生行險儌倖之思矣　一因工捐輸夤縁宜戒也竊照直省間有煮賑急務及修築要工士民踴躍捐貲原屬義舉經封疆大臣奏請或　賞以職銜或　准以議叙要皆出自聖恩加之奬勵至有司秉公衡文不在酬勞之列臣聞湖北近來各府遇有修葺儒學等工程官爲議定每人捐銀若干有照數捐去者學政臨時均予進取卽以府學爲通融如一縣有捐銀幾人則添撥府學幾名或一縣捐銀無人竟至府學額缺雖捐輸中不乏能文之士然操其必

勝難免官吏分肥假公濟私之弊理應請　旨飭下各省學政嗣後有以捐輸爲貪緣者概無擅徇庶官豪無所倖矣以上三條是否有當伏祈　皇上睿鑒謹奏

奉

上諭御史袁銑奏請禁考試積弊一摺直省大小考試俱應杜絕弊端用副掄才大典如該御史所奏外省州縣奉調入簾士子竟有於中途迎謁結拜師生貪緣納賄者實屬大干法紀著通諭各省督撫嚴行查察如有州縣調簾不知防檢及士子巧於鑽營交通舞弊者一經查出卽嚴參重懲以肅功令至府縣考取案首原不應一

概取進其捐貲辦公之士子尤不應以考試爲獎勵之途著通諭各省學政考試文武童生惟當憑文藝之優劣以定去取其府州縣所錄案首一律公平校閱不得擅徇情面濫行拔取至士子捐貲修葺儒學書院其姓名概不准報知學政如有府縣官違例干求者該學政卽指名參奏以杜倖進而勵士風欽此欽遵抄出到部理應抄錄原奏通行直省各督撫學臺順天府尹奉天府丞台灣道一體遵照可也

奏疏　袁銑

臣聞我朝自天命十年開捐以爲裕國用卽以儲人才昔古聖賢多有起於魚鹽市井中此捐班開正以補科甲之遺才此其意非不善法非不良也於是定其制詔每年正印中科甲用十一人捐班中用八人外京官雜職以及各州縣訓導其用爲差似乎捐班少而科甲多然臣按進士科尙存五千餘人舉人尙存二萬七千餘人今所隨班候選者尙屬十八科以前之人在　皇上之心以爲老其才以待用殊不知候十九科人用足必待三十餘年矣縱其

人三十歲或中興會再候三十年則其人年已七十餘矣卽遷部限分發將抵任未一年而逢大計不斥爲老憊必指爲疲癃凡屬科甲半免冠而去矣彼捐班中財多年少於是陞之卓異指爲廉能我　先皇所設法良而意美者安在乎況今鄉會場之法令甚嚴卽一縣與府試必載三代之履歷考童之互結廩保之花押種種詳明以辨冒頂倩鎗之弊娼優隸卒之流者不已甚哉若捐班則不然不問其人之根本爲何如正項銀兩一到州縣爲之出印結督撫爲之具保狀一年而實授矣所以襄陽知府寶少林

寺僧人出捐寧波府道實部鄖响馬出捐以及保定同知鐵嶺縣丞等員出身之不正者其被告出拿問者數年來已有八人臣不知未被告發者其人又不識幾許矣且此輩以貪酷爲精明貪則多財財多則獲上而上司指爲有禮酷則重刑刑重則民懼而上司指爲能斷將見稱能員者又此輩矣此臣所以讀陽城之傳不禁往復於撫字心勞催科政拙之數言知其自出考下下者有由矣且臣此本一發軍機房而朝臣必有借國用不足以暗進其讒者臣又計之詳矣乾隆以前無論矣自嘉慶三年因川陝楚

三省教匪之擾開捐僅得銀七萬餘兩十二年黔楚苗洞反開捐僅得銀十一萬餘兩十九年黃河缺開捐僅得銀六萬餘兩其間或二萬或三萬不等總共二十年得銀三十餘萬若後宮冗費一去可免開十年之捐蓋鳳藻宮花粉銀十萬寺子宮供俸銀十二萬熱河例銀四十八萬圓明園春秋修整銀二十餘萬內大臣管理圓明園俸銀十六萬賞賜圓明園宮女銀二十五萬若去此數項則一年可節濫用百萬有奇庶可拔真才收實效國計民生兩賴矣臣再查外省官員自督撫至州縣皆以互相蒙蔽爲得計因兩淮兩廣之鹽政而去大員六人則鹽商之弊多蓋鹽商所進呈 御前之鹽包重六十斤價五百餘文小民所買之鹽其包只重八斤亦是五百餘文卽此一弊所以降湖廣總督百齡三江總督汪志依而託津遂津津得志矣夫託津由大學士總理滿漢政治其遇隆其秩重其感恩宜何如矣其舞弊如此無論其他卽於本年七月
大行皇帝賓天伊謂 先皇生於灤陽崩於灤陽妄自附會考本朝歷代龍降之所載在金縢彰彰也 先皇降於藩邸卽此一事托津之妄奏欺君已甚其讒崧筠疾董

誥等諸事又何可屈指計哉 皇上如以臣言爲是則將此數條施諸政府實 聖祖列宗之靈軍國人民之所快心者臣雖加以斧鉞受其鼎鑊非敢計矣謹奏

欽批 袁銑辛從益等所奏甚詳忠君愛國有古大臣之風尹壯圖洪亮吉後僅見此人欽哉

貴州學政臣程德楷　奏爲遵
旨敬撰論說錄呈
御覽事臣於本年正月初八日接准禮部劄知嘉慶二十年十
一月初一日奉
上諭治民之道不外教養二端六禮節性八政防淫古者遒人
木鐸宣諭化導使人易知易從意至善也直省生齒日繁
民愚易惑近日傳習邪教匪徒如白陽紅陽大乘無爲以
及天主教各種名目輾轉煽誘罹法者衆朕甚憫之地方
有司日役役於簿書錢穀而於化民成俗之原恝焉不講
甚非所以佐朕致治之意也因思各省學政皆慎簡儒臣
俾以教化之責且按試州郡遠邇必周於該省風土人情
無難察訪周知奸民倡爲邪說顓蒙從而習之或誘於財
利或溺於淫邪均各有受弊之由著該學政各就所按試
之地察其民人所易惑者作爲論說剴切導化其詞無取
深奧但爲辨其是非喻以利害明白淺近使農夫販豎皆
可聞而動心發交各州縣官刊刻印刷於城市鄉村廣爲
張貼務俾家諭戶曉知所從違至士爲四民之首該學政
於接見士子時尤當諄切訓誨使以孝弟忠信禮義廉恥

倡率鄉閭身以先之言以諭之由寡以及衆由親以及疏
蚩蚩者狃耳濡目染有所觀感而興將日用飲食羣黎徧
德久之遷善遠惡翕然成風斯邪說不足以誘之矣該學
政等所作論說遇有奏事之便各錄稿進呈朕將親覽焉
欽此行知到臣臣跪讀之下仰見我
皇上化民成俗諄諄無已至意查黔省思南鎮遠石阡黎平都
匀貴陽興義安順遵義大定十府均在鎮遠合考臣沿途
留心訪察並於教官職場及生童覆試發落之日詳細詢
問查得黔省民苗雜處俗尚樸實唯舊有天主邪教煽惑
編氓上年臣到黔時正值前撫臣慶保拏獲傳習天主教
之張大鵬嚴辦在案臣每到一棚面訓士子總以衛正驅
邪董率鄉鄰爲要至再至三近今兩年黔民頗知畏懼改
悔自新並無邪教案件臣猶恐根株未淨謹將天主教所
以惑人之處反覆曉暢作爲論說以宣
聖化再查黔中苗俗信鬼好巫而興義安順以及遵義近蜀一
帶民家多信鬼神雖非邪教誠恐姦民藉端誆騙滋擾鄉
間不可不詳爲開導至圖賴者易於輕生健訟者動即歛
費皆姦民取利而民苗恒受其欺黔中此弊最爲可憫臣

諭旨一一作爲論説間以方言畧叶音韻使小民易於傳誦除謹遵
將訓民七説分發府縣刊刻張貼訓士四論臣自行刊刻
面給諸生外合併遵繕恭呈
御覽伏乞
皇上睿鑒
訓示謹奏

說

墓誌不可無說　熊　吉

嘉靖初予創邑志姑丈萬南橋翁曰麻城本無志而子創爲之宜愼諸備而核辨而不誣斯可以傳信也予恪承之未幾又謂予曰近日岐亭有發陳季常塚者墓中聞有碣石已聞於官以發塚治罪予驚曰此有宋方山子高賢也與蘇東坡往來唱和甚夥坡集中所謂龍邱居士者碣必有銘誌必名筆必是足以重吾志然重治之必避罪諱跡投水火矣翁盍言於官許其出誌石以贖罪庶所存者重也官司以爲然果得之乃輕車都尉趙伋撰文宣義郎邵伯温書丹伯温康節先生子也遂備錄入邑志今方山子之墓乃巋然於杏花村者誌之力也隆慶初予自江南轉官西蜀時宦情已薄乃不役於家居與弟姪子孫日徜徉林泉撫時酬物以自適也話中有及邑東牛䡡岡今爲上舍劉謙者置得之拓宅基基後有古塚塚前有刻石曰劉謙之墓訝其與已姓名符感而止不然夷矣合二事觀誌之不可無也如此何今之治葬者惟修齋醮盛旛旐而獨略此不知送終垂遠在此不在彼也弗思甚矣萬歷五年

姻家朱南溪始祖墓在西河爲溪水所圮南溪遷置河東壙中骨木盡爲塵燼惟漆紙如故內有朱書志磚云朱潮四生于七里岡汪王社八年五十二歲建文元年五月二十二日葬予取而觀之憮然嘆曰嗟夫此大奇事也予今行年八十有七始聞此年號乃見自墓中使墓不記誌不出天下後世誰則知之意造物者之不容祕也噫然則誌可無耶

學字說

劉鍾英

爲文之難可知也爲字之難不可知也文取平時之積聞積見而組織以成章聞見離於耳目而組織憑於心靈其初爲間架脈絡首尾虛實杳無着落則操筆成章誠難字取案頭之某帖某法而摹倣以成形法帖著於點畫而摹倣在於手腕其間爲遒勁蜿蜒輕重疎密明有規格則操筆成形宜易於易不難於難心手巧者可無言也以余視字與文難等耳我之醜也帖之好也稍爲摩之似好者可繪醜者可脫摹之稍久覺醜益醜好益好摹愈久而愈覺

醜之可憎好之不可近眼觀手書像直爲直而多傷於曲也像曲爲曲而多傷於直也像其疎密以爲疎密而卒不肖也蓋以眼入心以心主手下手而若與心眼相背也豈好醜非習可轉耶乃善書者未有不從學書得之者豈非腕下之資與爲文之資自分靈蠢自有難易也余不自安於醜而欣羨其好好卽非我可得而姑以習企巧以勤補拙也亦曰熟之而已矣

遵

旨謹撰訓民七說　程德楷

問天良第一

凡爾百姓自有天良孩提愛慕眞家常怎奈那傳天主邪教的開口便叫你先壞天良他叫你們拜他爲師傅就莫認爹娘世上豈有此理你心下何不思量譬如平常人罵你父母你當時發怒也何妨何以傳邪教的叫你者等你就忍著心背了爹娘何不自問天良你試想父母生子千辛萬苦實難當到你年漸長氣方剛你不思報答高堂轉

認邪教爲師竟把恩愛如陌路一樣何不自問天良且試想那傳邪教的並不是石裏生樹裏長也從父母胎中養他又叫人不認父母是甚麼心腸何不自問天良且你就不記得你父母你父母卻念你難忘況你若不認父母冥誅必定昭彰你那得喪盡天良願爾民去邪歸正各自認得爹娘就成得

聖世善良

王章第二

赫赫

王章除邪爲先總要爾民爲善莫爲姦怎奈那天主邪教的反說吃邪教的受了刑杖有好處問了大辟即作天仙者話大不經爾民切莫聽試問傳教人他若不畏刑他何必暗裏聚會深夜誦經訪拏日他又匿跡藏形分明是騙你們性命處你不從他邪教無非怕破案後囚鎖到公庭先叫你們死而無悔反說他教內有超度的神靈那來有超度的神靈不過是騙你們性命你們若信了他教眞是醉也不醒夢也不醒我聞邪教有此說髮指冠上眦盡裂願

爾百姓聽我言從前迷惑皆明白儻遇傳教人願爾民拏送官府憑審詰你們受賞作良民看他傳教人臨刑時自作孽

懲貪詐第三

最貪若是黔中奈何邪教相蒙籠我聞邪教不一斂錢則同他說富者習教立地有好處莫恤家貲空貧者習教莫愁衣食儘是有無相通所以無賴人習邪如從風怎曉得同教相通卽是傳教的詭計取利於中貧者仍未足富者已先窮富者有何好處只落得家貲空犯出來

王法不容貪者分小惠轉比不上挑擔傭工究竟藏不了詭異行蹤我爲百姓言百姓心自開富者有餘財何不敬爾家衰老恤爾家嬰孩貧者生計拙要曉得有毒的莫喫斂錢聚衆天網恢恢

杜妖言第四

黔俗尚巫覡禁令久遵循儻或造妖言貽害及平民忽然聽靈姑算命忽然請端工降神說仙說佛說天上星辰信著口說假成真你要曉得

承平世界君臣父子夫婦兄弟萬古常新你只習男耕女織

你只講愛敬天倫你只信人生是一个理各安本分就是福信妖言害了你許多人那巫公巫婆的混話切莫入耳切莫沾脣

禁淫祠第五

報壇神賽鼓響焚香扮戲紛嘈攘問百姓爲甚事敬壇神卻原是自來俗尚只求人口平安財源興王本不與傳邪教的同樣卻是習俗大愚拙心被禍福迷無人爲指說你若想發財財將義取總由勤儉得你想家道昌作好事存好心自然一家安帖儻若是分外求財存心僭賊就是那壇神也不能拗天譴

國法仍令爾與家樂業到不如香案上供廚竈正神各家祖宗還少得許多糾結

息圖賴第六

爲飢寒起心圖賴爲口角投河結帶一棍就打傷一檢砒霜就遇了害只想磕人的銀錢破人的家財忍心逼了真恩愛已先輸了人命債錢財能幾何旁人飽花費到官場審出真情來那惹事的罪輕還是逼了親人的罪更大你家人命你家塡一念差了兩命壞究竟那錢財何在爲圖

賴悔不悔

戒好訟第七

訟師弄人如木偶訟師害人無底止誣平民壓鄉里抗官越控從茲起你信訟師言你到敗了家財受了鞭箠問土司土目各民人爲甚事如此只說是怕人欺負你要曉得

朝廷看漢苗一體你父母官待你都是家人子弟只要安分守已照舊例納糧當差而已矣你若有是非剖斷由法紀何必斂銀錢奉訟師作姦宄費束修延訟師到家裏他人延師教兒子你家延師寫狀紙當下你就有不是何不把

若等貲財請端人正士教你兒子貧莫爲非富莫習侈讀
書上進取功名才是你保身保家的道理

廣勸捐說　袁銑

南方水災自乾隆戊申後今歲更甚蓋五月內大雨時行所致也兩湖及三江皆然以天下大勢而論
國家漕糧省分盡付洪流以湖北大勢而論平陽出財州縣都成澤國某五月在家親覩山水冲壓河堤田畝房屋石橋人畜棺木沙淤浪捲慘不忍述然易長易退尚無久淹之害及六月初來鄂一路舟穿樹杪莫辨江湖浮屍漂棺所在多有禾苗沉沒房屋傾頹有於水中欹斜屋內架木爲臺以棲者有於山麓高處搭蓆爲棚以居者其架木以棲者間遇狂風人隨屋去矣其搭棚以居者晴則上灼下蒸雨則上淋下濕一旬之間以飢餓死以癘疫死者無數此其所目及者也又各處晉省者傳說水災情形大勢相同或有搭棚之處不戒於火災外之災逃命者鮮其被災更重如監利沔陽漢川黃梅等處人多逃散其未散者或糴糠秕麥麩雜以樹皮草葉舂磨而食甚至賣妻鬻子以百文錢易一兒此其所傳聞者也當此時也生不能生死不遽死而迫之以不得不死嗚呼慘已極矣初被災時各大吏捐廉賑卹復勸紳商富戶助捐接濟動之以至情

加之以獎勵重則請議叙輕則予扁額此卽周禮散利之法臧文仲勸分之義也兩月以來惟漢陽所屬有漢口重鎭商賈輻輳氣魄之厚甲於全省故勸捐之簿寫至四五十萬省城內報富者五百餘家約寫五股之三數近四萬亦可謂踴躍之至然竊聞議論不一勸者猶未盡捐捐者猶未必盡如所勸其餘外府勸捐更難蓋重災之地富者亦貧輕災之地富人米穀多已分散所有銀錢不願捐輸無災之地幸免水災間被蟲食外來逃荒隨到隨給不能盈千累萬捐入鄰境此勸捐所以難也然則飢者直無生

路矣且富人之所以能捐而不願捐能多捐而不願多捐者亦必有說或曰此天意非人之所爲也餓殍將誰怨焉某竊思之天地萬物父母父母之於子欲其生不欲其死天地之於萬物有好生必無好殺譬如父母有衆子偶怒一子撻之流血且禁其食而褫其衣外雖盛怒心實惻然徐而陰伺之衆子之中有私與以衣食者則父母暗暗自喜以爲善體吾志也嗣後鍾愛此子必異於他子以爲足當吾家大事也此非父母眞情乎以人心測天心斷無差謬由今日之災觀之一似天心忍於殺者豈造物眞不仁耶在人必有開罪於天之故而人不知也然開罪於天者盡罹此災耶罹此災者盡開罪於天耶亦有幸有不幸耳天道好生天道循環當此天怒不測之時慎勿坐視飢人之死而漠然也或曰此

朝廷事此官長事非吾儕分內事也某竊思之處事論事須通觀古今時勢古者田盡歸公一夫所受不過百畝除仰事俯畜常賦之外間有徵發而馬牛車輦之數芻茭糗糧之具又於此出焉故其時上農夫僅食九人一遇偏災勢不得不請於上而公卿大夫亦各輸積聚以貸蓋因鄉里

無大富人故分多潤寡之事不能聽人之自爲也三代以後海內之田聽民買賣富者田連阡陌貧者家無立錐貧愈多故富愈盛漢文帝時猶以百金爲中人十家之產迄於今有以一人而兼千家之產者矣古者千金之家卽稱巨富今自萬金至百萬皆有之不聞行均田之法以裁減之也

國家深仁厚澤至優至渥賦稅之額倍輕於古每遇旱澇之災疊下蠲緩之

詔凡厥富民苟深念祖宗以來同享太平無事之福者百數十

年向日之蓄積皆
君餘也今日之捐輸皆
君賜也忠愛之良生於感激有不黽勉從公而僅爲一身一家計者哉且當事者亦非盡責之紳商富戶而不爲籌畫者也前者旣已捐廉近又聞
奏請
勅發帑金五十萬以備賑貸其勤恤民隱之方亦詳且盡矣無奈地大人衆惠難徧施現在秋糧無收春麥未必能種計自六月初賑起至明年四月止一年之中飢與之食寒與

之衣以數十萬養一二縣之飢人尙不足也況數大府乎若不遇此奇災勸捐之事又豈常有乎救災恤患上下同憂此又分無可辭者也或曰不欲有其名也某竊思之凡人阻人爲善必曰沽名故爲善者避此嫌疑然爲善而好名較之爲善而不好名者固不及矣較之不好名而不爲善與不好名而爲不善者不遠勝耶且所謂好名者謂其有名而無實也今賑飢實能活人命捐錢實能克己私是實也非名也縱令起念爲名而以救活人命之事受官長之匾額膺
朝廷之議叙較之登科及第以文字取榮名不更有實際耶子弟束髮受書父兄師友皆以成名期之不畏人議讀書爲沽名而使子弟廢學獨爲善而畏人議耶使富者盡以救活人命而立名助成風俗之美郎載之邑乘採之史官播芳聲於千載可矣何必逃名而不樂輸也或曰不欲損其利也某竊思之富人起家多從貧苦勤儉而來富人保家常以斂藏謹愼爲法若遇事耗財又何能富此非獨俗情亦理勢之必然也獨是濟非常之變者必行破格之事綿長久之澤者必施不報之恩百萬之家能捐十萬其餘

九十萬猶然爲富人十萬之家能捐一萬其餘九萬亦不至爲貧人易曰積善之家必有餘慶書曰作善降之百祥今也活億萬人之命而我與焉則億萬人之祝我亦與焉億萬人之祝聲動於鬼神則因富而施安知不因施而益富又安知不世世生賢子孫益光大門戶耶陸宣公疏云散其小儲成其大儲捐其小寶固其大寶法家與治國一也故吾願捐者舍小利而取大利或曰不欲其釀害也某竊思之善門難開鄉鬬梓里義舉恒多世族舊家方謂從前捐項已有成例今一破格將來有事必以此次爲科恐

其難繼且四方聞風飢人蜂湧無厭之求恐其難應此亦情也獨是後患何能預防義舉不宜錯過此等災百數十年所未有倘何能援卽今必援當吾身而援此例是終身爲富人矣當吾後而援此例是子孫爲富人矣長爲富人卽多捐庸何傷不必慮難繼也諺云家有金銀旁有戥秤又云遠竊必有近賊果然錢穀分散無餘近地之人衆口同辭遠方飢人何能强討不必慮難應正恐坐擁多貲道路以目將欲防患其患更深故吾願捐者受小害而遠大害或曰災患太大難於措理雖捐恐無益也然以一人而

濟衆人則難以衆人而濟衆人則易今飢人一丁之糧大約每日多不過五十文捐百兩者可給二千人捐千兩者可給二萬人捐萬兩者可給二十萬人此二十萬人緩死一日不可謂捐萬兩者無益也且功德無大小賀相國云濟得一人是一人濟得一事是一事極而論之捐數串至數十串必有受益之人昔有赤貧人捐一文錢引動路人各捐數文救活一命者首倡之功也况所捐萬倍於此乎倘人人大爲解囊集腋成裘於大賑不爲無助譬如有一重器正惟難舉故須衆擎若人人束手將誰與舉之各盡

心力何必諉爲鉅艱哉或曰首事中有不公不正之人故衆不服也何謂不公與彼親厚者或上上戶而勸其捐少與彼疎闊者或不及上上戶而勸其捐多故已捐者不服何謂不正或私至首事家告以艱難託其少寫彼明知其詐而故爲徇情或私至首事之家許以酬謝託其少寫彼明知其非而動於貪念故未捐者皆不服人人不服故捐局難成某謂首事之不公其情或猶有可諒者人固有素行謹飭惟性慳於財雖至親密友平日遇事相商有同膠漆一旦有事勸以破財則如水投石必不能入安能强之

多捐又有素不相屬亦無豪俠之名及商以義舉慨然不辭其捐多竟出人意料之外此中形迹難盡怪首事者也至首事之不正其罪尚可逭哉旣已辦公卽不得徇私况因此射利少寫一串卽殺一飢人侵食一串又殺一飢人若侵食百串風聞於外則可捐十萬之地或僅能勸捐一半是一手殺五萬人矣殺人抵命陰律與陽律想必相同不識此人當如何抵償耶此種人地方何爲公舉之卽恐其陰行從横之計不得已而舉之及至勸事時上下其手衆首事何爲容隱之曲從之則亦非獨一人之過也雖然

樂輸者何必藉此爲口實哉此種人不過千中有一而賤昧之事亦屬或然何一首事之不公正者卽爲口實衆首事之公正者卽百勸不從也某以爲不必於捐輸之數計多少當於救人之數計多少且不於銀兩之物計多少當於陰騭之地計多少彼實能捐多而少捐者其救人必不能多僅能少捐而多捐者其救人必不至少譬如耕田籽種多則收穫必多各自布種以培心苗可也或曰保甲與書役因緣爲奸故衆不平也何謂因緣爲奸報戶口時離城近者與保甲有舊者小有使費者雖次貧亦註名於册

或虛報幾名以肥私槖離城遠者與保中面生者毫無使費者雖極貧亦未必註名於册或註名於册而領賑時又指留官給之票不使得領一或叫號則任意打罵驅之遠走盡保甲以書役爲腹心故敢於作弊以致飢人怨咨捐者解體此所以不平也夫書役保甲原非殷實平日損人利已伎倆如斯今奈何利已以殺人况所利不過蠅頭所殺難以枚舉此其罪更難逭矣然官法森嚴彼豈不知道路之傳聞豈可盡信在首事者隨時察看果有此弊卽禀於官以去其蠹不宜疎忽使捐項有漏卮而飢人向隅也且此輩亦有人心獨不聞古有皂隸而成神者乎刑杖在手一片婆心千秋血食公門中好行方便正謂此也使公人皆奉公而畏法而樂輸者不以細人之故廢大義之舉則兩得之矣或曰飢人騷擾亦難受也何謂騷擾被災中亦有刁民亦有匪徒官長下鄉查災下厰散賑倚衆爲勢圍轎攔馬訴苦要吃或丈夫退後使婦女出頭喧嚷雜沓幾不知官長之尊又或向紳商富戶圍住門墻索取倉穀幾不知王法之嚴如此將何以處之余曰是飢人之愚也此其中未必無刁民未必無匪徒亦實有飢餓難忍一見

官長如窮則呼天疾痛則呼父母之情一望富家如挺而走險急何能擇之狀然官長王法豈可藐視試思大盜必問重辟彼豈必不出飢寒何以法不能赦今因飢而肆行如此將不死於飢必死於法豈有望人救命而無禮無法之理且使各處客商聞之裝米裝錢之船不敢來此地官長與紳商富戶愈難設法賑濟是飢人自速之死也在飢人宜安分而畏法在富人宜憐其飢餓難忍之情狀則兩得之矣凡此諸說情所必有解之勸之豈故爲不近情之語哉試倣孔子能近取譬之法設身以處易地而觀則飢

人之苦可知矣以我之高樓大厦取而譬諸飢人之木架蓆棚以我之粱肉醇醪取而譬諸飢人之樹皮草葉又以我之家人懽笑與飢人之老幼男婦漂泊無依凍餓疫癘晝夜嗚嗚兩兩對照則飢人苦况如在目前惻隱之心有不火然泉達者乎凡在賑局中人常常如此設想勸者盡善道之方捐者化慳吝之私散賑者無苟且之念是合衆善人開一大方便門使衆飢人起死回生於其中不亦快乎各賑各縣各賑各鄉若有餘力並波及重災之外縣則全省之地處處皆方便之門於以仰副

上臺之意効

聖朝涓埃之助於天地好生之心庶幾有默契焉某智慮短淺捐輸力微口面春風自顧羞澁但自被災以來父母之邦骨肉相聯每一念及食不下咽寢不安枕不揣鄙陋竊效鄒衍吹律冀寒谷有生黍時也凡百君子希共諒之至於隨地異宜相機設法官長主之局中自有老成諳練者非迂愚所能詳也

文昌孝經後說

袁　銑

文昌孝經倣孝經作也孝經與大賢說法此與大衆說法以四字爲句前五章說慈蓋取身體髮膚受之父母八字暢其旨也後十三章說孝如春風之鼓物如迅霆之震心其情真也讀是經而不省不悟不愧不悔不可以爲子不可以爲人矣讀是經而省悟愧悔一念積忱鬼神知之一行造極史册傳之父母樂得有是子宇宙幸得有是人矣沙羨張氏鋟本流布已久銑既爲敘之因重鋟之截去總註引證止存簡明小註以便讀且敬刊孝經於前有白文

無註疏置之案頭不時諷誦自省罪愆板藏於家以爲世守漫漶剝蝕則使重新夫六經四子之書論孝詳矣然錯出其間讀者或未深領且邨塾童蒙或一二年即廢業又安知古聖賢勸孝如此其重也惟此經專以孝名開卷便曉若令蒙童讀三字經畢即令讀文昌四字句孝經然後讀孝經孝經熟始讀四書如此則小兒開蒙一年終身有一孝字在其耳中口中心目中家中有一小兒開蒙無論老幼男女識字不識字均各有一孝字在其耳中口中心目中行見和氣薰蒸人人去逆效順於風敎必非小補是

經豈獨一家之藏哉

論

主將務延攬英雄之心論　梅之煥

為將者有自見其才之心不若有憐才之心自見其才者人用者也憐才者用人者也而以我用人又不若人自為我用蓋人心在我而後我得以盡其才也今夫均是人也而獨卓然以英雄稱此千萬之一二耳是難得也天下幸無事華言華服之徒皆能繩趨尺步接武雲臺及危急存亡之秋惟是二三英雄當之是難能也以難得之人當難能之事此必有難報之恩者也凡人中有所負雖未著顯功而其心莫不自異自異而上不異之則觖望且甚於常人故收常人易收英雄難何也彼其志不在小也收常人難收英雄易何也彼其心思自見也是以千金不顧而一言合或以身酬九死不辭而一人知可以無恨曉月之映澄川也瑩也惟英雄能識英雄也晨風之集北林也適也惟英雄能致英雄也山谷之傳聲響也虛也惟不自為英雄能受英雄也此延攬之說也如第衣食之餼祿之若豢犬馬者然吾恐龍不可得而豢也好龍而龍入室神告之矣或謂英雄玩世多不自檢非也天下豈有不檢之徒而

得稱英雄者哉第其品出驪黃調異下里雞羣野鶴衆眼翻驚熱血一腔無地可灑壯心不堪牢絡惟有跳出格外以發舒其沉鬱無聊之氣耳此草昧英雄多起嘯聚而屠肆酒人間所以多隱君子也自非上之人破格收之祇爲敵國資耳然史稱大將軍青未嘗招士驃騎亦倣此意又何也蓋漢武以雄才大略歲詔郡國舉異能卽田安任仁方養惡嚙馬帝亦遣趙禹擇得之臣下又何預招士故君王神武駕馭英雄卽主將無延攬名可矣

宋有四篇文字論

董天策

古今無所爲文也理而已古今無所爲理也性而已性之所在而理出焉理之所在而文出焉言理不及性是使天下無理矣言文不及理是使天下無文矣善乎劉靜春之言曰宋有四篇文字太極圖西銘易傳序春秋傳序是也吾聞之六經之外無文字非無文字也爲非載道之書也漆園之南華嘗讀之矣吾愛之慕之願效之而甚不欲其經之也靈均之離騷嘗讀之矣吾愛之慕之願效之而甚不欲其經之也楊子之太元嘗讀之矣吾愛之慕之願效

之而甚不欲其經之也所以焦氏自焦氏耳不可以易韓傳自韓傳耳不可以詩二戴自二戴耳不可以禮呂氏自呂氏耳不可以春秋凡此非不足於文也理不存焉耳非不自矜其理也性不存焉耳是則文自秦漢以下日以繁亦文自秦漢以下日以寡宋何得而有之宋得而專有之也且如以文論則誰非文者三晉無文字而淵明以歸去之辭傳唐無文字而退之以原道之篇傳卽以宋論亦誰非文者讀正氣歌令人有古道照顏之慼焉讀封事書令人有北海盟心之思焉凡此皆宋不得而專之宋之四篇

不得而專有之者也然實有宋得而專之宋之四篇得而專有之者天下之理言其終不若言其始始可以統終終不可以統始也太極則萬物之原之所自始矣且言其偏不若言其全也全則可以兼偏偏不可以兼全也西銘則生順歿寧之所自備矣至於易歷數聖之手而爲五經之原不有若序則吉凶之義進退之節有經之旨如是窮經之旨反不如是者矣至於春秋文成數十其旨數千不有若序則變例之書微詞之紀有我之見止此而聖筆之見實不止此者矣而宋有以圖之有以銘之有以序之文惡

乎不惟宋有之更惡乎不惟四篇有之也哉况其圖中有易陰陽剛柔卽天地合德之義也圖中有春秋主靜立極卽體元法天之義也銘中有易乾父坤母卽資始資生之義也銘中有春秋修吉悖凶卽一予一奪之義也分之則四合則一也求其義則理外無所爲義求其理則性外無所爲理王者明之而王之純者出其中儒者明之而儒之大者出其中矣文惡得而不惟宋有之宋之文惡得而不惟四篇有之乎至若用修爲學士謂天下文章莫大於是也則宰相之所以爲文亦惟宋得而有之者矣

與康侯論格致

劉承烈

所示格物說大有發明但歸重在誠意則不容不辨格物至善也此明明德於天下的止處亦起處也知在格物則本末終始俱在何容單提以示重乎卽以意論所謂欺與慊自意中異耶自物中異耶夫曰意已發矣待發而審其幾此有對之獨也反之此中有通徹而無二體者惟此一物知不在格物將爲無所不至之小人此君子所必愼也惡臭好色之好惡分明畫出物格知至來不止此也正心治平天下夫子縷析條分功化偏弊所由皆不出好惡蓋

物情無窮惟好惡足以盡之然非格物而欲好惡之無僻難矣舍物無意舍格無誠舍致知在格物無必誠之意謂誠意與格物並重乎前賢以誠意爲人鬼關亦以知之致處爲關致在格物則發之意必誠不在格物則發之意必不誠見知之關於意者大而格物之關於知者猶大也後學錯認意爲關至不勝異則不得不從事於研幾功愈煩難而意愈不可誠矣

選兵論　魯之裕

余嘗從事於四方而見今督撫提鎮之選補兵目者輒竊長太息曰此承平忘戰之所為也乎夫兵也者儲以備攻守戰陣之用者也非徒以壯督撫提鎮之觀而已也乃茲唯軀幹魁梧面宇明晳手足輕颺者是擇其有進而衡其力之弱與強按其藝之優與劣者即曰精選矣彼烏知夫魁梧者之不便於疾趨明晳者之多出於驕滑輕颺者之工巧於規避乎即力強而藝優者倉皇之頃往往以驚懼而莫知其所措蓋余之閱於是也久矣然則選之將如何

曰兵貴膽不貴其皮肉也兵貴樸不貴其伶俐也兵貴福不貴其黠𪏮也兵貴能勞能苦不貴其言語委婉步趨周折也何也膽壯則無畏乃可以臨敵性樸則守法守法乃可以訓戢相有福則其精神常足可以久用不衰雖有時不幸而置之死地而能轉敗以為功兵能勞則奉命能苦則無怨言奉命無怨而後可以收臂指之效雖然是猶選以人者也不足以盡選兵之道蓋選兵莫善於選器必明於選器而選兵之道乃盡焉人之生也自二十以至四十者為壯過此則血氣不能不衰矣就此壯者而論之其中長短大小弱強之不同勢不能齊而一之也故其用器也各有所宜焉得其宜而後用之無不利大約目睛灼而猿臂鵠立者宜弓箭身材短小精悍者宜籐牌滾刀其殺氣蘊結於中而有時勃發於面者宜腰刀手鎗至於排鎗大刀擋木撓鉤之用則必老成有力者任之苟少年健兒筋力未定而使習其藝則未幾而乏矣潰矣長大豐偉者而便習圓徑二尺之牌握短刀跪伏委曲伸縮進退於以出沒於鋒鏑之間其將能耶是故選兵要矣授之器而時以習之尤不可不精而辨之也知必於此乎精以辨之者而

後可與語練兵之道

遹
旨謹撰訓士四論　程德楷

一曰讀書書不可不讀而不讀無益之書斯爲善讀書五經四書皆當整讀全本兼習各經本注熟讀深思若割裂全文如五經類編四書類聯等書卽或强記亦屬剽竊何能貫穿洞達爲有本有原之文以取科名以正學術邪余前閱黔省書坊書目刨四書高頭講章已不下三四十種此皆坊賈輾轉勦襲易新名而索厚貲紛置案頭徒亂人意耳矧不特淫詞小說足長姦邪釋呪道書惑於罪福固

讀書人所不應寓目卽當讀之書亦須愼擇善本務嫺熟乎經文無分騖於俗講宵讀全經而迂而所趨者正毋讀類書而撓而其用有窮也諸生勉之

二曰明倫學校以明人倫也士人身列宮牆敦倫乃其首事然或拘於氣稟之粗浮或起於財利之計較以致家庭失序親屬參商吁可怪也夫五倫莫大於君臣莫切於父子卽以父子之間言之設爾不能孝養父母爾冥然也設爾子不能孝養於爾爾能冥然乎爾甘爲不肖之子爾恬然也爾更生不肖之子爾竟恬然乎由是而推之兄弟夫婦朋友知爾等當局則多不覺易地則仍不安也諸生念此孝弟之心有不油然而生乎且孝友爲分內事處難處之地不必共見其心也名教自有樂地切勿因身外之物而汨其本來之天也由是居鄉以身立教而俗薰於善至達而爲官卽爲好官無負
朝廷養士之意則君臣之倫亦由孝弟而立其本矣

三曰守分士人讀書敦倫分也若干預外事非分也且
朝廷責爾者嚴正待爾者厚今而干預外事也或恃横於鄉黨或結勢於胥徒負疚士林壞名喪節夫鄉黨而愚者耶

爾忍欺之耶鄉黨不盡愚者耶爾能終欺之耶甚至與書差鄉約表裏爲姦甘處卑汚自罹憲典諸生清夜思之讀
聖賢書而忍與若輩相近乎爾黔省發跡科名流譽州黨者皆讀書敦倫之人非干預外事之人也豈目擊而未之思乎且其干預外事不過曰爲飢寒也則君子宜固窮爲不平也則君子宜懲忿更爲縱欲也以不義之財而助非禮之動禍可立而待矣吾願諸生中偶蹈此愆者勇爲改之無貽後悔可也

四曰宣敎士人品端行正者不過訓子弟授生徒此外皆

非其事也若井閭之間偶有匪人偶有忿事雖閉戶可也今以勸化鄉鄰之責望之諸生不幾令其干預外事乎而非也干預外事者地方無事挑之剔之必使其有事而後止地方有事唆撥之詐騙之或挺身作證或暗地寫詞必令其事刻不能已而遂其所欲也此其人能不愧於名教乎勸化鄉鄰者平日立身修行既足取信於人當其周旋宗族姻黨之間遇父言慈遇子言孝遇兄言友遇弟言恭遇明白人說道理遇愚惷人說報施彼一鄉一井未必不感動也及偶有事故除命盜案件不可干涉外相其人其

事之可以教者平情而解忿戾無令其交質於公庭片語而悟冥頑無使其抱慚於倫理

朝廷榮爾以衣衿寵爾以科第正以士子爲四民之表率也余於齒德之生有厚望焉

治河淮策

魯之裕

天下事莫難於治水尤莫難於治今日四瀆之河水而竊以爲難於得其人焉耳得其人則以水治水無難也 國家資河淮以濟運漕運不可一歲不通則河淮不可一歲不治而治漕運先治河治河必先治淮卽所謂以水治水之道也夫河淮古稱二瀆河水東過滎蕩浪蕩渠卽大禹所闢以通淮泗之路者河至是借淮以相爲疏理河淮之合從來舊矣厥後引河而南並借淮水入海之路以轉漕於是乎二瀆相會於清河縣東由雲梯關以入海是雲梯

關者二瀆入海之故道也前人深知夫河性以濁而緩緩則壅塞則潰淮性以清而急急則行行則安故築歸仁堤以捍黃水睢水使不得南射泗州攻高堰又能遏睢水湖水併入黃河使急流而不壅復築高家堰周家橋翟家壩以束淮使涓滴俱出於清口以逼河而歸海其蓄洩也又有方焉淮水大漲則漫壩而南鳳泗得以無水患淮水不漲則阻其南奔而清口之水有見力法至善也自康熙元年盱泗之民於古溝鎮南北及谷家橋盜决小渠者入淮水大半分於高寶諸湖河水亦卽躡淮而注之河受二水

而無所洩是以水之被清水之潭而清口之淮無力刷河河不能自循故道乃由天妃閘竄入運河運道之渠不能容黃河之水此安東所以被決運道所以被衝淮揚所以被沒而二瀆竟以安東爲尾閭矣安東新決之口其闊深不及雲梯之上欲二瀆於此安瀾而歸壑也得乎且夫周橋翟壩者蓋天然之減水壩也其土堅而身厚又低於高堰者二尺水畧大則漫之而過水大至二尺乃與高堰相平若更高於二尺斯漫堰以行是周橋翟壩毫無害於高堰而有助於高堰者也而淮北私鹽利開橋壩以通往來

揮多金造浮言曰歸仁之堤不毀周家橋閘不開翟家壩口不決則商賈之南自瓜儀北自河南者咸必假道清江浦不免爲各閘稽留豈若取道橋壩之直達爲便且白鹿邸家諸湖之隈原非民田也堤決水乾人得私種河防胥役又設稅周橋之閘每一私開貨船斂餽千金漁者亦奉以數十金奸民勾通淮關淮道暨由陽廳役每月爲之料理名日月錢飾爲開橋保堰之說夫自康熙元年以前迴自明萬歷以後周橋不開高堰曾聞衝決乎況水漫翟壩有二十五里之寬豈區區周橋數尺之閘一開之百遂能淺之乎乃其借口者又曰漕船回南時值水涸可由此以放行夫漕船自古無經此之事祇緣周橋閘開奸民利之衙胥利之職司於此者尤利之故雖有三害弗之郵也三害者掛衝決漕堤一害也淹沒七州縣民二害也淮水分而清口塞清口塞而河道淤三害也借口者則又從而爲之辭曰三關額稅不足必取償於周橋不思周橋啟而重船放額稅之所以不足事今即於橋置私稅爲無論其蠹課漁商也即以其入者計之亦官三而衆七焉耳安見其能足額耶周橋月開翟壩日決淮水分於諸湖湖常盈而

不涸是故不必桃花水發而漕堤日有潰敗之虞淮南七邑日有釜底之憂矣故今日而言治河治淮治漕之道不必別有奇術也但使清口之水仍其清堰仍其堰堤仍其堤壩仍其壩而已矣誠能於徐邳桃清沿河而下諸堤壩無有不固諸小口無有不塞不特黃淮合而清口濬清口濬而雲梯通而淮揚七邑不致以釜底受倒灌之災且堰內民田堰外湖坡無不現爲可畊之地上自虹泗下及田鹽興寶皆一變而成沃壤是以治河淮之功收治漕運之效活七邑之民其爲利於國計民生也不亦鉅哉乃不得

其人而終年興無益之功既勞民矣又傷財焉既傷財矣又誤　國焉如是而曰河淮漕運難治也河淮漕運果難治乎哉

征哱奏議　梅國楨

為心急討賊未暇過慮願得身任以釋羣疑以圖補報事臣見甯夏叛兵猖獗致厪聖慮當主憂臣辱之時正竭智畢忠之日思督臣魏學曾邊事浩煩不得專於討賊必得名將以專其任時雖豪傑如雲而各有鎮守惟退閑總兵李成梁素有威望紀律嚴明諸子家丁武勇可任又聞甯夏哱承恩父子號為猛悍而不知李氏父子之遠出其上也義激於中且時不可緩舉其所知期於必克而不暇慮其勢重生患有拒虎進狼之憂也然臣之不暇慮者非見

不及亦斷之以理耳李氏父子卽為狼子野心自取覆滅但當防之於遼東握兵之時而不當防於廢棄離任之後蓋遼東專制一方非若延綏固原之峙立也將領多其親屬非若張臣董一元之散主也況在昔危疑不安而今則明主洞察矣不以疑之之日肆其不肖之心而於信之之日反為赤族之計其愚悖速禍又出劉東陽許朝之下矣謂成梁為之乎科臣王德完思深慮遠知無不言臣所敬服願與同心今謂臣薦之太過臣實媿之但云獻議自彼恐天下聞之以為禍本則愼而過於葸矣天下之人豈不知

成粲父子爲臣所薦不過疏内引德完收羅豪傑之言爲得救時之急且又引賈希夷請遣大臣之言矣豈賈希夷之所謂大臣卽德完所羅之豪傑德完之豪傑卽臣所薦之成粲乎若以臣之言而追論於德完則德完前疏所引皆漢唐故事脫有不効亦將起古人而追其罪乎臣非不知德完之心爲濟臣之所不及非相悖也但用人之道疑則勿用用則勿疑上而疑下必不肯盡與之權下畏上之疑必不敢盡行其志將領因疑而不受節制士卒因疑而不聽號令忌者因疑而得肆其讒敵人因疑而得行其間

欲專制也人曰非有異志何以不待奏報欲撫惜也人曰非有異志何以要結人心欲行法也人曰非有異志何以立威欲待釁也人曰非有異志何以觀望或與監軍謀而不合人曰非有異志何以不聽約束或與督撫期而先發人曰非有異志何以不與同心服而舍之則曰何故縱有罪以市恩抗而盡誅之則曰何故多屠戮以冒賞脅之而使其自殺則曰攘以爲功困之而致其遁逃則曰縱以生患無功則以爲怠玩以養亂有功又以爲妄報而欺罔首尾牽制手足束縛古如王翦樂羊或請田宅而後行或借投杼以自況以孫權周瑜義同骨肉必拔劍砍案而後成功況未有深信之素而又示以猜疑之端乎臣有疏云今之將士殺身不足以成名剖心無由以自白邊事之壞所從來久矣伏望陛下斷之宸衷博採輿論成粲父子稍有可疑速罷其權別爲調遣如萬萬可以相信方可虛心任之臣自外吏入厠臺班雖懷狗馬之心未効涓埃之報若疑徒市私恩不顧國計願與成粲馳赴甯夏同心討賊不必加以別銜假之重任但憑陛下威靈生乎忠義賊知歸命則臣爲陛下之使奉揚恩赦以安反側負固不服則臣

爲陛下之將披堅執銳爲士卒先平定之日一切事宜付之魏學曾朱正色董一奎等聽其安輯以靖地方臣與成粲卽日還朝止求自明不敢言功倘中途事定聞報卽返若其不撓則軍法在焉何止舉薦非人之罪又何至以臣之罪而貽之他人哉兵機所至關係重大惟陛下自以疑信決其用舍若曰姑以試之而使成粲不敢自專則功不可成患不可測臣不若先受狂躁之誅以免誤國之禍也

不勝皇恐待命之至

救荒議　魯之裕

古云救荒無長策夫豈果無長策哉難於得其人焉耳得其人則未荒而弭之早矣甫荒而備之周矣卽審荒而賑之也亦無不沾其實惠者矣然嘗見今之當局者必現在之官與在官之屬始仕之任之而輒不予以禮貌抑又無所勸懲也則人將何所畏愛而府庫之財不竊日出其精神才力以効於勞怨交叢之地哉故予竊謂隨時隨地皆有待用之人固不待於借才異時異地也惟是爲督撫監司者能精擇乎府州縣官之有真才實心者俾之主賑事

則其人必亦能精擇乎分賑之人無拘拘乎佐貳之員也雖學職可也卽舉貢監生生員可也齊民而行誼素昭者亦可也如既得其人矣於是乎勉以大義焉待以殊禮焉俾其人鼓舞馳驅而不倦而監司復從而監察之臧有彰否有癉如是而分厰以任其事於救荒也何難雖然未荒之弭也弗早甫荒之備也弗周迫不幸而廹於荒而后有以賑之則審荒之術不可不亟講也蓋凡有司之賑荒者大都以報名之事責諸里胥夫里胥之棼者惟其親知賄賂之是求無論已卽有一二畏法之人亦決不能挨鄉而

悉其荒口之數何也審荒之令一布則告者紛紛載途其真僞何從而辨欲沿門訊之而千萬飢民是豈計日而可畢籍者議者曰以賑粥爲稽查一術也夫歲惟無大飢也歲而大饑則豈特窮民就食哉卽豪家僮僕往往報名而闕支遠鄉富民亦且分丁以走領如是而食者不皆飢飢者或反無食矣賑粥固非術之善者也議者又曰以印票書民口數與按口應給之糧實貼諸兆民之戸而委員以核其僞者罪之一術也是亦暇則可行而荒廹無濟之術也然則荒卒不可審乎哉曰何不可審也是蓋有分民之

法在從來民富者有三曰上曰中曰始貧者亦有三曰薄曰常曰赤始富者勸分不行於其家薄貧者賑濟不施於其宅惟至於上富則使自擇其鄉之薄貧者而貸之銀中富則使自擇其鄉之常貧者而貸之種此非徒欲貸之銀種而已也蓋卽於此寓審荒之道焉何也彼上富者以銀貸薄貧必逆計其能償者貸而上富之所不貸其爲常貧可知矣中富者以種貸常貧亦必計其能償者貸而中富之所不貸其爲赤貧可知矣是不必勞吾耳目而民舉爲吾耳目亦不必費吾心思而民心先爲吾盡矣夫然後委

分事者履鄉按戶而等其差以行吾賑也則賑者實而固無有曠時冒給之弊矣議者曰等貧民爲三善已流民將何居曰民而至於流也必其生之無他計者也是則與窮而無告者何異有賑以濟之而已矣尚何待於審之而後有以濟之耶等諸赤貧焉可也

麻城縣志卷之四十三上

知縣事臨桂鄭慶華纂修

藝文志

序

志畧序　毛鳳韶

天下稱文獻上國莫如楚楚諸郡莫如黃黃諸邑莫如麻盎山川淑靈之所鍾禹文聲教之所被墳典邱索之所遺猗歟盛哉顧舊章遺軌湮沒無存而俗亦因之日趨於敝嘉靖乙未蘇侯松以名進士來令嘆曰可以麻城而無志乎乃以托於鳳韶先是庠生熊子吉輯志草旣而劉子子彌邱子龍雲亦與校焉傳悉備物實紀以傳信公評以息爭亦云勤矣韶因而修之定爲九志事以類從王者建邑居民必先正其疆域疆域志第一疆正則民物各止其所民物志第二民物非官守不治官守志第三官守莫急於城社城社志第四城社資財用以守財賦志第五財賦足可與教學學校志第六學校興而人材出矣人材志第七其諸雜務亦不可不書雜務志第八八者非藝文不傳藝文志第九大書爲綱分註爲目發明爲傳不可遺者爲附

錄一邑之故庶可覩矣然秀造之區文物之藪一時之得未敢謂無遺也故曰志畧以俟後之君子夫志以資治也昔孔子論庶而富富而教萬世爲政者之律令條格也麻城地闢民聚舊稱富庶比屋有教今不然矣稽民數登耗之故究財用盈縮之原察士學興替之幾以施救療以起凋殘以復全盛舍斯志其何以焉抑微熊子不及此熊子勵志聖賢之學究心當世之務劉子邱子力於進修務其遠大此亦足徵云志既成以復於侯侯曰詳而不蕪簡而不遺其事核其文古其義備斯足爲麻城之志也夫遂刊

之以傳而麻邑自是愈有聞矣侯之賜夫豈微哉因復序之以申侯經遠之志此其首事云

穆侯遺思序

黃卷

古之稱吏治者兩漢爲盛兩漢郡邑之吏有去後思者不過數人而止如黃公之在潁川杜公召公之在南陽何君公之在鄠劉祖榮之在斗陵攷其得民之政或以種樹或以墾田或以修治陂池或以均平賦役所居無赫赫名去後常見思者以興民利可爲久遠耳穆侯遺愛所以繫麻人去思者其在斯乎侯惠政不可殫述其大政民尤德之者在於丈量均糧一事先是麻城之田有官民夾官二等官田額重而無差民田額輕而差重避重額則改官爲民

就輕差則沒民爲官籍牒之亂至無紀極又大家報重直以致輕賦之田小民隱重糧而希輕田之價富者田多稅少貧者産去糧存又有弊者多田之家以田遺人而羸其糧貧民謀朝夕急存其糧而轉售之久之田亡而糧存訟者無虚日是兩病矣兼之在公又以那移爲姦在私又以詭射爲弊千瘡萬孔未可以更僕數民之阽於危亾也其何日之有侯至而洞悉其情以爲不均糧則弊不止不丈田則糧不均慨然以奉詔書佐百姓爲已任分地畫區因人授事蚤作而夜思弗憚勞怨不期月而報成盡一邑之

田履畝而稅之無敢有遁情者由是經界正而井地均則壞成賦姦慝不作畎畝之民得安其田里無愁苦怨讟之心侯之惠也愈久而愈思之此民之所以不能忘歟蓋侯愛民之心本於天性政執大體不事刻核不務矜炫又度量無所不容當意者不輕喜雖拂已亦未嘗怒不以察爲明而人未嘗欺不以嚴爲威而人未嘗敢犯不以搏擊爲風采而人未嘗不知畏憚撫琴置酒下車問俗衆寡小大無不盡得其情而未嘗敢干以私夙夜惟務條晰其利弊而拊循其人民闓闓然如慈母保其赤子歷四年如一日

也故民戴侯之厚澤而歌詠其深仁悵悵然亦如赤子之遠其慈母不能一刻下於懷也此民之所以不能忘歟詩曰樂只君子民之父母言得民也又曰蔽芾甘棠勿翦勿伐言遺思也其侯之謂乎侯諱峰號龍峯新建人

李氏藏書序

梅國楨邑人

自古豪傑之士其識趣論議與世人多不相入故其人惟艱難危急之時用焉當治平無事往往無以自見其磊塊不平之氣不得已而筆之於書書又不相入而藏之名山以俟千百世之下又安知千百世之人不猶今之人乎豪傑之士不宜於人也如此余友李禿翁先生豪傑之士也當其時士方持文墨矩步繩趨談性命之糟粕獨一禿翁其識趣論議誰從而信之故官至二千石輒自劾免取漢以來至金元君臣名士撮其行事分類定品一切斷以己

意不必合於儒者相沿之是非知其與世不相入而曰吾姑書之而姑藏之以俟夫千百世之下有知我者而已余不及禿翁遠甚而與世不相入則甚似之其書之藏而傳也藏而不傳也抑亦不藏而傳也皆不可知惟其不得已而筆之於書又不得已而藏之禿翁之苦心則余所深知也故爲之序而並藏之以俟千百世之下之知禿翁者

邊華泉詩序　　李寵

余少時聞歷下有華泉邊公幼穎儁弱冠舉進士凡四晉秩太常寺躋大司徒文望蔚起時海內文人有若大復何公崆峒李公胥與追還正始力振風雅三公者余悉未逮覿也何李二公集已流布宇內世共珍矣余昔任南太博購公集弗得慨公之逸其集也是年夏予竽遷司農郎奉使藩東土獲與公仲子交值刊公舊本因得諦觀全集寧弗足償平昔願覿之私耶何也學士大夫搦管抽思摹擬風騷世所紛也然褻焉刺焉祝焉傷焉蔽之矣寧足以軒

翥翰塗馳跡藝苑終隨代汩沒之耳乃公則悟玅上乘體裁各備蜿蜒鉤礚雄渾沖淡見公心之敦厚焉精搆遐思意寓詞表見公心之温柔焉撫物情之變態悲人事之代謝弔古今之異勢感風俗之澆漓見公性情之中和而磊落焉真鴻才之妙擬哲匠之冥造公曷克臻茲也先正曰樂聲淡而不傷和而不淫淡則慾心平和則躁心釋公周旋禮樂多歷年所優柔饜飫審音諧律茹古含今始可以被管絃協金石匪漫敷者刊論矣鼎峙何李並駕聯翩以鳴昭代之盛不於公屬而誰貸也耶公所樹以不朽將不亦在茲也歟於是藝無所爲始迹平日慕公之深暨今讀公之集俾取正於尚友者耳

錢侯新建縣城序　劉廷舉

今上御極之元年詔天下諸司繕城守修險阻以備不虞侯得詔恤然曰今歲邑大祲而驅之役民弗堪矣無何撫按檄再至乃謀之邑人邑人曰可未也又謀之士大夫士大夫曰可未也又度其貲力以謀之監司於是議免役以充公費議分作以均任役畫地授役矢以天日無所容私且出公藏𥌒官錢以貸失業者城廣爲丈凡九百五十有奇木甓瓦石之材以枚數至三百餘萬用人力以工數至四十萬經始於萬歷元年十月凡七閱月而城成夫興是大役責成乎數月之間人莫以爲勞也說在靈臺之章矣先是侯涖吾邑首問民間疾苦知俗敝於好訟負氣以淫侈相競耽遊遨不事本業與夫强掩弱衆暴寡賤凌貴同室相傷而自撤其藩籬也豈獨無城之患哉侯於是以禮爲敎使民閑於君臣父子長幼之節敦雅崇儉驅游惰以歸農凡陵轢嚚競輒以禮法防治之由是生養遂教化行至治有金城此民所以悅忘其勞歟雖然斯有形之險也邑人知所以形於未形者乎公侯干城國家之屏障也而形勢不與焉禮樂教化斯民之隄防也而封守不與焉廉恥禮節人心之郛廓也而城池不與焉生茲土者使人人廉平慈惠有體國愛民之心上下和而元氣壯雖無城而守固矣不然城足恃乎此侯意也敢述以告來者善繼侯志俾吾邑爲萬世金湯云侯諱節用字以中蜀之富順人隆慶辛未進士

賀王侯少崖新政獎勵序　耿定向

上郎位之二年大計天下羣吏用言官請求賢良可爲守令者久任之又命撫察諸臣廉部內有政理者不時疏名以聞民莫不舉手加額曰主上倣古爲治加意元元如此太平可立致也侯時首在選中廷議又以麻城爲鉅邑遂從民望而任之侯入境問政知百姓苦吏急也於是宣布詔令訪咨幽隱皇皇焉如恐不勝視事之明日取政所不便於民者悉吏之出左右爲民害者數十人蠲苛救敝凡可以佐百姓者無不勞心究圖不數月政通人和頌聲四

起諸憲使檄獎侯者接踵而至民得檄又莫不舉手加額曰使君愛民獲上公道彰彰如此太平可立致也邑大夫士欣逢盛美不能已於祝頌且將宣百姓之情而昭上德也屬予序之予惟國家之求賢也以安民爲理君子之修己也以安百姓爲盡性若今之役役於簿書趨承間者非希世以取寵卽延歲月以待遷故以嚴酷爲能則操下如東溼薪以寬和爲名則白晝大都剽吏奪金而莫之問甚至違道以干譽咈百姓以從欲而弗恤者豈惟非設官爲民之意而於幼學壯行之志亦茫然未之思矣侯以天下國家爲心者自布衣時曉達吏事卽慨然有康濟羣生之志又忠誠出於天性惓惓以體國愛民爲念故其所注措如操刀而割也於是姑舉其大者民莫病於里甲公收其貲而私倍之旣已括其免役之征又不免於臨役之費是兩賦矣侯至悉祛諸害而去其浮供具在官民無告擾者又莫病於催科厚歛無藝而尅掊之輸者旣竭脂膏以取盈運者又售田廬以相償是兩病矣侯至悉索諸弊而不利其贏當庭歛散民無困於橫征者訟者民之大害昔人所謂竭人膏髓而人不知也邑俗尙爭汙者因之爲暴攫

持動至傾圮又告訐多門訟者無所措其手足侯正己約下僚屬嚮風詞無擅受庭無苛罰田野晏然知有生民之樂矣法者天下之平多行於編民而不行於豪右强攘弱衆掩寡肌栗之民日懍懍焉重足而立誰爲之主也侯守法不阿彊者屏息庭戟之前民得曳履而爭是非矣故事新吏至胥吏佐職以淸勾爲利文牒遍於山谷間又故多盜捕者縱持無慮日株連蔓引村里騷然侯以安靜爲治裁決多自己出諸伺者不敢一毫竊發又廉威所師盜黨不煩捕治而自解散卓有渤海之風焉四境之內民不見

吏犬不吠夜人得安枕而卧矣在昔今麻城名宦姑蘇胡侯以風釆聞巴邑劉侯以惠愛聞長壽聶侯以清介聞閩中陳侯以才諝聞侯皆兼而有之以故是舉也眞可爲侯賀也或曰以侯初政超越今昔卽如古者疏名屏上增秩賜金召見便殿憑几而禮在旦夕間一獎足爲侯重乎予曰不然昔周茂叔在合州以趙清獻爲監司不能知及趙轉徙熟覩所爲乃觭執其手曰幾失君薦之於朝夫以清獻之賢茂叔之政尚相知之後如此是獎也可易言耶衆曰然遂相與賦甘棠予亦爲賦南山有臺之章融融而樂書以賀之侯諱三宅號少崖衞輝汲縣人隆慶辛未進士

都憲鄒公奏議序

彭華

天地間陰陽二氣常相與屈信消長而錯雜紛擾有不能齊者是以天下不能常治常安而禍亂兵戈水旱荒歉不測之虞往往出於治安之後雖曰人事之感亦氣數之所不能免也氣數之至雖天亦末如之何也已然或者孕生豪傑奇偉之材及時而出以佐人主而消弭之天之仁愛蓋若是其深也哉國家自聖祖戡定禍亂肇造人紀休養生息至於宣德正統間信乎八荒無虞而世底隆平矣奈何己巳之禍變生非意繼是而後邊鄙多事内或連數郡

不熟夫豈獨人事之不修也殆亦氣數然耳然遭此大變須臾而定天下安然如泰山之固人心未嘗少有動揺者蓋我列聖至仁大澤積累之厚而上天眷佑之深孕生豪傑奇偉之材以擬之而一時悉心宣力左右聖明獻謀議奔走疏附者森列乎中外故遂有以華強虜而安黎庶若副都御史麻城鄒公其一也公自通政叅議進僉都御史總督永平山海糧儲兼督薊州遵化居庸紫荆諸邊關軍務方當百務叢錯之際綜覈名實刻期樹功繕倉庾轉芻粟築城浚池立屯堡精器械舉將練兵明賞罰革姦弊事事

為之所京師賴扞蔽焉遂進副都御史而邊境無虞矣乃東南數郡大旱百姓騷然朝廷材公又移賑之於是蠲逋負免徭役發廪勸分典水利督耕耨詢察吏治旌賢良儆貪惰勇往行之讒謗不恤然竟以憂勞成疾及歸議事而道卒矣公凡兩受重寄鞠躬盡瘁而其功在邊尤多蓋至今民猶頌之不忘當其施張小者立辦大者疏聞其奏牘文移今得而讀之猶可以想見其心思措置之日嗚呼偉哉華幼侍先大夫在京師時公自進士為戶部屬嘗得瞻拜焉蓋恂恂章句儒者及臨事變而設施乃如此可以闚

武夫豪吏之口而奪之氣孰謂建事功不在儒生耶公之子瀹領鄉薦自太學生為開州同知其孫騏登進士拜刑科都給事中皆有遠大之望者暇日相與輯錄公奏議一編附以文移將錄諸梓傳示子孫而令華序之嗚呼公可謂有後矣

送雪崖陳侯改湖校序　熊吉

莆陽陳公以名進士尹東安之明年政通人和落落有聲中丞朱公侍御唐公交章薦之曰能乃更尹茲麻城麻城楚甲邑也地饒而蕃庶業儒力農世家鉅族棼如也南蘄黃北陳蔡水陸之會多迎送之勞焉長山大谷之民愿而信巫競侈負氣俗痼已久號稱難治公下車進諸生而詢其狀乃喟然曰予有以理之矣通其變使民不倦神而化之使民宜之故曰化而行之存乎通神而明之存乎人以德善俗予取諸漸焉遏惡揚善予取諸大有焉裒多益寡

稱物平施予取諸謙焉於是正身率物公好惡均徭賦遠釋老放鄭聲崇儉黜浮好惡公則遏惡而善揚矣徭賦均則物稱而施平矣釋老遠鄭聲放浮黜儉崇而俗可善矣俗善而民可言理矣稱物施平而勞可節矣遏惡揚善而勞可解矣恢恢乎若無所事者歲杪以疾假月餘百姓皆焦然不寧入春公振衣出治神采煥若則又忻忻然以手加額喜曰我公庶幾無疾病與比季春既望公倏然謂邑長老曰予與居有日矣衆駭愕公曰予獲改湖校矣乃出其章以示時有惜公者曰更化善治非俗吏所能而親民

之官苟非其人則民受其殃貞明如我公鎮定如我公平易近民如我公　聖天子不肯爲我民少留以造明福以建復古之治乃歛茲大用於一校其誰能不齎咨悵惘焉者公乃恂然曰受職怠事惑也棄其民以自便利惑之甚也食君之祿與二三子朝夕周旋予豈能漠然判秦越於予心哉然天下風化實惟學校惟茲良材以敉寧我國家予方淺薄懼忝厥位使幸而盡瘁以底有績於予心猶兢兢焉又何以惜爲哉且予章七上乃得遂所私造物其以是假予夫豈不快然於予心哉又奚以齎咨悵惘爲哉於

戲是可以觀君子之所養矣天下事固有衆人以爲難而居之獨易者亦有衆人所不堪而若獨以爲甚快者顧其人何如耳使公之心不繫茲職則雖所謂卿相師保苟欲去之未有不以爲易者使公之心不安於去則雖簞食豆羹亦或有不堪於色者公之行也是故可以觀君子矣夫政教一也難易之機則繫乎人公於理煩治劇不以爲難而何有於一校者昔胡安定敎蘇湖分經義治事等齋及門之徒類皆實才一時號稱多士故曰教者長養之也政者規正之也政寓於教而聖人之責塞矣公嗣其職業於數百年之後則其所以端本善治果行育德範圍曲成爲往聖繼絕學爲萬世開太平正君子性分事也安定云乎哉書曰罔俾阿衡專美有商愚於公亦云

送二府省川彭公陟南兵部副郎序　熊　吉

留都天下根本本兵國家重寄故守備宮府參贊機務其任爲最重其選爲最精也嘉靖四十有三年南京兵部職方司缺副郎大司馬克齋李翁以請於朝大冢宰養齋嚴翁愼揀庶僚得寧國二守省川彭公請補上俞之朝野咸嘖嘖以爲得人行有期南陵部侯仰遵於公爲屬有相臨之分有相期之雅祈一言以志别或曰皇上握乾建極久道化成文恬武熙内寧外謐雖桂海冰天日際月域罔不率俾可謂治安之極矣故凡豐亨豫大之時多諱言兵斯

時也斯任也其亦淸而不要者奈何以公屬之予曰嗟乎安不忘危治不忘亂古聖王之所以保大圖艱成康之時號稱極治軍法寓於比閭簡閱重於蒐狩所以教民者未嘗一日忘兵也周公克詰戎兵之訓畢公張皇六師之言臣之所以告君者亦未嘗一日以兵爲諱也易曰澤上于地萃君子以除戎器戒不虞澤上于地水之聚也除戎器戒不虞兵之聚也水潰則竭兵銷則廢聚者有備而弗輕於用之謂也是故治忽安危之機凛乎其可畏哉然重每難任必如方叔元老而後克壯其猷一韓一范而後西賊破膽故擇之不可不精而蓄之不可不豫也我翁經緯之學精練之材休休有容之量蹇蹇匪躬之心其必能聚衆思廣忠益開誠心布公道折衝樽俎之間運籌帷幄之内皆久安長治之策也　聖天子之所簡在賢宰相之所愼擇蚤精擇而豫蓄之也嗟夫方泰切復隍之憂既濟謹衣袽之戒願公日惕勵焉以上不負君相下不負所學云

送太府近溪人覲序　　熊　吉

舜典三載考績王制諸侯五年一來朝故虞廷咨牧命辭勑治可謂厚矣必繼之以黜陟之典周官計吏詔王受會可謂詳矣必重之以廢置之文鼓舞人才變通吏治二帝三王則已然矣我皇上壽考作人久道化成四十有四年乙丑羣后肆朝寧國太府近溪羅翁例入覲南陵儒學屬吏熊吉暨諸生受翁顧復之愛孚化之造敢無一言以授典者効罔極之私恩耶我翁之治寧也以正學迪士以鄉約化人以禮樂淑民心以孝弟興民行遊衍有所講習有

堂藏修有室率之以長老聯之以師儒將之以童冠讀聖訓尊君也致良知事心也序少長秩分也歌咏以養其性情鼓鐘以宣其志氣庖廩致餽大烹以養賢也觀聽圜橋同人以逮下也勞來匡直涵泳薰陶俾人自易其惡自至其中忽不知其入於聖賢之域矣或曰是教也非政也翁之治寧也如斯而已乎予曰嗟夫教者政之經也上者民之率也政教兩事而理一士民異名而心同傳有之凝士以教凝民以政教修而士成政平而民安然後可以爲民之父母詩曰愷悌君子遐不作人又曰愷悌君子民之父母是也仰惟　皇祖首建太學於京師立郡縣學於天下里置塾以督教鄉置鐸以徇教村置鼓以會衆學置飲射以崇禮其諭中書省曰治國之要教化爲先教化之道學校爲本其諭御史臺曰教化行則閭閻可使爲君子教化廢雖中材或墮及小人大哉皇言其所以端治本隆化源衍國家靈長之祚與天地同其悠久矣我翁仰承德意洞識治體敦崇教化培養元氣只今一郡六邑吏治精明士風純一俗美化孚民安物阜至此而後知善教之入民深一於士者乃所以一於民也蓋嘗論之以乾乾夕惕宅心

以蹇蹇匪躬事君以循循善誘育士以孳孳爲善導民惟翁有之夫考績者論民之瘼也述職者述己之職也翁之治行當爲天下第一由是入相天子以左右民將天下棠至治之澤矣豈惟寧耶眞儒之功用可少也哉故曰有天德便可語王道

送邑侯劉翼白入覲序　梅國楨

麻邑介光黃之間民生無貴賤自從塾師習章句上之爲博士弟子取科第及明經選或以訓詁餬其口於四方次則爲府史功曹不成則力田無商賈灌輸之利亦無百工淫巧之技士民奉官司惟謹令卽行禁卽止有淳古之風焉而往往目爲難治不佞竊嘆冤哉此可結繩治爾奈何被此名也不佞久於外戊子歸而漸異矣辛丑歸而大異矣髫齔之童皆能操權詐以侮人以陵駕爲節概以詆毀爲才辯相見煦若春風而中多荆棘附耳刺刺布情素而

無一繇衷語輸賦不歸官帑而歸猾胥詞訟不以情實而託之大辟卽得其情猶訟不已至於再三或十餘訟斷髮刎頸以示急迫兩臺司府訟無不遍甚至持官司短長莫敢誰何不佞則又嘆異哉俗何以至此極也豈魏徵鬼魅之說耶乃劉公爲令不數月則語不佞麻固易治爾鄉者乃以爲難冤哉麻也蓋公初舉進士選得麻諸與公暱者皆曰麻黠頑之俗爾若奈何當之公時亦不能無疑既至而考風俗核積弊定章程待士以禮而士不敢以私干示民以誠而民不敢以詐售緩不急之徵而徵其所當急者且革包攬禁影射卽逋賦爭輸兩造具備各得其情而懲誣罔薄贖鍰卽善訟自息不惟無可持其短長而頌聲沸起矣夫鄉本易治而人難之今難矣而公易之是遵何德哉不佞嘗竊窺公精明提給世不恒有一人寓目則始終識其姓名事一經心則始終悉其源委猶然不自足而凜凜乎朽索之馭六馬未嘗輕覩一人易覩一事此以虎覩石之心也有不一發沒羽者哉自古惟處難而後眞才見有渤海諸郡之難而後龔黄諸公至今稱也諸公繇渤海諸郡顯其治渤海諸郡亦賴諸公而號易治也是人與地

相得也明年聖天子大計吏公以入覲往受計在公上問何以治麻使難者易也想公必逡巡謝曰主臣臣固何能易麻賴陛下之靈麻固自易治爾不賢於王生長者之言乎

賀穆侯膺獎序

梅國楨

龍峯穆君涖麻之明年布德和令剗弊舉廢民情克諧諸司嘉尙旌賢之典交於達路斗塘羅君時監兌湖省稔知侯賢亦知優異邑之士民謀以賀侯客有欵予扉者屬予以文予曰羅君之獎而諸君之賀之也願聞其辭客曰慈父之子必冀其親之壽良令之民必願其官之達也今其辭曰臺諫之器遠大之才民願愜矣是可以賀予曰精明之器公輔之望也振肅之才調燮之選也白簡拼閘黃扉劾直侯之餘耳未足以賀客曰侯之未來鄉落之間夜覘其扃囪帖於席侯來歲餘民無夜警外戶不閉今其辭曰盜賊殄除編戶寧謐民聊生矣是可以賀予曰刈莠以植苗也鋤姦以佑良也固能吏之所難而侯之末事耳未足以賀客曰膏猾爲姦影射國稅連阡陌者盡入其私藏無擔石者歲追其逋負弊已久矣今其辭曰分理田坵革袪飛詭積弊滌矣是可以賀予曰世世之利莫大之惠也人知均糧之爲便而恒慮其難豈非以地勢不齊而人心叵測乎自侯之法行也委用以才度地以法咨詢以公定賦以平尅期竣事民無所用其姦地不得漏其籍著之版圖

以爲不刊之典夫被穀施靑榮止其身未及其子積金累玉及其子矣未延於後均糧法行而邑人之子若孫皆得享含噎之樂延於無窮田賦平則民志定民志定則風俗美風俗美則盜賊息侯以是道理天下裕如也則臺諫固侯之餘也已客曰善遂錄其言而歸盎非特以賀侯且以爲一邑之士民賀

重刻金剛經註解序

梅之煥

余邑東八十里定惠寺不知建於何代東坡謫黃時有定惠寺看海棠詩至今山上多海棠後人於黃州城外建定惠院遂誤傳定惠寺在黃州城外其知在麻城山中蓋少矣嘉靖己未歲寺僧明祥採石山間夜見崖側有光疑而發之得金剛經木板一副蓋元無聞聰禪師所註也後有潛邑蚌湖市劉覺廣跋云師在奉甲站資福寺註經至元六年庚辰四月間其丈室生靈芝四莖覺廣爲之鏤板次年元旦夜夢諸神聚其所夫室中偶生芝不足異而覺廣

之夢亦未足深信然木板埋土中至二百五十餘年今掘出又八十餘年字畫無一損壞者可謂奇矣年來余邑兵冦往來不絕山中廬舍燬者過半余慮此板并爲灰燼強寺僧移之江南乃堅拒余之請余因於白門重梓之或曰此板久藏土中無恙終當爲神物呵護子爲過慮矣余曰不然當其藏之土中自有任其責者人無與也今離於土矣責猶可他諉乎夫責在人人不任其責妄意冥冥中有佐佑之者而因以至於敗使不可追悔豈獨一經板爲然哉余於此重有所感也已

刻道一和尚集序

梅之煥

衆生請佛住世而佛竟從茶毘去矣許多說法恨真身不住人世乃初祖跪焉西渡亦復不留文字使衆生之願終不可遂至曹溪而四大不壞有闡提欲刃竊其顱私作供養此又衆生不善請佛住世矣白臬眞和尚道一圓寂一十二年形容如生居高足龕而奉之不使有向日犯曹溪者犯道一道一住世矣顧其齒微啟而鈍根在側不聞道一作何開示惟取道一平日吟咏偈頌叮嚀告戒之語使一人披宣衆人環立而聽則道一不獨法身在且猶然能

言語之道一在矣形骸在言語在欲請道一住世者當合力刻道一集

附竟陵譚元春題周道一集

沇滄洲有周道一集口中雷響手裏砲發無論禪理世間有此斬截痛快之男子乎同一血肉之軀獨使人塗之以漆飾之以金明明是數十年前麻城一秀才耳不發信心者非人

石洞道人序　　劉侗　邑人

見時聞有石洞道人謂是蝎來一羽士耳已乃知其爲里先輩也十年中稍見道人所爲詩及所畫山水深好之道人作詩畫俱無其法而有其致非業詩畫者所喻甲子歲得與道人孫晳生者遊知道人始悉道人少落魄喜騎射後折節問學于天臺耿先生及卓吾長者至龍湖更相悅築精舍傍龍湖以居顧兩先生之學若水火不容以無爭其門下士噓之相詆無慮日道人歎曰與名宿遊如入深山大澤多虺蟒虎狼不可以處遂棄舍舍石洞又棄其姓

名謂石洞道人云道人有壯歲子因醉墮巉巖以殞兩孫方在襁道人時還家一視其孫每還則就客位家之人亦客事之道人好禪未嘗有所參究持誦以道人號未嘗一日行導引術燒丹鉛藥也始亦謂無其法有其致又非業二氏所喻耶今年靳上金卜公過麻城願得謁道人侗與之偕見道人鬚鬢如雪肌膚如童見人笑吃吃弗已欲有所叩不得竟日而去嗣是客有錄道人石洞詩刻之者侗止之曰非道人意也聞其事已竣始述所見聞于道人者以解之

安福得麻城麟經科第之原　　李惠時　長洲人

前朝國初人言山陽禮記麻城春秋言冠海內人文也成化年間有鮑先生諱時變衣冠與姓名至麻城聞一僧舍有傳春秋者投身于僧爲司爨每先生講經時輒提茶一壺徧送諸生因得竊聞之數月而畢衆悉歸先生尙留意以數月嘗司爨送茶入其寢處候之鮑適外出先生見其牀邊几上有一硯取觀之忽見春秋文訝曰此必盜傳經者也鮑適至張皇失措先生曰幸吾一人在若諸生在館子無歸路矣尙有口訣傳爾可速去毋遲鮑還至安福授

衣鉢但竹坡公春秋中解元先祖登先生堂拜曰解元吳節中經學老師傳言不敢忘本也鮑先生曰雖藉先生力還要爲子賢後中會魁第二官至祭酒侍講學士先祖又傳于彭文恪公狀元宰相其後鄒泗山先生以春秋名海內　又縣東去十里有麟山主春秋前朝有周先生昆仲讀書于山之僧寺一夜俱夢山神語曰游吾山而不讀吾書何也晨起各述所夢神語皆同遂俱改春秋是年俱捷登顯仕今安福春秋每科必二三人述此見前輩傳經之不憚艱苦至此師可忽乎哉

馮夔龍春秋衡庫序　李長庚

余邑春秋其世業也習是經者十人而九余離諸生業三十餘年見譚者恍隔世事獨於春秋有見獵心常憂中讀春秋呫呫在口席上有譚春秋新題影響者好與相角庶幾杜氏癖也每思國家明經初指非以隱癖傲士欲輯一書備載近代各家之題採加評定而馮猶龍氏指月一刻先余同然又大全中諸儒所説有與胡相發明者有愈於胡氏者其地無雜可少删芟而諸書有與春秋相關者合增刻爲一書猶龍氏近復以衡庫出矣猶龍氏才十倍於余是二書出爲習春秋者百世之利也余嘗謂春秋有三難亦有三快易詩書禮同出聖經義理顯著有爾雅及漢諸書宋儒循而註之雖微義不存而詞旨曉然惟春秋褒貶刑賞在一字中或在言外而變例雜出異同不嫌令學者以臆相推測其難一　國初功令春秋左氏公羊穀梁程氏胡氏并用而後專用胡氏有明知其過刻者有意於宋南渡後事故相形斷者未必一一盡合而功令所在不得不抑心意以從之其難二　國初經題仍宋經義或出數題之大意中相近者或相反者聽各爲條答而後乃以

某傳某句搭題或傳意影搭或脱母搭或取左氏搭或取各註疏搭若射覆臆釣他經入闈止慮文之不佳春秋入闈先慮題之不習其難三然他經製詞造格與書秇同多用宋儒注疏中語無論子史卽六經語稍僻字稍粗音稍聱者不得輕入士之好古文辭者謂時秇薄之而春秋奉左氏爲祖禰門風特異語在他經秇號壯者置之春秋秇中尙覺萎薾所稱引與古文詞無異其快一他經時秇多俳體比儷相對限之以八跰跐之材不得少馳而春秋體裁可爲短長如論如策不爲三尺文格所拘其快二士各執一經勢難兼習博者不過借字句以供筆端耳春秋則引用各經相爲表裏中與詩書義相發者比之傳序更明易筮之法賴左氏以存樂記一書止存其理而聆音辨器不如左國之晰斯以一經全五經之用也其快三衡庫一出而通春秋之三難盖春秋之三快猶龍氏自言有此書可無觀他書誠確論也春秋稱孤經得此翼之可無患孤麟經大明之會再增一大快哉抑余有未盡之説蓋春秋單題自有難也以傳者逆經者心以學者逆傳者心或隱在一字之難或緖雜出之難或輕重不侔之難或書法

三四五六之難或出於會盟征伐之外而涉性命理學之
譚者之難近世主司非本經而反以搭題難士溺其旨矣
余意於傳上直標某爲關捩某爲旁歧猶形影某爲尺鳧
某爲血脉某爲駢枝某爲型模某相河漢某爲牖中之日
某爲或張之弧難易既明正歧有辨則主司不至謬悮又
經題中如于洮乞盟踐土棐林伐鄭之類咸以例對案虛
實不同可以見士筆力而近耗改爲二段夫經文嚴謹有
單則例輕重殊也有分則對輕重等也豈有輕重等而故
爲不對以從所自便之體哉至於無傳單題非文定之疎

也必寄見某傳或與某傳相同所以前密後疎者正以義
例見前得從同以比斷卽猶律家之以准某例醫案之借
用某方也玆宜於無傳單題定引某傳而不必旁採各注
尤與胡氏原不立傳之本一心相合也具此數說以聽猶
龍氏之裁定無非欲爲春秋成一全書耳

羅田舊志序

李長庚

羅田縣者黃郡之文獻邑也邑故有志何以至今始言志
也曰志燬於冦而白侯重新之也不獨志也邑亦燬矣新
之者亦君侯也或曰明興久矣至嘉靖間而邑始有志也
豈非以文物全盛之時乎今何時也凋敝極矣何事於文
曰是不知天下之重以邑邑之重以志也環天下星羅棊
列皆邑也若肢體然一邑之燬是尺寸之膚不愛矣邑完
而天下始全也故天下之重以邑也然邑徒以虛名重乎
有城垣有署宇有廟祀有學校有土地人民而後成其邑

也改邑不改井而是種種者可改乎玆欲舉而新之而疆
址𢿱據高卑不察戶籍無攷出入無籍將何以憑而新之
乎故邑之重以志也禮失而求之野籍去而聞其畧杞宋
徵而文獻徵皆志之賴也志之新增者何曰武志也歲巳
不易不虞之是戒況十年兵燹一旅一卒咸君侯苦心以
規永利以式四方而可以無志乎志之大者何曰梁侯之
節也白侯之功也抑人臣之委質也一死可以上報若朝
廷之張官設吏也豈徒責之以死將一邑是保焉節在一
身可爭日月功在一邑可鐫金石孰有大於此者志所不

盡者何曰侯苦心也邑燬矣燬而新之必先修築建置也舂鍤干櫓可無煩乎無兵則空城也請兵之擾更甚於賊君侯一切謝客兵不用則勢不得不取兵於民無食則枵腹也庚癸之呼同於揭竿勢不得不取食於士有兵有食而後有城有邑也譬之善養嬰兒者剔髮摧座兒必號嗄長而節其棗栗禁其嬉遊教之詩書子之夏楚兒必嗔怒迨其成家遊庠以達於廷然後知父母之恩重也侯則出嬰兒於水火而萬死中錫以一生也豈尋常鞠育之恩可擬乎又何以加焉曰以暇以文如奕者尙攻刼奪取而神

色不動者爲勝也如子產救火巡羣屏攝列諸火道各儆其事而火無傷也如操舟遇風禁人無譁備維檝而自定也周之興也以桃林之放漢之守也以緜蕞之行齊之霸也以文告先修晉之勝也以少長有禮此又君侯干戈甫定而卽志之修也用意深遠天下有道武定文興詎獨一邑之志云乎哉君侯諱乃忠字邇事蜀江津人也政事之大者自有桐鄉之尸祝在謹先爲序其修志之槪若此其徵故實於父老取輿誦於耆儒而總其事者則本縣諸文學未盡書其名

祝某通府攝篆序　李長庚

某年某月鄉諸友投謁者盈門復有讙呼於門外則邑之叟老亭長也驛遞之役市廛之氓也咸爲予言通府公之所以生成之者甚備於其誕也而以祝頌之辭爲請予年未壯四方之塵已上衣袍矣見時所見麻邑沃國也地廣宜稻陵多植澤有魚鱉水甘而壤黃婆娑十年而傳者目爲瘠土焉曩由江右入覲還過里覗於市市民皇皇如無所泊闚於塾人士顧日影而嬉往於野緣畝而衣襏襫者盡罷民也之庠謁有圯焉徘徊於郭門外土蝕水嚙敗堞

半之臨高而望官道徹車羸馬賓旅色不堪瘠如此乎今年拜秋官命得暫假沐目見耳聞暢然其有異詢之維公三月之爲政也公以攝篆涖麻邑夫攝篆者周旋不期月耳然公所興革均數世之福利其政小者無算而其鉅有九其一爲僉解蠲零星國初解之役眡甲之米米至於百石役至於南糧米至十餘石役止於一日等解不足是者爲幫貼重役戶名曰零星及弊竇生而以三十石之戶當百石之解百石之戶輸本縣之供反以賄託而得零星其不幸而僉解者則舉戶破壞矣公始著爲例以重解還上

戸以萬貼還重解以餘解充供應歲額所謂零星者千八百有奇益鐲者得豁而解亦無苦一爲徹協濟補新驛麻邑南通齊安距里平驛百三十里而逕北走長潭逕阻險多石每歲冬盛夏夫馬道斃強半也而麻舊例歲出協濟若干金輸他驛以險遠衝要而復爲別路加編良益誠過當公申請兩臺徹還協濟於麻黃之間捌道貫新驛夫馬勞逸始均且淸應付酌所應給毋或有折耗添冒之弊其所給僱役馬價毋或減夫頭馬戸之錙銖者雖東西路塞羽檄朝夕馳而蕞爾邑猶可支持云一爲科催花戸不致

侵累舊例催科於每甲下小戸各註丁糧若干優免外徵收若干各給花戸印票官民各執其一每四時之季比册勒限逋負者莫得匿而已輸者卽得高低後以爲煩也另以戸名總立比簿一夫未完通戸註欠逋者得庇歲以爲常良民畏累倩人完納因而代賠弔比乾沒侵欺越徵擾亂踵出公嚴行花戸票而人皆樂輸於甲乙不相累簿書簡易矣崇學校治櫺星而庠序爲之新罷門攤錢不取行分而閭閻爲之緝差原訟華勾攝而村落無擾行保結禁扳誣而良善蒙釋官造什物不須地方而承當差役者無苦摘發匿名徑行申放而仇私訐告者寢息所謂其鉅者有九也凡良法美意有三年考績所不能幾得者而寬然措置於三月之間昔王子猷愛竹所至齋頭必令種竹曰何可一日無此君魯叔孫婼所館者雖一日必葺其牆屋去之如始至夫人忠淸勤敏自其天性其心豈以一篆在握之久與暫遂有以異乎麻士民之借寇不得也能無慨然然良法美意蓋將百世而不易則公之拊摩敝邑其時無幾而其食公德者固已厚矣優曇鉢花時偶現耳可多得乎哉

麟經古亭世業序　　梅之煥

安國胡氏之傳春秋非經也安國之奏議也明興以胡爲功令治春秋者檃括胡氏之說以成疏義甚有邱明公穀鄭氏來氏未嘗一窺而以春秋起家者矣非明經也明安國之借經者也又從而引蔓之以傳題從而駢拇之以比合株連膚割塡腔射覆主司者以意命而舉者以意揣則又非安國意中所及也明經之敝莫甚乎是古亭以治春秋特聞詢之學宮其經以春秋者十而九閱楚錄其春秋魁以亭州者十而九讀題名記其亭州第以春秋者十而

九顧其於春秋也猶筌魚芻狗耳過則舍之矣獨叔臺耿先生閔然上釐定經學之疏惜當時專門名家於諸嘗道者不合疏寢未行往煥待罪諫垣竊志先生之未竟乃性不時宜扶衆所擠弗自爲地無暇及紙上陽秋也坐念煥爲諸生日痛鑿傳荒經之習益嘗廢卷而歎以此愧其平生今年耿克勵梓麟經古亭世業幷其　尊公叔臺先生之疏於首而問序於煥覩春秋若負逋何克勵之發吾愧也抑克勵便便經笥行則爲朝士冠冕青緗可念士音不忘克勵有心人也願毋分吾愧

送福建理問李君序　　梅之煥

江陵李君某將以某日任閩中理問同鄉諸薦紳屬余爲文以賀余不文且厭薄一切荅應之文益贈人以文者至今日而敝極矣事所不必有而虛張之意所不必至而强附之無情等之衆人不韻方之士鼓不知一二套語何足爲人輕重而徒災錦軸爲昔人謂不知其人視其友余雖未悉李君若銓部袁石公侍御蘇潛夫則余所矜式而北面者兩公以慧眼照見一切無取舍心而有人倫鑑其於當今人物無輕拒亦無輕許顧皆與李君爲臭味而潛夫

又其兒女親只此便知李君而余不文之文可以作矣然據兩公稱許君乃吾鄉有數人物以彼之才之品謂宜雲蒸龍變乃復蠖屈泥蟠可弔也奚賀也何相棠也而余同鄉之爲君賀邦又在此夫朱博翰音位豈不足而棟橈之咎爲笑至今函牛之鼎以烹雞卽滋味澹泊視折足覆餗者何如乃知凡事惟器不窮於所受量自溢爲有餘莊生吏隱於漆園展禽陸沈於柳下有以也況職無尊卑期於居要在人爲喉舌在天爲北斗在朝爲尚書皆氣脉所由通也理問佐紫薇凡撫按所不得徑達者皆賴以達是亦

紫薇喉舌也其關係與北斗與尚書等卽短馭乎未始不見才卽下僚乎未始不可盡職夫如是奚不可以爲君賀耶然余猶有進焉閩中足名勝如武夷之秀九曲之濤大海之奇波瀾之涌蒸爲霞幻爲蜃千態萬狀悉供几案間君一人饒領之石公故有山水癖余與潛夫與復不淺君登眺之餘幸圖見示以供臥遊安見余三人不日共君在城鶯嶺間哉顧余以不文之文而責報若茲其亦操豚酒而囑篝車歟僉曰然遂共起爲壽以别

忠節實錄序

梅之煥

昔椒山楊公疏觸嚴氏父子卽借疏中二王語斬之夫罪案取之疏中猶近似今大洪楊公廿四罪之疏出始則借移宮案後復借封疆案題目愈大假托愈巧而事情愈遠伎倆愈窮又向者嚴氏父子所竊笑也誰爲逆璫畫此者然爲逆璫計自不得不出此外廷何爲亦復爾爾甚至有稱奏其家不貧請立循環簿嚴比其妻子者不知下筆時亦曾念及天地間尚有所謂天道神明否然小人之自爲計亦不得不出此彼一時也崑岡之火正烈舉國之梟盡

狂此皆尋常事何足異又何足責惟當此時而奚有一意表行事者出焉如羣梟一鳳衆虎一麟自不禁目奪心駭矣今雖　聖主當陽幽沈畢照而邪說之習染猶深公論之明晦各半正占風者徘徊觀望之時乃德守胡公甫下車卽爲之傾囊贖宅捐俸建祠且錄忠節實蹟壽諸梓以昭揭千秋其以義殉友一如楊公之以忠殉國者然回視椒山廷杖下獄時刑曹有年譜至不許人扶掖以行者何如蘇文忠嘗歎士大夫爭半年磨勘殺人亦爲之至於今而殆又甚焉前德守李公丞夏公皆能掀翻此案其見於

給諫閻公所表章者斯已奇矣今更有　胡公者何聖賢
豪傑之偏萃此一郡也楊公令常熟時冰操異政業已銜
官阜魯伯仲夷齊被逮之日闔郡士民哭聲震野官箴鄉
評不止忠犯逆璫一節得非天鑑素行有所假手以慰藉
之耶世之成敗論人者謂逆璫之禍以有激之而成夫使
果由激之而禍成則宜媚之而禍解何以諛言日進而手
愈滑禍愈酷也彼王莽時止聞有頌者不聞有激者何以
竟移漢祚且曹節之不至爲莽又安知非節義默維之力
哉從來趨彼逆途者原自不少何不存此一種以稍分其

勢而復作如是觀以摧折之將令舉朝盡化爲虎彪孫孩
而後可乎嗟乎乾坤有盡正氣長新河嶽星辰誰非實錄
其托梓以傳者猶一吷耳先正有節婦吟云爾輩借將扶
世教妾心原不願忠臣容知此錄傳而楊公不益淒然于
地下也耶

周伯謩遺稿序　梅之熉

天上無懵懂仙人則凡慧而才者皆天人也宜若爲天之
所相而往往奪之速何歟或者致疑於造化小兒之忌才
夫天若忌之則如勿生生之而顧奪之速天固無如之何
也而不見夫花與月乎發也惟春滿也惟望天何以不自
爲旦旦而春宵宵而望而春之摧於風雨與望之翳於陰
霾者又各半也則天固無如之何也然正惟不能旦旦而
春宵宵而望又不能不半爲風雨陰霾之所奪故足貴也
西狩之麟向不即斃於子鉏之手俾人得紲而豢之以天

年終不過一戀豆之馬披繡之牛耳何以反袂沾袍至今
猶令人有遐思也富貴壽考塵世所競天覩之則蟯丸石
火而已彼肉食而齁背牖下者豈少也哉而謂天之所相
即在是耶且有寄重寶於人而久假不返者況乎天之所
寶以寄於濁惡之世如李長吉以彼其才舉一進士輒爲
時輩所擠辟則寄珠玉泥塗中爲主人者能不憐而急收
之則天帝之托玉樓以召也益可思也伯謩之年少長吉
三歲其慧而才則皆非地上人也得之天者不必問之人
然長吉見知於昌黎韓公伯謩見知於錢塘葛公皆所謂

一人知我可以無憾又不獨得之天者厚也伯譽諸集有吾家惠連爲之元晏覗長吉錦囊被紿以投於溷中者何如是可以死矣聊次數語爲天解嘲

自叙

陳以聞

丁未八月筮仕吳縣次年二月履任書生一往之氣何知盤錯下車見有衛弁横侮青衿者據理少挫其鋒有富豪滅倫吞併者平心少爲裒益兩造劃然自足不暇顧也南中言路旋有風力之譽正愧不虞隨有詿揭乘江院汪若谷先生新代借南潯朱宦名函投之汪心疑竟發其奸詳且匿揭招録中縣申引咎出於至誠可覆試也然以吳調錫實本於此庚戌三月覲還渡江見錫山之報仍寓邗閶以待憑至先是吳有逆子張承元嗔其父減價多與人瓜刃之立斃獄已具矣府道難以上聞仍繫之乘舊令調錫妥意賄結出獄揭其兇逆狀與衆共棄之或謂既離任卽屬侵越此何事也汚瀦無赦何與其悔贖乎初至錫文案壇委訟牒蝟雜盡謝酧酢畢意竭慮以清塵牘訟者一一詰之稍判虛實令其親鄰解釋卽已催科實覈完欠比不煩刑終日晏坐堂上與諸友講義進小民詢疾苦多暇晷人謂此地難治亦未然也壬子季春錫邑兌糧已出境一弁横索糧食不遂舊言米惡且厲減正耗又夥毆運官漕院孫公震怒檄下有司窮治縣審得情具實詳覆群弁大

諫語侵令且撓漕政再奉嚴檄具詳如前一時府道及同官俱爲令虞不測葢孫故强毅不回人也然竟如所申不復督過報命薦剡且首列矣錫山孤行一意尋省多歉要於事理必然道義骨肉以違拂相成益不但高先生一人投分有素而已辛亥給鄕癸丑計後見同輩投契要人各以金蘭爲羔雉時名藉甚而予之硜硜如故其以强項量移蘭署亦殊擢也五月主客司實授隨班三月具呈引疾杜門三月方代題例也回籍僦居舊廬課子講業其中里俗罵侈未嘗過而問焉丙辰春奉先慈入京冀少沾升斗

値添註初格補祠司催請凡十餘次未奉旨葢時人合算留待察處久矣丁巳三月拾遺買舟卽南矣舟中所歷皆數年前夢中光景祠司初題夢與王心一數人同列亦隔歲事也群謀攢簇適符定數豈人力也哉己未五月先慈見背寢養終天匪臣匪子益爲世外棄物矣辛酉夏梅長公云繆太史楚差貪與寄生一會九月至省城與西谿暢談數日方知錮籍已稍牽復也旋聞降補䑓判癸亥四月初調儀司隨例政府一投帖稱淸屬門者𨒪之慇懃欵接備道錫令治狀知交汲引皆十年前事且云同輩受累者各論定已膺膴仕何恬晦至今方復故物竊謂利鈍數定豈宜自理靜聽久之七月內遷璽丞太宰張誠宇選郎李未吾亦何有於寄生哉甲子五月二十九楊大洪論劾魏璫二十四欵邪正之關群情觀望及矯殺横行威挾箝口朝士風靡爭相密結十月以後奉南樂爲主盟益顧無忌兒孫滿朝網羅匝地道尾之厲過涉之凶易訓已先之矣時余業乞差長往微天之倖追贓削奪葢丙丁兩歲一線餘生無刻不凛凛在刀俎間也天祚聖明乾綱獨運逆氛漸埽戊辰春三月奉旨復官己巳四月陪推僕少庚午六

月起陞光祿少卿八月出山九月到任十月初一供事太廟咫尺天顏親捧福爵竊仰龍文光被爲太平有道稱慶嗣是廟社趨蹌捧爵五次亦小臣盛事也十月十九有南冏之推雖幸蹇翌稍通而心疑其驟二十一日奉旨詰責王太宰回奏亦云八年璽貲六年淹抑與尋常序轉者不同復奉旨論人只論才品何得以摧折久淹通融淩獵有無求托仍着奏明操柄者果衡鑑不爽何難始終直陳乃旬日再疏自相予盾先則曰南北一體而後則南冏號爲冷局先云與尋常叙轉不同而後曰姑以冏政試之雖虛

圓無著亦大臣盛德事而遊移支遁豈入告之體孰籌進
退殊難隱忍具疏乞休未蒙允放輪直東門分取白糧按
故事隨同官之後如此者兩年壬申元旦皇上四鼓升殿
百官趨入參差上御中極殿久之還宫朝臣候至午後各
衙門具本待罪方轉散候旨是年四月麥餅宴九月花糕
宴俱曠典特舉每宴約費五百餘金云閔大宰行後署篆
者稍採輿論衡量位置壬申十月以右通政啟事同邑李
太宰以特簡臘月入京癸酉二月副院王東里疏糾王坤
指斥諸璫上御文華召對余以九卿衙門備員躬逢盛典

龍顏粹穆玉音清亮論辭警嚴極臣下宿構湊泊不能曲
折條達東里侃侃不回有名臣風概記註已詳之矣三月
承之轉左衙門封駁俱印君裁定同官分批通狀數紙而
已入月衙門掌印缺出太宰欲另有通融私請于柄國者
本衙門之議始決八月以後以正使辦事看詳章奏審察
姦欺每有批駁俱登簿存案即通狀送各部者內外無輕
狥也兩年內兢兢恪共者如此亦不知何本何價也甲戌
二月十二恭遇皇上文華殿經筵得以印官在侍班之列
本月念七行籍田禮五品以上陪祀各官先期恭迎聖駕

於壇內辰刻祭先農畢皇上扶犁播藝田家歌鼓前導如
禮既升御幄觀公卿五推九推焉禮畢大讌于齋宫百官
序坐於臺墀之間觴行樂作衍雜劇數曲樂民之樂宛然
太平光景也及少司寇缺出十四日會推謬及何處更容
入推遜乎十五日廷試讀卷供事是日辰刻入朝與詹翰
部院諸老共坐一處候收卷畢候內閣五位老先生出至
東閣門公揖序入中堂東向餘分左右坐下首揆分散試
卷各二十餘卷擇其字畫合式文義通達者拔一二卷爲
上卷各送中堂類選正卷十二卷硃圈節句以備捧讀餘

即存作副卷其未送中堂者仍依各人裁定次序各爲一
束于十七日讀卷後序填以官爲次人各一卷例也十七
日巳刻上御文華殿宣各官入讀卷讀至第七卷命其餘
免讀恭進御覽各官出候至午未皇上細閱十二卷畢中
官復傳上諭內閣再呈十二卷進覽拔劉卷爲第一原擬
一卷御筆親定二甲第一名拔楊卷爲一甲第三吳卷照
原擬一甲置第二云君相造命未可意擬即二三知交亦
無從物色所云假手上下皆妄談耳八月十一李太宰奉
旨詰責回話是日署選程雪窻下獄以郡守題陞中翰覆

授迻上意及李公回奏待罪奉旨褫革致罪之由或不在此也十月朱廣原以大理陞少司寇余因轉左侧也秋冬間同官屬以詳覆恤稿覈駁四十餘疏奉旨允行本科有案可考浮沈班行數年自職業外未敢出位一事歲內徽聞有指及者殊無意自明得謂藉此謝竊位素餐之譏不謂戚里所搆奇險毒噬又在本罪之外今據言者單中所採俱可勘覈有一於是乎區區行能無所表見兩邑之後三仕三黜其時可考乃飛語或售或不售此又氣運關係不特一人進退已也

張赤存四書文序

金聲

國家二百餘年來公道昭明不絕如綫者莫如兩科兩科所重獨在制義豪傑之士刳心嘔血出沒其中童而習之至白首無成而不忍他適也區區行墨之間可謂竭天下之精神以赴之矣繇是而制義一道不問流俗眞能卓然有以自立者乃亦甚難蓋天下作業必有指歸定無違其本向者束髮就師學爲四股八比之章期一得當有司其追琢塗澤惟力是視琵雖工而王不好則朝失志而暮改步猶恐後耳孰有孤立行一意咄咄直吐其胸中所見至

沈刻數十年終不復以窮達得失爲念者此其人豈可量哉吾於赤存鄉人也今歲赤存來令休寧亦吾邑父母也赤存文章行天下諸生讀之久矣然而未盡因請其全吾自爲諸生時不喜披閱制義經數首則頭岑岑然今棄此又復數年矣而讀赤存文神致爽然善也今時文字日粲而靡折腰墮髻百態冶媚見赤存文殆如飛仙劍俠飄然丈夫赤存至休寧未數月休寧訟獄衰息過半赤存爲余言吾才不逮人吾此中不肯一毫放過吾於休寧亦不作滿積想或二年或一年甚或數月而見謂吾俱不顧吾在

此一日吾一日盡吾心焉耳終不違道干譽又聞赤存初
在京師以明經謁選矣選不就始不得已留而入闈遂遇
焉鳴呼其於富貴利達之心若是其淡也其爲文章治行
安得不磊磊落落卓然自見哉語云俗吏矯飾外貌似是
而非安靜之吏悃愊無華日計不足月計有餘吾於赤存
之文亦云易曰修辭立其誠我有子弟子產誨之自茲始
矣

李檢齋遺稿序　　周思久

節義大閑也君子重之爲足以動物而勵世風也彼矯焉
爲名高者能然乎否也吾邑李檢齋當成化末年權奸竊
柄士氣蕭索無幾公以一進士上書天子大要在登賢屏
不肖廣言路裁抑中貴人語過切直忤旨謫咸寧丞居無
何擢兵部職方司主事蹤旬以吉舍人抗疏株累復謫典
隆衛經歷人以爲公遷客也或孤亢罔事事而公於事無
不綜尤孳孳得民和謠譽日起執政者方欲大用之而公
以入賀歸至商城河溺死聞者莫不憐而傷之嗟嗟公之

直聲鯁節所以震動一時者非獨其正氣勝也蓋亦有家
庭之漸焉公之大父方伯公鳳崖父大參公靜菴皆以廉
白垂家而公又能光纘令緒以風義自持故族之子弟暨
婦人女子多化而肖之公弟西渠刺陝州有惠政動必準
諸禮面刺人過不少遜從弟五山雖異途雅好文墨昂然
自喜亦骯髒人也公妻鄒氏能率公教公在則諧公死則
守妝不華言不笑足不踰閫閾者終其身族之子女醮而
以節著者凡六人一適周孝廉宏烈烈病篤婦不食七日
先烈死以明不二一適蔣生儒賢賢死人有求者自刑其

耳絶之一適王仙居令思塘公公葬後投繯死一適毛茂才鳳雛事姑孝姑病割股食姑姑病愈以節老而死無間言者則劉莊襄之子溧孫錦衣千戶守孚二婦也今邑人娶婦得娶李氏女者則大愉快以爲幸傳者談古事稱先民口及檢齋公則牒落舌奮氣勃勃欲上若操几杖而從之況當時哉何則眞則動動則變故也由斯以談節義之繫於世風大矣彼有揉曲爲直飾孱爲勇者是羊質而虎皮耳安能感動人若此乎嘗考公與蜀鄒吉士智爲友共志於學以聖賢自期待是公之節以學成非無本而然也

聞公末路深自損抑每以浮名爲恥則其遠心汪度益可概見如不遂死其所就當不可量而今已矣惜哉公死且百餘年其孫孝廉君應運裒公所爲疏議詩文若干卷梓之以傳是孝子慈孫所爲心也公之族珪組最盛於邑爲著姓今進士君應撰與孝廉君爲從兄弟咸能作求先德其鼓篋從吾游者尚衆也余生也晚嘗慕公之節而以不得悉公之學爲恨當於諸君望之

李檢齋遺稿序

王世貞

噫夫天固有定不定哉君子幸而値其定不幸而値其不定然所謂定者何寡而不定者何衆也當成化末李孜省竊天憲而萬眉州陰附之天下之士氣日削其八九於二姦之門而値天子卽大位方欲有所更署臺諫噤莫敢發而麻城李君以一進士獨奮然上書大畧謂人主之法不可褻而權亦不可下移宜裁抑中貴人廣言路正紀綱一風俗且薦故尚書河洲王公竑三原王公恕可大用南京刑部郎林公俊思寧司理王公純直言當褒顯時貴人怒

假詔召公入左順門詰責甚峻公不爲動所以條陳甚辦猶坐謫丞咸寧而亾何三原王公拜太宰賢公擢爲兵部職方主事公主事僅十餘日而以吉舍人文疏忤旨逮株累謫興隆衞經歷興隆故鬼方地也公不鄙夷其吏人而爲之爬搔其垢數據理上書臺省咸報可當是時天下向慕公之風采若景星慶雲以爲旦夕且柄任而公竟入賀至商河溺死矣其同公志而最賢者鄒先生智由庶吉士謫至石城以寒死丁先生璣由中書舍人謫稍遷至蜀臬亦以溺死夫中貴人大臣能竊天憲以謫斥公輩而所謂

寒死溺死者則非其所能辨也會未幾而天子大嫺習政治耆喆登用相與修虞夏明良之業卽欲有所建白者不能出其智以高於一時已成之政毛舉細過卽有之而亦不能大有所指謫欲有忤而名高者焉驪龍之頷已去其修鱗無所由而就其名當是時賢者之天定不十餘載而又變矣是故方天之未定也不特小人之所巧排而峻詆往往與天合而天亦巧爲之用若所以死公及鄒丁二先生者然藉令公不死亦不過宏正間一名大臣而已距於今使人竦然聞公名而髮立讀公與遺事惋然而心痛奕

奕韡韡精神流行三楚而有不死者天亦未可不謂之定也公爲詩文咸明婉有致於奏疏文檄剴切中事機雖再遘貶鄰鬼魅雜侏𠎝無幾微不平之氣亦罔以遷客自高曠佚於職乃其直節素志隱隱溢毫素間亦自不容掩也公歿且九十載而世貞宦遊楚公之孫承泰出其集而爲之序因得以卒業焉獨世稱公成進士時萬眉州使其孫文璧邀致其家題畫鳩爲詩譏切甚著眉州銜之切骨今其語不存豈遺之耶抑有所諱耶世貞不敏爲叙所以而歎夫天之定不定不足以憂賢者以憂世道也

毛貞婦詩集序　袁宗道

夫詩不易工女子工詩尤難我楚女子工詩尤難之難者也楚俗相傳以女子識字爲不易自墮地爲女便與楮墨無緣從袺褐至白首指不觸卷帙眼不辨之無知詩爲何物哉而工之乎至於節婦工詩豈惟楚國卽海內稀覯豈惟今人卽古不多記也葢詩之爲物俊人用之嘲弄風月韻士藉以品題花木而孀閨貞媛方且含蘗咀荼憔悴枯槁於雪室冰雌之中形若死灰身同晝燭安有心情預此雅道是以綺詞藻句多出豔婦之手如清照漱玉之篇淑

眞飛雪之句豈不清麗膾炙人吻然駔儈之悔斷腸之吟亦何爲者文采節烈分岐而馳猶之豔李不挺蒼幹古柏不吐芳蕚矣余友邱長孺爲余談麻城毛貞婦事令人鼻酸津溺至舉其詩復鮮秀奇警誦之意爽神暢異哉此媪鐵肝石腸繡口錦心異日楚乘烈女志中一段佳話也長孺欲梓行其集甚善余楚國男子且鬚眉且官詞林詩文其本業竟不能工眞可媿也夫眞可媿也夫

附載文貞詩及

三院表詞句

朱竹垞明詩綜載毛節婦詩云詩句怕題新節序淚痕多染舊衣裳讀之足以哀感頑艷而舊志止載桃花暮雨煙中閣燕子春風月下樓茲特補入足徵前輩賞識之公時巡撫李公巡按黃公學憲吳公表詞曰風雨泣花神守幽閨深閉門傷心獨抱終天恨爲夫自殉爲姑自存卯金宗祀憑誰任未亡人綱常風教係此百年身清詞奪錦妙思絕倫丹心如鐵高誼薄雲觀風繡斧徵興論頓回春黃麻紫誥指日下　楓宸

代邑侯劉公課士錄序　曹允昌

麻城山谷靈怪志所稱虎頭白沙木陵大城高陰遠翠鬱然相望其苗爲人文德功節學之廟祀典冊風騷之才子砰撞鳥起不之勝記宋史載張毅令麻植萬松而亭其中風雨龍攄怒鱗鼓鬣子瞻訪方山子岐橋望喬雲奇氣謂光黃間多異人今松摧亭圮岐橋一帶車馬風塵鳥覩所謂鬱然紛藹者乎余下車色然詫慨然以悲及受讀諸士季試之文而後知張毅之植子瞻之稱盡收喻於諸生筆光墨皺中呼之或出未云遁也以余所聞於麻賢公鉅宗比肩接武今觀諸士所杼柚逝者猶若可作抑他時諸子所現身耶金拱而玉稽則劉莊襄端簡之訏謨也孔思而周情則耿恭簡董損齋之理學也端博則少魯公之奏議耿介則元孚公之氣節方畧則友三公之籌邊諸周其齡然存者摧鋒陷陣則車攻而停哼拜鼓鼙猶可聞乎強項掀髯護生堡捫蝨之概於今見之倜儻則鄒都憲元箸則李文卿古奥則景物燕京禹碑周鼓之筆綽約則西湖艷律妝花魄月之辭幻木陵而浡海之直若寶母呼琛光影璀璨波斯眼不五色睒得乎余以海濱一目緝絃奥區兢

覶懼涼福不能有得而昔所後萬松亭梅花嶺又童突無
所見至乃龍池照夜之珠光雁臺封墖之鎖骨封內靈巖
秘洞復以俗吏旁午不克飛喬仙之舃而追太白大樓秋
浦之興今諸士乃能以簷晷之隙振管而追余所欲見於
蒼茫緬默之中遂使虎頭白沙之雄屹木陵松竹之苞茂
大城宮闕之崇麗及諸先正形影精神出之毫端而煜煜
轉矚余何幸也又奚必讀全志訊形方然後知山谷人文
相子毋爲靈怪耶

吳侯賑饑圖後序　徐家麟

右麻邑己亥春父母長洲吳侯賑饑圖也邑人被侯澤不敢忘故求善畫者爲圖以獻先是丙申丁酉兩歲邑俱歉收貧民二鬴不繼猶以稱貸典鬻支朝夕至戊戌秋亢暘尤甚枵腹者斯計無復之吳侯勘厥災亟求賑於上司苦與例未合不獲
題請侯乃減糶常平積穀復設法買米糶濟至臘杪積雪堅冰外販不至米驟貴又以便宜開常平倉大糶三日市價平民以卒歲越明年己亥春二麥在野青黃不接西北若

古城山諸區饑者以草木根皮爲食侯心戚甚乃大集紳士耆老畫救荒策有持議於城中寬處作粥廠令四鄉饑民來食者侯沈思之久曰此非善法也夫粥必至麥熟乃可止今去麥秋尚兩月需米與薪不知幾何日役水火夫若干人什物器皿諸費不知幾何且使貧民棄田廬攜妻子露處粥廠日待簞瓢之食誰與守乃室刈乃麥者況時方東作耒耜既懸秋成絕望民饑殆無已日今惟給以兩月之穀民得穀以歸各治其生庶有實濟乎古有勸分之法今必行之衆曰善侯乃自捐穀五百石遂率僚佐先募

於城中時春雨連綿侯徒步泥塗卑禮折節乞諸有餘之門於時感侯至誠咸踴躍捐助不旬日得穀三千二百七十餘石隨募於城南熟鄉越數日又得穀一千一百石侯曰饑者不可以久待吾以此先濟被災之尤者乃張示約日令各區里甲耆老率同饑夫擕橐擔籮赴縣領穀至期侯坐儀門外按名發賑又選幕中數君子分地給發不令吏胥有纖毫姦欺每名給以兩月之食先給以票次與之穀幼者以三斗爲率壯者倍之老弱廢疾不能前者許親鄰代領之一時饑民出於望外菜色者喜見眉宇尪形者

氣力倍增意態百出有非畫圖所能盡者計賑老幼男女一萬九百三十餘人益合一邑計之被災者二十二區侯所賑又區民之尤憊者又念各鄉雖有薄收然高卑燥溼咫尺不齊豈可使深山窮谷有向隅之夫復集各區紳士父老勸其各募各賑數日又得穀三千九百五十石侯爲核實分給人各三五斗不等又賑饑民八千八百三十餘人適值三月十八日

天子萬壽之日羣黎慶祝侯又推

恩澤大賚三日各給穀一斗復賑三千餘人又念讀書自好之士有甚窮窘不屑與稠人爭升斗者乃異其禮數以濟之於是紳士沾惠者亦二百五十餘人益至是而貴賤遠近皆得沐侯澤焉所全活二萬三千人昔賢有言凡天下疲癃殘疾惸獨鰥寡皆吾兄弟之顛連而無告者至哉仁者之言乎我侯乃親見諸行事矣嗟夫邑自丙申以來三歲不熟黃郡所屬大畧相同未聞他邑勸賑有若吾麻者我民何幸獨得父母如侯乎圖成將獻於侯此亦僅寫已亥春一時之事耳至侯前若後旁皇經畫焦勞曲折之心固未之能畫也因敘其始末於後使後之覽者得其詳焉

與石菴序　　周　禮

曩余過洞庭涉瀟湘經衡山之麓望祝融煙霞諸峯未能辨其孰是舟中無事取輿圖披閱知煙霞峯下爲有唐白衣山人李泌讀書處心向往之因念士君子方未遇於時伏處草萊其精神意氣必有落落不與人合者或指爲狂或詆爲狷而及其見用於世功業炳若日星道德重若川岳其向者伏處之一隅一室相稱羡而豔傳於後世嗟夫是豈獨鄴侯然哉今如吾邑之明山羊腸一線鳥道千盤爲東偏門戶其嵯峩一壁渾然危峭樵人牧子未易攀躋

頗無有開其生面者吾友梁子雪亭好奇士也暇日每遊憩於此剔石鑄之土而洞之剪石徑之榛而蹊之就半欹之石而亭之倚全龕之石而室之甘泉迸發野竹上霄雲母爲根别成邱壑其奇概在梁子自叙中而好事者又欲醵錢結宇題曰與石菴奉金粟於青芙蓉之上以永茲山勝事茲山之奇復不爲梁子獨有吾政不知當鄴侯讀書時亦曾有此同志士共發此奇情與否梁子方以儒者之學用天下而嗜禪最深又考昔懶殘道人撥芋以食鄴侯許其十年宰相彼時他人不獨不識鄴侯並不識懶殘兩人目光外射機鋒内含固已在語默動止之表矣乃與石菴成而鐵骨師一錫孤飛結趺宴坐不道其所從來與梁子中夜語不知何若而古今奇致畧同又有如此者爲可嘆異也王陽明先生學本良知當世亦譏爲禪夫致君澤民諸如理財治兵平刑勘亂皆於禪得之又何譏梁子試舉以問鐵骨師以爲然否

周太初先生序　李巍

水激石而成文風穿松而增韻適相感也過時焉而水石風松自若耳人之有身猶石與松然所遭之境殆水若風乎無端而有嘯歌吟哢則石之觸水松之披風其成文而增韻也亦莫知其所以然乎嘗謂人心之靈通乎天地故匠氏運斤而龍樓鳳閣不難計日以成工人操刀片碧而鏤江漢之圖桃核而鐫西湖之景大矣至矣孰測端倪迹而求之其貌樸如其言訥如其神望如而若有遺此無他志一思凝將反覆以求其心之所欲至惟恐其不能至耳

惟詩之道何獨不然古之人攜錦囊而嘔出心血哢夜色而至於斷腸證仙果而詠海天墮鬼趣而吟楓樹乃知性情所結何論死生仙鬼其致一也周君太初負奇氣少讀書善山水尤好唫詩性僩靜顧樂交天下士以是家益貧又閱世久不慣習爲儇薄益忽忽不樂一旦奉太夫人買山去離其故里嗟乎予交周子乃在十年以前根知周子未深而廼買山以去周子真有心人哉周子居臨湞水門對金臺四時之景無不可愛暇時呼童策杖山徑水湄窮幽極窅薄暮歸來必得佳句盍周子十餘年來境與事遭奇幻百出而周子悠然有會於道能以慷慨磊落之遭發爲宛轉和平之調其功候所至無意求工自然入化是即水之成文風之增韻有感斯通焉耳周子之詩外人少見知余有嗜痂之癖有作輒出示於余去冬造其新居作三晝夜談未嘗一字及詩月斜霜重猶擁寒爐刺刺不休兩人乃復鼓掌大笑自謂野客談天隨袖其全集許爲評閱作叙今春晤周子先以自叙示余沉鬱頓挫如聞漸離之筑雍門之琴音節感人而其抑然自下則又如匠之運斤工之琢玉有求其心之所必至惟恐其不至者也周子自

此遠矣世之讀其序與詩者即余亦附名不朽云是序

麻城縣志卷之四十三下

藝文志

會芳園春秋新蓺序　張希良

海內以麟經相雄長者數處安與麻弇主齊盟焉先輩諸公取元魁登臺省八座皆以是經顯故鄉會以五經雋者率當他經半盧氏雋者直當是經半𤓰極盛矣盧之兄弟九人四舉於鄉兩成進士絕不以門第驕人其同袍應省試者五人極大江南北之盛人疑揣摩捷得應有不傳秘竊欲發其枕中菽浦曰嘻毋奇欣然刻其家稿問世焉其兄蕙浦文章贍博惜不永年芸浦搆經藝頗富字一珠圓玉潤也弟芍浦簡練精到菽浦筆悍而神銳古致紛披不失先民遺範故庚戌會墨與余己酉鄉墨頗為操觚家推許焉是編出盧氏一家言敵義山花萼集矣聞之盧東河先生業是經卒不售暨文敏公取兩第皆以壁經獨菽浦兄弟為冢宰夢白李公外孫李公領袖黌壇菽浦諸君讀其書慨然徙業卒以酬乃祖苦心不予其身必予其子孫此語猶信

廷見紀略序　王一寧

江夏學訓江同文先生以昔年除官廷見紀略

御試藝辛卯歲應貢藝示余閱之有大家風骨選入寶善集矣閱紀略嘆曰先生之遭逢真不偶哉先生真不愧古之訓導哉稽古虞上庠下庠夏東序西序商右學左學周兼四代之學其著之祭義者大學在內者二小學在外者一見之大戴者大學在內者五小學在外者二國老庶老養之於中而又司徒以董其事樂正以掌其教外之鄉學則鄉大夫主之頒教於州黨族閭以教民州學則州長教民讀法習射黨正讀法教習鄉飲酒禮即閭亦有塾閭內致仕之老朝夕其中民之出入者必受教學校之廣如此初未嘗立教授等名蓋世之盛也無地不設教無人不知教無時不奉教也秦政燔儒學校漸滅漢承其後初亦未嘗興學至武帝始立學校官置經師一人庠序置孝經師一人唐制館有宏文四館學有太學國學皆皇屬國戚及大臣子弟為之他如四門學亦大臣子孫庶民之俊秀者為之而亦未嘗有教授等官之名宋

初設書院如白鹿洞者四聽人居其中設教亦未嘗
建學至乾興兗州守臣孫奭私創學舍請太學助教
楊光輔充之餘未置學景祐慶歷漸置各學乃置教
授以三年爲一任以經術行義訓導諸生徒或本地
舉人充之亦未奉命朝廷也熙寧諸路置學官並委
中書選差而教授乃命於朝廷矣元豐試學官上等
爲博士下等爲正錄考試教職自此始矣元各路置
儒學教授正八品散府州則從八品而教職始有品
級矣又有明洪武廣學校增教授學正教諭訓導等

職以下爲未入流益厚以待之期以科第未有窮也
而是時以方克勤爲寧海訓導旋擢濟南知府以寧
國府訓陳廸爲翰林編修以河南府訓葛鈞爲翰林
侍講學士以泰州訓門克新爲左賛善益方陳諸先
生克盡厥職故高帝亦不次官之使先生而在是時
不幾與方陳葛門諸公比肩而並列哉何古今人之
遭際不相及者有如此也雖然
本朝廷試之制屢與屢罷旋廢旋復八十年來廷試不啻
萬數初未嘗上經

御覽榮邀頒賜而先生以草莽之臣擠登三千里仰
天子之廷且與九卿諸鉅公并與聯鑣出長城謁行在拜
跪應對中規中矩嘉動
天顏玉音垂問頒賜尙廚又未知方陳諸公之能有此於
高帝否未可云古今人不相及也可不謂榮焉乃先
生奉寵命急就道赴楚官江夏課諸生端師範不苟
取與値論赴都門而先生獨秉彛卽申請修文廟葺
學宮課士子文丹黃甲乙不少假借有胡文定之風
又豈僅如寧海諸公而已耶故曰先生之遭逢爲不

偶然惟先生誠弗愧此官

梁雪亭詩序　　屈振奇

雪亭梁子者秋崖魯先生之得意弟子也秋崖爲亭州名宿風雅氣節久矣充溢遐陬耄年澄心性宗具正法眼悟第一義或有以人品詩文就正者每不輕爲許可獨於雪亭弱冠時一見而異之納諸門下爲忘年交今且與結婚媾焉洵重之也余來牧西陵即耳雪亭名初從季課諸子中一睹試又從秋崖手集再讀律韻咸朗朗有聲如見其人矣越明年延入幕爲小子解毛詩鳴雞瀟雨之際得與深談情愫乃見其律已堅潔制行鎮靜文章氣誼迴出時

流因知雪亭之所以見知於秋崖者初不在區區文藝間即以藝文求之亦復光芒外射咄咄逼人又豈鬱鬱久寄籬下者至所著守雪亭詩數百篇其間慷慨激烈窣古遙集則有不可一世之想若夫寄懷蒼遠含意幽深則又識明力定響異音清非尋常泛泛者比或生於情或發於性或因乎物或感乎時舉能淋漓滿志畢暢所懷信於秋崖之爲叙曰欲觀梁子之詩者觀其人而可矣欲觀梁子之人者觀其詩而可矣余尤取而進之曰信如雪亭之爲詩當不可以人盡也雪亭之爲人更當不可以詩盡也雪亭勉矣余日望之

梁雪亭詩小序　　鈕晟

質嘗藺壞竟其質豫章七禩掄其材自茲而捐雲勤日予猶世眼睨之哉抑識其根柢而天已定邪梁子雪亭齠齔已學作賦賦箸其尊人以示晟于時髮方燥禿瘡斑斑精神已大於身晟爲作評曰具體則細致用殊尊變化萬有饜飫群生萬世不可乏之一旦不可零子房前籌焉基漢誠意一餟以開明是可筮無雙黃童之業而況兼得意小友之交未舞勺也已解作詩有客過呼曰童子詩學何體雪亭曰但須問學何如人耳有其人斯有其詩矣客爲眙然

噱不得合迨今積紀而雪亭之詩果如其人矣雪亭之人抑又如其詩矣雪亭事親孝事繼母傳尤竭力事諸兄怡怡伯兄亡三年慟之如一日家貧四壁立有遠宦者以數金新與偕爲尊人年高堅不應寗筆耕百里外是士人大節梁子躬行也如此其詩之至性摯質者固如之雪亭固窮介如石有以匪義遺者屢遺屢郄卒致之客逾暮夜梁子覺拒之如孔思遠誡諸昆弟事梁子不欲彰余亦不復詳厥後卒以此賈禍雪亭不悔也其詩之簡潔貞貴者又如之雪亭雖不與世俗忤而俗情特落落難就每群喙譏

譏梁子不置一言里黨或指爲狂然偕晟及曹石霞遊也則醇醪又江鱠矣其詩之孤行一意也展如之友道之地於今也不啻公叔之嘆矣雪亭之與人交也有以性命交者文字交者姻戚交者氣誼交者方舟深淺不失尺寸然至誠相遇則一也其詩之披見衷愫也則如之雪亭每自儆曰學不如其躬雖盛名弗貴也文其文詩其詩人其人吾懼之其詩之親切篤行也洵如之然朋聽洪洞無垠際每超然遠想不減治城高世之韻其詩之飆駛逎上也適如之雪亭與中表王用肅以文章氣誼交每征綏相當晟

挈得憑軾觀輙嘆曰王子精金百鍊梁子長河萬里誠得十一而芍藥之鹽梅之吾弗測其所居今雪亭又交閩中吳亦白至善亦白詩文崢嵬晃晶殊異譬豕木初光不容薄蹄一足神響不敢坐聽頃爲梁子選詩百三十文二十有四等梁子筆等朔方軍一經位置而壁壘精神忽然變色吾見其夥於獲也梁子今年三十有四其進德修業益力尚未成名當世於所期萬世不可乏之一旦不可零者謂何嗟夫高甯之封已遲東山之駕尚早山川之鑒臨太邑之下斯藻黼之憂簡其時其會烏乎探之第决之人也之

詩也其勿名山蘊而姑餘遺也必也請爲正告海內司衡
者曰欲觀粱子之詩者觀其人而可矣欲觀粱子之人者
觀其詩而可矣

省身輯要序

曾謹

古之論不朽者曰太上立德其次立功其次立言嘗卽其語而繹之由而行之有得於躬之謂德舉而措之有裨於物之謂功發諸心以爲聲可傳以法於天下後世之謂言非第小惠以爲德小補以爲功修詞鑿句以爲言三者相因爲用未嘗有所畸重顧以上次又次爲區別者意以德懋乃可圖功而言祇餘事爾余竊謂苟不以言則雖德邵功崇亦安能自永言固不綦重哉茲于定菴年伯先生省身輯要一書而慨然想見其生平焉余生也晚又與先生

家相距數十里未嘗得侍左右聆提命聞諸先大人輒稱先生孝行備至色養無方撫異母弟子垂髫年教以詩書孝弟爲邑知名弟子員婚娶田廬諸務先生皆身處置之不少嗇於宗族戚友中紛則解之急則周之才識不逮則誨諭之一時後進之士多出門下被其薰陶罔不爲端人者乙酉秋余幸與家君石臺同舉于鄉乃得聞其嘉言懿行益稍悉丙戌石臺先余捷南宮己丑余始讀書中秘乙未丙申間石臺謁選都門與余聯牀居最久恒爲語家世事知先生平生砥行以孝爲先其教亦以孝爲首務著書

甚富無不以敦本力行為指歸今石臺本敎孝之意移以作忠治大邑若烹小鮮政成民洽猶時時以繼述未遑為慮既梓其遺書曰玉田寶藏曰家塾警言曰孝經內外傳先生垂敎之殷其大意已見云近復有省身輯要之刻刻甫成以一帙寄示并索余言為弁其書計若干篇引自古人者十九採之近代者十一即閒出己意率皆源本前賢語語有關身心性命總不外自善善人之旨誠可與前刻諸書並傳天壤使前後之讀者即茲几席丹鉛內想見先生立心制行根本之茂而有實斯以奉為典型則而效之

以永其流澤於無窮則先生之立言在是立功在是立德亦即在是先生為不朽矣謹何能序先生書第質言其所以不朽者如此爾

孝經內外傳序

王思訓

六經皆聖人躬行心得推之以治天下國家者也學不本於經則為詞章飽飣治不本於經則為功利權謀孝經為尼山所專作貫乎詩書易禮樂春秋之精意雖嘗曰述而不作其作孝經意以補前聖所欲言而未盡使知文行忠信之教莫不根柢綱維乎此他日曾氏之子聞一貫微旨其即所謂至德要道也歟夫參之獲罪於父誤鋤瓜根其事至細彈琴而解憂受杖而負慝與夔夔齊慄何異然猶見拒者三責以弗能如舜之豫親於道參自是益勉於孝

避席親承之下有經以傳後而孝之義發揮始暢極於天明地察光四海通神明皆由庸近而至高遠帝王匹夫莫之能易也我

皇上以孝治天下聖性天成薄海內外罔不和氣烝翔余同年李君石臺宰豫章之南康民服其廉明士親其德敎三年政成因出其贈公年伯孝經內外傳一帙付之梓余受而讀之內傳則通乎敎孝之言五經諸子古文皆備焉外傳以志古之行孝者虞夏商周之聖下逮漢唐元明雖大小不一而孝子之名必錄焉其箋釋詳明攷証宏博有關於

世教人心至切近深遠矣先生身雖未顯而積慶於後賢
謁乎忠信慈惠念不忘親按吏治者閱是書即當求忠於
孝仡劾謇諤對揚
殿陛呈諸
乙覽庸非致君立身之符驗哉余適奉
命視學江西每勤訪悠幽逸舉盱水宋孝子黃覺經建坊表
之特祀鄉賢惜不爲先生所見附於外傳反覆維誦而嘉
石臺能以其傳家者公諸世也爲弁言於簡端

東山紀詠叙序　周維桓

昔豳風之誌東征有東山之詩矣然或賦徂東以三年或
哀我人於破斧元公當日亦豈喜於用兵者哉蓋殷頑之
不靖雖變僅一方而有漸及四國之勢故曰四國是皇四
國是吪則是用兵非元公之得已也至於公之居東而其
袞衣繡裳之恭感人最深其信處信宿之懷人人最切爰
是九罭之詩有作焉楚黃之有麻城一彈丸地耳其邑東
負險巖峭谷土人亦號爲東山
國初歷有小蠢戊子己丑之間勢且滋蔓致煩大兵進勦

始克底定頑者烽燧時驚歲在甲寅之夏月東山之衆又
復嘯聚而起然昔之東山利用征今之東山利用撫雖有
時不皆盡出於撫而以不得已而用兵之心仍無失乎安
撫斯民之意則其免生民於鋒鏑之禍登反側以衽席之
安者其惠澤誠爲無疆也幸賴撫部院憲臺矜憫愚頑惻
然惟撫之是亟而於用兵蓋慎之初命副總戎王公駐防
城守非云耀武祇以鄉固吾圉耳繼命大衆新遷河南臬
使徐公黃郡丞新任武昌太守于公馳檄按臨宣示德意
唯是身驅單騎自詣山陬中一以至誠開諭而東山叛衆

悉已感泣投戈傾心就撫在昔張綱之靖廣陵𨚫車詣壘龔遂之守渤海賣劍歸農史書所稱未嘗不褒爲美事若二公之德威所及不介而孚夫豈有異者乃自夏徂秋徐公以是役既竣將返武昌赴大梁而鄒家河輒復告變于是頑民倏撫倏叛之所撫憲蓋已熟籌之矣因以于公暨任黄州夫亦設北門非準不可潁川願借寇君爲能靖此一方民耳于公時方駐臨岐亭及聞鄒河之警星駕遄征而民歡隨之民即爲鋭卒歸降之衆亦佐偏師旌幢所至罔已剪滅此而後朝食焉而孰知予前車既覆後車不戒

狂逞之徒慭不畏死曾幾何時而復有亂者之羣爲戎首哉歲十一月之朔二日于公自黄州躬率鄉勇官兵身冒矢石不數日而輒以奏凱聞越十有一日撫臺復命黍戎黨公暨伊公守將樂公同發武昌與夫見任駐麻之馬公各提勁旅而其監師餽餉者則有郡司馬佟公邑侯屈公相與區畫機宜徑趨賊壘不崇朝而輒以執訊告疾似風驅迅同電埽古稱楚將沉舟三日持糧以決秦戰岳侯神算八日破賊而平湖湘未有若斯之捷者也而且渠魁既殲脅從罔治凡是役之陷師者一如漢司馬之燒燬交鬪曹武惠之誓不妄殺而無復有崑岡火烈玉石俱焚之慘焉是役也麻之父老子弟無不拜祝歌誦以爲非諸文武將士之功不及此而諸文武將士則不敢自以爲功且曰此國家之靈抑亦撫臺主撫者之德也予諸臣何力之有焉嗚呼撫臺不得已而用兵之心夫非猶之元公東征之心也哉則麻民沐浴其功而謳思其德也宜其繼九罭之詩而有作矣維秬于是採集其詩爲帙名曰東山紀詠復謀諸門人萬生魏乃捐貲而付諸梓雖云村謡野諺詞無足取然而道路之口即碑輿人之誦類史亦庶幾與峴山

銅柱共誌不朽盛事云

貞女祝髮叙

周維秬

劉勝君之女少時曾字曾姓者年方及笄曾求婚於劉其父母多所堅執曾未諧所願遂恚恨從戎越數載傳聞曾已别娶劉女雖臺懸玉鏡心切刀環然生而無仲子之手文亦安能必其爲曾夫人也歲丁未女年二十有五父母謀欲改聘於陶媒氏將委禽焉女涕泣相向志操彌堅其父母欲强奪之女曰亡人恚憾之謂何吾獨何心安忍負之我二十五年矣又如是而嫁則就木焉吾舍曾其奚適矣豈無膏沐誰適爲容縱不能完髮以歸曾亦安能復爲

陶氏櫛髮哉語訖掩淚吞聲匿身暗所家人無知者頃之其家惶遽搜索以出瞥見之則童然者頭也諦視之則截然者盤髻在手也女乃泣拜父母指髮而誓之曰幸以此謝媒氏吾將托身尼庵以終老耳若曾子歸而問予則請以此髮還之媒氏聞言因大駭散去嗚呼天地間之完節正性夫孰有如劉女者哉古之傳烈女者或匪石而賦栢舟或孤飛而繫燕縷或井水明志誓無再起之波或氷雪爲肝留待艮人之剖要皆懽已偕乎伉儷情方篤於綢繆從一而終固其宜耳故婦而節者古有之未有女而待年以爲節者也婦而不再嫁者古有之未有女而終身不一嫁者也劉女未嘗一靚夫面一承夫恩劉女之髮未嘗爲夫一靚牀也劉女胡爲而身爲曾存髮爲曾刈有如是耶嗚呼天地間之完節正性夫孰有如劉女者哉予聞其言而愾慕之不禁喟然興嘆曰有女若此是　朝廷之所式閭而求者也是青史之所載筆而書者也愧余力薄不能爲劉女揚扢而彰光之然而劉女祝髮矢志之年正值郡太守某公郡丞某公邑令君某公諸賢尹涖任下車之日新政攸關風厲伊始某將白其事以爲褒節勸俗之一助

劉女雖賢將得賢守令而名益顯矣

劉女係劉真山人其拒聘截髮事在丙午冬予以丁未夏自都門歸聞其事因爲之作是文且有貞女祝髮詩一時屬和者甚衆迨丁未秋邑侯屈公新涖任於麻予欲爲之表揚其節商之鄉年伯年伯謂凡表人女子之節者必待蓋棺事始定劉女事固足稱然不知其究竟如何予遂停其議今歷十餘年矣聞劉女之父爲之築庵其女貞潔爲尼人無議之者予據劉女現在志行已堪不泯故存是以志之戊午夏日識

獄中草序　　侯天柱 西河

縣南三十里楊子同範者彬彬文學士也余髫年卽耳其名惜地隔東南未經謀面然竊聞楊子自刻鬻宮足迹不歷城市從無一字竄入公門其兢兢自好不干與外事鄉里皆知歲丙辰涂楊一案遠近駭聞官吏軍民株連受害者後先相望楊子一書生風馬牛不相及也只爲族人㨿蔽牽連名目至今二十餘年海底沉冤有天無日一家骨肉咫尺天涯禍福無門慘切一至此哉伏念

聖朝解網泣罪再潤衍楊各憲格外施仁春回谷黍上自京

省下逮府縣無滯獄無冤民獨此案懸懸迄無了日李子詩云洒人零落才人老縱使封侯亦枉然今楊子行年七十兩鬢霜斑卽蒙赦宥放歸故里里之人見其鳩形鵠面疑鬼疑神幾不識爲誰氏子而其家之幼子童孫驚走却顧更不待言矣又況長年禁錮終日面墻更何望就木之年尚有生還之日哉嗚呼傷哉其終於是而已哉今夫魚歸滄海則轉運無難鳥入樊籠則奮飛無自人羈縲絏則衷腸寸斷萬念皆灰雖才高班馬學富韓蘇亦寒爐冷燼耳其又何有於章句爲乃楊子胸襟豁達視獄中盈尺地不啻海闊天空每於佳節芳辰嚴寒酷暑輒發爲詩歌自寫胸臆其凉州曲歟其正氣歌其白頭吟歟其桃惚三百篇勞人思婦之所作歟雖揮毫潑墨無非蒲腹牢騷然其忠厚悱惻之懷未嘗不溢於言表昔人謂詩人少達而多窮又謂詩以窮而益工吾於楊子亦云鄉令楊子安常處順逐逐於科名文字之中則落拓青衫其姓字之流傳反未必彰彰而其詩句之溫厚和平余從何而知之又何從而見之哉然則不遭奇厄則奇事不傳不負奇冤則奇才不出此又當爲楊子另闢一解者也楊子嗣君有二十年

前負笈從余余勸令苦學無負先人志今其年皆壯矣績文種學克紹箕裘詎攜其父獄中草一集問序於余似欲藉余一言少釋若翁恨者夫余卽有言何能爲若翁重纘亢宗道在自强二子勉乎哉是爲序乾隆二十四年七月十六日譔

兩路口區新建文昌宮叙　徐　躍

國家愔庸典禮稱秩元祀　至聖武聖廟外惟　文昌帝君祟事維嚴故通衢雄鎮僻壤窮鄉凡夫聯鑣詩社樹幟文壇歲時會課之區山水培風之地多建　文昌宮於其上　聖澤宏敷士風丕振未有盛於此時者也信安北境兩路口居光黃之界山環水複雲樹葱蘢形勢家稱其蟠鬱雄秀卜爲人文發祥之所惟宜於市南創造招提俾宿躍靈光與山水間氣相脗合然而河漢斯言者匪伊一歲矣余以嘉慶戊辰季秌月歸自京師過其地訪此處詩

書門第以探　恩闈榜信僉以郭氏稱因造其門主人老幼出迎均端方有忠厚氣知其爲禮法家者信宿盤桓辭章商確一門之内桂秀蘭芳語次輒欲建立　文昌宮以培地脉言之切而詳且曰大厦非一木之支貝裘非一狐之腋吾昆季有六行將約同志者十人湊成十六首領兼收公費以贊吾志庶幾衆力可憑觀成有日也厥後辛未甲戌丁丑三上公車欵洽如故回憶傾蓋之初已十年矣自是束馬懸車不復北上而今又十年矣道光丁亥孟冬子姪試齊安攜郭君尊人義門先生書至乞叙於余始知路口　文昌宮告成欣然喜曰丈夫舉事遠則禪益國家近則培植鄉里惟視志之堅不堅何患事之難與易哉夫事之難成孰有於築室者道謀不潰詩人憂之至於厥考作室厥子有弗肯堂構者矧合區之公事乎歷二十年之久費數萬金之多廟貌維新地方生色此豈立心勿恒者所能爲以是嘆郭君昆季立志之堅而諸君子之同心贊助者又何其堅也吾聞光黃之間每多瑰才瑋學此宫也成可以會課於歲時可以培風於山水英儒贍聞鴻筆麗藻彫纓結駟上應景運以昭　朝廷文治之化成者即於

是乎在詎不懿歟其倡此議者則郭君之猶子宗冢嗣源也其和此議者則同區之衆首領也醵金營息歲戊辰也卜地諏吉鳩工庀材歲戊寅也成正殿設歌樓峙山門歲庚辰也修前殿塑神像歲壬午也置僧房廊屋南北闈樓歲癸未迄丁亥也僅畧疏其倡和姓氏與其初終歲月爲立志成功者勸

金溪四書題解序　林則徐

予同年生袁君金溪生平苦志讀書厲行由翰林改御史累疏陳時務皆切於民生吏治彈劾不避權貴洎退而主講江漢書院以根柢之學與諸生相切劘嘗曰制藝非小道必於聖賢之言實能身體力行而後宣諸口者無膚詞淺語故君所為制藝精思果力每拈一題必有確解名論而於君國倫常之所繫尤必有奇警之作使學者有以感發興起信乎其為有關世道之文也而所以訓諸生者一以理法為主校藝之餘輒抉題蘊以示及門久之積成一

帙君所得不盡此而所以訓諸生者亦不盡此而此則敎學之軌範也孟子曰大匠誨人必以規矩記曰目巧之室必有奥阼此物此志也昔余官楚北布政使公暇嘗就君譚藝及再涖斯土則君已謝世君子學瀛手一編屬余序受而讀之輒悲嘆不自勝顧序未就而學瀛又沒愈可悲矣今書院生徒卒皆昔時從君請業者誠能肆力於學而以身體力行為文則於君所以諄諄訓廸之意庶乎其不虛也已

考舍落成序　袁銑

一邑之科名視乎一邑之文運一邑之文運視乎一邑之士氣一邑之士氣視乎一邑之人精神有以培養而振興之麻邑科名嚮稱極盛邇來微覺蹇滯或謂學宮櫺星門中柱塞向或謂南城門為北門加樓所尅夫改柱增南城門樓二者猶為風水起見而培養士氣與振興士氣要不僅此邑人再三審度得其所以培養而振興者計惟考舍重且急蓋考舍為一邑童試計士人進身於此始所以培養士氣振興士氣即於此始故視風水尤重且急也惟是

工鉅費繁當建議時銑聞之竊以為難乃始事於丁亥歲越己丑而考舍告竣並學宮小柱南城門樓亦已改而張之蓋邑人精神萃於此矣而所以培養而振興者得矣培養而振興者得則士氣奮士氣奮則文運興文運興則科名益盛考舍之功良非淺鮮銑是以樂觀其成而為一邑慶也至若首議之不畏其難挈借之不辭其累督工之不憚其瘁勸輸之不恤其勞則邑侯董聚五明府序之綦詳茲不贅

建修考棚序　　董應魁

壬午夏魁承乏斯邑越二年歲科兩試一値嚴冬寒慄一遇炎暑薰蒸歷來考試皆在縣署而應試者幾二千人咸聚於此或冒風雪或侵溽暑身幾頓矣奚文之能工每與同僚議建考舍以庇士林而公事旁午未暇進邑紳而商之然心實注之抑又有慮者麻邑素號名區科甲鼎盛近來稍讓前徽說者謂學宫櫺星門中柱塞向南城門爲北門新樓所尅若培風水必先二者而更張之而又益以考舍之工鉅費繁不將空言無補乎丙戌冬邑前輩袁給諫

來以邑人蔡聲揚之言請曰培植文風固未可緩要莫重於考舍蓋試集縣署非惟燥濕不時而各房卷宗關係匪淺麻邑雖疲於興作而樂於輸助者甚夥即如胡魁順願捐考舍基地蔡子學燁願爲領袖袁子一賢袁子啟盛程子元勳及其兄蔡子熖咸願襄其事魁聞之不勝擊節稱賞既欣麻邑之好善而魁數年拳拳於懷而莫釋者藉以大慰矣爰是集衆於庭慨出樂輸印簿分給各區一時闔邑紳士交口稱善捐貲恐後而大工興焉方諸子之踴躍圖始也費或弗湊毅然挐借隨收隨償由丁亥迄己丑三

歷寒暑司土木者鳩工庀材司勸捐者櫛風沐雨未嘗一日告瘁給諫袁前輩亦屢來嘉勞盤桓累日魁所謂心實注之而恐其空言無補者蓋至是不已暢然意滿哉夫立一議而必能有成難矣即有成而規模宏遠抑又難矣是役也諸君子胡不憚其難並不辭其累豈時至事起莫之爲而爲歟向使諸君子當支用不給之日逡廵畏縮裹足不前學宫求如今日之秩然城門求如今日之巋然考舍求如今日之燦然得乎查所出印簿收未及半挐借之數約近三千不無展轉稱貸之苦而魁適量移隨州不獲親

藏其事以垂不朽歎何如之會同鄉同年孟君來涖此土孟君才力遠過於魁幸又樂以催繳未收印簿爲己任親行見諸君子之挐借必有以彌補於其後矣奚慮焉

捐輸邑童生縣試卷值邑舉人會試旅資黑沙洲區

會源寺

文昌祀產碑序　　胡

古者諸侯貢士一適謂之好德再適謂之尚賢三適謂之有功誠以陵雪褒韻貞柯必振尊風賞流清源斯挹細衣之慕朝野共之而焚香策秀撤幕試經朱服權衡則在斗魁六府之集計耀靈也唐宋設科取士每屆秋試縣令察保上於州州長審實上本道使者類試此卽今之歲科小試也直省設程科試旌簡俊髦策實定其甲乙朱書墨藝

各隨解牒上之禮部此卽今之直省鄉試也舉人赴試春明玉筭躋班金泥報捷進士及第今古同榮此又摭言叢話諸編膾炙人口者矣宋初踵唐舊制猶用公卷多假手文字或傭人書之景德中試紙始用長官印署令於卷首親書家狀其書體不符假文辦實并今駁放有到狀有保辯有識牒此卽今之生員童生保認買卷之由來也

國朝法制精詳大小試卷各有司存令本生自行納值麻邑考試向係童生自備試卷道光六年邑廩生劉錫齡兄弟尙義捐給邑人德之惟有歷年丙午歲錫齡病故其母劉氏以無力捐辦呈請免捐惟卷價錢雖取數無多而寒士擔簦躡屩資斧維艱卽么麼小數未必不沾沾顧恤凡人之情自無而有則暢然欣自有而無則嗒焉喪以超驍距躍之情變而爲撫髀之歎驪駕未歌龍門先噪識者慮之爰急作諭蒙之書遍張招募之榜衢巷聚觀太息延頸喁喁　羅君兆一邑之孟公也洪鐘一叩滿座禁聲風幕乍開千緡盡散慨然曰有其舉之何可廢也遂稽司會之籍發貫朽之藏率由舊章出錢一千五百串文應募另以二百串作本屆考場經費於是士林梟藻胥吏魚忙一紙試

言城鄉悅服不惟給多士習慣之求兼以慰當事及時之靂并可貸前人善後之謀蓋一舉而三善備焉惟是經童就試爲秀才論也舉人充賦爲進士策也燕薊路遥馬瘏車轅長安日近薪桂米珠鏡雖兆於芙蓉途莫依乎楊柳祇慚農瑣空笑旅荒竊願効綿藉資集腋呈請捐錢一千串文每年生息若干屆期分給本縣會試舉人添補路費明知五鳳樓非寸木能修或者三鱣堂由勺涉經始從此奴星衛道舟子掛帆敂閽張祠部之旌旗聚橐護行人之風露鄭莊千里不必齎糧方朔一囊無煩索米矣周禮大

宗伯以樍燎祀司命考天官書司中司命郎
文昌之四星五星也懸之以象戴匡麗台輔之垣憑之以神
肸蠁驗景靈之布地無分乎遠近人不間乎親疏濟濟經
童各祇釆芹於泮水祁祁廉正羣期宴杏於瓊林潔爾溪
毛用昭忠信輸將田産爲續明禋謹捐水田二石八斗六
升歲收租穀撥入會源寺作香火祭奠之供諸君尙力爾
心田勿於驕莠叢中預圖後穫惟　神實操其掌握須識
性不留處已報先聲此又　羅君臚分殊事疊疊繩繩敬
爲同人勗者耳總之惟善無近名至再至三理合申聞於

大府崇信乃愭裕不侵不怠似須有鑒於前車所有錢數生
息存留支放田畝租穀收管營辦章程完備業已條分縷
晰列入案牘以垂不朽永泐貞珉　君爲闔邑之道宗率
舊術新泰宇無分乎畦畛我是當官之懷肅揚徽誦美穹
碑共仰其鐫銘

麻城縣志卷之四十四

告城隍文　梅國楨

某奉天子命宰是邑惟是民之姦宄善良懽忻疾苦某實主之維神奉　上帝統主是邑惟是雨暘寒燠疾厲災祥神實主之某識淺材疎心徒勞而力不足以致廢墜未修弊孔未窒蟊賊未遠流亡未集某之不職且自知之何況于神顧入夏以來雨澤愆期禾苗焦卷將失有秋此非某之所能爲緊誰執其咎夫神之降殃必當其罪某實不職民則何辜其或苞苴未絕冤抑弗伸棄善保姦避強擊弱

愛民不如愛子治官不如治家以苛刻表風裁以催科著勞績以私情骫法以偏聽傷公獵虛譽而少誠心急趨承而忘矜恤有一于此神鑒昭然宜罰及厥躬加之災眚以謝天子爲居官不職者之戒今某業已無益于民而神又舍某之身而民是殃是重瘠吾民也今與神約三日不雨期五日五日不雨期十日十日不雨是神之失職與某等耳卽不能有所加于神神亦何辭以復　上帝且偃然廟食四境士民順時而祀哉激切陳詞惟神裁察

禱雨告文　梅國楨

某年月日知縣某敢昭告于本縣城隍之神自秋七月不雨至于春三月二麥失望民無所依某實不德以貽民憂故事禱雨則遷神南郊禁民屠酤朝夕拜以父老子弟從夫居已私室而使神暴露於外不順洋洋擁輿衛而父老子弟僕僕道路私饜酒肉而欲以口腹繩民非所謂以身率人也請出就館舍躬默思過爲吾民請命于神其身有隱慝穢行是糾是殛毋以殃吾民所不以其罪罪某而殃及吾民者豈惟某之罪惟神亦頗有焉然後與神爲吾民請命于　上帝神即暴露於外其何說之辭惟神裁之

告河文　梅國楨

萬歷十四年秋七月順天府固安縣知縣梅國楨敢昭告于渾河之神某奉天子命以令長茲土也維是一二小民朝夕力作以供租稅而衣食其餘以相生養於太平之年屢歲大祲民將陷於逃亡荷天之庥幸及有秋而河水又從而齧之某聞四瀆百川各有主者將使之宣洩元氣以潤物則民也往年陰沴爲惡浸淫汎溢漂沒我室廬蕩搖我城郭我是有隄防之役則是神之不利我民也今又不循故道衝嚙我壤土潰頹我隄岸使父兄子弟畚鍤從事日夜不得休息沃壤化爲潢淤禾黍雜於荇帶嗷嗷之民餔及口而奪之是天方福之而神顧禍之將非神之所以祇承　上帝之意也茲用拜伏河滸以俟神命神其卒循故道還我土膏豈惟某一人之賴一邑父兄子弟是賴若仍憑恃威靈恣意妄行而莫之省改是告之而神莫聞也或聞之而不從也告而莫聞爲不明聞而不從爲不仁上帝簡百神以爲川瀆主豈其以不明不仁之主而肆其淫溢以貽生人之害必不然矣惟神裁之

募修帝君祠文

董天策

天下翠奉　帝君矣抑知帝君之所自始哉自其神棲梓潼曰梓潼帝君自其司籍文昌曰文昌帝君其爲帝君一也然此其後焉者原其始則西晉末生於越嶲張氏者耳此猶其後焉者更原其始則十七世爲士大夫至是始跨驢而仙耳夫何代無士大夫其以士大夫而帝君者則未之前聞抑何代無帝君其以士大夫而帝君之且千百世共帝君之無異詞者未之前聞迨讀帝君文云吾爲士大夫未嘗酷吏虐民救人急濟人艱憫人孤容人過廣行陰

隲上格元穹乃曠乎思恪乎慕曰此帝君之所以爲帝君也歟天下有位尊而人弗之尊者德不稱其位後之人從而奪之有位弗之尊而人尊之者德克配其位後之人從而予之若帝君者所謂德克配其位後之人從而予之者歟予嘗跂焉仰止欲私建一所如登帝君堂私繪一像如親帝君面私懸其文於座右如聞帝君訓因以之風勵乎子弟抱此志而未就者有年一日里之僧佛旨者云其廟旁有帝君祠年深頹廢慨然有重修之志自度力不從心思募邑中士大夫共輸之力以勷乃成夫邑中固多士大夫者嘗見人有休烈懿行特聞士中者則士樂推而引之以爲士重曰此吾士中人人有以休烈懿行特聞大夫中者則大夫樂推而引之以爲大夫重曰此吾大夫中人今帝君明明是士明明是大夫且十七世已爲廣行陰隲上格元穹天下尊帝君而奉之者世世如茲豈非士大夫之所愛之慕之願效之而樂崇而祀之以爲士大夫重者哉且正不必士大夫也僧能立帝君祠而肅然而瞻禮之誦法之則僧重凡耕者商者軍者蠢焉而狂狡者能立帝君祠肅然而瞻禮之誦法之則耕者商者軍者蠢焉而狂狡

者亦重徒曰帝君上司文衡吾饗祀日隆名位可致是借修善之舉因之爲謀利之資者也帝君有靈爲之代愧

戒溺女文

袁銑

世間有目不忍見耳不忍聞至毒至慘一事曰溺女此風惟都會無之鄉村多有無論士農工商無論貧富不溺女之家百中有數夫殺人者死罪無可逃其所殺之人未必爲至親至戚又未必無可殺之罪也特以殺非其人則必償命況母子血肉相聯初出胎時不見天日使無罪而遭戕盆之冤俗有父要子亡不得不亡之說以爲生之殺之其權在我不知此謂子有大惡送官處死非自殺也嬰兒何罪而可以自殺律載故殺子孫擬徒溺女照例是徒罪

也愚夫愚婦身犯重罪而不知並有明知而故犯者干天之和莫此爲甚推原其故天下豈有不愛女之父母忍於溺女亦必有不得已之情或曰嫁貲不足恐失體面與其後日使人笑不如今日自割肝腸此情不獨窮人有之富人亦然富人嫁女之費常百倍十倍於窮人多女便有破産之累故雖巨富亦溺女或曰衣食不足恐難存活與其長痛不如短痛或曰女有不肖恐敗家風與其多養耽心不如少養自在或曰女壻不好百樣折磨女家若貧一生繫累與其悔之於後不如忍之於前又有連生數女不見生男婦年已長望子心切以爲無女吃乳易於受胎溺女或可速得子也種種情由下手出於本婦其情之所起不盡起於本婦或因丈夫而起丈夫見生男則喜見生女則當面有不悦之色背後有太息之聲婦窺其意無地自容即不致病亦再不敢養女此丈夫有心之過或丈夫本不欲溺女只懷胎後未曾以己意囑咐於其婦因事外出婦自爲之比歸則深自懊恨加以詈駡已無及矣此丈夫無心之過或因翁姑而起掙家業的人越老越認真遇耗財之事無不詈駡見孫女太多恐其破家亦從而詈駡此公

姑有心之過其無心之過亦與丈夫畧同或因伯叔而起某房女多耗費常要分家以爲口實或因妯娌而起婦女以生男爲命好以生女爲命醜某妯娌女多平時閒談有事口角嘲笑間或有之此皆情之所起述不盡述揆情度理一一解之爲嫁貲故而溺女嫁貲稱家有無裁之以禮何必過奢力果有餘自家骨肉浮財從厚也是至情力果無餘難道必要變産如嫁女要用槳米田者姑且不用只用押箱銀錢要用押箱銀錢者止用綢緞衣要用綢緞衣者止用布疋要用全幅家具者止用房中應需之件算來

富人嫁一女力能百倍於窮人者止用十倍則嫁十女也不吃虧力能十倍於窮人者止用二三倍則嫁五七女也不吃虧富人不開奢華風氣窮人即從減省亦不含羞我不索壻家重聘壻家豈責我以厚奩我做公姑見嫁貲極薄之媳進門格外待以體面則我女必學好樣不強與爺孃作難不明此理窮人學富人嫁女富人學窮人溺女怕失自家體面遂不顧女兒性命要留全力嫁蚤生之女遂下毒手殘後來之女苦樂懸絶以此思之詎不痛心爲衣食故而溺女飢寒起盜心害外人不可也飢寒起殺心害

兒女可乎自家存活難道多了這箇女兒自家少穿一件少吃一口多箇女兒共吃共穿看似受苦天倫至樂自在其中常見窮家小戶乞丐到門千聲叫苦没奈何隨飯隨粥也只得分他一椀半椀況是自家親生萬一必不能養活或與人作抱養女或與人作童養媳也放他一條生路或遇荒年並無人肯要卽攜女討飯也非醜事到得討飯雖無女也是討的又豈多了這箇女兒且命運亦有轉移窮時捨不得這口飯這件衣萬一富貴有時想起這箇女兒雖錦衣玉食叫他來分穿分吃天地也不應我以此思之詎不痛心爲敗家風故而溺女待世外人也不可逆料其不肖安知此女異日必無緹縈之孝必無曹娥之貞亦在教之而已且敗禮之家豈獨女哉夫不能因此不娶妻子不能因此不娶婦父母獨因此殘其女耶以此思之詎不痛心爲壻家故而溺女世豈無老而無子及多子而貧生養死葬全賴女者哉又豈無因女壻貴顯受榮封者哉卽所遭不幸亦只教之敬戒以事夫勤儉以持家安於命可矣女未必受辱於夫未必累及於我而先殺於我以此思之詎不痛心爲生子故而溺女仁者生育之根正惟望

兒越要愛女溺女之後又生女奈何又屢屢生女奈何又兒女都不生奈何又現存之女及再生之兒愛若掌珠忽有夭折更奈何且冤讎相報曩聞有一胎産一女一男者洗其男而溺其女不久懷胎次年以産難死冥中想有打算卽諸禍倖免溺一女換得一兒兒女皆我肉也抱着這塊肉想起死鬼那塊肉詎不痛心至於情之所起種種不一其過統歸於丈夫平日枕邊之教諄諄以溺女爲非使其妻耳熟明於大義又待女不太刻薄妻自樂從何至違拗本房女多於別房一切花費不宜錙銖比較枕邊閒話

偶訴伯叔妯娌之不公丈夫從容勸諭無使生嫌何至氣忿即翁姑之命難逆在丈夫以身任之幾諫挽回亦自易易何至殺女以曲從其親殺女以從親不忍也又何忍殺女以傷其親故曰其過統歸於丈夫此外又有不關於丈夫者如溺遺腹之女是也因其無父無依而溺之情亦可憫然試思丈夫已沒見此女如長見其夫孤兒不怕無依孤女竟不許活殘滅丈夫遺體新鬼故鬼同哭九泉更覺痛心總而論之溺女保家未必不生敗子多女耗財未必不添福祿溺女省煩未必不減壽算多女受累未必不益

康彊悖此者爲忍爲愚解此者爲仁爲智或曰情理如此富人信之行之可也窮人則勢之所難也周全亦有法乎曰有是在善爲倡導之勸化之耳夫都會所以不溺女者有育嬰堂也育嬰堂豈遂能盡養都會子女哉有此堂以樹之風聲人人知女不可溺赤貧者送入此堂不貧者亦從而抱養育嬰堂所養者少所全者多蓋爲之倡以動其善心也今鄉村雖無育嬰堂之設各鄉紳者亦似宜善爲之倡或先請官出示曉諭然後轉相傳説先勸其家次勸其族次勸其鄉一面使愚夫愚婦自發慈悲愛惜自家骨肉一面與本族本村畧殷實之家倡爲義舉各捐錢若干或添積祖費或於本村公放公收擇赤貧之家養一女幫錢些微以安其心安知養活之後必無好義之家抱養得去此外若有巨富之家好善樂施捐置義田義宅或付入本族之公祖或付入本村之公局遇本族本村赤貧子女幫錢與穀更可從重其功更大其事亦可永遠遵行巨富之家兼數十百家之産必是祖宗積德子孫才得如此子孫不積德連自家也溺女以爲一鄉之倡這根基便暗暗地壞了子孫若積德捐田數畝數石勸阻人家溺女也只

如氈上抽毫這根基越發培植得厚此皆倡捐以爲勸化之法也此事看似難行其實容易即如施茶修橋處處皆然茶田橋田茶屋橋屋亦多有之方便行人爲大陰騭況救活子女乎放生持齋鄉村亦有畜生尚不忍殺況子女乎親親而後仁民仁民而後愛物將愛惜行人愛惜畜生這良心照樣添設一法愛惜地方兒女豈不容易總之有錢則勸人以錢無錢則勸人以口化得一家不溺女則一族慕之化得一族不溺女則一鄉慕之此鄉如此各鄉聞風而起則一縣一州無溺女矣各州縣聞風而起則一省

無溺女矣計一省一年之內不知存活幾百幾千性命天地好生昆蟲草木並育不害人能體天地好生之心和氣致祥其家必有餘慶文詞甚俚意欲嫗婦皆知不揣冒昧刋送同人附刻證據於後願四方明理有大力者逢人開導委曲周全則存活無算或亦救世之一道云

告文昌帝君疏　梅之煥 邑人

幼雖了了長只平平既不能強跼蹐崎嶇之世路又不能弱辛酸冷煖之人情舉目蕭疏向隅之悲自壓半生孑立窮途之淚偷彈藥裹生涯淒涼形影青緗世業冷落箕裘季子已倣貂何言二頃毛生不脫穎長勉三餘夜雨西堂兎魄忽明桂蕊秋風南國馬蹄又促槐花如雨如雲紛疾足高材之敵三宵三晝卽榮華憔悴之關東西塲面垢首囚愁不入復愁不出毫楮上心嘔鬚斷患不精又患不明況艱難之境備嘗將得失之心轉急明逹樓如天上起角聲斷送秋聲至公堂似霧中看燭影晃搖月影念缺月孤鴻之句早已斷腸吟看花走馬之篇幾回搔首人何能役天實爲之仰祈萬丈奎光俯照三條蓮燭筆花吐處風生桂籍之香墨霧飛時雲絢蕊珠之彩勉稱栽培之造物敢云溫飽是圖欲酬簡在之帝心要使科名不愧

恭薦李長者疏

悼薦卓吾和尙心事青天白日行藏野鶴孤雲早現宰官身遊戲文章太守晚棄人間世歸依上乘如來淸畏人知宦邸都無長物塵隨緣斷天涯獨寄萍踪氣薄層霄眼空四海落筆千軍辟易下幃萬卷兼收潛心罄孔壁之藏精爭意契尙論執董狐之簡鬼哭神號抱用世之才兼能出世無成名之技固自難名持已太高故當意者少望人過重致負心者多涇渭分明之藏垢納汙之量斗山卓絶懷調高和寡之悲剛方未免激昂眞實間成執着善善惡惡

務必極其本懷是是非非畧不狥諸時好以致招嫌觸忌遂而賈怨益佻誰明公治之非孰辯臧倉之愬寃霜六月偏洞幽谷芳蘭曉日晴雲不照覆盆棘木鳳哀麟疕玉碎珠沉在天道豈曰無知非往因斷不至此百年何好醜到頭總是黃粱人世幾寃親覿面已成烏有太虛無物任他把火燒空羣小流言何異彎弓射影試憶丁亥後種種悲歡得喪豈復留踪卽如藏書中代代勝敗興亡竟歸何處且生卽有死何必讒言況施靡不還祇成反中若猶含寃積恨又或較短爭長起心便是輪廻片念轉生障礙諒生平之學力斷不至斯恐毫髮之差池未免墮此特修懺法聊助津梁敬仗慈悲俯垂憐憫指眞空之覺性示不二之法門苦海旣離愛河隨斷寃寃霧釋更無執對之愆業業氷消永謝閻浮之路

李中黃曰李卓吾以著書殺身藏書其最著者也然藏書有偏處亦有當處但其出詞吐氣一味怒罵固應取禍耳

代闔邑爲李夔臼延生建醮疏　梅之煥

金粟後身青蓮仙品現宰官而住世開正法以覺民喜怒不形寬親平等同人于野休休焉其如有容守己如城油油然而不自失用汝作霖雨若有腳以行春於我如浮雲實無心而出岫英雄從戰戰兢兢中做出事業只恬恬澹澹處得來惟急病而攘夷每履危而涉險有忍乃克有濟隨方輒奏膚功仁言不如仁聲到處咸稱活佛在邦必達在家必達已學一人有慶之休天視自民天聽自民惟鑒三代直道之頌析薪負荷九臯鶴子和鳴玉樹盈庭五色

鳳毛濟美

書

戒子書　鄒來學 邑人

字寄妻男楊氏鄒瀚餘不及言自離家之後將及二載鄉市各處親鄰朋輩人事之往來以及家務人口種作屋宇塘池樹木頭畜等項二兄家道安否澍海二子生理俱不知詳悉爾雖有家信一二次止開此須畧節豈想父在遠方時時懷念以此一事觀之爾之平昔爲人苟且簡慢懶惰粗糲無狀可知其待父母如此又不知相處內外親戚鄉里何如每憂爾少讀書識見寡操歷淺至親至眷不知

尊重小男小女不知撫字左鄰右舍不知和睦年老之人不知恭敬貧難之人不知眷顧患難之人不知憐憫爲惡之人不知迴避爲善之人不知倣效有恩之人不知報本有寃之人不知洗雪與人飲酒不知深淺醉後之言無天無地無禮無法醒後諸事不知與人交錢不知仗義和好之時如兄如弟如膠如漆一文相競諸情不顧鄉閭往來常乘騾馬見人不知下地大帽長衫驕傲放肆作揖不知低頭識者莫不恥笑誰肯勸誡說爾好者欣然而喜春風滿面說爾歹者勃然作色怒氣滿懷至若起家不知要節

儉耕作不知要辛勤畜養不知要水草樹木不知要栽種子弟要教訓屋宇要打掃內外要防閑出入要謹慎夜晚防盜賊豐年防旱乾有日防無日用人要飽煖待下要恩愛我憂爾之不能爲人不止此數者聊說其大畧爾書每說牛死比之常人家一牛使數載而不傷者何也蓋因心痛此牛牧養得法水草依時爾書又說無本錢比之別人家一般納錢糧赶人情又當相應人夫凡事量入爲出千思萬想要知何者爲起家之計何者可以納錢糧何者可以備荒旱務要長遠莫顧眼前我每想自已仕途數年間

必有深過以致禍惡上及先母下及溥兒自朝至夕惶懼省責又慚薄德菲材勞數次之章奏遭幾番之薦拔誠恐有負朝廷之委托寧又肯貪汙以辱名節貽後患於子孫乎況因守制三年爲家室之累往往作事不守本分致人嗟怨蒙恩宥之後爾當洗心滌慮改過遷善愈謙愈卑更讓吏和平昔之仇隙者今則待之如芝蘭昔時之搆怨者今則待之如骨月事事守己件件安分官府一跡不至外事一毫不爲廣結人情溥敬鄉里貧淡乃安樂之本清閒是享福之源人家有長短不要偷寒而送煖鄉里有過惡不要面是而背非隨步而行全憑方寸不必東思西想不論爾強我弱看破事情富貴浮華皆爲外物有命所拘思之思之慎之慎之盡心以守之勿以予言而輕易之二兒不知來否早晚慇懃孝順周先生在家或一月或二月常去拜問每事一一請正而行當以父事之我自幼而長死生患難之交止一二而已

後學屈振奇曰觀人不於其所勉而於其所忽讀公此書皆家常瑣細之言而公存心之忠謹立身之勤儉與夫居官之靖共正直俱可知矣予童時即見有刊公此書傳世者今幸承之公里得悉公行實又見其子孫皆科第蟬聯爲西陵望族不亦宜哉

與周柳塘　　梅國楨

前在黃安聞楚侗先生瞑眩之論眞有味乎其言以爲人生大造最宜大省悟大憤悱方大長進若不肖者行多跅䟫譽之長厚亦既迭宕而憤悱矣而世情俗見斷割未能近日以來動違清議夫木無不鑄隙之蠹人無不間隙之尤諸所加於不肖者皆實實有之而又側大會發高論不肖之顏厚矣自今以往閉門自訟如前所云瞑眩之藥更新其耳目重易肺腸以求信於朋友若復優游歲月以人言爲不足惜是竊儒名以文叵奸結善類以延虛譽徒以未識者而竪僞行反以阻向善之心不肖會以此爲恥而躬自蹈之可勝痛哉可勝痛哉惟門下察於衆口之外論其虛實而時賜藥石焉斯回生之力也若下愚終不可移清議終不可追不肖非朝市之鄙夫而山澤之癯耳寧復與有道者相接哉言語激切幸其亮察

與萬兆　　梅國楨

里中人來傳云家父有書與足下會逢足下之不若而裂其書抵之地且與使人手相格也以理度之必無此事而足下包藏盛意則知之久矣足下之所欲者吾土地也土地小故而寒家又懦弱可狎視者何足以煩爪牙之利而試毒螫之威哉況人各有所寶以詒子孫不相悖也鴟得腐鼠見鵷雛而嚇之則甚惑矣寒家日孳孳以禮義忠信詒其子孫而惟恐其不足足下日孳孳以土田宮室財賄詒其子孫亦惟恐其不足今足下金帛足以饗士堂可建三丈旗而息壤千畝則古者一成之賦也足下所不足者非土地亦明矣奈何一觸於目輒張吻而嚮之本田雖寒家故業所當世守者然足下以得地爲寶寒家以退讓爲寶各得其寶以聽天命而詒子孫豈不兩全而足下必爲是悖悖者必如何而後快哉人謂足下見邑侯有所督過於寒家故因而爲此使寒家不敢言而足下又因以取媚而幸免於三尺之外是足下之智不若葵矣何也邑侯之於寒家不過以其不能將順故薄示懲創耳足下於平旦幾希之時試一反思其所以日積月累以成此大名者雖

足下能一一自數之乎其不能自數而汗出毛竦不病而惛未寒而慄者皆在人耳目而上之人所稔聞者也彼邑侯者固吾道中之君子而易事難悅者一旦別其薰蕕而謂足下之藉此以行險徼倖也吾恐爲幕上燕矣今爲足下計宜亟反心易慮將數十年秘謀毫髮不掛於心而少知人世之有所謂理法者雖杯水車薪勢不相敵而齋戒沐浴以事上帝庶幾有祄而免之者而又親師友以敎其子弟使知大易用譽之義若纍十二棋而履春氷所謂逆耶而順守之卽足下之土田宮室財賄或有能保之者若

恃一時之詐力而欲爲後世之計旣得人之故業而又重傷其孝子慈孫之心自古及今或有能善其終者特區區寡昧未之見且聞耳語曰爲善尙未嘗福爲惡將欲何求政謂今日在足下勉之而已近見西方大士視一切皆爲泡影獨於墮惡道者尤有濟拔之心焉故不敢以何擇爲觧而忘某藥石幸足下範我馳驅毋使他日嘆曰悔不用梅君之言則足下家門之福也

與某公

世上最艱苦事都任在自己擔當無一毫退悔心是大豪傑世上最便宜事儘讓與別人受用無一毫羨慕心是大豪傑人忌害我不與計較常人能之我有恩於人而人忌害我不與計較非有大識見者不能也人之好趨承者非但識趣落在一邊亦是一種才無是才而效其所爲徒自取愧悔也一生便擡頭不起矣卽如先輩中有居官居鄉俱負重望只因容易作書爲人所輕謾聲望大損其心本是從原但欠慎重耳可見凡事不可不慎也

與某糧儲書　梅國楨

敝邑連歲大祲去年尤甚十室九空道殣相望奔走百里外採蕨爲食食多輒病且死麻屑豆餅平時以養豬畜者得之不啻芻豢間有擔石之儲則羣起而奪之有相殺者豈不畏王法迫不得已也私家之藏既盡官廩所積不多轉輸失策告糴無門人心洶洶非轉徙四方則聚而爲盜耳幸賴兩臺老公祖題准十五年南糧改折十六年漕糧免十分之三行文到縣一時聞者莫不鼓舞稱慶庶幾再生此米見在水次未經起解但恐糧里無知乘時射利妄

將前米花用販賣則上意成虛下民失望如入口之食忽成畫餅嗷嗷之民若擠之壑雖欲賑之將無及矣乞嚴加禁諭有照例納完折色者卽以本色給領計二次可得米六千餘石兼以積穀發賑不三月卽接麥秋民知利而不害皆懷樂土重犯法不惟達主恩明職守而數百萬生齒之命皆仁臺之所造也伏乞留神地方幸甚世道幸甚

秦舜峯開府救荒書　梅國楨

季冬寓會城初不敢以賤名姓唐突閽人乃臺下以屬吏之舊隆禮先之言及地方旱傷眞若痌瘝在身虛懷下問彼時以臺下持在大體不宜以瑣屑聞也及返敝廬時値元日墟里無烟行路稀少自是以來城市之間道殣相望附郭之近公行剽劫則僻遠之地又不待言不圖全盛之時見此蕭條之狀自古救荒惟糴與賑今經費有定數稍藏無積貯緩且不可誰能議糴若賑則欲取之本縣而倉庫空矣欲申請轉發而司府空矣欲勸借富室而閭閻空矣更兩月始及麥秋枵腹之人朝不及夕其何能待耕牛

盡歸屠肆穀種望之遠方而春來無雨池堰俱涸卽力能辦者亦不敢議及牛種恐如往年以重價棄之無用之地也將來之事又不可知爲今之計必不能出一奇以利民惟去其所以害之者使自爲計而已如通道路以便灌輸安商賈以通泉貨截渠魁以息盜賊寬脅從以省騷擾皆去其害民者而民自利矣本地既無儲蓄則轉輸全賴他方而道路之間刼奪爲患雖粟如邱山不敢望也捕盜員役有能設保甲嚴緝捕而不時以身察之則道路通而糧

自集矣然糧雖集而無所取價也勢必貸之當舖方可時事之爲當舖害者非一事也譏會則取什物餽送則取金幣卽酬其直不過十之二三而付之不理者固多也每獲盜賊則駕言起贓應捕人役混將他人當票一槪混取則凌轢騙害無所不至利小害大彼何樂而爲此乎惟禁所以害當舖者則泉貨通而小民有賴矣至於凶荒之時盜賊易起或以爲迫於饑寒曲爲寬縱或以爲漸不可長一槪誅戮是二者皆過也縱一眞盜則害及良善聽其牽連則濫及無辜故眞盜議死甚則梟示則法嚴而人不敢犯

餘黨不問倘其再犯則情通而人不見擾凡此數者皆老生常談人所厭聞然謀及老成詢之父老皆以爲救時之急無要於此矣或以爲此有司之事不宜聞之上臺然各有分地則兼制之爲難未奉明文則專擅之爲慮臺下酌其可否明布教令則虛文塞責之弊可祛矣向承虛問敢布其愚惟特賜省覽而不罪其狂無任皇恐瞻望之至

與劉邑侯書　梅國楨

不孝不欲令一人擅入衙門通邑所知昨因吳可通事細訪乃知有李夢麟梅可託不知嫡名倂可通三人常常假借本家名目可通恐其不信又假具一詞以實之事雖實而人則非不孝素不以一字入公門卽有詞豈不令家人親去而使他人代也蓋不孝自叨鄉書至今三十六年矣院道公祖屢疏通問況敢有一字一人有所干謁鄉里平民以此相信相許今老矣肯毫忽苟爲舉生平負盡乎聞可通悖傲異常須枷號始足示警此輩刁頑樸責非所懼

也回遣家僮完納鞭銀倂白鄙心種種之懷容遲日面悉

與文明府　　梅國楨

某聞造就之恩等于生成知己之感深于骨肉寒家數年以來門祚衰否家父㒲繫于丘園某也蓬轉于天涯諸弟株守于呫嗶百歲祖母甘旨不充而齮齕之事且時時有之自明公下車始得安枕矣而弟樓弟森俱嘗國士之遇國楹國　小壻劉承緒皆與進入學今樓森得溷賢書何一非造就所及天地高厚之恩將何爲報卽欲啣結末繇而已敝邑士風漸不如前一假詞色則家族家人便得憑

藉恣睢冒犯殆不可言寒族人雖知守法而人衆難齊家人又易隨風而靡惟望一以法繩之使寒家父子兄弟不致獲罪名教不致取怨鄉人則明公之賜不但生成已也

與唐撫臺書　　梅之煥

黃麻當危急存亡之秋鄧元戎忽領大兵至億萬生靈始有再生之望敝邑仗祖臺福庇伏兵屢獲奸細內應不敢竊發渠魁稍有戒心暫退以俟我懈意實未嘗一刻忘黃麻也二月廿五六夜連獲姦細于城外皆棋俟三枝齊到必入麻城過夏江北之寇破鳳潁等處者被彼處堵截皆從光羅入黃麻前次之從麻城西馳者仍在德安隨州一帶耽耽虎視不盡楚屬不已也已破之處不留亦不再往陵寢可慮者全在承天鳳陽則非其所戀且各處大兵雲

集鳳陽矣鄧元戎若自討便宜只合走無賊之處今偏守賊人之衝此其忠肝義膽不亦今人所難哉昨在羅山破賊親自衝鋒斬獲無算何其勇也凡被賊擄者悉給帖放歸不以充斬獲之數婦女之有父母夫家者皆令送還何其仁也各兵所獲之財物仍盡賞本兵以作其氣何其廉也紀律嚴明在敝邑秋毫無犯市易不奪何其嚴也生等閱將帥多矣自未有如此超乘絕塵者賊之耳目甚長鄧元戎今日去賊明日卽復來從黃麻而蠶食席捲承天陵寢大可寒心伏乞祖臺會同直指公祖照原部文檄發糧

餉俾暫駐黃麻等處仍合疏題請借重鎮楚得以聞警郎隨處追勦庶三楚不至駢首入虎口也生等卽有公揭到部然必祖臺會題而後於事體更便時危情急不暇擇音統惟慈照

與洪制臺書

梅之煥

憶昨西鄖叨沾蔭庇年來荏苒風塵缺焉聞問然仰止之懷則非雲泥所能隔也適有天幸敝楚亦在德星垂照之中三戶驚魂咸有起色不肖二天之慶又可知已賊所殘破之處不久戀亦不再往江北諸賊皆分道入楚敝邑則其門戶也耽耽敝邑非一日矣以備禦有素頃又每伏鄉兵擒其姦細內應絕而勢少緩然意未嘗頃刻忘也本月內破鳳陽等處者皆從羅山分三股入敝邑焚殺之慘視二月更甚焉前從敝邑往德安等處者又厚集而圖大逞敝邑之危不止累卵幸鄧帥大兵恰至賊聞而始退舍避

之忽接部文又令舍黃麻而赴鳳陽矣明知賊不在鳳陽而不得不奉行唯謹鄧去賊必復來敝邑如有失則門戶壞而席捲長驅承天陵寢大可寒心二月初三辰刻賊過敝邑城下爲先聲所奪不敢攻然各村鎮屠戮之慘尙不忍聞則被破之郡邑又當如何凡賊到之處逆奴慣盜及遊手遊食之徒從者如市其輜重之多供奉之侈皆未可名狀似此光景撫之一字已無望矣惡貫滿盈勢極必返正天道神明藉手於祖臺之靈以彰天討之日也然勦亦

何容易言也勦此則逃之彼勦彼則又逃之此分勦則兵力單合勦則岐路雜我兵集而彼佯遁我兵撤而彼復來擾擾何日而已耶況救援於已破之處諺所謂賊過安弓且弓盡安於已破之處而虛其未破者以俟其來是祗爲賊開方便之門也敝邑輿情欲借鄧帥鎮楚而仍部其所統之兵如賊從楚入豫則楚躡其後而豫擊其前從吳入楚則楚遮其前而吳躡其尾兩下夾攻庶不止驅之出境而以鄰國爲壑也鄧帥紀律嚴明調度有法軍士在城寂若無人賊至界嶺聞名宵遁敝邑甚德之而欲依爲命敢

向祖臺直陳之百萬生靈所繫呼籲俱殷然爲敝邑圖瓦全正爲陵寢門戶求萬全也不嫌草野仰瀆雲霄恃高義必有以鑑原之臨穎曷任主臣

比例改折書　喻儀

國家州縣賦役北兌最爲重大然舟楫通利者以納米爲便山徑崎嶇者以改折爲便麻城接壤河南居萬山之中北接光山至縣山路一百二十餘里東自東界嶺至縣山路一百四十餘里東北接商城至縣山路一百六十餘里俱皆鳥道懸崖每人肩負米不過貳叁斗日行不過三四十里自邑至岐亭一百餘里自岐亭至大江又一百二十餘里皆小溝也大約遠者至江三百六七十里近者亦三百餘里故邑之兌米壹石得至掛口所費不下叁肆石萬

民嗷嗷流離逃竄其源多出於此兼以二十一年及二十三年龍水泛漲腴田半渰小河盡塞搬運之苦視昔更加倍矣況本縣人多田少計一歲所收卽豐稔僅能供一歲之用而北兌所費不貲富者已貧貧者已徙支吾展轉日甚一日大端麻城黃安地里相近山川相同黃安之糧一半麻城所割也黃安向荷哀矜全賜改折麻城差繁役重十倍黃安苦樂未均萬民嗟怨萬歷十年陞任文知縣哀懇求改已得俞允隨被貪肆許主簿幹徵本色蓋折色萬民所共便而本色惟管糧官及房保戶棍之所甚利也本

省偶折叁萬柒千柒百前後爲祁陽等十四州縣永改叁萬叁千有零其所餘肆千蓋留以待麻城今廣濟縣復以爲請彼自馬口鎮巡司至龍坪及武家穴三面邊江其邑之地遠水者不過四五十里卽該縣申文亦止云百里遠近難易與麻邑迴絕且云麻城以數少無弊此廣濟士民不昧之本心也今見麻城有請而廣濟復驟變其說而云麻城有紫潭河夫紫潭乃黄岡之河往者黄安之運道也各縣士民豈不耳聞目見乎况廣濟已永改叁千矣夫三面近江之地已得改叁千而四面阻山之邑反不得沾其

惠恐麻城士民之告爭無已也大端地理之遠近山川之險阻圖籍可考彼此俱知又非筆舌之可以那移伸縮者伏乞仁臺軫念衝疲荒涼之邑優恤流離困苦之民查守道見行明文並本府刑廳開報二縣輿圖遠近水次秉公改折是一視同仁萬代之所瞻仰也

復張邑侯年丈　梅之煥

待金馬而避世殊愧歲星焚銀魚以選山幸依化日願爲小相每慚伊朱博之音持助正人忽示我霍光之傳惟自任天下之重也故樂得英才而教之淹貫古今不數太平半部並優仕學何假南面百城宰相用讀書人亦知不學之無術秀才以天下任是必有志者竟成救時相豈易言哉同年情何可當也惟年臺壽國壽民興作人之愷弟栽小子亦狂亦簡獲卒歲之優游

晏張邑侯　梅之煥

二月維中三陽正少晴郊日麗棠枝夾道清陰紫陌風柔麥葉平分細浪試問韶光幾許恰輕煖輕寒還詢樂事如何堪一遊一豫園南橋墅色聽北斗履聲聆來兩岸鶯花眞成兩部喚醒一簾風月不用一錢露冕行春攀轅卜夜觴曲池而泛月不爭上巳之芳辰訪石塔於摩雲猶識咸平之故事酒嘗新熟花看半開君子之至於斯賢者而後樂此已躬擁篲企切驅車

麻城縣志卷之四十五

知縣事臨桂鄭慶華纂修

藝文志

記

題名記　李正芳

成化十三年歲在丁酉冬十二月朔西蜀劉公應乾以名進士來令吾邑公先令浙之餘姚六事允修而賢聲大著今令吾邑猶前日也一旦視學宮閱科舉題名碑而名已遍矣因與縣尉吳公暨邑博劉公聚首而籌度之曰去秋

鄉榜七人今戊戌春榜三人咸無題名處況科目盛事將來者尤不可以計數可不再勒諸堅珉以繼之二公遂起而揖曰此正予輩欲言及者於是命工礱石走幣徵予文爲之記予竊惟自古文人之生固因乎山川之秀而其名賴托以傳者則貴遇乎豪傑之士也故崧嶽生申甫而功名蓋世閩蜀遇常袞文翁而科名大顯蓋有不偶然者吾邑在汴河之南漢江之北前有龜峯之峻拔後有鳳嶺之巍峩人才之生固有自矣脫無豪傑作令以振動之則不朽之名何所賴耶矧吾邑自國初來出自科目殆百餘人有長內臺者有伯外藩者有叅大政者有副憲者有僉憲者輿夫職黃門居部署擢侍御典光祿佐天下之郡令天下之邑司天下之教者後先相望然今之山川卽昔之山川也在昔鍾有其人今豈無其人歟碌碌焉不題其名則後將何述劉侯下車之初作興士氣猶先急乎此可謂達政而知務矣後之學者覩是碑思師前人之學仕者誦斯文思師前令之心謂非侯惠遺可乎然則侯用心之仁其深且遠哉史載循吏以六事克舉者蓋六事之首也不可無記因其請特書之俾刻諸石

鄒都憲薊州祠堂記　李東陽

都察院左副都御史麻城鄒公卽卒之五十年後近畿東北邊之將士吏民以公嘗巡撫茲地有功德不可以不報建祠祭之祠在薊州者都指揮劉侯某請太子太保閣老東齋劉公爲記於是守鎮總兵官都督李侯銘偕巡撫副都御史嘉魚李公田命守備遵化等城指揮使張公瑛亦建祠立碑來請記於予予生晚不及接公風範聞公名鄉曲間舊矣及仕於朝聞東人道公事又會其子開州同知淪及其孫刑科都給事中騏獲見其譜末銘誄粗識公之

一二而益歎其賢公在正統間通政參議出督永平山海糧儲事經畫詳密出納明愼民甚賴之也先入寇進都御史兼督薊州遵化居庸紫荆諸邊關軍務簡將閱兵納芻粟繕倉廩築城浚濠修治械器百廢俱舉一時論保障之功者必歸焉嘗觀已已之禍天下之大變也然不旋踵而定若無事焉蓋國家有可以制亂者三國富也民安也多賢才也自洪武永樂創業定難以來至宣德正統休養生息府庫豐溢倉廩充積故雖費而不匱閭閻畎畝之民食有稻衣有帛嚴刑重役不加其身橫科厚斂之擾不至其家故卒有警而不變內而臺閣公卿謀畫制馭之宜外而閫閾將領攻戰禦守之力故政務叢脞而不廢以斯言之若鄒公者其功業之盛如此也或者以爲公當難鉅時不親錢穀刑獄之務未嘗攻城掠野獻俘貢職若未足以盡其用者獨不知蕭酇侯之事乎鎮國家撫百姓餽餉不絕其功固已蓋汗馬之勞矣公在畿郡有撫綏安輯之功在邊徼有防守備禦之策而況提握重兵爲殿拒振耀聲烈以成不可犯之勢乎夫古之有功於民者生有爵死有祀若公者縱不克上厘國家之典顧其民與吏有不能已於

情者乃從而祀之豈不可哉君子之論政者每憂治世而圖先幾當平居無事時必深培厚植結民心經國用儲蓄賢俊以待天下故取之而有餘用之而不可窮苟徒恃乎戎馬之強鋒鏑之利以折衝禦侮於不得已之際亦且勞矣此予於今日聖天子國用之富厚民心之安輯賢才之衆多未嘗不有感於昔而公之賢亦豈不重可慕哉而況居其所重之地躬其德政之美被其澤於無窮者哉後之登公祠跡公之所爲其所感慕豈有窮乎此國家之大者故予不獨於公之身言之公受命撫蘇松諸郡亦有惠政

茲不著

麻城縣重建縣廳記

董樸

吾麻城王侯建縣廳成疏其事請樸爲記樸辭弗獲已乃爲記之吾邑往古鮮有碑刻無所考証謹按圖誌古爲禹貢荆州之域春秋時爲黄地秦屬南郡漢爲西陵縣屬江夏郡梁爲信安縣及北西陽縣陳改定州後周改亭州隋因之晉時僞後趙石勒使麻胡秋築城於茲故名麻城屬黄州後屬永安郡唐復置亭州又析置陽城縣尋省元和初又以麻城省入黄岡後復置屬黄州宋屬淮西江北通黄州軍尋徙縣治於什子山元復舊治隸黄州路我朝因

之北接光蔡據五關之險控淮西之衝崎山聳於前鳳凰崖擁於後龜峯等山峙于左大安等山列于右大河遶於前歸然一大形勝也士風厚善樂於爲儒出重名節處尚廉恥藹然一美風俗也故爲全楚名邑近年以來地窄民稠深山邃谷耕鋤殆遍雨暴水溢流沙衝壓田地民多患之成化癸巳侵及學宮泮池逮今餘四十年漸及治東古城濠射圃亭距文廟僅五丈許每遇春夏水漲吏民惶惶束裝以待縣廳創於洪武甲寅歸安趙君諱乾重修於成化戊戌古渝劉君應乾燬於正德壬申流寇歷諸城侯君

君器新昌蔡君純中二侯俱有遷縣之議未遑重建僅覆蔀蓬以視事戊寅春王侯下車之初卽以前二事爲念無何上官檄縣定修河遷縣之議侯詢於民民多安土重遷以作隄捍水爲便侯順所欲乃浚古河以殺水勢徐圖作隄築城之謀而民樂於趨事縣廳則捐民之贖金以易木料瓦甓工力則取民之在官者因舊址重建築三丈深視崇加六尺廣視深加三丈一尺費白金一百六十兩用民力九百工經始於正德戊寅至冬落成於己卯仲春其氣象宏厰甲於吾郡七邑與山川民物稱春秋常事不書凡

有興作非時害義固書雖時且義亦書重民力也竊以爲修河之役必古河通則新河之水可殺新河之水殺然後作隄築城之工次第可舉縣治與佐廳庶可相爲悠久矣然河之通塞係諸天其成否未可逆料廳之建係諸人固合時與義矣而侯之德政教益因之益新此則可書之大者也於戲豈徒觀視之美而已哉侯廣德人名世禄字子延以名進士來令用經術以爲政蓋學有本源者也助建堂者二尹繁昌湯君高判簿仟楊君秀瑜幕賓盧君浩也樸因記事之本末併及沿革建置山川形勝與夫民風土俗以告來者俾有所考焉

重修儒學記　劉釆

麻城古號名邑國朝經術文章尤盛豪傑俊偉後先相望蓋萃靈毓秀繫乎學宮學在邑東南肇基大河之岸河水衝激岸輒崩學宮被浸沿久敝圮太甚棟撓瓦解柱欹牆傾壇宇墊爲沮洳門廡鞠爲茂草目之罔不心惻然未有一致糵者靖川陶君至卽毅然以爲己任諮相故區會計中晝迺委諸壽官某發贖金若干程諸匠作鑿石伐材補河堤以固基址築藩垣以立範圍整撤舊𩍩華藻完固則明倫堂三楹文廟三楹敬一亭三楹創造嶄美宏廠壯麗

則儀門三楹東西廡各九楹東西齋各六楹學門三楹鄉賢祠三楹工始於嘉靖癸丑八月朔二日至甲寅五月十一日畢過者色然改觀易昔慢易爲斂畏莫不頌君之賢且勞也由是諸生請紀成於安峯劉氏曰夫學所以養士也賜嘆安仰商云居肆有以也矧學之頹也久矣豈前此有司悉恝於是智疎者經理弗給力匱者處置尤難陶君德備義周勇於任事勞心苦行不肯碌碌從俗苟安而其才猷又足酬所志簿書之暇披搜教籍日進儒生坐談道奧勤課校隆賞勸士子翕然向風且數十年之廢一旦而興神靈既妥師模益振益得所依矣自今二三子垂紳鼓篋優游其中顓志肄業究體達用將文釆炳蔚事業煇煌俾後有考吾邑之學究文物所從來陶君功德可容晦歟君浙寧波鄞縣人諱天忠字舜臣號靖川以庚戌蒞縣事廉靜無求政務畢達蒞茲二紀弦誦聿興嗣是陟崇都要有不大遂施措興廢舉墜救偏補弊以維新斯世也哉

文侯重修三老堂記

明　周思久

成化間吾祖觀察使孔明公與方伯李公彥碩督學僉憲董公宗南束髮結好以風節相砥礪及登仕版歷藩臬遂飄然冥舉先後請老於家投閒養恬意在人外澹如也維時蜀朱侯則川宰吾麻至則敦禮三公謀多就之以故朱侯治行稱最焉御史大夫吳公行部至問侯所以治狀侯對曰下走吏何能唯是二三大夫之訓吳公擊節歎曰有以也夫士抽簪而猶不忘世豈不賢乎哉顧三公春秋高令倘亦有懿侯舍蓋公之意乎侯敬諾爰卜邑迤西隙地

一區築舍舍三公顏之曰耆英堂自是侯有大政則延三公登堂而問焉以爲常後三公云亡堂就圮遺址鞠爲茂草迨今百餘年未有修復之者文侯蒞階始埽而新之易今名曰三老堂而因屬記於予予惟憲老乞言古之道也乃晚近之爲吏者大都束檢押礪廉隅勾稽於簿領筦庫之間不耆或窺承當轄風旨爲名高朋求師質顧迂視之豈知親賢則益好問則宏單智寡聞者道之所不載也今朱侯行古之道文侯聞其風而悅之益求光昭前烈堂成出教令凡學士大夫以公事至者皆得停車繫馬於此以時諮諏焉是侯蓋以三老望人人矣則凡登是堂者有不慨然想見其爲人思以作求之歟然進言在人擇言在心心苟虛矣即街談蕘語亦可有裨治理者不則雖使端木說辭鄒軻持籌而辨之亦安所用哉昔子賤宰單父求五人事之而稟度焉以故不下堂鳴琴而治夫子賤在孔門負牆之列其學摩之深矣乃爲宰猶必求助於五人則學之交相資也侯振纓稽古敦素秉貞其嚴不苛其寬不縱有和平之軌焉而侯方蹐蹐然求之人不以自足是侯之志念深矣顧予迂叟無能繩祖武追配前修奉侯璧畫萬

一乃吾黨學士大夫素自所期信者豈在單父諸人後耶誠反而思之求所以助侯者何在則庶幾哉交資之義乎而後無負於侯作新斯堂之意

釣臺記　周思久

去家二十里而近有湖前瞰龜嶺後枕玉山左右重岡抱若城郭蓋勝境也有石形類大龜蹲水心横三丈許縱倍之居士結茆其上覆土種竹爲門徑雜以花卉湖每遇雨漲水激石怒號如噴雪濺珠咫尺不聞人聲迨流滅浪平鷗浮魚躍居士則載酒掉一葉舟歌漁父辭極所往而後返人望之者以爲仙島也廳事外構小蓬竹中曰環竹蓬蓬右出衡門降階盡石徑曰沙潬潬前曰漁岬潬右渡略彴而西曰攓雲洞洞口盤旋上至絶頂曰柏塢出塢東臨水巖勢斗絶曰小赤壁由赤壁隴行百餘步曰松邱由松邱踰嶺下則透迤深邃耦耕谷在焉乃耿伯子楚侗所題也居士生平好漫遊足跡幾徧寰宇每遇佳山水輒思卜築未能也乃今不出鄉園而得之日與二三子棲遲於茲追琢頭鄙方欲囊束經史毀棄筆研散愁人間寓樂象外反之吾身神理滚滚不可覊闗乃知出入口耳者遠也吾老矣倦遊將依茲湖而休焉以畢此生則釣臺亦若起予者矣因捉筆記之

麻城縣儒學尊經閣碑記　周思久

學以至乎聖人之道也聖人往矣道在六經經常道也歷千萬世弗可易也猶之衣帛若布五穀食人終其身不厭何以然常也粤自墳索之後言日益以煩蓋至周末而諸家紛紛矣孔子者出乃取六經删述之已耳而後之人遂指爲學聖津梁者何道在孔子故也且孔子之道何道也學不厭誨人不倦而已是常道也夫道之不可常者則厭且倦隨之矣可常則何厭復何倦耶乃世學人不知六經之道其常不可易倰快者則騖於元虚去陳言而盡芻狗之是濟河舍筏者也檢柙者又謹守佔畢而不復領其旨趣是買櫝還珠者也總之卑卑者耳而於道均病矣故學在通經通經在知道知道則常常則奇衺黜心之所會動與道俱舉六經所有者而吾纘之不爲襲卽吾所行六經所無吾起而肇之不爲怪吾能隨時變通去滯固斯尊易矣能隱厚深中不恍斯尊詩矣能敷政政平斯尊書矣能定是非秉其衡斯尊春秋矣能周旋應對規矩中節斯尊禮矣能和樂斯尊樂矣故曰經載道尊經尊道也則夫欲誦法孔子者舍道奚以耶雖然道未易知也其惟求友乎

夫孔子聖者彼其時猶好古敏求雖明禮宏樂襄琴靡不問訪且學羣三千七十子而教之至邦君卿大夫耦耕荷蕢互鄉闕黨之徒靡不接緇林杏壇農山靡不遊且弦歌不輟至居夷浮海亦欲往何也誠欲與斯人共學而誨焉以求明此道也故曰道在孔子乃拘儒小生抱遺經兀坐窮廬足不出四境交游不越比閭族黨之人獨學而寡觀摩口耳而鮮默識乃欲以至聖人之道難矣難矣然則求友之義又曷可少耶余邑學宮在大河之濱水山淸遠士生其間者葢斌斌多文學焉昔人比之鄒魯不虛耳

重修儒學記　周損

維邑前爲定州爲亭州爲陽城其址皆非今麻城址麻城之城始五代石勒將麻秋所築宋以後沿之不改也縣治前稍東五百餘步爲學宮城雉薄宮牆門俯青溪素礫修渚引溪爲環泮水不假鑿也溪上層巒聳翠左柏舉右白臬峯巒千萬狀毋論晴雨嵐光皆到門後隱平岡如列屏几岡上五華鳳嶺諸山崛起與溪上巒對峙儼然秀麗區也學宮舊制聖殿明倫堂尊經閣東西廡啓聖先賢名宦鄉賢祠博士廨齋舍備矣創自有宋至明恢閎補葺稱壯觀先是邑尠以功業顯蹟及以文章著名者顯著自明始故老相傳以爲與崇學宮之效云逮崇正末年之亂頽僘圯落者過半鞠爲園蔬牧兒蕘豎至手薪刈其下楚炬焦土求如靈光獨存葢亦難矣

上定鼎八年親政謁聖敦儒崇太學以樹教本近以文章高下寓内士晝脂鏤冰相顧自失禹航王侯菘邑而竟陵陳君西陽邵君司鐸濟美首議重修學宮于時侯捐壁上魚二君出盤苜蓿凡士子執一贄問難悉貯之以胥置物料而邑人慕義助輸絡繹三年山林未聞有丁丁之聲代木

井開未見有修修之羽鳩工而規制忽還舊觀擬之雲屋
天造非匠者功蓋侯雖
興朝宰邑第四人而勤政久任視邑事等家事實開創第一
人也若考作室肯堂構弗棄基二君又鴻儒人倫表帥分
麻饘知韓公來爲祭酒則國子監不寂寞故有是績時七
月既望落成諸生再拜前致辭曰初郡城火黄岡首建文
廟是歲得大魁茲經營猶將過之侯進諸生升堂詔之曰
麻勳名麻自有耳吾何易哉經國大業不朽盛事惟文章
也

上方釋金戈弄柔翰每以南士人文浮靡不宗先聖之術爲
憂
御製楷模之臨軒鼇飭之意得經明行修之士同治此天下
耳夫文章者原本五經也詔命策檄生于書序迆論議生
于易歌詠賦頌生于詩祭祀哀誄生于禮書奏箴銘生于
春秋惟原本經術故能使精義霞開掞辭飈起匪曰蘭芷
不自朱藍何由變情遷質哉吾崇修學宫欲使麻士瞻仰
雲章知國重聖術裒然經學以應旁招耳凡風俗所好尚
觀其所營建而知之也凡邑廱竿寶樹知好尚者浮圖道
觀桃花知好尚者黄白川巖別墅相望知地有幽處城市
臺榭交錯知地有貴遊儻來風問俗輶車入邑覩茲學宫
巍焕雖欲不以令爲崇聖術不可得也麻士過學宫岐觀
雖欲不駴目不自顧所學亦不可得也此吾之志也夫諸
生再拜謁曰謹受教於是以重修學宫之績及侯之言也
而記之

麻城縣新建北察院記

鄧楚望

今上御極之五年連侯令麻之明年也先是上用言官請久任天下守令詔境内利有當興廢有當舉者聽便宜行事侯時首應詔而餝楚之麻城甫下車惓惓問民所疾苦邁德種恩慨然以興滯補弊爲己任越一年政通人和乃謀邑廢所當興者而振舉之邑故僻不通傳遞治内自憲分二司外別無樹棘稅鞅之地今爲南北衝衢矣四方之徂兩奔軺旁午而至往往憇茇無所雖部使者行屬亦不免假館民舍觀風者不覩事司里者不授館非細故也侯

惠流而召和歲比有年度可有爲又於治之西北區得官壕隙啣宅中而勝焉遂議建爲北察院以爲澄清駐節之地乃命役人畧基址程土物分任選事鳩工辨材以萬歷五年八月經始而以六年之十月告成邇重門而至於寢室爲屋凡若干楹環堂閣庖湢而訖於周防爲繚垣凡若干步木石瓦鑄之材枚數之至二十餘萬用人之力以工數之四萬有奇夫廩食日給之費稱事旋能之需爲錢不下萬餘緡皆節縮邑藏公餘罪人之應贖者爲之而役則取諸在公趨事者而足焉上不費官下不擾民閭里訢訢然見館垣宫室之完美而不知材之所自出見經營繕作之勤動而不見役使之及己非其善餝而爲理約己而愛民者能之乎今望其門恢宏而洞達足以布法升其堂高明而爽塏足以觀民入其室邃而虛嚴而整肅肅乎不愧屋漏也足以退息登其樓望山川而林總在前俯郊原而幽蔀畢照奕奕乎超識而遠覽也足以省方而攷俗壯哉居乎其力勤其慮周其義大其所以爲斯民計者仁且遠顧可徒以蘧廬傳舍視之哉况公館以察院名則居是堂者所以代天子之耳目也周小宰六廉之計漢刺史六條

之問唐黜陟使五術八計之法皆所謂察之政也襜帷而行者能舉是政而澄清於上察吏治之得失察民生之休戚察風俗之媺惡有周官誦志道政之風焉乘傳而過者能以是政而馳驅於下察人材之進退察地方之利病察官吏之淑慝有皇華周爰咨諏之勤焉斯居是也爲無愧矣若乃誣上行私違道干譽喜趨承飾厨傳以爲快意吏弊滿前而不知民冤載路而弗恤則侈官者謂之竊位稱過者謂之素餐非侯所以建置之意也後之觀風君子果能因是以示察而吏茲土者亦能顧思名義求所以見察

焉則是堂也將樹聯率而慶保甕將次輶軒而資廉訪異時輿誦有作安知不爲召南之甘棠乎侯惠蹟在麻大者如節里費清糧弊查官莊草河稅飭保甲以靖地方建尊經閣以興學校不可殫述各有掌故列傳記之茲特識其一事耳侯名三元字子先別號文軒畿南廣平之永年人隆慶辛未進士先任姑蘇常熟以治行著復膺今選兩宰劇邑卓有風裁時稱吳楚健令云

百可園亭記

鄧楚望

余歸自雅州卜邑城之南偏結茅以居名曰百可園種瓜蒔菊曰抱甕其中圜濱小湖南有羣山峙其前湖上下搆曰達觀樓曰欲仁堂樓前有橋通兩池而一之南北爲亭二曰抱甕曰心遠迤西又於湖中爲亭曰綠佳北有堂曰能閒皆在水中取唐人所謂綠樹爲佳客又能閒有幾人而名之也亭外曰湖上青山曰城市滄洲松竹花柳芰荷之屬繁植其中一方山水稱勝焉昔人所謂拆芰燔枯此焉自足愧余非其人也仰思古昔詞人逸客用志雖同而

遭時或異今聖明在上賢哲滿朝對酒而歌太平固當知所自來矣願乞一言以垂不朽不但衰白不偶竊有光輝華衮琬琰之錫當與山水並勝矣

漕運解折記　梅國樓

麻城舊隸河南介在萬山中治前止一衣帶水淤沙平淺揭土可塞雨集而漲雨霽而涸舟楫不通揭厲可涉也因附籍楚楚濱江之區例有漕運故麻不免焉計糧共肆千貳百石有奇水遠運苦頻年以來吏抱牘而不休民無以苟旦夕每一傳呼必立收受頭會箕斂倍於常額上下山阪出入溪澗車不方軌馬不成列簍載道路之閒伺候公府之門不待至水次而已疲累矣一至水次吏胥必有稽查折耗必有賠補船腳楞板之類所費倍之故心剜腰折

閭閻告病曩時邑父母及鄉先生曾議及此然狡猾之徒因而爲利陰撓於主計者故朝上議而夕報罷即發言盈庭遂成作舍矣禮部儒士駒儀醇雅篤實之士也素好義而樂施奮臂興曰吾儒不能利及天下而使桑梓之中有扼腕而悲者非夫也乃輸產捐金代三鄉父老子弟而請命焉歲丙寅夏周倘寶偕不佞冒行烈日中謁當事者白其狀曰漕爲水設也近水者利本色遠水者利折色此兩利之道也奈何獨於麻而靳之今民不堪命逃死四方者種種矣此之不改毋乃轉陸爲海化夥行舟乎邑人嘵嘵然不憚請命者非爲私也當事諸公亦爲感動而輸生周旋其間曾改五分之三然猶未得堅決也蓋徵派猶累小民而全書未垂永利輸生依牆之哭尚未動於秦而洮舟之情猶未遍於晉也惟是邑縉紳學校里老人等再因輸生之請而呼籲其事維時西蜀劉公來蒞茲土下車以來政通人和利與害袪力任其事文移旁午內云兌米一徵有破產屋市妻子言之刺心聞者酸鼻等語亡何公入覲而陳留高公代署其篆覩艱難困苦之狀毅然以身任之文移中有小民肩擔背負皮破足穿哭聲載道聞見心酸

等語懇懇懇懇蓋身當之故言之親切而有味也時東粵方伯梁公持其議而西蜀撫臺趙公往爲監司時曾身歷亭州目覩地里方允其議先後肆千貳百石有奇盡折色矣俞允之日歡聲載道儋者復駝勞者復息眞千年之利萬世之福哉嗟夫非常之原黎民懼焉及臻厥成而天下晏如也

大安山記　梅國樓

西陵之西百丈之陽鳶停鶴峙禪林出焉琳宮掩映寶塔嵯峩松徑竹廻石梁蓊鬱此大安之大概也予曾三遊其地矣荏苒年華消磨豪傑屈指同遊無一存者殊爲悵然昔人之三遊積峯寺其初則禪榻定僧古樹棲鶴故曰松巢老鶴半江月僧在翠微開竹房二則僧化而鶴在焉故曰老鶴尚存松露滴竹房不見舊時僧三則鶴亦去矣故曰惟有前峯明月在夜深還過半江來余讀此詩若合符節始知今昔異時而興懷寄慨其致一也因思秦漢盛時

唐宋末路朱門綺戶千萬餘郡物換星移黍離增嘆寺居幽僻兵火不加猶然風雨漂搖年深寺廢況五侯池館畫棟連雲三晉樓臺翬飛耀日尤回祿之所易加而山鬼之所易闞也不則大半主人非矣乃知王謝堂前燕子飛入人家平章宅裏蘭花東風落盡人事固然物理亦若是矣天下之物有有必有無有聚必有散富貴繁華着身來空即是色即山河大地都入胸中榮枯得失過眼去色亦成空即身世因緣皆爲苦海即入胸中何非吾有既爲苦海何非吾無然則蕭寺之有者未始不無無者未始不有也而據今之聚者未始不散散者未始不聚也語云山川風月原無定主閒者爲主耳得成聲目遇成色三千世界盡收萬丈維摩浮漚成幻泡影成虛百萬連甍俱化寒灰烈餘世間萬事逢場作戲到處即家何必認其何者爲家何者不爲家耶今之學士大夫讀書其地者未遇則不能爲既遇則不肯爲而素封巨室又以寺非吾有何田舍之不爲而寺之爲是不知有無聚散之道而以華堂蕭寺分畛域也梅子老不欲官而頗有遐外之想夷考香山之九老洛陽之耆英昌黎之大顛東坡之佛印結方外緣以怡暮

景頃具侍御熙陽疏而直委命於不佞得無有意於方外緣乎因憶予與熙陽四十年前老友也方其少壯時慷慨自許意氣相期登詞壇建旗鼓固一時之雄也乃今頭白爲郎水邊竹下相對兩衰翁曾日月之幾何而舊遊似夢矣昔白樂天晚寓蕭寺偶聞鐘聲感而賦曰半是天明半未明醉聞花事睡聞鶯娃兒撼起鐘聲動三十年前曉寺情余遊大安至今倏忽三十餘年曾記古殿殘燈疏鐘香靄僧歸月下鳥宿溪邊依稀在目倘一再逢諒山林蕭瑟風景凄凉遺搆荒蕪殘僧零落爾夫鄰人之笛懷舊者感

之斜谷之鈴㵼愛者聽之曉寺之鐘鍾情者賦之後之視今亦猶今之視昔撫今思昔感慨係之嗟夫此余曉寺情也

濠上園記　李長庚

孔子遊觀而歎三代之英及文武成周輒羹牆夢寐遇之聖人奉天時者也何尊古若此無論三代以上彼形而下者三代之鼎彝秦漢之鏡劍唐宋之陶冶組纂工巧今有能及萬一者乎余少不敏尚見古風承事邑中長者耿恭簡師石潭先生首倡道學士子家濂洛而戶傳習也繼而龍湖主禪學友山先生參會經出於時儒宗兩溪釋祖壇經矣謙之震卿兩先生主盟騷壇莫不譚李杜以及何李雲衡先生善書法莫不搨集鵞羣石翻顛米元章先生好

譚古今人物莫不讀史漢及憲章吾學諸書雲中老子喜譚經濟莫不習九邊形害倭虜派系形情以及弧矢風雲之變周子中子艮邱長孺雖後起乎而座中非篆隸風雅之事不譚周伯譽晚出而好以文章供雅令或鬮險韻或隸僻事或徵奇字或鬬新篇或以四書問荅人物春秋影响搭題問難以較勝負其風若此乃今所趨指似不在此數者中古之風幾於寥寥而濠上一館獨存古意其館創自毛我老以鉅儒爲艮二千石歸田於宅旁葺園亭立家塾門有彭澤柳亭有子猷竹階有康成書帶草諸郎翩翩

擬之河東師友彬彬盡邑中佳彥非先秦兩漢不以弁案非瞿唐湯許不以鼓篋非義理菽醅不以入口非佳言懿行不以入耳入其門登其堂寂無雜聲而較譚斟量開武庫也傾峽珠也不殊余向所侍譚於諸先生者夫文章關於世道倘其無關則聖朝功令詎爲芻狗必是館也庶幾挽世道之波靡而爲文耶社中周子有疑焉問於余曰士之爲文若非自快於心誰肯輕出於手然無徵不信未免以徵寄於人戊寅之歲一試而僉前茅也人徵之吾儕信之歲比於卯而不盡徵也何居余曰士藏用者也待用者

也非竟用者也士不藏待而竟其用則大用之鐖勞困乏者亦何枯玉不雕琢乍獻者疑劍不濡磨輕試者吷似登泰華不攀絙亟不足以陟巔似歷黃河不周折不足以成勢似調羹者不備鹹酸不足以適味士不挫折而一往易盡立朝行道者且忌之而況在於士耶君子學操縵以安弦試蟻封而盤馬其若斯乎茲濠上之行卷行矣理學則六經衣鉢也政治則周官管晏之遺篇也文章則左氏太史猗蘭白雪之餘聲也記曰安其學而視其師樂其友而信其道諸君子有焉車在馬前習其步也芝蘭金石合其方也近朱出藍變其質也奚啻吾鄉二三先達不日登明堂而列三獻挽天下人心協之正道斯刻爲嚆矢爲定券余固因茲館而卜古道之可回也豈傳以文也哉地舊有濠余及見之形家言邑龍過脊兩旁有水飲之今設亭其上池仍環之故爲名也

石洞道人佳城記　　梅之焕　邑人

會君諱鎮者別號石洞道人舊隸芹宮博士循循長者等唾面於虛舟翼翼小心虞碎顱于隕葉寥落功名之夢一瘍蕉鹿驚殘辛酸兒女之緣幾度峽猿凄斷慕長齋之蘇晉雅愛逃禪希玩世之嗣宗聊以卒歲蓋鄉人之善者其葛天之民與向也再來雲無心而出岫老之將至水有時而回淵爰偕孺人某氏卽因石洞預卜佳城宛矣麗公麗婆居然同穀同穴使今日常運死想庶他年翻作舊遊嗟乎雍門動荆棘之悲郷下嚴樵蘇之禁且躍馬終黃土牛

山何必沾衣然寒鴉幾夕陽羊碣猶爲墮淚昔文靖不保五畝弔古者向致慨於甘棠况北邙僅占一坏爲後者忍忘情于宿草無問或緇或素以至若雲若仍有如護栖棬之思豈直媿挈瓶之守自昔謂仁人君子斯其主矣從今惟名山大川實式臨之何須錮北山之銅請試問鹵歸之履縦嶺鸞已去碧桃依舊春風遼陽鶴重來華表巋然明月特房三章約法永爲千歲宗盟

立浪園記　　曹應昌

黃輿碧落浪人所居遊也處乎寥廓之觀而園焉則已陋竺天瀛島心緬以清卽至焉一乎淨（寂）濁之致而園焉則已拘顧鯨犇濤立矣九蓮三山反在地中浪人有不得避姑取超有不能一姑取寄云淵明菊和靖梅屈蘭王竹仲若鸝舌宏景松聲因性所近而取適焉二氏所稱洞天福地脈絡相連非還丹子不得至鴻都玉京之下三十六天皆實有城闕居人垂裳受吏至聖大賢處之浪人既鮮飈渡之津滯羽樊中拔天無計居既不敢卜山亦不敢深居偶

山山偶園然金谷也沓土室也隘壙也哀窩也悠園焉斯可爾園而立浪者浪松也萬松摩霄骨撐鬒豎其有立之義抑悲風潄盪中猶有未撼者存乎是有異焉園山也取致以水水溪也取致以池以泉松園也取致以竹以古藤以雜種之樹以遠望之茶山環於石石園也取致以草屋以土坪巘崖複洞欹嶺（傾）園也取致以回廊以修堤以澗坂朝山也疑暮晴而雨色四時也疑一暄萋霜而鸝歌雪而蕉影初從岸菴出雲竇薦一線溝猱鳥道爾捫蘿蹲塹壁緣薜荔牆入立浪園門畠曠若行野石虎之關矣松則龍

而馴鬬不勝馴也曰馴龍衍磴而桕丁丁雨折而蕉扇扇雲出石竇隔筠籬望文石半背妝西子濃抹澆背一驚矣蒼蒼者梅儍而不敢索其笑亭亭者梧過而不暇據以吟下坡陀循半規池咫尺閬蓬宫闕不得渡又上而坡下而亭矣藤篁蒙菁萬葉交影人浸葉中水怒葉下風泉壯亂語不得聞津橋而西則桃花泊榜燦然山參差桃桃先後花然洞光谷影霞片水聲西溯柳堤秦淮葉渡烟中閣鏡中山昔年畫船紅夢入此蓋依稀近之泊而竇竇而水亭泓其伏流而出者乃反磯激魚頭頭影荇藻不可得漁然

柳絲拂水颭亦驚竿竇以上皆平臺種梅而鄭其左則雪山之顏也界天台道矣遝濤而亭其右則張毅萬松其未燹火焉葱葱茫茫其古懷裹其未平也周視徑窮矣旁瞰石背有隙摩身背以入如鼠穿竇曰文石峽也越石橋藤蔓陰森九天銀河窺蔽其外過破袖亭沿塘塍到谷莊似人間籬落紆棧閣入縮虹廬又一洞天矣西折徑松風而上蹲肝雲广鐵蓮半覆怪樹生石腹石髓滴鶗鳥動人憤衍魂醒骨冷其古仙服烝之巖循巖而南陟嶺麓則龜峰雁石襟帶間攝其翠色河縷白而遙迤以西千里盡望下

坐石舫内虬虎以爭外波瀾斯遠近而几案庋則鸖𡸁曠馴龍衍也大抵部署因其自然歷亂序於思理喬木千章澗池工匠石族而居以文以怪以寢以飛以讓以鬬山半二石特詭秀壁者坐而横紫蘿冠錦苔帔春朱花秋紅樹簪夏綠雲步障石而玉女丈而秀以文乎伏者側而案蕩與繚則虎而圈沼與臨則牛而飲蕉與覆則鹿而夢矣受履笻薦襆席枕每月明夜深主人獨嘯輒不意武邱洞簫石底潭之背峽之旁亭閣之照竹依松鷺魚疑鳥依稀靈壁飛來間遠山叠束而不露其童僧磬下升而正愛其孤

龜雁兩名巒隱躍左右而琵琶半遮不肯遽開其靨柴桑半坐煙靄封斷而邈若山河其間晴妝雨翠千變萬狀近棲而遠托旅遊而獨抱反扃而徧尋節遊而近之有不聽勇割而棄澗之以深其聰懷皇人風小年日不足樂浪人饑娛老乎顧山不衡泰水非江漢芋之屬不如北竹木之屬不如南坦有淋不能埊池有漏不能甃櫺檻有朊以儆不能丹漆以經久遠伐楊而几劚松而臺束草而席縛繩而牀瓢以椰壺以瓦笥以竹箭竽巾布冪蕭然乞寒圃多山花梅梨李菊野樹香不之數而九里香乃特馥丹桂寶

珠茶移植山庄者如貴游子入野人道士群反不韻黃花亦畦厄於木且石不暢畦畦亦花厄於貧且僻不異花具云爾廼移株輒活曾無槖駝種樹之方好鳥來巢豈有薛翁幻禽之巧卬朋四海而飈集樵牧迂道以歎游岸菴茂聲長塗入語嚌嚦若在坐隅馴龍衍之蒼莽則瑤池讌而冠佩醉譁昆陽壘而鹿象怒角也屏雲亡之靚邃則鐵船峰之石蓮雲水玉泉之洞室也選濤亭之雨之月之雪谷莊之水秋之鈎夏雪郵之酒杯之劍吷漁簣之蒲團石舫之垂楊松之野燒瀑之落驒之吐月破袖亭之冷雨酸風

縮虹廬之抱琴篝講近於禽慶蚤於向平切於宗炳雖儉不及贊皇之平泉而侈已過樂天之池上疎不至散稠不至整樸不至陋文不至纖劍俠而有其嬋娟枯僧而有其絢爛湖海嶽山而有其一坵壑至乃風動茶槍難其鬬者棋間峽雨若或聞之水洗蚪盾閣爐是不爐之灰綠韜攤經秦火出末灰之字或則休糧永日鍵戶詮元亦有乘與騎驢下山乞食鈎松簾而進雨則鳥鼠亂其圖書挈土鉎以居雲則狼豹馴於雞犬山有勝事則元宵之放燈修禊之採蘭婦孺之鋤蘖眷屬之飯藤花有勝景則紅子樹落葉階松毛徑石蒲古溝霞紊曉篚不辨晴紅山亂厨煙難分縷白每秋空書靚枯藤落子迸打屋瓦疑於鬼兵吏復掃春風而逸童塵礀夜谷而獸鳥蟲桃花似女妖盈來二女之鬟醉葉漫山明滅看寒山之火是則武溪男女莫幻樓臺華山膢齁徒游蟻蝶庶幾鄭谷眞個廬山矣其有梧而坪有蔬而圃有碾而玉以春有絶巘而平岡以彎弧以走馬或則力難劇作而莫窮靈運之斤亦時憂畏馳驅而輒斷草堂之手興會不及標舉斯虛或有不名有不至也間者圖爲卷素派以歌章耿懷袖而慰羈孤脫丹神而成

果道山川粲白何殊烟掌之螺笑黛依然不異蕿花之巧移情送目卽是居人朗月清風便當良友誠慮桃花未稳終扇風濤清福難消特生塗難則他時懆雞聲而思薄廟因晨風而懷遠人不旣傷乎嗟呼章臺之銅散其墨花綠野之石殘爲梁曰奈何以電晝之呵而欲永海桑之玩況椎蓬闠子棗栗恒兒曾無名山洞室之懷足以觸其雲木念先之感而更望其蒔花舊徑薙草閒階不亦難乎是以李衡枯樹室少居人叔夜新篁園無主者亦知涙山烟景百歲之內剪爲童巔而雪堂偶築於黃州愚溪亦標於西

粤寓意寄情若鷺點汀沙霞鋪暮漢聽其聚則成文而散之鳥有豈至於匡如公五老定結斯廬靈運薦斤轟鶩幽壑者乎況乃景陽鐘斷句栖簫寒駿馬臺傾鬱葱翠戮其何有於茲園贏者曹對影婆娑尺階其幸編身傭佃陶復爲居亦云濫量而習心未埽斧搆如斯不既多與余家近衡峰泝流可達寧不欲訪王薛之高踪讀異書於岣嶁而虎豺嘷邏禪鍊他移未免桃片浸於汚溪石泥封其靑髓蘿攀莫極杖履惘然更復肺病兼年而累絲難殺鹿門以繫勝具維艱比年裴几躬擕蔣蒿自刈既少姪兒之童子結

伴羅浮兼無哦際之鞭奴相依博奧用是不得不坐選家山瓢尋短水已非梅福求閒之意亦豈鑑湖許乞之恩聊寄居遊自商歲月而已園卽園丁出仍生主客其可以園焉者其可不必園焉者胡爲乎結行制而强遊人爲是沾沾者哉

九峯寺讀書記

毛德輸

九峯山之梵王宮據山之麓藏經閣在山之巔相去數百步皆金碧合成閣上有巉岩怪石覆之禿木千株巢鸛鶴無念之塔居焉時有咳唾嚶鳴笙篁之鳥往來其間當閣之東壁牖也閣內有洪武年間御藏封疊四壁有古佛羅漢守之閣下僧房禪室千餘多金碧色僧飯時山足烟起如萬壑雲蒸閣左右有門通彌勒殿雪室横廊二百餘步柱礎疎密相間如人拉坐杳然無際自彌勒殿至山門左右皆廊二里許幽閒僻靜曲屈與山相倚簷有柏影掩映

廊壁有雪山諸洞天圖繪行其中如洞房深處雖風雨不知也終日無人語間有鐘聲笛韻鼓音鈴鐸來自山腰林麓間山門外多茶樹古屈婆娑伏岩草下如鐵拐仙鬅鬆伏氣也松柏數十里龍鱗黛色護石路旁野橋流水遠折百十廻不去與鳥音相荅作聲四月二十九日朝霞未霽殿色凄其閉閣閱大學首篇閑檢天目中峯廣錄伏案移時不覺山中雨過日色更鮮片雲篩之使明暗相爭於樹梢岩底鷹翼爭揚鶴唳摩空古木參差碧天更遠林間草石纖纖可數楚楚院宇如翠合琉璃未動幾於應接不暇

燈瑩香裊麗眉雪面皆碧眼瞪人說無限寒溫親人矣不知今夕何夕此地何地雲海洸洸何必提起種種思量摘降人間去也記之以遺他年一段神遊清景恐一失後難摸索也

經正書院記

鄒知新

邑侯蔣羽公諱煜武進人登戊辰進士蒞麻數載作養人文崇禎壬申於南關外創立書院題曰經正院三重前為講堂中塑聖像後祀濂溪晦菴諸先儒守僧居之兩楹號舍井井鱗鱗聽善屬文者充焉院外週以垣宇松濤竹籟鳥語花陰參差掩映其中每至院吚唔聲四達春牖左開秋窗右豁環池成浦遠屏潑翠所謂啟軒瞰南峯也蔣師去未幾烽氛逼處戎馬生郊宮牆圮之榱棟薪之聖像風雨之峩峩隆搆鞠為茂草絃歌地瓦礫場矣曷勝悼歎古文翁亦於城南立講堂堂遇火太守更修立且增二石室婁元到廣州于仲翔故處徘徊哀咽不能自勝有心人弔院址感昔人之勝事傷零落於斯文鳩工庀材安知尚不如初耶

道觀磯記　鄒知新

磯去縣北十里許上懸崖下幽潭一溪濚流遊人溯洄從之但見夾岸松陰修篁映日如入武陵源中無復知有人間世飛瀑如練曳於磯巓邑人邱長孺先生搆亭磯側鐫其句於亭云石水生茶味松風減扇聲遊人欲窮磯源往往不憚險巇攀蘿捫壁尋焉俯視疑亭立波底仰視疑波出磯底磯峽逼窄封以丸泥瀑爲斷聲移時決之則雪浪噴花縱躍有千尋之勢洪洞鞺鞳響振林谷峭壁如幅驟看不過寒山片石耳熟視良久有點畫隱躍苔蘚間挽水

澆之則詩句井然爲宋人黃權攜家過此留詩石壁云詩載藝文志中去磯下數十武今有觀存亦幽雅宜人非古觀也古觀基在磯頂平處

什子山記　鄒知新

山亦多險也曾有險如什子山者乎山峰排削山形叢峭巖險甲邑中宋端平間徙立縣治於此避狄難也明崇禎乙亥後邑苦流賊鄉人復立爲砦至癸未春初外寇内訌騷擾日甚邑紳衿城居者盡移家於其上其峯峻家各爲砦其流長門各有井驢卸載肩卸擔人卸騎隻身斗粟喘氣孤登亘維者層巒含睥者松磴晝陰曈他砦多日苦炎苦蒸時砦多寒未暝見星未冬見雪樹先秋凋花遲春發其時序之大槩然也阻雨食不勝奇冷衣不勝雲騰房牖

戶絲綿不勝居者夏裘冬爐行者拄杖扶闖貧者畏避饒益者安棲焉昔閻防輿永樂諸公夜泛黃河有忽與世人踈之句余謂泛黃河不若登什子山之踈世也

他寺也人寺之芝佛寺也天寺之天生靈芝曰異生靈芝結像成佛佛且三曰尤異昔獲芝佛羣起感動相競爲寺今去城東二十餘里松蒼石怪刹古湖平果能衣草葉持楞伽則水流清淨雲無是非解虎收龍不在高山而在芝佛寺間近寺爲河河中怪石嶙峋突出名釣魚臺遶臺皆水深不可測名龍潭湖周梆堂先生別號石潭搆樓名寒碧遊者一葦航之昔石潭先生遇異人欲與同寢公厭其穢用舟送樓中鏁之詰旦往伺封識宛然而人莫知所在

留一聯於壁云兩個知心一個清風一個月十分豪興五分濁酒五分詩公見懊恨久之四壁皆詹景鳳書其潭時而開則汪洋千頃巨鱗細鰤以飯飼之游泳波面淤則平沙漠漠惟有層樓在河之洲而已龍潭爲李卓吾振錫著迹之所故書以初潭二潭名海內人盛稱龍潭湖不及芝佛寺所謂知其人不知其天也

定惠寺記

鄒知新

定惠寺去城東九十里其寺不知剏自何代寺有海棠鋡古花繁干霄薇目爲邑志八景之一故題名定惠海棠相傳蘇東坡居黃時常遊其處與陳季常多所唱酬云更有異者寺外峭窟瑞藹光騰寺僧捫蘿攀險剖巖得金剛經木刻係宋梓古字迥異人家藏本蠹勿蝕鼠勿傷爭寶重之又傳寺後葬有蘇小妹墓名公遊者往往尋之不得作詩弔之嗟哉蘇小妹果葬定惠寺耶寺後果眞有蘇小妹墓耶然則定惠寺所以著名者以蘇小妹墓著耶以東坡

遊著耶抑以海棠著耶今有寺有海棠獨無小妹墓何也小妹才與兄等果葬定惠寺側東坡當作有志銘而文集不載豈遺之耶且東坡葬保母於黃今志銘尚存集中豈東坡獨厚於保母反靳筆於小妹耶是耶否耶況麻城旣有定惠寺黃州又有定惠寺昔葛屺瞻宗師更爲黃州定惠書院似東坡所遊則黃州定惠寺矣夫寺以海棠著海棠又以東坡之遊而著然寺可以有兩寺豈海棠亦有兩海棠耶則東坡所遊爲麻城定惠寺無疑今海內人盛稱黃州定惠寺未嘗稱東坡遊麻城定惠寺豈眞者不傳而

不負者反傳耶卽寺亦有遇不遇耶悲夫

紫微侯靈應碑記

侯之爲神也相傳以滅火宍肇跡厥後持赤戟擁精兵郤僭亂有護國佑民之功故受封紫微侯邦人卽於五腦山立祠祀之無問知愚凡遇乾旱瘟疫水火盜賊之變必以告於　神其闡靈昭應不可殫述誠萬民之倚庇一方之主宰也故人稱爲　福主神云一日太保松石劉公謂韶曰吾何以答　神貺昔嘉靖戊子秋子廵撫甘肅爲母親初度辰逾七十甲子矣予以不獲侍養悲思有痛在手甚劇呼號之聲徹於重門之外弗自知也時大虜壓境不能

出寐中夢　福主曰賊已至汝奚在此卧以手按余起覺而輟痛如摘遂出理軍事獲全勝　神之力也又吾祖諱夢者以孼忤繫之京時著令期而不至殺無赦先期一日吾祖方至江浦病餓不能興度不免矣忽有一人以紅戟持肉食之有頃而已知其爲　福主也遂如期而至太祖親釋其縛復異其材授彰州府同知　神之力也吾何以答　神貺昔許立碑今始成焉復以碑文請　神擇於三人者許執事執事其勿辭韶曰公命之　神又命之韶雖不文其曷敢辭乃言曰嗚呼天人一理也感應一機也

神也者效天之用以示乎人者也故感之善則善應之感之而不善則不善應之矣雖匹夫匹婦之微一言一行之懿猶不爽焉況以世法天民之秀豐功社稷之臣如公者有不隨遠邇而至者乎是故江浦之應啟其忠也甘肅之應所以啟其孝也非私與也傳曰天之所助者順詩曰神之格思介爾景福其是之謂乎韶敢以是爲記繫以銘曰道冠荎巍五峯雲仍儲精發秀啟我神明昭德顯功佑我生民脊茲太保望族嶶聲忠孝文武著龜效靈江浦持危光啟前聞甘肅起痾以成大勳上答　神貺立碑廟門昭祀罔斁秋而復春

賜進士第雲南按察司僉事致仕前四川道監察御史侍經筵官同邑毛鳳韶撰文

賜進士第貴州布政司叅議前戶科都給事中侍經筵官同邑曾嶷書丹

賜進士第福建道監察史喻希禮篆額

嘉靖二十四年乙巳冬十月之吉太子太保兵部尙書劉天和男南京刑部陝西司郎中劉燦孫生員守蒙錦衣正千戶劉守孚生員劉守復

李卓吾墓記　　劉侗

卓吾名贄字宏甫温陵人以孝廉爲姚安太守中燠外冷强力任性爲守日政令清簡公座或與髠俱簿書之閒時與叅論又輒至伽藍判了公事人怪之踰年入雞足山閱藏不出御史劉維奇其人疏令致仕歸初善楚黃安耿子庸遂携妻女客黃安日吾老矣得一二友以永日吾樂之何必吾故鄉也性癖潔惡近婦女無子亦不置妾後妻女欲歸趣歸之稱流寓客子自是黎求乘理剔膚見骨少有酬其機者人以爲罵又怪之子庸死遂至麻城龍湖築芝佛院以居龍湖石址潭周遭至必以舟而河流沙淺外舟

莫至以是隔遠緇素日獨與僧深有周司空思敬語然對之竟日讀書已復危坐不甚交語也其讀書也不以目使一人高誦傍聽之讀書外有三嗜掃地涮浴也日數人膺帚具湯不給焉鼻畏客氣但一交手即令遠坐一日撿髮自嫌蒸蒸作死人氣適見侍者剃遂去髮獨存鬢鬚禿而方巾先是論學不合者愈怪之以幻語聞當事逐之時劉左轄東星迎之武昌梅中丞國楨迎之雲中焦翰撰竑迎之秣陵皆暫往無何復歸麻城著藏書焚書又爲梅中丞

者著孫子叅同成先是有與中丞搆者幻語又聞當事又逐之至火其居於是馬侍御綯綸迎之通州至與馬公讀易每卦千遍一年而九正易因成時欲老盤山會當道疏上指爲妖人逮詔獄尋得其實議發還籍矣曰我年七十六作客平生何歸爲遂以薙髮刀自剄馬公痛哭曰天乎先生妖人哉有官棄官有家棄家有髮棄髮其後一著書老學究其前一廉二千石也乃收葬之葬之通州北門外迎福寺側

續存麻城京都會館記

周維秬

會館之設凡謁選會試貢監諸同人之集都門者駐足則賓至如歸蓋合邑之公廨而非一人之私據也若麻邑之會館則名存而實亡即有片瓦數椽稍稍偶存者而有時並其偶存之館亦亡自兵燹變革以來館規湮廢居人雜遝所謂館之名存而實亡者也王九山於康熙丙午歲始有贖房存館之舉會立存館一額記其事而贖房之金則尙留其半以俟後補秬等丁未公車之役與鄒石函葉同子俱下榻於館內即九山所贖之房是也時則董臯巒以

候選先期而至因與秬等各捐貲以結贖房一局此則館之稍稍偶存者也乃秬等庚戌之公車再上而存館之額則已有撤去而置之高閣者矣癸丑之公車三上而所贖之房則已有攜家而據爲已有者矣致令秬輩會試諸人皆各僦居他舍竟無一人駐足館內仍若未嘗存館贖房者然嗚呼此則所謂稍稍偶存之館而亦亡之者也能不爲之心憤而髮指乎哉然而秬輩亦且姑置於不言者何也在住此房者固屬同邑鄉親且云行且束裝去故姑置於不言也但康熙九年議約內有趙堉朱霞住房四間議

以戴氏身故退房爲限現值戴氏已沒而霞尤强住向霞索房反云房係自創租因奮不顧身踢蹶從事於四月初七日同劉愚帆等共八人呈控巡視南城諸位憲臺老先生於十一日親訊照驗議約審斷棠賞發差押霞退房寸木不許折毀勒限不許過數日霞遂於十九日退房交付本館租等捐貲畧爲修葺因設木額勒數言以記其事而復搜索九山之存館原額述録之并懸座右以志不忘焉至於館之名存而尙冀其館之實亦存且館之偶存而更冀其館之永遠長存者則租望於後之君子其亦共相勉於存館之義也夫

趙秀才三生記

周維秬

世人常説三生事予嘗考之唐有一省郎偶遊華山寺至碧巖下有一老僧前香穗極微僧云此是檀越結願香烟存而檀越已三生矣第一生是玄宗時劍南安撫巡官第二生是憲皇時西蜀書記第三生即今生也於是省郎悦然有悟所謂三生故事蓋如此不謂吾邑中之趙秀才則亦有其三生足述者予已未秋暮偶過劉愚帆見愚帆集中有趙秀才三生傳夫趙氏之事通邑蓋已轟傳之矣而茲傳復益得其詳予乃三復劉傳而爲之記曰嗚呼有唐

省郎之三生不過言其三世顯榮耳未有若趙氏之第一生而州牧第二生而書記第三生而趙秀才皆能歷歷自言其故者也今特記其歷歷自言者其可揭以告世而足以風厲乎世者蓋有三焉初邑中趙時雍治歧黃業中年乏嗣於崇禎庚午歲生一子甫生輒晝夜啼哭不止一日忽言曰予之哭也有故父母細叩之曰予蓋思吾前世婦子耳邑中劉太平是吾前身也予爲固安令劉元長先生記室已巳城陷被難予蓋枉死凡枉死者不入陰曹予魂歸會歲元旦東嶽出巡一僧導我愬冤帝命司籍查善惡

簿以我有活二命功故得再生以父亦曾行二善故得生於趙宅為嗣又以劉太平之前身曾有保全女節之功故得以曾氏為婚姻予年弱冠時當補弟子員卽以諸生終其身此是實事如此父母幸勿以恠誕而叱之也其言已有活二命功者何也謂初吾邑中李吉所先生為陽谷令予未為固安記室時先為陽谷書記值陽谷有獄案詞內高大高二令已擬重辟予成獄詞開豁之帝閱籍至此喜動顏色帝詔予云只此減二死命應賜汝再生夫再生厚幸也而以減死之二功得再生此其足以風厲乎世者一

矣其言父母有二善者何也謂帝閱籍查父曾溺殺五女淮大惡之嗣然父曾於萬壽寺前見一行脚僧僵卧垂亡思篤藁寢父倡施錢一文免死抵百功醫李氏疾歸見一婦人屍橫路悉捐所得又斂金瘞埋之抵十功此二功應獲嗣值父祈禱我適悤焉帝因詔予為趙氏嗣夫乏嗣重罰也而以捐助之二功得賜嗣此其可以風厲乎世者二矣其言又有保全女節之功者何也謂我為太平之前世曾為永寧州牧全一女子節當我俯伏帝前側有一紺衣女相覷而笑帝指示曰此卽汝所全節之女也當判若為曾氏孝廉孫女後為汝婦夫婚姻佳耦也而以保全女節之功得婚姻此其足以風厲乎世者三矣當其初言時覿者如堵越數日劉太平之婦子至敘家事備悉陽谷令至輒話舊言折獄事不爽雍私以物厭之遂不復有言命名默字弱言及長果娶曾氏婦年十七果游邑庠云

梅樓八月十五夜記　　王瑽

丙辰八月十五夜與二三友人坐馮子蘭飲齋月光東上銀漢如洗萬慮俱滅神氣爽然憶數年來非寂寥無與即愁病相侵而月亦有晦明風雨之不齊求如此人與月兩勝而不可得也徘徊者久之於是徙居梅樓之左爲之啜野蔬呼滿白酒數行有歌明月之什者有因其聲以和者亦有搔首而若問天者時澹烟繚繞竹影在地月色當空清光盈几固與向者蘭飲之況不同矣既而登樓明星寥寥月光千里雁宕龜峰森然可接余方有天際眞人之想

而樓之東忽雙管和鳴鏗鏘上下投余以逸韻余聞之蓋愀然矣主人下洗盞更酌是時萬籟已靜木葉皆香梧桐墜露月色西沉隱几而寐東方欲明余既喜是夕人與月之俱佳自蘭飲至梅樓其地屢遷其境屢勝其情與況亦屢得而無一俗人俗事以介乎其側入乎其胸而其意爲不可忘故記之

吳邑侯建倉記　　馮植

事有可以不記者有不可不記者山水之遊園亭之構騷人名士之寄興可以不記者也若夫國計所賴民生休戚係焉得良有司區處措置克盡其方一時利之來者守而不變利在數十百年此豈區區者而可不記耶

國家之有常平倉三十餘年矣其法以國學生捐穀爲本而輔以募捐之義穀他邑不及悉知若吾邑則始貯穀二萬餘石每歲募捐公私多寡不一大約前此所募每至三四千石其上聞者僅數十石耳合二者計之三十年間在冊

之穀凡二萬三千有奇此二萬三千有奇者例於青黃不接時存七糶三往者官吏欺僞相仍存糶兩弊其糶也數未浮于額其糴也價或減于市專配於貧民不能無怨也則多散之富室使貯穀本倉而封識之富室初利其可以自我通那也雖稍短其值亦姑受焉久之懼上官之綜核明而盤查嚴也則以時價折入官用是官倉常無多穀舊存黴壞數厫尚堪出納各厫所糴之數千石而已其不能容者或置之鼓樓城樓中雀鼠之侵耗風雨之漂爛有不能免然官吏亦樂藉此以爲說是故黴壞之厫無復修理

家得穀三萬六千適歲歉侯先以所募五千餘石賑民之乏一如其已亥春賑法餘穀以次收入社倉初制府議於各縣應解公費銀兩量撥數金爲建倉費侯熟思曰一倉之費無幾合一邑百餘倉計之則已多矣盍於募穀內撥穀二十石作倉費公私其兩便因請於上得允於是邑中社倉一百六十所不勞而就惟本城社倉四座侯捐置之不以募穀耳侯之善於處事類如此按侯於社倉親踵素封之門山谷遠所單騎裹糧以往所至闡發良規富民咸捐穀本城閱月而募完邑凡一百一十二區各給印簿制

斗公舉社長二人掌之又給一木刻鈐印俾倉成後自置簿收放不經官吏以絕侵挪侯美髯年六十九尚如漆迨社倉事竣而白者半矣其勞心焦思有非人堪者昔西山先生爲太守創置惠民倉儲米萬石歲出糶於諸縣則廣置社倉儲穀數萬歲歲出貸又念倉社貸穀止給米等有田之人而細民無田者不得與也復請於常平司以義米附納社倉爲賑糶之備然恐義米有限而貧民至多不能均及於是又以居鄉之日所爲義廩規約以勸有力之家意欲公私協力共濟斯民先儒之留心民事如此其肫摯

更無庸多置新倉爲也自長洲吳侯來蒞吾麻一舉宿弊而滌之糶必如其數糴必以實價其給價也擇鄉耆之誠篤者親付之使轉給與賣穀者絕不假手吏胥其收穀也擇幕中賢而善會計者數人分監之無守候之苦無拭斛之費無淋尖踢斛之弊其糶也亦數君子親監吏不得侵其於募穀因比年告災每歲自捐穀數十石以奉成例曰吾非不知募於民歲可得數千石然吾寧捐已以裕民也公署日需米若干皆以時價買於市不知官穀爲何味然穀既實歸公廩則舊厫不能容而出入無私惟日惴惴焉

以耗爛爲恐於是倉之壞者盡修又新建板倉至六十三間相度箭道隙地并廢獄舊址悉置倉焉費皆出自侯不役小民不動公帑木必堅厚牆以磚石一改向日薄板土甓之規侯忘其官家物若爲子孫數百年計也侯甫下車即欲仿行紫陽社倉恐民難於處始也先爲文刊布四鄉大意勸民自爲積穀以備饑年又爲三字歌以曉愚氓會制府楊公奉

朝廷惠養元元德意令州縣舉行社倉見侯所刊文則大喜以爲先得我心侯廼身率僚佐暨搢紳之士募於富室巨

侯豈異其事耶抑凡爲父母者用心不當如是耶今邑中
社倉方興常平穀撥賑者十而九矣倉若虛設然補捐者
衆倉必再盈後之君子能嗣吳侯之風而修厥成規否乎
又嘗讀西山先生賑糶倉記載劉侯克莊書其倉曰聊爲
吾民留飯盌豈無來者續心燈先生爲申其意曰惻隱之
心人皆有之夫必秉彝盡亡而後是倉可廢若猶未也後
之君子以似以續至於無窮可也余於繼吾吳侯者不能
無厚望焉

邑侯吳公修學記

徐家麟

雍正二年邑侯長洲吳公涖麻之十年也侯於邑有利必
興無廢不舉尤留心教育鼓勵人文學宮以次修造是年
春乃落成焉曩者麻學傾圯前令亦嘗與邑中紳士捐貲
葺之然
聖宮兩廡暨　啟聖名宦鄉賢三祠雖粗有規模皆未竟厥功
吳侯至則竭力以完之備窗櫺施丹漆創立月臺週廻石
欄中嚴龍石修理贊文二碑易明倫堂側之土垣爲磚甓
補建泮池三面花牆於是黌宮內外肅然整煥然光焉往

昔有司謁奠
先師皆相沿行四拜禮侯特改爲九頓曰當以太學爲則也
聖宮舊貯樂器始於錢塘趙公今垂四十年器敝壞不完樂舞
備員數人無知音者每二丁釋奠俗樂鼓吹敷行耳侯愀
然曰此非所以祀
先師也爰特懸優格召募舞佾得數十人遠延樂師以習之不
數月鐘鼓既備干羽有節洋洋盛哉前此未之有也最後
又於櫺星之門東創設更衣亭西建讀書堂爲諸生質疑
請益之所目營手畫位置適宜庀材堅緻至此而學宮無

復纖毫鈌畧憾侯故書生貢入　京師在太學中以知禮聞膺教習以通經解義善誘後進聞其治麻也一本平生所得措諸行事慈惠温和不爲稜角而遇事精詳周密有古良吏才於吾學宫亦略見一斑矣按古者教人之法先以閭塾族師復詳於庠序之教侯甫下車卽捐金開設義學召聘名師集多士講習課誦於中又設法捐置學田近二百畝俾其先生長有廪粟諸生之貧者咸量給之十年間義學所成就既已夥矣乃其於庠序又殫心畢力若此故自侯涖麻迄今三四科吾學中掄元魁成進士者蔚然

多人爲數十年未有之盛焉小序有言君子能長育人材則天下喜樂之矣斯義也責之司牧固已難之不意於侯見之焉仲春上丁祀禮既畢學先生河陽歐公漢陽王公與助祭諸公同坐讀書堂咸喟然稱盛曰學宫至今日禮明矣樂備矣非我吳侯十年經營不克至此盍識之因以命麟麟不敢以不文辭爲之記其槪云

麻城新築四全隄記

梅任鈞

歲庚子爲吳侯治麻之六年教行政修百廢俱舉自城垣泮宫義學公廨及祀典所載神壇祠宇次第煥然蓋公以敏練之才勤於庶政視邑事如家事故邑之規模氣象莫不新焉先是公修葺東城時徘徊雉堞間謂學宫近城瀕大河流自北來斜射城下久之城必不支城既壞則學宫之唇亡次及民居不得狃處堂之安也議於城外作長隄爲城衞念城未完勢不暇兼及久之城工竣凡修三百餘丈既又加葺女城補基罅隙數十百處公曰今而後可

以從事於隄矣乃捐貲市活松數千株爲地丁募工去城下浮沙車去潭水補城腳水嚙空洞以松丁駢其外又購竹編簍以細石叠其中後實之以土自應壁門至　學宫東角延亘數十丈河水所激悉爲禦之公日與縣佐盧公親董其役工始興議者以隄爲前此所未有創始實難公曰不然夫河水遷徙今昔殊勢昔者水勢低而去城遠觀城門石級下至丈餘則昔日之河可知今水與城逼安可無以障諸且民所難與慮始者勞與費耳今不費民不勞民何爲不可議者乃服初下松釘每架用十餘人日止下

七八釘爲功甚緩蓋釘長丈餘以五尺入土設架於釘上懸石椎之架凡設版二層以坐用力柱植于土勢不得不求深穩然植須屢移功半耗于架焉公乃以意創爲架式名曰活鷹架其制用二大木橫眠地上以根架柱省去植柱于土之煩架前用橫木聯屬而缺其後以便推移釘下欲前則推之而前如舟車耳自是日下至六十餘釘一時觀者咸咨嗟稱善松釘既下土石未施而城東瓦礫充塞與城齊高下公曰此吾隄料也初募大冶土工運以塡隄估取工錢過多再度於武昌人索値甚廉衆欲許之公曰

不可彼不自揣任其事力不繼將自貽戚且今二麥方青民艱於食吾令吾民負土取値貧民是利何事與遠人爭較多寡乃出示募民荷畚簣至每簣上酬以三錢見土給籌見籌給錢民相呼至者數千人無畚鍤者皆捧土入簣爭道而趨壯而力者日獲百餘錢懽聲動地數千人往來隄上不煩而成纔旬日耳是歲夏霪雨連旬河水大漲非隄實障之城其殆哉然松樁之冲壞者已十丈公隨爲悉易以石遂爲無窮之利云是役也公以實心興實利其仁至其義精其經營調度所全不少蓋城垣既全　學宮亦賴以全城中土石積爲城患者皆爲有用之物民之饑者又藉是以飽則地利獲全民命復多所保全焉爰勒貞石而紀其實名其隄曰四全用誌公之德於不朽云至公之才力練達智勇深沉豈但全此一方已哉他日立

廟堂上佐

聖天子綢繆陰雨舉天下而生全之不過卽此推之耳豈獨全此一方已哉公諱顧行號勉齋江南長洲人盧公諱遇號際可陝西人

麻城縣志卷之四十五下

岐亭修官廨記

潘元會

皇帝御極之四十三年戊戌夏五余以黃州丞來守岐亭岐固麻城地寄治焉而職則若黃岡梅安若羅田蘄水蘄州若廣濟麻城均隸焉綦重哉歷代附郡無所聞宋元豐三年以東坡訪故人陳慥於此留五日賦詩而去得名又韻甚明天啟三年築城設倅以備寇迄我

國家不易及後始易以丞

聖祖朝于成龍守是官逮余歷十任矣而官廨之圮日滋余至

察所守遠則八屬編氓皞皞然佩犢而耕雲千數萬眾也近則環亭蟻聚穰穰然執藝而橫經數千百戶也帆檣吳越道吾境焉羽檄星軺出吾途焉而庶富何以加商賈何以悅廑何以無夜吠道何以無不除思所以左右於太守報命於

天子者無一時一事之容或廢墜而顧令廢墜自所以庇吾身者始耶且去花村不三里而遙陳季常之墓在其祠則奉端明清端畫像也遐想兩賢提西湖築雪堂清風介節章章勞吾心目間而顧甘苟安以對耶於是上請

方伯貸俸下進工師陶人金人土人謀所以棄敗而更新之五閱月成迺為之酒以落之行者歌居者賀曰屹然鎮固吾域矣抱案者吏執役者胥曰有直庭矣鼠牙雀角無守候曰有訟庭矣士大夫之東西行欲有諮訪於丞者可脫驂曰有賓館矣而丞亦得偃仰休息以彌其早作夜思之識曰有臥室矣故有池封焉乃發淤而濬之使深可貯水環池植松竹曰岐固韻地也不可自我廢池旁隙地數畝召園丁樹桃李種蔬貽後取其孳貲藏修日新自我始毋自我止也於戲岐光黃間片土耳藉道德文章以傳山

高水長古人宛在而余僅以華屋承之寧初心哉願與二三君子論政自華屋始

祠堂碑石記

曾謐

禮返其所自始樂本其所自生本始之義乖而人道廢矣記曰尊祖故敬宗敬宗則睦族睦族則宗廟嚴祠堂者鄉士大夫之宗廟也推一人於千萬人聯千百世如一世惟祠堂是賴焉吾曾氏之系出黄帝四傳至禹五傳至少康封次子曲烈於鄫曾哀公六年邾人莒人滅鄫世子巫奔魯去邑存曾遂以爲氏巫生夭夭生阜阜生點點生參爲聖門高弟得一貫之傳世以宗聖稱之至十九世曰據爲漢關内侯避王莽亂遷豫章家廬陵之吉陽鄉至三十七

世曰丞生三子曰珪曰舊曰暑今居吉慶袁泉南豐者多舊暑之後其還嘉祥世襲博士者則珪之裔也吾嘗考通譜珪之後又有諱學先中元進士爲河南通知陞黄州太守者是即吾之福三公矣福三公之家於黄麻也當元之末明之初五傳而至克周公葬烏苞茨科甲遂由是始焉子有子開公孫有世英公麟陂公鳳陂公曾孫筆三公後先相望名列諫垣爲忠直名臣光於史册他如登賢書由選拔以明經爲邑侯任外翰者指不勝屈子孫之蕃衍西陵稱巨族焉然子孫多則情文易疎支派繁則風誼不相聯屬甚有袒免朞功而外面貌不相識慶弔不相及患難不必相扶而强弱未必不相奪者是豈尊祖敬宗而睦族之道歟黄門諸公盛時有祠堂今則爲斷瓦頽垣徒存基址不可復識矣乙未歲余自都門歸田日與族長謀議以建祠爲急務年不順成數年未就緒迨雍正之甲辰歲始落成焉卜其地在克周公祖塋之左龍虎相顧沙水迴環以妥先靈於焉允協搆後堂三楹前堂三楹門樓一所旁有兩横屋爲庖佃人之用祀田若干春秋舉祀典用價置田者司之請自今與族衆約敢有侵漁祀穀毁壞祠廟斬

伐林木者公議責罰敢有不孝不弟不和於家不睦於族其有行止不齒於鄉人者責之罰之屏逐之不與祀典是知讀書者不必皆高爵也要之以賢耕者不必皆倉箱也要之以力本貿易者不必皆十倍也要之以廉婦女要之以貞風俗要之以厚毋淫佚毋傲慢毋邇小人而悖家訓而玷先人則德義以敦根本詩書以大門第睦族者在此敬宗者在此尊祖者在此此眞禮樂之根源而曾氏之興其將未可量耶苟其不然强弱相凌貧富相耀多寡相爭雖有祠堂亦奚益乎哉余不敏不能如公蓺之以忍而世

其居不能如文正之以義田庇其族不能如萬石君之入里門而趨不能如疏廣受之與宗族同享人君之賜而徒以空言望之族衆望之後人是則余之罪也夫是則余之罪也夫

岐亭杏花村記　胡鉉

宋元嘉時有赤亭無岐亭說者謂岐卽赤字之譌都不可考按九域志岐亭有廢縣而坡公亦作岐亭詩贈故人陳慥則岐亭之名由來舊矣岐北三里許有杏花村陳季常隱居處也季常洛陽人好賓客喜聲妓號龍邱居士少與子瞻友善後僑寓岐元豐初坡公守黄過岐亭季常謁焉越明年復相見於村中村多佳致繞籬植紅杏數十株每杏林花發落英滿地好鳥嚶鳴春山淡冶如笑林外流泉淙淙循簷下溜空碧澄鮮紅潮掩映似爲西子洗妝行數

武風漪宕漾長虹卧波則蘇步橋在焉當是時溪山淨秀花木明瑟微飈側側從絕壁下吹垂楊矮屋間令煩襟頓洗彼兩人隱囊紗帽把酒淋漓浩歌相贈荅視世之俗吏偃祖抱一部魚鱗册子夜打柴門殊令人作惡矣第西窗剪燭勝會難常往哲云遥墓木半拱於今不知有宋又安問杏花村都人士當酒闌花謝每樂尋古人軼事惟是悵望九螺榻懸崖碑差得見張愨子遺跡獨至步孤村拜狂先生墓求所謂環堵蕭然者杳不可得但留兔葵燕麥搖動春風未免感慨係之季常死後數百年而有清端于公

鳩工庀材墓側建宋賢祠祀陳先生上雨旁風蔽虧陰翳令士子輩篝燈兀兀涪誦蓬廬俾歲時伏臘追奠前賢依依如覿面語季常雖化爲異物吾知眞誠所感其精悍之色當往來村烟暮靄中諒不與枯木殘花同歸澌滅也嗟乎莫爲之先雖美弗傳杏花村不過彈丸地何眉山過於前淸端祠於後徒以有吾季常耳然則非季常賴有杏花村亦村賴有季常也而岐亭遂與村俱遠矣

登萬仞巖賞雪記

胡翔瀛

余居之西峯巒疊起爲萬仞巖最勝境也癸卯冬端居多暇偕羣季散步林亭涉宅後小溪水明瑟頭鑿須縻石衙衙立水中不可揭輒縛木爲梁劣可容足緣延乃得渡傍溪行彌望黃茅見蘩薄中老屋横斜村落蕭索深巷寒犬吠聲如豹行五六里抵崖麓拾級而上披羊裘攀絕巘坐半雲洞天俯覗色界一切依稀李供奉登落雁峯頭恨不攜謝朓驚人詩來搔首問靑天耳少選黑雲壓城朔風戛然古木怒號雪大如掌袍袖間皆有栗烈意余顧謂羣季曰斷橋驢背踏雪尋梅此景最爲曠絕我輩陟危峯步玉宇興致淸奇當不減王世懋眺岷峩積雪時也因共入茅菴深處沽村醪三斗相對痛飲濡首大醉高歌白雲黃竹之章空谷響應旁若無人仰覗長天琪花舞空飄飄墜帽席間樹末寒鴉聞人聲皆拍拍驚起是日也余心最懽昔宋錢文僖守西都謝絳歐陽修同在幕下一日遊嵩山自潁陽歸暮抵龍門俄而雪作登石樓望都城各有所懷欸烟靄冥濛有車馬渡伊水來請之則文僖遣厨載歌妓至語曰山行良佳少留龍門賞雪無遽歸也迄今以爲佳話

余長年株守丈夫三十尚如此頭顱摧撞息機無所可用乃復寄情山水徒强顏耳回視龍門故事類不得同日語雖然予竊有軒渠焉世之赫者熾獸炭擁氍毹日暮入銷金帳飲羊羔酒豈肯立千崖萬壑中試此不龜手藥耶余昆若季天機清妙煮雪烹茶甘作此冷淡生活爲黨家姬所笑非徒爲茲崖破寂又以歎世之趨熱者之多而飲冰嚼雪之難其人也

好德堂記

欽州　馮敏昌

今春余自北地薄遊江湘以秋之一月訪黃明府書紳佩之甫於麻城時明府方修復城中萬松書院求余名其院中之堂而余名之曰好德或曰是曷爲名哉余曰萬松書院之建蓋本宋蘇文忠公過張仁甫萬松亭詩而名也按志萬松亭在縣西七里岡故老云院先建岡上遂以萬松爲名及後移建城中尚仍是號故余於斯堂仍本公詩好德無人助我儀之句而名之也或曰今之萬松書院已非故地院雖有松亦焉得萬蓋萬松之已無其實况於推本

詩中望助之意言之今將焉助也哉余應曰賦詩斷章其來舊矣又况好德之義蓋更有進焉者乎試詳說之今夫書院之設所以育才尤以畜德爲先士苟有才而無德則亦無足觀矣且夫人之所以不能自有其德者以未知好之之故耳夫苟未知好之則固不思夫己德之所以成又安能助人之所爲德然而其所以不好之由則非其本心之果如是也利欲攻取之私旦晝梏亡之久有以蒙蔽陷溺而後乃遂至於不好耳昔吾夫子曰已矣乎吾未見好德如好色者也若是乎當時之人之不好德若此其甚也

而更何望於後人乎雖然人心之所以不正學術之所以不明則以未嘗推本言之是以迷謬益甚而不復思返昔漢大儒董子深明春秋謂道之大原出於天學者稱之實則本於吾夫子當日之論詩詩曰天生蒸民有物有則民之秉彝好是懿德夫子讀此詩而贊之孟子又從而述之夫好德既民彝所秉而物則實自天所生則知人之好德者其天而不好者其人也今將以己之說教人人未必從而信之而試一推本於天則人之聳然聽懔然悟固將有若行者之歸家饑者之得食斯其爲教也固易入而其成

才亦有本矣苟不此之務則必將至於以人汨天滅天理而窮人欲以至於好德之終不得見而又何學問之足言也乎吾故曰人不可以無好德而德尤不可以無好也今觀明府之修書院捐廉倡衆蓋急急然以教化爲先而邑人之趨事恐後復汲汲然以好義爲尚而至于邑子弟之鼓篋遜志横經請業尤喁喁然以向道爲心是皆可不謂好德焉也哉若是而張仁甫之栽松與蘇文忠望助皆可以是通之而至于今院之非舊地與萬松之非實數其亦可存而不論矣夫客曰善盍記之時余方卽日入　都不復潤飾遂書以入石如石明府吾粵之陸豐人以名孝廉與校四庫全書出宰於是邑者

新建文明樓記　羅均

縣治之南有鼓樓焉其頽圮久矣癸未冬始因其舊址而復新之其易名爲文明樓者蓋以　學宫地勢逼仄　奎閣未建　文昌僅祀城樓特以斯樓補其闕也樓高四丈五尺廣五尺深三丈五尺上祀文昌　魁星神象虚其下以爲文人學士遊詠之地當竣事慶成登樓四望萬家烟火悉在目前城外溪流映帶左右層巒疊巘環拱四周覺山川靈秀之氣有躍躍欲動者相傳以爲樓之興廢關一邑人文之盛衰非虚語也董其事者則有邑中諸君子志潔行清素爲鄉里所推重而又殫志經營不惜勞瘁故功費雖鉅不數月而告成焉至於各鄉紳士分司勸募踴躍捐輸蓋亦有足多者樓成而予適解組深懼夫諸君子之慕善樂義而無以傳於永久也爰勒石而畧紀其顛末云

張文端公事實記

張文端公鵬翮字運青麻城人入四川遂甯籍康熙九年進士選庶吉士二十七年俄羅斯察罕擾邊我兵困之於雅克薩城悔罪乞恩公奉使同内大臣索額圖等往定界還　聖祖器其能擢大理少卿明年巡撫浙江清漕弊覈鹽課請建定海縣城賑餘姚上虞嵊臨海太平等縣灾又因浙省旱灾請免征輸錮之漕糧皆　允調督河道請挪攔黄壩堵馬家港使水勢不至旁洩又開張福口以引河濬雙橋灣頭二河以通其流功成　上易攔黄壩名曰大通口　諭閣臣曰前張鵬翮赴任時朕示以必毁攔黄壩挑濬芒稻諸河今次第與修觀其奏牘詞簡而意明辨理精詳可知矣又嘗嘉其一介不取天下廉吏無出其右

裁錄

魯亮儕公逸事記

袁枚子才

己未冬余謁孫文定公於保定制府坐甫定閽啟清河道魯之裕白事余避東厢窺魁偉丈夫年七十許高眶大顙白鬚彪彪然口析水利數萬言心異之不能忘後二十年魯公卒已久予奠於白下沈氏縱論至於魯坐客葛聞橋先生曰魯字亮儕奇男子也田文鏡督河南嚴提鎭司道以下受署惟謹無游目視者魯効力麾下一日奉命摘中牟李令印即攝中牟魯爲微行大布之衣草冠騎驢入境父老數百扶而道苦之再拜問訊曰聞魯公來代吾令客

在開封知否魯謾應曰若問云何曰吾令賢不忍其去故也又數里見儒衣冠者簇簇然謀曰好官去可惜伺魯公來盍訴之或搖手曰咄田督有令雖十魯公奚能爲且魯方取其官而代之何肯捨已從人也魯心敬之而無言至縣見李貌溫溫奇雅揖魯入曰印待公久矣魯拱手曰觀公狀貌被服非豪縱者且賢聲稱噪於士民甫下車而庫虧何也李曰某滇南萬里外人也別母遊京師十年得中牟借俸迎母母至被劾命也言未畢而泣魯曰暍甚具湯浴我徑詣别室且浴且思意不能無動良久擊盆水誓曰依凡而行者非夫也具衣冠辭李李大驚曰公何之曰之省與之印不受強之曰無累我魯擲印鏗然厲聲曰君非知魯亮儕者竟怒馬馳去闔邑士民焚香送之至省先謁兩司告之故皆曰汝病喪心耶以若所爲他督猶不可况田公乎明早詣轅則兩司先在名紙未投合轅傳呼魯令入田公南向坐面鐵色盛氣迎之旁列司道下文武十餘人睨魯曰汝不理縣事而來何也曰有所啟曰印何在曰在中牟曰交何人曰李令田公乾笑左右顧曰天下摘印者豈有是耶皆曰無之兩司起立謝曰某等教勅無素致

有狂悖之員請公並劾魯付某等嚴訊朋黨情弊以懲餘官魯免冠叩首大言曰固也待裕言之裕一寒士以求官故來河南得官中牟甚喜恨不連夜排衙視事不意入境時李令之民心如是士心如是見其人知虧帑故又如是若明公已知其然而令裕往裕之歸裕之罪也若明公未知其然而令裕往裕歸陳明請公意旨庶不負大君子愛才之心與

聖上孝治天下之意公若以爲無可哀憫則裕再往取印未遲不然公輒外官數十皆求印不得者也裕何人也敢逆公

意耶田公默然兩司目之退曾不謝竟出至屋霤外田公變色下堦呼曰來曾入跪又招曰前取所戴珊瑚冠覆曾頭曰奇男子此冠宜汝戴也微汝吾幾刼賢員但疏去矣奈何曰幾日三日快馬不能進也曾曰公有恩命裕能追之裕少之時能日行三百公果欲追疏請賜契箭一枝以爲信公許之遂行五日而疏還中牟令遂無恙曾以此名聞天下先是亮儕父啟昌爲雲南提督與三藩要盟公時年七歲爲質子於吳吳王坐朝亮儕衣黃裌衫戴貂蟬冠侍側年少豪甚讀書畢日與吳王帳下健兒學羸越勾卒擲途賭跳之法故武藝尤絕倫云

重修麻城會館落成記 碑刻在都門麻城會館

梁景陽

今上甲辰閏三月癸酉麻城會館　福主神祠景陽與諸偕諸君敬迓　神主升座越十有六日兩廡亦次第告竣於是前宇後祠庖湢咸具溝隧宣暢東西館夾道相通規制以備先是館無居人基地多淪沒予于壬寅秋清理捐贖事既定撰文詳記本末越歲撤東館而重新之其室十近復購迤東隙地增置四室共縻白金三百三十兩除支用胡子翔霱彭子啟鄴董寄存金七十兩外其餘皆借墊　神主之祠舊在正館後楹既復基札致邑同人謀改爲

之今年春孝廉王子勸胡子翹霜以所勸輸同邑之金至爲兩一百四十有奇合之程子璘程子宗洛合寄二十餘金暨吳子世渭鮑子榜李子愈達各量捐輸有差數卒不盈二百以歸借墊以建　神祠皆不敷爰舉贖修館各費悉作予捐欵而以前支用之費併現供勸輸者諏吉興工玆蕆厥事憶予于辛巳歲始至京邸覩　神祠之湫隘慨然有興修志而未之逮及官京邸廉悉館基侵蝕狀越十年始獲鉤致其奸摘發其隱而基復又三年而室乃成蓋予之懷是志逾二十年而尤諸君子交任不疑而樂趨大

義也故始則不得不任其怨繼亦不敢不肩其勞迄于今乃克恢舊址妥神人藉得報命于諸君子而私以自慰其心因以數前哲締造之艱而負荷亦不易也計祠宇新建者凡九楹工值四百雜銷六十餘贖百緡不計也邑合輸金三百三十餘數不敷者蓋尚有三十云抑吾聞舊館規制尤宏卽今東館後層尚多未復集舊事而稽新圖是于同志諸君子又不能無厚望也夫辛丑夏北鄰不戒于火燄及祠而熄今　神主升座之翌日祝融爲災勢甚熾予默禱于　神風反而祠無恙　神之爲靈亦昭昭矣是爲記

白皋山青雲梯落成記 代陸費明府作 王德新

聖皇御極之二十一年歲在丙子某筮仕宰斯邑念古文吏養士化民敎流風扇至於鳴琴而理何治之美也雖不能及高山仰之履任卽進諸生與爲揖讓申以誨規繼見書院廢替招學子業其中分俸益膏火敦禮江夏王菊門山長日課月程一年士靡然嚮風邑之人悅是舉也僉謂院錢薄少不勸而醵錢二百六十萬以助余爲付質商爲子本而嘉邑人之慕學已庶乎其化之能興矣乃衆猶欣然來言曰吾邑在勝國暨

鼎新時人材踵出科名位業甲於南州百年來寖以凋疏我侯作育如是是邑復始之秋也某等願更捐貲培風水以贊侯志以斡邑運之旋若崇竇宮外屏高南城麗譙修文衛鼓樓建墖於白皋對山皆卽今事宜而建墖立文筆峯尤要余未敢然其說而重違衆議且又烏知人之情非卽天之道地之寶也許之時丁丑九月也越戊寅五月董事者告墖位成請名余名之曰青雲梯越今年五月告墖成請題牓余題之曰文明以健七月遂以訖功告復請余言紀本末焉按圖　及册墖占山五閣老中峯顛距麓且十里爲

會七爲隅六爲戶七爲牖十有一爲崇通髻及趾丈計者九爲圍趾如其崇頂約三之一中爲盤磴百有八外爲迴闌著三上奉　文昌帝君次　關聖以遞福祿壽星爲像設几九基之西別爲亭八楹灰石取於山銅鐵板經粱釆之用市於外凡爲工三萬二千有奇爲錢七千八百緡有奇爲日四百八十有奇噫斯已勤矣頃余往來過望嗣以登臨巋然七級者揭嶔崟插寥泬光迴二曜祥納八風濯九派之遠流控五關之近塞峯攢勝以增雄城起霞而挹秀而自縣前引領雖相遥一舍其勢之歸也若飛虹之飲

於庭其精之取也若慈石之召乎鍼左右鄉覘之亦莫不蛟騰虎躍互相輝映注受然以是聳絶特之觀啟方來之運不亦足領化揚風輔弱扶微也哉顧余未敢然者何術文公之文其國也望楚景京爲之乎抑敬教勸學爲之乎史公言齊魯之文學其天性又曰好禮樂之國則豈獨地氣爲良乎今麻山川猶昔邑聚猶昔而人文不昔若者毋亦持風者勤彌書而緩弦歌橫經者是末師而忘舊學其責固有所歸與不追計此而汲汲形勝之與謀外觀之是兢果中今事宜否也然神不警不發氣不作不伸是役也諸君子豈直爲壯觀也者夫對高標則思抗節以樹表儀[illegible]頂則思健筆以干霄憶層累則思廣基以漸積睎階升[illegible]則思援引以共登鼓之舞之厲之翼之學行修人材茂翩翩[illegible]青雲而麗文明邑之風復其始化觀厥成將於是乎在而不佞涖官之初志亦藉得周旋無失墜焉即斯舉爲功甚大又何青鳥說之足云因終諸其請而爲之記以旌埼之費闔一邑公輸董其事者某某也

王公字菊門江夏舉人楚北知名士爲諸生時肄業國子監與莫劉陳盧諸公爭長文壇各樹一幟學精史漢

文宗班馬嘗主講萬松書院每酒酣興逸拈時藝以示生徒旋即碎焚其稿謂取法貴上故也晚歲教授黃州前學憲吳公瀹齋迭相唱和得其片紙隻字視同珍璧欽禮特異年登大耋卒著有保醻堂集行世

重修麻城縣文廟碑記

萬之傑

余以道光丁酉七月視麻邑學事徧閱殿廡兢兢如立巖墻下每風雨至殿瓦隨之以下者輒錚錚有聲殿內雨注如傾盆爲悵然者久之塡讓生先生甫下車指之以請先生期與余共圖之余因條舉數大端先生慨然附和願以峨工附其後會本邑屈鴻軒司馬與其兄崇源先生捐置賓興義庄既成以余所爲序言刻石置學宮宴集諸同學以落之酒闌將辭歸余挽之以
文廟朽敝坍塌立至君家數事義舉豈容以第一等事讓人

鴻軒諾之以去繼而其姪文典弟兄別駕至縣因與讓生先生申言其意與鴻軒同口一辭乃擇吉於道光十七年某月某日時破土旋於次年春仲劉鑑三先生接任之次月興工至二十五年姚芹溪先生涖任之三年而成事以藏費工幾萬幾千幾百有奇購料幾千幾百緡有奇合計成數得制錢一萬緡始事大成殿一律更新其間若兩廡若大成門若靈星門若崇
聖宮若眞官暨名宦鄉賢忠孝節烈等祠以及尊經閣學西齋或徹底重修或補葺從事率且無者補之朽者易之圮者培之缺者至之毀滅者丹雘之巍巍乎氣象一新焉維時紳士耆民交口稱善而鴻軒暨其姪文典弟兄亦欣然樂終其事相率以記言請余正樂爲應之樂其廟新則教益新耳夫以廟祀之遠且多也名山大瀆以外舉凡功德在人者例得載在祀典廟食罔替矧
大聖人德齊兩大道冠百王致令百千萬世君臣父子之倫修齊治平之理肅然一歸於正犂然各當於心而其卒也百千萬世人才之成或爲忠臣爲孝子爲義士爲悌弟爲理學大儒等而下之至於婦人女子亦復無與於詩書禮

樂之訓矣而其濡染於不知者或爲節孝或爲貞烈極之世變頻仍死生立判而徃徃出乎萬死一生之途守其百折不回之志如鬚眉丈夫並立於天地之間而卓然有以自見者無以異而儼然丈夫者之明理義厲廉恥敦風化可知已古今之載在祀典隆其廟貌明效大驗孰有如斯之盛者而謂余敢以不文辭哉顧或者曰是言也三尺童子習聞之今並是言之爲厭聞矣至於厭聞是言而其流失敗壞必將有大不忍言者余正惟其言之漸推漸遠漸遠漸忘方思於其漸忘也而大聲而急呼之俾立返於求

子求臣求弟求友之常庶
聖人之教如日月之經天江河之麗地愈久雖愈志亦愈習
則愈新此卽盤銘又日新之旨與余言之新廟益以新教
相發明者也則且推原歷代以來所以立廟之由與余文
所以提振
聖教之意因屈氏重修
文廟一發之非惟麻之人應有以許我卽天下之人亦應有
以許我如麻之人者當亦風教之一大助矣芹溪先生名
國振奉天人以軍功現補麻城縣知縣鑑三先生名世保

甘肅人道光二十年以大挑知縣權知麻城縣事讓生先
生姓王名朝栩四川人某　科庶吉士散館改知縣以道
光十八年選補麻城盞
文廟城工均督理其事云

賓興義庄合記　萬之傑

麻城縣治之西六十里地名拜郊區有屈姓兄弟者其伯
氏名光遠字星海捐職布政司理問仲氏光逵字鴻軒捐
職同知兄弟素友善其所措施事無鉅細凡有益於人者
一切視兄意以為左右以故道光十七年五月某日兄若
弟慨然於單寒之士觀光有志稱貸無門乃相與共捐制
錢一萬串交典生息以為麻城縣鄉會試道里之費顧又
念鄉會賓興誼篤桑梓而水源木本之愛或反有所未周
也復於是年某月某日共捐水田百石以為義庄凡同姓

之孤貧老疾以及窮而不能嫁娶者胥於是乎取之並於
其中設立義塾一本乎當日范文公所已行者斟酌出之
求有以安其身而利其用庶幾內與外之交盡義也而仁
見焉矣而吾特有異焉者以天下如此之大其家累鉅萬
往往而有而非粟腐而不能貸人一斗卽貫朽而不能貸
人一錢自我生之初以迄於今數十年來求如屈君兄弟
之仁心為質殆未易一二數豈天下之富者得天俱薄而
屈氏兄弟其得天獨厚歟抑亦其所見者誠大其所慮者
誠遠洞然於萬物之生消息盈虛之理實有不可以拘泥

求者故毅然爲之而不疑歟夫先王之道始於親親而是
而仁民愛物其一以貫之者分雖殊而理則一君如堯舜
爲湯臣如皋益伊萊其顯然有斯民之責者不能外是以
求治不待言即下此而一介之士必有其身之所接則仁
千萬人爲仁仁一二人亦爲仁仁之量雖無窮而仁之理
則隨分可以自盡故先儒呂氏謂庶人亦有齊治均平之
責者此類是也誠如今日賓興愛其益而士不至懷材負
異困於資斧不能贏糧而從官義庄愛其益而族之人不
至貸匱鬻負幸仰給於大尹以代昏嫁其子女之不能自

歸者吾知異日文章報國者人人得吐氣於堦前盈尺之
地而朝廷廣收得人之慶蒿藟托庇者人人得自勵於欽
食教誨之餘而當時佇見禮俗之成由是而一邑行之舉
世化之甚且至於荒陬僻壤無不鼓舞而振新之賢路日
以闢風俗日以醕彬彬乎游天下於一視同仁之盛雖謂
與唐虞三代比隆可耳抑又聞屈氏先人之在麻邑橋梁
道路之間匡困資無之事始難更僕數其尤甚義者道光
十二年歲次壬辰會省城各
大憲增修貢院號舍屈君之父捐輸白金一千二百兩當
經
大吏具以
上聞得
旨給予鹽知事職銜其殆以義世其家者乎余至麻城五閱
月葉君石林以余曾治古文而以記屬余因把筆序之俾
勤諸石樹之黌宮以告來者至其出入條貫田畝坐落並
列於碑陰云

岐亭重建宋賢祠並建忠節祠碑記　會稽宗稷辰

古赤亭後爲岐亭在光黄之交爲守淮要鎮當宋神宗時中原無事有世家豪傑陳公季常先生隱居於此稱方山子初射獵山中意氣甚壯久之乃益韜晦惟嘯傲自娱蘇文忠與舊故追謫黄州訪之於岐亭下杏花村大異之其生平蓋懷文武才略不得用於世竟以隱終没後卽塟於是邨之山原碑石至今存焉我　朝康熙癸丑歲于清端公官岐亭司馬始與士流爲之建祠於墓前以方山子由文忠而傳祀陳必兼祀蘇故顔曰宋賢祠清端常講學其

中云後數十年有邱公名賜書來丞岐亭復爲培植其墓木修葺其祠宇居民思清端之德卽祠中祀清端至今又歷百餘年矣前此已久不治近年更遭兵燹並頹垣敗甃而無存幸清端與後司馬之遺碑尚卧荒煙蔓草間今署司馬王子省三剔蘚濯泥而讀之怦然動中與士民謀修復皆同聲稱願省三且謂衆曰光黄間多氣節之士自粤逆擾黄一時義旅所聚明赴私鬬雖婦女亦皆曉然於死生輕重之故而無所於避幸迪菴李公掃蕩醜類廓清全黄方慶更生而戊午之春賊復由間道竄入旬月之間麻城黄安相繼告陷維時李公克復九江復親率一旅之師以再造此二邑民宜二邑之民於公三河殉亂後迄今感泣思念而不能忘也記曰能捍大患則祀之以死殉事則祀之盍於舊址三楹外增建忠節祠以祀李公及在黄死節諸公而以麻安之死於寇者附祀焉紳民更莫不慨然以並舉爲當者遂集資鳩材興工於己未年三月而於九月望日告厥成焉後之人紹清端之蹟而崇宋賢推清端之意而勸忠節常則效而修明之以示嚮方善風俗則今日之舉其感發於人心風俗豈淺鮮哉省三於千里外馳

書請記其事遂爲之記使鋟諸石

岐亭郡丞王公戡亂碑記　　王封濚

戊辰秋仲之杪吾楚黃人士來自里門傳　郡丞王公祖守岐實蹟欲以余言壽貞珉予忝銓衡重任自當爲　國家紀守土之勞臣更喜爲桑梓揚保民之良吏奚敢以不文辭竊自吳越蕩平來越十年所矣父老與子弟耳不聞鼓鼙之聲目不覩旌旗之色雞犬桑麻晏如也疇意今歲夏五會城兵叛武漢諸官領不戰而潰沿暨黃德兩郡縣亦多聞風遠竄僞員逆弁布列肆行更有狂憒昏迷之徒投附逆黨毒痛慘烈蕩搖我疆土俘掠我烝黎冠履倒置

不復有　朝廷法紀嗚呼此小醜耳何遂滋蔓至斯哉抑亦守土之官吏鮮鎭定撫輯之策以寧外患而固吾圉也岐亭一鎭爲楚黃東北關津重地與麻安陂四邑交壤當逆焰轟播所在士民不能無疑畏惟　王公祖端然坐理神色不撓集諸紳衿耆老暨四門地甲庭諭而矢之曰我　國家八埏宴瀾萬國傾心嚮化爾等所知也我　國家六師精銳百戰摧陷廓清亦爾等所知也蠢茲跳梁羣逆直釜中物耳爾等亟修葺城垣儲備器械且伊眷屬室廬咸在焉務堅意協力捍禦勿貳若我職在守土惟與此城俱存亡耳羣應曰唯唯爰是四門各揀設紳衿統率烟甲晝夜巡防咸無懼葸城中窘乏者給以家口之粟且授以捍禦之方人懷鬭志勇氣百倍越數日賊魁張漢一統叛衆雲集擁騎樹纛揚幟揮戈負雲梯持飛礮直抵城下藐視岐鎭彈丸妄意開門揖降如取如攜耳城堞之戈矛林立櫓櫓之火器山積　公督率巡守不遑食寢者三晝夜俄而　公發奸摘伏擒僞賊間諜者十餘人訊知約期舉火爲號賊即乘隙攻取迨數輩就戮而賊失所恃知無懈可擊　公又用以賊退賊之計而賊果宵遁尙思糾集烏

合出其不意而眈眈之覬猶未已也　公復策騎出巡於附近寨堡團練聯絡賊遂不敢再至城下尤嚴爲防守以待　王師憶自會城變起倉卒武漢黃德各郡縣或賊至而失守或賊未至而先逃乃岐亭蕞爾一城非有峻壁深池可以設險也郡丞文職一官非能披堅執銳可以卽戎也獨以衆志成城倡義拒敵俾近城百里內外不受叛黨荼毒者我　公之文經武緯曷克臻此未幾而大師奄至賊衆敗降元逆夏逢龍狼狽走白雲堡被我　公所立練長縛送軍前以正顯戮古人云運籌帷幄決勝千里者我

公眞無遺策也今士氓感靖亂深恩秘之於心形之於口而欲頻觸之於目因咸相告語曰時事羹沸四方動搖我岐之築場納稼咸得樂樂利利者伊誰之賜耶且被賊蹂躪諸地不無顛連毀折我岐之安堵無虞置師行於不問者伊誰之功耶乃我　公謙讓未遑歸功　朝廷僉謂朝廷福庇何獨私於一岐　公又歸之紳士百姓僉謂吾儕雖和輯禦侮非有得道多助者爲主持其誰發縱指麾以壯敵愾乎遂拜手颺言曰不矜者天下莫與爭能不伐者天下莫與爭功愼固封守拒敵退冦自當歸之我　公

於是衆皆稱善且懽忭踴躍請登淮西一片石辭曰妖氛煽楚變起何陡驅駛岐陽誰爲固守烈烈　王公勇裕義有不與時移不爲勢揉賑貧憐勞恩同慈母捍亂擒奸民安賊走功首綸褒頌傳輿口萬世奇勳永垂不朽公諱民瞻號熙圍江西臨川人

遊五腦山記

洪良品

麻城四面皆山其東南有白臬龜峯其北則天紫諸山蜿蜒起伏皆距縣城數十里遠則百餘里而五腦山在城西七里獨障一面最近而差小以靈異著名山上常有雲氣油油仙靈往來四方男女禱祠香火輻輳不絕布施金錢以萬計因之起飛樓傑閣蚴蟉玲瓏虹矯乎天半余舊聞焉未至也癸亥十一月至麻城因往遊焉初三日平明出西郭門寒旭始升霜白在地扶杖過相公橋橋廣數十步旁有古廟半頹廢傳爲張眞人飛昇處其前大野煙綿沙布曠邈無際左睨右聘峯巒萬狀遙望五腦山形如蓮花

瓣瓣可數中峯隆然高聳山曲包如葉之銜萼蘂而出天清霧豁寺頂遠出如望蓬萊宮闕在煙霞縹緲間更西行一里近古鳳橋山形如牛穿牛脊而行又半里得小坡坡上有淺草一樹獨立杈枒無枝葉傳爲張眞人繫馬處樹漸遠徑漸高亂石犖确峭壁矗當面寺忽不見山風有聲峯轉徑通千行百折而上仰面突見一亭翼然如鳥之翔空其先登者在雲際蠕然如蟻之游梁既至坐靜心亭四望羣巒拱立萬象在下躡石梯數百步至一天門入佛殿

丹碧輝煌金虬鐵鳳銜楹翼柱瓦以定瓷爲之淨滑如琨玉刻畫五彩兩旁屬以宮館皆層臺曲室深邃遼密累日莫能到樓上憑欄啟牖嵐翠飛入數百里川原雲樹歷歷在目中遊者憩焉山後多奇花佳果怪石古木藥草竹箭四時彩禽異獸之音咸接於耳坐久山僧烹茗以進告余曰是山也張真人始至向山主乞一衣地已而解衣覆五腦山皆滿遂棲真於此是說也余蓋聞而不信云時同遊者何君某陳生昆季五人也何君曰自此山迤而北行五六里有麻姑洞焉

麻城縣志卷之四十六

方山子傳

蘇軾

方山子光黃間隱人也少時慕朱家郭解爲人閭里之俠皆宗之稍壯折節讀書欲以此馳騁當世然終不遇晚遯於光黃間曰岐亭菴居蔬食不與世相聞棄車馬毀冠服徒步往來山中人莫識也見其所著帽方聳而高曰此豈古方山冠之遺像乎因謂之方山子予謫居於黃過岐亭適見焉曰嗚呼此吾故人陳慥季常也何爲而在此方山子亦矍然問予所以至此者予告之故俯而不荅仰而笑

呼予宿其家環堵蕭然而妻子奴婢皆有自得之意予既聳然異之獨念方山子少時使酒好劍用財如糞土前十有九年予在岐山見方山子從兩騎挾二矢遊西山鵲起於前使騎逐而射之不獲方山子怒馬獨出一發得之因與予馬上論用兵及古今成敗自謂一世豪士今幾日耳精悍之色猶見於眉間而豈山中之人哉然方山子世有勳閥當得官使從事於其間今已顯聞而其家在洛陽園宅壯麗與公侯等河北有田歲得帛千匹亦足以富樂皆棄不取獨來窮山中此豈無得而然哉予聞光黃間多異

人往往佯狂垢汙不可得而見方山子儻見之歟

毛玠傳

晉　陳壽

毛玠字孝先陳留平邱人也少爲縣吏以清公稱將避亂荆州未至聞劉表政令不明遂往魯陽太祖臨兖州辟爲治中從事玠語太祖曰今天下分崩國主遷移生民廢業饑饉流亡公家無經歲之儲百姓無安固之志難以持久今袁紹劉表雖士民衆强皆無經遠之慮未有樹基建本者也夫兵義者勝守位以財宜奉天子以令不臣修畊植畜軍資如此則霸王之業可成也太祖敬納其言轉幕府功曹太祖爲司空丞相玠常爲東曹掾與崔琰並典選舉

其所舉用皆清正之士雖于時有盛名而行不由本者終莫得進務以儉率人由是天下之士莫不以廉節自勵雖貴寵之臣輿服不敢過度太祖嘆曰用人如此使天下自治吾復何爲哉文帝爲五官將親自詣玠屬所親眷玠答曰老臣以能守職幸得免戾今所說人非遷次是以不敢奉命大軍還鄴議所并省玠請謁不行時人憚之咸欲省東曹乃共白曰舊西曹爲上東曹爲次宜省東曹太祖知其情令曰日出於東月盛於東凡人言方亦復先東何以省東曹遂省西曹初太祖平柳城頒所獲器物特以素屏

風素憑几賜玠曰君鄉古人之風故賜君古人之服玠居顯位嘗布衣蔬食撫育孤兄子甚篤賞賜以振施貧族家無所餘遷右軍師魏國初建爲尚書僕射復典選舉時太子未定而臨菑侯植有寵玠密諫曰近者袁紹以嫡庶不分覆宗滅國廢立大事非所宜聞後羣僚會玠起更衣太祖因指曰此古所謂國之司直我之周昌也崔琰既死玠內不悅後有白玠者出見黥面反者其妻子沒爲官奴婢玠言曰使天不雨者蓋此也太祖大怒收玠付獄時桓階和洽進言救玠玠遂免黜卒於家太祖賜棺器錢帛拜子

機郎中

按舊志謂玠爲介休人並爲文帝使吳者悞愚于燕邸書肆購閱廿一史録得此傳玠爲陳留人與一統志相合其玠之攜幼子遷居麻城事傳或未之詳也邑人周維桓附識

耿定向

觀察周鑑傳

公諱鑑字孔明中永樂庚子鄉試正統乙丑會試第四名選授北道監察御史出按江西値賓興公總裁典試是榜得御史鍾忠愍尚書何椒都御史高明會元彭華鍾何高三公勳在社稷史垂不朽皆公簡拔古稱以人事君蓋無愧矣時有大學士陳某者子倚勢作威所爲多不法公不畏避按置大辟還其强奪田廬子女若干一時稱快而陳切齒伺公無所得諷部遷雲南按察司副使終陳當國九年不遷公處之怡然所至洗冤理枉仍開寶泉壩積水溉

田多至數萬餘頃民至今受其利專祠祀之後以通考便道回籍水次遇風覆舟覆時風即頓息舟凝水面如閣凡之其僕周濟緣木從旁出取斧破舟公尚端立神色不少變隨召驛吏謂曰某官滇九年餘俸僅三百金做衣數襲共一皮匣今已失之水中子其爲我求之驛吏姑諾聊取漁鈎於水中覆處尋之應手而得如探囊中當開驗如數衆驚以爲神抵京陞山東按察使即上章引退奉旨致仕進階嘉議大夫公先仕時僅攜二蒼頭以太孺人羅在堂留魯恭人奉養獨處幾十年尤人所難也公忠孝大節凜

然詩文博雅豪邁而吏治綜核不畏強禦精密振嚴蓋得之淸心寡欲之助爲多家居與方伯正芳李公大參應軫董公俱以碩德重望爲時所師法邑侯時建館於縣之右每有大政輒敦請諮議迄今有三老堂云公生洪武辛巳三月初七日卒成化十一月二十四日葬淸素林配曾氏封恭人

憲副周廷徵傳　耿定向

公諱廷徵字公賢號黑沙中宏治己酉鄉試任臨淮教諭超復改安福徵補山西道監察御史出按陝西時寘鐇之變公斷以先發後聞之義即調榆林鎮副總叅遊時源等兵分布要害仍授楊英以計爲書寄達仇鉞卒以此擒之同首惡何錦等押送京師開其脅從賑其困乏寘夏已蕩定旬餘矣而朝遣都御史楊公一淸太監張永始至愧其功不由己張大怒追還寘鐇另作報捷又欲盡奪寘夏將士功以與諸侍貴乃與公約曰公疏以捷歸内臣永以封

蔭爲公請公可得伯永輩亦有榮施公亦無不利焉且永輩近侍言無不中公其裁之公曰朝廷自有實錄與其結内侍受賞某寧無賞是時紀功給事中郗夔懼而死寧夏幾至再變賴以威信素孚又爲撫定而直白其功于朝疏内云臣不知他日繼郗夔之死者何人而今日握劉瑾之權者尚在葢郗夔以死自誓而劉瑾則指永也公還上御門受提永果私其功而以伯爲公請公廷諍幾欲對上毆永乃出日寧不錄功忍與刑餘同封以貽後代羞哉當時鎮巡已死矣遂菴公尚未至矣獨公一人在地方平定之

績非公而誰止以閣怒盡掩沒而科臣又死紀功官獨公一人恥于表白尙書王兩洲公每云是舉無愧陽明之擒宸濠而機宜神速猶似過之諸載籍中叙寘鐇始末皆憑張當日報功之疏惟近日高京山洪猷錄中始云御史周東者聞變自延綏馳至榆林遣調時源楊英等云云諒公之心唯得宗社奠安已矣功之有無後世之知與否也奚計哉遂菴雖附張閣奪功之勞以自大然心實重公材識品量會有劇賊劉六等欲從九江窺晉都議者以九江咽喉重地請添設兵備一員遂菴遂薦公陞江西按察司副

使兵備九江公抵任晨昏規畫號令一新賊望風而靡遂折回由六霍趨通泰劉六先時過新店掠公家惟古書兩架他無金幣撚石灰書空空二字于廳亦畏其清嚴而去時正德壬申也是年六月十一日公暑中調度勞瘁過甚以疽發卒賊聞其卒七月自通州泝流至九江下南京往來江上者三潯陽之燹刼尤慘軍民之思公也益切公直節著於臺端功勳在於社稷孝友化於鄉閭其器識豪邁倜真以古人自期待而天不永年施未得意惜哉公生天順辛巳六月廿六日卒潯陽官舍歸葬馮家園其臨淮安

福九江等處俱祀名宦嘉靖中公以子載貴進階中憲大夫公卒時宦囊如洗張孺人年僅二十歲三子皆劉恭人出孺人誓同恭人守節撫孤備歷艱辛先人遺衣及績紡所獲盡以敎諸孤償一應官錢無吝也日夕處閨中督子課甚嚴非歲時伏臘偕諸母拜謁家廟足不一履中堂其淡泊堅貞母儀婦道卓爲世則賢矣哉

大司馬劉莊襄公傳

王世貞

公少穎朗十歲能屬文十五從父宦遊豐城鄉先生楊文恪公談理學爲世所楷模授公舉子業而內奇公至别而爲文以古人期之二十遂舉于鄉公爲人長身玉立顧盼偉如也自是三困公車而其遊太學所交多名士大夫後成進士授南京禮部主客司主事居二歲餘天子誅逆瑾于臺臣多所更置而公以茂異徵拜御史出按陜西前是鎮陜監廖堂貪横甚而寘其弟鵬于錦衣相表裏爲姦及公當出鵬候邸中甚恭肩脅爲堂請一日歡公正色不之

顧既抵陜首榜廖堂不法事于衢飭諸司毋曲徇又縛其爪翼數人於獄堂陽爲惴惴請一切得自新公亦冀其改悔少寬之而謗書則陰上矣會公監鄉試所得才士人盛于它時其程文爲諸省甲甫畢而堂之弟鵬素奴事幸臣寧從中道馳堂謗書以其校卒稱詔逮公既就繫堂使所親信恫喝校卒且啗之利以求甘心焉長安吏民感公恩而痛其冤慟哭擁車前後數萬人車爲枳不得發壯者至掊挺行求堂欲捶殺之堂恐稍杜門引避而其豪張傑王倫數十人相與嚙臂爲盟護公所過舍傳必週視食必先

嘗堂前秘遺尾公者不得近竟以免而公之下獄也幸臣寧入鵬嗾考掠公罪不得遂長繫於是給事御史俱有言赦出爲金壇丞亡何進爲其令有治理聲擢同知蘇州府事時大盜湯毛九等起湖州之孝豐山中蘇爲蹂躪臺臣驟用公謀平之而公有湖守之命矣公至湖則首禮一隱碩與謀政所當先復折徵均耗賦其民大悦以擬謝大傅安石顏司徒淸臣爲湖守凡六年考績天下第一晉山西按察司副使督學校公以母老乞歸養報聞尋得旨别用久之仍故官督陜學于其職益稱明年遷南太僕少卿尋

改太常卿以其年爲都察院右僉都御史督甘肅屯政乃條所以當革者五曰掊尅曰占役曰湖場曰泒撥曰侵漁所以當興者五曰開墾曰墩堡曰牛種曰治水曰屯兵疏上以次報可尋因母老請告不許改督諸邊糧餉時少師楊公一淸在先朝才公於試事已惜公冤爲解於幸寧至是益器重公爲特疏薦改撫陜西公前後凡三莅陜其一切利弊晰若鏡燭首疏鎮守中貴人當汰狀罷之因裁損守令不經於費者三十餘事民又大悦每出則竊相指曰此吾鄉者擁車公耶何吾秦人之多幸也公出師平洮岷

叛酋四十二族獲甲首三百鹵倍之已又平胡店大盜殲
其魁賜白金二十兩文綺二段又平漢中妖賊悉殲之凡
再乞休侍養俱不允總制王公瓊偕巡按御史上其勞進
右副都御史撫陝如故其明年承秦太夫人訃歸哀毀踰
禮以祭葬請許之甫公服除而總理河道之命下矣時黃
河驟南徙歷濟而徐皆旁溢不可以漕公晨夜改舟車為
橇檋探求盡得其利便濬淤以故導瀆以新疏汴河自朱
仙鎮至沛縣飛雲橋殺其下流又疏山東七十二泉自鳧
尼諸山達南旺河濬其上流役夫僅二萬不淹時而河工

就天子嘉之晉工部右侍郎兼右僉都御史仍其職及冬
入禮部事未受代遷兵部左侍郎兼右副都御史總督陝
西三邊軍務公至則申軍令豐儲峙廣埤塹選精銳飭甲
械士氣踴躍思效其年為丙申七破虜明年丁酉十一破
虜又明年己亥破虜數如丁酉所上級多至二百餘少亦
不下四十而天子推恩報功一加右都御史再加左都御
史其侍郎俱如故進兵部尚書則都御史如故其金幣歲
至三四賜積金幾數百千己亥公諜虜吉囊將大入萃羣
帥而誓之大出賜金為牛酒饗士陳二寶劍堂皇指左劍

曰將不用命者狥此指右劍曰卒不用兵者狥此及期而
虜眾果大至挾詐乘我帥醉遂埤登焉公前已聞警率所
部夜行八十里抵花馬池即故壘營之賊錯愕不敢犯引
而西公召醉帥二詰得其狀立斬以狥眾皆股栗遂率以
躡賊會天大雷雨賊弓膠皆解馬蹶躃泥淖中斃者相屬
而公所檄延綏周尚文兵擣其左寧夏任傑兵挫其右固
靖魏時兵擊其鋒公以大兵尾而勁之強弩火礮四合爭
奮賊遂大敗走梟其名王以下首虜五百級鹵及畜器械
稱是捷聞天子行告廟飲至禮下書褒予公甚篤即軍中

策拜太子太保予錦衣正千戶為世官賜金幣蹌等尋以
公久勞外改南京戶部尚書亡何入為兵部督團營軍務
時中貴人大將多所私役腹其廩以空名予營公力欲清
之而諸共事者為首鼠兩端以尼公公鬱鬱不得志會報
虜將大入公日夜治軍不休因以成瘁疾虜去乃露章懇
休上督而許之特賜馳驛歸歸二年而卒所著有問水集
關陝奏議安夏錄督府奏疏若干卷他詩文亦有存者不
佞所志志狀畧耳竊又從孫守巽所得耿中丞紀而讀之
忝以舊聞蓋撫卷而三嘆曰嗚呼公真異人哉當公治邑

而稱艮墨綬入臺而稱艮御史治郡佐臬而稱艮二千石意以爲精心勤恤之士耳北治河河功立辦西治屯屯政肅鎮陝陝之貪墨盡解去大盜散徙始稍露其不可測以爲世之得公者尙淺然公南人耳十萬浴鐵之騎霆摧電掣於交戟之外而徐以尺一如意揮而麾之百步不留堅至其所飛提明光上下動色謂三秦自洪永而後始快意于二勝者終豈能測公哉吾聞之廖堂氏之孽公也校卒挾璽書一旦以狠璫至豺虎交跡卽不道塗死且獄死耳公怡然以事付藩臬卽就道亡慘容者其定力有以勝死

也公且中立無死何必有十萬騎哉今夫志大者不能無小出入術勝者不能無巧進退然而公不爾也當其游太學布袍挾一蒼頭僅潦倒諸生而麻城令有世好者業先造公請邑事公第以邑所當剏革語之不及私也令斂里甲貲爲諸舉子費公獨謝不受倍遺之亦不受及貴而宅憂家居將三載矣扉一紙官府也生平所歷皆膴仕而最後以軍興法治全陝入視之臬府矣先人之田廬無少增益故所薦大帥某緘金幣而爲壽公時已得老力卻之且報書以爲飛饒人之感知者選藝器遺公公怪其精曰得非上方物耶吾書生安用此卻之不可遂碎之以明非己好也舉進士而中貴人璫用事於衆中目屬公異之又問知其同氏以宗人刺投公公不報已啖之美官亦不荅其人而督營務也距京師三舍許則眞人陶仲文以戚屬禮遣刺迓公曰與若主胡戚也誤矣亟反之公之歸仲文與有力焉嗚呼世安得以出入進退窺公哉公又名能知人其識故相太保桂公萼故將太傅周公尙文皆自其微時世以比楊文襄云

憲副黃卷傳　耿定向

黃憲副公卷初官比部出補山西僉憲晉陝西少參已晉憲副即解紱歸歸年才四十又五年公歸蓋即眞明農云春夏閒家衆悉驅之田作而歛與其配操杵臼炊釜作飲食躬荷而饁之嘗假農具鄰舍鄰舍子欲舁送之公曰毋此何時也假我具即德厚矣奈何又妨汝務遂自肩之於田焉公性故孤介悃樸而逸興甚豪惟嬰情山水閒域中山巘水涘靡不遊至或乘敝輿或策欵段或曳杖躡蹻翛然咏嘯飄飄若仙焉家去城邑四十里而近經歲不一至

至則市童撫掌歡呼相指曰黃公來也蓋識其輿敝陋云公居常好客客至座已徐起臨庖服犢鼻衣治具具無兼味治畢乃盥手更衣即新婿上客率以爲常予一日偕元孚周進士候公公歡甚縱譚名理因及疆埸時事奮然有請纓之志移日不輟已有婢從屏閒稟曰烹雞熟矣請割公曰少需蓋劇談方適無閒也有頃婢稟如初公又曰少需如是者三而公談益劇乃命婢曰汝姑自割旣共饌出胾肋狠籍不爲意也公閒起入室余從之闚其室一榻蕭然不啻僧舍已予時若泠然嘘以清風洒然沃以瓊漿也退謂元孚曰吾與子今幸遊羲皇世矣相與嗟嘆不置云

耿子曰夫世約其躬爲苦節行事類多齷齪迂滯不能事事彼蓋矯飾以爲名高也其眞濔其性梏矣公率性之眞從心之安孟子所謂人有不爲可與有爲者非乎予又嘗聞里中前輩若鄒劉周李董阮諸公其風軌大都如是顧所及覩記者惟公因憶父老相傳宣正成宏閒里中民物殷盛閭巷熙熙有以也乃今里中身有完服面無菜色父子兄弟相聚而無愁嘆聲者蓋鮮曷故哉吏治之日媮也吏治之日媮則士節之不立也士節之不立則古道之寖

微而紛華之爲蔀甚也即吾一鄉而天下皆可類知已嗟嗟孰謂公履爲細謹哉公蓋古道之碩果矣予茲重有慨焉爰拾公一二淺事爲外傳云

瓊節婦謝氏傳　周思久

或曰婦道柔也而以剛則踰閑矣非所以明壼範敦姱節也予曰否不然婦事人者也柔其常耳然剛亦有不可少者舅姑在堂伉儷在室娰娣爲羣中饋是議此而柔焉可也若乃良人早捐遺孤方抱黃髮未變朱顔漸枯月夜霜天衾單影隻鳥啼花笑觸物傷懷綿歷歲時感被災疢饑寒窘其躬侮挫撼其外自非氣貫金石操敵冰玉則從一之志安能垂老不變哉於此必剛乃能勝之猶之男子本剛亦當用柔旣倜儻矣助以醖藉亦峻烈矣濟以包荒庶

足矯結習之偏蹈中和之軌也然則男女剛柔之性亦觀所發已爾何常之有瓊節婦謝氏者南京都御史大夫海剛峯之母也少嫺內則質禀近剛結褵之後克執婦道至廿有八歲喪其夫封君公有日者以狀進謂其命宜嫠居太夫人遂舉火焚之誓不再醮卒如日者言時剛峯公甫四歲而孤太夫人自幼粗識書史口授以孝經學庸等篇稍長塾師教之督以義方常惟疾之憂與之共臥起不含又封君公性恢廓不事家人生產公雖宦遊久其田廬猶無改於其舊太夫人疏食菲裳拮据卒瘏以佐其廉以故公卒能抗疏批鱗鞠躬三朝以骨鯁稱今公性日醇德日劭藏鋒削隅求歸於淪渾聖天子方虛鼎鉉之司待之此皆太夫人之教啟之也太夫人柔而能剛公剛而能柔賢母令子交相輝映古今圖牒所載能有幾哉余守瓊采問風謠首及斯事諸大夫國人皆爭述太夫人之節孂烈如此因登堂顔其廬闔用勸來者嘗欲泚筆紀勒其事以闡幽晦維時兵事劻勷不遑文墨未幾以罪行矣然心惓惓未嘗忘也茲秉耒之暇檢閱舊牘爰綜其大都詮次之聊代野史亦以見人之剛根於所性而學之以融其迹以歸

於化則公之所以報罔極者葢至而太夫人之節愈不朽矣

秋崖逸老傳

吳與泌

秋崖逸老者，齊安之麻城白杲鎮人東坡方山子傳所謂岐亭者相去僅五十里也邑紳士稱者皆曰秋崖先生逸老者特書也予至麻城與秋崖知最深明神宗朝秋崖尊人爲直指使者綮邊事大同兼督學政有能聲秋崖蓋世家子也初名昇姓魯字紫涯傳極羣書凡古今文字稍可誦者以及方書佛老言手作蠅頭楷錄一笈可萬卷以上悉記讀無遺張安世虞世南蔑以過也少屬詩古文辭好獎拔士類而朝廟之中高文典册尤時所推尙氣節要在

道人之善歷其目者雖貧賤爲人所憎棄必心識之明時嘗遊吳越吳越多文社而前庚辰進士視楚湖北學政黃仲霖爵者尙困童子試偶從他社中見其文異之兼爲之成名踰年登甲乙第踰數年官於楚使者冠蓋相迎作感恩知已報然終不以此驕人其於邑人士率多類此至夷然不屑又所時有也癸未獻賊之亂赤壁三江可尸渡矣及逼麻城盡掠少壯者隸爲賊倡義討之衆皆田家子弟力不克僅得依山設堡自固壽以

國初解散然田園荒蕪廬舍燹毀矣自是息意仕進無何飾葸芻衣冠携二童子里中市藥通都大邑所活甚衆與緇衣言禪與黃冠言道遇士人則唯唯惟謹更姓名曰一晟秋崖者一晟字也後皆因之不改而增書魯字其上云里人曹石霞甚敬憚之石霞者前己卯楚中第一人成進士者也知名徧天下顧於世之知名者則又落落無足當其意曾仕閩漳州之刑曹

國朝避官歸所居距十里許彼此嘗相就爲詩文飲酒之樂醉則浩歌古詞曲或離騷諸篇時竟日逮且禮法者過之則避匿矣然秋崖壯年實銳意用世特決於自檢明思

皇帝初以明經遊都下名士大夫爭知交之際思皇帝生元子告廟追上皇太后徽號册文思皇帝素英察諸凡制誥稿稍不稱旨者多罷黜性至孝每千秋節不受賀避殿素服不舉樂不茹腥蓋皇太后誕生思皇帝未踰日卽賓天也故於册文尤致意敕屬草者鄭重焉而詞臣人人危懼曰故事翰林掌制誥此册文當儀部事部臣曰故事部無撰文體兩相諉然終莫得諉乃外求椽筆而以詞臣日當値草者署名得秋崖及以外三人文成詞臣部臣置其一而以秋崖與其一進閣閣臣特重秋崖文命呈入大內

五日不下部臣詞臣交震恐意重譴日中有貴人呵道百餘騎投刺抵秋崖蓋掌司禮監內臣受勑詳錄進覽冊文諸援引經傳而詞臣署名者道其實也於是貴公名卿無不爭知交之以故再試北闈中當事者無不欲搜得之以爲榮然終莫遇也天也非人所能矣既不第所親勸其以明經受官又有所知者司銓曹要之曰力能擢高等秋崖曰國家重科第久矣今一旦縱得高等亦不敢少展才調稍不然指摘者無端家聲頹矣名行隳矣不就嗟夫漢舉孝廉賢良方正茂才異等取之之途衆矣而霍光黃霸薛

宣輩不藉此途者何赫赫名卿也經國如賈生文章如相如均不由所舉之科漢室得人所以爲盛故秋崖終身不用出處之際可以徵矣

同知楊王庭傳

周邦瑣

公諱王庭字自邑號中愚中式萬歷之乙酉初任德化未及期而父母之頌嘖嘖也先是江北地窪民苦淹溺公下車漲溢倍前長堤冲潰哀號遍滿惟就斃焉公乃破浪捍修壞堤立固而江滸遂賴以重蘇已剔弊興利邑號治平於是有楊公堤之名楊公祠之建也又時礦使憑陵公持正忤之俾所歷之七十二城禁其欲而不得肆以故疏題下報平調桃源前後兩邑淹滯共一十餘年逮權璫芟除公年既耄雖晉階有勑亦僅同知廣信攝守饒州而已兩

郡四年士民歡頌無何解紱休里不免一室蕭然惟務捐輸廣周恤雖耄耋而志未少懈其或不繼夫人紡績佐之且排解之般宏及疎逖時有貧戶被豪右債譴者竟妻請爲妾公罄囊代贖其人後生子並成名是不獨保其家且昌其後也公孝思純篤常惓惓先人一日夢老人曰予本光軍困於赤口可爲之計還故園乎公覺測解知爲高祖本輝之宅兆不寧也遂卜地西陽鎮發紅石嘴墓遷葬焉未幾又夢老人喜曰安其精誠之感召有如此公太翁諱民試庠生累贈公職公生嘉靖辛亥十二月二十日酉時

卒天啟壬戌正月初九日寅時葬大勅嶺楊家院先祀詩
陽名宦崇禎甲戌祀邑鄉賢宜人朱先公卒葬明家畈楊
家園子一世泰庠生孫四長魯舉人次會歲貢三晉廪生
四昔庠生皆有遠大之望者人以爲善政懿行之報云

雷馬二將軍傳

張希良

雷馬二將軍鎮筸衛人也崇正乙亥流寇起秦晉掠豫楚
而南馬率步卒三百禦之駐麻邑雷繼至所部亦僅數百
人然多馬馬小而捷其兵俱善握槊盤舞生花蓋矢石不
能入焉時雷爲副總兵馬不逮雷三級而以先至爭長不
相能乃其號令如山所止秋毫無犯二部士馬不盈千鋒
甚銳也無何賊滿天星一斗粟等衆數十萬踞邑之北鄙
二將聞之爭赴功不待朝食擐甲上馬與賊相遇於陰山
坂坂距邑四十里左右巉岏中爲陰山河川原縈折而阻

深賊豫設伏以待誘我兵深入二將奮勇擊賊所向披靡
僵尸塞川谷俄伏發兼之驟雨如注賊乘高而下四合以
蹴官兵二將不支遂力鬬而死餘衆登陰山自保及暮賊
覘其無繼奮白梃擊之殲焉邑人多爲詩以哀之或曰馬
名人龍雷名應乾同時有馮游擊亦戰死然人但稱雷馬
二將軍

贊曰予昔往來陰山經兩將軍戰死處未嘗不流涕也明
季將驕卒惰強者養賊如鷹弱者畏賊如虎望風遷跡曾
未一矢加遺而閫外上功無虛日取通侯印者纍纍也可

慨哉將軍以蚍蜉之衆爭先殺賊死强敵如歸事雖不成有生氣矣或言兩將軍貪功賞又素多忌坐是致敗師克在和之戒固然嗚呼要其死爲烈哉

貞烈宋氏傳　王琬

胡石銘年十三附於庠復以第一補食餼娶宋氏生二子一女俱幼不幸石銘病宋晝夜侍湯藥不倦一日忽病劇謂宋曰我死汝年未三十家貧將置我二子一女於何地宋泣曰妾非不能死亦無如此二三黃口何君如不諱妾當竭力玉諸子於成以見君地下君善自保無以後事爲慮不旬日石銘殂宋哭死復甦者數四葬瘞畢躬紡績以饘其子日不梳櫛苦自淬厲凡戚族餽送者咸不受以故人不敢以小惠累宋原工書籍二子雖幼教之如嚴師每

晨興至暮淚不輟於眉睫朞年內舉人江某欲娶之遣人踵其門宋大罵觸其惡思强逼之時明之末葉綱紀凌弛縉紳得自肆於是宋欲自盡尋思曰死則死矣我死諸孤亦死諸孤死是死適累於胡也不如仗義以鳴寃不可伸死未晚也翌日攜二子是女詣大中丞梅公信天白其事梅深嘉而憐之召江痛責其非謀暫寢宋歸激烈不自忍大哭於石銘之靈曰妾非不欲玉孤於成以報君九原下今日之禍君之所知蝮蠍之毒不可測也毋寧從權以完名節無貽夫子羞倘天佑胡氏使未亡人不死二子可教

數年之後范陽賈島未始不可爲也當日遂削其髮爲尼並二子一女皆披剃焉杜門不出作苦如初其教益嚴庚辛之交兵荒洊至勢益不能支不數年朱亦卒二子遂終於僧矣嗚呼使石銘之壟餒而者誰之咎也二子未及冠無名字其僧名長聞文次能旭女居長僧名能亮嘗言其事痛泣不自勝予幼時聞之淚下心不忍忘故特記其本末

給諫袁君家傳　王贈芳

予同譜中得人最多曉事如林少穆任事如周敬修息事如劉眉生能事如程晴峯其擅政事文學者不可勝數至以卓行爲人儀表僉推金溪袁君君名銑湖北麻城人嘉慶辛未進士由翰林院御史晉禮科掌印給事中門清如水所言皆關係天下利病

今上卽位倡言請停捐例數

召對

溫旨褒予愈益感勵侃侃諫諍人咸爲危之君弗顧也奉

命糾覈通漕餽遺一無所受屢充鄉會分校稱得人後以言事鐫級歸大吏延主江漢書院君學問精粹老於文律與諸生講明義法因著四書講義嘗曰制藝爲士人拜獻之資此而苟且其他可知方行矩步嚴立課程人人自熹能得師也每辭講席諸生環跪懇留凡十二年或請以文集付梓君不可舉章奏文稿悉焚之君起家寒素述先人一語見先人一物輒潸潸淚下及貴羣從兄弟數十口同居無間言不以財自殖也樂成人善鄉人薰其德風俗爲之丕變俗有溺女者捐金於族於鄉各立育嬰局貧舉女

者同瞻之年六十二卒又九年得
旨入祀鄉賢
王贈芳曰予官京師居廬陵館與君麻城館密邇晨夕相
親也其子學稚齒相見如家人禮及視學楚北即其子
以幼學未成辭予授代將北上令其子出拜年已弱冠矣
業亦斐然矣始知其引嫌不令應試也予嘗稱君在家爲
孝悌之士在
朝爲風節之臣在書院爲道德文章之師在朋儕爲直諒
多聞之友聞者咸以爲然詩曰君子是則是傚若君者可
則傚也已

歐陽貞媛傳　　王德新

天地之經著於禮之節者於聖人而心有所不能已
者節之而不欲節則聖人亦弗能爲禁也今以喪服言之
嫂叔無服禮也而子思乃爲位哭師若喪父而無服禮
也而子貢廬墓又三年至若父在爲母期婦爲舅姑期庶
子爲父後者爲母緦古禮義至精歷代相循不變而明元
皆易爲斬衰三年至今從之無有疑爲過者豈非人所不
能已之心聖人亦不能使其不自遂哉若夫婦之禮壹
與之齊終身不改此惟既齊則然如生未牉合醮未成爲

婦故戴禮取女在塗聞喪而反有不得嗣爲兄弟之辭而
周官媒氏有禁嫁殤之令則女在室而奔喪守志古無是
禮又非節其難已者比是以歷朝旌例不載雖有高論君
子未聞執失節事大之說曲繩之也然而賢媛之心則固
有所不能自已者矣夫豈不曰女子許嫁而纓固已明有
係屬既係之而旋絕之既屬之而又背之所謂仁不盡衰
敗節義不初終易操安在有行道未行殊也故悲而誓殉
不得殉而爲服喪爲養親繼嗣皆其心所徑直以出且委
折以赴者如是何有於古禮焉又何有於國家焉何有於

士君子之議論爲若此類前世皆湮滅不彰余甚悲之近代頗有傳者而吾於歐陽貞媛有特取焉貞媛麻城儒家女父諱洼幼許字喻氏子樓未歸婿夭媛年十九聞耗郎飲泣柴立走沉門前渠母兄救之復乘間投繯又救之母號讋百端媛乃跽乞聽往持喪侍姑則靦顏不死越數日母察其轉念許之詣喻縞素榛笄戚哀動左右自是晨夕敬事姑操井臼調滫瀡姑倚之不能俄頃離三年喪畢家貧甚兄公憫之遺姒微探意媛輒悲恚不食會有以其事白邑侯李公者侯大嘆異親臨撫綏爲剖其產僅得薄田

四畝因諭戶長守齋選胞姪能典爲嗣閱今二十五年言不輕發簪珥悉捐日操紡車佐饘粥惟朔望至中堂誦大士經而已其識量過人而精覈人不敢售以欺亦無忍欺之者嗚呼貞媛果何所爲而自苦如是將以徇名耶將以所爲難愧天下之爲婦而懷二志者耶夫道本大通伯夷獨非聖人而自是韓子頌之以爲亘古今不顧無他求其心之安耳禮則無是而窮閻弱女子獨自以爲古之道不卽乎人心而非是則不可其亦伯夷之志乎吾故曰人心之所不已者聖人有所不能禁也悲夫貞媛親堂兄歐陽文學櫰書其事授新請爲立家傳新不揣固陋謹詮次而歸之方今

聖天子修禮崇教損益百王禮官將必有原其心而議及此者貞媛豈遂泯泯矣乎

麻城縣志卷之四十七

知縣事臨桂鄭慶華纂輯

藝文志 箴辯跋敍引贊銘攷示

箴

縣令箴 見浦江縣志　毛鳳韶

列宿垂象郎實應之周官縣正則維其司百里之長古男之任承流宣化有社有民墨綬銅章宰制一邑生亾休戚惟其所繫繇漢以來率重是職清望者選非人者斥時賜召見問民苦疾能者久任不數更易增秩賜金以彰厥績若稽古制科目正塗方以授之常祿之外有以養之統以牧伯糾以監司任以九載責以六事六事允修是曰稱職蠹政殃民國有常律如何弗思敗者隨至于是天子軫容上司薄視官日以卑民日以非政日以疵治日以微一授是官交口怨惡或指爲火坑或名曰債負嗚呼噫嘻親民之職志可必行澤可就施由邑登臺自昔有之令何負人而乃如是不觀古人作令或如冰之清或如衡之平或以鳴琴治或以弦歌聞或勸農省風或勵學宣教或築堤衛田或決渠灌稻或代民輓𤛙或更民登耗或禁人殺子或

息訟以孝或便宜開倉或停茶閣詔於是乎百姓歌之或號神君或稱賈父或攀車拒輪或豐碑廟祀於是乎執宰揚之或稱百里之才或上三異之政或薦萍鄉之張或舉江東之岑於是乎天子顯之或稱百城之表或有千石之擢或賜緋衣或封侯爵於是乎太史書之或傳循吏或紀良平青史流芳百世如存若此等事寧不思之而乃甘爲俗吏之歸嗚呼噫嘻邑徧寰宇豈無賢智爲今之吏師古之遺學校久廢思所興之田野不治思所闢之戶口日耗思所增之賦役歲殊思所均之詞訟蝟興思所簡之盜賊蜂起思所息之既舉六事復集衆美農桑或惰何以勸之陂塘未利何以興之孤貧無告何以恤之死亾無歸何以安之荒歉不常何以備之刑獄冤濫何以清之武備廢弛何以講之祭祀或缺何以修之其有亂倫敗俗在所繩之豪滑姦宄在所刑之害去於先利興於後政惟愷弟心惟忠厚保汝黎民時汝之休乃若不親民事不戢吏弊不恤百姓不顧公議或巧事上官或瞽視下民或恃强淩弱或賣富羞貧或科罰取財或慘酷用刑如狠驅羊如虎負嵎搖我邦本時汝之尤一得一失善敗隨之天監不遠王法

無私嗚呼噫嘻縣非卑微得人則崇失人則卑崇卑在人
何以縣爲

辯

和同驕泰辯　梅之煥

天下莫難於君子小人之辯莫患於君子小人之辯以君子辯小人以小人辯君子囂凌詬誶而不探其本亂之道也夫小人竊君子而君子爲小人所竊世俗多有淆惑而莫解者我和彼亦自以爲和然我無競者和而彼無競者同也我泰彼亦自以爲泰然我無拘者泰而彼無拘者驕也以同爲和勢必復指和爲同以驕爲泰勢必復指泰爲驕和同驕泰之紛然亂也久矣然則鋤而去之乎曰天地

間有君子自不能無小人也恃吾有以辯之如第辯其孰爲和孰爲同而不原和之所以來孰爲泰孰爲驕而不尋泰之所自始吾懼其辯不勝辯何者其提衡在岐路而源頭不徹耳吾所謂辯者不必旁析其事而在直指其體不必以我辯人而在以我辯我試就我一物不戾物物具足之地捐其習氣而察其靈根果能無私喜怒無私哀樂乎能順天地萬物之常而無忤乎能可否可濟甘苦共調乎則吾心之眞和見矣眞和無同自不必辯同也能不束塵網不束意見乎能游宇宙名物之表而無礙乎能震撼不

驚險夷一致乎則吾心之真泰現矣真泰無驕自不必辯驕也夫和如陽春一草一木無地非春而春不偏附一草一木也泰如晴空閒雲過影一任横空而空不自有閒雲過影也吾心中略偏附則同稍自有則驕春無偏而和有偏乎空無着而泰有着乎此吾所謂識得真和真泰卽辯亦贅說耳然則謂世有君子而盡絶小人謂世有小人而能掩君子之真者皆非探本之見也且君子小人同此一脈靈根耳靈根剖破卽習氣盡化爲用神恢比附之精神誰非胞與歛矜高之氣魄誰非廣大君子既不掩於小人

小人又何礙於君子所以源頭既徹岐路自一則存乎司世道者然世道之泰又何實致之尙書云推賢讓能庶官乃和陸賈曰將相和則士豫附劉向曰衆賢和於朝則萬物和於野韓魏公上殿爭如虎下殿不失和氣而宋世賴之和與泰之同根而相爲用也審矣故不和則不能無黨同黨同則不能無伐異伐異則不能無虛憍而恃氣始之小人與君子角繼之君子與君子角卒之君子兩俱傷而小人起承其敝泰交何繇而合泰運何繇而亨乎此尤不可不辯

晉文公報曹衛辯

王　琬

晉重耳之出亡也過曹衛曹衛不禮焉迨十九年返晉亟亟報二國之不遑嗚呼晉公子何其狹哉或曰一飯必酬睚眦必報有志所爲未可厚非也予曰不然方重耳出亡時奚齊與公子卓據有晉荀息輔之彼豈不欲得重耳而甘心焉所至之國將必伐之如宋殤之於公子馮皆未可料故當時有德於重耳者非齊楚則秦耳蓋三國足爲晉敵區區曹衛安敢納亡以取兵端哉且人當不得志之日苟非智者安能於儕伍之内微賤之時識所爲英雄豪傑

也彼抑知人之輕貧賤者必其好富貴者乎使曹衛知重耳之必返國必踐位必霸而得志於諸侯吾意曹衛雖愚亦樂得援之納之何至無禮於重耳以取異日覆亡之禍耶微特曹衛卽重耳流離之際亦安知十九年後已之必返國必踐位必霸而得志於諸侯也而鰓鰓惟他人之是責哉蓋天將有意於是人必先投之窮促鬱廹之地使無所往而有適以堅固其所具然後可以受天下之大任則困我者皆所以成我辟之玉由於礪不聞玉成而碎其礪也劍由於冶不聞劍成而毀其冶也吾故曰曹衛不必伐

不可伐而重耳之報施爲未當也今世士所抱負者未必不如重耳也士之所遭者未必不如重耳也所遭如重耳又安得人人報之人人誅之耶甚矣晉公子量之狹志之卑而小人得志於時者之所爲也雖然世亦有受賤惡甘戮辱而不克自振隱忍苟活以求全於旦夕是又重耳之罪人也予盍不能不辯

坐懷不亂辯

李對

古今共傳之事莫謂無可疑者也柳下聖人也詎不如魯男子閉門不納而世競傳其坐懷爲美談歟夫男女授受不親禮也懷可坐背禮已甚豈反輕於授受耶倘曰聖不爲嫌而瓜田李下之戒何爲者也且男子坐人之懷不可而聽女子之坐懷可乎坐即亂矣必汚穢而後謂之亂乎若果奔者在懷無人相見惠必隱其惡世何由而傳若果相見有人卽庸愚亦知羞惡又何足爲柳下譽嗟乎惠不幸而有和聖稱耳世遂謂不恭狂態竟可無所不爲而一唱百和若鑿鑿有據也夫風流佻達末俗相高雖越女秦姬醉歌酬舞猶欲托聖賢以自護其短而曰吾柳下惠耳則藉此以爲口實者有之千古遂有此不白之說也孟子曰盡信書則不如無書矧斯言之非經史乎吾故不能無辯

跋明孝子劉公御華卷軸　周禮

仁孝之事出乎天性然傳之古人則信傳之今人則疑非君子之用心也有明啟禎間吾邑東山有逸民爲號劉御華以廬墓之誠孝致前輩諸鉅公先生多有題贈盈乎卷軸予不及見其人而讀衆先生之文其古貌古心恍然得之筆墨之表今其仲子劉君顯年已八十有五過我山齋出此卷相示誠足觀感也君顯於八旬外甫生一子方及四歲則劉氏一綫是天之所以報仁孝又孰謂善可爲而不可爲也哉卒書此於卷末以附諸先生之後時康熙二十八年仲夏蝶園主人書於石橋草堂

題祿米倉跋　袁銑

世間多少好事祇爲愛錢做不出世間多少不好事祇爲愛錢做得出見利忘義不可爲官並不可以爲吏倉庾邦賦出入之地關繫匪輕舞弊分肥與盜何異或曰官制人以義者也吏役爲身家計不得已耳試問贓污發覺身家何有即不然而分爭百出得十亡九枉爲罪魁夫糞穢可洗染指不可洗蠍毒可醫焚身不可醫戒哉書思義二字於廳壁思其非而止之義也忘私急公之道也思其害而止之亦義也公私兩利之道也凡在倉者庶共勗焉

嘉慶己卯九月鐫藏

一日用功　氣要靜要銳　心要虛要細

一日知命　當得求人得不求人亦得　當失不求人失求人更失

一日知恥　不求人得固得失亦得　求人失固失得更失

廣額申啟　　彭韶

從來才堪華國士風播爲休風儒可賓王文運關乎氣運然市千里之麒驥須廣築金臺而求七尺之珊瑚必洪張鐵網此名儒所以輩出多士所以同升也麻邑水秀山明地靈人傑天生泮壁波圜朝聖門前謗兆魁元浪打蔡家圜內暮煙橫北郭龍池生徹夜奎光朝旭應東山鹿角豎插天文筆臯嶺泉飛如裂帛波傾倒峽之詞古亭松老欲成龍濤激生花之夢杏花香遠近依稀閬苑風光桃葉渡參差彷彿武陵春色連綿鳳璧羽儀開文運之祥嵂屼龜

峯河洛羣圖書之瑞虞公城下學士之靈爽猶存闞氏河邊都督之風流未泯毛右軍之事業爭傳萬古高風蘇太守之文章尙贍千秋餘澤是以有明一代領鄉薦者五百餘人郎如景泰三科登賢書者二十七子兩家宮保一門之盛事堪傳四歷尙書二氏之芳踪有據溯高名於翰苑足下冉冉青山追靈績於戎行袖裏篇篇黃卷偉矣名垂竹帛猗歟功滿旗常至若　興朝愈多髦士或是父是子同探上苑之花或難弟難兄共報春宮之捷或雄都坐鎮任寄股肱或花縣分封功高保障班班可考在在非虛此

宗師目見耳聞非某等筆書言罄者也無如人才日盛應試者已近三千而額數難踰入彀者依然十五黃州路上摩拳擦掌而來赤壁磯邊喪氣垂頭而返譬若求珠滄海尙多委在泥沙猶如采玉藍田豈盡登諸廊廟致使松窗不寐感極目之青陽草逕無媒笑盈頭之白髮箕裘慚世業心傷巷口烏衣樵牧易生涯腸斷南山白石徒羨彈冠貢禹孰憐下第劉蕡今奉特　恩昭茲曠典以州縣大小之別爲額數多寡之分日暖芹宮不嘆無門問渡風生泮水竊欣有路登天總角書生執策好隨金馬投綸老叟

收竿再釣遊魚駒不秣而自前追風掣電翮無風而自振薄漢摩雲幸逢　欽命學憲大人山斗文章圭璋品望澄清江漢作人居菁莪棫樸之先洗濯瀟湘得士於牝牡驪黃之外壺內冰心映玉堂前寶鏡懸秋復逢師臺吾道主盟斯文宗匠春風遍拂狂簡皆吾黨之材時雨頻蘇桃李盡公門之選三場鏖棘苑箇中之辛苦豈遽忘心一世老孫山此輩之淹留能無動念爲此連名上請合志具呈伏乞准賜通詳永垂定額倒遵二十坐看香滿芹宮數益五名旋覩犀尖冀野寶薦賢而爲國豈得士以謀私則玉筍

繁華會見雲呈五色珠宮廣大欣看奎躔三階矣

引

建岳王廟引　梅之熉

自古以忠死者多矣惟武穆岳王無論其經戰陳之處與不經戰陳之處以至婦人孺子厮養奴隸談及莫須有冤狀靡不髮指眦裂目慘心傷雖忠義之入人深哉亦其所以死者異也何者等死耳或主猜焉而死或勢屈焉而死或功成焉而死卽均死於忠而人心悲憤不平之氣猶有所托以解武穆何以死哉金字旌忠繡旗標勳主眷隆矣兀朮痛哭沿海旋師南風競矣高鳥未盡良弓已藏以補天浴日之忱拔山倒海之氣區區一秦家小兒探囊而杌置之坐令一腔熱血不得灑於梓宮青衣之前賀蘭朱衣之側而灑於獄卒之手也父子枕藉噍類無遺自壞長城爲虜報怨以極忠藎極冤以極冤鼓極憤以極憤繫極思則武穆王之不泯檜成之也乃予獨於王有異焉夫天下未有權奸在內而大將得以成功於外者一白面書生且猶知之以王之算無遺策獨懵於此哉洎乎風波片紙齎志沒地已矣百萬貔貅江上老兩宮環珮夢中歸此乾坤何等時而陰魂凝望墓木皆南猶眷然有恢復之思焉語曰

明知無益事故作有情癡匪忠曷癡匪癡曷忠故曰其愚不可及也王方驂赤螭賓帝所俯視六陵悲來無地後之亭不亭何心獨計譖人者卽巧於檜而適以相成任事者卽危於王而有所不避是皆於今日人心國事有大關也尸而祝之以風於有位使明哲保身之說不至爲蓄縮者抵口而讒人罔極交亂四國亦庶其有豸乎

建宋賢祠引　于成龍

岐亭之有季常也非岐亭有季常乃季常有岐亭耳由來人以地傳者十一二地以人傳者十八九余每讀方山子傳因感其初在岐亭時韜晦勳閥菴居茹蔬岐中人士莫知器識迨東坡公一過杏花村坐蕭然環堵中依依有故人情一旦使其地與人並傳千古是黃州之有岐亭因季常之一寓而岐亭之有季常又因蘇子之一識故夫岐亭之得名良有以也余奉
命守鎭茲土將幾三載計三載中承委署郡邑者四監兌給賑者二暨詣
天顏自
闕下數月乃得還黃其間僕僕奔走頗爲鞅掌是歲春朔之杪始偕岐中士子過杏花村謁季常先生墓尋昔時所謂蕭然環堵者竟不可得噫嘻賢人處此何今古落落多同乎爰與諸紳士約謀建椽茆數間於杏花村址邀士子讀書其中歲時伏臘豆雞壺酒奠飲於季常先生墓側余聞光黃間多隱君子後有賢人處此必以此都人士能深緇衣之好亡者尙爾存者可知自余來岐後俾賢人接踵俗

美風醇庶幾乎大宋團練使一識之於前五百載重温之
於後坡公或不笑余之陋劣矣是爲引

募建福田河橋引 徐庭蘭

楚豫之交有河曰福田本名沸天北抵光山界三十里南二十五里抵陰山關再行四十餘里達麻城河廣十許丈獨淺澀不受航石磷磷起逼削岸嵒疑鬼兵持千百斧劃人物蹄足方春夏雨集時上源纔下水卽鯨奔鼉哭喧豗若暴雷霆聲沸天茲其所以名此河旣南北當孔道水盈尺無渡理顧不得不渡涉人物其内一失足蹼卽破顱斷脰以螫負擔者偶有所脫失甫覺已漂去大河五六里雖甚寶愛然終不可收拾一歲間若此類凡數十士人毒之

因據其酷虐之實而惡以謚之曰哭天云舊嘗架石梁其上康熙間再成再圮於水蓋中幹自西徂東界楚豫旁一支南趨麻支凝自作祖則先斷爲大峽其附支垂左腋南北踞以爲峽衞者橫側成峯嶺皆滙其水九里冲而故石梁橫當冲口水下峽久不得快騁至是復有所邀截則怒乃還摟衆流驟伐之僝者梁不堪一再戰其速圮固宜又地距兩省縣邑遠濱河居民少欲有所修飭自度無以勝前人故數十年來目擊衆徒之辛苦雖甚痛憤卒以無奈何且止行浮屠戒月者僧於豫而卓錫於楚嘗覩其徒河

濱之茶菴間往來之毒是河也審視其地慨然曰是可爲
也遂告河兩岸善信願以檀施力鼎建虹橋而厚積其勢
計十餘丈橋當爲水門九內好停卽可以殺剽悍而經久
遠議卽具託余以數言疏其意余因詰之曰師志誠善矣
顧工程大朱提數千取辦檀越囊橐中亦甚艱難哉師自
計事必濟否不徒敝師藤杖芒履否僧曰惡是何言吾行
十方久建石橋以百數資費倍吾所欲營亦十數未盡仰
希國帑也况吾採石近山而輔以向所圯則其費省而賢
士夫讀書懷古嘗欲擴乘輿濟人之惠博施天下豈復惜

阿堵物而富商大賈之喜捨者固將以便其身圖則其施
必倍今吾所需不過二千金斯足何艱難之有哉子但爲
刻其所以然俾得藉手諸檀越無爲憂事之或不濟矣余
聞是言已不禁拊髀曰壯哉師知勇兼乃可屬大事他日
橋旣就則沸天之險平而楚豫行者亦先號而後笑卽以
是河爲師與諸檀越種福之田也其亦可

萬松書院勸捐膏火引　陸費恩洪

我
國家右文敷化
聖學光昌列郡州縣置學宮以董士復建書院以儲材書院之
設所以佐學宮之不及爲
朝廷備文學之選者也士之游泳於斯者宜何如窮經稽古
爭自濯磨而二三長吏有導民之責者不有以興起之則
其效不立而其爲勸也弗明邑之萬松書院舊在城西七
里岡後移建城內邑令長及薦紳先生歷捐田畝充師生
廩餼具載志乘曩時士風秀美橫經論藝者雲集乎其中
而遠鄉復有社學相與琢磨觀感以故茲邑自前明迄

國朝人文蔚起炳炳麟麟登巍科上第者後先接踵何其盛
也數十年來山川靈淑鍾毓如前而閭巷絃誦之聲稍稍
寂矣夫庸非書院不治士氣不振之故歟夫士氣之不振
由於書院之不治書院之不治由於經費之不足蓋向者
士之資身本裕而物力豐賤膏火雖薄易給今則倍前而
猶不支此必待加益者也廼院中官田久爲豪右鼎佃侵
匿雖歷經前宰率邑士釐出而已乾沒者半矣今綱歲租

者乘馬岡羚羊山英山畈等處若干畝率磽瘠稍歉則負租歲僅得穀三百數十石易錢四百餘千而院師修脯舍宇歲修暨置器用給役食需用十之八其餘充諸生膏火者無幾由此言之官安能以空文勵士士安能盡裹糧從游也丙子春余甫下車覩學舍之鞠蔬憫講筵之集稚慨然興嘆爰出俸錢百餘緡分資諸生而勤督其課藝親爲之口講指畫匝歲間人欣欣然動其意今三月學使者校士由書院入學官者八人一時稱盛事焉噫嘻觀諸生之慕學向風如響斯應孰謂今必異於昔所云耶然使無以

贍其身而不爲之計長久又安必不後之并不如今耶且夫修教化者有司之職而惠來學者鄉士大夫之光今書院但得二三千金增舊入一倍之息則士氣可復振而文風可以復興竊以此邦素稱殷賑而年穀又屢和稔誠通一邑百二十區而衆捐之事易辦耳間以此意質之鄉耆老僉以爲然乃先分俸銀百金爲之倡而創立募册付在城董事者分給各區區各舉一二鄉望爲領先勸輸次收納官中絕不與聞出納俟各區勸收畢彙存公所交典商具領生息余爲之申達上官俾垂久遠歲取其息以資膏火而捐本若干雖急毋許支用以此合力分謀事不數月而就而利可及十世諸君子何惜一投足一置喙之勞何愛節一衣縮一食之費而不及今爲邑諸生成此令圖乎書院復興多士來游日衆行見風教大行文明昭燭使四方譚者稱光黃間有鄒魯焉此美不歸之諸君子而誰歸也而不佞因得藉手斯舉少無負於官守以仰副
聖天子明經取士之
盛典則諸君子之惠余甚深而詎非余之厚幸也哉是爲引

惜字引　吳　洵　浮園

包羲畫出肇開天地之文明倉史書成直感鬼神之慟惜薪火聖經賢傳無非藉點畫敷宣澤流右史左圖莫不仗形聲逗洩允矣文能載道洵乎字以寫心且休論路得青雲立世上無量事業試自念經窮皓首費吾儕幾許辛勤其宜珍惜也何如夫豈弁髦之可比乃或其鬚眉而染巾奩之習每致疏踐履而感禍福之私齋潔以奉東華西竺之書反覺北窗減色盥沐而談白馬青牛之旨翻令黃卷蒙塵甚且豔史無詞盈笥疊架一任微言大義委壑填溝

撫心直可裂眥討罪曷勝擢髮用申同學尊聞敢不尊經共矢寸忱敬聖端由敬業未濡毫先愼莫憑慧業長邪心凡拾藻求工務取鴻裁關正學就令詩遺投溷收藏盡捋芸編假鏡文僅覆瓿拂拭便登緗帙暴漸溯而投烈燄銷鎔總托離明凡灰燼以付東流淘汰悉歸坎潤庶以自安於夙夜亦將無忝於師承倘竟謂曾子受生則誣褻聖賢者爲愆不小如必向文昌望報是苟求利祿者之立志誠愚想高明定不其然縱汝塘亦羞云爾

贊

明

張愨子贊　熊　吉

內史之戇以閑其君惟子之戇獨成其身龍德而隱今鮮其人九螺之山因子益名

桃黃山人贊

桃黃之巷中有隱君尸居蔬食抱樸含眞匪道曷依匪善休行無懷之氏葛天之民

過嵇侍中墓贊　熊　吉

典午運窮皇輿播遷逆雛滔天凶類作孽矢及御衣侍中灑血丹心化碧赭袍濺衊命勿澣洗以存臣節千載蕩陰看此碑碣

小影自贊　熊　吉

春風和氣玉色金聲願學焉而未能溫如也泰山巖巖疎星炯炯願學焉而未能儼然也噫其眞山澤之癯也與惟子敬以直內義以方外斯之謂君子之吉否則有靦面目矣愼修哉

若石叔小像贊　熊　吉

膏沐乎世祿之波警惕乎黌序之鐸趨蹌乎詩書之庭啓與乎烟雲之壑睥睨建安牆流涎謫仙杓日以是而孳孳亶不羨乎麟閣此叔氏之所以能自全其眞彼畫師者盤礡摸索是以若是其若也

中愚楊王庭像贊　彭遵古

貌兄之道其中匪渝貌兄之德惟愚與俱貌兄之眞與天爲徒貌兄之貌中也不愚萬嵩居業何天之衢九江結綬分帝之符望之如商彝周鼎卽之若欹器冰壺無斯善畫者莫之能圖維弟與兄同從大夫之後而庶幾乎君子之儒

國朝

題林愛蓮臨流濯足小影贊　胡翔霱

譪譪晴雲陰陰曉郭山臥長松溪橫短杓瀟徑閑花半灣幽壑稚子垂髫捧巾揮翟所謂伊人深情隱約白眼斜看科頭秀削濯萬里流洗三年脚祇因矍鑠是翁襟懷磊落釋壯歲之風霜叙天倫之至樂遂爾瀟灑澄鮮馳情於林薄也噫嘻水不在深多纔一勺天外青霞波中白鶴將呼之爲滄浪叟乎則諾

老坑石硯贊　胡翔霱

比鳳咮刻龍紋潑墨瀋如烟雲研窮弗已則以學文蓋古人有鐵亦可穿者無所取諸取諸其勤堅厥質而中不分此因無用爲用藉以聞所未聞我欲持贈中書君他山之石何足云

贊　曹石霞

劉氏孝德廬墓號鳥誠分天格淚與血枯爰立雁門保全億兆歷元徂明禍屏福召厥裔君顯孝思若儼抱圖而泣金書玉檢我師徂征謹然協聲惟爾劉氏孝門無驚我出

爾守用念爾祖四方來者披圖如者

墓誌銘

太守周思久墓誌銘

楊起元

椰塘周先生字子徵諱思久別號椰塘晩年築室石潭故又號石潭居士先生仕至二千石壽至六十有四行義卓然可師百世然其所自貴所自不朽所自不以爲足者大矣遠矣則所得於學者深矣先生父菱湖公麻邑稱長者先生生而天性高明亢爽非物所能累中年友楚侗耿先生相磨以學於是乎益不有其善蓋昔賢所稱有若無實若虛無伐善無施勞者先生身有焉善乎耿先生之稱先

生曰蓋予自束髮交子徵矣習見子徵自少爲童子過庠中偶聞諜褻語輒忸焉面頸發赤也比長入仕涉世紛華中而醇心篤衷猶然無易赤子其餘禮道之交也未嘗斤斤然爲廉間取諸人也無羨心隨手爲人取之無顧惜心遇靡麗玩好若輕塵浮揚空中隨風聚散耳以是宦廿年秩二千石四歷名郡而屢空終身俯仰無貲至於世業不守宴如也乃或遭非禮惡聲之加也片語折之應時消化甚至無根之謗橫及其身聞之一莞若蚊虻過耳無幾微介於中也徵時受族里齮齕窘侮者比旣達匪惟能忘且報之厚焉生平孝友睦恤之行予得之於先生家庭屋漏中者多古人純德事迺不惟不欲人知若畏人知者其敭歷郡縣善政偉績何可殫記顧卽渥交如予未嘗聞一自述予第於王宗伯忠銘海中丞剛峯所而諗其守瓊之治行於譚司徒次川而聞其守雄之治行初筮仕爲令中左遷浮沈中州所至民被其惠輿人到今藉藉頌之然予於鄭司寇淡泉吳中丞自湖顏督學沖宇諸名公處聆其聲稱耳未嘗聞一啟吻向予語也若聞人之隱慝瑕行不特絕口不道耳亦若不忍聞者嗚呼今世知先生者孰踰耿

先生哉蓋先生之得天者厚矣故其修之家庭行之州里著之政事善不可殫述而一則曰若畏人知一則曰未嘗自述則先生之所自牧者已不有其善矣他人之稱先生者猶事事而善之何以異於大鵬已徙而尺鷃猶仰羨於藩籬曰鄉已西而夸父徒渴追于窮途哉故曰知先生者無踰耿先生也先生守雄時起元受先生知先生誨之曰學必求至於聖人非但欲爲好人而已飲之酒酒酸先生曰世人謂秀才酸願子他日無忘此酸氣也起元書之紳惟謹又四年爲隆慶庚午先生守瓊歸矣起元北上會于

江簫後以先生貴封奉議大夫母黃封安人弟思大以鄉舉爲蒲城令配州氏封安人先十年卒女二一適曾給事㑗子嘉懷州出一適劉別駕湅子守樸庶戚出與子之士同母之士娶劉考功守泰女之士好學有文先生疾革訓之曰父子天性今當永訣無以爲別願汝立志以聖人自期觀此言則之士之器可測矣先生臥病數日惓惓勉友人以學不亂手書遺起元猶以于道一無所聞爲言凡六十字筆力遒勁遂絕筆嗚呼痛哉某月某日葬先生于山之原銘者名也先生不喜名誰宜銘先生者耿先生曰惟

禮不可已惟子不可辭銘曰有善出乎天不有其善存乎人天人匪二有無混一古有修者是爲有明柳塘周先生之眞宰

黃萬巖公墓誌銘

婁東 王世貞

詩云雖無老成人尚有典型余蓋讀黃公狀而嘆之黃公楚人也楚自嘉隆以至萬歷蓋有三貴臣其所繇貴不同然其力皆足以登顯天下景從之士而於其鄉人所援楨尤切而黃公最其鄉賢者而又爲鄉人不難使之知而難於不使之知其究不難使之忤而難於不名所繇忤公眞賢者哉眞賢者哉黃之先世家麻城里元末而有武盜者倜儻負材畧率子弟萬人據險以遏寇亂時名其堡曰萬人巖太祖下武昌乃夷險籍衆而上之帝悅予以官弗受

請得隸宿衛遂補錦衣緹騎校建文中從北征以戰死子克先代而從上都北平宿衛世世不乏暨數傳而爲子華推其籍從子而還麻城有三子長曰琦舉楚鄉魁叔曰璲是爲封公奮身請於父荷一戈之緹幕起貲爲俠伯乃治甲第多游大人以成豪英聲晚節家稍落而所配胡宜人孕公時封公夢貴人襲金紫入其室小間以一琴鶴去辭生公公生而穎異強記稍長工屬文封公以謁廖學士道南學士大奇之曰吾輩人也三年盡得其學遂補順天諸生應試娶武宜人時甫冠云又三年應試則䙐學林御史

者其爲吏刻覈謂緹騎不當補順天學悉繫治之公與焉林御史遷去經後御史始得釋而竟以是阻試又三年而舉鄉薦明年會試中式所封策剴而文故相張文忠公奇之擬甲第薦而懼失上旨寘首次欲緣以收公公謝弗往乃僅得刑部選爲雲南司主事任職無害亡何張昌公鶴齡與蔣都督相齮齕張爲蔣所持僭擬狀下刑部當公讞時以蔣所主章聖而昌公則昭聖孝宗弘治后也武宗正德之母世宗嘉靖皇伯母也勢以陰詘恐不能無上下公毅然不可具獄上尙書爲請之昌公乃得解蓋又久之而

始扼其他敵以敗敗而猶亟歎之安得如黃公雪我而林御史時已遷中丞撫順天坐誤譽宮人下獄復當公讞始林公心知公故郄憂之甚公第弗見而陰戒吏勿侵軼之僅以誤論獄上得免辟旣出獄修諸生剌以謁林公且媿且感曰我目故無珠公始長者公治獄旣平潔廉自律聲稍稍著西曹而會中貴人有所訶殺人者少年以詔送部理就廷尉訐而逸之中貴人挾以恐喝曹諸郎咸縮首弗應公曰吾詣中貴人白狀彼且奈何公以一剌入中貴人倒屣出執公手曰吾幸識先生先生所謂不受一錢劉寵耶當爲先生任之亟爲捕得囚歸之部事竟寢公用考最封父母遷浙江司員外郎以胡宜人喪歸服除補河南司遷山西按察僉事所治太原爲王國諸宗室子侯爭民田而訟者王右之縱無賴子尾前僉事趙而眯君至一切付三尺無所依阿王更媿謝約束不謹聽公所理晉人大悅嘗以秋行鴈門等塞修城堡簡騎士嚴斥堠又多募死士間優以金錢俾探鹵所向而待之制府倚公若金墉而會復以封公喪歸服除補山東甫至有傳鹵會焫林當大入入必窺臨清者臨清爲南北孔道漕艘商橐悉萃外郭中

丞會襄愍公銑與公同年素才公屬之城公一二大僚分版築晝夜趨事如期成而大雨水溢城輒隤葺之隨復隤公策曰下必有伏淤也卽隤處發土丈餘而淤見乃去之多募民間儆缶寶之灰而基之城始不隤會公以公功上增俸秩一級屬歲侵民苦饑公請於臺發廩粟出贖鍰以賑不給則勸勞其饒者貸以償而多布二麥種躬自程督毋廢秋民得以無殍死明年麥大熟其半皆雙岐而七穗吏以歸公公曰天也吾何敢叨則請聞之朝公曰昔不聞從而今聞祥豈吾任哉蓋前藩有以嘉禾麥上而得賞者

比比矣單大豪李淵玉醜其妻故使其飼鷹者儹鷹而錮之卧內一日忽併殺之以雙首獻于官官謂其格合亡以罪也凡三歲而邑大旱公行部刺得其狀立論豪死雨應時澍而長清令趙故貪而挾奥援又以骫骳得上官心公廉其實逮治之獄具獄凡三上而臺三駁弗爲阻乞使故善令乃置酒與其寮要公且醉而從容爲令緩頰公卽拂衣去會有遷命乃得鮮時學使者闕公攝之所識拔如許左史邦才谷司馬中書輩皆知名士而屬大試藩臬之在棘者皆被逮獨公總攝二司與諸道篆以更日往吏環案

聽署者趾相囓詣前庭受讞束約肩踵亡所咨公應之沛然晝晷而散咸咋指稱神明而公之遷也爲陝西右叅議分治商州亡幾而制府議城花馬池以公材且於臨清著特檄使偕一二大僚往大較操畫如臨清其嚴倍之城成而公遷理一切以清靜簡約因俗爲化時三原馬理先生避地居商與議經學政術相推重商故鮮科第公進諸生授以程式又助之膏墨費是歲有薦于陝者尋纍纍不絕以旱禱雨雨隨降以虎暴詛虎虎就擒樵者得白鹿獻公擾之圃馴若家畜然或謂當進之朝公曰是又且以瑞褻

嘗我毋如我駛何秩滿進按察副使飭甘肅兵而何孟之議起蓋嘗公自山東來開府好邊事以倚公而公持重與議不合無幾嘗公竟得罪而公時邑邑不樂上書引疾乞骸骨太宰聞莊靖公惜之知公意決乃特請爲予告疰日有司具狀取進止蓋異數也公爲人果毅任事有氣力居恒謂業已致身爲縣官不復能顧私志取必達然至于體究幽菭所便否恒恐其咈之士大夫居閒從謝絕顧其酬酢詳懇宛致不敢以失意望公所蒞必有去後思而其治齊魯及漢中最久既遷去送者哭塡道不得發相率戶祝

之其于潔廉則天性當登第而猶子之塎馮累貲巨萬請以千金爲官費公謝曰下士費不百金幸自足辦焉固請乃受一羔裘服之至老不更易兩居喪屏跡田里于公府無所干請而其最後歸子子單車垂橐乃脫身尋故田廬課僮奴種蒔自給一椽僅蔽風雨而性好遊佳山水省輿儆以草牕束之鄉人見儆輿而東草者爭出指詫曰此吾黃公耶而公不時具輿則策蹇蹇不時具則杖而步遇所會心處連日夕不歸或要公者以惡草具進甘之若太牢卽盛水陸窮珍異徵聲選色以爲推去弗御也監司下教

守守下教令令布幣贅羔冀公一垂顧而公有城市戒不可或屏干旄以輕騎從公田間匏壺載酒芋葉載肉清言竟日無倦色給事王三宅爲令時造公問政公亦虚心應之一時以神明頌王令不知其得之公居多公家貧不任施而好之不已族人廹催科急則悉其橐裝代償之而徐聽復曰毋使而曹有匿税名毋使官有魚肉而曹名嵗褫則貸毋錢貧民而不貰其子逾期察其不克償者召而焚其劵以爲恒鄉父老戒子弟汝曹好爲之毋使黄公知也公嘗以寓槖于他富人而盗據之得公封識不敢動曰我

何以貽黄公憂公之拂衣年方四十五氣壯盛故以絶意進取而三十三年中所謂三貴人者少師恭誠伯之弗論然與公近里閈其所欲得御公何限彼太保忠誠伯贄而市名人也使公不惜一薄蹏音響應矣太師江陵公萬歷時首相張居正湖廣荆州府江陵人也子懋修中萬歷八年庚辰科狀元柄國時公尚未篤老而楚人無不以公爲兩陵祭酒寧不欲召致公哉公視之均髦弁也予故曰真賢者哉或曰公故忘世士也乃予則謂不然謂隆慶之初元大有登進而吳尚書嶽劉尚書采嘗薦天下材臣四而公兩與焉前是太宰胡公松而後太宰楊公博御史大夫葛公守禮皆公同年休休臣也相顧而稱奈何先黄景文公作景文者公字也業旦夕啟事上矣公聞之曰用吾身必先吾言乃草封事數千言上之大者筴漕河開互市均賦役節上供御將相遠奸倰與久任守令調停藩宗復新建白封而先以抵楊太宰葛大夫相與計曰上悉之且叵測卽上弗悉當塗之謂何因沮弗上而用公意亦綏公歎曰已矣吾固知非二子所能吏也始絶口不復言世事而課其子若孫習經術俾起家由此觀之忘世非耶公于將

相大臣喜稱郭汾陽於隱逸喜稱陶元亮邵堯夫於文喜稱韓退之而所自搆撰文若詩則間有類東方曼倩李太白者於後進推耿中丞定向中丞後公二十年而按部漢中間其士民謳思公若新歸而造公里談必移日歸必歎曰公豈三代以下人耶公以萬歷己卯八月卒逾旬而孫國擧於省爲第一人又四年而手具公事狀累萬言敓以耿中丞所論者而謁予俾志墓道之石公諱卷嘗感其先武荅保障勲而署其號曰萬巖所以志也得壽七十有五年與配武相莊至老無他婢媵生七子余以萬歷初覲察

楚監試事三月遷去亡何持節撫楚之西北邊去公鄉遠
第能一識公之姓名爲賢者而不盡究又弗獲推轂公今
若得之中丞之論著覈而圖狀詳爲誌而銘之
銘曰生世七十有七年用十而三歸勝之焉舍我者我終
舍者天天欲完之人曷能權鴻既冥空龍或在田逸民艮
臣莫公敢詮總而歸之曰賢

曾筆山墓誌銘

王世貞

始余入爲刑部郎同舍郎吳峻伯者間與余屈指天下士
而曰有曾公曰宣者其人哉問所以知曾公則公嘗識峻
伯公車者也蓋又垂二十年而與公之子孟麟遇燕郭招
提中公沒已五載而孟麟時語余曰敢以先子之不朽屬
余謝曰無已有峻伯在是而公所知也亦能知而公者也
其明年而峻伯沒又十年而孟麟具書狀以介弟嘉亥走
二千里而拜余山中曰爲先子卜壤而弗兆以偃蹇至歲
之辛未而始兆也乃又不及志銘不幸失峻伯矣幸吾子

在而以十載之成言請其大既之不朽余又謝不獲辭乃
據狀而誌之公諱熾曰宣其字嘗自號曰筆山故宗聖郕
國公裔有自武城避新莽而遷廬陵者爲廬陵人明興有
仕黃守而家者其名文遂爲黃之麻城人四傳而敵以禮
經魁其鄉得犍爲教諭以子大有貴贈邑令卒而祀鄉先
生祉季子鳳陂公大顯由進士拜給事中廷劾中貴人瑾
拜杖謫遠郡幕以直聲聞天下歷四川布政司參議以卒
祀如犍爲公鳳陂公娶於李舉公甫六歲母李卒公出就
外傅日記數千言少最敏能文從鳳陂公宦游慈谿姑蘇

已又游南都三邦號儒術藪而公遂能薈蕞其勝歸試於學使者四而四居首張文定公奇之曰是子也材可楩也公以壬午舉鄉薦明年遂成進士授河間之獻令公所爲獻善狀最夥而其大者輕重論罰以穀贖民不病罰而庫穀盈懸信格募擒巨盜以次就理里豪有躪蹂民民憤跳踞樹罵豪中之石墜而隕監司欲寬之謂隕墜耳公曰隕墜固當誰石之而使之墜耶卒抵豪死公既著能吏聲自負以不輕折節而又念其父鳳陂公病會御史某行部數目攝之公笑曰彼謂其難去令耶卽拂衣歸而侍鳳公融

融如也御史意不自得而邑民迫得公爭譟於臺於是都御史錢公如京與御史合而檄致公鳳陂公乃促公行至則益自勵斤斤三尺御史更愧慰薦之矣公蒲六載始召得南京刑科給事中將有言持鳳陂公服歸服除補兵科給事中尋復持繼母張服歸再除補故官遷戸科右給事中會當大計京朝官而以公强正特調改吏科公自是益發舒言事無所避霍文敏韜爲南禮部尚書疏欲責六科避璺公持故事繩之不以霍公賢重假又嘗上書譏切貴臣用事者翊國公勛而以其戸科左給事中覘京營則直

劾懷寧侯瑛罷之矣公所言管務四事若掄官僚覈行伍嚴操練飭賞罰軍中至今稱之尋轉爲兵科都給事中上將南幸楚展謁顯陵二三大僚暨臺臣爭之弗得而諸給事黙黙推禮科禮科之署孱莫敢發公奮然曰天子輕萬乘出巡幸此豈獨禮科責哉乃率其僚抗章謂陛下孝思與大舜媲諸所經畫行留亦曲盡矣太子監國尙屬襁褓六飛在途還往疲頓南土卑濕疫癘時起又聞漢沔之間比者無歲編氓流亡突烟時斷今清蹕所臨法從虎賁供帳糗糧何所措手林棲草伏士餒馬瘏隱憂誠萬萬不淺

也陛下毋牽一人之孝而忘忽宗社萬世書上不報遂以扈行屬歲祲而河南餓死者枕道上公復再疏請賑之下有司匿其狀上顧左右請賑者又疑耶唉孰爲誰今復安在會禮科給事中戴公嘉猷歸自使所使其副馳疏請上速回蹕上怒甚俾下詔獄以待大駕還併公與同疏者李君逢周君沅謝公廷茝皆下獄杖讁一時翕然稱青瑣五諫云而公得廣西靈州尉未幾遷江西進賢令靈州遠外非人所居地而尉最卑散進賢故巖邑然令劇易困公以貴臣挾重聲居之中無所厭薄其治辦畧如爲獻時而

公牘暇則緩帶褒衣延諸生談推今古不倦俄遷温州府同知中道擢四川按察僉事其政專屯鹽方欲有所爬剔而以入賀萬壽行既至而貴州撫苗之議起當設一參議駐銅仁控之羣公顧謂會公治營務亡害非公莫可任者遂擢以行而是時撫蜀都史不欲言其名以吏科都給事中尹君相論劾罷去尹君故與公同鄉且同署而名爲最相善都御史甚望公曰疇入而子爲我地邪必是子也齮我者既得代卽論劾公以僉事聽調歸公歸絶不復有仕進意凡七歲而時相張文毅治故善公而又直公以書勸

駕公造朝而張公已卒僅得廣東僉事公所轄廉州有珠池凡官採珠所役使蜑人死傷不可勝計而珠直不當費十之二大約以利好人橐而已屬期且采公奏記督撫司公廷爲疏止之廉囤以蘇又條上廣兵力益戰艦禁海舶留守臣諸事於臺皆報行而嶺右猺有剽庫金者公又上防守方畧右方伯劉公采見而心服之曰天下才也而公鄉人部守鄭重威者以公事與兩監司持不勝遂棄官去御史蕭止之不得兩監司亦愧止之不得而俱屬公以解公乃爲婉辭解鄭始留然其持初議益堅而蕭與兩監司謂公實右之以語後御史郭郭故撫蜀都御史鄉人也忽憤咤曰是夫也後先以鄉人重我獨無鄉人哉會公遷福建左參議行遂媒孽諸影響事疏罷之公既歸絶口不復及所以唯闢園池召故所善爲文酒歡務爲德於宗戚鄰里而已漢陽一司理來署邑篆榜薦紳交際禮於門屏公歎曰以吾從大夫後哉謝病不復通而司理滿三月官代客有贄公文以餞者公曰司理日約束我曹而文諛之得乎且三月政成胡易也司理聞而啣公搆於上官郭察公居鄉狀不得而止公性不食酒無奇衺好自奉若儒生旁

通皇悉堪輿家語而尤喜治博士書至老愈篤其爲給事而與會試事典史而與鄉試事所得多知名者公年七十三一夕以無疾卒元配喻贈孺人繼配梅封孺人子某孫某以某年日葬于蕭園之祖塋狀則吾郡王百穀所撰也嗟夫父子更代起甲第爲諫臣以諫獲罪而名俱趣之不亦奇哉夫鳳陂公之諫犯所必不可犯之人而公之諫挽所必不可挽之事此未有不立隕者也然天威甫震而霽繼焉猶獲以一官効遠外及其繼也天子不修怒而修怒者都御史御史也奈何使公父子而以一參議終哉夫舉

直憐才者大臣職也是何天子之廣而大臣之狹也且夫
以蕞爾令而攝衣歸臺猶知挽之及其嵩然名憲臣而兩
推之使去也又何昔之難進而後之易退也然孟麟輩之
爲公不朽計固失之峻伯而得百穀公亦可以瞑矣因銘
之曰
是惟南楚之珍世稱直臣龜山嶙峋麻溪大淵淪我勒堅
珉以風子若孫毋忝其人

烈婦周氏墓志銘　梁景陽

歲辛卯乾隆之三十六年也時余在京都官吏部郎接家
書者屢矣是年秋蔡戚書來啟緘閱之則有爲烈婦周墓
志銘之乞且謂余不慣諛墓故於余是乞氏無狀述寄公
舉孝烈一呈卽爲實錄余往常見紀傳忠孝節烈幾欽仰
之贊歎之今於比里姻戚中聞此懿行雖不余乞應樂志
之而焉辭也謹按周氏爲同里鄉處士周公邦傑次女周
素有家範所字女皆賢淑氏自齠齡時幽閒貞靜締於同
里儒士蔡懷遠公長子學栁爲配學栁弟學蘇者方一歲
而父懷遠公卒母吳孺人同里名門女撫兩孤以養以教
以成立氏年二十二適於學栁以淑女作賢媛奉姑左右
咸當姑意相內政不荒學栁文字業俾得以結納金蘭磋
磨成器賢矣哉是婦也不料伉儷四載夫以疾逝氏卽以
死殉當是時堂上有孀姑氏豈不知戀戀顧念夫弟成人
旨甘有託從一之義肺腑爲宜僞許姑以不死暗藏毒以
殉夫藉非夙明節義意肯心安而能決絕於崇朝乎孟子
曰舍生取義氏真無愧彼黃鵠歌七年不雙飛若氏之不
雙飛纔三日夜臺路殆欲追而比其翼於陽世乎族戚以

孝烈舉邑侯以入祠旌余於斯時若居禮部官當申鳴節
烈專摺請
旌況志其墓之徒以筆墨表彰乎而焉辭也學椰生乾隆乙
丑十月初六日卒乾隆三十六年辛卯歲五月初三日氏
生乾隆十一年丙寅歲卒乾隆三十六年辛卯歲五月初
六日氏無出立後有待卜是年八月朔一日午時合塟於
邱家畈之原實爲吉壤銘曰
節固難烈豈易慷慨從容同一義擬孝忠蒙榮賜彤管揚
輝千秋瑞

程希川先生墓志銘　李鈞簡

嘉慶六年四月二十七日麻城程希川先生以疾卒於應山學署其人博學篤行可方漢文範先生唐貞曜先生卓然古君子也自余爲諸生肄業江漢時往來其邑曾氏之止園在郭城者常與先生晤懷珍抱寶揭德振華欣得而就正焉於是黨之徵每以先生爲稱首然豐於德而嗇於遇天之報施不可知而先生之自立則爲全人矣復何憾先生卒後八年歲戊辰先生從子松亭編修其受學最深者以其遺狀屬余志其墓謹敘而銘之先生諱宗洛號

超軒希川其字也生四歲而孤贈公積學負文名專精攻苦膂志以歿母鄒太孺人奉祖東安公養竭力營甘旨不辭艱瘁撫先生成立督課誦不稍寬假舉動必教以禮法先生天資高邁聰穎特達既夙禀慈訓尤自刻厲以繼先緒年十七試輒冠其曹補博士弟子越十年朱秀叔學使選貢入成均先生朝考後即飄然南歸授徒里中資修脯以供晨夕古人云一日養不以三公易者先生蓋不言而歡然有以自得也自列贊序凡赴鄉舉者十八屢薦不一售儕輩皆爲之扼腕而先生好學敦行無幾微見於顏色

先生持躬正直處事謙和待朋友尤誠實坦易性不喜塵囂邑北多佳山水兼曠如奥如之勝麻姑洞以仙蹟著喬松茂木怪石回溪光黄間名境也先生終歲寓精廬勤勤講學其中從之游者多所成就立身皆有矩矱偶一至城市爭來迎致幾有吾家先生風經師人師莫不欣慕焉自乾隆乙未年爲鄒太孺人請旌建坊於城北嘉慶戊午選應山教諭迎養太孺人於官署庚申年六十三矣始舉一男名國柱先生念太孺人茹苦守節者且幾六十載方以是爲含飴歡乃逾年而國柱殤遂以慘痛卒嗚呼倘可言

哉太孺人議之宗人擇立先生姪孫爲嗣孫又二年而太孺人卒合塟望花山西南贈公塋先生祔塟其左子國柱夭孫元燮嗣女二長適太學生葉均次適歲貢張受詔銘曰理有定而難恃德有虧而必彰無虧體者爲全受能樂志者爲顯揚節孝傳於家詩書嗣其後此所謂千載之光

周魯山先生墓志銘　載弇州文集

王世貞

周之先不及考也考自元末而有受七公者從饒之鄱陽徙於黄遂爲黄麻城人受七公生希孟希孟公有三子次子仲禮以子河南道監察御史鑑貴封如其官鑑之爲御史也雷聞左寃抗論輔臣之首循直聲振天下仕至山東按察使有子洙爲儀隴令以子山西道監察御史廷徵貴封亦如其官廷徵爲都御史與中貴丞辨寧夏功疆出爲江西按察副使廷徵有三子都轉運使載西安同知載季則今魯山公也魯山公之諱郟事歸無何而以大鴻臚卿

宏祖官廣東道監察御史最封如其官周氏六世相承而稱六御史其三實爲御史皆能以其最靖考而三皆生受封天下之搢紳世家豔之以爲難及而魯山公之自太學補吏部選人而得郟也鴻臚則已成進士司理吉安大呼而謂曰咄嗟余所墓者於古得范文正邇乃得劉忠宣所願爲執鞭而今因一丞弗振矣勉之哉汝尚可以爲吾所爲鴻臚頓首受教既而曰志伊尹者何人也吾奈何遽自棄遂之郟甫月餘而巨盜百餘輩刼王兵馬掃其帑報至令朦奪不能語公前請曰令惟守藏當第以兵授丞丞

任獲之遂疾馳行劫所而中道悉具精鋭百人畀一裨校曰賊必從某道出走某道是皆負重可徒手縛也遇而巽愞不擊罪在汝賊從他道逸罪在我既發而身從老弱張旗鼓尾而脅之賊各負重走某道伏發皆就擒可七十餘人兵巡僉事林騰蛟聞而激賞之曰孰謂丞一書生而不堪大將耶無何令病死遂檄公攝令令事秩秩新矣而分宜相之私人鄢中丞者不解臺務而理天下鹽法以挾重故呵喝諸御史諸御史盡茅靡郡邑無不籯金奉少者猶數百金在任郟吏以所見聞請公嘆曰丞惟一身有婦耳

何所得數百金第令供餼腆潔而無髹餳筐篚之餙鄢至大失望乃出二故篋付尉緝之公曰此欲借以爲名耳陰備二新篋以俟尉入而以所緝二故篋見鄢大怒蹴而破之使呼公入盛氣謂曰丞無耳耶不知我當亦知御史吾奔走吏也而敢傳客遇我即傲篋之不能新而使委臺牘於草莽公陽謝曰綳者不以屬丞丞飭新篋二不敢遽獻逡巡二篋入鄢顧視篋則新也而中枵然愈失望然無以難之笞尉二十而去於是林公聞之益激賞之曰吾屬州邑長三十也而僅一周丞男子何寡也當是時不籯金者

公與林二人耳林以名御史失旨宜意出補持屈采益峻即青綬而下不敢望一顏色而其禮遇公若真令愛公甚於昆弟囧病且死後事悉以屬公曰吾不欲死齷齪吏手也公自是賢聲愈藉藉會令至遂攺攝宜陽令巳攝盧氏巳又攝鞏公治鞏之旬日行獄得一老吏當戌者洗沐飲食之曰以一邑大事報我我能寬若老吏叩頭曰左藏籯金三千無知者請爲公壽公乃召三博士同入藏閱之得金具以白諸司後治鞏復得左藏中羨金五百蓋大家與吏謀將入橐者亦以白諸司後先充縣官用時張莊僖公

景明撫汴具其事奬公且謂公實心實政云其最後攝宜陽而郟今復闕郟父老泣請於監司曰周丞故吾丞也奈何不以惠郟而惠宜陽宜陽父老持不可曰今幸宜陽有之奈何復奪而郟監司謂郟父老直還公郟郟賦繁而故有荒額二千石當蠲第悉以遺薦紳大夫及博士弟子司府椽吏之豪有力者民代完額困公廉得其狀乃密以白後兵巡趙公請悉歸之窶即趙公大喜還語郟父老益大喜而諸薦紳大夫及豪有力者爭啐趙公廼則曰周丞爲之我不與也議自是格公乃浩然嘆曰天乎令林公在直

反掌耳遂投劾歸郟父老哭擁車致不得前公之歸麻城也郟父老歲候公誕以車載耒柿酒麵造公而壽焉公戲謂余故不負丞丞今者乃益不負余始公生二歲而江西公捐館辱二母相繼殁公起孤童自樹立由諸生涉太學上舍有經術聲試順天不利而後棄之居恒痛不獲識江西公見都運及西安二兄猶公也所以事之約畧如事江西公終其身無違色所與宗戚丈人行者事之小者弟之更小者子之材者拔之急則左之難甚於已尤慎然諾敦氣誼一結斷金即生死亡易其孤娶若歸矣善决策成敗

嘉靖中郭翊公勛淂幸上貴甚里人有欲借而得官者公時尚少爲度之曰翊公固材而驕上欲自操太阿柄奈何狎而弄之夫以驕臣事英主未有能久者也其人至國門而翊公敗公好稱說直節士嘗得楊忠愍公繼盛論分宜相疏手録置袖中時時取讀之經歲其文悉磨滅至老猶能擊節朗誦一字不遺鴻臚公之爲御史視南畿學其轉副使視福建學而其謫也實以御史時論新鄭相見中故歸而請罪膝下公笑曰若高祖持首輔循祖父抗中貴汞吾憾不得身親覩之今幸覩汝且汝非坐私譴謫何罪也爲吾所用望汝以文正忠宣二公者殊未既也勉之其後仲子宏綸以進士爲起部郎文學論議有曹署閒聲以欲論諍江陵相失具草將上而爲忌者亦謫歸而亦請罪門下公復笑曰若能如若祖如若兄何憾幾事不密則害成慎旃哉汝從汝兄而趣文正忠宣者猶有地也今姑就我旦夕耳蓋起部侍公之三月而公屬疾卒距其得謝郟事餘二十年絶跡不入城市於俗儀酬酢多所簡畧惟弔喪問疾則不廢卑幼春秋祭埽冢壠則不避風雨故工爲詩其警語有云晨林弄秋色微雨落輕寒以爲何必減柳常

侍晚好習養生誦岐黄之書而悅之遂廢詩曰奈何斵吾方寸其筆硯也謂鴻臚起部此事亦付汝曹矣公諱銊字汝成娶於汪屢封太安人有婦德先公卒丈夫子四宏祖宏綸宏給皆汪出太學生宏彨貳王出孫男八女三卒壽七十有三葬某所鴻臚與吾弟懋同年又嘗董吾畿學政而爲司馬請卹也則時時稱神交矣起部之以文字知尤久鴻臚乃銜卹具事狀授書走起部三千里而乞誌銘嗟乎余安敢辭獨念公有子而貴稱封公以老壽死無可憾矣所少可憾者縣官以格持公霹公之類而不盡出之也

雖然公之丞郟其人不言令而言丞歸麻城其人不遠千里而壽公於麻城里亦安能限公哉銘曰直臣之子直臣之父公於其閒不愧仰俯出爲循吏歸爲鄉先生尸而祝之誰云不應嘻嘻不泯者銘名公名者銘

爲元進士何伯多先生勒墓碑文　李維烈

左邱好言夢後人嗤之爲其誕也東坡喜說鬼蓋明知其誕而樂聞其誕也顧事有似誕而實非誕者豈姑妄言之哉邑城北十里有寺泉石雜錯林木窅邃先君子顏曰一壑菴庚子爲鄉薦士之歲余避囂讀書其中癡僕拾枯以供館炊菴僧亦椎魯無文一日謂余曰君僕樵犯古塚矣法當致祭往時墓門傾圮犯輒病祭則愈吾師修砌其門後降乩自言何某元進士國亡不仕夫婦合葬子孫散失砌門之墓卽其墓今日之寺卽其故居址也嗟乎毋亦滄

桑物化華屋山邱之感勃鬱於中而姑顯靈以寓其不平耶翌日具脫粟村醪拜奠於墓亦後學尊先進之禮寧肯聽妖妄之說爲趨避計哉寺居山凹而可以望村樹城郭長河遠岫惟先生墓道前爲勝此余嘗撚鬚覓句路也祭之晚步墓前崇兒相隨兒祝曰今秋若先生知父得售非五百年來之奇遇乎先生果靈當示以異俄旋風從墓旁起捲池水有聲冷沁毛骨忽散去依然春醲花香時也余性喜夜讀書鐘落就寢窗外一朱衣人端立曰君何情之篤耶索余文卽加黙竄極爲歎賞延之入室固辭出送之

渡溪飄飄乎若以雲爲橋者余辭而還歌詩以别有回首秋風渡白雲之句朱衣隔雲叫曰佳哉但白字宜換耳晨鐘已動旭光到牕怳然一夢意者其卽先生乎嗚呼僧之言誕耶胡示以風風亦誕耶胡示以夢黃蘆白晚碧草煙消羊公之淚今古同傷安知百歲千秋後雲翻雨覆磷磷之石不轉而涓涓之泉不變而濁所謂深窅幽邃之一壑不化而荒烟蔓草而況此碑乎此墓乎脫陳蹟相沿不絕於樵人牧豎之口曰是昔有墓後復有碑而羣叱以爲誕也亦豈謂其不然哉是科余仍不第姑立碑以誌巔末若

夫符驗顯晦之說蓋不足道云

攷

忠節祠攷

鄒知新

按忠節祠舊志與郡志俱存其名然其地與人之名皆不可攷是祠乃風教所關要不可廢而不講也歷攷往牒立政立教合廟食於茲土者不可無人惟效忠全節則鮮及讀宋史趙令宬傳喟然嘆曰其在斯乎令宬守黃三卻巨盜一禦叛將及金人犯黃力屈城陷罵賊而死酌以酒則揮之衣以袍則褫之其忠節蓋可想見州人乞立廟以祀之當亡贈秩賜謚以旌之云今麻非黃之屬耶民非州之

人耶其爲祀令宬無疑夫遺愛者存其棠過化者仰其風矧保障之功彪炳之節而廢祀可乎君子以義起而建祠則典司之礪橋乘之光也故並錄其傳於存羊之下爲頁有司告時都監王遠判官吳源巡檢劉倬皆不屈死法得並以祔食垂於不朽云

四賢攷　　鄒知新

新在京邸考職於順治壬辰歲館穀於北學院朱嵩若先生衙中讀殿閣詞林記得予麻邑三人焉曰周鑑曰李文祥曰鮑楚山是將摭諸國乘輯諸史官臧否異同之間而其人之賢可想也按大學士陳循傳曰循久秉鈞軸擅易儲宮恃權剛愎不能容物謀取鄉人塚域傾陷御史周鑑王豪士論鄙之又讀大學士萬安傳曰安結貴戚萬通夫妻以求援進妖術繼曉李孜省以固寵舉朝側目莫敢顯訟其過庶吉士鄒智率同館士吉人李文祥上疏發其奸

竊權禍國而鑑與文祥直道不阿犯顏敢諫雖傾斥不顧反致斥逐夫以循之羅鉗吉網靡所不爲安之嫉忠保姦也不賢而能之乎又讀侍讀學士吳節傳節爲諸生時偕劉球李紹王原受學於麻城鮑楚山夫以節之學博才儁簡易質直時政之規國學之範穆哉休矣至若劉忠愍之殺身成仁凜凜大節李禮侍之行果而確簡在當宁端器端硎沂流尋源楚山亦賢矣哉史官一代直筆國乘萬世信史然且不敢蔽賢況邑志乎予故特表而出之又讀李氏書有楊廷和字介夫四川新都人父春湖廣提學僉事

按公系出湖廣之麻城五世祖避難入蜀居新都以天順己卯九月十九日生公公幼舉于鄉登成化戊戌進士改授庶吉士嘉靖朝爲首相以議大禮削籍爲民子愼號升菴登正德辛未科進士狀元及第公之祖去麻僅五世其於吾邑鍾靈有自矣亦奇矣哉

岐亭山川古蹟攷　王元士

岐亭古廢縣處麻治極西之境與岡陂安三邑接壤北距光二百餘里南距黃二百餘里故曰光黃間前明嘉靖時以盜起西山駐捕通判羅瑞登築城約週五里五門二十八敵樓以守之

國朝易以同知分鎮則岐亭雖非重鎮亦楚黃之扃鑰也不綦要哉粵稽水道一自麻邑西流環繞於岐之東一自北沙關今隸黃安東流環抱於岐之西二水合流經九十里至團風入江岐北三里有杏花村即方山子隱處清端于公

建祠顏其額曰宋賢祠祠後墓三中季常先生左大儒甘望曾先生右張憨子合爲一塚碑係開山道人所立惜不傳其姓字再北里許有古松生石上相傳憨子所植大數拱根如蜿繞枝葉四邊披起曲曲盤盤垂蔭數畝之地望之如偃蓋然凡遠近學士大夫以及騷人遊客之賞勝者僉比之大陵之異台州之奇云近城一山名九螺山西石崖鐫刻詩句即張憨子修憇處崖前有亭曰逸亭西望江漢如在目前也岐之南一橋據廣輿所載曰岐亭橋又曰絲楊橋蘇子嘗月夜訪季常過此吟云解鞍欹枕綠楊橋是也至今呼爲東坡橋橋下泉水且重且馨橋之東有桃黃菴林木陰翳王胡號桃黃道人所居故名岐東名硯池畈田萬頃平如抵掌時作墨香是豈地氣之所獨鍾與亦諸賢侯政治之所感與其古賢人君子之留芳不泯與亦醞釀於此以待後來之發洩有時與是爲攷

任東安觀風示　　梅茂南

為觀風事照得孝弟頌西京之詔士重敦倫禮樂鳴東武之絃治先勸學是以先王採俗命太史以乘輶賢井陳經召生徒而吹籥莫不因文章之流露覘庠序之休風矣方今　帝治雲章人文霞蔚慎棘闈之遴選　綸綍五申宏藝苑之搜羅縹緗二酉圜橋聽講盛比鴻都頫壁從公麻隆虎觀所由材備　天閑之驥冀北空羣　化沾方徼之猺嶺南同俗維茲東安縣者粤境名區瀧疆舊邑野分牛女壤闢獞人或號開陽或隷永慶或分城麟石或析置龍

鄉沿革雖殊山河未改星巖巍峙愛亭遠送荷香天柱尖圓幽室近聆篁韻獅聳嶙峋怪石路立蹲踞龍盤巇嶮危巖泉流清淺作連灘之柱勢似虎雄看橫走之巒狀如犀伏衆峰排湧天馬騰驤一竅琤瑽石牛峭削工玉屏之點綴積翠雲聯叩銅鼓之砰訇振聲雷奮尚縣若柱山展如旗高則止戈秀則插笏雙鳶則磴道繚繞遊客捫蘿大紺則茅屋幽深神仙煉藥地既山輝川媚人宜嶽降崧生本縣梅嶺舊支芸編世業甫同下里雕蟲曾已十年符綰中州擕鶴倏經廿載五夜研尋訟牒形似勞薪兩番分校鄉闈心如見獺入焚香之室吟對冰壺做讀書之軒筆濡井硯今者乏承茲土念切斯文跡困風塵愧俗吏無從引玉評操月旦望多士無吝唾珠茲於八月十二日在開文書院扃試假三庚之餘暇攬七子之詞華自貢監以及生童學吹一一首制藝而次詩賦管下雙雙務去陳言各抽秘思規時勢以立論當使及今可行鎔經義而鑄辭端在學古有獲爾等萬人敵八乂手可想其才本縣一書生三折肱尙知此道制詩緝頌羣將以文章為　國華立學興賢庶得以經術潤吏治矣特示

麻城縣志卷之四十八

知縣事陽桂鄭慶華纂輯

藝文志

詩

五言古

宋

岐亭五首　　蘇軾 眉山

元豐三年正月余始謫黃州至岐亭北二十五里山上有白馬青蓋來迎者則余故人陳慥也爲留五日賦詩一篇而去明年復往見之季常使人勞余於中塗余久不殺恐季常之爲余殺也則以前韻作詩爲殺戒以遺季常季常自爾不復殺而岐亭之人多化之有不食肉者其後數往見之往必作詩詩必以前韻凡余在黃四年三往見季常而季常七來見余蓋相從百餘日也七年四月量移汝州自江淮徂維送者皆止慈湖而季常獨至九江廼復用前韻逼爲五篇以贈之

昨日雲陰重東風融雪汁遠林草木暗近舍烟火溼下有隱君子嘯歌方自得知我犯寒來呼酒意頗急拊掌動鄰

里遶村捉鵝鴨房櫳鏘器聲蔬果照巾冪久聞蔞蒿美初見新芽赤洗盞酌鵝黃磨刀削熊白須臾我徑醉坐睡落巾幘醒時夜向闌唧唧銅缾泣黃州豈云遠但恐朋友缺我當安所主君亦無此客朝來坐菴中惟見峰巒集

其二　　蘇軾

我哀籃中蛤閉口護殘汁又哀網中魚開口吐微溼刳腸彼交病過分我何得相逢未寒溫相勸此最急不見盧懷慎蒸壺似蒸鴨坐客皆忍笑髡然發不冪不見王武子每食刀机赤琉璃載蒸豚中有人乳白盧公信寒陋衰髮得滿幘武子雖豪華未死神已泣先生萬金璧護此一蟻缺一年如一夢百歲眞過客君無廢此篇嚴詩編杜集

其三　　蘇軾

君家蜂作窠歲歲添漆汁我身牛穿鼻卷舌聊自溼二年三過君此行眞得得愛君似劇孟叩門知緩急家有紅頰兒能唱綠頭鴨行當隔簾見花霧輕冪冪爲我取黃封親拆官泥赤仍須煩素手自點葉家白樂哉無一事十年不蓄幘閉門弄添丁談笑雜呱泣西方正苦戰誰補將帥缺披圖見八陣合散更主客不須親戎行坐論教君集

其四　蘇軾

醆酒如虀湯甜酒如蜜汁三年黄州城飲酒但飲溼我如更揀擇一醉豈易得幾思壓茅柴禁網日夜急西鄰推甕盎醉倒猪與鴨君家大如掌破屋無遮冪何從得此酒冷面妬君赤定應好事人千石供李白爲君三日醉蓬髮不暇幘夜深欲逾垣卧想春甕泣君奴亦笑我鬢齒行秃缺三年已四至歲歲遭惡客人生幾兩屐莫厭頻來集

其五　蘇軾

枯松强鑽膏枯竹欲瀝汁兩窮相値遇相哀莫相溼不知

我與君交遊竟何得心法幸相語頭然未爲急願爲穿雲鶻莫作將雛鴨我行及朱夏貴酒映疎冪故鄉在何許西望千山赤茲遊定安歸東泛萬頃白一歡寧復再起舞花墮幘行將出苦語不用兒女泣吾非固多矣君豈無一缺各念别時言閉戶謝衆客空堂淨埽地虚白道所集

陳季常見過　蘇軾

仕宦常畏人退居還喜客君來輒館我未見雞黍窄東坡有奇事已種十畝麥但得君眼青不辭奴飯白

其二　蘇軾

送君四十里只使一帆風江邊千樹柳落我酒盃中此行非遠别此事故無窮但願長如此來往一生同

明

憶同寅盧伯炯黄門方與義　董樸

朝望鍾山雲暮望海門月月缺還復圓雲山蒼且白如何彼美人不見已逾春秋霜點華髮掛榻生紅塵天地濶如許行看振羈羽春風酒一壺連牀聽夜雨

次韻荅何前府　董樸

萍跡半天下欣然見堯夫養心已無滓降才疑爾殊胷中

有眞易眼底皆河圖我愧同袍者迂疎一腐儒

荅客問　董樸

予既閑居他無所事終日讀書客疑致問故以此荅

多謝長者言言遠意則殊往聖既已遠後學誰起予所賴六籍存皮膚猶可窺朝夕一展玩心與堯舜俱涉水風濤險登山路崎嶇雖不爲世用夕死意亦舒命妻具美酒與君共躊躇歸去期再來勿以我爲迂

古意　董樸

我有一片玉來自崑崙山曾衒大街頭十去咸空還偶得

燕山石碾作雙玉環見者爭相售儥價靡所慳萬物有真
僞識者古今難嫦娥惟素妾粉黛多妖顏歎彼蓑笠翁甘
老菰蒲間

寄海剛峯中丞二首　周思久

海上有孤鳳翩翩戲清風所食惟琅玕所棲惟梧桐一鳴
九天震再鳴萬谷空延頸望浩蕩奮翮逼蒼穹四海任橫
絕百鳥安能從何時復來儀聖明此日逢

余本鄙樸士未諳理人方悶悶竊所學赫赫非其長剖竹
守南海自春歷秋霜鉛刀僅一割效狀竟茫茫款段入共

棄巴曲誰爲揚朱紱解奇甸黃冠歸故鄉返我芰荷服感
君金玉章安能班言宓差可比佯狂楚粵路修阻題書無
由將茲焉託郵使荅報愧大方

遊玲瓏巖　周思久

江上逗風濤舍舟理輕策信宿登此巖疑與人間隔洞中
羅萬象竇徑光相射石髓不可啗丹竈烟遠赫惜哉深山
中淪湮此奇跡若非汗漫遊何能窮探索父老提壺漿童
冠侍几席去郡且三載人情無今昔我欲從赤松脫簪謝
朝客嘯傲隨所之籠禽何役役

茅簷歎　熊　吉

北有汾陽地列區如屯雲東有猗頓宅樓高堪摘星投轄
延賓客連房停娉婷燈火通重院笙歌隔畫屏一朝主人
去散逸如漂萍燕泥落空梁流螢度閒庭朱門晝常掩綠
窗晴亦暝盛衰固物理推移若轉軒謙盈鬼所伺淵默而
雷霆哲人戒盛滿君子畏幽冥茅簷曝旭日感慨長不停
荊婦具卯酒霜橘有餘馨陶然醉一覺吾已忘吾形

癸亥十月廿八日太府羅近溪翁徵會水西適屯院
王侍御宗徐亦至七學師生六邑有司鄉賢輿夫圜

而觀者千人講習咏歌極一日之雅時有違言者謂
勞民有感而賦一章用壁間李謫仙韻　熊　吉

水西建書院載自鄒東郭上有陽明祠下有金仙閣松風
時倡和烟雲日噴泊我來正孟冬石出溪水落寒梅欲孕
金冬奔半含蕚我愛王夫子九泉那可作幸值近溪翁寄
與最寥廓吺吺世情子誠是千人諾

南安寶界寺看坡翁壁間畫竹　周之魁

偶來寶界寺鑒賞坡翁竹峻節凌霄漢孤根同結綠縱令
塵土封香粉猶馥馥壁間有此君清風響春谷一閱洗俗

腸再閲清心目安得江南酒痛賞三千斛

初夏寄公裳弟　周世建

自我入深山六度看春花荒茹種作竹亂石營爲家豈不勞形軀愛此靜無譁泉聲雨後肥深樹淸晝佳耳目日超曠夢想絕紛拏悠悠道者心所得在烟霞

又　周世建

丈夫志四海出世豈徒然所貴在聞道寧復辭艱難日月如流水逝者何由還浮沈波浪中能免世網牽孔顏有眞樂賢者審其端君看百年後榮達竟誰傳

客止園贈朱稚玲　曹應昌

潛沱不肯山止園不矜水河影非園中水氣侵園裡竹樹以波行草木若風徙白雲懷小亭林燈曳水底滔滔萬里中主人曰予止梅尊坐典型竹嘉展君子凉吹剪生壙聲聞止音旨北夢零星言南邦折鉄几野老社耆英靑松締黃綺聞君寶嬰姹焉用餐菊杞坐隱足消閒耘花心躬理少年裘馬兒往往恣譏毀潦水落霜冬洶洶安在矣蘭芽既已長種豆落可耳孤桐壁立秋營營古人耻

同劉同人和道觀山石上韻　周　損

石淙鳴壑秋邱中日月遯挈瓢下瓦亭飲水不飲渾清響寄山客白雲知泰坌靜聽泉夜心濯月潄芳潤

復同劉翠植和前韻　周　損

劉子有小阮遲我續秋遯紫蟹盤飧充黃蝶菊叢渾洗石石可讀汝力剔其坌帶水看筆法千年學淹潤

國朝

贈胡質明門人　項始震

塵鋍傳天籟望望將去斯茲焉綴其英仰之以峨嵋月華陳星影東壁有肥痴西來搴芳人寒儉苦辛危伊昔自臨水志與作者期懸水三千丈意不在天涯石硯披雲錦得之理不移數片雲來黑落落裁所思所思竟何夕風風雨雨時巨靈擘其上千古傳於茲天籟亦何寂掌之白雲司下士以滕行終古謂得之

岐亭道中次東坡韻　陳肇昌 黃岡

春風如麥芒春衫如柳汁行行岐亭道細雨復沾溼村翁勸解鞍好語誇計得客路信人情我行非還急山深畏虎豺亭午收鵝鴨沙路艸茸茸槿籬花羃羃小憩倦體舒凝酣冷面赤緬彼蘇陳遊茫茫煙水白五年三過從坡公三過岐亭忘形墮冠幘灑落千首詩黯淡窮途泣狂攜拄杖遊醉擊唾壺缺往事劇浮雲餘生遞過客遙夜耿清光慷慨百憂集

初夏東山書屋　周禮

松杉換新裳乃在夏之候結屋四無鄰凉風沁石竇樹淨雨初浴溼雲墮峯右入顧絲茸茸千山萬山秀攤書延古人茅破不知漏有時發清謳適我良非謬

登泰山自廻馬嶺至十八盤作　李中素

縱橫受肩輿緩急特盡巧緣厓轉層磴百折皆樹杪輿前落僵猿輿下過飛鳥不知所歷高漸覺近山小紆細望來路一線落深窈野色逐步開平原淨如掃客行已朝旭此地猶未曉重雲覆前徑屢進鶩益杳竊欲擬昌黎敢作衡山禱

青山雪夜用韋蘇州韻　黃倫

積素清心魂懶爲高臥客撥雲探梅歸屐聲響瘦石虛室白雲寒深山陰易夕鳥道總冥迷或有飛鴻跡

讀書　梅圻

深山藏龍蛇聲音震遠邇懶作微小吟難工雕蟲技古人何所心而爲經與史湮滅幾千年誰能竟其旨眼光所及處精義不相比微茫出紙中探之隱紙裏尼父不可見未獲問其理因思有約方見彼或於此譬之大海深無非一杯水撥爐月西斜暗香中夜起

野店　胡鉉

曙鳥催行役烟樹籠蒼碧東皇透熹微鈴鐸搖星驛澄湖
鴈影閑卻笑長途客蔭未逮龜魚泛梗應憐隻

雪霽入青山　胡鉉

峭壁霜封臘雲壓蒼崖倒西風送暮寒昨夜青山老俄聞
天新晴日照羊腸道嵐氣冷侵衣清光淡如掃溼烟冒平
林踏破橫溪縞碧澗瀉金波石溜摧瑤草無令俗子隨恐
觸梅花惱披氅相因依曠絶凌遙島

兀坐　胡翔靄

兀坐盡春寒夜深更秉燭撲熖笑飛蛾趨熱何未足古來

懷抱人心灰類槁木徙倚步庭隅閒草緣階緑蒼蘚覆短
垣皓魄照牆屋所貴識天倪詎傷形影獨

勸學篇勗弟　胡翔靄

爲學無他奇所貴得主要去膚液乃存窮神始入妙獺祭
亦何愚書淫古所誚細大罔棄捐誰闢混沌竅至言本不
繁精義入元奥疏越叩朱絃喬皇推典誥胡爲飣餖苦坐
令精力耗清虛汩汩來用克規遠到箇中語逼眞庶作予
季告

薔薇歎　李巍

薔薇附古梅裊裊枝葉長花開顔色麗粉艷映華堂爭道
此花好益增梅本香苔痕苦剝蝕南枝禿且蒼青梢引老
幹展轉難上牆坐令虞美人紅紫鬭艷陽何日雨露滋梅
開花亦芳

七言古

宋

寓居定惠院之東雜花滿山有海棠一株土人不知貴也　蘇軾

江城地瘴蕃艸木只有名花苦幽獨嫣然一笑竹籬間桃李漫山總粗俗也知造物有深意故遣佳人在空谷自然富貴出天姿不待金盤薦華屋朱唇得酒暈生臉翠袖捲紗紅映肉林深霧暗曉光遲日暖風輕春睡足雨中有淚亦悽愴月下無人更清淑先生食飽無一事散步逍遙自

捫腹不問人家與僧舍拄杖敲門看修竹忽逢絕艷照衰朽歎息無人揩病目陋邦何處得此花無乃好事移西蜀寸根千里不易到啣子飛來定鴻鵠天涯流落俱可念為飲一尊歌此曲明朝酒醒還獨來雪落紛紛那忍觸

定惠院夜月偶出　蘇軾

幽人無事不出門偶逐東風轉良夜參差玉宇飛木末繚繞香烟來月下江雲有態清自媚竹露無聲浩如瀉已驚弱柳萬絲垂尚有殘梅一枝亞清詩獨吟還自和白酒已盡誰能借不惜青春忽忽過但恐歡意年年謝自知醉耳受松風會揀霜林結茅舍浮浮大甑長炊玉溜溜小槽如壓蔗飲中真味老更濃醉裏狂言醒可怕但當謝客對妻子倒冠落珮從嘲罵

次前韻　蘇軾

去年花落在徐州對月酣歌美前夜蕉筆黃州見花發小院閉門風露下萬事如花不可期餘生似酒那禁瀉憶昔還鄉泝巴峽落帆樊口高桅亞長江滾滾空自流白髮紛紛寧小借竟無五畝繼沮溺空有千篇凌鮑謝至今歸計負雲山未免孤衾眠客舍少年辛苦真食蓼老境清閒如

啖蔗饑寒未至且安居憂患已空猶夢怕穿花踏月飲村酒免使醉歸官長罵

明

南陽閘下短歌呈同年盧伯炯　董　樸

濟寧城中三日雨南陽閘下半篙水五尺輕舠去似飛去到徐州還少止西川故人盧先生三年飄泊居彭城萬事不管只飲酒醉來狂叫陶淵明先生本是江湖量何事淸時久閑放詩人從古命多窮靑天偶被浮雲障我來不知有酒無攜壺君可沿門沽通宵莫惜一狂醉星星白髮俱頭顱

匡山歌送鄧石陽公還蜀　周思久

鄧石陽公蜀內江人也其郎君鼎石初試吾邑迎公

就養官邸公襟懷高曠飄然人外乃渡江上匡山避暑無何即東裝歸作此送之

有美一人來錦水扁舟直下幾千里郎君初試綰銅章遠迎官舍供甘旨君懷澹蕩秋天高下視塵世如鴻毛棄之不顧渡江烏獨上匡山避喧囂匡山山水天下奇香爐瀑布接天池請君臥看畫圖裏何似靑城與峨眉美人美人歸去來舉杯長嘯讀書臺郎君芳譽滿人耳何須膝下空徘徊

收春樓　周思久

半畝方塘一徑開烟波深處起樓臺突兀去天剛尺五洪崖靑嶂相縈廻桃李春風二三月鳥語花香長不歇雲起翻疑蓬萊宮月明不滅銀蟾窟主人得暇即登臨童冠相隨歌且吟凭欄遠望岸輕幘與友焚香彈素琴有酒時斟三五斗輿酣耳熱自擊缶此間白日到羲皇紛紛萬代我何有別來倏忽度三秋池荷窗草空悠悠獨上樓頭發長嘯無邊春色一腔收

送邱謙之守保寧　梅國楨

一夕涼風生吹斷都門柳送君不能別惆悵對尊酒記得讀書城西邊我正垂髫君少年奇毛健翮俱神俊可以萬

里同翩翩豈意風雲隔榆枋我爲鶢鶋君鳳皇浮沉遠近隨所向一別千里永相望我來上書不得意君亦遠自潮陽至燕市同爲慷慨歌巴江又攬澄淸轡濃陰滿覆巴江路是君手種甘棠樹父老來看舊使君重聽兒童歌五袴人生事業須及時四十專城亦不遲功名到手好自愛予髮種種何能爲

七夕　梅國楨

去年七夕城西曲對酒聽歌猶未足今年七夕北窗前露冷螢稀黯自憐人生踪跡未可料莫使尋常廢懽笑有酒欲飲須盡巵有花欲折須盡枝安知牛郎織女年年渡

不有參差未遇時梧桐辭條蟋蟀入帷芙蓉爛熳零落秋池昨日看青鬢今朝漸欲絲郎今富貴亦已遲不如燒卻牀上書交結長安游俠兒朝馳駿馬暮擁妖姬妖姬能歌復能舞四面笙簫催羯鼓羯鼓迴遭錦作屏但能識面不識名垂鞭忽亂千花明數觔射麞莎草平弓弦拓作餓鴟聲鼻頭火出耳後風生饑食其肉渴飲血此樂能教萬事輕安能終日仡仡守筆研抑塞風流萬古情

白水草堂　梅國楨

我聞唐王之孫爾最賢眼雖未見心凜然讀書直欲破萬

卷高論可以傾四筵草堂新開臨白水鵁州鳧渚相連延簾幕沈沈散曉霧圖書漠漠飛秋烟酒徒詞客常滿座雕龍炙轂欲談天相如受簡不敢賦王孫祕思如湧泉擔簦便欲從此往其奈傾囊無一錢不然還買隆中田與爾相期白水邊期白水歌叢桂曳長裾以終歲

輓熊烈女　梅國楨

楨也神遊廣漠野眼中有淚不易灑誰家有女節獨苦驚看不覺泪如雨百年恩愛在結盟結盟爲重恩愛輕一朝夫壻不可活我身可許股可割割股事夫郎以身肯令夫死別從人以口齧土土欲摧天地爲我收塵埃以頭觸棺棺欲裂棺上殷殷頭上血血汚麻繩還自縊其如親戚紛相衛便生只是灰中燼可憐對面不相信曉來含泪若爲妝起向阿姑與爺孃我今從爾勿復憂但令獨處守郎休回身闔戶聲吼吼天地反覆山川走又如雷電碭砰風雨驟破門已作觸柱死自古豈無臣之忠高牙大纛金門通又豈無婦之節合懽雙帶同心結豈如女未入夫門生死尋常由一言首陽之薇空復青汨羅千載流濁涇倏忽綱常標閫閾頓令山水生顏色男兒拚此七尺軀龍逢比干

俱丈夫仰天血泪墮肝膽一滴能教滄海枯

壽穆侯　梅國楨

西風萬里海天秋弦洲仙子御風游青蛇原自豐城劍黃鶴飛來江漢樓樓頭玉笛正悠揚劍氣凌空五色光坐令白日星河近不獨中宵魍魎藏朗然吹罷月華高今古乾坤一羽毛澤叟浪聞三洗髓曼倩空傳千歲桃芙蓉十二常似春鳥媚花嬌處處新丹成好向九天上散作春光滿八垠

附

輓鄒貞姑

新安 盧國楠 陸懷氏

秦媼蔚芳河水潋烏弋黄皮兆融結龍堆鰲柱週洪濛奇氣千秋乃一泄貞嶠女貞樹槎枒與雲接連貝寶婺躔皇裔耀天闕人生秉得天地精睥睨嶽瀆皆蠓蠛我祖柏台公講學會羣哲蘭譜姻婭情最親亭州三鳳西陵傑三鳳季氏更嶙峋待 詔金門登顯列留得 天恩庇後人恩廕京員承先澤卓哉張太史視學振東浙清班交有神敦好陳朱緒公子學博快乘龍館甥鉛台賓主迭學博即今第五倫比兒羈貫庭幃別恩廕篤生貞孝姑婉美班謝聰穎

絶學博慕前徽鳳卜遵耆操小阮雅出羣更挽絲蘿擷猶女依姑姪媳行姻婭重聯情倍切小阮種學積成勞耨義耕仁夜不輟乘間自搨李陵碑帶醉笑補周王碣無何剛逢冰泮時別鶴孤鸞怨啼鴂玉樓作賦正沖齡柏舟矢志未踰閾綱常誼重一身肩荆釵裙布髮封帛歲寒松柏後凋知志牽正中非激烈仁親敦本性天成齒冰嚼蘗苦鍊鐵可憐往哭即于歸豈料修儀着麻絰倩人歸里報重幃誓執夫喪依墓嵲見者咨嗟都淚垂桃葉樵青盡嗚咽若敖抱痛心如焚伯道興嗟腑更裂獨活立孤就所難寒號蟲遇嚴冬雪瑤池原無益壽方玉女何知長生訣存既順兮歿亦安生不同儔死同穴異香國去異香來緱嶺華井瑤池冽 旌榮指顧錫龍章續祀於今蘭已茁青史彤管紀芳名貞順高風求加茂正氣鍾靈鼎食家弱笄能將大義揭嗟余至誼忝葭莩管窺襪線慚陋劣敢摛彩筆表清徽願向輶軒貢芻説

國朝

贈吳端儀祉兄時客汪竹巖署　項始震

先生延陵之正宗登高山而披大風先生龍門千尺之桐手如掣電破洪濛先生濡髮酒十斗出沒縱橫幾千古百尺樓頭臥風雨快者如月怒者斧道人面壁刪花譜美女嬌羞字媚嫵美女嬌羞韻事多世人將欲奈才何我行蜀道截長河深者深兮高者嵯嵯而峩峩峩峩諸峯三十六萬山雪滿在空谷暮雨寒窗敲零竹中有高人才十斛十斛明珠十二州一花一葉水湫湫花葉隨人春事懶萬壑

之中響松楸我爲先生識以悠先生爲我意以投先生尚依劉予去御溝頭異時蒼山共石湖中開日月在三吳淡雲寒山夢寐乎落月屋梁有之乎先生拍手叫蒼梧爾時尙憶有高陽之舊酒徒

客鄂渚贈姑蘇嚴培仁　李春江

漢江之水清且縠楓葉荻花鏡中掬岸延帆影落尊前寺擁寒鐘鎖江曲有客姑蘇城外來時拈險韻攤新醅自來亦是悲秋客兩處鐘聲一樣哀把酒爲君壽君心如雪胆如斗擊節爲君歌君言歌裏羽聲多吸盡長江顏未酡吁嗟丈夫生不成名壯亦老空餘壯志凌秋草意氣如君似古人古人猶羨今人好今人古人未參差相期原重心相知何時一醉西陵月簾外霜風細細吹

洞中　梁中斗

羣峯嶔仄石纍纍深林叢薄草光迷松飈石瀨聲何悲鵑旦夜鳴猿嘯虎豹索食羣鳥叫長年白晝人不到好山好水無好懷眼看世事情難灰心念舊山獨徘徊燒燈彈劍感成泣拋書不讀起太息長歌不覺日色白洞中有人讀黃庭貽我瑤芝草一莖審能服之可長存蚤暮相從不

厭數露深徑窄溼雙腳聊與子相將爲樂

天寶鹿　陳大章 黄岡

康熙壬子歲于清端公成龍爲黃州同知駐岐亭野人獲鹿垂斃獻之其高如馬角而斑公命作脯于項間剝得銀圜重一十七兩鐫天寶二年華清宮七字角下堅徹如瓊蓋所謂鹿玉也公以作帶環佩之友人黃安彭伯常在署親見其事屬予作歌

軋犖山前烽火起帚星下埽長安裏赤心一夕化豺狼唐家九廟皆荊杞夜雨愁埋劍閣雲春風恨滿溫泉水何來

泱驟華淸鹿萬里中原行不速慣隨花鳥上陽宮親見玉環頻賜浴彄字深鐫太府金角痕碧沁瓏瓏玉未逐仙人上博臺卻遭牧豎充庖肉君不見棃園菊部霓裳舞宏農唱罷來鼙鼓鸜鵒會鬨閗上皇舞馬猶知悲故主秦家宮闕漢家陵千年幾度生禾黍休將遺事弔開元漠漠寒煙翳平楚

梅花吟時宿釣魚臺　李中黃

仙人種雪仙姝廟仙姝采之惟月照月將雪影入西窗知是仙姝夢魂到曉風冷露空中溼香帶羅裾悄獨立巫山

高高第幾峯峯上更深朝太乙

失題　李中黃

春夢片片如斷雲東風吹從枕畔分前雲後雲不相及遺前懷後失其羣怨他蝴蝶虛無著晚來自覺衣裳薄惜別池邊芳草生消魂橋上楊花落

龜峯　梅　圻

芙蓉直接雲烟裏一山未盡一山起岩松伏石石生花松聲半落在天涯藤蘿結樹靈幽寄碧光滿身身帶翠藥苗細雨忽如秋峯影沉潭仕水流寒光入戶飛片片南望瀟湘皆不見

角射短歌爲丁三克宗作　梅　鈿

昔看長吉黃家洞以酒讀之意龍從幾番敵騎薄孤城霧捲長天目空送猿臂虬鬚猛少年精微身手隴西傳能摧哮虎荒烟裏慣落雙鵰寒日邊廣成飛衞漫相軋鬐鏃穿楊枝何滑好將斛水學劉錡笑指浮圖說南八高原九月秋草衰飲羽石稜雨過時射牛不中方爲妙貫虱當心無乃奇爰有書生三十餘身長八尺氣萬夫日暮彎弓騎大馬短衣來角長城下

賦得太華有古松祝程憲侯壽　鄒汝魯

五嶽太華號最雄仙掌劈就玉芙蓉下有如船之藕實上有千年之古松連蹺髮瑹瑹蛟龍回舞翠蓋員老幹崔嵬淩霄漢新枝葱蔚如雲烟靈根封題鳥獸狀服之往往得神仙我友程子古衣冠年雖期頤貌渥丹問翁豈有鼎竈術笑謂予言大不然樹以根榮其巔山以靜不計年忘機循分樂吾天何事燒丹學偓佺

和歐陽修明妃曲　鄒汝魯

漢宮絕代人上馬便稱遠地鬼一拍未終心欲死豈爲身

將履虎尾傷心只在長門裡天上猶是舊漢月風沙颯颯不相似漢家天子白雲端那能更暇收覆水駿馬如飛行且止側首西望長已矣異域亦知別離苦千方百術冀一喜女子有心不可奪墳上青青草宜靡草木無情猶如此當時中行行輩對之羞澀應無比

其二　鄒汝魯

予聞絕域人達慕漢宮女一朝得國色親自弄組舞離心不可同積怨淚如雨日落鄉思斷月明邊色苦内雖若死灰外猶強咲語玉展咫尺長門裡畫工亦是尋常技願一

見兮不可得何況千里與萬里曾參三至動見疑區區丹青何可比只從初入宮門日千嫌百妒自此始豈待沙漠埋皓齒且復收汝眼中淚黃雲四塞西風起

東施解

自越有西施而東施之名起嗚呼其慫學士之口久矣美惡何常媸妍無定延年未遇下比巴人卞子三刑衹同燕石古今一轍有與同悲故為東施解云

苎蘿有女同姓施一居村之東一居村之西西家女兒顏色好萬金身價入吳閨東家女兒年十八十八無媒老會稽終年寂寂柴門裏獨坐空閨淚暗啼流光已逝春將老菱花羞對傷懷抱顏色從來多誤人因郎棄置能自保君不見姑蘇臺上草離離至今猶自怨西施

良驥伏櫪行　王　瑰

將軍咨牧求良駿須臾萬匹皆爭進映日嘶風立玉墀圉人太僕環相認一時下乘飾繁華雕鞍玉勒黃金鞨相者心粗不識神大宛真龍受斥擯磊落常追萬里風騰驤雋發氣如虹幾年羈紲奚官手臨敵安能成大功骨骼蕭條勢如病雄姿伏櫪非情性駑駘得意逞驕嘶誰實長年主馬政吁嗟乎安得伯樂在天下驊騮一試無凡馬

七夕　王　瑰

我聞月宮廣踞數千里九州雖大無能比去地遙遙未可知青天仰望不盈咫以茲試看牛女星相違相距何窮已況復波濤幾萬里滔滔中隔銀河水烏鵲橋填徑路通寒風徹夜凝成圯縱使天孫自有神相逢何必須臾裡契濶經年語未終東方漸欲雲成紫簇簇新衣起贈郎傷心別淚汗羅綺淚滴河中烏鵲飛相思忽忽從今始人道天人質不凋年年見面顏如蕊一生強半是離愁瑶花色淡春難恃不如落落為參商東西出沒長無累

追和東坡先生定惠院東海棠詩　徐家麟

化工春來榮萬木雨露誰同復誰獨濃妝淡抹各爭奇未若海棠嬌不俗一株迥出野芳中應是𥨊然到空谷初疑天女降祇園又怪阿嬌謝金屋琥珀如搖鸚鵡杯胭脂不貌驊騮肉憶昔劍南白髮叟曾道千年看未足碧雞艷色絕天下想見山川氣清淑坡公遠謫故山違一笑幽林間捧腹欣如元亮對東籬快比子猷逢好竹扶輿何處無奇產或隱深山逃衆目湘有芷兮澧有蘭何必名花艷西蜀無乃張羅澤藪間仰視瞥然失鴻鵠我聞千尋磊砢材水

之湄涘山之曲

應占索題趙堯日竹行　徐家麟

趙君邱壑羅胸中五日十日興不窮有時意與此君寄洒墨脩然落蒼翠尺幅埽成千萬竿自言獨得湖州意野趣蕭蕭觸目橫煙雲闇淡中相縈陂陀确犖曲多致清湍委折隱有聲溪邊板橋接岸嵩若有高人居水涘千畝曾聞說渭川子猷雖好寧逢此我思買山構草堂開軒種竹溪之旁夏支午枕眠風雨寒聽疏枝戛雪霜風塵荏苒懷長左幽境無緣能屬我每對琅玕意惘然屠門躑躅頤空朶

髯叟揮毫值百金茲圖況復最幽深匆匆不欲還君去留掛書齋慰夙心

龜峯行　程九萬

峯峯羅列連雲起矯首獨瞰青雲裡靈鍾氣盛脉絡分蜿蜒起伏瞭如指循途漸近合掌石一石中分屹相峙不傳巨靈劈此奇鬼斧神斤何爾爾時方小憩復前行逶迤蹬蹬心懸旌路人爲指荒山寺於茲履道得其平尋徑細話山之境面面危峯如延頸十步九折繞還登偕行接踵殊艱難後人首承前人腫前人足近後人頂躡躋拾級喘差

停指有方石升名井胡爲泉冽不可竭掬來一吸三清冷攀登歷險正岧嶢據石寨芳辨藥苗呼龍塔草庵何處秋桂春蘿色欲燃紅樹千重野花馥涼風颯颯葉蕭蕭霧重雲深但一色俯視焉知近與遙繭足捫蘿履如跛寂寂山靈應笑我我本楚狂人牢落名場愁還鎖振衣千仞片時間舉頭天外何坎坷有時疲軟藉苔衣枕石頹然更危坐亭亭巨石插青冥靈山變相無不可何年遺植兩蒼松越此平賜足可容巇壁大鐫一卷石古剝斑駁半無蹤繞左乃抵白巷寺登高造極失前峯古寺荒涼鐵瓦破頹垣禾

黍草茸茸厥明晨謁山神烏紗綰綬碧金身慨想神明張邑宰宦成採鍊佳能仁要惟功德庇民社迄今遠邇奉明禋更向峯前賞奇態坡下虎跑井宛在涓涓泉出日盈盈碧鑑鬚眉殊可愛跣行捫石看棋局石上題詩蘚長綠伏行前上可數武岩忽嶄然低且曲低且曲延長陂𨹧氣方東石笋橫拼不許長插石虬松遞相屬突起前峰百丈餘拔地倚天看不足北東掉尾亦淩雲猶遜頭顱天可觸長年夜瞰海天紅吐吞初日盱駭矚大別山高萬古風日生殘夜時如不

曉行礦山 胡鉉

霜天朗映飛玉屑曙色將開半明滅嵐光冉藹行人稀屋角寒皐最饒舌晨鐘響雜松濤邊征鴻送客雙淒絕孤峯插漢翠烟浮老樹盤空留古拙策蹇長吟過板橋獨訪寒梅吸香雪

桃花洞行 李巍

君不見桃花洞口桃花片歲歲桃開紅似茜夫人種桃桃萬株桃花日日張春宴雨行翠袖捲珠簾十二紅妝開寶鈿檀板歌翻金縷遲銀箏撥捺珠璣濺金鴨頻薰龍腦香玉人還賞鮫綃絹氍毹彩映雲母屏鞦韆深鎖垂楊院鞦韆低垂動地嬌芙蓉醉撲春風面朝朝暮暮宴花前鵾殺黃鸝與紫燕可憐紅雨溼胭脂宛轉留春春一線寂寞繁華瞬息空夫人老去歌喉倦翠寒香冷夕陽低芳草牛羊不忍踐欲訪當年歌舞場兔葵燕麥迷荒殿春來不見種桃人萬株洞口仍開徧月明環珮想遺踪異代悲歌徒眷戀

烈婦行見白茅堂集 顧景星

麻城生員蔡作楫女六歲能誦女誡二十適生員周克孚之子方旦始終五載而方旦沈痾者四年方旦歿後

氏卽時自縊康熙十九年六月十一日昏定也周先世有生員弘祚妻劉氏守節四十年溫陵李贄作傳又舉人弘祁妻俞氏舉人弘烈妻李氏夫死以不食殉 神宗俱旌表嗚呼何周氏之節之多蔡氏尤烈鄉人歌詠事實以俟 國典焉

蔡家弱女周家婦丹心玉貌仙家姝飽聞汝南節義事曾讀東漢班姑書雖云伉儷五裘葛第有藥爐親起居事夫誓擬同生死七尺素練千金軀炎炎赤日西山暮撫尸慟問泉臺路祇知大義貴捐生没絕須臾忍回顧非圖塚上

緑鬢飛不爲莫前連理樹當時何物欲隨身滿面塵埃頭青
衣應君臣夫婦兩大倫國破家亡死幾人豈知不哭何雖
殉蔡琰還鄉再誤身入間萬事愁提攜使我欲獻淚頰漬
請將烈婦鄉里歌彈入馬上琵琶曲

金壇 王汝驤 雲衢

贈李螺峯濯足圖

子房不遇釋之去大夫有足何伸處甘被當肩知帝腹加脫
樺猶嫌闌干窄我意只合北窗金偶向床門頭未履起想
失我關北態枕懷欲問爺須木李生蹲底百尺樓蹋翻提
放高里流沙棠爲舟木蘭楫足爲纜從夷猶李生李生

足已苦年來踏遍天下土王雖未收辛免則爾知幾重毛
脫股斗酒未足嘘馬周公洗那復慾梁州回顧何人拍手
哭振衣相望高閭頭一朝乘興雪足起躡履金門趨王庭
相對爾所留心腳曲勿訕言何如今日拍舵長歌不驚風

與濤

張一桓

輓劉烈女歌

女亦猶夫人之生世之鬚眉男子尚畏死而希樂胡從容
以就義乃見地之分明三日不食兮長悲鳴一死甘心兮
無論盟所嗟乎二十年許字曹門而不見曹兒一死後歸

空曾光而合葬曹生連理枝變合蛺蝶處將成青山綠水
日流時煙雨黃昏鶻聲莫道荒涼一堆土試問人間有
此情

七言絶

明

聽松　董樸

風雨來時聲不淸風雨止時聲不鬧風淸月白聲正好此時風味許平分

茅亭　熊吉

亭外平疇水淼茫鼕鼕鼓節競分秧竹莖疎處薰風過送得蒸魚麥飯香

問尙蘭谷生祠　熊吉

蘭谷生祠何處尋懷恩趨廢更誰人免葵燕麥皆新主惟有東風不世情

寄梅中丞二首　邱坦

故鄕俗薄不堪留臘月翻爲薊北遊風雪不寒人世惡吾今何處寄蜉蝣

長安市酒濁如泥夜夜爐頭生曉雞欲報雲中書一紙醉來雨月竟忘題

邱謙之園亭　梅國楨

小苑斜連驛道旁酒旗歌吹遶重陽科頭盡日無迎送醉踏飛花溪水長

邱謙之逗雲湖　梅國楨

平楚烟銷片月孤畫船簫鼓出菰蒲君家自有千秋觀不問君王覓鏡湖

次游侍御韻送楚南遊楚　梅國樓

世界三千說楚豪天風八駿驌驦袍如來大地來初地莖草金身萬丈高

飲酒　梅之煥

湖海元龍百尺樓憑凌獨領萬山秋到來開卻雙空眼斜倚危欄數白鷗

送道一禪師之武夷　梅之煥

水縈羅帶月鋪銀松奏笙簧草疊茵笑向峯頭詢玉女前身可是散花人

春日　梅之煥

兩兩三三兒女家滿頭倒插錫蘭花不知結伴緣何意手挽垂楊唱采茶

仲冬同郁寰文甫載酒登石磯遇雨　周之甦

纔到江邊醉石磯怪來山雨點征衣蕭蕭落木寒流細人

在天涯怨未歸

雨中過醉翁故道　周之甦

萬山環翠影濛濛遙望孤亭憶醉翁正擬登臨尋舊勝霏霏細雨又斜風

寄王景六　周之甦

論心把酒十年餘落落晨星各自歔君去衹今湘水上經年不得一行書

五羊城初度有感　周之甦

去年此日病中身今歲栖栖瘴海濱三十九年初度日四千餘里未歸人

甲子訪新鄭王大生　周之甦

不到園林又幾年竹深松老草芊芊就中有箇忘機客醒即攤書醉即眠

留别奎光二首　周世進

匡生崖畔是吾廬歲月惟消雨一鉏偶泛江橈尋楚客卻隨烟水入深居

匡牀石枕夜生涼幾度山房共曉霜秋色滿江收不盡載將清夢到潯陽

題鳩鵲圖　李文祥

時相萬安孫弘璧與祥同年安欲其附已欵於家以此圖屬題

鳩一聲來鵲一聲鳩呼風雨鵲呼晴春來風雨尋常事莫把天恩作巳恩

國朝

少年行　劉元猷

衣郎長傍酒旗樓卻貴黃金絡馬頭遊俠只須交國士蘭
陵爭似五陵遊

和會龍湖太史石洞八景韻　徐家麟

洞門關處萬峯青一幅天然展翠屏縱使白雲橫掃斷螺
尖幾點還亭亭　晴嵐疊翠

一溪清寫響潺潺供給幽人枕此山絡石縈林何限意終
教岩窒不能關　石澗流泉

觸石浮空奇復奇洞門晴日有時迷白衣蒼狗尋常事此
物須臾未足齊　山雲繞洞

煙雨蕭蕭擁萬竿主人無客獨相看此中有好應難道不
獨逢君在歲寒　竹雨含烟

洞口山高月皎遲素輝旋看上疎枝分明露冷霜清夜卻
是空林瑩徹時　秋月穿林

木樨消息少藏遮歲歲山窗馥碧紗門外遊人無覓處不
知深洞足幽花　庭桂飄香

夜酌幽齋洗破觥松風萬壑送希聲遙人醉臥驚濤外不

曉山城長短更　松濤夜響

巘巖千仞立何孤留得寒冰映玉壺笑指堅凝難化處可
能一點入爐無　懸巖積雪

和羅邑侯留別原韻四首　成倫

高文蜚業兩煌煌應有循聲達　帝傍鸞鳳忽驚翎羽戢
終須鳴噦到朝陽

經始宮牆日復宵多方培植待扶搖講堂卽擬皋比座山
斗依然仰碧霄

洋洋美政溢埔塘神碣雖工繪不如草滿訟庭村莫擾甘

棠餘蔭蓋愁予

風清天際淼無涯竹馬兒童憶獻花縱使重來欽露冕只
今立岸望仙槎

題曾盈川柔鉏畫冊牽牛花　成倫

紫瓣青莖艷態殊怪從巧夕覩奇葩河邊一線牽牛恨未
解前身是此花

舟行聞鷓鴣　李廷庸

乞食齋門漫學竽片帆東下意躊躇那堪路轉黃陂曲細
雨春深聽鷓鴣

留別麻城　羅均

千家綠綺共輝煌石碣巍然矗道旁細問年餘無一善令
人空自愧襄陽

詩酒尋常話幾宵而今風雨獨飄搖木天此後多英傑惟
報閩中慰寂寥

童叟紛紛欲挽輿此心依戀更何如相期別有廉能吏棠
蔭舒長莫倡予

閩山楚水隔天涯莫向廬江洒淚花若使乘危能下石有
誰河畔送歸艖

東安雜吟 截錄　梅茂南

星散民居僻一隅村樓社鼓要重扶蠶桑禁向青樓話盧
雉難容綠野呼 禁賭博

綠樹村村聽叱牛長年鞭策滿篝篝何堪鼠輩明張胆臂
向屠門又去偷 警戒盜牛

穿窬伎倆小妖魔巧說還珠技搶多三尺竹書驚夜鬼笑
渠白日見閻羅 辨偷窃

却向天公怨不仁斷腸小草害活人我今寫就焚香橛一
讀一聲泣告神 咒毒草

自稿紛呈東似麻代書門似訟庭花問誰萋菲詞成錦道
是君平過我家 戒訟棍

竹罄南山難數罪流盈東海莫窮辜可憐暗箭傷人處還
問錢神射得無 戒刁唆

陰陽配偶偶生奇問母當年却是誰何苦自家拋血塊惹
人淚向筆尖垂 戒溺女

心田自長子孫枝瓦缶纍纍誤地師欲與人間風水變雨
昬石硯夜寒時 戒謀風水

贈龜峯脩一老僧　周禮

奇峯二舍沠難登少日曾攀萬仞藤試問師居何所是答
言身在最高層

七言律

宋

萬松亭詩有引　蘇軾

麻城縣令張毅植萬松于道周以庇行者且以名其亭去未十年而松之存者十不及三四傷來者之不嗣其意也故作是詩

十年栽種百年規好德無人助我儀縣令若同倉庾氏亭松應長子孫枝天公不救斧斤厄野火那憐冰雪姿爲問幾株能合抱殷勤記取角弓詩

岐亭道上見梅花戲贈季常　蘇軾

桂死蘭枯菊亦摧返魂香入嶺頭梅數枝殘緑風吹盡一點芳心雀啅開野店初嘗竹葉酒江雲欲落豆稭灰行當更向釵頭見病起烏雲正作堆

張先生并叙　即憨子　蘇軾

先生不知其名黄州人本姓盧爲張氏所養陽狂垢汚寒暑不能侵常獨行市中夜或不知其所止往來者欲見之多不能致余試使人召之欣然而來既至立而不言與之言不應使之坐不可但俯仰熟視傳舍堂中久之而去夫孰非傳舍者是中竟何有乎然余以有思維心追躡其意蓋未得也

熟視空堂竟不言故應知我未天全肯來傳舍人皆說能致先生子亦賢脫屣不妨眠糞屋流澌争看浴冰川士廉能識桃椎妙忘意稱量未必然

謝陳季常惠一揞巾

夫子胸中萬斛寬此巾何事小團團半升僅漉淵明酒二寸纔容子夏冠好戴黄金雙得勝休教白紵一生酸臂弓腰箭何時去直上陰山取可汗

過萬松亭　孔常父

鬱鬱青山夾路松行人笑語緑陰中排雲架壑無餘地灑面侵襟有遠風一日勞心非欲逸千年流惠亦何窮我來俯仰尋遺愛更喜清虚萬慮空

明

龜峯山　董應軫

名山雄峙邑城東天落蓬萊第一峯掃地曉嵐堆翡翠倚空晴嶂削芙蓉琪花逼暖春香放瓊樹凝輝夕霧濃應有神靈產申甫詩人寧獨美喬松

題黃岡問津書院立碑詩　董緌
聖轍當年歷此岑周流應見濟時心山川增價原從昔草
木生香直到今坐石倚雲莎草歇硯池溜水墨花侵幾回
經過回車處猶爲昭王感慨深
懷文潔太守　李文祥
江天落落久深寒獨臥山堂春色闌太守無妨山鬼笑逐
臣寧惜釜魚乾雲霄路遠心徒壯今古才高用卻難謾道
漢妃眞似玉也愁人向畫中看
登岳陽樓次西涯先生韻二首　李文祥

萬家烟火擁孤城一上高樓百感生檻外雲山鰲足重坐
中仙客羽衣輕淩空欲洒思鄉淚見日終含獻曝情往事
悠悠東下水夜船燈火枕江聲
飛樓縹緲瞰江城仙境清遊愧此生萬古乾坤雙鳥道百
年身世一毛輕近天敢必驚人語對景空餘育物情漫道
魚龍眞寂寞夜深猶聽管絃聲
過黃河　李文祥
清秋一騎夕陽過南北悠悠此渡河地擁好山多怪石風
來淺水亦深波十年塵思青燈共千里鄉心白髮多自愧
不才應畝畝車旌終日欲如何
題貴藩僉憲李公夜雨對床二首　李寵
薇垣鉅老栢臺雄兩地愁開一笑中清世動名堪伯仲蓍
年歧路許西東萍蹤乍合渾驚夢鄉事重論暫撫衷下榻
對眠仍舊雨未應蕭瑟似蘇公
年來兩鬢各飛蓬暫喜征軺驛路通池草幾回春館夢燭
花深坐夜堂紅宦聯藩總酬清望樂動塤篪慨素衷離别
男兒亦常事莫因聽雨厭觀風
奉公出塞　李長庚

津門回首意如何報國虛愁肉食多鬢髮尚餘關外雪夢
魂長逐海中波殘軀自顧驚生柳初服惟宜學製荷但得
普天征戰息靜邀涼月到烟蘿
雨後再登赤壁　鄧楚望
蕭條積雨喜初晴出郭尋芳載酒行欲水桃花明赤壁和
烟柳色上高城江山對客孤亭思風月懷人萬古情興劇
酣歌歸路晚漁翁罷釣小舟横
過陽邏蓬萊寺江眺　鄧楚望
鴈聲嘹唳度江洲僧舍蕭然歎滯留苦思吟邊飛落葉悲

風起處見行舟愁心忽悟空王法久客眞慚故國秋爲問崩濤何日返欲將心事語東流

夏讌赤壁　邱齊雲

移尊五月大江亭柳外蟬聲不可聽雷雨驟飜波浪白峰巒遙入酒杯青狂呼鷗鷺忘爲客醉倚蘼蕪轉畏醒不向人間論二賦風塵何以慰沉冥

湖中春望　劉詣

峭寒初放草痕齊依約來時路不迷月落曉雲猶繞岫泉飛春雨欲平堤鸞篦帶笑憐新製雁字含嗔擲舊題誰解

暗魂消未得年年多在裡湖西

麻姑洞　周應曦

繫馬攀崖尋洞口野花叢竹亦荒涼潺湲玉液下幽壑迢遞藤蘿穿石牀烟繞翠微疑羽服風敲黃葉想鳴璫可憐書信寂寒久空有玉壺仙醞香

送袁昱從冊封周藩　梅國楨

詞臣銜詔下螭頭擁傳中原愜壯遊兔苑抽毫迎帝子馬前負弩走諸侯雲連元嶽岑邊遠天瀉黃河掌上流芸閣回看霄漢裏周南雖好莫淹留

送謝仲銑還吳　梅國楨

御溝新水照樓臺送爾臨流一舉杯楊柳曉霑衣袂溼桃花晴傍馬頭開風流江左原推謝市卒吳門舊姓梅爲問洞庭垂釣處於今幾度長莓苔

秦祕書授王官歸　梅國楨

西風吹雁雁行疎誰信王門可曳裾燕市未須論駿骨秋江原自足鱸魚逕當黃菊時攜酒家在青山好著書寂寞釣磯湘水上卻因君去憶吾廬

送文明府 文蜀人　梅國楨

星軺去去度秋風楚水巴江道路通自是南行須召伯故

從西蜀借文翁春回白雪鳴琴裏雨過青山拄笏中父老只今看擊壤不妨遊子獨飄蓬

寄邱謙之　梅國楨

幾經讁宦意如何我亦天涯阻笑歌但有緼袍償酒債絶勝朱紱照鳴珂夢廻細雨青山遠門掩斜陽白髮多欲向五湖垂釣去不知何處少風波

和張完樸老公祖韻爲贈楚南契丈　梅國樓

倜揮班斧斲天工萬古形神指顧中夢裏翩躚驚獨鶴個

寂寂閒心鎖綠苔雪消冰解自徘徊愁人正似井中坐好
客忽從天上來纔欲談心無半句未曾把酒定三杯明朝
君向東城去悶倚閒階看野梅

秋日同慣初星季二兄遊飛泉菴還宿海潮蘭若偕
允中清隱二上人待月卽事　周之甦

聽罷飛泉過水灣新秋纔得一朝閒蒲團坐白沙閒月短
邃吹青江上山葉拂寒蟬聲寂寞燭憐清語淚潸湲忘言
又自忘歸去數點瀟瀟冷坐間

和朱贍御邀飲陳太素東園韻　周之甦

避暑同人到草堂解衣盤礴咏滄浪棋聲閒聽石牀落花
蘂微聞水國香馥馥幽蘭飄意氣嚶嚶好鳥弄文章共來
百粵東園客遮莫忘歸趁晚凉

送人蜀者　周世遴

意氣原嘗公子間忽傳裘馬度西關楚天蜀道三千里暮
雨朝雲十二山春去路旁花寂寂風來江上水潺潺長征
莫說繁華事少婦閨中淚欲潸

醉　周世遴

把酒燈前熟讀騷倩誰解得末流嘲南陽不遇龍猶臥中
中消息憶冥鴻乾坤老大璇璣溲日月浮沈紫氣通謾說
龍眠稱國手烟霞物色幾爭雄

送趙芝田明府入覲　梅之煥

何處離尊條暫留城邊新月竹邊樓橋垂霜柳寒猶絲河
帶冰澌咽不流鳴鳳正朝三殿日飛烏還繞一枝秋誰言
別後長安遠夜夜分明望斗牛

百詠山城口作碑御屏名姓久相知獨憐梟舃追隨處忽
是驪歌凄斷時楚纊冬溫懷愛日漢宮春曉冷南枝青蒲
此去條封事言事惟無一字欺

秋思寄山中故人　梅之煥

塞垣秋草又黃昏定遠何年度玉門頻送飛鴻應有夢不
慙怨鶴亦銷魂白沙鋪月橫塘路紅葉搖霜老樹村念是
年時攜手處莫教秋雨繡苔痕

奉和張老公祖附楚南達之　梅之熉

持將玉斧補天工雲夢蒼茫烟霧中造士登台無異駿勞
民集澤有歸鴻如來金粟身應是天姥青蓮夢可通點綴
漫誇閻立本楚風原為使君雄

喜盛扠燕過訪　周之甦

散雖閒虱未搔三載空題和氏玉千秋一見故人袍醉來休問愁多少啼笑無端儘自豪

贈劉同人二首　周世遴

金環壓轡過高軒我一覺和君一壎風雅只今稱爾汝錢塞猶自說王孫誰家劍是龍津在別處簾看燕子喧底事胸中休再問報人讐與報人恩

古調方今俱未彈擬將秋氣比儒酸忘情似我貧何病知已如君死不難事到文章千古在天留明月兩人看世間多少悠悠者寂寞孤舟江水寒

秋日訪子雲兼和其臥吟之韻　周世遴

相思千里買孤舟欲訴尊前萬斛愁公子如今不好士古人何必盡封侯倩充行李風烟色代寫時情寂歷秋借問聰明誰得似依然無計爲貧謀

述懷　周世遴

惆悵空餘覺後單星軺依舊向長安月如有恨收殘影雞自無情送曉寒春思欲從何處訴梅花不似舊時看聰明誰復能相困只學吹簫第一難

梅恵連雨中邀集同社兄弟限韻卽席作　周世遴

共醉吳儈雀嘴茶蕭郎樓上謫仙家雨中月溼雲猶暗花裏春深寒又加玉洞畫粱頻聚燕晚山殘樹亂棲鴉招來兄弟陪尊酒費盡風雲供齒牙

酌公朗酒得馮字　周世建

瀟瀟風雨興誰同把酒何辭學醉翁頭上角巾猶可漉胸中傴僂幾時空隨宜有口休談項作客無魚似姓馮世事飽諳應縮手功名聊復付郵筒

山居漫興　周世進

孤筇深入亂峰斜山路幽香不辨花泉到石厨炊晚粒雲流茶圃護新芽慣栖野谷能芟竹懶理荒畦學種瓜自是山家春好事一簾風月足生涯

送別湖山禪兄自下　周世進

無端秋色動離情落木寒驚塞雁聲兩岸烟花朝氣爽數村魚笛晚江清雖從遯世忘情久未免懷君怨別生聞道江南多戰伐相期何必待春耕

癸卯雙峯除夕　周世進　一

碧流高瀉亂峯前盡日溪橋獨往還幾許青山消白髮又

鶯殘臘入新年半林疎影侵寒榻一帶晴巒鎖暮烟卻憶
舊遊深隱處夜來淸夢到匡巔

寄月川李兵憲　周世進

滇海移家入楚鄉萬山深處結幽莊松栽百尺堪棲鶴竹
種千秋欲引凰世事升沈看石火人情浮薄任冰霜烟霞
獨笑誰知己一枕羲皇午夢長

過周子竹莊　劉　侗

長年宦道輪蹄側結得園林向此藏歲儉不妨收橡栗客
來偶爾著冠裳竹光太邃苔升屋花緒無端蔓過牆門外

況臨沙十里暮應疑月曉疑霜

過穆陵關　盧象昇

介馬踰戎壁壘新連天烽火歎無民揮戈欲洗山河色仗
策思援饑溺人安奠蒼生千古事埽除逋寇八年塵擕歸
兩袖淸風去坐看閒雲不厭貧

金陵春日遊寺　曹應昌

錫杖森嚴虎踞蹲金陵樓閣靜烟横松圍古塔七層小霧
破寒岩一線明竹木朋陰遮石路山嵐拖雨漲春村老僧
一偈山峯外愁縮雲間鐘磬聲

蘇東坡遊定慧寺　曹應昌

山逕迢迢入翠微春深濃露溼人衣試隨稗子穿雲去偶
遇山僧拄錫歸臺閣何年成廢址禪光近日發新輝深山
自古無名刹惟有仙花識者稀

丁丑秋爲白下遊月夜弔劉同人仍用前韻四首　陳儒樸

摧心憂患自深知生死那堪夢寐離草木身浮舟不繫羔
羊命薄素餘絲醉吟夜月風波影淒切晨星霜露時龍井
岸邊沈白雪人天歎息路多歧

與君齟齬廿年知蹤跡天涯憶別離文士風流淸似月慧
心紓折細如絲名根欲斷疑緣性傲骨難酬爲識時空野
霾雲寧可遇士衡幽理未云歧

驕蹇人情豈得知獨憐鴻雁影迷離青山疊陣人多幻紅
葉搖風雨欲絲碍眼功名眞脫屣送窮文字可違時昨朝
歌舞嘈嘈語喧寂何途試問歧

寒河飄泊約相知春色秋聲暫合離布褐悲秋江水淚痴
情拭鏡鬢邊絲已看歲月浮生恨況復兵戈極目時唐子
詩瓢終卻顧寸心得失本無歧

雨中之薪寄喻無功　陳儒楧

門外泥深一尺強有人高臥古匡牀階前斸桂曾何惜甑上堆塵故不妨舊劍拍時非寂寞殘書焚去亦清狂夜來擁鼻長吟後偷眼潺雲休借將

辛丑仲春曾紫涯過訪燈下奕碁溯往事俱以相逢甲子年爲韻二首　陳儒楧

歲云辛丑仲春天忽憶相逢甲子年中酒敲詩如昨矣蹇裳踏雨亦淒然長歌曲在吟堪老行路難曾身受憐愛我溪山爭指顧思餘花發好留連

不向人間數問天虛無天意問花前雲山過眼徵前事魚鳥親人索近篇勝槪總難成住相幽情乍起一翛然蒿牀坐隱堪忘世全局猶能記昨年

庚子上巳同友人遊龍湖寺遇雨未幾辛丑茲日余移居龍湖附近有同地各天之感　陳儒楧

不出桃花桃葉渡風風雨雨夢前期江干直作易名叟柳際重吟古別詩蒼塢白沙一醉後孤雲殘月未眠時今朝禊事誰同舉水檻停觴獨下帷

春回文　周道一

郊前牧子一牛青綠草芳洲幾客行桃樹錦翻醒夢蝶柳枝金擲暗梭鶯高風落院松琴古煖水流山石酒清橋小度僧詩興漫茅亭竹翠鎖烟林

夏　周道一

忙工把玉種岐田醒客幽窗白晝眠蒼馬石盤碁疋月古峯雲軸畫懸天香荷動水拋魚織翠竹搖風操鳥絃長劍一枝蒲葉翦涼亭小扇羽人閒

秋

霞開斧柄爛樵山罷局仙童入洞關笳拍慢聲蟬噪暮字

行斜影雁飛南花香菊樹千金斷月挂桐枝一鏡寒槎泛好溪清夢醒茶亭半醉客杯殘

冬

崖前倚杖小亭東展暖銷冰凍玉鎔飛絮夏詩吟雪白落花春笛弄梅紅臺旁鳳舞寒聲竹澗下龍蟠倒影松開洞一人誰畫出迷津釣叟皓頭蓬

贈梅長公　劉醕驥廣濟

楚冠日熾當事難其人時公家居浣庄冠望風畏之而時未見用麻城道中投詩致慨

中丞開府耀西秦捲旆歸來家未貧騎擁酒車春角射佼圖香帳夜留賓黃雲塢壁推盟主大樹功名屬老臣昃食朝廷推將畧幾時温詔起綸巾

司馬名家起後塵英風楚士本嶙峋天留白袷驅豺虎八指青山數鳳麟共信伏波能死國誰云燭武不如人烽烟畫角淒凉月開刦荒雞起舞身

國朝

別鄭寶水社兄　項始震

秋老橋頭客夜咨君家漢魏有人斯獨行忌爾才難下大地無功浪得之右岸雨餘淸蒻笠殘宵風重裛寒枝有懷未敢挑燈語藏在名山意不疑

別李嵩生先生　項始震

五馬端溪事事無居人谷口指爲愚未須邱壑招閒鶴笑說松烟買鏡湖幾地白雲陰覆岸半林黃葉掛成圖并州望有西流水薄暮寒山是故吾

飲張鹿園年兄園　項始震

青山東去萬峯降石老風流憶大江屐齒漫因纔姓謝鹿門端不自公龐迷離雁角三秋雨黯淡林間十月哤他日華堂歸燕子年年淸影上芸窗

贈滑令王鍾銘　項始震

古石城頭落日斜大河米價晚來差一天梅雨風占歲萬樹松聲月到家華子崗頭秋箬老峩眉頂上白雲賒西村酒熟人傳否國史時推使者車

飲黃相國園有感　項始震

隨意青松白石安峨嵋天半起騷壇夕陽晚下歸殘笛秋寺宵來乞片肝牆短有時通鶴夢詩寒誰欲作官看東家少婦西村老立盡金風十二闌

夜坐　李春流

寒燈寂寞獨徘徊身後徒將夢裏猜露滴竹枝搖作雨犬驚花影吠成雷更槌有意催人去書案無聲料鼠回落月滿簾猶不寐碧雞啼破五更哀

登元暢樓　梅渾然

元暢樓頭望暮春平原烟髮遠山顰千秋俯仰雙溪故歷代風流入詠新何事只傳齊太守誰人曾到漢平津我來欲問休文病療瘦良醫可在秦

癸卯秋再入青山　黃倫

風塵千載老朱顏廻首滄桑一瞑間重到荒城尋舊跡空餘秋草對僧閒靈湫水靜龍應睡野徑雲深鶴自還此去市朝如隔世夢魂猶在古青山

和邑侯趙圜菴先生韻四首　陳發祥

兒童竹馬喜相迎意外干戈滿眼驚漢沔旌旗遙變色岐黃鼙鼓奪先聲身經雉堞烽煙警心對琴堂柏影橫回想

六橋歌舞地徘徊月下任愁生

金湯氣象甚崢嶸成敗休勞豎子爭　聖主宵衣憂半壁元戎朝食壯南征好將捷報長楊殿漫讓功成細柳營趁此免教棠蔭淺堯天舜日自光明

莫謂貧時一劍輕折衝引分決師貞指揮兵法形民力較量人情徹底清頓使三農能解甲已令萬竈止呼庚承平豈盡無韜略經術還須撫字成

白沙映郭水盈盈稅駕桑田曉不行村遠石壕民樸質郊雖多壘俗豐亨繭絲日暇風前鶴牛犢春深雨後耕看遍河陽花滿縣如今復見錦官城

壽屈鶯容邑侯　曾晟

眞人雲珮映金魚才子修名華嶽儲笥有黃庭消吏牘門迎紫氣洗爰書玉皇案不循標榜王者師猶擲緒餘直待封留從辟轂笑伊楨幹伍琳璩

客三吳聞邑東羣吠悉平歸家喜賦　曾晟

浣花溪水尙餘姿符剖文翁政匪私鉦鼓東銘橋太尉馬頭露布傳修期渠殲不屑揮貔貅野牧無心學鷾鴯睡起長林播白髮新詩且賦且耘耔

興福寺　梁中斗

古殿崔嵬刼外藏巋然不異魯靈光斷碑猶記貞觀蹟小閣遙傳荆木梁一沼淼茫魚影亂五山層叠指紋張莊嚴佛國差相似梵磬書聲半曲房

狼山二首　李中素

千尋誰積鐵崔嵬力制頽波倒漩廻江海同歸元氣合荆吳雙控霸圖開憑教劫火論摧敗還聽潮聲自往來獨立茫茫開屈指祖龍終算出羣才

笑廻長袖拂狼山欲掬滄溟洗熱顏匝地五漚盤雪浪浮

空三角出烟鬟海門日照金銀色禹穴雲生玳瑁斑莫向江頭更吹笛梅花明夕滿人間

漢上送梅十七舅家四弟之荆州　李中素

荆南漢北一帆開別酒難禁曉角催岸草低時風欲起江雲送處雨初來頻年蹤跡驚鴻爪千里緘書托雁媒近日郢中無白雪莫將詞賦擬蘭臺

岐亭同李鵠山送鄧孫謀由金陵入都　梅鈿

九螺峯外歲方殘衰柳旗亭各據鞍萬里烽烟雙鋏往六朝山水一舟看舊時客在逢休哭故國詩成寄莫酸倘有悲歌人未去爲將盃酒弔燕丹

撐橋秋雨　梅鈿

滿林寒葉入來踪路轉溪門似若耶近岸欲昏行客過亂煙中斷一橋斜纔添野火秋三尺卻到深山雨幾家還策蹇驢下岩去不知衣袖落松花

雷馬二將軍戰死處　張希良黄安

絶壑巉巖盤老鷹戰場回曲陣雲層空山叱馬聞雙劍落日飛雲繞一燈時有覆軍猶勝氣將無降卒亦材能何人起塚陰山際風雨年年泣二陵

懷梅大有　黄素臣

回頭十載愧同心羨爾幽栖有僻岑涉世明知非淺淺入山何苦不深深儒無退步難辭腐士到謀生已枉尋安頓一身惆悵盡白雲紅樹晚森森

喜聞張巡撫平靖東山　胡躍龍

我徂東山賦出征郤憐鋒刃困蒼生大仁自裕安民勇神武尤嚴妄殺兵叢火篝狐穴盡埽村烟護犬戸無驚凱歌討日班師捷化宇依然沐太平

將歸有一力未俱　萬邦維

振翮南騫偶借栖緣多遂久此招提梵鈴韻切風中遠禱
線聲過月下淒松杪暮還看獨鶴江干信杳苦連雞輕裝
束定渾無事只唱驪歌待阿奚

贈陳太虛　萬邦維

逢君靜夜話滄桑驅我囂情到五羊倦裡抽簪非爲老雲
中捧節莫疑狂十年遊債靑山夢盡日療饑白石糧一卷
眞文渾不悟持來只索問嵇康

正月杪便有燕至　萬邦維

何事翩翩便繞闌聲聲猶是去年讙雙飛海外經幾許共

話蓬門正早寒風雨未曾侵舊壘徘徊且自息輕翰綢繆
趁此先時意莫便蹉跎春易殘

夜餞介菴有與余把臂入山之志再呈此詩　萬邦維

蹉跎歲月鬢成絲富貴神仙兩失之每愧長途存老馬那
能斗酒聽黃鸝道根不似世緣淺病業何妨藥力遲此處
好尋一壑地他年攜手結茆茨

偶詠　江漢瑞

何事深求僻靜方軒窗由我納清涼金篩益水魚翻藻綠
皺鄰園竹上牆瓦雀窺書馴野性山妻脫粟率家常庭前
隙地剛如斗不種香花省蝶忙

丙午春客北山從子升廷以詩寄懷依韻荅之

白頭藏拙向山中靜憶兒曹笑語雄老去詩思翻蹇澀別
來情性耐磨礲眼從極倦看松綠顏著深愁喚酒紅我惜
落花勤埽地怕教桃李怨東風

中秋旅懷二首　江漢瑞

耐得枯腸苦索詩伊誰相恤老頭皮西風落葉經秋半東
道攜壺意出奇入散一齋茶竈歇月明萬里鶴聲悲移燈

坐對焦桐語我抱孤懷爾獨知
自昔吟詩不慣愁而今漸覺壯心休靑氈困我牢羈足白
髮欺人亂上頭作客何曾經八月離家直已是中秋遙憐
兒女情無極紅樹山山望裡收

白燕　鄒汝魯

凝眸高望想非非白羽差池燕燕稀鳴入碧霄留特影泥
啣澄水訝雙歸珠簾久合垂銀蒜娘子何妨號雪衣允矣
離群誇獨出頡頏誰與敢同飛

憶師　曾謹

孔瑟何年再一彈遙憐湘水恨漫漫一窗藜火當年易再續青燈兩世難留得高風存杖履拔來赤幟占文壇幾番怕聽山陽笛檢取殘書夢裡看

勤勸讀書　　曾謹

揣摩何處得眞傳的當功夫不易全脈正理醇詞欲湛機圓神足色求鮮箇中警策時常露意外精神仔細研費盡才人無數力徒勞門外是堪憐

鶴樓懷古　　曾謹

獨上危樓接太清烟波一望水波平高低畫閣依山麓遠近風帆送客程仙棗有亭撐老樹梅花無笛落江城白雲黃鶴今何在斷碣殘碑滿地橫

題何氏節孝紀實後　　萬繩祜

絶塞烏啼湘竹斑念齡弱草抱枝孱蠻烟瘴雨衝戈戟楚尾吳頭盡閉關兩櫬一身埋白骨孤兒三世買青山而今好見夫君面六十年來歲月閒

白杲值雨　　萬繩祜

小市烟寒槐火新一尊相對送殘春地因白杲山留客時近黃梅雨困人燕得新泥沾溼好蜂含宿蕋帶漿勻銀鞍傍險歸原易無那村醪醉轉醇

覽石佛山圖寄僧海文　　楊從龍

紙上招提筆底山分明巇嶼見幽閒鼎撐石佛千秋峙龕塑金仙一徑彎翠竹竿竿憑眺裡蒼松謖謖夢魂間應知有路緣圖索卻恨桃源問渡艱

嵩邱蘭若互相猜宛在何時任溯洄指點匪徒親尺幅遨遊好待沐深培錫飛飄蕩凌空掛花散繽紛繞座堆更欲近尋頭點處山腰隱隱覆莓苔

秋日同友人遊龍湖步韻　　周錫晉

十年曾上釣魚磯別後星霜夢亦稀粉壁倘留蝸篆在夕陽誰逐雁行歸當時只覺逃名是此日翻疑學道非落木空山秋日裏輸君詩律得精微

聞諸公遊麻姑洞走筆寄丁惠疇　　徐家麟

白雲深處麻姑洞二十年前一振衣塵事相牽仙夢杳素心雖在舊遊違山中太古誠何似眼底殘春逐漸非多少攜觴游賞客無緣攀附到林霏

其二

遙想春深古洞旁杜鵑爭放野雲香貴遊肯爲看花至老

宿多因瀹茗忙紅紫漸稀山漸寂清和初近晝初長會須
共挈匏樽往酌取清泉一再嘗

劉子知菴讀書雪巢莽早秋同諸友訪之此庵四十
年前先大父曾携諸子卒業爲時老僧覺一尚存　徐家麟

石橋東渡即青山蘭若依稀萬木環梵唄有時驚落葉誼
譁無自到禪關林深殘暑如全退路僻遊人費幾灣中有
一編相對者忘言默坐正間間

當年先子手遺經講習曾聞寄此庭負笈門生今老大同

時名宿盡飄零蒼松翠栢依然在野水閒雲幾度青日暮
徘徊何限意殘霞片片落滄溟

龜峰次曾太史龍湖先生韻　徐家麟

歷險捫奇訪古儇巉巘百尺一筇前因休倦足留中道已
覺騰身到半天峯勢千層馳巨浪八間一片浸長煙懸知
絕頂尤奇甚不造雲端肯擬還

登臨何異小遊仙俯視羣山萬砌前夕照多時留絕巘明
燈幾處動遙天寒侵枕席都如水嵐染衣裳只似煙到此
自然塵累淨卻看倦鳥盡知還

自笑才華遜謫仙名山清興更無前振衣直上千尋壁舉
手來捫尺五天奇怪愕人懸道石模糊留客宿岩烟夜闌
更起看朝旭指點扶桑丹九還

不是山中無漏仙還尋曲徑下峯前狂吟敢望留千載凡
唾居然落九天下界村墟生暮靄上方鐘磬出蒼煙遲歸
又借山家宿爲道曾從雲外還

雷馬二將軍詩次張石虹太史二首　徐家麟

誰壽中原縱餓鷹秋高殺氣忽層層廟堂莫救燎原火裨
將孤懸未燼燈馬援據鞍原自壯萬春著矢豈無能可憐

陽九非人力養士區區報孝陵

時事蒪鱸愴季鷹孤軍敢入賊圍層塵沙故壘埋殘戟香
火空山炯一燈壯士暫摧終不死逆奴旋滅竟何能只今
海內忘兵草留得英風振木陵

遊古杏花村　李廷庸

青絲約髮尚初冠過眼繁華只等閒馬上短衣空意氣門
前長嘯冷溪山莓牆花落春猶在石磴雲封客未還勝蹟
到今頻指點小橋依約翠微間

西湖二首　劉炎

荒邱封碧血高歌薤露過平陵

秋登萬仞巖　胡鉉

著屐登高花滿蹊五雲飄緲碧峯齊鳴秋綠竹千條韻到眼黃茅一望迷依逕老蛩終日語窺人閒鳥偶然啼徘徊欲到斜陽道紅葉飛來送我西

晚步禪堂　胡鉉

碧梧翠竹覆庭陰繞逕秋花閟苑深吸露寒蟬吟遠樹出山新月上平林風烟萬里橫宵雁城郭千家起暮砧共話老僧殊不惡長留半偈定禪心

春日遊烟霞寺　鄒洪緒

雲斂晴空矗碧霄招提隱現傍山腰石邊響落泉聲碎窗外青來竹影搖話到煙霞共色相聽殘鐘磬遠塵囂一林花鳥春風暖坐對禪房興未消

秋日遊五華峯　鄒茂林

一片寒山玉露摧高秋馬踏五華臺雲移閶闔千峯擁樹隱旌旗百道來直上層霄空世界倏歸方丈坐蓬萊夕陽古道鐘聲喨滿徑丹楓點碧苔

遊龜峯　喻維鉞

十里平湖柳樸隄巧鶯啼處綠陰齊清歌短棹天梯近長嘯虛亭日影低幾抹輕烟浮遠雉一泓新景弄晴霓山雲濃淡還如墨擬待蘇公醉筆題

湖邊春水没青菱同客乘槎問虎跑柳帶輕陰移席角鳥啁晴色上松梢數拳文石山中友滿眼情雲物外交語到幽奇每神往肯教遊屐等閒拋

秋杪登白臯山絕頂　程九萬

望中白臯千尋峙二十年來始一遊紅葉滿林如笑客黃花臥谷各爭秋三生白昔徒聞語一壑何能畢所求回首

花山烟霧合此身疑已在丹邱

送王子戊草歸武昌　胡鏜

幾經暌隔兩相思歎爾遭逢又別離本以雄章聯世譜更因好句覓新知波搖舴艋孤帆遠雁到湘江尺素遲遙憶故人歸去後西山夜雨最淒其

過陰山弔雷馬二將軍用石虹張太史原韻　胡鉉

招魂楚塞撲蒼鷹直駐雲峯最上層夜雨空山鳴寶劍秋風老屋落殘燈爭嘗賊膽終無齊欲負臣心百不能寂寞

城東六十到龜峯腳踏高山眼界空舉水洗塵雲路下基
盤作戲霧烟中虬松偃蹇飛流碧怪石參天噴雪紅漫説
當年交戰地巖巖滿望古人風

秋夜懷友　周際聖

蕭然長思對山房坐見流星夜未央蘿月當軒篩細影竹
風披戶納新凉懷人千里孤燈遠繫我三秋客夢長景物
撩人秋漸老酒闌起舞興猶狂

甲戌夏日登奎樓　李巍

獨上層樓四面開好風吹我儘徘徊山從東望參天去水

向西流抱郭回短樹平連紅石嶙餘霞返照白雲臺暮年
多少關心事難怪羣公賦七哀

遊懸鐘崖　李巍

雨過層巒翠漸生騎驢好作看山行路緣曲徑渾忘險泉
以幽奇不記名日午竹雞啼灌木夜涼松鼠跳燈檠老僧
指引無梁殿佛磬初敲第一聲

登龜峰二首　鄒光廷

突撐巉嵲倚雲端石磴何辭拾級難海上蟬騰峯頂見洲
邊草長霧中看（遙見鸚鵡洲）老松野鶴千年在破衲山僧五月

寒欲出狂歌心膽怯仙人頭際正驂鸞
萬峰齊伏一峰尊俯視峰層若水紋枯樹半開紅葉隊午
煙遙入白雲羣石留馬跡應飛渡人在龜頭信創閒日暮
最堪凭眺處晴霞片片出江濆

山中訪友　胡翔靄

楓林初染葉參差獨訪山家叩短籬野竹纔添四五箇菊
花恰放兩三枝雲生石磴沾衣溼風射茶鐺遞茗遲清福
自消塵世外柴門從此日追隨

蓼花　胡翔靄

秋靜潭清一色天汀洲小物最堪憐託根漫等飄萍寄得
地偏容古木寒十里綠遮遊客騎一灣紅溼釣魚船斜陽
影裡頻回首宜雨宜風倍黯然

九日登高用原韻　胡翔靄

龍香鐵撥鳳檀槽挈伴閒吟意倍豪竹杖挑雲妨巡爪角
巾簪菊摘烟高臺荒戍草空行馬盤擁花餐重賜糕自是
惠連饒雅韻閒庭絲蟻泛松醪

喜晴　胡翔靄

調風習習逗疎簾青入苔痕草色添繞郭溪流雙鏡碧背

山峰擁一鬟尖蜂鬚戲上花枝逕蝶板輕敲粉膩霑莫訝公餘無底事細摉物理課幽潛

辛卯秋偕陶星沙同寅和王遠池太史賞菊 原韵二首 成倫

小徑風催蝶翅忙菊央香沁露華香迎寒接桂三秋麗耐冷爭梅十月芳物外奇姿君共取箇中清味我先嘗從茲努布栽培力匪獨陰成桃李光

清賞拋開百事忙風過筆硯有餘香華黃早識通中美人淡猶能分外芳異種精英携袖滿隔年佳釀對花嘗一庭收取秋來艷醉後濡毫敢借光

咏麻姑仙洞白梅 蔡撝謙

落落孤標皎皎姿蕭疎全與月相宜懶將嬌艷投時好鄭重冰心向玉墀雪滿仙亭岑寂候月明古洞蘊含時淡中儘有非常味不到調羹未許知

同友人遊龜峯 蔡撝謙

羣山矗擁一峯奇踏翠驚魂勝友嘻尺五去天攀路逈巑叢危道入雲迷雄風直上探龍窟怯志難隨捋虎鬚幸托絲蘿凡幾輩好將青眼望江湄

咏白杲山洞口桃花 蔡撝謙

爭傳紅杏絢京華誰似仙源洞口花臭味不矜調鼎薦英原自壽王家間依翠水三千歲靜挹飛泉一片霞莫謂東風無限恨雁臺古月照林賒

杏花村謁方山子祠 徐庭蘭

紅杏花中謁古祠方山子是好男兒不將兩騎談三署且學羣公戀五芝故國庄田今歲主窮山俎豆亦多時廻廊捫遍墻腰石怕有坡仙汁字詩

秋日過定惠院訪坡公遺迹 徐庭蘭

潦收木脫寺門幽若有人兮坐百憂五見海棠歸不得一逢山鬼謫何尤于今綠蘚封殘碣終古黃州詡盛遊滿院蛩聲如詠史熙寧人去幾春秋

秋暮過飛仙亭故址 丁雄均

廢亭縹緲鶴歸遲悵望飛仙有所思一徑秋風依鳳嶺十分夜月映龍池凌虛恍覺神光滿吊古應隨浩刼移我欲乘饑烹白石慽無活火引松枝

遊雲泉仙洞 董時愈

一洞直同天地老至今留得此烟龕清泉苔蘚何須埽絕壁藤蘿不可探仙去雲深寒夜月風來鐘響出晴嵐悠然

莫話鷄啼事臥對丹爐午夢酣

遊密雲菴　董時愈

尋得空林色相殊晴烟漠漠灑香厨繞窗花鳥閒今古夾道松杉入畫圖芳草日深門外路青蓮常覆手中盂一聲清磬鳴幽谷舒嘯春山俗慮無

龜峯　程南金 休寧

萬峯峯色一峯前上天下天雲茫然佛磬數聲落空寂松花五月飛寒烟江晴欲辨鸚鵡草日暮恐來瀟湘仙夜半呼龍伴清骨短衣聊對石牀眠

偕陳懋棠顧禮堂楊富中馬春林張蘅皋黃羲齋李雪塢登縣中橫翠樓賦呈黃佩之明府鄉丈　馮敏昌

雄横千仞峙層城高與龜峯氣勢平樓檻進風吹袂直峯藍如墨潑天橫來鴻塞北看纔到落木淮南只自驚還望五關巉絶處從知鎖鑰賴鄉英

送同里周士達同陳煥若先生之任梧江　李佐

君心今日認分明知已能將肝膽傾事到錯盤須利器入從車笠見交情看花有與先馳馬入幕生憎遽別程漫道參謀容易得奇緣切莫負生平

送夏東注學弟新進士出宰滇南

相逢一笑舊鬚眉羨子才名慰所思良晤喜尋金谷友好盟端在布衣時半生書債君今償（償字仄音）百尺竿頭我倘遲莫使音書羈鴈足滇南萬里到茅茨

其二

高堂有母慰茲行多謝陽春亦送晴可但甯馨娛膝下何緣珠玉出承明賢因國薦材多俊貧是家傳官自清此去君膺民社重可能依舊憶班荆

述舊 有序　周禮

己丑　國家遣將平靖兩藩往收尉陀地牧守概以新進者從軍予得高州同年楊揆一得廉州迫抵郡猶有入焉者廉不高若也軍興法駐兵於廉而糧給於高會以一詩投揆一經難後都不復記今七年後相遇都門追談往事揆一頌予前詩固圉二語彼此愴然因補就此首仍與揆一

海徼分符記共舟軍興盤錯遜君優固圉自合依脣齒輓粟深慚乏木牛瘴癘不堪重述憂虛茲何事倍生愁蕭蕭

客況長安夜笑倩清樽互一酬

赤壁

鄉邦勝概俯江濆碧檻雕甍坐樂羣今日盡人知兩賦當年一炬遂三分晴鳶正復依洲樹夜月應知落嶺雲自少登臨想到老幾經把酒酹斜曛

仲春登赤壁感而志喜呈郡伯王元公

層層亭樹倚城邊烽火頻經尚巋然萬頃煙波鷗有夢千年華表鶴爲仙雪堂依舊存名勝赤壁何須辨謬傳最是文翁新化起不徒詞賦繼前賢

閱浦江志見吾鄉先儒毛聚峯先生涖此迄今近二百年政蹟炳若日星記序箴銘遺文具在因作此詩以識輿感兼呈今令毛同書

聚峯先生邑大儒景行異代此分符勤民往蹟成風俗勵世遺文類典謨寶掌屹然同峴首月泉邈矣繼鷥湖寶掌浦邑名山月泉書院先生所建卽今良宰家聲舊召樹重培長附株

擬江治菴過曹石霞先輩立浪閣　張一恒

海內知名一大儒多方鍊出寸心孤尋常風月人間有若箇肝腸世所無抱恨生偷死不朽堪悲醒獨醉難扶而今年少多才者弔得先生盡日吁

清明日宋埠驛中作從松寥山人刱集錄出　張際亮福建建甯人

倦遊何處不思家況復清明感歲華楚水東流人北去越天南望日西斜樓烏隔院初藏柳語燕臨風正落花惆悵招魂猶舊俗荒原兒女自喧嘩

勸民二首　黃嘉璲

叮嚀囑咐又叮嚀囑尔貧民記在心酒肉勿賒免負債銀錢儉用勝求人菜羹味淡休嫌淡禮物當行且莫行挨過眼前窮日子待時豐厚再爲情

煮飯無如煮粥强耐煩苦守度時光兩餐勻作三餐喫四日均爲六日糧有客勿須多酌酒無錢休想好衣裳本官言語雖然俗尔輩終身記莫忘

送邑侯黃璞山別　梅鳳藻

歲星重照楚天開煖入巖疆氣漸回暫屈士元司百里共知文正是三台鳴琴韻靜和風雨飼鶴聲高靖草萊此地沉淪應出厄得逢今日濟川才

其二

維石巖巖聳太虛具瞻三十五年餘每懷邵武心如結見

說淮安淚滿裾累世繫思三楚地去冬欣捧七閩車被公仁厚淪肌髓不憚霜毫細細書

其三

四知千載頌關西舉似惟公更有誰直繼原思辭宰祿不勞武穆訓官詞無瑕品地圭同潔有骨風裁石莫移我讀風詩常自揣素絲君子是如斯

其四

甘從淡泊聽鳴鷄不著艱難上兩眉補被細裁羊續紙八厨常煮白公葵官儀不向衙齋樹性分常由宦海推最是

澤深難昧處養如父母教如師

其五

玉皇案吏自忘尊和粹雍雍最近人但直蒲鞭爲省括不煩棘木懾羣倫萬家切切歌生佛一念肫肫子庶民遷遂移郊都不事笑容祥語誨諄諄

其六

萬松書院講筵開藪國先從血脉培案外詩書勤造士政餘弦誦督英才三更彩映青藜閣七寶光分白鹿台遍閱諸生膏火費盡從歐子俸中來

其七

一從前度立嚴科戶口徵收歲取多民愛公清惟減半公知民苦不求苛三鄉解橐容先笑兩賦遲完步緩那催吏不驚鷄與犬村墟處處起苗歌

其八

每因民事出郊關倍恤鄉村供奉難辛苦風塵惟蓐食禁嚴隸役索肥飧單騎并載衾裝薄減從無聲道路寬更念途長夫力盡舍車徒步度山盤

其九

不將聲色震雲雷禮樂如逢舊魯儒百尺甘棠遂戶蔭一番霖雨困民蘇方期鳳羽留斯境豈意驪車戒在途未忍彈丸覊大道願公補衮壯皇圖

其十

童叟紛紛餞酒卮去程難挽泣難禁人呼愷惻知猶淺我識循良契更深道本六經韓范學治隆三古聖賢心曙前賸有遺聯在一度思公一度吟

五言絶

明

觀白蓮花　董樸

一沼白蓮花清姿異凡質如何採蓮人採花不採實

遊春　邱坦

晴日登臨好春風各望家垂楊夾城路客思逐楊花

秋日山居四首　梅之煥

秋風何時來吹我庭前樹樹樹冷如秋莫放秋歸去

朧葉散丹花澄溪拖白練秋事自古今悲欣各幻變

空山幽獨心秋冷無窮碧忽動桂花枝山風吹月出

山中歸去來酒白荳花紫遠巘碧澄澄影落甆甌裏

齋居二首　梅之煥

藹藹數桐陰密遮山亭瓦桐葉亭下黃桐子瓦上打

修竹搖青玉風定尙琅琅題竹眞淸客毋勞鐫二王

日暮登雨花臺　周之甦

日暮下長干匆匆一上臺雨花何處是荒草襯莓苔

遊雨花臺松風閣遇雨　周之甦

踏遍雨花臺松風第一隈脫巾將挂壁山雨又來催

國朝

樂府曲　黃素臣

婉轉誰家女髫齡學採蓮女中嬌自惜含笑不撐船

欵乃歌　黃素臣

焚香祀木蘭造舟記儂語只載行人歸莫載行人去

秋閨古意　黃素臣

秋雁傳書信聞之未見之金微多少客豈盡薄情兒

聽砧　黃素臣

何處擣衣聲雙雙秋外至嫌月見其衣松月都錘碎

蠟燭　黃素臣

續日月之明開乾坤之暗淚盡心亦灰多所不忍見

遣興二首　胡鉉

曾是學釣者水深若無魚爲問更名叟潛藏仍自如

南山非所履北山不可徙曉猿惡用驚山人尙未起

五言律

明

送屯田張僉憲之任福建　董樸

同鄉且同宦相愛自相親別我雲千里留君酒數巡黃花香驛路紅樹麗江津屯戍防邊策慇懃輔聖明

易菴　董樸

笑傲白雲窩生涯一笠蓑引泉憑竹筧補屋借藤蘿溪暖魚同活林深鳥共歌孤舟閑柳底因得謝風波

奉次竹石主人九日教韻　董樸

江南風景好况復是重陽落葉山峯迴天空鴈字長詩成人自喜酒熟菊偏香隨處堪爲樂何須問醉鄉

同劉養忠進士謝龔之舉人遊萬松僧菴四首　董樸

久仰雲峯寺同遊興不孤山僧持傚帚石徑埽寒蕪秋老山容瘦天空鴈陣踈暮年精力健上下不須扶

殘秋尋勝槩折馬向雲巒葉落林光淡山空月色寒宦情垂老薄禪榻借眠安卽此超凡境何須生羽翰

彌旬驅瘦馬不厭路程賒老去癡心發秋來逸興嘉踈林藏暮靄滿地笑寒花喜有同袍客聯詩到日斜

松鳥藏幽寺秋殘此共登身閑惟愛菊脚健遠尋僧勸酒憑山鳥題詩借佛燈前山有嘉景從僕不須憎

溪南舊莊　董樸

原是蒿萊地移家向北栖種松高過屋養鶴熟於雞對面迎千岫纏身夾兩溪諸孫毓於此誰作鳳凰啼

漫興　董樸

已斷塵中夢頻看鏡裏顏心同秋水靜身共暮雲閒謝客仍思客離山更愛山溪亭無一事坐看鳥飛還

閑居　董樸

投簪歸舊隱家近釣魚灣地僻塵蹤少林深鶴夢閒知心有流水得意是秋山檢點從前事多因可汗顏

題周孝子永思卷　董樸

纍纍三尺土耿耿百年心大夢隔生死浮雲變古今愁隨春草長哀逐野猿深朝夕空流淚遺容何處尋

遊陶君洞僧菴　董樸

鄉村多俗態景在翠微間野鳥迎人唱秋花帶雨開披衿尋古刹勒馬數前山竟日同僧話徘徊懶出關

齊安雨夜思歸　鄧楚望

獻楚傷難遇在陳不可留停雲生遠夢聽雨亂鄉愁芳草客中路春風江上樓無端羈旅思白髮對滄洲

王伯固邀遊赤壁二首　邱齊雲

百折城西路臨江赤壁分經時憂積雨一日破層雲柳色望中盡漁歌醉裏聞磯頭無駭浪還欲攬斜曛

移尊尋往跡鼓棹破江烟感此浮雲事焉知赤壁年渚風吹水立山月入窗懸一片凄凉色相看劇可憐

秋夜感懷四首　梅國楨

病骨寒先覺愁懷夢易驚山空家萬里月闕夜三更積雪搖燈影回風雜漏聲偶然思往事凄切不勝情

偃蹇甘吾拙羈棲過歲寒攬衣孤月在欹枕一燈殘白髮生何易青山到亦難貧來唯有劍不肯向人彈

客裏寒威重愁中夜色微鴈聲霜共落鵲影月同飛雪壓半開菊風凋初授衣坐看無限意不是爲思歸

永夜愁難寐寒燈首重搔雪痕留破履霜氣戀綈袍混俗無新態開顏有濁醪此身何以用應是愧鉛刀

劉子大惠吳酒　梅國楨

滿貯吳江色開尊手自斟多君明月下慰我朔雲深半醉減鄉夢停杯見客心依然狂態在不受二毛侵

碧雲寺流泉　梅國楨

峭壁雲俱溼閒亭日自流乍來愁急雨入坐得高秋洗藥過僧院隨花落御溝平生濠濮想對此亦悠悠

同李文甫晚步阜城門　梅國楨

落日意有適一杯花下持燕泥思舊壘鶯語上新枝地僻逢人少林深到客遲醉眠俱莫惜青鬢欲絲絲

歐楨伯過會心堂看所藏諸帖　梅國楨

不信幽棲地能廻長者車晚風疎徑竹細雨出園蔬自是憐同好非關得異書韓山猶有石與語定何如

雨中　梅國楨

故國青山色三年未得歸客愁將急雨並向楚雲飛窗柳成疎翠新荷落故衣那能明鏡裏不與壯心違

送李山人還　梅國楨

燕市同爲客君歸我未歸荒蕪松菊徑憔悴芰荷衣黃葉愁中盡寒雲馬上飛春風憑寄語先長故山薇

送汪子建南歸攜家入京　梅國楨

霜菊猶堪採遲留君子還驚鴻醒旅夢疲馬怯秋山生事浮沈外羈愁去住間春風將愛子嬉笑入燕關

夜飲化之王孫白雲樓　梅國楨

高樓青嶂擁寶鼎異香焚釀酒招黃鶴談詩坐白雲鈎簾容月上刻燭記宵分父子稱詞伯何人得似君

重九遊石城還聚星館　梅之煥

石城遊未愜復此盡萸觴小竹輕陰窄孤桐静影長何須風落帽一任露霑裳漸漸低荳月娟娟過女牆

過問津河　梅之煥

每過問津處無愁魂自消門開蟬語寂路古馬塵囂細雨昏殘碣輕烟罨斷橋耦耕人咫尺來往慰蕭條

茅亭新成用梅篤齋韻　熊吉

静坐與天遊乾坤眞若浮功名雙敝履富貴兩虛舟三徑淵明宅元龍百尺樓平生湖海氣都付釣磯頭

步雲巖山徑　邱坦

閒賞步易遠野吟聲自高路無人到跡林有鶴遺毛物外趣都别塵中心枉勞沿溪收墮果坐石笑饑猱

贈石心上人　周之夔

鳥道石岐嶒峯孤一定僧簷低千嶂月榻閃半龕燈招隱開新徑登山附古藤爲貪瀑布水不畏亂雲層

和三章老師重來山房韻　周之夔

煩師三度至不審是何緣雲液香飛雨松腴飽泛煙座無塵俗氣人盡竹林賢願得年年到狂歌索醉眠

鄂城遇蘇州談節父以詩别之　周世遴

君去誰相念扁舟江上懸姓名湖海内肝膽弟兄前别路幾千里離情第四絃陽關新有曲無酒亦流連

月夜山中　周世遴

抛書常懶讀得月便高歌野徑雲俱淡寒塘水自波文章朋友少城邑是非多牛渚行看渡雙星天上過

般若菴　周世進

不出此林際石橋幽路通殘流生夜籟遠樹淡秋容幾度分新綠頻來看落紅翛然遺世外靑暝一邱中

初入匡廬　周世進

曾許名山約登臨此日情有林皆竹圃無地不泉聲爪徑衝雲入高巖背月行杖藜何代叟欵欵話平生

寄唐文尹居士　周世進

恕我烟霞癖，知君物外情。山分新樹綠，人共遠江清。學道
多慚古，無心問耦耕。閒依芳草坐，松下聽流鶯。

感懷十首 與康權趙徽士南師仲　梅國楨

薄俗不可問吾將還舊廬誰知肝膽在但覺鬢毛疎野老
從爭席王門莫曳裾谿來彈鋏意不是歎無魚

其二

故國花開後天涯柳放初可憐千里客不見八行書莫倚
遭龍睡還須混狗屠當年班定遠投筆意何如

其三

久客拂青萍相看眼自明一從然諾後便覺死生輕細雨
迷山苑浮雲擁帝京何來二三子差足慰平生

其四

誰信羈棲日還如行路難看花翻作恨對酒强爲歡隣舍
無分燭兒童有逐丸何如山徑裏偃蹇竹皮冠

其五

悵望江天色蘼蕪幾度新吟來終憶越裘敝莫于秦短髮
愁中世浮蹤夢裏身此生難自料何況眼前人

其六

歸去亦不惡關門愁合繻壯心空自賞骨相未應殊歲月
淹詞客風塵泥酒徒不知廊廟上曾有起江湖

其七

長安春色好一度一長嗟翻厭人間世休論夢裏花有身
堪借客無地可爲家因憶蒙園吏吾生信有涯

其八

傲骨難諧俗人情已自知久居鄰里熟三逐故交疑搖落
悲花片攀留倩柳絲升沉今莫問未及盖棺時

其九

故國草萋萋王孫路欲迷花從他院發鳥過隔林啼待詔
非金馬全神或木鷄老妻能共隱便與覓丹梯

其十

楊花風自急未比客愁多世事看如此吾生將若何別來
凝白璧歸去愧青蘿莫是荆高侶相逢得和歌

國朝

謾題　項始震

夜窗閒有待竹靜水厨連雲母歸來似松烟仰臥邊是花
皆夕照無鳥不聲牽未了星星蔓殘書將次編

聞兒輩舟發金陵　項始震

百口傳家累無由拔一毛貧多慳棗栗幼不解兵刀隔水
朝烟霧前山夜木號鄰舟將次發行矣賴波濤

客有傳誦梁子雪亭空山明月夜五言近體一首押
韻以禁清新聞字分四首和之　周禮

空山明月夜獨坐意何禁落葉兼霜重寒蛩向壁生猿聲
度斷澗河影入疎林偶此成孤寂誰知抱遠心

空山明月夜萬古一孤清老樹禽初定荒原豹有聲曠懷
虛勁敵高步挾長城祇覺詩心細狂瀾詎可爭

空山明月夜廓落似無鄰遠岫疎鐘斷低窗過雀頻衣裳
光欲冷鬚鬢鑑逾新濁酒尋常事文章自有神

空山明月夜谷口已封雲夢向邯鄲穩齋同繡佛分物情
歸默識天籟送遙聞荒僻更籌乏燈花翦半醺

寓寶筏禪林夜雨偶成　周禮

偶來依繡佛信宿歷陰晴客寐老僧覺詩心雨夜生小窗
涵火力上院落鐘聲衰病非消渴逃禪未可名

陳漸山登石子岩有詩卽事和之　梅渾然

世路八方逐歸耕子獨先襟懷披鳥道履跡破蝸涎痛飲
消殘夜高歌出半天非關尋樂聖原欲避時賢

雪夜舟泊　梅圻

開帆浪千里飛雪滿蘆花漁火呼相近孤舟繫欲斜寒忠
茅店酒歸厭野田鴉一夜伊人淚輕航載到家

九日登五華山　黃倫

野菊開何暮秋光冷翠微山深烟乍合水靜鱖初肥濁酒
聊堪飲危樓只暫依自傷春信杳鴈去白雲歸

遊龜峯道中作　陳發祥

盡力巉崖上扶僧問影形路從樵子得聲畏野猿聽臨水
春香确搨蘿繡石屏穿林深入處書壁以爲銘

龜峯中秋月　陳發祥

指顧廓窮處何曾景色齊登山忘著屐取月漫勞梯烟染
松枝翠天連漢水低偷閒成逸興夜靜冷雲迷

登柏子塔二首　陳發祥

庭前柏樹子忽在塔之巔登眺今朝事荒唐數百年白雲
蒼狗變曉日漢江連往蹟誰能說空飛滿目煙
多少悲涼處猶留此一岑感懷在薄暮景色重秋陰作賦
才慚短登高意卻深斷碑尋不見孰識古人心

山居　鄒宗彥

避喧聊遠俗泉石可容狂走筆烟生字臨池霧裏香鳥聲
成意氣山色見文章唯共孤雲往高蹤何處詳

初至滴水巖夜坐潭口　梅鈿

到此怪秋甚因之詩思新月光全在水橋上偶無人一石

一衫影生前生後身吾將何所得烟霧但荒榛

遠上人渡海　梅鈿

自古有滄海何人始一過遂從煙水外亦㦗別離多舟泛
沾枯葉風飄上積波相逢北歸者應笑此頭陀

選濤亭和曹石霞先輩　梅鈿

絕磴藏幽險紆廻上白雲改橋將路折得石與池分瀑濺
書邊起人聲葉裡聞東溪有吟者開戶值斜曛

半樓三首寄劉申菴 選二首　梅鈿

樓小意易足無多春亦深何須幾葉綠已作一房陰疊石
寒生薜通泉細過林有時雲片墮身似在遙岑
看山嫌太盡遮檻種高桐夢在槐安外身閒橘奕中醉醒
蟲作伴鄰舍燕相同長是因花落連朝路不通

入唐殿山　梅鈿

亂山三十里獨往意何殷僧老依黃葉農閒習白雲晚樵
臨水見晴磬隔峯聞一步秋無限前途正夕曛

贈鮮于節在　梅鈿

愛君兼是客舟到正秋分一傘洞庭雨滿衣衡嶽雲眼能
窮奧理胸自發奇文不以吾才拙時來盡夕曛

舟雨　梅鈿

楚水接荊門瀟瀟行欲昏一篷寒雨急兩岸渡人喧遠樹
藏帆影高天落雁痕相期何處宿烟外蓼花邨

失路一首憶鵠山　梅鈿

平生不得意失路復如何夜雨桃花島秋風瓠子河慨慷
生寂寞離別卽蹉跎自笑饑寒迹年來掃更多

雨夜感懷兼憶鹿湖　梅鈿

我家新插柳綠可似江南夢破鐘千杵燈依佛一龕窮途
聊復爾詩好亦何堪愁緒洲邊草叢生意正甘

暮春　李中黄

舍下綠陰合城居也似村草香時入夢花秀色堪飱黄鳥呼朋友烏衣教子孫清風隨意至吹作一池痕

自郁城入蓬萊別黄二振宗　李中素

風起夕陰霽燈光搖夜閒那堪千里客復入萬重山秋色行將老孤身殊未還天涯有兄弟且爲慰離顔

登兜率峯是牛首最勝處題別峰禪壁　李中素

兜率孤雲角撑空出寶臺人天雙閣外烟水一牕開燈影山山落鐘聲院院來他年有瓢笠定取掛崔嵬

白沙關題壁　張希良

豫楚爭何處風雲壯此關青山百戰老赤日幾人閒繫馬藤蘿外題詩壘壁間往來仍故我深笑棄繻還

早發陽邏江口　楊炎

縱目下輕舟乾坤一望收山根盤水立江勢入雲流檣探魚龍窟身同羽鶴遊乘風破巨浪沽酒漢江頭

秋夜泛舟江口和韻　楊炎

乘月泛輕舟江聲靜不流蘆花迷淺渡蜃氣結重樓露冷龍兒泣沙平鬼母遊我懷何所似天際寄浮鷗

別朱節侯　黄素臣

夏月知人別中宵努力圓百年聲氣事今夜夢魂邊酒半花陰失詩成燭淚濺莫嗟衡鴈阻風雨五更天

七星崖二首　黄素臣

箇箇山無土層層石有苔刻詩蒼翠破呼酒古今來鳥漏毛詩搏花移本草該盧侯欺太甚我已到蓬萊

踞頂茹遥色滃然一氣來數鷗輕戲藻羣虎怒奔豺陣變將軍佈碁疎國手裁窮功搜太始定有鬼神猜

聽梵　黄素臣

絕頂一招提孤危與霧齊風鈴飄十里晚磬散千谿石氣

吹春遠松痕受月低蕭蕭清且冷想破萬人迷

苔楊對菴饋茶　黄素臣

俗味塡饑腹馳書許一澆必尋清澗水方別紫芝苗夜雨知入簷春風引客遥翦燈供綫啜色味兩翛翛

夜二首　黄素臣

春色時時換中宵氣益深孏雲淹石脊閒月守松陰笛取關河泪花催老大心孫登原不隱辛苦一絃琴

山以空能靜人非拙不栖聽風知樹密看月喜牆低筆墨

疲衣食官方豢鼓鞞未能從衲子猶幸接招提

喜世鼎南歸因懷亭亭　黃素臣

滿天風雨亂何處一鴻歸夢破分明是心搖尙恐非相時
惟稼圃存道莫輕肥安得棠花蕚同枝發翠微

九日雨 青山　黃素臣

成吾疎懶意九日不淸空遠樹浮天外寒流閉閣中圃人
鋤暮雨山鬼哭秋風何必囊萸出高高旦夕同

立夏前一日　黃素臣

太息春歸矣春歸客未歸楊花無力下布穀帶聲飛灑落

消紈袴浮沈待葛衣幾時兵甲解粗糲掩荊扉

立秋　黃素臣

遠客驚流序於秋倍有違關山從此瘦書劍幾時歸井斷
梧桐月砧寒蟋蟀衣得教氛祲息耕讀謝輕肥

秋亭　黃素臣

秋亭高幾尺一目盡平蕪白去山含鷺青翻藻絆鳧風塵
掩仗策宇宙困援枹近得尊生術詩茶睡奕沽

羊城歸舟次佛山時春甫盡苗已滿野因憶故園　萬邦維

春色羊城裏還舟盡綠蕪乍驚農事盃久立野情俱禾吽
蛙聲滿江干漁火孤鄉園處處似只少子規呼

奉和趙邑侯戊辰六月十五夜巡城口占原韻 時有東山之警　萬邦維

觸暑保危城楚疆最有聲微風江上至孤月堞邊明念切
君臣義心周婦子情妖氛何敢近只畏使君淸

前題　萬魏

薰風拂邑城玉露已先聲午夜更催急前山月正明淵懷
澄萬慮冰操絕凡情把酒看雲散地寧天亦淸

前題　萬象

河陽花滿城列宿播新聲月下絃歌遍風前刁斗明推誠
占遠畧奮勇見輿情指日烽烟熄優游　皇路淸

冬夜　江漢瑞

擁衾酣欲睡百慮趁心飛老近催詩細窮堅入算微鄰砧
寒搗壁窗月冷侵幃好夢尋常事三更竟不歸

歲暮示諸子　江漢瑞

味以淡斯永志隨窮益堅炊經餬儉歲煮字飼殘年夢穩
青氈足居安白屋仙眼前松柏在冊艷百花妍

萬松亭二首　王琬

植翠欲千尋蒼龍護路深借枝棲件鶴分影奏瑤琴結綠
何知午垂青不辨黔一株留道左猶憶舊棠陰

亭址荒涼處猶存一木支龍唫驚夜半濤湧覺秋遲影欲
摩霄綠材成傲雪姿不愁斤斧盡春入長孫枝

客三山八月十五夜雨　李廷對

聞道中秋月陰晴萬里同料應今夜雨亦趁故園風獨守
殘燈坐寧辭酒盞空何時茅屋裏高枕聽梧桐

宿漁閘不寐與高鑑湖太史　李維烈

薄酒不成醉羈愁轉寂寥還家萬里近爲客五更遙草店

鳴山雨秋風激海潮幸聯知已榻相對話終宵

龍口　李維烈

豈不惜茲別行行路轉賒江聲初警客午夢亦還家山入
烟中暮帆經樹杪斜莫言歸未得離思滿天涯

過翠峰寺訪松門和尙　丁虞廷

爲愛南郊好行行覓遠公捫蘿無犬吠入徑有松風面壁
鬚眉古題詩筆墨工坐深忘共返斜日映林東

溪南卽事　劉元猷

草色河堤曲依依帶落暉乍看朝雨斷閒數暮禽飛水綠
遙分渚林香暗拂衣山塘絲竹響淸賞莫相違

過謝孝子冲　縣西北二十里　程九萬

至性眞難沒長傳愛日情冲猶稱厥姓人竟失其名孝笋
沿崖發慈烏繞樹鳴行行深仰止何似歷山耕

除夜　胡鉉

風景仍如昨年華更欲新臘方留此夕春且續前因白髮
何須數青衫莫厭貧折梅香送雪千日酒逾神

閒居　胡鉉

滄海寄蜉蝣長歌人倚樓流螢光代謝飛燕影沉浮自分

淸操在應知傲骨收達觀寥泡幻池外有盟鷗

淸明日蔡珍一見訪　胡鉉

芳甸雜英滿淸明天氣暄鳥啼春日柳煙鎖故人郵碩畫
薰蘭室光風輝蓽門會尋雞黍約蚤晩共寒温

登白雲臺望殘雪　胡鉉

淸光環遠岫殘雪綴高原地有履霜跡山仍帶露痕羊腸
迷小徑鴻爪落孤邨薄暮歸來急牆陰幾點存

重九前三日憶任鴻臚客信陽　周際聖

羈旅經年久勞勞不自由閒情消獨酌舊雨買新愁山放
晴初路天開雨後秋由來無限意淮水向東流

寄曾鴻舒　周際聖

自昔金蘭譜相逢意氣親交從淡處永情以樸爲真惜別
常嫌久憐才不厭貧蒹葭秋水濶光景半沉淪

甲申九月獨步河橋遍遊諸寺歸途紀賦

折葦庵　李巍

獨步河橋路來參古達摩天然留梵相道氣闊烟蘿（達摩相乃梵香根生成鬚眉肘足畢肖焉）境寂秋香逗心空野趣多云何城市近今

日偶相過

針芥室　李巍

針芥恰相投因緣不外求百年松竹老三字古今留野客
逃名姓沙彌懶應酬詩情兼畫理吟望遠峯秋

東竺禪林　李巍

日籠松逕碧雨暗竹梢青棉豆收將晚鐘魚遠可聽老來
還興趣九日太飄零忽憶心知友東南逐浪萍

半偈庵　李巍

古寺臨河岸翹瞻在此登蝶飛花解笑客以佛爲朋水澗
橋通郭樓成鶴傍僧（時僧續宜行修梵宇）上人魚課後笑倚一枝藤

秋日贈友人　劉朝翰

夙契相過密書齋辨難中傳經宗子政作賦媲文通永夜
瞻星白殘更戀燭紅淹留或信宿心跡與俱融

齋心　胡翔靄

欹枕耽新睡晨興漫整冠好花爭掩映修竹自檀欒野逕
春雲滑空庭暮雨寒寸心齊物我每向靜中觀

幽居　胡翔靄

我愛幽居樂身閒事不羈竹搖風雜珮梅引月窺窗石上

撫蕉尾牀頭倒玉缸箇中誰領取門外水淙淙

秋夜聞雨　胡翔靄

愁恨上眉尖陳編信手拈挑燈妨落燼聽雨逗疎簾瘦極
腰憐沈時窮卜問嚴曉看庭畔菊晚節爲誰甜

野步　胡翔靄

習習微風動陂塘瀲灧秋攤衣牽荇帶乘月上蘭舟野迥
星稜濶天高玉宇浮歸來忘酒埽隨步約簾鈎

晚眺　胡翔靄

極目遙天外澄鮮對落暉樹浮烟嶠出鴉背夕陽飛野竹

緣籬長嘉禾映畝肥脩然塵俗外相賞頓忘機

秋草　胡翔霄

王孫歸騎遠苔蘚半沈沈陋室青何在池塘夢已深誰開黃菊徑徒望白雲岑歲晚驚遲暮依稀動越吟

秋花　胡翔霄

紅紫謝芳春秋來別有神嬾妝眉淡掃傭態笑含顰金谷園非舊桃源路莫尋幽叢三兩朶岑寂漫逡巡

輓鄒貞姑　劉振鐸

抱志甘埋玉聲馳到處傳蜉蝣虛歲月姓字震環鈿勁草

風何疾孤貞鐵似堅高堂無限痛理操入氷絃

游麻姑洞　王德新

農事偕兼務場功衆有稽經魚閒佛梭栅板急山畦禮客煩高蠟供齋更薄蘁姓名原不識路似武陵迷

出谷天還大迴看緗碧緹高風獅嶺北斜日虎關西形勢中原接神靈女子提毛峯開秀絕謝朓句將攜

贈周二省吾　李佐

好友關情切團圞盡故鄉休憐吾鬢短儘破客愁長高調吟成雪新磨劍有霜風流逾我輩閒稱物情忙

過岐東訪友　李佐 螺峯鄰坡堂集

燈火明沙渡牛羊過水西亂流千澗落高樹萬峯低客路偏宜月人家盡向溪計程應不遠細聽度關雞

贈澧蘭周四

久別成高會於焉慰素知離家千里路共話五更時愛客頻沽酒鍾情但賦詩余懷聊以適無事嘆凄其

贈節孝彭淑君 有序　周禮

明曹石霞次子聘彭氏甫及笄而曹子病篤氏力請歸扶侍湯藥未幾曹子不起遂矢念終身奉侍兩姑

絕念歸甯撫伯氏幼子以承夫祀今垂三十載前者蘇郡伯修府志欲書其事於節烈中以年未踰六十而止茲作此詩於末句及之以待采風者并傳焉

慷慨捐身易從容抱節難千山冰壑冷萬古月光寒志得情何憾心平境自安吾鄉曹氏婺元季兩方看

岐亭河東訪友人用扇頭韻

客居方病臨訪舊踏晴沙流水背山廓春芳度野家碧搖三徑柳紅散夾洲花暮色催人醉垂鞭對落霞

何氏節孝 何佐宇玉山邑庠生母葉氏曾門女苦節六十年八十壽終玉山廬於墓側依依如少時　張一恒

榮歷滇南署孤還楚北鄉婦歸夫穴內兒傍母塋旁唳鶴
棲荒沼啼烏遶夕陽悽悲廬與墓一樣植綱常

其二　張一恒

夫有節全婦母生孝篤郎但知恩義重不顧歲時長兩世
堅貞苦百年書史香一門鍾閒氣子姓有餘慶

白泉山　顧景星

雲破碧嶙峋沼溪屢問津亂泉晴似雪白石遠疑人康樂
非無屐華陽亦有巾平生樂山水偏與困風塵

五言排律

明

山房散步　周道一

散步長廊下閒吟獨袒肩清香白晝永苦茗碧甌傳宮廣
暄還靜山深侈亦廉棲身宜勝地豁目喜平川碧水丹山
曉金雞石鼓喧七賢峯下屋三教嶺邊田九曲溪頭水齊
雲山下船有時爲范蠡無事學陶潛山色開圖畫溪聲奏
管絃竹林人六七桃李客三千酒放劉伶量詩歌李白篇
好風動疎樹暖水盪温泉仁智常逢主溪山宿有緣虎溪
如許社三笑似當年

國朝

聖德柔遠詩四十韻　鄒士璁

聖德崇千古
皇風扇八區無私同覆載有澤廓邊隅靈鳳來丹穴榮河貢綠
圖廣輪逾亥步歌忭繼康衢卽一車書統彌宏久大模文
章開孔孟治道冠唐虞泰岱雲迎輦江淮浪偃湖蠲租恤
郡邑發帑濟煢孤嶺外輸銀甕厨中産箑蒲共球重譯至
干羽兩階愉山有醴泉溢海恬練影鋪欣看日出入胥沐

露沾濡獨念茲荒徼從來拱
帝都歲時修職幣翊戴殫勤劬引領會瞻杜逡巡走顙覓充庭
羅齒葷納廞悉騊駼爾類蒙涵育羣情永作孚併心思鞏
轂稽首望
鑾輿
帝曰予嘉汝往哉綏厥徒六飛旋命駕八陣列前驅風伯虔淸
道雨師淨灑塗覲兵仍耀德廟算仰
神謨谷暗千旗轉營廻萬馬呼雲霞生帳殿貔虎賁氍毹嵩祝
紛蓍赤鴉班綴敏膚恩深歌湛露賚重賦彤旅麟鳳蹌而

舞魚龍戲且娛禮成百物洽樂奏太和敷詰旦陳師旅揚
威絕鼓枹崆峒倚帝甲勠霰耀王鈇但沛河山澤無嫌爵
祿殊遐方同底定百族慶來蘇返蹕
垂裳御盈廷捧冊趨請隆
神聖號宣示峯崧俱謙抑超三五謳思遍九郛
宮闈眞肅穆堂陛喜都俞戒諭凜臣僕箴規及劍盂覲揚輝
鉅業奕禩兆祥符大化今洋溢滔風古葛盧小臣矢獻頌
琱筆愳顓愚
萬壽無疆　鄒士璁

華渚流虹日
楓宸介壽年雍容文德懋赫濯武功宣治理超三代恩波沛八
埏四時均雨露七政察璣璿琛賮殊方貢梯航異域牽煌
煌瞻紫氣藹藹捐朱絃嶽瀆高低奠星雲遠近懸嘉禾分
兩穗芝草秀盈阡道合羣生泰勳崇
帝業全照臨齊日月動靜準方圓海宇經綸備
郊壇對越虔
紹庭宏纘緒
格廟淨嘉籩

紫殿護花翠彤墀瑞竹鮮問安勤上駟視膳勑中涓恭儉垂
大仁慈啟後綿澤常頒族姓禮徧逮親賢博厚符坤載高
明體健乾
皇衷時翼翼民事益惓惓屢報蠲田稅仍聞減榷錢好生恒貸
賑宥過許重湔士沐菁莪化人遊浩蕩天中朝多杜石下
邑出廉泉刻玉三巡後受圖五老前雲霞披
御藻典誥著瑤編有作神爲助無窮義盡研守成兼創業裕後
鼎承先玉燭調元氣洪鈞運化權三春逢月令
萬壽進瓊筵

北極祥光繞東皇淑景妍奇葩香祕馥靈鵲舞蹁躚震旦迎朝
旭和風靄曙烟八荒心儼若百物意欣然素自安期獻桃
因曼倩傳
倘方陳鳳扆鹵簿燕龍㢮仗簇千行列嵩呼
萬歲連日升初炳爍川至任洄沿不羨丹如粟何須藕似船
天顏眞有喜
王道本無偏至樂
宮中萃太和宇內延小臣叨
盛會華祝愧蟲鐫

金陵紀勝　王承時

遇奇忻勝地過此自心雄步舉遲明月巾揮快大風雨花催壘鼓桃葉爛浮觸楚潞分潮會秦燕合騎通護山多向北洄水盡歸東路古懸崖竹亭虛夾岸叢趨樵來嶺半開網撒湖中露湛將沈日雲凌欲斷虹鷺鷥翻羽白荷芰綻英紅暮渚牛環塔涼磯燕遶宮霧淸消野潤霖沛望天空悟處何臨眺行歌且韻工

七月一日寓眞州別墅風雨夜至憶董臬嶽揚州盧萩浦陶燕厚吳下　李中素

沙村風乍起勢若海波翻四面惟臨水孤身自閉門暗燈飛電過宿火溼雲屯天入荒林黑江含急雨昏故人猶旅泊書信隔湖痕成敗慚知己飄零憶舊恩悲來還獨舞愁至復誰言簇斷空懸劍杯乾久覆樽虛床有蟲響到曉愁離魂

飛僊亭　成倫

飄渺修眞女傳聞已得仙芳蹤稱逝矣亭跡尙巍然徑曲松杉古橋危石砌妍泉流瓊珮响山色薜衣鮮花縣思遺惠瀛洲不計年鷄聲仍唱曉鶴馭杳難旋莫覓還丹籙惟培濟物田玉階如宴會遙望幾重天

望仙橋　胡鋐

平橋彌望迴碧浪正澄鮮石疊千秋壘池開十丈蓮鷄聲留古洞雁齒落晴川丹竈潛燃火靑燈淡着烟鶴巢流水外人渡夕陽邊不復逢仙子長虹逗遠天

集唐

國朝

山居　劉淑顧

獨住三峯下蹉跎歲月餘醉歌田舍酒閒讀古人書值鶴
因臨水開畦復剪蔬百年隨分了名利欲何如
張籍　李季蘭　張子容　白居易
賈島　耿湋　王績　韋應物

寄毛厥孫

一自殘春別逃名石井居病知新事少貧覺故交疎凡客
從題鳳家人笑著書思君不可得懷舊幾躊躇
賈島　皇甫冉　崔塗　韋莊
羅隱　韋應物　李白　白竹簡

堵城道上

舊國迷江樹經過失是非農人耕廢苑蠶妾擣新衣處處
聞啼鳥山山帷落暉那堪獨馳馬前路客亭稀
皇甫冉　陳子昂　馬戴　白居易
孟浩然　王績　崔塗　李山甫

過蘇潛山贈周慈瞻

屏居負山郭坎壈無與鄰力學勝今日操心如古人紛紛
對寂寞役役常苦辛氣象杳難測誰言空隱淪
柳宗元　儲光羲　馬戴　李建勳
劉春虛　杜甫　韓愈　孟郊

過宜中三弟新成書室

一間松葉屋光景賴閑林鑿牖對山月穿池集水禽叢篁
堪作伴夏木已成陰自得無端趣開門但苦吟
張籍　張九齡　殷遙　張謂
魚元機　韋應物　李端　無可

新秋夕酌澄波草堂

清暑澄潭月新涼滿藥齋病蟬飛不得嘯鶴調難諧樹盡
雲垂野池分水夾階獨歌還獨酌何事更關懷
楊凌　張籍　賈島　李遠
鄭谷　白居易　錢起　崔塗

學圃處初成自喜

新園聊刻穢風月好相過種藥齊幽石通林帶女蘿靜時
疑水近高處見山多竟日門長掩香焚篆一窠
白居易　李山甫　盧綸　杜甫
許渾　元稹　朱慶餘　唐球

遊龜峯

萬里波濤在目前門開江水與雲連清輝直認中庭月曉
霧橫飛入檻烟怪石盡含千古秀異花長占四時天不堪
吟罷東回首且共高僧對榻眠
賈島　李遠　方干　郭夔
羅鄴　沈傳師　來鵬　鄭谷

過如是山候槁木師

白茅爲屋宇編荆地僻門深少送迎名嶽尋遊今已徧寶
書飛譯學初成煙凝積水龍蛇蟄錫響空山虎豹驚眞趣
澹然居屋外遣人懷抱薄浮生

羅　隱　白居易　張　籍　劉禹錫
盧　綸　許　渾　劉　滄　胡　宿

山居述懷寄劉石安

結茅依約畫屏中百丈懸泉舊臥龍用筆能誇鍾太尉注
書曾學鄭司農閒尋古寺消晴日暮倚高樓對雪峯不奈
此時貧且病但求清鏡促愁容

韋　莊　王仲舒　李　頎　劉禹錫
陸龜蒙　杜　牧　皮日休　羅　鄴

過曹石霞先生立浪園夜酌

退身高臥楚城幽午夜清歌月滿樓盈篋共開華頂藥圍
爐同憶杜陵秋誰言有策堪經世不擬將心更養愁欲與
明公操杖履熟尋雲水縱閒遊

劉長卿　韋　莊　皮日休　伍　喬
溫庭筠　白居易　杜　牧　曹　唐

燕京元日

宮前楊柳寺前花且喜春光動物華殘雪未消雙鳳闕輕
烟散入五侯家遊人飄紗紅衣亂冠蓋爭廻白日斜遙想
滿堂歡笑處永無京信到天涯

王　建　皇甫曙　張　蠙　韓　翃
李　遠　胡　曾　呂　溫　杜　牧

遠歸荅鄰翁

柳碧桑黄故國春文章猶入管絃新思鄉每讀登樓賦醉
語惟誇漉酒巾縱使有花兼有月不堪愁草又愁人鄰翁
莫問傷時事榮辱升沈影與身

羅　鄴　張　鼎　劉　滄　盧　綸
李商隱　劉長卿　韋　莊　元　稹

秋柳和劉仲夏

苦竹園南椒塢邊一林黄葉送殘蟬未將梅蕊驚愁眼會
逐東風拂舞筵光薄乍迷京口月彩凝猶帶洞庭烟自嫌

流落西歸疾少别穠華又隔年

孫　逖　鄭　谷　杜　甫　李商隱
羅　隱　皮日休　杜　牧　韋　莊

詩餘

明

鷓鴣天　熊吉

家住光天化日中間來無事不從容印心秋夜梧桐月拂面春原楊柳風尋快活脫樊籠看山玩水送飛鴻任教蘭桂盈階砌都付東皇與化工　鵲港牛湖學種蓮鳶飛魚躍興無邊風來翠蓋掀銀浪雨過明珠撒玉盤花十丈藕如船白蘋紅蓼結姻緣白衣送酒碧筒勸不負淵明勇棄官

秋意　黃鶯兒　熊吉

商信曉寒輕玉露瀼瀼玉宇清黃槐夾道霜蹄迅星橋漸成冰輪最明素娥環珮風光近快鵬程蟾宮仙客丹桂一枝新

霜降水痕收木落天空爽氣幽蒼黃四顧山容瘦孤鶩遠浮寒蛩唧啾月明商婦絃聲溜荻風颼江州司馬底事不勝愁

水落石鱗生一道澄江浸醁醽搖搖有客挐孤艇江風自清山月自明細鱗斗酒閒評論正參橫翰林學士鶴夢恰

初醒

自歎　駐雲飛　熊吉

兩鬓星星猶抱遺經細討論一貧爲山峻九仞求泉迸名何事苦留人鵬化南溟九萬雲程一日因風順方信龍頭屬老成

勉子　駐雲飛　熊吉

白日休閒欲致青雲早著鞭莫待朱顏變不覺流年換蒼天不負精專桂子飄丹桃浪紅翻雷動魚龍變方信嫦娥愛少年

清涼寺景物　行香子　熊吉

草砌茸茸花影重重聽前溪水韻蕤蕤苔磯浸綠藥圃翻紅高月穿梅風弄竹鶴巢松曲徑烟通曲檻雲封埽庭除分付清風儒生釋子卒業談空也有禪宗有仙侶有人龍

柳　金衣公子　熊吉

金線忒溫柔戰風光荳蔻初鵝黃染就荷衣綠清蔭御溝翠橫倚樓紫微垣伴明星宿囀鶯喉一聲清曉春色滿皇都

國朝

南溪看雪 上西樓　　梅　鉞

西風吹冷樵巾石嶙峋茅屋無多烟火壓青篛　萬樹裏千巖底畫難皴只著一船閒坐一詩人

賦得小樓前後捉迷藏 如夢令　　梅　鉞

倡指今年十四猶未識愁何事結伴趁黃昏躲入綠陰陰裏歡喜歡喜先把繡鞋兜起

搜遍曲欄幽樹尋遍翠烟紅雨巧者不深藏翻在不疑之處相遇相遇扯得何人同去

簾外微行寒峭花底忽來聲悄驀盡許多愁只博一面歡

笑多少多少夜夜剩烟殘草

一夜雨聲風陣月下總無人影即幸未相遭亦覺驚疑難定苔印苔印可惜落紅塡盡

觸目 上西樓　　梅　鉞

可憐垂柳垂楊在橫塘多少風風雨雨與斜陽　吳宮怨章臺憾總休傷自古風流底事只荒唐

吾園寄李鵠山三表弟 桂枝春　　梅　鉞

吾園無幾除楊柳梧桐葢無幾矣況又當門種竹鑿池通水頹垣亂石都無緒已全窮此中思理詩家落想畫家寫意如斯而止　只著得一雙燕子與幾個流螢在綠波閒裏此外非晴即雨倦眠閒起有能坐我幽窗下共商量者譜花史與亡付酒成敗論碁惟君來耳

留秋不得寄鵠山索和 鳳凰臺上憶吹簫　　梅　鉞

相具餘烟竹將殘雨閒階夜餞秋聲似故人送客異國傷情不管塞鴻社燕陽關外一概從行惟留我天涯逆旅燈火寒城　堪驚年華邁矣問誰點吾霜兩鬢成星笑牛衣啼泣酸態難禁慢把芙蓉頻拭悲與壯就孰是生平終須老梅花下風雪道家淸

水阻憶楓橋王先生曉起望楓林作 浪淘沙　　梅　鉞

夜雨漲溪潭斷隔朝辯坐來空翠半成藍一水懷人山幾簇幽思誰探　獨望記曾諳秋意都堪高楓落瀑試微參隱隱柴門黃葉裏絕似江南

滋陽湖作 一萼紅　　梅　鉞

問當年種桃花多少染盡武昌煙又種梨花芙蕖榆荚綠楊錯出中邊隱隱望五雲樓閣簇宮樹雙柱插遙天十里舟航萬家臺榭絲管喧闐　不覺舞殘歌散把繁華都改

麥隴蔚田錫臂籠鷹朱纓絡馬無非脊張弦剛膁得寒山
幾片牛羊日背夕陽還誰道有人酒醒一笑頹然

蓬萊閣觀日出 漁家傲　梅　鉞

夜海茫茫秋雨淨青空萬里無纖影誰把火丸拋沸鼎飜
奇不定鴻濛若現崑崙頂　欲墜乍浮光復瞑將圓復碎
炎還冷元氣奔騰終莫禁纔一迸雲霞已散橫天絙

宿御橋驛 賀新郎　梅　鉞

徒步天涯路笑匆匆西風破傘草鞋秋雨萬水千山蕭條
意盡付斜陽遠樹更點點棲鴉歸暮江上誰家穿黃葉恰

柴門不正當漁浦忽詠出少陵句　石堤板屋留吾住照
殘燈瓦盆酒綠鱸魚乍美故國漫思歸孤客夢夢也幾多
辛苦空歷遍旗亭沙漵自埽一宵飢寒跡後人來猜是林
宗去缺月在落曙處

癸丑三月同劉孫謀閒敘偶成三闋兼示四弟子楞
以誌感懷　梅　鉞

少年思擁兵百萬北擊南戰奮龍泉歸馬草縱橫功烈墓
前長勒故侯碑或相宜
五旬辭謝天子去水山深處盪漁船吹牧笛子孫休識只
消僧舍道人家酒和茶
至今年已四十七二者無一短髭黃稀鬢白齒牙虫缺但
餘林屋兩三間與溪山

乙卯春日謔家灣口號 一剪梅　梅　鉞

一抹殘陽盡網遮楊柳東家楊柳西家柴門多共小橋斜
都有桃花都有梨花　薅麥勾桑又摘茶男也波查女也
波查破船幾隻即生涯官不尋他賊不尋他

晚起望杏花作 采桑子　梅　鉞

溼紅二月河橋路深箇沙渦淺箇沙渦昨夜門前春水過

輕風細雨開都遍山裡人家山外人家更比當年種得多

下龜峯絕頂 賀新涼　梅　鉞

坦步凌虛谷照秋高紫沙青壁杳無草木直下危梯三千
丈何似曩時登矚漸展底眾峯攢簇濟勝苟非吾儕具定
投書也學當年哭猿臂引墜還續　踵撐背肘身猶蹙亂
蒼茫後踏吾頂前承吾足俯仰之閒雲烟散寥廓海天空
綠不大塊殘陽宇宙且向南岩松多處就老搭箇三了屋
且一掬洗腸瀑

欄邊小梅 柳梢青　李中素

還如昨翻恨鄉關一番書信一番離索對殘箋墨渾難遣浩歌空拍燈花落觴贈別猶思佳作嘲羅浮勝遊虛卻那知今日欲遊無地閉門孤酌煬帝行宮漢家陵闕阿誰相約算行藏只有圍棊角射尚堪棲託

賦

明

瀛洲亭賦　　梅之煥

余泄馬於閬風兮俯視飄緲之嵩邱尋不死之福庭兮歷三山亘九洲維蓬瀛隱躍於魂淵兮劃弱水之長流揖羽衣於蒙穀兮恍宮闕於蜃樓總釆旄而建格澤兮從汗漫以遨遊期飄飄以遐征兮與眞人乎相求嗟仙凡之迥隔兮念欒大之信修謂玉清其不可卽兮悵瓊蕋之無徵伊誰鞭彼巨鼇兮旋地軸於茲亭接西崑之靈爽兮聚東壁之文明襟寶善而帶樂成兮面肅皇帝敬一之箴荷田田

以盪珠兮泉涓涓而玉潄悅魚鳥之親人兮憐砌花之輕覆古藤屈結以孤寒兮蒼虬蜒蜿而欲吼爾乃塵囂市遠風月簾閒冰壺濯魄襟袖生寒襲槐陰於翠幕度日影於花磚宛紫薇其夜對吟紅藥之春翻曰避世於金馬兮齊紫綬以青山會心政不在遠兮寧寄想於濠閒簿書無擾兮期會不侵信閒閒其容與兮寧與乎偷食而視陰帝錫我曰梯仙兮固將長馭而遠程若既拜此休嘉兮敢不隕越之爲兢兢淵含珠而自潤兮山有仙則靈繄人之重乎

地兮豈地之重乎人彼李郭之舟曰仙兮則亦維人之故也把浮邱而拍洪崖兮孰與麗澤於斯人之徒也故振藻鴻裁宣綸鳳沼馬鬣翦花鑾坡視草則斯亭中之逸韻也寤寐典型趺宕文史竭駑芳塵景行行止則斯亭中之芳矩也咸池洗日八柱擎天平章獻納舟楫鹽梅則斯亭中之具瞻也乃若綵穎朝披金蓮夜撤毬簇挑花觴巡竹葉雖異數之薦膺愳魚水之猶鈌是以玉皇案吏豈必幽元壽國壽民卽長生久視神綿於不朽經世出世卽憑虛御氣羽化而登仙陋唐皇博望之苑笑漢帝集靈之壇獨憐

平臺靜閬奈何講幄空懸睇龍顏兮隅遠聆天語兮不前咫尺君門兮萬里日夕帝閽兮九關安得縮蓬萊於近地擬弱水以通船

反乞巧賦

梅之煥

惟天孫以七夕嬪於河濱於時蘋風輕拂桐露初零池花香澹屏燭影深柳子獨夜臥看雙星片月窺人如有意徵雲渡漢而無聲俄聞仙珮冉冉欲臨若遠若近非夢非醒顧柳子而言曰我則司巧以餘貺人若有意乎柳子聞而憮然曰糞土愚臣邑邑匏落之日久矣惟不能巧以躓於今天孫儼然而庭教之幸甚雖然蒙有猜焉未敢聞命夫謂巧不如拙而憎之者亦拙者之託蓋以其未能也殆不近人情生斯世也邈矣胥庭徑非巧不捷宦非巧無因笑

非巧奚倩言非巧何馨以謀則集以合則親巧中則鋒劇于影射巧運則窾導於風生得之則如石投水不得則如炭置冰臣豈惡此而逃之以自附於頑冥顧非其地樹之不生非其性學之不成臣實不造厥賦維屯抱甕罌而自得昏菽麥於不分筋駑肉緩懶與慢成轉喉觸諱翻手覆羹性不傷物頻致怨憎亦足見拙者之效已臣豈不慮方枘不入員鑿而將問覺路於迷津第念蹇者何罪疾趨則傾聵不辨色聾不審音卽此聾聵卽此聰明若夫武夫粉黛木偶冠紳塗抹益其粗醜矜飾畨於神情臣故唾夫效

者之非其質而寧不心豔夫彼姝之翻也且天孫之所謂巧天耶人耶天則不可以人力奪人則不可以造化爭試覩鳶飛楮葉誰職經營是名天巧愚者不驚木鳶一日飄敗玉葉三年始成方其匠心獨照鬼斧神斤不過肖造物之常者以爲異而異者卒不可爲常又泥乎巧不宋魯之若者哉且波及臣者又天孫之餘也巧誠可恃孰如天孫然能投七襄之機杼而不能旋一水之盈盈能緯帝庭之黼黻而不能縮經歲之參辰猶且稟尋收之令徼烏鵲之靈燭龍已駕回顧沾巾豈其能以巧賈人而不能自媒其

身抑遇合有期而巧有所絀拙有所信敬謝不敏行矣天孫於是天孫爽然自失逡巡而退開戶視之萬里一碧

國朝

嘉禾賦并序　萬緬祜

皇上御極之元年布德施惠澤及萬方直省物阜民安休徵疊見蓋緣
聖天子澡身浴德洋溢太和以其參贊之功而著太平之象雨暘咸若有自來也以故天不愛道地不愛寶孳乾坤之精秀効順於百靈舉凡嘉禾異植蓍草靈根無不各呈祥瑞以媚茲有道之
一人臣草茅下士濫厠清華親見諸督撫飛章入告皆古今不

世之祥符我
皇上聖不自聖修德彌勤而天之降祥亦正未有艾曩者晉省徵災偶乖歲序撫臣諾某因以要地需員等事奏請蒙
恩特揀二十員發往山西効力臣某叨與揀選恭隨引
見煌煌
天語刻骨銘心就道以來秋禾已盈隴矣私心竊慶謂是纍纍成實者皆我
國家斯倉斯箱之富裕也陳陳相因者皆我
國家餘三餘九之積貯也士女歡呼閭閻樂業億萬斯年於

茲爲盛矣旬月之內復有絡繹來報者物產靈奇爲生嘉穀一莖而數穗備焉一穗而萬顆具焉諸臣民歡騰鼓舞踴躍爭覩以爲晉省從古未有之奇夫兩岐麥穗古已傳爲盛事茲之毓秀鍾靈更爲奇特百官不得居其功農夫無所施其力皆我

皇上之德配乾坤功深位育乃有此間出之嘉祥也臣礽膺民社目擊其盛懽忭之私實有不能自已者爰稽首頓首而獻曰

聖人首出龍德臨軒萬方作覩六合朝元維皇建其有極兮左史書動而右史記言惟陰陽之合撰兮天地定位而庶物昌蕃潤土疆兮殊方入版馴頑梗兮絕域來臣宏文教於科名兮珠輝玉剖不留席上之珍偃武事於邊陲兮黃花無戍凱歌聲徹乎西秦

九重宵旰兮如紵如綸念切痌瘝兮青陽布德而黍谷回春皆股肱耳目於在廷兮收翼爲明聽之勛名採嘉謨嘉猷於百弼兮廣芻蕘工賈之諮詢求治無已作德日新祥徵瑞應化美俗湻宜乎百靈効順萬物各戴其仁若乃晉陽之旱澇兮偶乖歲序於淸時山陬僻壤之引領待命兮鴻飛中澤而未免瘡痍惟

皇仁之普被兮獨廑已溺已饑甦鳩鵠於窮簷蔀屋兮救荒有策誰謂無奇洒九天之雨露兮太行雲起而觸石迷離散百萬之金錢兮皇華奉節而馹使星馳固已栽培罔外覆載無私矣況夫大臣有法整肅官方宣揚

睿慮炳炳烺烺淸心寡慾烈日嚴霜誠求保赤愷悌慈祥惘窮黎之莫告兮林總如傷惜撫字之無人兮入奏飛章

宸衷其俞允兮選舉精詳君臣其一德兮交儆明良乃至誠之感格兮直達穹蒼荷好生之無已兮不轉盼而物阜民康金風颯颯兮禾黍飄香烟雲靄靄兮菽麥盈場望隴畝以流連兮慶秋收而冬藏喜自今其有歲兮將含哺鼓腹以無疆彼雨珠雨玉之不可以衣食兮何如實穎實栗之乃積而乃倉既已時和歲稔旋看秀發祥凝萃山川之苞毓兮氤氳蒸備物產之靈奇兮嘉穀豐登疊穗雙岐本人間之異種珠顆玉粒實天錫之休徵日麗九天秀色映碧空而皎潔月臨千畝葆光騰黃茂而繽紛較仙圃之瑤芝育茲萬姓擬堯階之靈莢生我蒸民不稼既登兮共識

聖世之耕仁耨義倉箱遍滿兮敢忘

盛朝之沛雨油雲乃九州之廣誕降嘉禾而並昭其慶此一隅之地甫沾湛露而亦効其靈皆由軫恤憂勞之獨至裁成輔相之維均臣某適奉
恩綸躬逢盛事旣揄揚之莫罄實舞蹈之不置欣萬年之有道兮無爲而治識氣運之光華兮寖昌寖熾彼草木何知兮獨儲天地之精誠歷數之綿長兮應造物所篤生非太和之鼓盪兮胡爲精華流露有此特出之奇英三時不害兮歲功成庶物蕃滋兮百穀榮乾剛獨斷兮品彙亨太平兮永日兮萬卉崢嶸自此景星卿雲之數見抑且醴泉甘露之盈盈

惜分陰賦 以大禹聖人尚惜寸陰爲韻　萬繩祜

混沌開形陰陽交泰輝寶鏡於晴空倚長劍於天外朝旭暉而疑璧夜橫河而如帶隨荏苒於三才自推移乎四大若乃隙過駒光晴餘陰雨不我待也有時而窮勉力圖之莫禁其取惟寒暑之遞遷實分寸之無補故奮發者直繼晷以窮年而愛惜者自一息以千古豈後學之不逮乎前人何萬世之獨標乎神禹取法先型緬懷往聖惟精惟勤必恭必敬儆烏兔於壺中惕璇璣於斗柄筆花春早放風搶殘帷藜火夜深燃燈輝短檠是用功深矻矻方能進取循循眷顧居諸務必盡其在我殷勤將就常懷無欲下人雲淡風輕何事覓偷閒於年少薪傳月印正堪指後學以迷津蓋造物無不逝之流光而大儒有竊取之宗匠不隨俗以波靡要自爲其崇尚念聖人之可學猶異世而相望苟人心道心之同歸卽已百已千而奚讓所以明旦無欺天亦韶光足惜雙丸幾處揮戈百代恒如過客自非當下棼求已是今之視昔現前景物依稀碧草黃鸝轉盻流光倏忽綠消紅褪待明日兮無庸識前途兮漸遠我之懷矣乾惕厲於絲絲彼何人斯且流連於寸寸達觀大化克殫

厥心歷數休長運轉三陽七政清宵普徧平分一刻千金
愼俄頃之疑承階晷增朝暉之線謹幾微於宥密梨花留
夜月之陰春風拂拂夏日沈沈秋雲靄靄冬雪霪霪追維
百甕齋頭幾戒嚴於安逸瞻彼八州座上猶無卽於慆淫
惟是竹頭木屑之有用毋亦念瞬存息養而情深

尺山園賦　周際聖

維名園之幽折占地脉於東城緊達人之瀟洒開別墅以
陶情隣葯房與花樹旣迤邐而曲屑佪梅塢與竹徑還顧
盼以交縈樹生香而秀挺卉雜豔以錯程路迂迴兮數轉
磴高下兮誰平亭軒倣兮四面丁環抱兮虛明砌石文而
致古潭水碧以涵清信囂塵之自遠肇錫女以嘉名爾乃
思窮島嶼想奪崇巖起五嶽兮方寸開十洲兮心胸極精
神兮摹倣遂點綴兮成功運宣州之巨石倩白下兮良工
度基址兮向背互倚審位置兮脉絡潛通斷復連兮岡延

綿而斜度起還伏兮覺拱抱以玲瓏遠嶂縹緲兮勢欲飛
而暫下孤峯矗立兮瞰羅列以爭雄類龍虎之偃仰狀鳥
獸之騰風煙繞高而未暝雪乍點以還空月留巘兮孤皎
雨封嶺兮空濛尺裏重巒似迷樵子寸中邱壑疑住仙翁
恍入輞川圖裡如經九曲山中至若崖邊古柏嶺上虬松
未經漢植儼似秦封亭亭其表磊磊其荄枝含短碧葉帶
寒烟高不過頂大可逾拳懷眞內斂抱樸中堅雲鋪砌下
濤瀉窗前踞盤山腹秀啄簷端兩美必合青耐遐年宜幽
人之分座摛詞藻以抒妍歌曰人生適意兮貴全其天嗟

今之人兮孰識其淵羨君超曠兮萬有芻朝讀書兮慕古賢夜飲酒兮類謫仙蒔花種竹兮心陶然浩浩落落兮葆眞元樂天知命兮永與山而並傳

照鏡崖賦 相傳武后游歷於此　　周際聖

粤自銀華煥彩金錯呈圖四規紀勝九寸形殊元頳志夷則之瑞容成有金炯之呼稽女后之游歷傳税駕於通都合峯巒而鼓鑄探崖窟為洪爐石脂融其精液百寶鍊其皎珠借山靈以守竈倩玉女而通符假精英於怪石運頭徹於岣嶁爾乃洶水源頭新鄣高嶺石獻妝臺嶂垂美錦既晶光以斜立抑冰圓而露頂金臺耀日兮儼增色之催妝横波澄月兮恍佳人之對影鳳倚層霄兮乍敞芙蓉之麗龍蟠絶巘兮遥識菱花之炳遠霞明兮元錫瑩夜色沈

兮青銅暝雨淒淒兮玉臺寒雪漫漫兮銀帶冷曉月白兮雙鈎懸銀河渡兮半規炯山花爛兮雲髻遲石骨凝兮翠環迴舞山雞兮影迷離鳴海鳥兮聲咽哽宜深閨之注目為騷人之馳騁時則胭脂水澹螺黛色摧樂昌之重圓未卜秦嘉之對照無期江上吐光何日水心賞鑒徒悲想晨星之寥落悵寶匣之離披縣經物色幸獲心知神鵲飛來仍是珊珊環珮彩鸞乍啟重瞻冉冉光儀冰奪魄兮羞怯玉容之照玉為神兮自矜靨輔之姿惟挹崖邊瑶草還攀石上喬松夢訪雲英於月窟神摹翠輦於珠宫光景爛兮

霓宮娥之舞袖容顏晳兮奏鈞樂之仙童紫艷生於虛壁白氣貫乎長虹不羨昭陽殿裏直疑仁壽宮中永峙千秋金鑑長開萬古心胸惟冰操之無匿影庶止水足以銘功歌曰鍊石依稀想女媧爐邊踏破青蓮花蓮花幾瓣落峯頭歲歲年年此地留含情遠睇嫦娥笑一樣蛾眉兩樣秋料得羣仙不敢照五雲凝望翠華遊

河圖洛書賦　李對

天兮無垠地兮無塵氣化凝粹闔闢成文建坤儀而作輔呼乾極而用均含元未露至靜初分九垓錯落八柱紛紜藉精氣而盤礴現巨彩以氤氳爾迺聖主當陽萬彙呈祥龍生玉甲龜煥天章統陰陽於在握懸黑白而有常各安其位咸正其方雖散著而見質實聯絡而流光圖以左生而相長書以右剋而無傷圖以混處而理積書以分布而道張故其同也一三不改其處皇極皆建於中而其異也二四偏處於隅七九亦移其地圖體圓而用有方制書體方而用有圓義圖先耦而後奇靜含動利書先奇而後耦動返靜意其在天也爲日爲月爲宿爲辰不亂其色不雜其形春秋有序次舍互根其在地也爲山爲水爲壑爲林陽者欽坳陰者窅深其在人也君臣燦列父母攸宜中處爲尊羣向爲卑若乃爲數始於一成於五陽質奇陰數耦先天後天如賓如主一縱一橫如組如舞故夫序著而變移有方時殊而老少有象總三統之遷易乘五運之來往察文明於健順存道統於指掌具八卦之精義開羣聖之靈爽各爲經緯兮渾造化之無迹互爲表裏兮煩噓龠之

積想爰迺性命正變化生萬者殊一者神兩儀著太極分絪縕交感吉凶以明剛柔旋動消息相乘此皆圖書之奧義而聖人所服膺者也

麻姑洞賦　李　對

考誌邑以麻稱後趙麻秋建也督工嚴猛更五發罷役其女作雞鳴以停工秋覺且怒女避責趨邑北山洞修眞數年訪至捕之姑仙矣姑以仙名洞以姑傳也賦曰

山屼嵂兮磴磴如齒泉清芬兮涓涓無塵澗懸簾兮晴能作雨桃倚徑兮幽可逃秦門欲墜而石覆柱無根而冰凝大同斗室勢若列屏奧折曉霽平倣天成潭澄泉冽石骨逾清鐘蒼蒼兮葆翠竹筠筠兮含青空人慮於絕境愁秋寒之侵襟誠修眞之幽室信造物之有神爾乃風生天半

旭擁霞空峯瘦削壁松老蒼龍銀河射碧流火驚紅望千里兮感岑寂俯下界兮愛蔚葱仙蹤既祕蓬島潛通罔茲山所鍾秀亦姑之自具仙風也夫維天以仁庇民以恩好生爲德保合以元維姑以慈愛民能施民登壽域女進瓊卮物華換而代遠風景殊而名垂徘徊兮悲心瘁於子夜徙倚兮念功在於鼓鼙娘子督軍軍堪不朽夫人名城城斯能守托翰音以回天藉石室如在羨姑王母授以金莖掬挐仙進以雪藕非僅杖大則避是乃功成不有也乎迄

兮遐稽後趙逮我　大清物華幾換桑海屢更俯茲仙跡未改滄瀛麻公藉以不朽石洞賴以垂名自不禁臨風浩歎把酒怡情曠覽窔奧之外密參性命之精夫豈徒山花含媚夕照成煙聞山寺之鳴磬聽牧豎之歌仙覩禽鳥之上下玩雲霞之往還也哉辭曰嬋娟去兮洞崢嶸清寒徹骨玉同瑩月下猶聞環珮聲

麻姑昇仙洞賦

李巍

攷志邑城爲趙麻秋所建是曰麻城秋督工子夜不輟其女麻姑惻然憫之僞作雞聲冀父之聞聲罷役也秋覺而笞姑姑遂逃於邑北郭外之白雲臺擇洞居焉後竟仙去即今之麻姑洞也賦曰

出北郭之逶迤兮聳層巒之屼嵂兮隱茂林之蓊蔚兮森幽壑之深祕兮雜野花之的的兮吹涼風之淅淅兮掛懸巖之薜蘿兮响深樹之磔格兮乳靈竇之絡繹兮灑秋雨之滴瀝兮黯古洞之岑寂兮緬仙姝之遺蹟兮既徘徊而太息兮轉欷歔而塞默兮當其息心泉石銳志煙霞既投簪珥載謝鉛華聽荒雞兮夢斷城頭之月愁夜雨兮魂飛雉堞之笳寂寂蛩吟冷助長宵之課緜緜燈影了無世外之嗟玉骨兮撐老古藤烟徑冰心兮空殘潭水桃花惟渴飲兮雲液亦饑餐兮胡麻祇形影以相弔無塵夢之來譁迫乎珊珊環珮响入遙空冉冉銖衣駕言海東控白鶴兮別洞中之瑤草乘紫鸞兮謝嶺上之喬松朝遊雁宕暮踏龜峯詣青母兮談元向碧霞兮持幢訪雲英於月窟謁飛瓊於珠宮飄彩幡兮玉女奏仙樂兮金童開宮扇兮丹鳳

銜寶鼎兮虬龍逍遥物外其樂融融爾迺仙姝蟬蜕遺像雲封蕙蘭芳兮洞口馥杜鵑發兮洞外紅烹雀茗兮吸洞中之水荅人語兮傳洞裡之鐘宛蜴蜥之游衍兮翻細鱗之赤脊儼猿猱之升跳兮戲松鼠之騰風固已極遊觀之勝槩豈徒贍仙子之遺踪也哉亂曰若有人兮踞山頭風鬟雲髩渺難求白雲長鎖山邊路丹竈荒唐澗水流

蟋蟀賦

李巍

金風薦爽玉露零秋鴈迢迢兮江蒲外蟬嘒嘒兮柳梢頭蜩凄凄兮弔凉月螢熠熠兮流芳洲閑階寂寞草荒蕪古牆剥蝕苔勾留燈影沈沈兮山閣人語悄悄兮空樓忽尋聲兮唧唧聞蟋蟀兮啾啾撫節序兮遞嬗訴哀響兮淸幽其負形也方首而黑章其賦性也搖鬚以動股不恃勇而矜能每有觸其斯怒操必勝之技健臂恰似螳螂懷報效之忠嘉名錫爲蚚父獨擅天籟奏無調之宮商別具靈機叶合腔之徵羽乍揚乍抑喉欲咽以轉淸以雅以南氣似

留而自吐抽離緒兮起悲風終飛懷兮窘陰雨爾迺簾櫳愁重瑣闥魂孤丁冬壺漏淅瀝井梧金翦頻放玉軫慵扶斜掛絲籠切切伴阿誰太息高懸角枕嘈嘈助子夜長吁想爾無心未肯課荒土壁嗟儂獨旦曷禁淚灑珍珠於是萬轉千迴三翻五叠既憎其凄凉忽怜其斷接和寒砧於淺水訴凉風於敗葉伊微物之有情羌予懷而若怯別有天涯蕩子海角飄蓬似悲秋之宋玉類泣途之嗣宗王粲登樓壯士長歌蕭瑟劉蕡下第文章哭遍秋風旅館魂歸美喃喃之社燕中宵酒醒聆嚶嚶於草蟲豈曰無衣牀下

頻勞促織休云共踰爨邊誰拾焦桐吁嗟乎哉幽怨未終
離懷何託纔看三春綺陌花曾經九月秋風落哀歌細數
銀河淚瀉涓涓緩調低翻榆樹星橫漠漠莊周蝴蝶夢將
醒蔡琰胡笳拍未卻信節短而韻長悄流澌以回薄於時
秦箏罷響楚管停吹載吟唐什亦誦豳詩士花碧兮溼雲
濕羅袂涼兮海月移傷歲聿之云莫問不樂以何爲望美
人兮隔秋水思公子兮來何時

麻城縣志卷四十九

掌故志

知縣事臨桂鄭慶華纂修

周禮六官聖人綱紀天下宰制萬物之道具在所謂政布方策也西魏建六官唐作六典其遺意焉而會典會要之書相繼作矣夫爲政之體巨細畢該各有成憲若吏典之職掌會計之出入禮儀武備之式保甲建置之數雖一縣之小而規制經法莫之缺遺茲輯麻城志别取一縣之典則爲掌故于是事例畧備足以資治理而昭法守非曰數典而已

吏書

吏房典吏一人掌一縣之吏事官屬師儒之姓名履歷縣人之出仕於外及進士舉貢之待銓者皆著於籍

掌六房之經制典吏書其受事年月五年役滿申送考職僉清書之老成者補之

吏房典吏一人戸房典吏一人禮房典吏一人兵房典吏一人刑房典吏一人工房典吏一人承發房典吏一人糧房典吏一人預備倉攢典一人庫房攢典一人儒學攢典一人縣丞攢典一人典史攢典一人

掌憲綱之册籍以六條之法序其憲綱分其節目而申明見行之事理一曰吏條二曰戶條三曰禮條四曰兵條五曰刑條六曰工條

吏條一曰僚屬知縣縣丞典史教諭訓導巡檢之員數也二曰闔屬僧會司道會司陰陽學醫學之員數也三曰縣屬在仕之官縣人之官於京師及外省者也在籍之官縣人之已仕而歸與未仕待銓及進士舉人恩貢生拔貢生副榜貢生歲貢生優貢生也四曰六房經制吏戶禮兵刑工承發糧倉庫房及儒學典史之典吏攢典名數也

戶條一曰存恤額設孤貧之月糧花布也二曰銀庫徵解存留之有無也三曰戶口人丁丁糧之額數也四曰課程牙行雜稅之多寡也五曰差繇上司之衙役工食與造報戶口人丁之分則也

禮條一曰學校廩膳增廣附學武生之名數與三六九之會課也二曰壇宇山川社稷先農之壇宇坐落方向也三曰山林隱逸登注山林隱逸之有無也四曰忠孝節烈登注其人之事實也五曰鄉飲言其禮之行否也

兵條一曰鋪遞人遞郵傳也二曰急遞驛馬之數也

刑條一曰詞訟上司批詞與自理之詞訟也二曰監獄犯人疾病醫葯有無禁卒凌虐也

工條一曰所屬橋梁道路有無修理行人往來有無稽懊也

掌官員之頒給印信與鈐記劄付之請領於禮部與布政使司者現領麻城縣乾字一萬六千三百八號印信一顆現領縣丞北字三十三號關防一顆現領捕衙北字二十四號鈐記一顆現領儒學乾字七千二百六十一號印信一顆現領鷰籠司乾字九千五百三十六號印信一顆現

領虎頭司乾字一萬二百九十一號印信一顆

麻城縣志卷五十上

掌故志

戶書一

戶房典吏一人掌一縣之戶口丁糧并一縣之田賦額征地丁起運存留驛站夫馬隨漕淺船驢脚南折等分項征收開除

戶一萬零七百零四戶口一十一萬零二百八十七口

原額人丁一萬六百五丁（每丁並加增等項派銀三錢二分二毫八絲九忽五微一塵五纖）共徵銀三千三百九十六兩六錢七分三毫六忽八微

八塵三纖三渺康熙四年奉文豁免運夫人丁七十三丁豁除丁銀二十三兩三錢八分一厘一毫三絲四忽五微九塵五纖實在人丁一萬五百三十二丁實徵丁銀三千三百七十三兩二錢八分九厘一毫七絲二忽二微八塵八纖三渺

康熙十一年編審額外增益人丁八丁派徵丁銀二兩五錢六分二厘三毫一絲六忽一微二塵

康熙二十一年編審額外增益人丁一十一丁派徵丁銀三兩五錢二分三厘一毫八絲四忽六微六塵五纖

康熙二十五年編審額外增益人丁八丁派徵丁銀二兩五錢六分二釐三毫一絲六忽一微二塵

康熙三十年編審額外增益人丁三丁派徵丁銀九錢六分八毫六絲八忽五微四塵五纖

康熙三十五年編審額外增益人丁四丁派徵丁銀一兩二錢八分一釐一毫五絲八忽六塵

康熙四十年編審額外增益人丁六丁派徵丁銀一兩九錢二分一釐七毫三絲七忽九塵

康熙四十五年編審額外增益人丁四丁派徵丁銀一兩

二錢八分一釐一毫五絲八忽六塵

康熙五十年編審額外增益人丁五丁派徵丁銀一兩六錢一釐四毫四絲七忽五微七塵五纖　共增額銀一十五兩六錢九分四釐一毫八絲六忽二微三塵五纖　共額內額外共人丁一萬五百八十一丁　總共實徵丁銀三千三百八十八兩九錢八分三釐三毫五絲八忽五微二塵三纖三渺遵奉

恩詔以康熙五十年丁册定爲常額雍正六年彙同不在額徵丁銀以內之優免丁銀二百六十五兩二錢五分連

額徵共銀三千六百五十四兩二錢三分三釐三毫五絲八忽五微二塵三纖三渺於詳請丁隨糧派等事案內蒙前督部院邁柱前撫部院馬會伯會同題准奉部文自雍正七年爲始歸入闔省糧銀均攤帶徵每糧銀一兩派徵丁銀一錢二分九釐六毫四絲九忽七微二塵三纖一渺三漠八茫六沙四灰六漂七銖四溟九爈以該縣實徵糧銀扣算共該徵銀三千四百七十一兩七錢四分八釐四毫二絲五忽二微二塵三纖二渺五漠二茫一沙四灰計減原額丁銀一百八十二兩四錢八分四釐九毫三絲三忽三微四漠七茫八沙六灰查該徵丁銀三千四百七十一兩零內除彙報夏水偏災等事案內乾隆二年奉准部

文開除山水沖壓丁銀三兩九錢八分一釐一毫三絲一忽七微三塵七纖九渺五漠該徵丁銀三千四百六十七兩七錢六分七釐二毫九絲三忽四微八塵五纖三渺二茫一沙四灰又前項沖壓丁銀內有驢脚麂皮應派丁銀一錢二分六釐一毫一絲四忽三微一塵六纖八渺六漠八茫查此項丁銀節年奏冊係於各本款糧銀內登除今應入實徵丁銀之內以便另於各本款糧銀內照數登除以符奏冊實徵丁銀三千四百六十七兩八錢九分三釐四毫七忽八微二纖一渺七漠一沙四灰

康熙五十五年編審增益滋生人丁一百七十六丁

康熙六十年編審增益滋生人丁一百八十三丁

雍正四年編審增益滋生人丁一百九十丁

雍正九年編審增益滋生人丁二百二十六丁

乾隆元年編審增益滋生人丁二百六十九丁

乾隆六年編審增益滋生人丁二百六十九丁

乾隆十一年編審增益滋生人丁二百九十三丁

乾隆十六年編審增益滋生人丁三百六丁

乾隆二十一年編審增益滋生人丁三百一十五丁

乾隆二十六年編審增益滋生人丁一百一十三丁

乾隆三十一年編審增益滋生人丁五十丁

乾隆三十七年六月十八日欽奉

上諭嗣後五年一次編審之例著永行停止

以上各年編出滋生人丁自康熙五十五年以後欽奉

恩詔永不加賦

原額田地塘共一萬零四百四十九頃六十七畝二分四釐

明洪武二十四年册定官民田地塘四千零八十八頃六十七畝九分八釐

永樂十年冊定官民田地塘四千三百三十三頃一十九畝四分

宏治十五年冊定官民田地塘四千一百五十九頃六十畝六分

正德七年冊定如之

嘉靖二十五年冊定亦如之

萬歷元年知縣穆煒丈田均糧冊定官民田地塘共計一萬零四百四十九頃六十七畝二分四釐

天啟崇禎冊定亦如之

國朝因明額數永爲定例

原額田七千四百二十四頃六十六畝二分二釐（每畝科秋糧民米一升八合九勺七抄）該米一萬四千零八十四石五斗八升三合二勺一抄四撮內二斗以上起科沒官等田米六千四百三十三石一斗八升五合五勺七抄一斗以上起科沒官等田米四百八十九石九斗三升八合六勺二共官米六千九百二十三石一斗二升四合一勺七抄（每地米塘米一石帶科官米四斗零二合二勺九抄七撮三圭四粟）地三則共米一千九百七十四石四斗一升九合三勺八抄帶科官米七百九十四石三斗零三合零一抄　塘米一千一百四十九石九斗六升九合五勺五抄六撮帶科官米四百六十二石六斗二升九合八勺三抄五撮（二共帶科官米一千二百五十六石九斗三升二合八勺四抄五撮）除湧該官米五千六百六十六石一斗九升一合三勺二抄五撮（每米一石並加增等項派銀一兩一錢二分二釐九毫八絲六忽七微二塵）扣算該銀六千三百六十三兩零五分八釐一毫四絲五忽三微三塵九纖二渺　民米七千一百六十一石四斗五升九合四抄四撮（每石照前則例）該銀八千零四十二兩二錢二分三釐四毫零二忽二微三塵五纖八渺

原額地二千四百一十八頃八十畝五分九釐內凡三則

上則地二百九十七頃二十畝七分七釐（每畝科秋糧民米一升八各五勺）該米五百四十九石八斗三升四合三勺八抄（每石照前則例）該銀六百一十七兩四錢五分六釐七毫零六忽九微三塵九纖四渺又帶科官米二百二十一石一斗九升七合該銀二百四十八兩四錢零一釐二毫九絲三忽五微零三纖八渺

中則地七百六十九頃一畝六分二釐（每畝科秋糧民米一升三合六勺）該米一千零四十五石八斗六升二合該銀一千一百七

十四兩四錢八分九釐零三絲六忽九微五塵二纖六渺又帶科官米四百二十石七斗四升七合該銀四百七十二兩四錢九分三釐二毫九絲三忽四微七塵九纖三渺

下則地一千三百五十二頃五十八畝二分每畝科秋糧民米一升二合八勺該米三百七十八石七斗二升三合該銀四百二十五兩三錢零五毫六絲九忽五微五塵八纖二渺又帶科官米一百五十二石三斗六升該銀一百七十一兩零九分八釐二毫二絲六忽二微五塵四纖二渺

原額塘六百六頃二十畝四分三釐每畝科秋糧民米一升八合九勺七抄

該米一千一百四十九石九斗六升九合五勺五抄六撮該銀一千二百九十一兩四錢零二毫一絲六忽二微九塵二纖二渺又帶科官米四百六十二石六斗二升九合八勺三抄五撮該銀五百一十九兩五錢二分七釐一毫三絲零五微一塵六渺

以上田地塘共一萬零四百四十九頃六十七畝二分四釐內除彙報夏水偏災等事乾隆二年奉准部文開除山水沖壓田地一十一頃八十二畝七分實田地塘共一萬零四百三十七頃八十四畝五分四釐

額載秋糧米二萬四千一百三十二石零九升七合一勺八抄內除官米六千九百二十三石一斗二升四合一勺七抄又除學田濠米五石六斗一升五合零一抄實在派徵民米一萬七千二百零三石三斗五升八合內有免糧二千零五十九石每石派銀八錢一分五釐二毫四絲三忽三微二塵一纖七渺四漠無免糧一萬五千一百四石三斗五升八合每石派銀一兩一錢六分五釐二毫四絲三忽三微二塵一纖七渺四漠內除山水沖壓米一十九石七斗三升六合三勺二抄實載秋糧米一萬七千一百八十三石六斗二升一合六勺八抄

夏稅小麥每民米一石秋糧內帶派小麥五合九勺四抄七撮二圭田米一萬四千零

八十四石五斗八升三合二勺一抄四撮帶科小麥八十三石七斗六升三合九勺九抄八撮地米一千九百七十四石四斗一升九合三勺八抄帶科小麥一十一石七斗四升二合三勺塘米一千一百四十九石九斗六升九合五勺五抄六撮帶科小麥六石八斗三升九合一勺一抄

共一百零二石三斗四升五合四勺零八撮

夏稅絲每民米一石秋糧內帶派絲五錢六分九釐二毫五絲田米一萬四千零八十四石五斗八升三合二勺一抄四撮帶科絲五百零一觔三兩四錢九分九釐八毫地米一千九百七十四石四

斗一升九合三勺八抄帶科絲七十觔零三兩九錢一分九釐塘米一千一百四十九石九斗六升九合五勺五抄六撮帶科絲四十觔零一十四兩六錢零八釐六毫七絲共六百一十二觔六兩零二分七釐五毫四絲

桑絲（每民米一石秋糧內帶派桑絲二分七釐七毫三絲七忽四微）田米一萬四千零八十四石五斗八升三合二勺一抄四撮帶科桑絲二十四觔六兩六錢六分九釐零四忽地米一千九百七十四石四斗一升九合三勺八抄帶科桑絲三觔六兩七錢六分六釐四毫七絲塘米一千一百四十九石九斗六升九合

五勺五抄六撮帶科桑絲一觔一十五兩八錢九分七釐八毫五絲六忽共二十九觔一十三兩三錢三分三釐三毫四絲

額徵並加增共銀一萬九千三百六十九兩八錢四分八釐二絲一忽六塵五纖三渺內除山水冲壓銀二十三兩零四分二釐四毫二絲二忽九微一塵二纖六漠六茫實徵銀一萬九千三百四十六兩八錢零五釐五毫九絲八忽一微五塵三纖二渺三漠四茫（內有舊書原載班匠額銀四十四兩四錢及班匠額內豁免冲壓四分四釐八毫零七忽八微三塵六纖三渺四漠二茫係乾隆二十三年奉文於奏銷冊內删除班匠名色統歸地丁條編造報）

加增九釐餉（每秋糧一石派銀三錢三分九釐一毫二絲五忽七微）該銀五千八百三十四兩一錢零八毫二絲四忽一微六渺內除山水冲壓銀六兩六錢九分三釐零九絲三忽三微三塵五纖四渺二漠四茫實徵銀五千八百二十七兩四錢零七釐七毫三絲零七微六塵五纖一渺七漠六茫

以上人丁田地塘條餉及增益人丁並優免丁銀等項共銀二萬八千八百八十一兩五錢六分三釐三毫三絲八忽二微八塵四纖二渺內除豁免運夫丁銀二十

三兩三錢八分一釐一毫三絲四忽五微九塵五纖又除丁隨糧派等事案內闔省均攤人丁應減銀一百八十二兩四錢八分四釐九毫三絲三忽三微四漠七茫八抄六灰又除豁免夏被山水冲壓丁糧銀三十三兩五錢九分零五毫三忽六微六塵八纖五渺七漠二茫又除優免丁銀二百六十五兩二錢五分（查優免丁銀已於書後另款作收以符奏冊闔縣額實總數）實徵銀二萬八千三百七十六兩八錢五分六釐七毫三絲六忽七微二塵零五渺八漠一沙四灰

起運欵項

戶部項下

解南農桑絹正損共銀一十七兩五錢四分二釐一毫八絲二忽

京庫米折正損滴銀共銀一千七百一十八兩五錢零一釐四毫五絲五忽八微四塵解費銀一十五兩四錢六分六釐五毫

兌軍折色正損共銀三千零八兩四錢八分九釐七毫九絲二忽解費銀二十六兩七錢五分五釐三毫四絲四忽

派剩太倉米折正損共銀五百二十六兩三錢八分七釐七毫五絲解費銀四兩七錢三分七釐五毫

額解南京戶口鈔本折正損帶閏共銀九十三兩四錢七分三釐五毫四絲六忽零五塵八纖六渺解費銀八錢一分四釐一毫

北京絹並新加絹共銀七百一十兩零三錢六分八釐七毫一絲三忽三微

解南正米本折蘆蓆猫竹囤頭等銀一百二十一兩七錢零七釐三毫六絲

解南糧運官盤纏二十一兩五錢銀

宗祿折色銀二千一百七十二兩六錢九分六釐三毫八絲五忽八微解費銀二兩七錢七分零七釐

茶價雜用共銀九十八兩五錢六分四釐六毫解費銀四錢零一釐

官員俸薪共銀一百二十四兩

民校等銀二百九十五兩

代徵黃岡縣附近本縣舊洲額徵北京乾魚正損共銀一十七兩七錢五分五釐六毫二絲五忽二微五塵解費銀

一錢五分九釐八毫零二忽

解南乾魚正損共銀二兩七錢八分八釐六毫二絲三忽七微五塵解費銀二分五釐零九絲八忽

賦役舊編冗欵裁剩銀一千六百七十四兩三錢三分二釐二毫四絲五忽

加增九釐餉銀五千八百三十四兩一錢零八毫二絲四忽一微六渺

以上共銀一萬六千四百八十八兩三錢三分九釐一毫四絲七忽零九塵九纖二渺

禮部項下
北京藥味正損共銀四十兩零七錢九分四釐解費銀三
錢六分七釐一毫
解南藥味價銀五兩零一分八釐七毫六絲三忽七微五
塵
以上共銀四十六兩一錢七分九釐八毫六絲三忽七
微五塵
工部項下
緞疋正損帯閏共銀九十九兩一錢二分四釐八毫一絲

七忽解費銀八錢四分七釐四毫
翎毛正損共銀一十兩零一錢七分九釐解費銀九分一
釐六毫
活鴈正損共銀七錢五分零六毫九絲六忽解費銀六釐
九毫
營膳司科正損共銀三百零六兩五錢二分八釐一毫四
絲六忽解費銀二兩七錢五分八釐一毫六絲
軍器銀一百一十七兩二錢五分三釐三毫解費銀一兩
零五分六釐四毫七絲九忽七微

白硝鹿皮正損共銀一百六十二兩六錢解費銀一兩四
錢六分三釐四毫如遇折色之年每兩另派京損銀九釐
胖衣褲鞋正銀水脚共銀二十七兩七錢五分
綾紗紙價銀一百九十七兩九錢一分九釐九毫二絲五
忽九微六塵候部文之年方派不必於每年帯徵
以上共銀九百二十九兩九錢七分二釐八毫二絲四
忽六微六塵
光祿寺項下
甲丁庫共應等銀正損共銀三百九十二兩七錢解費銀

三兩五錢二分四釐三毫
新加顏料等銀三百四十九兩一錢九分五釐八毫
以上共銀七百四十五兩四錢三分零一毫
新裁官役俸食等項
順治九年會裁修宅家伙各役工食銀二百八十六兩四
錢
順治十二四年新裁柴薪油燭膳夫廩糧門神鄉飲弓兵供
應等銀八百八十六兩五錢五分四釐三毫一絲六忽七
微

順治十六年新裁民壯馬快草料銀二百零六兩四錢
康熙二年新裁書辦廩糧等項共銀二百五十三兩二錢
康熙三年新裁歲貢盤纏銀二十一兩
康熙四年新裁教官俸齋門斗草料銀九十三兩九錢二分
康熙五年新裁都事檢校官役俸食銀一百七十二兩五錢二分
康熙六年新裁推官心紅銀二十兩
康熙七年新裁總督轎傘扇夫工食銀七十二兩

康熙十七年新裁知縣心紅紙張油燭併修理倉監教官喂馬草料科舉等銀二十六年奉文撥入起運共一百七十七兩九錢零五釐七毫六絲一忽零七塵五纖

以上共銀二千一百八十九兩九錢零七絲七忽七微七塵五纖總共銀二萬三百九十九兩八錢二分二釐零一絲三忽二微八塵四纖二渺內除奉撥
關帝三祭及支給奉復廩糧銀八十三兩七錢四分六釐入撥存留項下彙造加入原撥協驛站江濟改補正項一千二百五十九兩六錢零八釐零二絲二忽八微零一纖七渺四漠五茫該額銀二萬一千五百七十五兩六錢八分四釐零三絲六忽零八塵五纖九渺四漠五茫內除豁免運夫丁銀一十一兩二錢六分三釐四毫五絲一忽一微五塵七纖六渺零一茫又除閤省均攤人丁應減銀一百八十二兩四錢八分四釐九毫三絲三忽三微四漠七茫八沙六灰又除豁免冲壓銀二十五兩七錢零五釐五毫九絲六忽零五塵零二渺六漠八茫實徵銀二萬一千三百五十六兩二錢三分零五絲五忽五微七塵八纖零二漠八茫一沙四灰

存留支給項下

布政司經歷俸薪銀六十兩皂隸四名共銀二十四兩門子一名工食銀六兩
照磨俸薪銀四十兩門子一名工食銀六兩皂隸四名共銀二十四兩馬夫一名工食銀六兩
庫大使俸銀三十一兩五錢二分皂隸二名共銀一十二兩
知府俸薪銀四十二兩九錢五分六釐庫子四名共銀二十四兩斗給五名共銀三十兩

知縣俸薪銀四十五兩門子二名共銀一十二兩皁隸十六名共銀九十六兩（雍正六年奉文撥銀一十八兩給件作及學習件作工食皁隸款下止給銀七十八兩）馬快八名工食銀四十八兩（乾隆十六年內奉文將馬快名色改爲捕役即食本班工食）民壯三十名（雍正十一年撥給本縣虎頭關巡檢民壯四名又奉裁六名乾隆七年又奉裁二名）共銀一百八十兩（此內撥給本縣虎頭司民壯仍在內支給工食其奉裁八名工食四十八兩均解司以作加增修理器械之用乾隆元年奉文每名每年加增修理器械銀一兩四十二年裁減一半每名五錢）燈籠夫四名工食銀二十四兩（雍正四年裁歸另款解司充餉）看監禁卒八名共銀四十八兩轎傘扇夫七名共銀四十二兩庫子四名共銀二十四兩斗給四名共銀二十四兩

縣丞俸薪銀四十兩門子一名工食銀六兩皁隸四名工食銀二十四兩馬夫一名工食銀六兩

典史俸薪銀三十一兩五錢二分門子一名工食銀六兩皁隸四名工食銀二十四兩馬夫一名工食銀六兩

鵝籠虎頭司巡檢二員俸銀共六十三兩零四分皁隸四名共銀二十四兩

教官二員俸銀共三十一兩五錢二分齋夫六名共銀三十六兩（二員各半分支）膳夫二名共銀一十三兩三錢三分三釐三毫三絲三微（廩生支領）門子五名共銀二十一兩

撥運款項

時憲書銀二十三兩零一分三釐五毫解費銀二錢零七釐一毫二絲一忽四微

科舉銀二十兩零八錢二分五釐解費銀一錢八分七釐三毫八絲四忽五微

按察司表夫銀九兩九錢（乾隆十八年奉文停止另款解司充餉）脚馬解費銀五錢四分二釐七毫

麻城縣學故卷五十中

戶書二

學田租課

學院册開原額學田貳頃肆畝正賦原係闔縣紳士派納田屬下則界連光商佃民
曹士友歐如顯等承種每畝納租穀四斗七升八合二勺六抄共穀玖十七石五斗陸升
五合四抄每石折銀二錢五分共徵折納租銀貳拾肆兩叁錢玖分
壹釐貳毫陸絲係撥給社師廪餼及賑給貧生之用

學田坐落地方號數附

明知縣蔣熤用價銀一百兩買生員曾逢署田十石其界

自出莊後山起至花石洞上下羚羊山頂北抵光山界三
冲共計種十石約載米一石五斗五升五合　又用價銀
一百兩買生員朱之琦田十石其界北接曾田界西抵黄
安界大衆直下馬踏石溝口過河三斗坵一連帥塝邊山
一帶八行路山上曲轉煞八衆沿冲直上共計十石約載
米一石五斗五升五合　又用價銀一百三十兩買鄉民
王正田塘一十三石三斗其界北接朱賣田界西抵黄安
周公坳止南自烏龜石冲下至滴水巖曲轉至寶貝衆口
連接朱田一塊約載米二石三斗　總共學田三十三石
三斗每年收租大斗二百四十石立社學師俸外普惠寒
儒向係儒學管理後有散失至
國朝康熙五十原本缺年縣丞盧遇丈量清查較原數少三
石九斗零乾隆二十九三十等年書吏舞弊又失田若干
經督撫兩部批歸縣管知縣劉希向查丈出新墾田足償
所失補如原田數目其每年租課亦如舊數除仍送社師
俸外詳定撥入兩書院永作膏火因山路崎嶇盤運維艱
折價貳減者已數十年至今乾隆五十六年知縣黄書紳
查明穀米價貴於從前酌照時價永定八百五十文一石

馬踏石溝

第一號一坵勾股形濶六弓縱十六弓共積九十六步見
畝三分九釐九毫
第二號一坵蛇形尾濶二弓二尺腰濶肆弓二尺頭濶四
弓共積九十八步見畝四分一釐
第三號五坵合梭形直二十四弓徑七弓共積八百四十
二步見畝二畝五分一釐
第四號二十坵合直形長七十五弓橫濶十七弓共積一
千二百七十五步見畝五畝三分一釐

第五號二十坵合梯形上濶九弓下濶十二弓二尺長五十二弓共積五百五十六步四分見畝二畝三分二釐

第六號八坵合覆月形弦濶五十弓三尺徑十七弓二尺共積五百八十四步見畝二畝四分三釐六毫

第七號十一坵合覆月形弦濶九十六弓二尺徑二十弓共積二千一百六十二步見畝田畝八分四釐

第八號十坵合欖形中長三十八弓徑二十弓三尺共積四百八十八步七分二釐見畝二畝三釐六毫

第九號三坵合弧矢形長五十弓三尺徑六弓四尺共積

一百八十一步四分四釐見畝七分五釐六毫

以上田共七十九坵俱屬熟田見畝二十二畝零一釐七毫原係吳東升佃種今余殿濟新頂外有稍凹荒田二斗係蔡憲章新開爲地又清丈出煞八凹田一斗師家塝一坵田三斗係李完赤佃種此處連荒熟併清出占種共田二十八畝零一釐七毫

學田沖屋基凹

第一號二十三坵合直形直一百一十二弓濶四十一弓積四千五百九十二步見畝一十九畝一分三釐

第二號二十坵合覆月形弦六十三弓徑二十一弓一尺積八百九十步七分五釐見畝三畝七分五釐

第三號八坵合直形長四十二弓横十八弓積七百五十六步見畝三畝一分五釐

第四號一坵直形長二十一弓横四弓積八十四步見畝三分五釐

屋基凹

第五號一坵無形熟田見三升

第六號大三坵無形熟田見三畝五分

第一號十三坵未開荒田見三斗

第二號一坵無形熟田見七升

寶貝凹

第三號水沖大坵荒田見三斗

烏龜石大凹沖左凹右凹併學田莊側

第一號共五坵合方形東十七弓南十七弓共積二百八十九步見畝一畝二分四毫

第二號三坵合直形長十六弓横濶四弓共積六十四步見二分七釐

第三號七坵合勾股形直二十五弓口濶十一弓三尺積
二百八十一步一尺見畝一畝一分七釐
第四號十坵合圭形中長三十八弓二尺口濶十二弓積
二百二十九步二尺見畝九分五釐五毫
第五號七坵合稜形口長三十七弓中徑二十四弓積八
百四十步見畝三畝五分
第六號十九坵合幞頭形東濶二十八弓南濶二十九弓
西濶十四弓北濶二十三弓共積一千一百三十四步見
畝四畝七分二釐五毫

細凹

第一號二十八坵合直形中長九十二弓二尺橫濶九弓
三尺共積八百五十七步五分見畝三畝五分七釐三毫
第二號五坵細冲腦上荒田見三斗

烏龜石冲大凹

第一號二十一坵合牛角形中長五十七弓三尺橫濶十
八弓積五百一十五步七分見畝二畝一分五釐
第二號十七坵無形熟田見二斗
第三號四坵合四不等形東南西北折半得三百一十二
弓五分以東北折半乘之積六百七十五步見畝八分二
釐
第四號三坵合方形東九弓南九弓西九弓北九弓積八
百一十步見畝三畝三分八釐
第五號覆月形弦長九十二弓徑四十六弓積三千一百
七十四步見畝一十三畝二分二釐五毫
第六號四坵無形熟田見三斗
第七號河西無形熟田十四坵見三斗一升
第八號三坵無形熟田見六升九合

五斗凹

第一號十五坵合直形中長五十三弓二尺橫濶二十弓
積一千六十四步見畝四畝四分三釐一毫
第二號十一坵無形熟田見一斗二升

畫匠凹

第一號七坵無形熟田見八升
第二號十九坵合梯形中長六十七弓上濶十四弓下濶
十六弓積一千五步見畝四畝一分八釐八毫
第三號十坵無形水打田見二斗五升五合

以上田三百十九坵熟田八十三畝四分七釐一毫荒田十一畝五分此處連荒熟田九十四畝九分七釐一毫

王正沖

第一號西沖杪無形熟田七坵見四升五合

北第二號二坵合方形南七弓西七弓積四十九步見畝二分五釐

北第三號九坵合梯形長十九弓上濶七弓一尺下濶十一弓積一千八百五步見畝七畝五分二釐

北第四號十六坵合鐘形上濶七弓下濶十七弓一尺直三十二弓積四百八十步見畝二畝

北第五號九坵合菱形口濶四十五弓徑二十五弓三尺積八百七十九步見畝三畝六分六釐三毫

北第六號十九坵合牛角形橫長十七弓中長三十八弓積三百二十三步見畝一畝三分五釐

北第七號河北二坵無形熟田見一升

第八號十二坵直形直長三十弓橫濶十四弓四尺五寸積四百三十五步見畝一畝八分一釐一毫

第九號二十坵合菱形弦濶四十五弓徑四十一弓三尺積一千七百八十二步一分見畝七畝四分二釐六毫

第十號河北熟田一坵見八升

以上匡淑與夏國忠獻出熟田二石在內

王正沖下口

第十一號熟田已丈見一石

前田係陳巨才之父誤買巨才獻出至石嘴止自王正沖佛頭石樹起計三十五坵此處以上共一百三十二坵熟田三十五畝三分七釐

龍泉寺

第一號左沖二十坵合無形荒田見二斗一升

左第二號齊路上止八坵熟田合無形見一斗

右第三號未開荒田九坵見一斗五升

右第四號未開沙壓荒田六坵見一斗七升

右第五號未開荒田六坵見一斗五升

右第六號未開荒田九坵見三斗五升

右第七號未開荒田十一坵見四畝五分

第八號一坵無形熟田見五分

第九號十坵合直形長九十五弓濶二十四弓積二千二
百步見畝九畝一分六釐七毫

書院田

第一號未開荒田十一坵見三斗
第二號三十一坵合直形長七十七弓橫三十五弓三尺
積二千七百一十八步一分見畝一十一畝二分一釐六
毫
第三號水推荒田三坵見二斗五升
第四號十三坵合圭形長八十二弓橫十七弓積六百九

十七步見畝二畝九分四釐
第五號未開荒田五坵見一斗
第六號無形熟田五坵見一斗八升八合
以上荒熟共田四十八坵積熟田二十五畝八分九釐
七毫荒田二十一畝三分此處連荒熟共田四十七畝
一分九釐七毫

細楊樹凹

第一號石凹未開荒田七坵見二斗一升
第二號十坵合梯形上濶六弓下濶七弓一尺中長六十
六弓積四百三十二步三分見畝一畝八分
第三號無形熟田見二斗二升
第四號五坵合直形上下濶十三弓中長二十一弓積二
百七十三步見畝一畝一分四釐
第五號未開荒田八坵見一斗二升
第六號未開荒田二坵見二升
第七號未開荒田五坵見一斗八升
第八號二十三坵合圓形周一百四十七弓中濶二十八
弓積一千三十八步七分五釐見畝四畝三分二釐八毫

第九號二坵合蛇形長五十弓尾濶三弓腰濶四弓頭濶
五弓四尺積二百六步五分一釐見畝八分六釐
第十號未開荒田三坵見一斗
以上六十六坵積熟田八畝三分二釐八分二釐八毫
三分此處連荒熟田一十四畝六分二釐九毫

大楊樹凹

第一號未開荒田六十坵見二石一斗五升
第二號無形熟田一坵見二升
第三號二十三坵合方形東濶二十弓西濶二十弓南濶

二十弓北濶二十弓積四百步見畝一畝六分五釐四毫
第四號未開荒田十五坵見五斗二升
第五號未開荒田十坵見八斗
第六號無形熟田八坵見二斗六升
第七號無形熟田二十四坵見四斗五升
第八號未開荒田七坵見二斗
第九號未開荒田六坵見二斗
第十號無形熟田見四升五合
第十一號未開荒田四大坵見四斗五升

第十二號七坵合直形直二十九弓濶九弓積二百六十
步見畝一畝八釐八毫
畫石溝南一冲
第一號大小未開荒田十四坵見三斗二升
第二號二坵合覆月形口濶九弓徑八弓積六十八步見
畝二分八釐一毫
鐵爐溝
第一號未開荒田五坵見六升
第二號一坵圭形口濶九弓中長八弓三尺積三十七步

五分五釐六毫
第三號未開荒田一坵見二升
第四號五坵合梯形上濶十三弓下濶十八弓中長二十
二弓積三百四十一步見一畝四分二釐
第五號十一坵合覆月形口長二十六弓徑十九弓二尺
積四百三十四步見畝一畝八分八毫
第六號未開荒田七坵見二斗
第七號未開荒田七坵見六斗
第八號八坵合直形上濶八弓中長三十八弓下濶八弓

積三百一十二步見一畝三分
第九號未開荒田三坵見六升
以上共田二百六十坵積熟田一十五畝八分五釐七
毫荒田五十畝四分此處共荒熟田六十五畝八分五
釐七毫自學田冲起至鐵爐溝下半止計五冲九凹之
田現係彭公有曹士友歐汝顯耿非宜分種
鐵爐溝下熟田五畝現邱國臣種
舊店後窑熟田大小四坵積二畝四分現李孔昭種
全筭熟田二百零一畝九分四釐荒田九十二畝通共

荒熟田二百九十三畝九分四釐
般山販滴水岩學田冲學田亦係蔣知縣捐置原田五石
失田三石零止存一石二斗乾隆五十六年奉知縣黃書
紳查出田三斗租穀一十五石餘田俟再清查其田共載
民米五石一斗四升共立花名蔣惠儒一由完納糧米其
後令總書將學田米與本縣城外濠米攤派三鄉花戶合
勺帶去
康熙五十六年知縣吳顧行捐廉買置學田七處延壽壠
周基國所賣
第一號田四坵合梯形上濶十八弓下濶四十二弓中長
四十四弓
第二號田五坵合直形横三十弓直四十六弓
第三號田一坵四不等形東四十二弓南四十弓西十九
弓北二十四弓
第四號田三坵合直形横二十二弓直三十一弓
第五號田四坵四不等形東四十一弓南三十五弓西三
十一弓北三十六弓
門首田二坵一斗又二坵一斗又塘下二坵一斗又南塝

田六坵共二斗四升北塝田六坵三斗
以上共田三十五坵計四十畝有塘三口 收租穀二十一石
三里橋曾健所賣之田
第一號田一坵佔五升
第二號草塘一口直形三斗直三十八弓
第三號田一坵四不等形一石東五十一弓南四十七弓
西十九弓北五十九弓
第四號田二斗四不等形東二十弓南十八弓西二十八
弓北二十二弓
第五號田七斗直形直五十一弓横三十三弓
第六號五升直形直二十四弓横五弓
以上共田五坵計二十畝塘一口一斗八升又塘一口
五升 收租穀十八石
萬家樓蕭儒席所賣
第一號田一坵直形一斗横十弓直二十四弓
第二號田一坵直形一斗一合横九弓直二十七弓
第三號田二坵四不等形二斗一合東二十一弓南二十
四弓西十五弓北三十弓

第四號田一坵四不等形四斗二合東四十弓南二十八弓西四十四弓北二十弓

第五號田一坵直形九升橫八弓直二十四弓

第六號田一坵直形一斗橫十弓直二十四弓

第七號田一坵直形三斗三升二合橫十弓直五十弓

第八號田一坵直形一斗四合橫十弓直二十五弓

第九號田一坵扇形二斗七升

第十號田一坵四不等形三斗東五十弓南十九弓西四十六弓北十一弓

以上共田十坵計二十畝塘三口 取租穀十四石

雨河口王弼臣所賣

第一號地二厢四不等形一斗二升二合橫十三弓南一十弓西十五弓北二十二弓

第二號地一塊直形二升二合橫十四弓直二十弓

第三號田一坵直形一斗二升一合橫十四弓直二十一弓

第四號圭形田一坵四斗中長六十四弓

第五號田七坵四不等形四斗東二十五弓南三十四弓西三十五弓北三十弓

第六號田四坵梯形二斗二合上濶十二弓中長三十七弓下濶二十四弓

第七號田一坵四不等形一斗三升四合東二十一弓西十七弓

第八號田四升

第九號田七升

第十號田三升

以上共田十四坵計一十四畝地三厢計一畝五分塘

二口 收租穀十二石

乘馬岡鮑襟三所賣

第一號田一坵一斗三升三合上橫八弓中長二十弓下橫二十一弓

第二號田二坵一升五合東二十四弓南二十弓西二十九弓北二十六弓

第三號田二坵八升一合東二十五弓南十四弓西十一弓北十六弓

第四號田四坵二斗東二十八弓南十八弓西二十弓北

二十二弓
第五號田四坵七斗三升八合東二十四弓南二十弓西
二十弓北三十弓
第六號田七升二合覆月形中徑十二弓
第七號荒田二升
第八號田九坵六斗七升一合東二十二弓南五十弓西
三十弓北五十四弓
第九號田一坵一斗五升三合勾十六弓股四十六弓
第十號田一坵一升六合勾十五弓股四十四弓

第十一號田三坵四不等形二斗五升五合東三十二弓
南二十弓西四十弓北十四弓
第十二號田四坵一斗八升二合東二十弓南二十五弓
西十八弓北二十弓
第十三號田八坵五斗八升四合東四十弓南三十弓西
五十弓北三十二弓
第十四號荒塘五各一半
第十五號地二塊直形二斗橫十弓直四十八弓
第十六號山地四塊

第十七號山地二塊
第十八號山地五塊
以上共田四十坵原載田三石地二斗屋三間照丈量
册扣筭多田一斗二升地二斗之外多荒地十一塊（收租穀二十石）
走馬岡曾天成所賣
第一號田一坵二斗橫十弓直四十八弓
第二號田圭形一石三斗四升八合濶三十七弓勾濶五
十四弓中長四十八弓縱長八十二弓

第三號無形田三坵一斗三升八合五勺
第四號梯形田二斗一升上廣八弓下廣十六弓
第五號腰形田二斗三合中濶十二弓中長三十八弓
以上共田七坵計二十畝二分塘一口（收租穀十二石今加一石）
烏雀林汪厰昇所賣
第一號田不計坵四不等形五斗六升東三十六弓南四
十弓西三十弓北四十二弓
第二號田梯形二斗八升五合上濶十六弓中長二十八
弓下濶二十弓

第三號田七升五合
第四號田九升
第五號田七升
第六號田一斗二升
第七號地直形一斗二升横九弓直三十二弓
第八號地勾股形二斗勾濶二十弓縱長四十八弓
第九號地直形一斗横七弓
以上共田一十二畝收租折穀錢六千文照丈糧册抵
算多地四斗二升

回車書院乾隆乙卯誌已載道光年間岡邑誌亦載無容
再叙茲將原置祀田並兩邑士紳後捐祀田附載於左
原置祀田三石八斗三升五合又地二斗後有田三石六
斗並隨田山地歸入書院情由勒有碑記岡邑職員王輔
監生王俊捐田一石八斗鄭炳烈捐田一石四斗麻邑貢
生傅戬齋捐田九斗六升監生傅爲表捐田二斗三升待
詔銜傅爲琦理問銜傅爲琚捐田二斗四升武生傅爲斌
武生傅爲煒貢生傅爲忠童生傅爲信童生傅學瀾捐田
三斗七升監生傅爲心捐田一斗五升童生傅晴舫捐田
八斗五升監生蔡駿璜捐田六斗監生程炳照捐田六斗
七升以上各捐田畝均有捐約碑記
咸豐十年總局價置田産
望城崗田拾一石二斗四升一壠两塝計壹百三十四坵
嚴壽圃賣
毛屋崗田四石七斗六升計五十二坵又田三石七斗五
升計二十七坵鄭仙谷賣
夏家畈田四斗計四坵又田一石計五坵又牛角冲田四
斗計六坵俱張姓賣

光緒二年志書局價置王家塆何家塆棉地壹石壹斗伍
升計種九塊爲三祠祀産每年冬至日請
縣主祭
忠節祠　其地稞每年収棉花二百拾二斤稞灺錢柒
遺愛祠　串小麥稞肆斗伍升歸僧人収作香帋祭費
昭忠祠

養濟院田地附

紳士周基國鮑啟湘捐附開所捐田地數

坐落五里墩距城南五里　壁塘下一坵四升　一坵二斗五升　一坵一斗三升　泉塘岩下一坵三斗　一坵七斗　共田一石四斗二升　屋北首地二塊五升　沙壋口下地四塊二斗五升　過泥坵二塊二斗　又二塊二斗　下岸地一塊二升　乾二斗共四塊　乾二斗共六塊　東首地一塊八升　三角湖口地三塊二斗　南首地二斗共四塊　屋基稻場隙地共一斗　共地一石

八斗

總計田地三石二斗二升約存本縣戶房田地係戶房管理

麻城縣掌故卷五十下

戶書三

均徭欵目

各巡司弓兵徭編四十一名（虎頭司一十一名鵝籠司三十名）永充二十名（俱虎頭司）共銀一百二十七兩二錢零七釐六毫五絲（詳奉撫院批充撥補鋪兵工食）

各鋪司兵徭編九名（縣前鋪一名十里鋪二名白棠鋪一名白杲鋪一名沙河鋪一名王家樓一名黃福店二名每名原額正閏銀四兩五錢九分九釐）永充四十一名（縣前鋪七名十里鋪四名白棠鋪六名白杲鋪六名沙河鋪一名望花鋪七名王家樓三名黃福店二名每名原額正閏銀壹兩八錢）共

銀一百一十五兩一錢九分一釐（又加前撥補銀一百二十七兩二錢零七釐六毫五絲後備用銀一百一十七兩六錢零一釐三毫五絲共銀三百六十兩每名支銀七兩二錢）

各河渡夫六名（縣河高岸河各二名浮溪河白塔河各一名每名正閏銀二兩零三分三釐三毫共銀一十二兩二錢順治十四年裁銀七兩六錢）存銀四兩六錢

各渡修船（一銀六兩二年一修每年該銀三兩縣河高岸各一兩浮溪白塔各五錢康熙十七年裁銀一兩伍錢）存銀一兩五錢

迎送皂隸（議裁一半抵經制外）實存十名工食銀五十兩零八錢三分三釐

祭祀雜支

文廟二祭共銀四十兩
崇聖祠二祭共銀七兩
關帝三祭銀三十五兩七錢四分六釐雍正七年奉文添設係起運項下撥給
山川壇二祭共銀一十兩
社稷壇二祭共銀一十兩
名宦鄉賢二祭共銀七兩
縣厲壇三祭共銀一十一兩香燭銀一兩零伍分厲祭米折銀一兩二錢二分

以上各項祭祀均祭案內按欵增減計餘銀一兩九錢九分已照實徵之數歸入起運項下充餉
鄉飲二祭共銀伍兩
新舊會試舉人以上二十五名爲率每名長夫銀二十四兩共銀六百兩三年一次每年該銀二百兩雍正九年奉文將此項銀兩按年解交司庫遇會試之年按照通省會試舉人名數均派給領
歲貢花紅旗匾酒席銀一十兩正陪二名赴考脚力銀各一兩共銀一十二兩二年一次每年該銀六兩乾隆二年奉文將此項銀兩按年解交司庫合計出貢名數均派給領報銷一次
對讀生五名每名銀五錢書手五十名刋錄匠四名每名銀二錢五分共一十六兩三年一次每年銀五兩三錢三分三釐三毫三絲
本縣吹手八名每名七兩三錢二分共銀五十八兩五錢六分備用銀一百一十七兩六錢零一釐三毫五絲撥補舖兵工食
孤貧三十名每口各米三石六斗每石折銀伍錢共銀五十四兩乾隆三年奉文每名每年加增銀四錢二分於司庫地丁銀內撥給其額外孤貧照例在司庫存公銀內動支不在該縣徵銀之內每名布花銀三錢共銀九兩
部寺解費銀六十一兩二錢五分五釐二毫八絲三忽七微
存留實額銀二千一百四十二兩五錢零六釐六毫五絲

二忽九微又添設廩糧銀四十八兩康熙二十四年奉文復設支給廩生係起運項下撥給
連前共銀二千二百二十六兩二錢五分二釐六毫五絲二忽九微
添撥各項
虎頭關民壯四名工食銀二十四兩係雍正十一年於本縣民壯內撥給再乾隆元年奉文民壯每名每年加增修理器械銀一兩共加增銀四兩係在司庫各屬完解裁汰民壯工食欵內支給不在該縣額徵之內查加增銀兩乾隆四十二年裁減一半以爲修整軍裝塘房之用
教官加品俸銀四十八兩四錢八分乾隆元年奉文教職加以品級給與全俸

其加增銀兩係司庫地丁銀內支給二官各半分支

先農壇祭祀銀五兩乾隆五年奉文將耤田存穀變價動用如有不敷仍於司庫存公銀內湊給復於乾隆十三年奉文於耗羨酌定章程案內每年赴司請領銀二兩八錢二分五釐其不敷銀二兩一錢七分五釐在於耤田收獲舊存穀石變價湊辦如無舊存穀石該縣自行捐湊備辦祭品乾隆二十四年奉文禁用捐墊字樣又經咨准部覆將收存穀石儘數易備如有不敷按數找給不必以二兩八錢二分五釐之數爲定

常雩禮祭祀銀五兩乾隆七年奉文設立係司庫存公銀內動支

以上各項銀兩除虎頭關民壯工食係本縣撥給其餘均不在該縣存留支欵額徵之內

驛站欵項

協編武昌遞運所紅船三隻共水夫三十名銀二百一十六兩帶運銀三兩六分每隻修船銀一十二兩共銀二百五十五兩零六分內撫院座船零夫三名每名銀七兩二錢帶閏銀一錢二分在省聽差三隻每隻夫十名除派興國州二名大冶縣一名外本縣實編夫二十七名每名銀六兩帶運銀一錢外每夫派銀一兩共銀三十二兩四錢徵解貯庫如遇裁紙過京聽文支給空閑不許冒領

齊安驛馬六匹每匹正價銀三十兩帶閏銀五錢又零銀二十六兩五錢帶運銀四錢四分二釐共銀二百零玖兩九錢四分二釐

站船水夫四名又新加二名每名銀六兩帶運銀一錢共銀三十六兩六錢

設建太平驛馬二十六匹每匹銀三十兩帶閏銀五錢共銀柒百九十三兩

太平驛支應銀一百三十七兩二錢無閏

舘夫二名每名銀六兩帶閏銀一錢共銀一十八兩三錢以上各役工食解給修船銀解貯聽支

協編襄陽府屬呂堰驛馬一匹正銀三十兩帶閏銀五錢又零銀七兩九錢帶閏銀一錢三分一釐六毫共銀三十八兩五錢三分一釐六毫解費每兩五釐該銀一錢九分二釐七毫

原派荆州將軍祿新議改抵蘄州額派呂堰驛馬價銀七十兩解費每兩五釐該銀三錢五分俱照舊按季解給

李坪驛支應銀三百八十兩

走馬夫遞

排夫一百四十名每名正閏銀七兩三錢二分共銀一千零二十四兩八錢內撥本縣應役轎傘夫六名入抵經制外實徵銀九百八十兩八錢八分走差一百三十四名

建設太平驛站夫八十名每名正閏銀七兩三錢二分共銀五百八十五兩陸錢

脚馬四十五匹每匹銀二十四兩帶閏銀四錢共銀一千零九十八兩俱給

走差二項徵銀給領

以上二項各欵共銀四千六百一十五兩三錢一分三釐六毫係本縣原編驛站夫馬之項所有現設排夫名數及抽裁緣由合併開載以備查考

排貢夫六十四名該工食銀四百六十八兩四錢八分（康熙四十七年抽調十名工食銀七十三兩二錢雍正三年裁夫二十七名工食銀一百九十七兩六錢四分乾隆二十二名裁夫十名工食銀七十五兩二錢乾隆三十三年裁夫五名工食銀三十六兩六錢解道支用並移司充餉）

存夫一十二名工食銀八十七兩八錢四分（乾隆四年奉文扣除小建遇閏加增）

脚馬三十名該草料並馬夫獸醫工食藥餌等銀六百四十九兩二錢（雍正四年裁馬六匹工食工料等銀一百二十八兩四錢雍正六年裁馬一十四匹工食工料等銀三百二兩乾隆十八年裁馬五匹工食料等銀一百九兩四錢乾隆二十四年裁馬五匹工食料等銀一百九兩四錢全裁訖俱經解道補給羅田縣並移司充餉）

兵部項下

秋糧折色起運

解南江濟水夫一百二十三名（每名銀四兩零九分五釐）共銀五百零三兩六錢八分五釐（每兩京損銀九釐）該銀四兩五錢三分三釐一毫六絲五忽

解南柴薪四名（每名銀一十二兩）共銀四十八兩帶閏銀一兩六錢（都察院並太醫院判大理寺少卿濟川衛知事各一名）

皂隸九名（每名銀九兩帶閏銀一兩五錢）共銀八十二兩三錢五分

以上三項連前原編額徵驛站共銀五千二百五十五兩四錢八分一釐七毫六絲五忽內除豁免故夫丁銀七兩八錢二分五釐七絲六忽四微八塵三纖六渺冲壓銀四兩四錢一分四釐六毫九絲三忽四微五塵九纖五渺三漠四茫又除仍照協濟徒多轉折等事案內抵補各衙途動支民賦解司充餉一千二百五十九兩

六錢零八釐零二絲二忽八微零一纖七渺四漠五茫外實徵銀三千九百八十三兩六錢三分三釐九毫七絲二忽二微五塵五纖一渺二漠一茫內有每年排夫工食應於本縣額編驛站銀內動用銀八十七兩八錢四分又編設驛站酌用買補馬價銀二百七十五兩五錢八分五釐三毫零六忽五微四塵零四渺六漠六茫撥協歸州巴東工料馬價等價一千零九十七兩九錢八分五釐七毫八絲三忽七微八塵三渺五漠五茫紅船水手工食銀二百五十五兩零六分裁二銀一千二

百三十七兩三錢二分二釐八毫八絲一忽九微三塵
四纖三渺裁夫馬工食工料銀一千零二十九兩八錢
四分俱解道支用並移司充餉

隨漕欵項

運糧官軍行月二糧米一千一百一十九石七斗五升六
勺四抄又原代黃陂縣運糧官軍行月糧米七百三十三
石二斗零七合七勺五抄（俱每石折銀四錢）共銀七百四十一兩
一錢八分三釐三毫五絲六忽
江西運糧官軍月糧米五十七石六斗九升三合五勺四

抄（每石折銀四錢）該銀二十三兩零七分七釐四毫一絲六忽
淺船銀五十五兩七錢三分五釐（解費銀每兩九厘）該銀五錢零
一釐六毫一絲五忽
以上原額共徵銀八百二十兩零四錢九分七釐三毫
八絲七忽內除豁免運夫丁銀一錢一分六釐　毫三
絲一忽四微二塵一纖七渺又除豁免冲壓銀九錢三
分四釐三毫四絲六忽二微八塵四纖七渺肆漠二茫
實徵銀八百一十九兩四錢四分六釐九毫零九忽二
微九塵三纖五渺五漠八茫

南糧正米（每秋糧一石派正米三斗二升七合五勺二抄九撮七粒八粟九顆）該正米五千
六百三十四石六斗（每石耗米二斗五升）該耗米一千四百零八石
六斗五升
以上二項共南糧正耗米七千零四十三石二斗五升
內除豁免冲壓米八石零八升零二勺七抄三撮三圭
六粒六粟外實徵米七千零三十五石一斗六升九合
七勺二抄六撮六圭三粒四粟於特請
皇仁等事案內奉文自康熙三十九年爲始每石七錢改
徵折色應折徵銀四千九百二十四兩六錢一分八釐

八毫零八忽六微四塵三纖八渺（另南糧正米一石里納驢脚米一斗五升）
額徵驢脚米八百四十五石一斗五升（奉文每石折銀一兩內以二錢給解役）
該銀一百六十九兩零三分八釐（奉文裁解餘八錢充餉）該銀六
百七十六兩一錢五分二釐二共額徵銀八百四十五兩
一錢九分內除豁免冲壓銀一兩零九分五釐五毫二絲
九忽一微三塵八纖二渺九漠一茫外實徵銀八百四十
四兩零九分四釐四毫七絲零八微六塵一纖七渺零九
茫
麂皮另派京摃（每秋糧一石派銀八絲五忽零六塵四纖七渺八漠八茫）該銀一兩四

錢六分三釐四毫內除豁免沖壓銀一釐八毫九絲六忽八微四塵八纖四渺三漠四茫外實徵銀一兩四錢六分一釐五毫三忽一微五塵一纖五渺六漠六茫

門攤雜課銀六十二兩零八分八釐無徵

優免充餉銀九百八十五兩九錢內有優免丁銀二百六十五兩二錢五分

代徵黃州衛籽粒計料銀六兩六錢五分六釐二毫七絲

雜稅欵項

牙帖稅九十七兩二錢該縣原經報部牙稅銀六十四兩三錢乾隆二十五年遵奉部咨分別繁盛偏僻量增稅銀三十二兩九錢

當鋪八座每座每年納銀五兩共徵銀四十兩每年開歇不一稅銀原無定額

田房稅正額銀九兩六錢盈餘銀兩儘徵儘解原無定額

牛驢稅銀儘徵儘解原無定額

鹽引稞稅麻城額銷引一萬一千二百六十引每引改子鹽四十一包六分九釐六毫乾隆十三年內奉旨蒲草歉產加鹽拾觔又乾隆十六年內奉旨恩加鹽十觔共配鹽三百六十四觔改子鹽四十四包一分二釐一毫每引納稅銀二分商人支納解司撥用每年行銷原無一定

掌記注雨雪陰晴之期每日詳記按旬呈報於上以驗農事之豐歉其有瑞雪時雨則隨時馳報不拘旬月之定規焉

掌捕撲蝗蝻之害稼者凡遇蝗起官吏躬自督捕紳士庶民無分畛域合力撲之盡滅而止

掌水旱不時之恤政

庫房典吏一人掌管庫銀錢之出納

戶倉房典吏一人掌常平倉穀其倉在縣署內東西二側倉廒六十一間自康熙二十二年至乾隆十三年內捐輸派添查盤盈餘俊秀捐監除節届撥賑外實存穀一萬六千四百四十五石八斗五升以備三鄉無力農民每年東

作方興缺乏籽種在詳請動支借給定例春借秋還并遇青黃不接市集糧價昂貴亦卽詳請動支平糶秋後採買還倉如遇年歲荒歉常平倉穀不敷賑恤申請協撥以資賑恤之需

掌三鄉之社倉其倉建設各鄉計七十九區共倉廒一百一十座每座置正副社長經管每年春借秋還照例收息自雍正元年至乾隆五十七年共貯本息穀一萬一千六百三十一石三斗四升一合四勺

倉長經管三年果能以鄉井休戚相關辛勤無悞遵照新

例由州縣詳府直隸州給匾奬勵六年無過許府州詳布政司給匾奬勵十年無過許布政司報院給匾嘉奬徇私者革懲侵蝕者治罪賠補倉正副俱於鄉耆內選允不得違例引用生監倉長稟事許徑赴縣署不許胥役隔手平時亦不許胥役至倉其經理勤妥之倉正副每歲正月傳集縣堂勞之酒食以示鼓勵

太平鄉社倉

白塔橋貯穀一百二十七石九斗七升五合倉建松影菴

宋杜沖貯穀八十八石零七升倉建黃柏沖廟

兩路口貯穀一百三十六石六斗倉建東嶽廟

閻家河貯穀一百一十一石四斗一升倉建祖師殿

三杏橋貯穀九十五石零二升五合倉建汪家廟

白蠟沖貯穀一百二十六石零八升倉建天皇寺

唐殿區貯穀一百零七石五斗四升倉建東華菴覺明寺

丁土城貯穀一百五十一石五斗三升倉建大覺菴

白沙嶺貯穀一百六十九石四斗九升倉建落茄菴法遠菴

邊堰蘇貯穀一百五十一石四斗六升倉建獅子菴東岳廟

高視山貯穀一百零六石五斗一升倉建迴龍寺雨花菴

益仁美堡貯穀一百三十八石倉建夏家堂夏家廟

土乘崗貯穀一百八十石零五斗四升倉建白衣菴江家廟

古城畈貯穀七十六石四斗五升倉建圓通寺

柏子塔貯穀一百四十石零八斗五升倉建柏子寺

靑山港貯穀四十七石七斗六升倉建婁家堂

墩陽灣貯穀二百二十六石五斗四升倉建東岳廟臥雲菴

石門畈貯穀一百一十八石八斗五升

細楊樹貯穀七十八石一斗倉建善慶菴

上馬河貯穀五十石倉建白廟

土門山貯穀一百四十一石五斗二升倉建東岳廟易家堂

張家店貯穀一百七十二石四斗倉建新佛寺

石板沖貯穀一百六十一石倉建楊家廟鄧家堂

伴仙亭貯穀七十四石四斗四升倉建胡家堂

黃棣石貯穀一百二十二石九斗九升倉建水口寺石河寨程家廟

懸鍾岩貯穀一百六十六石一斗九升倉建騎龍寺法雲菴

獨石區貯穀一百五十四石六斗六升倉建無花菴木龍菴

烏坑區貯穀九十二石六斗一升六合倉建水口寺

小河頭貯穀六十六石六斗九升倉建圓通菴

仙居鄉社倉

深溝區貯穀五十四石八斗八升倉建東岳廟

陶家園貯穀一百九十九石三斗一升倉建朝聖寺西陵寺

紫雲寺貯穀九十石零七斗倉建蔡廟

宋埠區貯穀二百零三石三斗九升倉建法勾寺

西河岸貯穀一百一十九石五斗三升倉建楊四廟

永寧區貯穀一百三十九石二斗二升倉建林河寺榮家廟

七家廟貯穀二百零四石五斗一升倉建七家廟

古城山貯穀一百九十七石六斗一升倉建馮廟鰲魚寺

會林區貯穀二百九十一石七斗九升倉建東岳廟

龍門沖貯穀一百三十九石三斗九升倉建完山寺

烏龍潭貯穀一百二十一石八斗五升倉建準提菴

走馬崗貯穀一百一十三石六斗九升倉建會斗觀

周鐵崗貯穀一百四十五石七斗九升倉建改家廟

陳墩灣貯穀六十七石五斗九升倉建圓通菴

朱家堡貯穀六十八石二斗　升倉建圓通菴

注王廟貯穀七十一石二斗五升倉建注王廟

岐亭區貯穀一百一十石零五斗六升倉建關帝廟

八里畈貯穀二百七十六石二斗九升倉建沙提寺

萬例岩貯穀一百三十五石一斗四升倉建廣林寺孝義堂

范公畓貯穀二百四十四石二斗三升倉建東岳廟

拜郊城貯穀二百零八石九斗倉建騎龍鎮

大城區貯穀一百零五石六斗四升倉建祖師殿

女王城貯穀一百五十石零五斗倉建金家堂站脚寺

西峯山貯穀二百零六石一斗九升五合倉建葉家堂興隆寺

天齊廟貯穀一百二十一石一斗七升倉建天齊廟

海林區貯穀一百五十一石零三升倉建東岳廟道寺

高峯山貯穀一百七十一石六斗四升倉建王家廟

鄭舖兵貯穀一百八十九石倉建胡家堂烏稟寺關帝廟

臥牛石貯穀一百七十九石四斗八升倉建聽松菴胡家堂

玉皇閣貯穀八十七石零一升倉建嚴家廟

夾沙洲貯穀七十二石五斗倉建胡家堂

河三墩貯穀九十五石四斗四升倉建張家堂廻龍寺

南湖畈貯穀一百二十九石四斗六升倉建南無廟祝家廟

黑沙洲貯穀一百二十三石三斗五升倉建古佛寺

亭川鄉社倉

曹家河貯穀一百九十一石六斗八升倉建唐建廟
鹽田河貯穀一百五十石零二斗九升倉建淨土寺
黃市區貯穀一百五十三石五斗五升倉建石林寺
東界嶺貯穀一百零三石一斗六升倉建蔡家廟
望花山貯穀六十一石九斗四升倉建吳家廟
落梅河貯穀一百六十石零七斗四合倉建胡家堂
白水畈貯穀一百六十二石七斗四升倉建白水寺岐山廟
東義洲貯穀四百一十六石五斗二升倉建大聖寺
白杲區貯穀一百八十六石一斗五升四合倉建選佛場

魯家台貯穀一百一十八石零二升倉建晏家廟東岳廟
沙井區貯穀四十石零三斗五升倉建沙街廟
南庄區貯穀一百六十六石九斗四升倉建東岳廟蘭若菴
青龍區貯穀一百六十四石七斗四升倉建龍王廟
龍池區貯穀五百二十一石零四勺倉建相公廟東岳廟針芥室福城菴
橫河區貯穀三百三十八石零六升倉建棲龍寺
二里河貯穀一百二十七石九斗一升二合倉建延壽菴
掌市集之糧價按月呈報消長貴賤之數以易錢而制其定價焉

麻城斛斗倉斛與京斛相同合市斗每斗止得七升部尺合市尺則部尺小一寸

元絲銀一兩易制錢八百五六十文不等紋銀照元絲貴賤五色申水

稻米一石准銀二兩大麥九錢小麥一兩六錢黃豆一兩六錢綠豆一兩八錢芝蔴四兩二錢包穀一兩五錢

麻城三鄉東北太平連仙居地勢高阜山田春季收割大小二麥夏栽插早中二稻秋後播種二麥平處田爲濃田時常有水春季無收夏季栽插早中二稻秋後不種二麥

山地俱係高陡年歲豐稔雨水時調潤澤其地所出黃綠豆芝蔴糕糧包穀烟葉棉花雨澤愆期止有減半不全

西南亭川連仙居地勢平坦田春收二麥夏栽插早中二稻秋種橋麥泥豆冬種二麥地春收二麥菜子夏種棉花秋種二麥隨居者近之地蘿蔔白菜年歲豐稔全收雨澤愆期塘堰車溉減半不全

三鄉各民人居眷紡綿織布西南帮各集鎮紡織居多居民赴就近行戶發賣亦有販運出境通河南四川等處

麻城地處山僻市物無珍異凡日用猪羊鵝鴨鷄隻喂養

希少俱係河南等處挑販進境鷄鵝鴨每觔貴時四十四
至五十六文賤時三十二至四十文羊肉每觔貴時三十
六至四十八文賤時三十二文猪肉每觔貴時五十二至
六十四文賤時三十二至四十文不等

三鄉社倉穀石經粤捻之亂鮮有存者茲仍其舊俾後
幸由不忘來復有待亦不去餼羊之微意云耳

麻城縣志卷五十一

禮書

禮房典史一人掌闔縣紳衿憲綱文册
掌搜訪遺書及稽察書籍之非法者若館閣徵輯故事蒐
羅金石古蹟寺觀祠墓之屬則書其實而上之
掌祭祀之牛及春秋壇廟之祭祀並一切典禮之儀注

慶賀儀注

聖誕元旦長至千秋節國家祥瑞先期知縣率屬習儀
闕帝廟畢衆官跪請

龍亭供奉縣堂上右列儀仗日鼓吹三次印官不升堂視
事至日三鼓衆官赴縣治慶賀如制文武官具朝服分東
西班叙丹墀下班定行初事禮三跪九叩畢班首官進詣
香案前致祠祝贊畢復位又行九叩禮然後三呼九叩而
退衆官跪送龍亭仍奉
闕帝廟内

涖任儀注

先日致齋於城隍廟淩辰祭城隍遂詣本治具公服謝
恩祭門祀竈易服受謁與僚屬乃署公移次日謁

文廟

救護儀注

日食豫行所屬前期布香案于縣治露臺金鼓列儀門樂列臺下拜位列露臺上下俱嚮日至期陰陽官報日初虧文武官俱朝素贊唱拜禮皆跪執事奉鼓詣班首官擊鼓三衆鼓齊鳴及拜圓贊唱拜禮畢月食亦如前儀

迎春儀注

印官穿朝服坐轎出東門行至春廠同各官飲春酒畢禮生引至芒神前讚就位揖禮畢芒神同春牛前行印官隨

後坐轎進東陞門行至衙門大門內禮生引至芒神前讚就位揖安神禮畢同各官在大堂飲春酒畢進署次日鞭春印官穿朝服禮生引至芒神前讚行二跪六叩首禮畢禮生讚引主祭官行三獻禮詣酒尊所執事者酌酒詣芒神神位前跪初獻爵亞獻爵終獻爵叩首興平身詣讀祝位跪衆官皆跪讀祝畢叩首興平身復位又行二跪六叩首禮畢鞭春禮生引至牛前讚就位揖鞭春圍牛轉三遍畢揖鞭春畢回署

鞭春儀注

每歲立春前一日印官具朝服率僚屬出迎薰門祭芒神春牛行五揖四拜禮迎于東郊教軍場演戲劇回供縣大門內東側越明日按立春時刻祭拜禮如前隨各執綵鞭擊土牛三匝僚屬如之

文廟儀注

每月朔望知縣以下官詣廟行香歲春秋仲月上丁日致祭學宮分列正獻分獻官生員執事者並樂舞姓名送縣張榜先期各官齋詣所省牲視滌器屆期五鼓齊集知縣正獻分獻陪祭各官入兩旁門序立贊引官導承祭官至

盥洗處盥手畢引至臺階下立典儀唱樂舞生就位執事官各司其事分獻官陪祭官各就位贊引官贊就位承祭官就拜位立分獻官隨後立典儀唱迎神唱舉迎神樂奏咸平之章樂作贊引官贊跪叩興承祭官陪祭官分獻官俱行三跪九叩頭禮興樂止典儀唱奠帛行初獻禮唱舉初獻樂奏寧平之章樂作贊引官贊陞壇導承祭官由東階上進殿左門贊引官贊詣

至聖先師孔子位前承祭官至案前立贊引官贊跪叩興承祭官行一跪一叩頭禮贊引官贊奠帛捧帛官以帛跪

進承祭官接帛供舉立獻畢贊引官贊獻爵執爵官以爵跪進承祭官接爵拱舉立獻畢行一跪一叩頭禮興贊引官贊詣讀祝位承祭官詣讀祝位立讀祝官至祝案前一跪三叩頭捧祝版立於案左樂止贊引官贊跪承祭官讀祝官分獻官陪祭各官俱跪贊引官贊讀祝讀畢捧祝至
正位前案上跪安帛匣內三叩頭退樂作贊引官贊叩興承祭官及各官行三叩頭禮興贊引官贊詣
復聖顏子位前承祭官就案前立贊引官贊跪叩興承祭官一跪一叩頭興贊引官贊奠帛捧帛官跪進於案左承祭官接帛拱舉立獻案上贊引官贊獻爵執爵官跪進於案左承祭官接爵拱舉立獻案上行一跪一叩頭禮興贊詣
宗聖曾子位前如前儀贊詣
述聖子思子位前如前儀贊詣
亞聖孟子位前如前儀其十哲兩廡分獻官俱照前儀行禮畢贊引官贊復位承祭官分獻官仍詣
至聖先師位前立樂止典儀唱行亞獻禮唱舉亞獻樂奏安平之章樂作贊引官贊陞壇獻爵於左如初獻儀贊引

官贊復位承祭官分獻官各復位立樂止典儀唱行三獻禮唱舉三獻樂奏景平之章樂作贊引官贊陞壇獻爵於右如亞獻儀贊引官贊復位承祭官分獻官各復位立樂止典儀唱飲福受胙贊引官贊詣受福胙位承祭官至殿內立捧酒胙官二員捧至
正位案前捧舉至飲福胙位右傍跪接福胙官二員在左傍跪贊引官贊跪承祭官跪贊飲福酒承祭官受爵拱舉授接爵官贊受福胙承祭官受胙拱舉授接胙官贊引官贊叩興承祭官三叩頭興贊復位承祭官復位立次行謝福胙禮贊引官贊跪叩興承祭官分獻官及陪祭各官俱行三跪九叩頭禮興典儀唱徹饌唱舉徹饌樂奏咸平之章樂作徹訖樂止典儀唱送神唱舉送神樂奏咸平之章樂作贊引官贊跪叩興承祭官分獻官及陪祀各官皆行三跪九叩頭禮興樂止典儀唱捧祝帛饌各詣燎位捧祝官捧帛官至各位前一跪三叩頭捧起祝文在前帛次之捧饌官跪不叩頭捧起在後俱送至燎位承祭官退至西傍立候祝帛饌過仍復位立典儀唱望燎唱舉望燎樂奏送神同樂作贊引官贊詣望燎位導承祭官至燎位立祝

帛焚訖樂止贊引官贊禮畢退
崇聖祠則卽日知縣率屬先祭正殿行三獻禮三跪九叩
頭
南北壇儀注
正獻官於祭前一日省牲用蟒袍補服行三跪九叩禮於
祭之日黎明用朝服頂帽盥洗就位瘞毛血迎
神行三跪九叩禮畢詣
神位前行三獻禮畢詣祝位前跪讀祝文畢至飲福受胙
位飲福受胙三叩首復位送

神仍行三跪九叩禮是時卽更衣用蟒袍服祭
馬王土主二廟行兩跪六叩禮畢
眞官祠行一跪三叩禮
雩壇儀注
印官朝服頂帽行三跪九叩禮詣
神位前行三獻禮讀祝文三叩首復位送
神仍行三跪九叩禮是時卽更衣用蟒袍補服平頂至東
門致祭城門行兩跪六叩禮詣
神位前上香獻爵獻帛讀文畢送

神仍行兩跪六叩禮
先農壇儀注
祭日各官衣朝衣禮生引承祭官至拜位通贊唱執事者
各司其事陪祭官各就位承祭官就位通贊唱瘞毛血禮
生引詣盥洗所贊盥洗淨巾引詣香案前贊迎神行二跪
六叩頭禮興行初獻禮引詣
神位前跪奠帛獻爵叩頭興詣讀祝位跪衆官皆跪宣祝
文畢叩頭興引唱復位通贊唱行亞獻禮引詣
神位前跪獻爵叩頭興復位通贊唱行三獻禮如亞獻儀

通贊唱飲福受胙引唱詣飲福受胙位跪飲福酒受福胙
跪叩頭興謝胙一跪三叩頭興復位通贊唱徹饌送神行
二跪六叩頭禮興通贊唱司祝者捧祝司帛者捧帛各詣
燎所引唱詣望燎位焚畢揖復位通贊唱禮畢各官更蟒
衣詣耤田行耕耤禮
耕耤儀注
一官捧青箱一官播種各官俱用右手扶犂左手執鞭各
行九推禮農夫終畝耕畢各回官廳更朝衣望
闕恭行三跪九叩頭禮仍將遵行耕耤日期具奏 省城總督巡撫

秉耒知縣執青箱知府播種府城知府秉耒佐貳執青箱
知縣播種州縣則正印官秉耒佐貳執青箱播種專城衛
所亦用正印官秉耒如無屬
員即選擇耆老執青箱播種

關帝廟儀注

祭日贊引官引承祭官進左傍門至盥洗所贊盥洗盥洗畢引至殿內行禮處立典儀唱執事者各司其事贊引官贊就引承祭官就位立典儀唱迎神司香官捧香盒就香爐左邊立贊引官引承祭官就香爐前立司香官跪贊引官贊上香承祭官立將炷香接舉插爐內又上塊香三次畢贊引官贊復位承祭官復位立贊引官贊跪叩興承祭

官行三跪九叩頭禮典儀唱奠帛爵行初獻禮捧帛爵官將帛爵捧進
神位前奠帛官跪獻畢行三叩頭禮退執爵官立獻畢退讀祝官詣安祝文桌前行一跪三叩頭禮捧起祝文立贊引官贊跪承祭官讀祝官俱跪贊讀祝文畢捧至
神位前跪安盛帛盒內畢行三叩頭禮退贊引官贊叩興承祭官行三叩頭禮立典儀唱行亞獻禮執爵官照初獻禮獻畢退典儀唱行三獻禮執爵官自案右邊照亞獻禮獻畢退典儀唱徹饌唱送神贊引官贊跪叩興承祭官行三跪九叩頭禮立典儀唱捧祝帛饌各詣燎位捧祝帛香饌官各至
神位前俱跪捧祝帛官行三叩頭禮香饌官不叩頭將祝帛香饌依序捧送承祭官退至西傍立候捧祝帛各官過畢復位立贊引官贊詣望燎位承祭官至燎爐前焚訖揖贊引官贊禮畢退

厲壇小祭儀注

印官於祭前一日用牒文啟
城隍主祭行兩跪六叩禮於祭日用蟒袍補服恭迎

城隍至厲壇省牲行兩跪六叩禮待疱洗畢致祭行兩跪六叩禮詣
神位前上香獻爵獻帛讀文畢復位仍行兩跪六叩禮送
神至廟一揖而退

送學儀注

印官升公座各童在大堂行四拜禮畢各童披花紅畢又謝印官四拜禮畢鼓樂乘騎迎各童先行印官隨後坐轎送
文廟率領各童在

大成殿行謁廟禮三跪九叩首禮畢行至明倫堂儒學官在東印官在西行送學禮四拜畢儒學官轉西印官轉東又行四拜禮四拜畢印官領各童與儒學行謁見禮四拜畢各童謝印官又行四拜禮印官西向答揖畢印官同儒學在明倫堂飲公宴酒畢回署

鄉飲儀注

明洪武五年令中書省詳定條式十六年禮部定到鄉飲酒圖式儀注令府州縣里社一體舉行

國朝因之每歲正月十五日十月初一日於儒學舉行前

一日執事者於儒學之講堂依圖陳設坐次司正率執事習禮至日黎明執事者宰牲具饌主席及僚屬司正先詣學遣人速賓僎以下比至執事者先報曰賓至主公服率僚屬出迎於庠門之外揖入主居東賓居西三揖三讓而後升堂東西相向立贊兩拜賓坐執事者又報曰僎至主席又率僚屬出迎揖讓升堂拜坐如前儀賓僎介至既就位執事者唱司正揚觶執事者引司正由西階升詣堂中北向立執事者唱賓僎以下皆立唱揖司正揖賓僎以下皆揖執事者以觶酌酒授司正司正舉酒陳詞讀畢執事者唱司正飲酒飲畢以觶授執事執事者唱揖司正揖賓僎以下皆揖司正復位賓僎以下皆坐唱讀律令執事者舉律令案於堂之中贊禮引讀律令者詣案前北面立唱賓僎以下皆立行揖禮如前讀畢復位執事者唱供饌案執事者舉饌案至賓前次僎次介次主三賓以下各以次舉訖執事者唱獻賓主起席北面立執事斟酒以授主主受爵詣賓前置於席稍退贊兩拜賓答拜訖執事者又斟酒以授主主受爵詣僎前置於席交拜如前儀畢主退復位執事者唱賓酬酒賓起僎從執事者斟酒授賓賓受爵

詣主前置於席稍退贊兩拜賓僎主交拜訖各就位坐執事者分左右立介及三賓衆賓以下以次斟酒於席訖執事者唱餘酒或三行或五行供湯又唱斟酒飲酒供饌每一獻歌詩一節（鹿鳴南山）七獻七章畢執事者唱徹饌徹畢主賓以下皆起席降主賓至月臺下望

闕謝

恩主賓排班班齊行三跪九叩首禮畢退班復登排班僎主僚屬居東賓介三賓衆賓居西贊兩拜畢唱送賓以次下堂分東西行仍三揖出庠門而退

學規

順治九年禮部題奉

欽依刊立臥碑置於明倫堂之左曉示生員

康熙四十一年

御製訓飭士子文頒行各學

雍正三年

御製聖諭廣訓及朋黨論頒發各學刊刻朔望宣誦

學政全書內載凡生儒務將平日所習經書義理著實講求躬行實踐不許別創書院羣聚徒黨及號召他方遊食

無行之徒空談廢業因而起奔競之門開請託之路

孝弟廉讓士子立身大節有敦本尚實行誼表著者取具本學及本族鄰里甘結申送提學覈實即加獎賞以勵頹俗

淡薄質素儒者宗風如以浮華輕佻相高縱酒宿娼蕩閑越檢自等于市井少年之輩有犯必黜不得少貸凡遇

聖節元旦冬至及丁祭一應禮儀務須整齊嚴肅至於謁見上官毋失禮毋足恭務須循循雅飭師生教學胥此可覘

康熙三十九年覆准直隸各省奉有欽頒

上諭十六條每月朔望地方官宣讀講說化導百姓今士子亦應訓飭恭請

御製教條發直省學宮每月朔望令儒學教官傳集該學生員宣讀訓飭務令遵守如有不遵者責令教官并地方官詳革從重治罪

雍正六年覆准士子妄肆筆墨民間造作奸言關係人心風俗不小嗣後士子讀書作文惟當發揮義理闡揚名教其一切放誕狂妄之語概行禁止

雍正七年覆准律例內刑名錢穀條例具備乃涖政臨民之要務應令各學教官每當月課季考之次日將

大清律內開載刑名錢穀關係要緊者詳爲講解使之熟習淹貫預識政治之要

本學教諭訓導各一員見官師表其廩膳學生二十名二歲貢其一增廣生（原本缺）名附生無定額教官每年四季季考按月月課提督學院三歲再試之初歲試優劣有等再科試擇其尤者送入鄉試選拔二六年二十二年遴選一人充之雍正五年復奉

上諭居家孝友行止端方才可辦事而文亦可觀者一學
各舉一人文童歲科試入學十五名武童歲試入學十五
名同治六年題請加廣載後

通俗禮附

正月元旦五鼓起向北叩首曰祝聖啟門以酒酹地而拜
曰出方還室子弟以次拜賀自是親友慶賀讌飲或以粔
籹相饋三日以牲醴祀門戶神飲酒後各理舊業立春一
日觀迎春以土牛身首色卜水旱以芒神帽鞋占寒煥比
戶焚香酹酒曰接春十三日試燈元夕張燈是日粉米爲

團曰元宵張燈火每燈相遇爭勝負必鬬雖死不悔農人
以火炬照田兒童擊鉦鼓怨闤闠逐諸蟲之害稼者兒童
磨磚石二寸許上圓下銳就地鞭之名曰得螺諺語楊柳
活打得螺二月十五日曰花朝民家多以是日嫁娶三月
三日醮眞武寒食架鞦韆淸明掃墓簪柳踏靑兒童爲風
鳶之戲田家浸種東作方勤鄉人作茸餅俗名歃麯四月
八日是爲浴佛之期僧造烏米相遺問端午角黍交贈採
藥插艾蒲雄黃泛酒繫綵辟惡是月作紙舫祈神爲龍舟
會備旗旛鼓樂扮人物故事競尚華靡動破中人之產六
月六日曬書籍衣物造醬醋鹽豉俗以爲半年節七月七
夕乞巧中元祀先集浮屠爲盂蘭會八月中秋作餅相送
具菱藕瓜菓爲賞月之讌九月重陽登高掃墓民家釀酒
十月朔日爲十月朝田家飯牛以陰晴占穀價十一月有
家廟者合族祀祖先十二月初八日啜臘粥雜秔豆棗栗
亦有以是日嫁娶者兒童以鷄毛植錢孔中縛以綵綿蹴
之名曰毽子二十四日曰小年掃舍宇夜祀竈神數日內
金鼓爆竹喧聲不絕具酒饌祀祖先曰年羹飯除日張春
聯於門闔戶後燃燭焚香拜祖先及尊長曰辭年更闌後

後或出聽人言語以卜來歲休咎曰聽讖田家以夜半候
釜中輒得五穀米粒以其楞飽占來歲豐歉曰試鍋合家
促坐飲酒曰團年或有圍爐終夕不寐者曰守歲

掌學政歲科之試事儒學廩膳生員二十名增廣生十名
附生無定額每歲試科試錄童生一十五人爲生員同治
六年題請加廣除暫廣十五名外科歲試永廣十二名連
前正額十五名共取進二十七名永爲定例外府學
廩生爲歲貢生者三年二人拔貢生十二年一人每逢酉
年乃得選拔

掌報捐輸粟之監生每歲終彚上監生之結狀
掌舉報境內之忠孝節義臚其事實呈於上官而請
旌於朝
掌城村之鄉約鄉黨公推老成而有德者以爲鄉約
掌僧道陰陽醫學內四職惟陰陽學向無頂充之人
掌闔縣民數戶口清册麻城共三鄉曰太平曰仙居曰亭
川太平鄉共四十五區計大小男女共八萬原本缺千原本缺百原本缺
十原本缺口係虎頭司專汛仙居鄉共五十四區計大小男女
共十二萬六千四百三十九口係鵝籠司專汛亭川鄉共

二十四區計大小男女共七萬四千二百九十五口係典
史專汛
掌學田膏火向係儒學經管於乾隆三十年歸縣管理額
載學田二百零四畝所收租穀分送書院院長及寒生五
名以爲膏火之資
嘉慶丁丑年鮑臨雲捐闔邑文童府院試卷費銀壹千兩
每屆取生息作用
道光甲申年劉錫齡捐闔邑縣試文童卷費錢一千五百
串至咸豐初劉家中落乃廢知府羅文樞如數捐出使廢
墜復興又捐文會試賓興錢壹千串均以生息作用碑存
試院
光緒二年樞長子羅汝吉又捐文會試賓興九九錢壹千
串正分領存生息作用
羅守禮思禮志禮公捐闔邑文童默寫聖諭卷費錢五百
串分存縣府
道光乙未年邑西屆璞堂倡捐闔邑文武鄉會賓興九九
八錢壹萬串交存各典生息咸豐同治之亂各典歇業將
錢取存殷實各戶因賀姓三典虧挪僅歸九九八錢捌千

零八串同治辛未南鄉羅德振同姪啓迪續捐文武鄉會
賓與九九八錢貳千串仍派四鄉領存分立帳五本妥議
章程公舉城鄉首士五人領帳掌管每屆試期先行支取
生息輪流赴省發給前巳詳請彚案後復酌加數款具禀
彚案以後散費領費者均各遵照章程毋使縻墜屆碑建
試院
劉長年捐闔邑文鄉試卷費銀二百三十兩每屆以生息
作用同治甲戌瑜城荆泌各號公捐銀叁千壹百兩存泌
本幫值年生息以爲闔邑科歲試新進院費碑建儒學試

院二處

麻城縣志卷五十二

兵書

兵房典吏一人掌驛站夫馬營汛文移麻城自國朝康熙十三年因吳逆猖獗增設守備一員千總一員把總二員兵丁二百五十名蕩平後於十八年至二十一年內裁去守備一員千總一員把總一員兵丁一百七十六名後復節次裁去今存留把總一員兵丁四十九名除分防四塘兵丁二十四名外寔存汛兵二十五名內馬兵一名戰兵二名守兵二十五名分防舊店塘兵丁五名內

戰兵一名守兵四名兩路口塘兵丁五名內戰兵一名守兵四名黃泥岔塘兵丁五名內戰兵一名守兵四名宋埠塘於乾隆二十七年十一月內奉准部咨添設額外一員領守兵九名各兵應領糧餉俱在黃州協領給把總經管城門鎖鑰看守東南西北城門各派守兵四名輪流守視傳遞公文協同縣役護解人犯銀兩額定一犯二卹

掌官府文移之鋪遞麻城縣額設八鋪共鋪司兵五十名西南至省城二百四十里南至府城一百八十里西北至

河南省屬之光山縣界貳百二十里北至黄福鋪四十五里縣前鋪鋪兵八名鋪屋坐落鼓樓街至十里鋪十里十里鋪鋪兵六名鋪屋坐落高岸河至白棠鋪十里白棠鋪鋪兵七名鋪屋坐落八里畈至白杲鋪十里白杲鋪鋪兵七名鋪屋坐落白杲街至望花鋪十里望花鋪鋪兵七名鋪屋坐落望花山至沙河鋪十里沙河鋪鋪兵七名鋪屋坐落沙河匾至黄岡縣交界之道觀鋪十里黄福鋪鋪兵四名鋪屋坐落邊堰蘇至王家樓鋪十里王家樓鋪鋪兵四名鋪屋坐落王家樓交河南省光山縣屬之長潭鋪四

十五里安設城市集鎮栅欄并救火器具東門水桶四個蘇搭鈎鐮四副水銃一副栅欄二道南門水桶四個蘇搭鈎鐮四副栅欄二道西門水桶四個蘇搭鈎鐮四副栅欄二道北門水桶四個蘇搭鈎鐮四副栅欄二道縣前鼓樓水桶二個蘇搭鈎鐮二副栅欄二道縣前義井水桶二個蘇搭鈎鐮二副栅欄一道縣左清源門水桶二個蘇搭鈎鐮二副栅欄一道白杲鎮水桶四個蘇搭鈎鐮四副水銃一副栅欄二道岐亭鎮水桶七個蘇搭鈎鐮七副栅欄四道走馬崗水桶四個蘇搭鈎鐮四副栅欄二道中館驛水桶四個蘇搭鈎鐮四副栅欄二道閻家河水桶四個蘇搭鈎鐮四副栅欄二道宋埠鎮水桶八個蘇搭鈎鐮八副栅欄二道北界嶺兩路口水桶四個蘇搭鈎鐮四副栅欄一道西界嶺舊店水桶二個蘇搭鈎鐮二副栅欄二道東界嶺黄泥畓水桶二個蘇搭鈎鐮二副栅欄一道

掌武生武童之試事凡歲考額取武童十五人爲武生同治六年　題請加廣除暫廣十五名外科歲試永廣十二名連前正額十五名共取進二十七名永爲定例外府學

掌民壯皂隸之册籍民壯一十八名習弓矢鳥鎗之技藝霜降則考察其藝業之善否而進退之皂隸一十三名供官吏之役事

同治辛未年武生鄧紹龍捐文錢四百串正

同治辛未年武生涂國泰捐对錢壹百串正

公存殷實之戶生息以息錢辦每屆卷費均已稟案

麻城縣志卷五十三

刑書

刑房典吏一人掌緝捕之事凡通緝奸宄逃官吏房主之內監禮房主之軍職兵房主之歲終則計其數而彙報其册籍入於通緝之簿牒刑房總其成焉

掌保甲編戶之法麻城所屬三鄉曰太平曰仙居曰亭川共計一百二十三區區有大小不一每區設立保甲一二名不等隆冬時令保甲牌頭在於通衢要隘豎立旅寨街市關廂建設柵欄每夜派撥烟民一人擊梆巡邏以防盜竊

太平鄉之義渡區一甲十六牌保正一甲長一郭家院區一甲十牌保正一甲長一金城堡區一甲十一牌保正一甲長一沈家庄區一甲十九牌保正一甲長一伴仙亭區一甲十二牌保正一甲長一石馬槽區一甲十一牌保正一甲長一古城畈區一甲十六牌保正一甲長一花橋河區一甲二十二牌保正一甲長一青山港區一甲十二牌保正一甲長一閻家河區一甲十九牌保正二甲長二丁土城區二甲十四牌保正二甲長二石觀音堂區一甲二十牌保正一甲長一石陂磨山區一甲十九牌保正一甲長一三杏橋區二甲三十八牌保正一甲長一唐殿

區一甲三十八牌保正一甲長一白沙嶺區一甲三十三牌保正一甲長一甑山河區二甲三十七牌保正一甲長一白蠟冲區二甲二十五牌保正一甲長一篤實區二甲五十八牌保正一甲長一墩陽灣區二甲三十牌保正一甲長一擇里堡一甲二十五牌保正一甲長一桃林義渡區一甲十牌保正一甲長一上義區一甲三十九牌保正一甲長一張家店區一甲十九牌保正一甲長一上馬河區三甲三十一牌保正一甲長一高梘山區二甲計十八牌保正二甲長二仁義堡區一甲二十七牌保正一甲長一李家壩區一甲二十三牌保正一甲長一小河途區四甲十一牌保正一甲長一戴家店區一甲八牌保正一甲長一會戶長區一甲七牌保正一甲長一白塔橋區四甲五十四牌保正一甲長一蘇坑區四甲二十四牌保正一甲長一柏子塔區二甲二十四牌保正一甲長一細楊樹區六甲二十五牌保正一甲長一邊堰蘇區二甲三十七牌保正一甲長一土乘崗區一甲五十六牌保正一甲長一黃隸石區二甲三十八牌保正一甲長一宋杜冲區二甲七十八牌保正一甲長一兩路口區一甲二十二牌保正一甲長一益美堡區一甲計九牌保正一甲長一德義堡區一甲五十二牌保正一甲長一石門畈區一甲三十九牌保正一甲長一懸鍾岩區二甲四十五牌保正一甲長二張留關區二甲九十牌保正二甲長二

仙居鄉之毛家墩區一甲十一牌保正一甲長一樊顧畈區一甲
計三十七牌保正一甲長一七里陟區一甲四十六牌保正一甲長一小
河嘴區一甲三十牌保正一甲長一七科松區一甲三十五牌保正
一甲長一女王城區一甲十二牌保正一甲長一紫雲寺區一甲二十
牌保正一甲長一大成區一甲十五牌保正一甲長一中館驛區一甲計
五十牌保正一甲長一王家集區一甲十六牌保正一甲長一龍門冲區
一甲二十八牌保正一甲長一夾沙洲區一甲二十九牌保正一甲長一
卧牛石區一甲十七牌保正一甲長一鄭鋪兵區二甲七十二牌
保正二甲長二河三墩區一甲五十五牌保正一甲長一高峯山區一甲

麻城縣志　卷五十三　刑書　二十四

三十牌保正一甲長一萬仞岩一甲四十五牌保正一甲長一七家廟區
一甲三十六牌保正一甲長一拜郊城區一甲六十四牌保正一甲長一
梅林區一甲四十七牌保正一甲長一會林區二甲二十八牌保正一甲
長一高陽觀區二甲四十七牌保正一甲長一向打石區一甲二十
五牌保正一甲長一宋埠區四甲五十牌保正二甲長四南湖畈區一甲
三十牌保正一甲長一黃閣區一甲十二牌保正一甲長一西河岸區一
甲九牌保正一甲長一深溝區一甲三十六牌保正一甲長一汪王廟區
一甲十五牌保正一甲長一岐亭區二甲四十九牌保正一甲長一永寧
區一甲十一牌保正一甲長一范家畚區一甲三十九牌保正一甲長一

吉埗山區一甲三十六牌保正一甲長一陶家園區一甲十五
牌保正一甲長一五里墩區一甲九牌保正一甲長一白田畈區一甲十
六牌保正一甲長一蕨淡山區一甲十九牌保正一甲長一八里畈區一
甲二十牌保正一甲長一余家院區一甲十二牌保正一甲長一徐家堡
區一甲十四牌保正一甲長一陳墩灣區一甲十二牌保正一甲長一袁
家河區一甲二十牌保正一甲長一董家堡區三甲七十牌保正
一甲長一朱家堡區一甲十三牌保正一甲長一榮羅堡區一甲十五
牌保正一甲長一黑沙洲區一甲　十九牌保正一甲長一新店區一
甲十九牌保正一甲長一周鐵崗區一甲二十七牌保正一甲長一走馬

麻城縣志　卷五十三　刑書　二十五

崗區一甲四十五牌保正一甲長一烏龍潭區一甲三十一牌保正
一甲長一天齊廟區一甲二十五牌保正一甲長一西峯山區一甲三
十四牌保正一甲長一石板冲區一甲三十四牌保正一甲長一土門山
區一甲六十六牌保正一甲長一
亭川鄉之本城五門五甲一百二十牌保正三甲長五曹家河區
一甲五十牌保正一甲長一義合區一甲二十九牌保正一甲長一合鮑
村區二甲二十二牌保正一甲長一鹽田河區一甲三十六牌保正
一甲長一東界嶺區一甲三十四牌保正一甲長一黃石區一甲五十
一牌保正一甲長一白水畈區二甲五十二牌保正一甲長一木子店區

一甲七十牌保正一甲長一二里河區二甲四十二牌保正一甲長一東義洲區一甲九十牌保正一甲長一落梅河區一甲六十牌保正一甲長一南庄區二甲四十五牌保正一甲長一木樨河區一甲九十二牌保正一甲長一沙井區一甲九牌保正一甲長一白杲區一甲三十五牌保正一甲長一三羅堡區一甲三十七牌保正一甲長一曾家臺區一甲四十三牌保正一甲長一望花山區一甲十九牌保正一甲長一程集區一甲十七牌保正一甲長一青龍區一甲七牌保正一甲長一陶家鋪區一甲十牌保正一甲長一沙河區一甲二十牌保正一甲長一横河區一甲七十牌保正一甲長一

掌五軍道理之册籍凡軍流之犯者一曰附近二曰近邊三曰邊遠四曰極邊五曰烟瘴

附近二千里東至浙江杭州府屬之仁和縣錢塘縣富陽縣又至嚴州府屬之桐廬縣又至江蘇蘇州府屬之崑山縣新陽縣又至太倉州屬之鎮洋縣嘉定縣南至廣東南雄府屬之始興縣保昌縣西至河南陝州屬之靈寶縣閿鄉縣又至陝西同州府屬之華陰縣北至直隸停止編發

近邊二千五百里東至浙江紹興府屬之餘姚縣又至寧波府屬之慈溪縣南至廣東韶州府屬之英德縣西至山西霍州屬之靈石縣又至汾州府屬之介休縣平遥縣北至直隸停止編發

邊遠三千里東至抵邊不足三千里南至廣東廣州府屬之三水縣南海縣番禺縣西至山西朔平府屬之馬邑縣朔州平魯縣北至直隸停止編發

極邊四千里東至抵海不足四千里南至抵海不足四千里西至甘肅涼州府屬之平番縣古浪縣北至直隸停止編發

烟瘴四千里雲南廣西州屬之彌勒縣又雲南府屬之晉寧縣又澂江府屬之江川縣又臨安府屬之通海縣

三流道里

二千里發浙江湖州府屬長興等縣

二千五百發山西平陽府屬岳陽蒲州府屬永濟等縣

三千里發山西太原府屬陽曲等縣

掌額設囚糧收禁重罪人犯無親屬領送者照例每名按日墊給米八合三勺薪菜錢五文寒暑給棉衣姜湯蓆扇等項墊給米價銀年修造報次年冬季赴布政司領回歸欵

掌人命盜竊并一切獄訟
掌旅店過客之簿籍書其往來之人姓名於簿而稽察之
循去還來半月一易其簿
掌禁宰耕牛以時出示而厲禁之
掌捕役仵作之名冊捕役八人分司四路以防竊盜仵作
三人專司驗尸檢傷提牢典吏一人掌監獄之啟閉禁卒
八人共其役事

署湖北黃州府正堂遇缺卽補府正堂加五級紀錄十次牟
為札飭事案據該縣翰林院檢討潘光烈等赴府禀稱為
除暴安良公叩作主事邑署差役向有定章詞訟不差捕
班以控案中人非竊盜可比自兵燹後差等弊竇叢生舊
章紊亂始於捕役祝榮升係罔邑纍犯巨案漏網逃來斡
充捕總勾鬪搕詐逞暴持權以致各班效尤卽有仲連升
周先太徐得義周福祥李鳳彩王光明蔡正洪曹發朋肆
銜毒暴虐良民日與地痞土棍穿鬪勾誣無事生有小事
成大是以誣訟盈庭凡案一准爭賄門丁名曰報差捧票

到手形同豺虎票內著名者名曰紅名未著名者名曰黑
名一同乘轎下鄉百端吼嚇自稱老爹鄉愚迎接畏如梟
獍傳齊人證到縣原被兩造各投歇家先辦盛饌數席名
曰差酒不辦酒席要錢二十餘串名曰折席再擬差費雖
極貧之家亦需席錢數十串稍厚者卽在數百串不等藉
口會頂報差多錢署違所願定遭凌辱猶復從中架權多
生枝節甚至蕩產殞命慘不堪言況値兹兵燹灰燼之餘
復慘遭差毒狠狽之害合邑切齒難遏其鋒去冬本邑貢
生蔡連雲控祝榮升李鳳彩統衆蔡正洪周先太曹發仲

蓮升等二十餘人禁城之內抄碎字號法堂之上毆辱邑紳縣主勘訊明確實係升等勾誣肆毒案已訊結斷將鳳彩責革榮升責押遞籍合邑稱快出具公稟議定差役章程十條投遞縣主稟請立案永垂乃升勢力神通內外賄託卽有邑中無恥混充紳士平日與該役等狐羣狗黨呼通一氣潛入署中關說以致縣主蠱惑彩仍復卯升早出押不獨未起地解業已復充總役朝令夕改愈長惡焰且所具公稟月餘之久未見批諭合邑士庶不勝悚惶計惟肅具公稟並將所議差役章程抄呈伏乞賞賜察覈一面

札飭將榮升仍行遞籍盡除衙毒並懇俯准所定章程刊勒石碑永遠遵行等情到府據此除批候覈飭麻城縣查案迅提祝榮升遞回原籍嚴加管束至所議章程尙屬妥協惟所定草鞋飯食亦屬違例仰麻城縣覆明出示嚴禁並令該紳等勒碑永遠遵守可也外合行札飭札到該縣卽便遵照迅將祝榮升備文押解交原籍地方官嚴加管束一面按照所控各役等分別懲革出示禁嚴並諭飭該紳等將所定章程勒碑永遠遵守仍將辦理緣由具覆查覈切切此札

附載差役章程

一議捕班原係拘拏竊盜未便傳喚士民嗣後懇照向例詞訟不差捕班

一議每案著差不過四名輪流差遣不准報差并票外黑名等弊

一議差脚照例每名祇給草鞋錢八百文近因飯食昂貴且有路途遙遠參酌加增十里外者加錢二百文再遠類推如案內有大般戸事甚費力者照路遠近錢再加一倍合共至多每案不越二十串之數不准另取私費

此條奉

府祖批諭惟所定章程飯食亦屬違例竊按照功令應無私與錢財之例然與其受搕索於無窮不若存寛厚於有制俟後詞訟案件差費仍照此條特不可再加分毫自取與受同科之咎

一議差等捧票下鄉不准坐轎免添一番滋擾如六十歲以上許乘小車驢馬

一議原被兩造至城均不備辦差酒并折席等款

一議被盜之家至城報案既經受害差等不得照他案索

取錢方

一議命盜重案倘有差等牽連無辜亦或串通拖累准受害之家及地方區甲公人查明禀究

一議控案訊明如係差等從中勾鬭誣控不准給費分文并禀請按鬭誣情節重輕究辦

一議各差服制不准著上色及外褂等衣以辨上下別貴賤

一議案内之人如違前議希圖行賄舞弊查出按賄數十倍處罰充作地方公項如係差役擡索廹不得已定行

投鳴地方區甲具禀訊明究懲本人免罰以杜與受弊端

查邑中原被兩造赴案各投歇家倘被差役擡索主人應從中排解如不按定章勸令多出錢文呼通勒索區甲公人查出卽以說事過贓禀究旁人過交亦照此例

四月初三日合邑在府續禀

敬禀者麻邑蠹捕祝榮升首肆兇惡荼毒地方二月初四日職同合邑紳耆在憲台前具禀去蠹安良請定差役章程蒙批候檄飭麻城縣查案迅提祝榮升遞回原籍嚴加管束至所議章程尚屬妥協惟所定草鞋飯食亦屬違例仰麻城縣核明出示嚴禁並令該紳等勒碑永遠遵守可也等因奉此足徵憲台體恤輿情除莠安良至意詎札飭到縣迄今兩月之久縣主竟置若罔聞延擱不發榮升仍屬肆行無忌並有報仇洩恨等語李鳳彩等並未遵札責革仍充役如故竊縣主藐玩憲札視同弁髦庇護差役恃爲爪牙倚勢作威藉端生事恐將來禍更不測理合肅具禀明伏乞

公祖俯賜察核仍飭縣主迅速出示並提祝榮升等到案究辦

免致差役横行以靖地方以安良善實爲德便謹禀

府憲牟批　候檄催麻城縣迅提祝榮升遞籍嚴加管束一面按照所控各役等分別懲革示禁立案毋再玩延致干咎戾

同治六年歲在丁卯暮春月　　日　立

麻城縣志卷五十四

工書

工房典吏一人掌官府廨署并壇廟城垣塘汎之工役

掌衙署應用什物及上司官員過往公館並延賓棹椅一切什物等項

掌耤田本城地租

掌各行經紀牙帖二百零八張分中下行中行納稅銀五錢下行納稅銀三錢內有年老事故查明稟請革退照例另招頂補詳換以敷稅額

各牙行坐落地方

本城糧食中行十三名每名納租銀五錢棉花布線中行五名每名納租銀五錢靛中行三名每名納稅銀五錢灰中行一名納稅銀五錢油蔴中行三名每名納稅銀五錢木中行一名納稅銀五錢猪中行二名每名納稅銀五錢茶中行一名納稅銀五錢燒紙下行一名納稅銀三錢魚下行五名每名納稅銀三錢烟葉下行五名每名納稅銀三錢油餅下行一名納稅銀三錢

中館驛在縣西離城三十里糧食中行二名每名納稅銀五錢棉花布線中行二名每名納稅銀五錢木中行二名每名納稅銀五錢猪中

行一名納稅銀五錢

宋埠在縣西離城五十里糧食中行二十六名每名納稅銀五錢棉花布線中行十五名每名納稅銀五錢油蔴中行七名每名納稅銀五錢驢皮中行一名每名納稅銀五錢磁器中行一名每名納稅銀五錢木中行七名每名納稅銀五錢猪中行三名每名納稅銀五錢高脚中行一名納稅銀五錢船中行一名納稅銀五錢燒紙下行四名每名納稅銀三錢烟葉下行籮脚下行一名納稅銀三錢魚下行三名每名納稅銀三錢油餅下行三名每四名每名納稅銀三錢高脚下行一名納稅銀三錢油餅下行三名每名納稅銀三錢

岐亭在縣西離城七十里糧食中行五名每名納稅銀五錢棉花布線中行三名每名納稅銀五錢猪中行一名納稅銀五錢木中行一名納稅銀五錢

白杲在縣南離城三十里油蔴中行四名每名納稅銀五錢糧食中行十三名每名納稅銀五錢棉花布線中行十一名每名納稅銀五錢猪中行二名每名納稅銀五錢木中行一名納稅銀五錢布中行一名納稅銀五錢魚下行三名每名納稅銀三錢烟葉下行一名納稅銀三錢油餅下行一名納稅銀三錢

閻家河在縣東離城二十里糧食中行九名每名納稅銀五錢棉

花布線中行二名每名納稅銀五錢 油蔴中行一名納稅銀五錢 木中行一名納稅銀五錢 魚下行一名納稅銀三錢

閔家集在縣南離城十五里糧食中行一名納稅銀五錢 棉花布線中行一名納稅銀五錢

孫陳集在縣南離城二十里糧食中行一名納稅銀五錢 棉花布絹中行一名納稅銀五錢 木中行三名每名納稅銀五錢

吳家集在縣南離城三十里糧食中行一名納稅銀五錢 棉花布線中行一名納稅銀五錢

吳和集在縣南離城三十里木中行二名每名納稅銀五錢

永和集在縣西南離城三十里棉花布線中行一名納稅銀五錢

炎興集在縣西南離城三十里糧食中行二名每名納稅銀五錢 棉花布線中行一名納稅銀五錢

兩路口在縣南離城九十里糧食中行一名納稅銀五錢

走馬崗在縣南離城三十里糧食中行一名納稅銀五錢 棉花布線中行一名納稅銀五錢

浮橋河在縣西離城二十五里木中行一名納稅銀五錢

小河嘴在縣西離城二十里猪中行一名納稅銀五錢

七里陂在縣西離城二十里木中行一名納稅銀五錢

以上通共中行一百七十四名下行三十四名共給牙帖二百零八張每年奏銷額解牙稅銀九十七兩二錢

其銀兩仍彙歸戶房報銷

掌牛驢稅項各行戶買備牛驢騾隻三錢投稅每年奏銷時解稅銀七兩二錢

麻城縣志卷五十五上

知縣事臨桂鄭慶華纂修

兵事志　駐守　團防

潰池竊據小醜跳梁生靈保衛厥績維彰疆通皖豫迹捕欃槍苞桑永固姓字齊芳

駐守

梁作楫湖南人知府加道銜咸豐庚申以凱字全軍守麻周城建礮臺掘濠築塹城賴以固辛酉春賊目四眼狗蜂擁撲城副將劉中和請先挫賊鋒以本部軍出追賊至烏石山遇伏力戰死賊復合圍攻城賴鎗礮迭施斃賊多名次日始颺去時知縣吳戎亭涂典史金城守伍一同堵禦

麻城縣志　卷五十五上　駐守　一

王允昌鄖陽人參將同治壬戌至城駐守癸亥春捻逆自河南竄至副將楊昌林奉撫憲檄守北界至四道河遇賊嚴飭部伍奮力堵剿以衆寡不敵還城賊尾至翼日辰刻有黑馬賊首悍勇前驅允昌以礮擊斃賊懼遂南竄

向百福四川人參將同治癸亥以毅桓副右營駐守甲子五月賊大至號百萬圍城數次皆力却之兼賑難民之在城者一日書記萬明儒出探偵賊目高宗保諭以　朝廷恩澤上憲仁厚保遂率所部投誠後官兵大至奮勇迎剿七月二十四日賊遁時官中堂督湖廣百福詣省報捷詢其實具以告中堂喜曰此百戰百勝兵也乃更其營爲百勝營

團防

麻邑團防始於前知縣姚公國振咸豐壬子賊逆上竄勉諭城鄉紳耆練勇至甲寅秋闔邑團起卒受其益雖戰守不一而保衛則同備列其名以爲急公者勸

信安城內團練記

麻城縣志　卷五十五上　駐守　二

同治丙寅戎馬倥傯之際余來司麻鐸心竊惴惴焉時統帶百勝營向君壽山駐城有年告余曰麻邑團練較他縣爲最足資捍禦無恐也夫當髮逆披猖之日麻居南北之衝又以富足聞爲賊所窺伺者屢矣不有團練其何以恃以余所見是年冬賊至麻邑邊境城中練勇與百勝營勇分布城口余同西齋劉君厚安戎廳涂君蘭谷城守伍君桐軒捕廳金君應三各守一門邑侯黃君蜀庵督巡之賊聞麻有備輒颺去則團練之功爲多也先是粵逆倡亂於咸豐壬子冬至楚各縣戒嚴邑侯姚諭武生李克明監生

熊太臨監生李廷榮等倡首團練次年六月賊掠麻屬宋埠郎隨邑侯帶勇堵勦賊遂潰遁當蒙保奬在案甲寅秋賀邑侯署任復諭李廷榮議叙熊廷燿州同王思功從九熊紹洲貢生鄒繩謨李克明主簿戴廷謨府經歷熊天奇州同熊天耀武生鄒士鑑周仍校等在考棚設合邑團練總局招勇數千守各路要隘後隨楊制軍許府憲帶勇出境勦賊收復黃梅廣濟各地方辛酉春吳邑侯到任稟請撫憲於城中設立與守總局並於閻家河白杲宋埠黃土岡四鄉各設一局與城局聲氣相通諭儘先都司李克明

監提舉銜李廷榮即選道鄒述學舉人熊天均舉人梅調羹六品銜候選縣主簿戴廷謨等在局經理於是築砌樓建碉卡濬城濠修木柵凡滾木礌石及旗幟薪糧無一不備旋奉胡撫憲檄委李廷榮戴廷謨勸辦捐輸解充軍餉並皖省轉運繼因捻匪逼警分諭李克明帶勇隨官軍助勦李廷榮籌費濟軍戴廷謨管理文報鄒述學梅調羹歸鄉團練又補溹州同范在楼監生周喬桂候選訓導張維城六品銜從九王廷佐附貢李廷槐於局其時兵差絡繹髮捻時驚事愈繁而責愈重有不得不然者焉因復設五門練局東門揀諭武舉白紹科議叙五品藍翎熊廷燿從九唐程萬貢生白兆熊監生陶錫熊議叙熊廷揚監生萬承寵優武生高登雲從九萬崇軒西門諭儘先拔補守備鄒春元議叙彭振芹千總鮑翼六品銜周炳乾從九宋均平職員熊文柄監生王慶和軍功張維堃監生唐奉璋南門諭議叙陶啟珍從九銜優生宋鳴瑞六品銜監生熊天錫六品銜從九周先實六品銜從九何輔臣五品軍功梅錦璧軍功監生蕭孺年從九陶啟瑞監生甘受和監生蕭汝弼從九梅在馨北門諭從九熊天曉監生李映奎州同

銜監生鮑永喬武生李萬鵬軍功高澤梅中書銜吳祖鴻監生丁達潤監生蔡駿根州同李炳南職員戴廷相從九張詩望聖門諭千總銜武生石文中六品銜生員鄒士鉅千總銜葉廷楨監生涂作霖監生蕭錦春監生鮑馥堂軍功陳星階監生鄭光璜軍功余士俊軍功董躍龍同辦團防鬪警則登陴守禦日夜梭巡刁斗森嚴步武整肅賊亦知其有備而不敢犯古所稱衆志成城者其此之謂與厥後同治癸亥二月九日賊捻擱入邑北福田河黃土岡邑侯王兆海楊軍門帶兵堵禦賊捻往來如織罔敢逼城甲

子夏五月髮逆捻匪合羣近數十萬蜂擁撲城堅圍八十餘日卒得保守危城安然無恙而賊亦自丁卯後漸次殄滅甫清邑紳等於是乎得以重新　聖宮補葺城垣創建衙署一切善後事宜從容就理者皆團練之功也其得力豈淺鮮哉迄今承平日久重修邑乘咸屬予爲之記予故縷陳其事詳列其名以見厥功之未可沒而衆聲之爲易舉云

光緒二年閏五月黃陂黃尊祿叙九氏撰於信安學署

咸豐庚申歲賊氛正熾胡中丞檄於縣城環築礮台及空心礮樓知縣吳林諭與守局紳李克明李廷榮戴廷謨等籌資建修礮台礮樓二十二座李廷槃并捐錢千餘串製買鎗炮火約厥後髮捻迭次竄麻晝夜圍攻足資捍衛生靈賴以安全同治丙寅歲知縣黃以慎同邑紳勸捐補葺城垣復加高三尺許

光緒丙子歲知縣鄭慶華捐廉百串并論城紳勸捐於城西官址建局屋以儲器械軍火外有銅礮拾尊鐵礮拾尊分置公所及五門城樓以資鎮守

熊天曉　咸豐肆年三月隨韓邑主至附城各區督勇肆月初二攻城七月賀憲奴復城池伍年劉憲諭自備經費同弟天奇天耀帶勇隨憲諭幫辦勸捐王憲諭辦防守兵局首士汪　差黃憲諭補修儒學城垣　僕憲諭督工衙署

甘紹元　咸豐同治間帶勇防勦並立忠義局附城樊顧區

唐玉清　監生　咸豐同治間練勇堵禦幫辦皖省轉運附城義渡區人保奬六品軍功

鄒述學　職道　咸豐四年四月初二日隨韓邑尊督勇攻城五年奉諭起忠義局六年奉諭幫辦捐輸局

鄒開旦　縣丞　　徐上達　武舉　　毛大甲　童生

庫占元　武舉　　熊成耀　軍功　　鄭光壽　監生

以上俱咸豐四年帶勇隨韓邑尊攻城

李中典　軍功　石陂區人咸豐肆年二月奉韓憲諭本區練勇四月初二日攻城殺賊盛多七月初六日在本區與賊開仗殺賊二百餘人又十六日帶勇攻復城池本年九月隨賀邑主帶勇至蘄水縣勦賊陣亡

張正德　監生　咸豐四年奉韓邑尊約會區衆倡首起團六月勦賊於佛頭山六年設立永清局並出境勦賊上憲奬給五品功牌

張世華　軍功　　曹學純　　李忠敬

王大昌　　李忠燮　　黃丹林

曾大臨　　鄭傳學　　鄭傳倫

張正鼇　張正本　張正順

張正緒　以上俱咸豐四年起勇殺賊並復城垣守要害出境勦賊屢立戰功上憲均予功牌有差

東鄉團練

教諭 詹兆朱　素有抱負修身力學務求實際咸豐四年賊陷邑城朱於六月二十四約本區紳耆督勇殺賊多名并斃曹賊目等旋復邑城賊聞風遁楊制軍奏賞翎職且製義民旗以獎區衆同治元年商麻教匪潛煽朱奉黃太守檄與童先桃協擒其魁亂遂平年八十卒朱在鄉設帷授讀門人之拾芹香擢巍科者不勝枚舉云

庠生 甘國楨　直質好義遇事敢為戊午賊踞邑城約衆督勇堵勦並招豫勇以萬計奉邑侯汪主其事於石城砦紮營圖復邑城未幾賊遁後屢勤辦團練

庠生 胡鼎三　咸豐四年約衆擒賊鎗勇敢先入遂殲賊同治元年隨諸仲擒教匪首事遂平

舉人 夏梧　木樨河人咸豐四年賊目黃和尚率衆索取民財梧與舉人余雅祥倡議擊之賊驚潰旋起團練八年隨汪縣主禦賊於石城寨九年充闔邑總局副練旋舉禮右營營官餘詳仕績傳內

武庠 方鴻輝　咸豐九年奉胡文忠公札委與監生張文煌監修松子關碉卡賊逆擒關成帥堵禦輝助勇敗之曾文正公奏保輝千總銜煌國子監學正銜

監生 余雅榮　咸豐四年約衆殺賊團練事起榮捐資招勇百餘名隨族兄雅彬助許府尊克復廣濟等處旋卒

舉人 余雅祥　木樨河人咸豐四年賊目黃和尚等擾民祥與夏梧倡議擊之賊遁同治壬戌教匪滋事邑令請兵捕勦祥時送郡試太守黃素羆重祥招問方畧祥以力可協擒無庸用兵致無辜受累黃

公從之禍遂靖

邑庠 童先桃　身有血性明大義咸豐四年夏賊擾鄉城桃不顧家利害倡首督勇殺偽頂天侯曹賊等約百餘人遂起團練同復邑城凡進攻近守皆有力元年秋奉府憲札勦除教匪保舉不及桃宴如也

主簿 李久椿　咸豐四年賊入境捐貲數千立大定局帶勇出境勦賊五年四月克賊於斬水楊家祠破賊數壘七月叠戰賊於上巴河竹花店等處同治三年立五峯雲霧黃姑三寨為東方保障

千總 鄭家駒　咸豐間捐貲打賊守禦出力九年奉胡文忠公檄建修長嶺關卡保都司銜

武舉 田春魁　咸豐十年禮字右營堵禦北界總理軍裝

生員 鄒炳照　生員 程午　都司 熊占元

監生 張際會　武生 汪化鵬　監生 屈大黃

監生 田先潤　監生 彭開運　州同 丁朝鎔

州同 曾紀三　生員 喻佩玉　監生 夏壽松

廩生 詹飛楷　軍功 邱本寬 保舉千總　監生 李汝霖

監生 胡濬信　生員 熊勲　貢生 蕭方升

生員 胡茂榮　監生 丁朝春　監生 鄒步青

貢生 鄒桂星　監生 胡心菊　監生 甘夔奎

從九 胡繼唐 修理碉卡保從九銜　曾初登　監生 黃文楷

貢生 喻振五　監生 歐陽文臺　生員 邱陵

軍功 童先楊　以上俱咸豐同治間奉諭團練防堵出力

咸豐六年設立思義局首士

鄒迺學 道職

張問政 生員

蔡大坊 監生

洪汝弼 監生

熊思善 生員

徐上達 武舉

募勇堵勦約費二萬餘金

南鄉團防

南鄉團練起於咸豐四年七月始而南六區南十一區隨催起界嶺等五區團練九月初南十七區於道觀河與賊開仗殲斃賊數十殺賊多人賊始潰退各區遂帶勇守沙河界嶺二卡九月杪南六區與白杲沙井三羅等區奉諭帶勇隨許府憲出境勦蘄水蘄州之賊六年隨府憲克復黃州廣濟黃梅八年賊踞邑城南鄉十七區公立成師局募勇二千餘人堵賊於黃土岡一帶助官兵克復邑城旋修理試院號板及藻鑒堂九年闔邑團練設南鄉分局十一年於白杲立南鄉總局由四年至此共用經費約十數萬同治三年後各處建立寨堡人民少得休息而賊始告盡

曾瑞華 優增生八品端方處事請練充望花區練首後推爲南六區總練首

胡濟泉 生員保舉訓導咸豐四年辦理本區團練聯絡六區五年捐貲出穀數百石募勇守沙河卡五六年隨府憲許進勦蘄水蘄州廣濟黃梅等處八年充成師局首士九年合邑團練充南鄉分局首士

程燕曾 舉人大挑四川知縣咸豐四年辦理本區團練聯絡六區五六年隨府憲許帶勇進勦蘄水蘄州等處

曾學錦 增貢咸豐四年七月仝程謹儀倡約南六區起團追賊堵守沙河卡九月隨府憲帶勇由黃郡進勦

至蘄水蘄州五年二月又隨府憲勦賊於淋山河八年帮理鑑字營軍務充成師局首士九年合邑團練充分局首士十一年帶勇仝成軍門守松子關擊賊賊遂潰同治元年充南五區集義局首士二年在本族籌費督修雲霧山永安堡

程謹儀 監生咸豐四年仝曾學錦倡約南六區始起團練

吳德潤 監生保舉州同咸豐四年七月起團聯絡六區勦賊守卡九月隨府憲許帶勇至黃郡進勦蘄水蘄州廣濟黃梅等處五六年又隨出境勦賊八年充成師局首士九年充南鄉分局首士同治三年隨縣憲守城六年勦辦白杲保安堡事

傅爲愷 生員咸豐四年七月起團守卡聯絡六區五六年隨府憲許出境勦賊蘄水蘄州廣濟黃梅等處又奉撫憲札監修閤邑馬鞍山礮卡

傅以翰 監生保舉花翎運同銜浙江卽補同知咸豐二年聞賊入楚境在本灣籌備經費募勇保衛四年勦辦團練

蔡觀國 監生品正行端咸豐四年七月起團聯絡六區守卡充陶家區練首年近古稀人咸重之

梁楚甲 從九品咸豐四年七月起團聯絡六區守卡充曾家區練首

戴其潤 監生咸豐四年七月起團九月隨府憲許出境五年又隨勦賊至蘄水蘄州等處

蔡開坊 四川補用知州咸豐四年辦理本區團練八年充成師局首士九年合邑團練充總局首士奉撫憲札監修硐卡

袁學濬 舉人保舉江西萬安知縣咸豐四年七月起團聯絡十一區帶勇守沙河卡隨府憲許出境勦賊充沙井區練首

王大堃 誥封五品銜咸豐四年七月起團聯絡白杲等十一區帶勇勦賊同守沙河卡五六年隨府憲許由黃郡進勦蘄水蘄州廣濟黃梅等處設立演習局籌費練勇八年充成師局練首九年合邑團練充總局團練奉札監修硐卡六年建保安堡砲臺

蔡寶書 雲南補用州同咸豐四年七月辦理本區團練聯絡六區守沙河卡迭次帶勇出境勦賊同治二年充南五區集義局首士

夏之澍 州同銜咸豐四年辦理團練帶勇守黃麻坳卡迭次勦賊出力

尹楚昌 監生咸豐四年辦理團練與夏之澍仝守黃麻坳七月同鄒成瀚蔡道源戴王美尹國樑尹應賢尹家祥尹國梅尹廷富龔開榜等帶勇斬獲劇賊胡元義與軍師番自兒江卯陸道士多名

童慶舒 監生咸豐四年七月起團充白杲區練首與王大堃等聯十一區守沙河卡六年捐助江中丞軍裝

八年充成師局首士九年充南鄉分局首士修保安堡及砲臺

羅慶雲 候選州同咸豐四年辦理白杲區團練八年充成師局首士九年充南鄉分局首士

羅克寬 候選州同咸豐四年辦理團練充三羅區練首捐資設立餘慶局八年充成師局首士同治五年倡修白杲保安堡舉充堡長保衛之力頁多

鮑鳳文 保舉知縣咸豐四年辦理團練迭隨府憲許出境勦賊

鄒成瀚 監生咸豐四年辦理團練迭次勦賊出力同治元年倡修靜山之仁壽堡

朱運東 翰林院待詔咸豐四年起團充朱家區練首八年充成師局首士

鮑銛 從九咸豐四年辦理團練迭次出境勦賊同治六年充鑑字營先鋒

程輔弼 藍翎五品千總咸豐四年辦理團練充義合區練首帶勇隨許府憲出勦蘄水蘄州之賊五年二月

帶勇隨府王岡邑
淋山河勦賊陣亡
余天榮 監生咸豐四年辦理團練八年充成師局首士
周瑞林 監生咸豐四年辦理團練聯絡東五區督勇堵守東界嶺充五區總練首九年充南鄉分局首士
劉錦松 監生咸豐四年起團充徐家區練首九年充南鄉分局首士
羅映奎 歲貢咸豐四年充三羅堡練首其品學端優見文苑傳
吳玉亭 舉人團防出力　羅立義 監生帶勇出勦
傅為琦 翰林院待詔團防出力　董金榜 軍功團防帶勇
傅為豫 監生團防出力　李兆梅 軍功團防帶勇
傅學源 生員團防出力　羅佑熙 軍功帶勇出勦

傅承鰲 監生團防出力　王鳳儀 生員團防帶勇
戴玉輝 監生團防出力　羅立廣 監生團防籌費
蔡道源 監生帶勇堵勦　鄒開鵬 監生團防出力
曾繼斌 從九團防帶勇　王仲登 監生團防出力
胡坤元 從九團防出力　鄒希藻 貢生團防出力
吳光烈 監生帶勇堵勦　楊錫臣 生員團防出力
戴楚翹 監生團勇出力　姜大典 軍功團防籌費
羅華藻 監生團防出力　梁宗賢 監生團防出勇
蕭　芬 歲貢團防帶勇　朱德增 監生團防出力

裴煥芸 廩生團防出力　甯廷釆 貢生團防出力
程魏煥 舉人四川知縣團防帶勇　婁漢章 生員團防出力
江才秀 監生團防出力　戴光笏 監生團防出力
王方謨 監生團防出力　鮑玉麟 軍功團防出力
劉謨恩 監生團防出力　王寶善 封職團防出力
袁學濱 軍功帶勇堵勦　蔡輝傳 軍功團防出力
馬雲駿 耆民團防出力　鮑長生 耆民團防出力
曹文昭 生員團防出力　胡正益 童生團防出力
徐光豪 監生團防出力　周　 監生團防出力

王煥章 五品封職團防帶勇　劉星炳 童生團防出力
朱　英 生員團防帶勇　丁達乾 監生團防出力
朱杏林 監生團防出力　蔡福升 五品銜團防出力
夏翹齡 監生團防出力　蘇德標 軍功團防出力
胡志堂 軍功從九帶勇出力　雷生華 監生團防出力
胡志伊 軍功團防出力

西鄉團防

馮廷錩 咸豐四年充同心局練首九年總團邑團練隨營効用官制軍保舉州同游保至藍翎同知銜

周滙川 貢生同心局練副六年帶勇搖塘勦三店賊又出境勦賊九年合邑團練充西鄉分局練首

林宜之 監生同心局西分局副練

郝凌霄 增生同心局城總局團練隨營效用游保訓導教諭加知州銜

羅啟宇 監生同心局副練

劉德馨 生員同心局西分局副練

周兆玉 生員同心局副練六年帶勇勦賊九年西分局副練

李思儉 監生九年西分局副練

郝兆階 附貢生九年西鄉分局團練

鄭兆械 監生同心局副練

李占魁 監生同弟五品頂戴聯魁武生應魁均范家坳區人咸豐四五年間督勇勦賊屢獲勝仗曾隨府尊許公克復府城又隨官軍克復邑城

項　映 訓導　胡超羣 安邑封員　何克復 藍翎從九

唐德潤 藍翎都司銜　項其昌 監生　毛大梁 監生

唐應璘 職員　毛景義 附貢　王介沂 廪生

傅成理 理問　熊兆松 生員　周海珊 職員

張法渠 生員　劉聚奎 生員　胡大倫 軍功

劉能捷 監生　劉世藻 監生　王者香 監生

胡秋泉 監生　周鳴鏗 監生　何維麟 監生

胡大品 軍功　郝輝楨 職員　屈文燮 理問

袁　魁 歲貢　龔文蔚 監生　周茂林 監生

林瑞庭 監生　吳鳳鳴 武生　葉楚材 生員

李應魁 武生　喻經綸 監生　劉芝松 監生五品藍翎

張之魯 監生　王錦襄 生員　周貢南 監生

唐　簡 監生　金秀楷 監生　鄧玉成 生員

陶熙載 生員　張會元 監生　董玉珂 生員

陳錫疇 理問　李文華 監生　羅　香 訓導

彭三捷 監生　蕭德瑞 監生軍功　袁繪廷 貢生

李　先 職員　王光柄 舉人　林向元 監生

謝家樹 監生　徐行業 監生　彭文煌 貢生

周濟利 監生　陳大恭 監生　余文學 監生

胡禎祥 監生　楊德美 文童　盛學湜 監生

陳德耀 監生　陳華萬 監生　以上同心局三十六區練首出勇勦賊

黃品隆 邑西萬仞區監生英敏有幹濟咸豐三年賊入境隆破家倡練經數十戰屢殺悍賊各路賊先後驚竄克復縣城楊制軍特給義勇青旗獎諭曰老英雄旋委署本邑城守催督團練賀憲臨任因乏軍

食隆出米百石資助自是各區團練因之並起隆奉制軍札諭帶勇勦賊隆子庠生光炳理問光煥任理問光爐隨斬水廣濟大營合勦光爐於廣濟力戰陣亡制軍洊保至衛守備賞戴花翎咸豐五年隆没年六十歲倡首團練其保衛地方力居多

梅啟懷 監生西北局練首九年闔邑團練另立西北分局與職員傅雲階武生王朝北監生劉坤玉監生王世豐監生周化南監生鄭漢元長子監生梅和羹三子知縣梅調羹等團練西北鄉

監生李宗煥　生員陶熙載　監生余獻芝　軍功監生洪森

均岐亭四義局練首

都司李楚雄　監生吳亮彩　貢生成功炳

均岐亭籌防局練首

同治四年賊駐新洲戎鎮王公率岐練勇及近鄉同勇防守嚴密晝夜梭巡於十二月初賊夜攻岐城雲梯而上焚燒大小南關外屋被勇傷斃梯賊炮傷關外賊衆多人始退同治五年帶勇出城勦賊賊被傷數人陣亡李姿爾陳汝茂張光勤劉明同治六年勇出河東勦賊陣亡李春富王艮友二人

北鄉團防

訓導郭時湘 官軍叠駐札諭籌粮隨援商邑効力麻黃撫憲有檄凱營助防邊籌營卡今猶贊勷訓導知縣官保奏詳

監生黃親佺 咸豐四年七月約東各區共起團練屢遣子侄出勇防堵坐鎮北鄉分局

州同余芝亭 咸豐九年黃土岡設立分局辦理團練事務亭著勤勞亦多資助

生員馬騚臣 咸豐四年踞城賊四路搜索臣情願燒屋不予賊財七月倡首團練器械鮮明

監生嚴培瀛 咸豐四年五年團練鄉勇襄理北局事務

監生伍鳳章 咸豐四年五年邑尊賀公劉公府憲許公屢調赴岐亭潘塘沙河防堵勇有紀律八年三月十九禦賊於紅石堰互有殺傷

生員伍鳳樓 咸豐年間與鳳章同辦團練

老民婁善謨 同治五年倡首修福臨堡同兄善守劉華亭袁光煥李魁章等同理堡事

監生李玉書 同治五年捻匪近堡與婁善謨等團防禦賊

潘祥榮 咸豐八年屢出勇防堵

生員蔡觀光 咸豐八年出勇至邑屬防堵

職員張之俊 咸豐八年出勇至邑東防堵

職員丁萬青 咸豐五年八年屢出勇至邑屬防堵

監生洪慶昌 咸豐四年五年出勇防堵邑屬

監生張之炯 咸豐間同洪慶昌團防

童生邱士舉　咸豐八年出勇防堵

西北團防

儒生沈登瀛　咸豐四年五月隨韓公撲城陣亡安邑舉人盧繪雲贊云讀古人書所學何事受知韓門殺賊不避龍困橋頭救援不至以身殉之身亡志遂豈不愛生君子尚義

監生朱濟南　隨韓公陣亡

王世友　隨韓公陣亡

生員張星藻　練勇防堵隨韓憲勦賊

監生丁瑞蘭　團防

童生熊名泰　隨韓公撲城使鳥銃斃賊先鋒一名

監生董戒三　咸豐六年清教匪於邑北又出勇隨韓公撲城

職員朱煥奎　與董戒三同籌團防

監生丁紹松　團防隨韓公撲城

監生黃琮　派勇至沙河防堵

職員黃立亭　帶勇至沙河防堵

監生段華　生員段暐　蕭雁賓　李文啟　李文熚　丁長青　生員丁煇蓮　凌年德　咸豐四年四月督勇約鄰區同至黃土嶺防禦捻匪保衛北方

監生何時霖　約豐義區紳耆互相團防

咸豐九年奉撫憲胡札城內設合邑團練總局四鄉各設分局並立禮右營建各隘硐卡置田產置局屋

修　聖宮總局首士

藍翎同知銜州同馮廷鎬

副貢生　詹兆朱

五品封職中書　王大堃

陞用縣訓導　郭時湘

知州銜教諭　郝凌霄

監生　蔡大坊

知州　蔡開坊

禮右營

營官舉人夏　梧

文案刑部主事蔡榮光

舉人蔡藜光

糧臺都司王藍田

監生郝芳蘭

軍裝武舉田春魁

各隘硐卡名目　麻城古名信安胡中丞擬用鎮定保固楚疆圍七字加安字上以爲卡名

松子關信安卡

長嶺關鎮安卡
九歇山保安卡
雙廟關固安卡
兩路口大界楚安卡
兩路口小界疆安卡
馬鞍山碉卡建立岡邑地界七年麻邑同心局奉撫憲胡
札監修　監修碉卡首士
奉札修碉卡首士四鄉各二　李克明武生保舉都司
東鄉夏　梧舉人直隸武陵縣　方鴻輝武生保舉衛千總

鄭家駒候補都司　張文煌監生保舉國子監學正
南鄉王大堃五品封職中書　鄭家駒千總保舉都司
蔡開坊候補知州　胡際唐保舉從九
西鄉馮廷錧藍翎州同加知州銜　傅爲愷生員
郝凌霄教諭加知州銜　張子慶保舉從九
北鄉郭時湘訓導陞用知縣　郭時湘陞用縣
蔡榮光舉人刑部主事　郭時溥生員
張　錫監生　監工
胡孔謨監生

東分局首士
生員童先桃生員甘國楨舉人余雅祥縣丞李久椿
監生彭開運生員鄒炳照監生張正德貢生喻鎮五
南分局首士
訓導胡濬泉縣丞吳德潤監生周瑞林生員曾學錦
監生董慶舒同知羅克寬同知羅舒亭
西分局首士
歲貢周滙川監生李思儉監生林宜之附貢郝兆階
生員周兆玉生員劉德馨

兆分局首士
州同余光輔監生黃清佐生員馬弼臣生員伍鳳樓
監生嚴培瀛
總局於咸豐十年價買李家樓毛屋岡夏家畈田二十一
石五斗五升
又價買申家巷屋二路均四脊後有餘屋前有院落院
前倉屋一大重院左房一間田屋印契存李臨豐
十年修聖宮暨兩廡四祠明倫堂並泮池前牌列
因四年八年賊駐邑城燬敗不堪故爲修整

麻城縣志卷之五十五下

陣亡殉難　　知縣事臨桂鄭慶華纂修

潢池氛熾鋒鏑所叢制挺撻賊此著膚公生爲士擘死亦鬼雄覼縷并述爲頑懦風

文官

姚國振　北直人運同銜麻邑知縣咸豐四年三月督勇禦賊陣亡於中館驛

韓寶昌　麻城知縣咸豐四年四月督勇禦賊陣亡於龍困橋

田象三　四川華陽人鵞籠司巡檢同治四年在任殉難

李克楨　直隸人試用司獄司咸豐四年三月督勇隨姚邑尊陣亡於中館驛

武官

劉中和　湖南新化縣人參將加副將咸豐十一年三月初四在縣南門外烏石山陣亡贈總兵

張文煥　籍貫未詳儘先副將咸豐八年三月在縣屬陣亡諡剛愍

黃占春　襄陽縣人游擊加參將同治三年在縣屬陣亡

胡　某　同治八年三月在麻溪河救鮑帥陣亡

武官 本邑人

邵成有　守備加都司銜同治三年在府屬陣亡

劉鳳高　都司同治六年在蘄水陣亡

唐家科　把總同治二年閏八月二十八在安陸府屬陣亡

李承萬　副將銜以克復城池功署平涼府游擊同治七年四月二十五狪逆陷城不屈死

黃光泰　四川巴縣浮圖關千總同治五年五月初一從軍陝西在鞏昌府陣亡奉旨入昭忠祠

文紳

陳際清　江蘇吳江縣主簿候選知縣咸豐十年在江蘇省城殉難

王鼎文　候選縣丞咸豐十一年在縣屬陣亡事聞　贈鑾儀衛經歷一代雲騎尉世襲恩騎尉

蕭長春　從九銜咸豐八年三月十一在縣屬陣亡胡宮保奏請　贈鹽知事銜

傅雲階　從九銜同治三年五月二十一在縣屬陣亡事聞　贈鹽知事銜

彭光耀　從九銜咸豐四年閏七月十三在縣屬陣亡

鮑師潛　從九銜咸豐辛酉年三月初六督勇禦賊勇潰被執不屈死

張文翀　六品銜候選縣丞咸豐十一年二月十七在三村井打賊受傷投水殉難光緒元年奏准旌䘏

毛大綺　縣丞帶兵守安徽陣亡

朱德埼　從九同治三年在丁家山被擄不從被害

項　烜　知縣銜候選訓導在沔陽陣亡事聞襲雲騎尉世襲恩騎尉

張文翀　從九光緒元年奏旌

武官 續補

楊應虎　參將陣亡照二品官祭葬給予世職

羅啟祥　副將陣亡

余崇德　都司陣亡

武紳

楊福興　外委同治三年在安徽陣亡

程輔弼　武庠保舉五品藍翎咸豐五年二月初十督勇至岡邑禦賊陣亡於淋山河奏入黃州府昭忠祠

李守忠　領馬隊以功授四品花翎在薛撫臺麾下同治元年與賊戰於松江府城下陣亡

吳萬登　守備銜加授河檢司銜同治乙丑年陣亡於南陽府老河寨

蔡全宗　協鎮銜同治三年六月二十五在本邑三里岡陣亡

周鳳彩　六品軍功同治二年三月十九在本邑張金灣陣亡

王常榮　六品軍功同治三年五月十三在陡坡山陣亡

黃光熩　衛守備咸豐四年十二月在廣濟車河鋪陣亡事聞世襲雲騎尉

張爽登　七品軍功光緒元年奏旌十四在縣屬陣亡

辛宗榜　軍功同治三年六月初六督勇陣亡

鄭元璋　都司銜光緒元年奏旌

文生

魯元孫　庠生明季八賊入境與兄振公弟聖叔俱庠生同衆守雲霧山堡糧盡砦破公以兄大宗義不可死促之逃須臾堡破被執賊愛其材欲生致之公大罵曰吾世守忠義斷不從賊逼至陶家舖公怒曰欲殺便殺何故相遲遂與家人數十俱被害

鐃立誠　庠生咸豐八年三月十一在邑城殉難

夏　唄　增生咸豐四年十二月二十九在廣濟縣屬陣亡初賊入境同區衆督勇殺賊復城制軍奬以義旗

謝道坦　庠生咸豐八年三月十三在本村殉難長子長達勦賊陣亡坦妻熊氏罵賊被戕達妻熊氏投崖盡節坦孫紹德力戰死事聞世襲雲騎尉

陳　懋　庠生咸豐八年三月十五被賊擄於城內不屈死

丁錫字　廩生同治六年二月二十九在邑南陶家寨罵賊殉難事聞襲雲騎尉世襲恩騎尉

曹之瑚　庠生同治二年九月十七賊至本村瑚罵賊戒勿燒殺姦擄賊怒戕死

張國隆　增生同治四年四月初六遇捻逆於榮家洲罵賊被戕事聞世襲雲騎尉

夏家鼎　庠生咸豐八年賊入境罵賊被戕死

何學海　庠生同治四年遇賊不屈死

薛元義　庠生同治六年與兄元仁督勇禦賊被害

盧啟洙　庠生恩賜舉人同治甲子爲賊所執逼降公罵不絕口被害

徐士銓　庠生同治三年賊擄至岡邑逼降不屈被戕死

武生

田立榮　咸豐十一年八月賊入境與鬬殺賊甚多身受重傷死隨從劉六同死榮妹亦於是日赴水死

范逢春　咸豐八年三月十一與胞弟勝勳堂弟勝壽同罵賊被戕

劉定國　同治三年在本區打賊陣亡

朱世昌　同治三年同守人和堡以缺水破不屈死

萬光第　同治三年七月督勇打賊被戕

李彩麟　同治三年於本區打賊陣亡

監生

葉柏林　咸豐三年六月二十八在縣屬殉難

鄭桂星　咸豐十一年二月十六在縣屬陣亡

曾樹德　捐餉團防同治三年五月十九禦賊被害事聞世襲雲騎尉

郝文魁　同治三年五月初八在縣屬陣亡光緒元年奏旌

袁華祝　咸豐八年三月十一賊至祝父茂梅病不能避祝侍父不離祝子文光文彦老僕陳發元亦甘同守賊執祝不屈殺之光彦發元救護被戕梅亦驚斃賊退鄉鄰見二犬守尸

張佐文　同治三年五月十八在縣屬陣亡幼子之炳以救父死事聞襲雲騎尉世襲恩騎尉

劉懷政　咸豐十一年三月初六賊至政諭以大義賊刵其耳罵不絕口賊以鉛斃之

胡朝曙　庠生孝友端方和睦族同治癸亥九月督勇禦賊十六日賊大至勇潰被執不屈死

朱濟甯　咸豐四年同耆民王世有隨韓邑尊勦賊陣亡於龍困橋

余謨署　咸豐八年賊至罵賊不屈死

汪秉爵　同治甲子年賊至罵賊被戕

劉能立　咸豐十一年賊入境立被執不屈死其子繼璜繼璁均以不降遇害

張文驥　咸豐十一年督勇打賊遇害

張宗銑　同上

蕭維濬　咸豐四年七月同區衆堵賊並攜帶勇丁梅學禮力戰同時殞命

夏文梅

彭守楷　咸豐八年督勇在閘河勦賊力竭被戕梅膺雲騎尉卹典

夏文高 咸豐八年督數區勇在閘河與賊打仗奮勇身先陣亡奏蜀旌世恤雲騎尉

屈文垣 光緒元年奏旌

圖首

汪名儒 文童咸豐四年帶勇隨楊制軍至廣濟陣亡郎汪金品

易士元 咸豐四年帶勇在黃岡縣屬陣亡

喻士球 咸豐八年帶勇在縣屬陣亡

彭清臣 咸豐八年帶勇在縣屬陣亡

馮賜發 咸豐十一年集勇禦賊被害

胡永耀 咸豐四年督勇陣亡於宋埠

周灼章 葉 恒 同治三年帶勇在本區禦賊陣亡

沈登瀛 儒士咸豐四年捐貲練勇隨邑侯韓勦賊陣亡於龍困橋

彭天和 儒士咸豐五年帶勇至岡邑禦賊陣亡

李忠典 咸豐四年九月帶勇隨賀邑尊至蘄水打賊陣亡

曾傳謹 同治三年五月十九在鳳到山禦賊陣亡

曾榮目 文童咸豐八年三月十一督帶鄉勇在閻家河勦賊被執不屈死陣亡鄉勇甚衆

張成德 文童咸豐四年十二月陣亡光緒元年奏旌

吳肖釗 儒童咸豐四年督勇攻賊在望城岡陣亡奏入昭忠祠

曾明道 咸豐八年三月集勇打賊被害後膺卹典

余衡堂 文童同治三年在縣屬陣亡

程望伊 文童同治三年在縣屬擊賊被戕

營兵
黃成共 新勝營同治四年在黃岡縣屬陣亡　鄒玉喜 貞右武營咸豐十一年在蘄水縣屬陣亡
會呈選　梅定安　管復勝　毛洪興
鄒道新　王珍德 以上俱得勝營同治三年在蘄水縣屬陣亡
方正保　涂得勝　王元和　陳得勝
鄒大發　李宏升　董卿雲　姚道全
徐興元　李太興　王先元 俱桓毅營　郝昌照 護衛親軍營
包紅春 全勝營 以上同治二年俱在縣屬陣亡
劉長春　熊洪福　梅天鳳　鄒瑞喜

王其祥 軍功　夏明盛　吳金元　鄒順喜
李楚耀 以上俱禮左營同治三年在縣屬陣亡
郤玉雅 建威營　王文義　曹耀勝 俱清勝營　李大發
吳振强 俱忠宇營 以上同治三年在廣濟縣屬陣亡
楊正福　岳惟錢　李義春　何從富
駱應明　陳大發　王洪興　何永發
鄭有德　黃能光 以上俱鄂宇營
黎國喜　周仁和　傅茂全　唐明順
以上俱建威營同治三年在安陸府屬陣亡

翟春華 同治五年在安陸府屬陣亡　余右八 銳果營同治二年在應山縣屬陣亡
劉得元 選鋒營　吳長順 忠宇營 同治三年在襄陽縣屬陣亡
任從敌　尹明芳　尹型芳 俱全勝營同治三年在棗陽縣屬陣亡
鄧天佑 同治元年在建威營陣亡
尹長春　簡時興 俱奇右營　滑宗海 正仁營 均咸豐八年在桐城陣亡
高世君 湘後營　周三 利副營　何樹玉　余秀榮
張得開　胡春華　陳余春　劉啟勝
庫盛金　庫盛銀　韓得中 均咸豐八年在三河鎮陣亡
徐大奎　丁達祥　姚保林　胡天耀

以上俱飛虎營咸豐九年在潛山縣屬陣亡
劉紀曾　余占魁 俱精選營 咸豐十年在桐城縣陣亡
周見章　李大新　劉克勝　胡楚勝
雷巨安　余太順　方益元　徐開元
王辰玉　沈金元　陳本全 以上俱禮左營
方成貞 貞右營 同治元年均在潁州府陣亡
王高陞　陶煥章 俱建威營同治元年在南陽陣亡
張榮富　高延鳳 俱湘左營同治三年在營陣亡
李世宏 仁勝營　蔣定國 同治四年在河南襄陽陣亡

熊有富 同治五年在天門縣陣亡　蔡春泰 同治二年在壽州陣亡
鄭啟彩　丁子幹 俱咸豐八年在商邑陣亡　楊克安
鄒開第 咸豐九年在汝寧府陣亡　李長喜 同治三年在孝感陣亡
戴元義 同治四年在上蔡陣亡　余謨甲 同治元年在陳武營於河南固始陣亡
汪永志 咸豐十一年太湖陣亡　汪天相 隨同令葛咸豐五年七月在團風陣亡
張英山 在陳武營同治三年陣亡　鄒崇福 在陝甘陣亡
李守忠 同治元年從征上海領馬步兩營與賊戰於松江府城下營陷之死
胡啟富　陳殿文 俱武前營　蕭長春 亨左營　王長發 利右營
馬戴星 勝右營　項長發 勝營親兵

鄉勇
童先杜　黄得才　江文高　閻玉蘭
梅順妍　曹明妍　詹文法　陶應發
鲍春榮　歐陽煒　陳定興　陳萬泰
丁登榮　丁國信　丁維珠　劉明貴
劉似水　程全祿　程旺和　程三元
李在玉　李天保　李金廣　閻金秀
吴萬法　張崇興　張喜元　張廷輝
李世山　李金菊　周　元　周世發

周錦新　周汝芝　周錫瑞　周錫耀
周錫連　周錫鏵　周錫琅　周正剛
周汝安　吴席典　吴三永　胡光太
胡其楷　尹國平　尹安元　尹國堅
蔡學福　蔡艮貴　蔡國富　孫尙宏
姜正坦 以上咸豐四年五年在黄岡縣屬陣亡　僧德亮
胡四美　李懷德　康步鰲　張爽登 光緒元年奏准旌卹
劉能泰 咸豐六年俱在黄岡縣屬陣亡
李代成　夏順兒 咸豐七年俱在黄岡縣屬陣亡

尹順泰　鄒許四　李安福　成荊茂
劉壽春　張正發（同治四年俱在黃岡縣屬陣亡）
李仙峰　李必勝（咸豐五年俱在羅田縣屬陣亡）
蕭魁保　黃有啟　王新有　李　仁
李廣義　鍾能壽　項有光　余大發
鄭厚加　尹安元　胡啟愷　鄧懷志
鄧宏應　蔡國元　梅玉美　張乾坤
吳大發　夏世高　楊克安（以上俱咸豐七年在黃梅縣陣亡）
楊德祥　胡承學　汪辛巳　汪天貴

汪德彩　汪德才　何加耀　葉文彬
夏啟賢　夏祖貴　夏庚辰　夏步遠
夏士照　夏　艮　夏杰四　魏永昌
宋輝元　魏長壽　余正先　余紹興
張正先　游占祿　陳美彥　陳美賢
陳楷行　陳美鳳　李學陞　李學玉
李鑄士　李必興　李杰四　李克明
毛大妍　毛瑞山　商老大　商宏元
喻艮弼　舒二妍　舒啟臺　羅永貴

羅興旺　周維榜　劉尙松　劉尙赤
孫紹福　鄒基濬　曾二師　僧雪霞
僧雲霞　僧敎興（以上俱咸豐四年在蘄水縣屬陣亡）
劉繼時　楊全秀　楊文松　楊定國
楊俊林　楊士華　方孔月　吳萬春
吳太興　吳萬發　吳壽兒　李懷仁
李得勝　李守壽　李潤功　李士達
李得時　李喬枝　李喬林　李世山
朱長發　張萬富　張定元　徐正發

徐其桃　徐克成　余應朋　余大發
詹成魁　詹俸勝　鮑長發　鮑得先
鮑得保　鮑得治　鮑昌利　沈得時　沈宣瑛
沈東海　夏明榮　夏起太　夏萬合　李兆福
鄭起仁　鄭厚榮　曹運開　胡禮萬
袁萬才　陳文藻　廖春林　廖清發
戴金魁　魏合順　高立成　岑有富
彭萬富　易得勝　項有先　鄒金玉
王作二　羅宗望（以上咸豐五年在蘄水縣屬陣亡）

黃得順 黃天元 黃世炘 黃盛棠
黃光華 黃又喜 黃萬勝 黃龔三
黃五十 黃乙未 黃保 黃世起
喻重喜 靖英甲 靖有 靖應甲
胡一元 胡三 洪兆貴 楊大元
楊德隆 楊德喜 毛如意 毛萬邦
周先杰 周茂科 周正明 周上元
周之福 周文順 劉大甲 劉廣順
劉十全 劉福壽 劉進益 劉能楨

張蘭 張老九 張老二 張之瑚
陳定海 陳四六 陳天益 陳祖喜
陳宗儒 陳九如 朱文煥 邵老
項正順 項正賜 項正 何如清
何科進 彭增 王文旺 王心田
王旺喜 袁學先 袁文景 汪五乙
汪立柱 汪廣發 汪仁義 汪金聘
蔡東升 羅維高 羅維禮 羅德坤
李五福 李某 萬德信 萬之元

萬裕緯 許天保 詹成祖 詹承祖
詹宗芹 詹中芹 曹映和 曹翼
鄧學斌 熊耀坤 熊耀元 趙大發
文光恒 畢思隆 雷巨烈 邱本恕
徐本和 起老四 林光耀 以上咸豐四年在廣濟縣屬陣亡
劉承福 劉德盛 李正武 李大榜
曹其山 喻大順 喻正德 胡明元
胡明志 盛學主 盛世會 蔣德盛
吳加勝 黃加聖 熊天文 余治順

余長熙 以上咸豐六年在光化縣屬陣亡 蕭方仁 同治三年在固始陣亡
黃德栓 咸豐四年在縣屬陣亡 張明翥 咸豐四年在宋埠打賊陣亡

鮑長春　鮑長發　鮑得元　鮑德保
鮑四義　鮑四美　鮑得喬　鮑有元
蔡長元　蔡長富　沈　態　沈　意
朱懋盛　朱維榮　王大妍　王世有
王富春　王世魁　王能報　余肇清
余端漢　劉士立　孟行榮　楊文華
田心達　蕭可聖　賈　和　詹占渠
梅玉美　黃文運　胡國中　桂正勇
李爲敏　曹承祖　邱治元　何登起

江楚德　裴玉麟　吳宏發　倪世科
韓正時　張從興　張啟全　張天成
張大瑚　張必達　張正湖　張世福
張正福　傅元釗　林光耀　袁文景
黃錦麒　曹應龍　曾天旺　曾紹先
洪作賓　王文焯　王茂梓　王煥恩
王開喜　江定宗　江上朝　邵世高
廖廷憲　蕭　戭　董狗妍　易四元
王維富　萬維元　項學舉　項爾淮

以上咸豐四年在縣屬陣亡

余開甲　余輔朝　余十元　余秋元
余謨貴　余譜亨　余明文　余三堂
余朝富　余癸酉　余貽合　余謨林
丁正龍　丁廷松　丁錦春　丁先義
丁先德　丁之貴　丁錦照　丁廷喜
丁先鶴　丁興久　丁錦璜　丁廷瑞
丁朝正　丁紹權　丁士正　丁世良
丁天潤　丁三汝　丁在榮　丁正敵

丁江瑞　丁江永　丁江菊　丁江達
丁宋賢　丁宋開　丁正元　丁六見
丁紹賢　丁廷仁　丁廷鶴　丁尔奎
丁　佑　丁志爲　丁之啟　丁學義
丁學泗　丁學旺　丁達海　丁達其
丁映龍　丁映江　丁江富　丁世高
丁志仁　李得和　李永容　李永和
李永豐　李得山　李永宗　李永亨
李永照　李啟才　李永林　李承先

李承漢　李學文　李之渼　李嗣法　李發
李大意　李子良　李子春　李子讜
李子祿　李子馬　李子福　李中書
李中海　李子朝　李　發　李千科
李芳菊　李仲祺　李生煥　李嗣法
李興文　李承宗　李承亨　彭家良
彭家宏　彭啟煥　彭啟遠　彭存亮
彭存方　彭存奕　彭存貴　彭存學
彭存瑞　彭存禮　彭登高　彭大學

彭學宏　彭學垠　彭得鰲　彭子琦
彭　得　彭玉印　彭存宏　彭楚富
彭清臣　張開貴　張開甲　張文祿　張廷槐
張文鳳　張得洪　張得林　張得麟　張祖越
張得美　張正遂　張正春　張正堂
張正映　張正千　張正榮　張世廷
張世榮　張永祥　張道和　張先格
張成楚　張昌義　張解妍　張得趾
張世琪　張道元　夏文楷　夏文龍

夏文富　夏得貞　夏得績　夏學輝
夏老六　夏行舟　袁國祥　袁國保
袁正發　袁正鳳　袁天富　袁　華
袁老九　袁士訓　袁必交　袁必和
袁必春　袁必盛　袁必高　袁必勝
袁有才　袁有鳳　袁有凰　袁有金
袁有玉　袁有山　袁有海　袁會龍　魯國信
袁天貴　袁得祿　鄭道勝　鄭勝和　鄭道清
鄭太坪　鄭之約　鄭光奇　鄭光科

鄭祖訓　鄭祖賓　鄭詩榮　鄭詩華
鄭文鳳　鄭文元　鄭文燮　鄭兆菁
鄭兆義　鄭傳耀　詹紹名　詹生晉
詹祖詠　詹大勳　詹生譜　詹大楊
詹祖元　鮑有善　鮑正山　鮑正恒
鮑德秀　鮑有時　鮑得恩　鮑得順
鮑得申　鮑昌德　鮑昌士　鮑昌福
鮑昌元　鮑德芳　鮑懷正　黃敦高
黃紹模　黃茂輝　黃學江　黃學理

黃學貞　黃學訓　黃學剛　黃士東
黃士達　黃士迦　黃承良　黃承發
黃堯榮　黃堯達　黃堯玉　黃堯漢
黃士乾　黃士均　黃文蔚　蕭士華
蕭啟林　蕭國才　蕭志孝　蕭時興
蕭時旺　蕭時發　蕭良興　蕭良旺
蕭開雄　程子燕　程鴻進　程鴻翥
程士楚　程士金　程士美　程天元　程　錦
程朝升　戴大元　戴大勇　戴明金　閻宗尙

戴明梓　戴明陽　戴克用　戴克序
戴明泰　戴明全　戴啟泰　胡之利　胡有元
胡之貞　胡宗世　胡宗烝　胡學良
胡國良　胡國鰲　王明甫　王永高
王祥旭　王蔭鳳　王映瑞　王之美
王如法　王正榮　王啟國　王啟玉
王啟勝　王啟太　王大義　王大器
王學魁　王千宗　王明虎　王元芝
羅戴金　羅良有　羅宗堂　羅永之

羅永達　羅正禮　羅正啟　周先棟
周守成　周得順　周貞祥　周正發
周大漢　鄒平斗　鄒興富　吳文貴
吳世祝　韓尙榮　韓名山　韓尙利
韓起題　韓雙齡　劉用貴　劉作富
劉作林　劉成富　劉本敎　劉茂龍
唐國盛　唐國森　唐兆科　唐五元
熊大璲　熊茂富　何第富　艾宏翘　熊輝煕
解學富　高正垠　高子美　高代理

林世全　林先得　林光發　屈達富
屈達聰　屈達金　屈啟德　屈達訓
屈達元　屈爭氣　婁紹貴　婁　祖
田楚槐　田　仁　田　璋　田　瑰
汪直明　汪繼甫　汪述榮　汪士元　汪文喜
汪金甲　喻成鉅　汪繼一　阮國奇
陳明發　陳士華　陳宗愚　曾金華
曾炳國　曾靜興　曾文林　曾有玉
曾可奇　曾昭準　曾昭懋　方義興

方有瑞 鍾廷煥 孫步高 毛俱有
馮得順 馮仁金 馮仁模 馮仁保 馮廷毅
馮仁法 馮仁楷 馮賜恒 盧長春
童先杜 童志淮 馬五 淩天德 甘萬坡
楊國朗 曹金聲 曹映義 曹宏翥 劉浩然
曹宏謹 曹明信 董耀鶴 董重喜 喻能喜
江上朝 江連子 江立柱 盛正祖 喻能駒
趙志和 趙木匠 徐天喜 徐本魁 喻能文
徐必章 僧覺靈 僧之霧 僧月獻 喻臣朋

僧紹得 僧雲得 僧能元 僧紹朗 黃萬泰
僧洪文 畢登科 叚成虎 伍大祥 項雲錦
伍宜仁 雷澤富 蔡世功 朱炌 項雲路
朱克恒 甘萬波 易廷桂 郭世榜 項玉樹
傅元和 甘正魁 尹賓泰 尹元泰 項成有
尹成方 尹爲佐 尹狗漢 尹國賓 喻顯爵
尹艮唐 尹國豹 尹志倫 尹國順 郭必昇
尹啟泰 尹心德 尹士春 梁長順 翁定鑑
喻能璞 喻能勝 喻臣猶 喻臣宗 喻臣書

喻臣賢 喻泰臨 喻臣祖道光八年曾割股救父 喻臣喜
喻能洹 喻臣鈞 喻士璵 僧普濟 喻臣祿
以上均咸豐八年在縣屬陣亡 喻臣雲
周全泰 阮學全 繆洪富 以上均同治二年在縣屬陣亡
鄭厚台 鄭厚達 鄭與時 鄭太平 童永安
鄭德秩 鄭德利 鄭德興 鄭福安
鄭士魁 鄭士艮 鄭光祥 鄭光奇
鄭光富 鄭祖奇 丁明懷 丁達其
丁世望 丁學周 丁太和 丁子艮

丁錦春 丁正萬 丁必堂 李銀鰲
李勤儉 李成菊 李孫煥 李登林
李千魁 李連喜 李忠杏 李忠梅
李忠典 李忠黠 李忠自 李忠立
李忠存 李子乾 李子春 李子銀
李子進 李學文 李學武 李成梅
熊茂盛 熊思艮 熊應山 熊思濂
熊述忠 熊述先 熊繼高 熊繼理
熊繼達 熊繼喜 熊繼坦 熊繼艮

熊繼其　熊之宇　熊楚玉　熊四喜
熊連喜　王常榮　王應孚　王賜元
王茂漢　王之臣　王啟理　王啟勝
王如鶴　王啟熊　王學江　詹文舉
詹光寵　詹成相　詹成華　詹春林
詹霞林　詹道長　詹細毛　詹和同
夏萬年　夏英望　夏曰三　夏啟泰
蕭學湧　蕭開朝　歐陽輝　歐陽杰
胡正禮　胡顯佐　胡開照　胡德高

胡德存　胡天科　胡開華　胡宏曾
曾　林　曾　佑　曾　喜　曾　福
曾榮先　曾天旺　曾坦道　曾坦鳳
曾心洛　曾本利　楊林年　楊大正
楊成天　趙萬元　趙萬有　趙情懷
張德熬　張世保　張世堂　張學松
張學楷　張學璜　張學魯　張成京
張開輝　張東玉　張宣望　張正祥
張正福　張正榜　張正全　張正楚

張正孚　張正堂　張正雁　張正美
張正常　張世其　張世春　張世旺
張世權　張世奇　張世和　張世貴
張世炳　張細元　張宜佑　張祥好
張保林　張首魁　張　貴　張　萬
張　榜　張功鏞　張德宜　孫八耀
朱長壽　朱士元　曹金萬　曹金滿
曹金蓮　曹學亮　曹華記　曹有旺
曹一榮　曹必國　曹富貴　曹太順

曹學勝　魏成貞　程德先　程玉謙
程世鼎　程宏月　程子法　程洪恕
黃堯恒　黃士宗　黃錦占　黃錦奇
黃義和　黃學友　黃三友　黃一好
黃錦柱　黃尙銀　余　元　陳老大
陳興義　陳金主　陳金洛　陳士美
陳元主　陳元和　陳宗和　陳宗麟
陳宗科　陳宗虞　陳宗田　陳宗海
陳宗官　陳宗銀　陳四喜　陳石匠

陳昆林　方大姸　方二姸　方萬興
方崇意　方國定　方國華　方正海
方正輔　方宏盛　羅東喜　羅百歲
方正萬　羅正德　羅宗興　羅有全
羅喜姸　羅立堂　袁必盛　袁必春
袁有王　袁有祿　袁有壽　袁子華
袁啟成　郭艮發　郭永福　郭立秋
盛學泗　盛正祖　高子興　高維法
舒國朝　宗汝譚　謝長仁　傅元林

傅元旺　傅生喜　雷俱亨　梅則富　余肇宗
鄒望宏　鄒平銳　鄒旺意　鄒平昇
鄒平盈　鄒平意　鄒平遠　鄒遐禮
鄒心亮　鄒平甲　萬朝連　姚光萬
湯老三　徐彥貴　徐上義　林長富
虞其鳳　項雲程　商開習　邱陽春
邱逃迎　施成梅　游佑瑞　畢　三
曾坦道　晏和貴　蔡全仁　汪立柱
鍾正大　鍾正二　洛正穆　周汝順

僧仁成　僧淨明　僧九至　僧安有
鮑榮勝　何定榮　何定華　何永習
成逢海　成逢江　田緒齡　劉芳士
劉正榮　吳其亨　董其海　尹錦鸞
以上均同治三年在縣屬陣亡
鄒貴喜同治四年在縣屬陣亡　徐世成同治五年在縣屬陣亡
董其放同治六年在縣屬陣亡　李安福　陳汝茂
張光勤　劉　旺均同治五年在岐亭陣亡
李春富　王艮友均同治六年在岐亭陣亡

鄉民

飯桶 同邑人失姓名力大善啖飯故名以孤貧食力朱埠有年咸豐甲寅賊至埠逼使降大罵不從賊細剮之至死罵不絕口

子弟

張正旺 咸豐八年賊突至其父年八十四不能行旺衛父不去父子俱被害

羅啟忠 咸豐十一年其父被擄欲以身代賊殺之

夏天浩 事母孝咸豐間負母逃難遇賊不屈遂被害

熊繼漢 同治二年與堂弟牛扶父避難賊近請父前逃漢與弟力戰賊俱殺之

劉名杞 同治二年棄妻子負母逃難賊追殺之

民人

張元亮 咸豐三年在柳樹堤殉難奏准旌卹　劉芸堂 廣濟　張德潤 染家洲奏准旌卹

張貴生 縣屬　江君泰 縣屬　胡細二 城內　蔡道洵 縣屬

蕭正榜 縣屬　以上咸豐四年在各處殉難

張　雙 鵞公頸　熊崇發 咸寧　李定國 小洲　李啟泰 鷺鷥洲

李宗發 縣屬　張義唐 小洲　張文坦 縣屬　以上咸豐六年在各處殉難

鄒順意　鄒士艮　鄧紹祖　黃開泰　陳開叙 奏准賜卹

黃開第　黃錦城　黃士乾　艮如官　沈士聯

唐士元　張世國　張德先　張德芝　熊蔭棣

汪楨樂　唐成楮　唐成椿　余之樂　熊學海

鄒于官　朱啟有　僧興明　鄧志梁　熊成章

鄧志功　涂必勝　熊之天　陳從周　馮廷華

熊繼健　熊之貴　陳逢檁　范勝勳　馮正元

范勝燾　童期泗　童先寶　以上均咸豐八年在縣屬殉難

陳崇周　王合　羅立章　以上均咸豐十一年在縣屬殉難

曾行卓　吳五　明坤　曹學勝　童玉堂

方啟樂　方正萬　萬朝選　方萬山　童先喜

陳宗順　陳開艮　陳艮駒　陳大榮

陳宗艮　陳宗商　陳宗和　陳宗勝

陳宗輝　陳開裕　陳開洛　陳開禮

陳開樂　陳開遠　陳開貴　陳開相

陳開江　陳開用　陳開楠　陳開才

陳開華　陳開啟　陳開讓　陳開位

陳艮駿　陳艮聰　陳克明　陳克勝

陳克盛　陳克寬　陳大元　陳大有

陳大清　陳大乾　陳大坤　陳大興

陳大佑　陳本元　陳本厚　陳本道

陳本典　陳本質　陳本珍　陳本儉
陳本立　陳本湖　陳本彩　陳本良
陳德寬　陳福喜　陳新喜　陳瑞林
陳永昌　陳正元　陳正林　陳會禮
陳會太　陳會典　陳會照　陳會全
陳會錫　陳洪元　陳貞元　陳尚廉
陳尚德　陳宗德　陳太平　陳汝遠
陳汝杜　陳全林　陳全喜　陳全富
陳全義　陳錫中　陳　漏　朱正元

朱　福　易廷甫　易廷禹　黃向榮
黃開運　李成梅 以上均同治二年在縣屬殉難
張之焜　張豐玉　張景春　張步階
張步雲　江志勝　謝榮德　彭信剛
朱茂和　朱明耀　朱維俊　朱維秀
朱維儒　朱紹登　朱良材　朱克利
楊盛柏　李九均　李九榮　陳士朝
陳崇菊　羅立望　段如爕　吳廷升
萬開國　萬基宏　萬基祥　羅文爽

喻一棠　劉文達　黃萬泰　徐春波 以上同治三年在縣屬殉難
榮連右　榮太右 俱在岡邑　張成德 在縣屬旵旌　李保元 在大平菴
彭　勲 以上同治五年在各處殉難
張長順 在新州　張元明 在雪窖山　張金祥 在回龍寨 以上同治六年在各處殉難
蕭學東　鄭勸善　周揚烈　袁宗耀
郝輝榜 以上五名均光緒元年奏旌
劉理文 在望花山罵賊殉難
趙　狗 咸豐四年

殉難婦女 未載夫及名目而兵册已載故仍存其名
陳梅氏　陳銀姑 以上同治二年殉難
王石氏　鄧王氏　周郭氏　王戴氏
李張氏　盧碩氏　夏胡氏　楊王氏
賀余氏 以上同治三年殉難
周郭氏 同治四年殉難
曾　姑　丁　姑　王丁氏　吳馮氏
劉郭氏　劉袁氏　趙熊氏 以上同治八年

麻城縣叢談卷之五十六

知縣事臨桂鄭慶華纂修

晉萃街譚附庸信史斗室言鯖騷壇詩餌曼倩齊諧玆編噶矢譬彼江河罔遺勺水

王翊麻城岐亭人得石子如桃黃翊吞之自覺精神有異建桃黃菴號桃黃山人熊吉贊之宋蘇軾仇池筆記云黃州岐亭有王翊者家富而好善夢於水邊見一人爲人所毆傷幾死見翊而號翊救之得免明日偶至水邊見一鹿爲獵人所得已中幾鎗翊發橐以數千贖之鹿隨翊起居

未嘗一步捨翊所居後有茂林果木一日有村婦過林中見一桃熟而絕大獨在木杪乃取而食之翊適見大驚婦入食已棄其核取而剖之得雄黃一塊如桃仁及見而吞之甚甘美自是斷葷肉齋居素食不復殺生亦可謂異事也 東坡志林

東坡在黃州陳季常慥在岐亭時相往來季常喜談養生自謂吐納有所得後季常因病公以書戲之曰公養生之效有成績今又一病彌月雖使皐陶聽之未易平反公之養生正如小子之圓覺可謂害腳法師鸚鵡禪五通氣毬黃門妾也前輩相與可謂善謔也 宋稗類鈔

虞學士相傳爲虞集墓在邑東虞家墩按元史集臨川人字百生何以葬於此豈流寓耶間有好事者曾啟墓視之中有誌乃集文非集墓也 舊志

彭信古字龍陽麻城人幼同季弟遵古從伯兄好古學皆嗜讀書而信古獨勇礦山有祟常爲素女粉帳傷人一夕信古力叱之聲如山頹詰旦往視則一白狼斃巖下 舊通志

御史董紘爲行人司使安南途中夢金神捧盆出內貯人頭一顆復見在人首鼻內取出雙筋食其二睛仍以原筋

插入鼻竅隨捧大牌一面上書青草池邊六六灣又書曾讀輿圖四字寤未解其意至安國王會宴以麪作人首待席除二睛外皆置以毒紘如夢食之得無害徐與紘談及中夏事故卽出一對云黃河岸上三三曲紘應聲曰青草池邊六六灣安王起席請服曰妙對天使何知小邦上名物產紘曰曾讀輿圖始悟夢兆三三者九曲也六六者三十六灣也

正德初霸州賊劉六等流刼河南山東直隸等地方辛未四月賊首陽虎由商城至棗林岡遇農夫問道少間失所

在見神人乘烏駒于雲表驚懼遁去神蓋紫微侯張將軍也舊志

歐陽鳳正德十四年己卯鄉試第二爲陜州學正以才學名嘉靖初適有察院入秦各官送至黃河風浪大作祭祀將備命鳳讀文係空紙一幅限天字頭羔字尾鳳即應聲曰天子命我巡彼朔方道涉斯河行將西往途次無備恭敬是將風浪不作恬靜如常祐我旣渡之衆凡過我而渡者咸保其無恙察院謝曰此宰相度量也後首薦擢四川御史未赴任而沒

李沐麻城人始爲縣吏官令出票取堂鼓云務要緊綳密釘輕擊遠聞旦晚同聲陰晴一韻令賞之勉令就學後中順天鄉試會建橋於官田畈鄉人名其橋爲李沐官人橋舊志

崇禎己卯吏科給事章正宸主楚試曹應昌得冠多士後應昌扶櫬滇南路出順寧府忽巷遇一四齡童子牽輿大呌云曹某我楚雋拔首卷門人也題目文詞衡口波叱昌以怪誕不經强引密室耳語自言我爲浙江會稽章格菴也投胎此地相候久矣應昌於旅寓篝燈拈賦八章紀其事數年有劉汝艮者自滇歸云所遇童子已死訣語父母云我同曹共結連胎曹去我亦不欲獨留

醫士趙時雍生子自言前生事最悉遠近觀者嘗數百人時雍懼禍以狗血噴之遂不復言黃州司理王侯齋與時雍善問之果然其子名黙字弱言時已二十餘爲諸生詳載趙秀才三生記

劉大司馬采爲戶部郎中時仲兄一女攜之往京養育將及笄已聘儒生熊應渭渭夜夢在周道中逢一女肩輿僕從甚盛遣一婢召熊曰請來一語我本汝聘者今爲某官

取去不復與汝結緣矣汝勿遠去伺其官到衙門遣人相邀俄而冥官至與熊語云君所聘者與君無緣已爲吾妻汝欲娶吾與汝配牽一騾至熊泣曰人而可以偶非類乎官曰無患當爲汝復人身須臾化爲一女年可十七八曰此汝里中李珪之女也及覺京中果有信至劉女已物故矣隨訪李果有女求婚得之

生員歐陽旦號旭之幼嗜學長而重交遊樂施予常教書光汝間遇異人授以大易數歸而棄舉子業築書室忘寒暑外生死形骸骨立洞造精微每課吉凶無毫髮爽不三

年而名振海內凡王公大人以下修謁惟恐不及欲奏授以官公堅拒之逍赴寧南侯左良玉幕授以刺史太守皆以不耐煩劇爲辭後不得已領武昌博士之職至國朝常爲執政迎置都中亦欲授以官仍堅志不就壽享六十有四無疾而終

康熙二十三年甲子麻城田氏家雞生一卵外朱字端楷膜亦然其外文云甲子二月朔九日乙巳陽元沌乾陰元沌旬當先筭配是爲乾坤旬初上借内宜行載下逮通臣肇騰孳言厇厗切有窺義元眞射接藏機脈胎已震匪死

勞爾神重卒背靈吸精而皆三弗支於紜紜水火不交獻男偏損音息疏浹軀形受三三疢韋韋三至尊惟姅合以丞寧樂意孚祥薄恩辰慶太乙氣結卵生璇衡内文第一行喤鳳音不于塒先太乙誕辰塀第二行幃此參家牀一猶元毛杏出憚不躂太乙日辰旬誕時貌服延郎雨具齊公然來竊不能移惶惶悕蹶急去之第三行折一旬十二折長旬短新帰各半第二卵後七日辛亥旦圖見第一行甲乙生亥庚子生圖第二行元元靈物去傑揺扶第三行㕣第四行三乾㐂坤坤

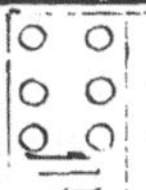
三第五行
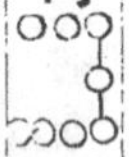
廣光麻景宋親從第六行
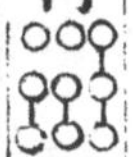
第七行儀

欒愛勤初旬密合體酷則六越數日其雞繞鳴遍體毛成五色飛去不知所之

李家壩李市臣家畜驢一頭市臣卒驢哀鳴水草不入口者累日市臣妻慰曰汝有幼主人在可備馳驅復取草料飼之驢奔至堂前觸棺死

雍正八年高峯區黃文奇連慶見達官抱紅旗數百竿插入領上奇亦在插内究莫解何故越兩月有虎食人黙憶正在插旗人數奇大恐築土樓三丈餘居其中虎繞樓吼不絕者累月後虎患平奇猶樓居誦經懺悔勸人行善事年七十餘終

大悲菴側響水墻通浮橋河有石洞深數丈濶丈餘洞口甚圓相傳有龍自洞昇水相激聲聞數里

破棺岺古塚也昔河南某太守女卒任所扶櫬歸經此遇烈風雨不能行暫置此越數日來扛雷雨復作遂厝岺中棺曝露弗朽荆棘縱横土人不忍棺見投以石積成石塚云

梅花港昔有一姓梅女于歸日輿經梅花港石磡輿稍停有頃至夫門啓輿無人兩姓驚異根尋原路至港則尸浮

水面矣以後屢靈驗於乾隆十四年春旱祈雨又顯靈助雨士人因之塑像崇祀玉皇閣有人題其楹云清心如照水傲節若梅花

儒童鮑杜字玉堂監生鮑汝渠之子也生於乾隆甲午年方生之旦夢金仙至其室驚而生杜幼聰穎清心寡慾委曲以娛親寄讀蕭寺寒暑無間兼通釋典一旦參琉璃光遂成頓悟所作詩古文集頗有禪機年十七冬十二月館歸有異僧云童子盍早歸也詰之不見越數日寢疾而沒其父思之不已爲請決於乩仙仙云此安國寺僧惠音轉

一劫也至今蕭寺猶聞其誦讀之聲云

明萬歷壬辰年麻城民李承周之女許劉氏子矣爲狐所祟凡數載莫能制劉氏爲擇期迎女狐語其家曰君家女是男子何嫁爲視之形體皆變男矣武生毛自龍聞於邑令文公遂至時男子與二三人來不知爲誰徜從容談笑入儀門始曰田二哥今日不祥矣及庭公令視其私遂不能變公怒置獄中狐猶能隱形出入女後改適山中民狐復斃其所適夫女歸狐始不來 見寄園寄所寄

康熙間太史曾瑾爲諸生時館近墩檀社側夏月避暑山洞必經社前一夕社神降夢於館東曰吾姓李字月庵上帝嘉吾生前孝行命永爲墩檀社神館師曾某貴人也日夕過此吾不安宜樹屏以蔽之逾年會果捷南宮入詞館感神靈應題至孝格天額懸於社至今猶存而避暑設講之洞遂名先生洞

雍正間麻城生員楊同範名維模族人有妹與涂姓締婚童養於涂者爲姑所虐逃歸族人匿之複室鄰無一人知者反詰女蹤於涂互訟不已遂興大獄同範固楊姓戶長初不與其事族衆有以不庇族詈之者遂誤列名牒前

官吏徧察有捕魚李某偶話此案爲族人牽入獄幾踰年族人妻產難有嫗踵門自陳能治比至燭忽滅窘急適有所需妹自複壁出翦助之漁者李固枝指所生子亦枝指嫗乃漁者母卽出率健兒破壁取女赴官族人狡脫範聞耗僵絕復甦卒以列名故縶囹圄八年卒有獄中詩草範爲族人所欺負冤極矣江南袁枚書麻城獄僅據一時訟牘附會之詞誣族人室爲範室妻爲範妻誣捕魚者爲仵作李榮範課徒在外而曰手十金納嫗袖李嫗破壁取女而曰邑令陳鼎毀壁至令同範受欺一時復含冤千古文

人下筆不可不慎

嘉慶間邑某署門丁陳姓在鄂渚與某妓昵妓謀脫籍約定以金二百付陳囑爲贖身陳得金背女去女遂自縊越七年某日陳於署前仆地作女言索命緣陳背女女即訴於江夏城隍神許女匿麻邑稅書尾篋中來麻覓陳報寃藏王氏宅數年矣未得便初至時附王姓小鬟體言狀王時化錢帛濟之女甚德王其索陳命也王爲講解乃許緩期七日聽陳少理已事如期陳死

某氏婦事姑最孝家極貧所進粥膳皆以勤苦得之嘗謀

諸夫曰姑年衰老設一旦不獲供斂水安所得棺於是銖積旬月力得錢三千以易棺久之姑無恙婦染病不治知姑憐愛已恐以棺予之病革泣語夫曰我不能生事姑若死以敝席裹尸足矣萬勿以姑棺殮也夫泣諾之婦死其姑大痛曰割我孝婦何惜棺爲强以棺予子不能止甫入殮婦屍僵難入棺羣强抑之棺輒缺二指許葬之中野厝瘞以土夜分雷雨大作翌日村人過其壟側見土開棺出婦自缺隙中望見人呼曰某急活我其人疑爲鬼駭而奔村中聞此異咸往視之復如前乃啟棺扶出婦絕無恙咸驚且喜曰某孝婦生矣旋拜見姑姑破涕爲笑曰非兒純孝動天安得死且復生如是耶

汪某妻林氏方未適汪時其父嫌汪貧受人金百將以女爲之妾汪不知適來賀歲唾駡逐去女佯問曰誰氏客不禮貌之而若是怒曰誓無此窮婿汝已非汪家人矣問何故父具告之女故作喜狀因隣媼私約汪面曰妾父不仁將若何汪愚無以應曰若爾妾有死而已汪痛甚仍無策女乃教元宵先約數十人藏某刹乘巳遊而攫去從之知父必來强奪僞曰妾不慣此破屋可借鄰居遂於鄰而婚

焉是夕果率百人至搜其家不得碎屋而去自後相奪無已因匿得免道光戊申春汪渡汝陰河舟覆汪與衆皆溺里人得汪傘來告林林僵死移時人於下流數里見尸援之即汪也負至家汪蘇林亦蘇

同治丁卯月形塘熊生某昏迷僵卧於牀不飲食便溺者越兩月至次年二月杪氣將絕矣妻子哭甚哀忽甦問子女索飲食甚急頃之歷述冥間事緣昨臘自姻家弔歸偶爲衆鬼所嬲爭論方窘見二叟叱退衆鬼蓋先世某祖暨某伯考也二叟見鬼擷不已乃敎某隨人功過分局爲謄

功過册時　武聖　武穆後先查善惡由分局經過某得親見其神儀又見地府刀山劍樹律法森嚴述之甚詳閒中表甘某歿爲益州城隍馳往晉謁叙契濶如生平將別贈答各有詩能自著有還陽錄勸世

德義堡煙墩山係古驛道相傳有毛連者販豬過此豬忽化爲黑石連卽脫身仙去後人鑿石見血駭而止至今形跡宛然屢有靈爽土人立廟祀之

咸豐四年獨露庵有桃樹枯死倒地已經年半僧因杪上有杈窖作南瓜棚年餘復生二枝開花結實今十餘年猶

然暢茂

木龍行雨在篤實區天台山廟中龕供龍王神像龕柱彫有木龍傳聞每大雨鱗甲盡濕雲氣環繞雷風震吼僧懼以鐵釘釘其首遂不驗

金城區丁德熊字鶴山性沉靜好善遵行功過格錄蕉窓十則刊行勸世年六十二歲無病而終其家議延僧懺度次子光泰夜夢鶴山與語曰我不是愚夫在九泉中受累我不是凡夫在九幽間受罪近居太乙有何不遂敲鑼吹笛與我何益天明見所備齋食俱覆於地遂寢其議

南庄下分有古東嶽廟名塌騾石廟中原塑馬二一赤一白相傳國初每秋有馬夜食人稻近廟耕者夜邏遇馬逐之馬躍至石上忽不見其人大驚明晨觀石上有馬蹄印與馬膝跪跡甚深後見廟中赤馬前足新折一膝因以塌騾石名其廟

木子店乾隆閒有農夫耕於田午憩一少年見大石上有薄石一揪視之有似蛇者在大石上旋走少年捉之不得即以冷茶潑之此物得水化龍沖去近石田地被龍水沖壞數石田主童磐凡以捉龍壞田控縣遂名其地爲龍潭沖